Economics of Global Value Chains

글로벌 가치사슬의 경제학

박 승 록

박영사

머리말

세계 경제는 경제구조 변화의 주요 원인인 글로벌 가치사슬(GVC)을 통해 전 세계, 지역, 국가, 산업, 기업 수준에서 보다 긴밀하게 통합되어 상호 의존적으로 변화하고 있다. 거대 다국적 기업들이 운송 및 정보통신 기술의 발전을 이용하여 글로벌 전략으로서 해외직접투자(FDI), 오프쇼어링, 아웃소싱을 통합함으로써 기업내 국제무역이 크게 증가하게 되었다.

경제학을 비롯한 경영학, 사회학 분야에서는 다양한 분석방법을 통해 글로벌 가치사슬의 발전과 그로 인한 국가, 산업, 기업에 미치는 사회 경제적 영향을 연구하고 있다. 본서에서는 지난 수십년간 발전해온 글로벌 가치사슬과 관련된 자료들을 통합하여 『글로벌 가치사슬의 경제학(Economics of Global Value Chains)』이란 경제학의 새로운 각론 체계를 세움으로써 많은 독자들의 글로벌 가치사슬에 대한 이해와 연구를 돕고자 한다.

우선 글로벌 가치사슬 관련 다양한 연구 문헌에서 사용하는 글로벌 가치사슬의 개념과 지난 30년간 글로벌 가치사슬의 발전을 가져온 다양한 요인들에 대해 설명한다. 그리고 경제, 경영학, 사회학 분야에서 글로벌 가치사슬 연구에 사용되는 분석방법론을 체계적으로 살펴본다. 아울러 경쟁력, 경제개발, 노동시장 및 국제무역 등 다양한 영역에서 글로벌 가치사슬의 발전이 미친 영향을 살펴본다.

특히 분석방법론에서는 경제학의 산업조직론, 국제무역 이론, 산업연관분석과 같은 분야에서 발전된 방법론들이 독자들의 연구활동에 도움이 되는 방법으로 활용될 것이다. 최근의 글로벌 가치사슬 연구에서는 국제 산업연관표를 이용한 방법론이 많이 활용된다. 여기에서는 이론적 방법론에 대한 이해와 동시에 방대하고 복잡한 자료처리가 필요하다. 글로벌 가치사슬에 대한 많은 연구자들이 이런 어려움 때문에 쉽게 접근하지 못하고 있다. 본서에서는 이런 문제를 아주 쉽게 처리하는 방법에 대해 설명한다.

다양한 사례를 통해 산업연관분석 분석과 자료처리에 전문성이 없더라도 글로벌 가치사슬 연구에 쉽게 접근할 수 있는 방법과 더불어 아예 관련 자료를 쉽게 가져다 다양한 연구에 활용할 수 있도록 관련 웹사이트(https://sites.google.com/view/parksr-stata/home)에서 자료를 제공할 것이다. 아무튼 본서를 통해 글로벌 가치사슬에 관심을 가진 많은 연구자들이 이 분야의 연구에 활용하기를 기대한다.

필자가 처음으로 글로벌 가치사슬에 관심을 갖게 된 것은 15여 년 전이다. 산업자원부 장관을 지내셨던 정덕구 장관님으로부터 “동아시아 부가가치 사슬의 중심은 시계 반대 방향으로 흐른다”라는 당시로서는 막연한 주제의 연구를 의뢰받았기 때문이었다. 관련 문헌들을 조사하는 과정에서 많은 흥미를 느끼게 되었고, 국제 산업연관표가 작성되어 부가가치 무역을 측정하는 방법론까지 개발되어 있다는 것을 알게 되었다.

이후 한국과 일본, 중국과의 글로벌 가치사슬에 대한 많은 강의와 산업자원부, 산업연구원의 용역과제를 수행하면서 이 분야를 좀 더 깊이 연구할 수 있게 되었다. 아울러 국제무역 이론, 산업조직론, 중국경제론, 경제성장론 등의 강의 과정에서 파악된 실증 분석적 사고방식들이 글로벌 가치사슬이란 주제와 잘 융합할 수 있음을 알게 되어 하나의 책으로 엮는 것이 큰 의미가 있을 것으로 생각하였다. 따라서 본서의 전체 구성도 경제학의 이런 다양한 각론 분야의 주제와 관련하여 구성되었다.

본서는 2020년 대한민국 교육부와 한국연구재단의 저술출판지원사업의 지원을 받아 수행된 연구과제(NRF-2020S1A6A4040942)이다. 필자에게는 2018년 “생산성의 경제학”연구에 이어 두 번째의 연구비 지원이다. 본서의 출판이 가능하도록 연구비를 지원해 준 한국연구재단을 비롯하여, 이런 주제로 많은 경험을 쌓을 수 있도록 연구비를 지원해 준 관련 기관들에게 감사드린다. 또한 본서의 출판을 허락해주신 박영사 회장님 이하 많은 분들에게도 감사를 드린다.

2023. 3.

필자 박승록

차 례

표 목차

그림 목차

예제 목차

PART 1.
글로벌 가치사슬의 개념과 발전과정

최근 경제성장과 고용증대를 위해 국가나 기업에게 "무엇을 판매하느냐(what you sell)"보다 "무엇을 하느냐(what you do)"가 더욱 중요하게 되었다. 글로벌 가치사슬은 국가와 기업으로 하여금 전체 산업을 발전시키지 않고 세계 어느 곳에서나 조달 가능한 중간재를 사용하여 자신이 가장 잘 하는 작업을 하게 한다. 아웃소싱과 오프쇼어링은 가장 저렴하고, 차별화된 최고 품질의 생산요소를 조달 가능하게 함으로써 국가 경쟁력과 기업 경쟁력을 향상시킬 수 있다. 제1부에서는 글로벌 가치사슬의 기본 개념과 발전체계를 통해 본서의 전체적인 내용구성에 대해 살펴본다.

CHAPTER 1.

글로벌 가치사슬의 개념

상품의 개념화에서부터 상품의 최종소비, 또는 그 이상의 단계에 이르는 전체 범위의 기업활동을 가치사슬value chain이라고 한다. 글로벌 가치사슬은 이런 가치사슬이 전 세계에 걸쳐 확산된 것을 의미한다. 글로벌 가치사슬이 경제의 세계화를 가져오고 경제학, 경영학, 사회학 등 다양한 분야에서의 많은 전문가들이 연구분석 범위를 확대하는 과정에서 글로벌 가치사슬이란 용어와 비슷한 용어들을 사용해 왔다. 연구자들에 따라 글로벌 생산공유global production sharing, 국제적 분절화international fragmentation, 국제적인 생산 네트워크international production network, 수직 전문화vertical specialization, 다단계 생산multistage production, 하청거래subcontracting, 오프쇼어링과 아웃소싱offshoring and outsourcing, 작업의 교역trade in tasks과 같은 용어들을 사용했다.

2000년 록펠러 재단Rockefeller Foundation이 대규모 글로벌 가치사슬 회의에 많은 자금지원을 하면서 글로벌 가치사슬에 대한 연구가 보다 활성화되었다. 2000년대 초까지 글로벌 가치사슬 연구문헌들은 상품(예: 의류, 신발, 자동차)에 초점을 맞추던 관점에서 벗어나 공간적으로 분산된 생산활동을 연결하는 가치사슬을 본격적으로 검토하기 시작했다. 이 과정에서 저레피(Gereffi, 2001) 등은 가치사슬 연구자들에게 필요한 연구과제들을 소개하면서 글로벌 가치사슬Global Value Chains: GVC이란 용어를 공용어로 사용할 것을 제안했다.

1. 가치사슬과 공급사슬

글로벌 가치사슬이란 용어의 발전과정을 살펴보기 위해서는 먼저 마이클 포터Michael Porter가 1985년에 저술한 『경쟁우위: 우수한 성과의 창조와 유지Competitive Advantage: Creation and Sustaining Superior Performance』에서 정의한 가치사슬value chain이란 개념을 이해할

〈 그림 1-1 〉 마이클 포터의 가치사슬 개념도

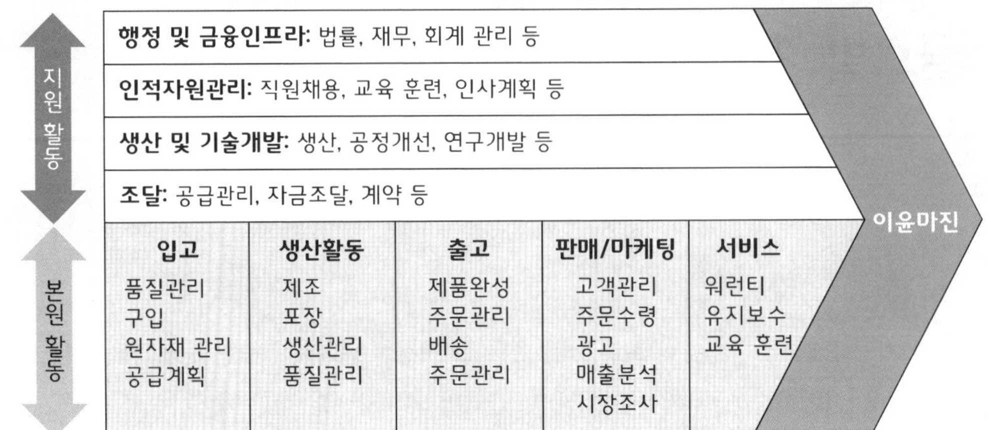

자료: Porter, Michael (1985).

필요가 있다.[1)]

마이클 포터는 가치사슬이란 "기업이 가치있는 재화와 용역을 시장에 제공하기 위해 수행하는 일련의 활동"이라고 정의하면서, 일련의 활동은 다음의 5가지로 구성된다고 하였다. 즉, ① 입고inbound logistics: 공급업체와의 관계를 포함하여 원자재 수령, 창고보관 및 재고관리 활동, ② 운영operations: 원자재를 재화와 용역으로 전환하는 과정에서 필요한 모든 활동, ③ 출고outbound logistics: 재화와 용역을 최종 사용자에게 전달하는 데 필요한 모든 활동, ④ 마케팅 및 판매marketing and sales: 유통채널의 선택, 광고, 가격책정을 포함하여 잠재적 고객이 재화와 용역을 구매하도록 장려하기 위한 모든 전략과 활동, ⑤ 판매후 서비스services: 고객 서비스, 수리, 유지보수 서비스와 같이 소비자의 사용경험을 개선하기 위한 모든 활동이 그것이다. 이 외에도 가치사슬에는 원자재 조달procurement, 기술개발technological development, 상품개발product development, 인적 자원의 관리human resource management 및 기업 인프라 구축infrastructure과 같이 기업활동의 효율성을 높이기 위한 지원활동도 포함된다.

기업의 이런 활동들이 기업의 가치사슬을 형성하게 되는데, 최종상품이나 서비스의 공급에 이르는 각 단계에서 부가가치가 창출되고 부가되면서 축적된다. 따라서 기

1) Porter, Michael (1985), *Competitive Advantage: Creating and Sustaining Superior Performance,* New York: Free Press.; Porter, Michael (1990), *The Competitive Advantage of Nations,* New York: Free Press.

업은 자신이 경영하는 기업의 가치사슬을 잘 이해해야 경쟁우위를 확보하고, 이를 지속적으로 유지할 수 있게 된다는 것이다.

가치사슬이란 개념은 공급사슬supply chain이란 용어와 밀접하게 관련되어 있다. 초기 공급사슬이란 용어는 주로 물류logistics와 관련하여 사용되었지만, 1990년대 중반 이후 글로벌 생산 네트워크가 점차 통합되면서 상호 의존성이 증가하게 되자 기업 내 또는 기업 간 물류를 넘어 기업경영의 전 과정을 설명하기 위해 사용되었다. 그래서 ① 제조업체에 대한 원재료의 공급, ② 제조공정, ③ 유통업체나 소매업체의 네트워크를 통해 고객에게 최종재를 전달하는 생산과 관련된 전반적인 투입－산출 과정을 의미하게 되었다.

공급사슬 관리의 목적은 여러 공급업자로부터 최종 수요자에 이르는 상품공급에 있어서 비용 절감과 효율성 증대를 위한 것이다. 하지만 가치사슬의 목적은 산업조직론, 국제 경영론, 국제 무역론과 같은 경제학적 방법론을 통해 산업조직과 그 결정요인을 규명한다는 점에서 공급사슬보다 넓은 목적을 가진다. 또한 가치사슬 분석을 통해 가치사슬을 따라 창출되는 가치의 개념을 고려함으로써 경제적 성과를 평가하기도 한다.

가치사슬과 공급사슬의 의미를 종합적으로 살펴보기 위해 [그림 1－2]를 통해 가치사슬의 생태계를 살펴보자. 가치사슬 참고모형Value Chain Reference Model: VCRM이라는 것인데 가치사슬, 공급사슬, 소비시장, 기업활동 지원 환경의 4부분으로 구성되어 있다.[2)]

부가가치를 증대시키기 위한 활동에 대한 의미를 보여주는 가치사슬은 상품의 개념화에서부터 최종 소비자에게 상품과 서비스가 제공되는 전 과정을 나타내는 6가지의 단계, 즉 연구개발, 디자인 개발, 생산, 물류, 마케팅 및 서비스로 구성되어 있다. 공급사슬은 가치사슬에서 생산과 관련된 4가지 기본단계, 즉 원재료, 부품, 최종상품, 유통 및 판매단계에 이르는 투입－산출 과정을 나타낸다. 이런 투입－산출 과정은 산업이나 상품에 따라 다르게 정의된다.

최종 소비시장에는 소매시장, 일반 소비시장과 산업시장이 있다. 각 시장에서는

2) Frederick, Stacey (2010), *Development and Application of a Value Chain Research Approach to Understand and Evaluate Internal and External Factors and Relationships Affecting Economic Competitiveness in the Textile Value Chain*, PhD dissertation, North Carolina State University, Raleigh, NC.; Fredrick, Stacey (2014), "Combing the Global Value Chains and Global I-O Approaches," Discussion paper presented at the International Conference on the *Measurement of International Trade and Economic Globalization*, Aguascalientes, Mexico.

〈그림 1-2〉 가치사슬 참고모형(Value Chain Reference Model: VCRM)

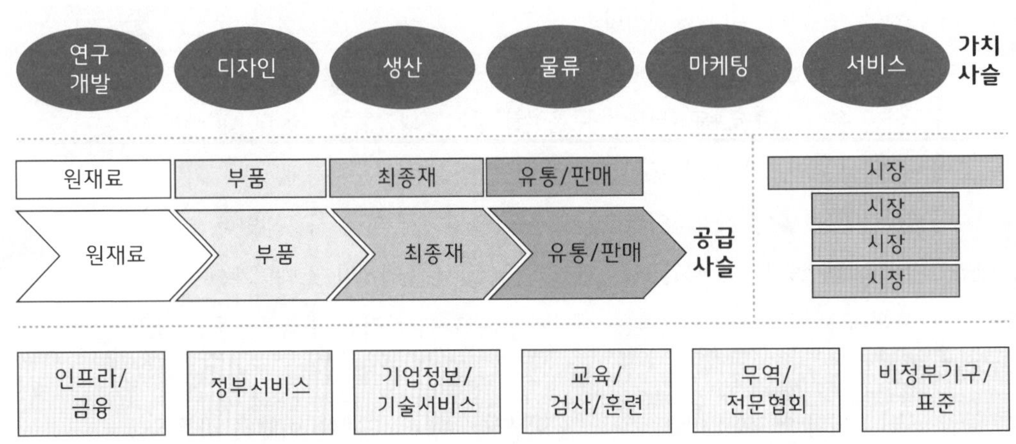

자료: Stacy Frederick (2010, 2014).

다양한 상품이 거래되지만 개인 가구 소비, 공공부문 소비, 기업의 자본투자와 같은 다양한 목적의 거래가 일어난다.

기업경영에 대한 지원 환경으로는 인프라와 금융, 정부 서비스, 경영, 정보 및 기술 서비스, 교육, 검사 훈련, 무역, 전문협회, 비정부기구NGO, 표준이 있다. 이들은 모두 다양한 경제활동을 위한 생태계를 형성하게 된다.

2. 글로벌 가치사슬과 글로벌 공급사슬

글로벌 가치사슬Global Value Chains: GVC 또는 글로벌 공급사슬Global Supply Chains: GSC의 개념은 기업경영에서 다양한 기능과 생산활동이 가치사슬을 따라, 여러 나라와 여러 기업이 참가하여 이루어지게 되는 소위, 글로벌 생산의 분절화 현상 증가에 따라 가치사슬과 공급사슬의 개념을 국제적으로 확장한 것이다.[3] 따라서 글로벌 가치사슬와 관

3) 기업활동의 구성에서의 중점을 이동시킴으로써 기업전략의 혁신에 관심을 가졌던 마이클 포터의 가치사슬 개념과 달리 글로벌 가치사슬 연구는 생산 네트워크를 최적화하려는 노력의 결과로서 기업 시스템 내에서 가치생성과 가치이전 문제를 다룸. 또한 가치분배 구조는 국제 생산 네트워크에서 기업조직 형태의 선택과정의 문제를 다룸. 그런 점에서 글로벌 가치사슬은 그 범위와 동기가 다르기 때문에 마이클 포터의 가치사슬을 국제적으로 단순 확장한 것과 상이하다고 볼 수도 있음.

경제학자 소개 1

마이클 포터(Michael Porter)

1947년 미국 미시간주 앤아버에서 출생, 1969년 프린스턴 대학에서 기계공학을 전공한 후, 1971년 하버드 경영대학원에서 경영학석사(MBA), 1973년 하버드 대학에서 경제학 박사학위(PhD)를 취득하였다.

마이클 포터는 기업, 산업, 국가 수준에서 『경쟁전략(Competitive Strategy)』, 『경쟁우위(Competitive Advantage)』, 『국가의 경쟁우위(Competitive Advantage of Nations)』 등 수많은 저서와 논문을 저술하였는데 이를 통해 하버드 비즈니스 리뷰(Harvard Business Review) 최고 논문상을 여러 차례 수상하였다. 경영학, 경제학 분야에서 최고의 피인용 저자이기도 하다. 26세에 하버드 경영대학원 교수로 임명되었으며, 35세에 하버드 최연소 정년보장 교수(테뉴어)로 임명되어 화제가 되기도 하였다. 2008년에는 미국 상무부에서 수여하는 "경제발전 평생공로상"의 초대 수상자로 선정되기도 했다.

본서에서 설명하고 있는 가치사슬(value chain) 이론은 마이클 포터가 『경쟁우위(Competitive Advantage, 1985)』란 저서에서 만든 이론이다. 다양한 기업활동들은 서로 사슬처럼 연관되어 있는데 이런 활동들의 상호 연결과 수행이 부가가치를 창출하게 된다는 것이다. 본문에서 설명한 바와 같이 부가가치의 창출에 직접 관여하는 주요업무(primary activities)와 이를 지원하는 지원업무(support activities)로 기업의 다양한 업무를 구분하였다. 기업의 경쟁우위는 경쟁기업보다 주요 업무를 얼마나 잘 수행하느냐에 따라 결정된다고 했다.

또한 마이클 포터는 『국가의 경쟁우위(Competitive Advantage of Nations)』에서 국가경쟁력을 구성하는 4가지 요인들, 즉 요소조건, 수요조건, 기업전략과 구조, 경쟁자 조건과 관련 지원산업을 정부가 적극적으로 개선시키기 위해 노력한다면 국제경쟁 환경에서 유리한 환경을 조성할 수 있다고 주장하였다. 이런 개념에 기초하여 국제경영개발대학원(IMD), 세계경제포럼(WEF) 등에 의해 국가경쟁력 평가지표가 체계적으로 개발되었다.

마이클 포토의 연구들은 국제무역에 대해 직접 언급하지는 않았지만 국제무역에 영향을 미치는 요인들의 인위적 개선 가능성을 제기하여 국가 경쟁력과 수출경쟁력 개선을 위한 정부정책의 당위성을 주장하고 있다.

련된 국제 거래는 국가 간 무역의 중요한 부분이 되었으며, 글로벌 가치사슬은 세계 경제의 구조적 변화를 가져오는 동인으로 인식되기 시작했다.

글로벌 가치사슬이 발전하게 된 중요한 원인으로는 국가 간 무역에 수반되는 여러 가지 무역비용이 크게 감소했기 때문이다. 무역비용은 상품이나 서비스가 생산되는 곳에서부터 최종 소비자에게로 이동하는 과정에서 기업이 지불해야 하는 모든 비용이다. 지난 수십년 간의 세계무역의 자유화 과정에서 관세 및 비관세 무역장벽으로 인한 무역비용이 많이 감소했다. 또한 교통 등 인프라 부문의 규제개혁을 통해 많은 국가가 도로 및 항만에 대한 투자를 장려함으로써 물류의 효율성이 개선되면서 물류비용이 크게 감소했다. 그리고 초대형 대양 수송선이 건조되고, 표준화된 컨테이너를 사용함으로써 운송능력이 크게 확대되어 국제 운송 비용이 크게 감소하였다. 인터넷과 같은 정보통신 기술의 발전은 새로운 유형의 물류, 유통, 금융 및 경영 서비스를 제공하여 효율적인 글로벌 공급사슬을 가능하게 하였고, 아울러 기업은 글로벌 가치사슬 활동을 저렴한 비용으로 실시간 관리할 수 있게 되어 관리비용을 크게 절감하였다.

이처럼 무역환경이 획기적으로 개선됨에 따라 오프쇼어링, 아웃소싱 활동을 통한 수입 중간재의 사용이 증가하고 그에 따라 중간재 교역이 크게 증가하였다. 여기에는 다음과 같은 3가지 원인이 작용했다. 첫째는 선진국 기업들은 생산과정에서 노동 집약적 생산단계를 노동력이 풍부하고 임금수준이 낮은 외국으로 이전함으로써 저임금 국가가 수출하는 상품과의 가격경쟁에 전략적으로 대응하였기 때문이다. 둘째는 다국적 기업에서 국내 모회사와 해외 또는 국내에 있는 계열사 간에 중간재 거래가 활발하게 일어났기 때문이다. 셋째는 이민, 근접성, 식민지 시대의 유대감 및 공통된 언어와 같은 요소들이 구매자와 판매자 간의 상호이익을 가져오는 기회를 제공해주었기 때문이다.

전통적인 생산과정에서는 기업이나 국가가 최종상품이나 서비스를 첫 단계부터 최종단계까지 내부적, 수평적으로 생산한 다음 수출하는 전 과정에 특화되어 있었다. 하지만 글로벌 가치사슬이 활발해진 오늘날 생산의 개념은 생산과정의 여러 단계에서 소재, 부품, 장비들이 수평, 수직 및 대각선으로 연결된 여러 국가, 여러 기업에서 생산되고 거래되는 매우 복잡한 네트워크 구조를 갖게 되었다.

기업이나 국가는 생산과정의 모든 단계가 아닌 일부 단계에 전문화되어 있다. 이와 같은 상품 내에서의 전문화는 생산과정의 다양한 작업tasks이 해당 생산과정의 기술 차이에 따라 물리적으로 분리될 수 있을 때 가능하다. 생산성 향상, 규모의 경제 효과 및 학습비용의 절감 가능성 때문에 소재, 부품, 장비의 생산에 집중하는 기업의 생성이 촉진된다. 생산과정의 국제적 분절화는 아웃소싱 및 오프쇼어링이 일어나는 주된 이유이며, 이는 다국적 기업 내에서 발생하는 무역의 상당 부분을 차지하는 부품 등 중간재의 수직적 산업내 무역을 가능하게 하였다.

3. 언번들링과 기업의 수직통합

글로벌 가치사슬이란 개념의 발전에서 언번들링unbundling과 기업의 수직통합vertical integration이란 용어가 중요하다. 글로벌 가치사슬 개념의 발전과 유사한 다른 용어가 만들어진 배경이 되는 용어이기 때문이다. 글로벌 가치사슬의 개념은 일정한 순서에 따라 발전한 것이 아니라 시간의 변화에 따라 다양한 학문 분야에서 인식되고 이론발전과 실증연구의 상호작용을 통해서 더욱 발전해 왔다.

(1) 언번들링

과거와 같이 상품, 사람, 아이디어의 이동이 자유롭지 않았다면 경제활동은 소규모 사회의 내부에서 이루어진다. 가령 농부들은 부근에 있는 빵 공장을 위해 밀을 재배하고 수확하여 밀가루를 만든다. 빵 생산자는 매일 아침 빵을 사러 오는 이웃들을 위해 빵을 굽는다. 해당 지역의 생산에서 소비 과정이 지역사회에서 경제적 자급을 가능하게 한다. 해당 지역의 범위를 벗어난 지역과의 거래는 선박을 이용한 상인들의 이동이나 과거 비단길Silk Road에서의 대상들의 이동과 같은 것을 통해 가능했지만 쉽지 않은 일이었다. 국경을 넘어서는 거래들은 향료, 비단과 같은 소수의 사치품에 한정되었으며, 이런 사치품들은 여행 과정에서 부담해야 할 위험이나 시간을 보상할 만큼의 높은 가격에 팔렸다.

국제무역은 19세기 초 증기기관이 발명되면서 증기 기관차에 의한 육상운송과 증기선을 이용한 수상운송이 가능해져서 지역사회를 넘어 크게 확대되었다. 대량의 물류 이동으로 발생한 규모의 경제 효과는 수송비용을 더욱 낮추었다. 상품이 소비되는 지점은 생산되는 지점과 분리되었고, 상품은 가장 수익성 좋은 시장을 찾아 전 세계로 수출되었다.

상품의 생산점과 소비점이 지리적으로 분리되면서 산업 집적지의 대규모 공장에서의 생산활동이 크게 증가했다. 국제무역에 의해 잠재적 고객이 늘어나면서 대량 생산체제가 가능하게 되었다. 제조업의 높은 생산성은 애덤 스미스Adam Smith의 고전적인 핀 공장pin factory의 사례에서 보듯이 노동의 분업division of labor에 의해 달성되었다. 핀 공장의 사례에서 근로자는 집중적인 학습을 통해 자신의 경쟁력을 높이기 위한 특정 작업에 전문화한다. 하지만 노동의 분업은 다양한 작업이 모여서 동시에 동질적인 상품을 생산해야 하므로 분업에 의해 나누어진 다양한 작업 단계를 섬세하게 조정해야 하는 문제를 야기한다. 따라서 다양한 업무 간의 의사소통을 원활히 하고 조화를 이루기 위해 서로 다른 생산기능을 한 지붕(공장) 아래에서 관리해야만 한다.

1980년대 정보통신 기술혁명은 이런 모습을 완전히 바꾸어 놓았다. 텔렉스, 팩시밀리나 고속의 국제통신 네트워크를 통한 인터넷의 발전은 서로 다른 지역에 있는 생산공장들을 저렴하고 조화롭게 운영할 수 있게 하였다. 매출 예측결과와 원자재 조달계획은 즉시 생산라인에 전달될 수 있게 되었으며, 정확한 상품 디자인과 상세내역을 나타내는 전자문서들은 모든 생산공장에서 공유되고, 조정될 수 있게 되었다. 이제 생산기능은 더 이상 가까운 공간 내에 국한되어 위치할 필요가 없게 되었다. 어떤 생산부문은 여러 국가에서 생산요소의 비용격차를 활용하기 위해 국경을 넘어 재배치되면서 생산활동의 기술적인 분해, 즉 언번들링unbundling이 가속화되었다. 바로 언번들링이 아래 그림에서 보는 오프쇼어링의 배경이 되어 글로벌 가치사슬이란 세계경제의 동적인 측면을 설명해주게 된다.

(2) 수직통합

언번들링의 개념은 글로벌 가치사슬 발전에 있어서 수직적 통합vertical integration이란 또 다른 분석개념을 제공해 준다. 생산활동의 기술적 분해가 이런 생산활동을 어떻게 조직화 하느냐는 수직통합의 개념을 발전시켰기 때문이다.

20세기초 헨리 포드Henry Ford는 다양한 종류의 기업을 인수하여 동일한 자본과 경영관리의 우산 아래에서 생산과정의 다양한 부문을 통합한 사업모델을 개발하였다. 이런 사업모델은 나중에 수직통합 전략으로 알려지게 되는데 대량생산 시대의 기업경영 방식으로 자리잡게 된다.

수직적 통합에 대한 초기의 이론은 시장의 불완전성market imperfection에 초점을 맞추었다. 산업조직론에서 어떤 기업은 기존의 시장 지배력의 존재에 따른 시장왜곡, 즉 이중마진 가격설정 행위double marginalization, 무임승차의 문제free-rider problem, 진입봉쇄entry foreclosure와 같은 것을 피하기 위해 다른 기업을 통합하게 된다고 설명하고 있다. 또한 수직적 통합은 거래비용을 제거 또는 감소시키기 위한 것인데 생산활동의 내부화, 즉 수직적 통합은 대등한 공식적인 사업관계를 유지하는 데 필요한 잠재적 비용을 제거할 수 있는 유용한 수단이 되기 때문이다.

수직적 통합의 이런 장점에도 불구하고 기업활동의 내부화는 많은 행정비용, 조직의 관료화에 따른 비용을 지불해야 하므로 수직적 통합을 기피하려는 유인도 작용한다. 따라서 기업활동을 내부화할 것인지, 시장을 활용할 것인지를 결정하는 지배구조, 즉 기업 지배구조corporate governance의 문제가 제기되는데 직접 현물시장의 거래에 수반되는 비용과 기업활동의 내부화에 따른 관료적, 위계적 조직에 따른 비용을 비교하여 생산의 비효율을 최소화하는 방법으로 결정된다.

거래비용의 관점에서 고려할 수 있는 비용에는 계약서의 작성, 모니터링 및 계약의 이행을 위한 직접적인 비용뿐만 아니라 기업관계에서 계약상 위험으로부터 사후적으로 발생하는 비효율도 포함된다. 거래비용 가설에서 기본원칙의 하나는 계약이 불완전incomplete contract하다는 것이다. 정보의 비대칭성information asymmetry 때문에 계약 당사자 간의 거래조건을 사전에 규율할 수 없다는 것이다. 계약 당사자들이 거래관계에 묶여있을 때 계약의 불완전성은 다양한 유형의 계약상 위험을 초래하지만 수직적 통합은 통합된 기업의 활동에 사후적 이익까지 반영할 수 있기 때문에 이런 위험을 제거할 수 있다.

따라서 기업의 수직적 통합은 계약 당사자 간의 관계에서 기회주의적 행동opportunistic behaviour을 감소시키는 편익이 관료화된 조직에서 자원배분의 비효율로 인한 비용을 능

〈그림 1-3〉 기업의 아웃소싱, 오프쇼어링 전략

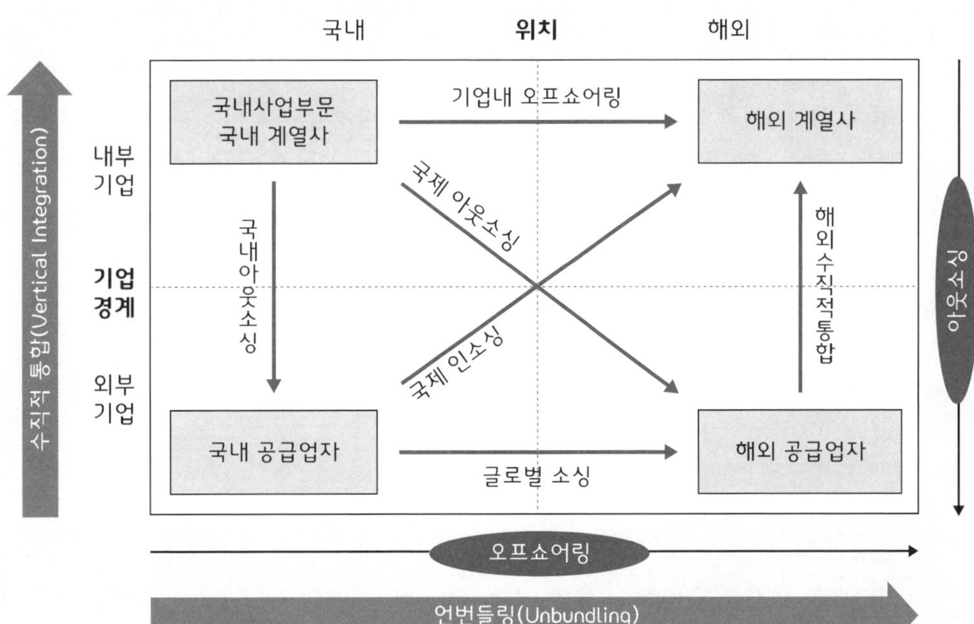

자료: OECD (2006), p.18.

가할 때 가치사슬을 조직화하는 방법으로 선호된다. 오늘날 국제적 측면에서 수직적 통합은 다국적 기업이라 불리는 사업체의 출현을 의미한다. 다국적 기업에 의한 해외 직접투자는 글로벌 생산 네트워크를 구축하게 된 주요한 동인으로 국가 간 부가가치 분배에 결정적 영향을 미친다.

따라서 위의 [그림 1-3]에서 보듯이 생산관련 업무가 사내에서 수행되는지, 외주를 통해 이루어지는지, 그리고 국내에서 수행되는지, 또는 국경을 넘어 수행되는지에 따라 가치사슬을 구성에는 다양한 방법이 있게 된다.4)

4. 글로벌 가치사슬의 유형

글로벌 가치사슬의 유형은 글로벌 생산공유의 형태와 글로벌 가치사슬에 참가하는 기업들의 협상력과의 관계에서 살펴볼 수 있다.

(1) 글로벌 생산공유와 글로벌 가치사슬 유형

첫째, 글로벌 생산공유 과정에서 원자재 조달을 통한 최종재 생산과정은 3가지의 상이한 모습을 가지고 있다. 첫 번째 형태는 뱀처럼 최종상품 생산과정이 선형으로 연결되어 있는 "스네이크snake"형이다. 상류부문에서 하류부문으로 순서대로 이동하는 상품의 생산과정을 보여준다. 두 번째 형태는 거미줄처럼 최종상품 자체 또는 부품의 조립을 위해 여러 중간 공급업체가 모인 "스파이더spider"형이다. 세 번째의 형태는 두 가지의 형태의 혼합된 모습으로 하이브리드 스니커hybrid sniker" 형태이다. 대부분의 생산 네트워크는 이와 같은 형태이다. 이런 글로벌 가치사슬의 형태는 생산위치와 기업 간의 상호작용에 영향을 미친다.5)

---

4) OECD (2006), "Potential Impacts of International Sourcing on Different Occupation," *OECD Digital Economy Papers*, No.122, OECD Publishing.

5) Baldwin, Richard, and Anthony J. Venables (2013), "Spiders and Snakes: Offshoring and Agglomeration in the Global Economy," *Journal of International Economics* 90(2): pp.245-254.

(2) 참가기업의 지배력과 글로벌 가치사슬 유형

초기 글로벌 가치사슬 연구는 글로벌 가치사슬에 참가하는 국가와 기업들의 가치배분 메커니즘과 국제 간 생산에서 소비에 이르는 연계조직 간의 상호작용을 연구하는 것이었다. 그 과정에서 국제 생산 네트워크를 조직하는 지배구조governance에 관심을 기울였다. 글로벌 가치사슬에 있어서 수직적 통합은 모회사의 자회사에 대한 절대적이고 일방적인 통제를 전제로 하는 계층구조를 가져온다. 자회사의 활동과 성과는 모기업의 경영전략에 따라 엄격하게 관리되고 평가된다. 반면 아웃소싱에서는 고객(구매자)과 하청업체(공급자) 간에 평등한 관계를 형성되므로 수직적 통합과 달리 기업 지배력이 대등하게 행사된다.

글로벌 가치사슬은 참가하는 계약 당사자 간의 이런 권력관계에 의해 시장형, 모듈형, 관계형, 포획형, 위계형의 5가지 유형으로 나누어진다. 보다 자세한 설명은 제3부에서 살펴볼 것이다.

〈 그림 1-4 〉 생산공유 형태에 따른 글로벌 가치사슬의 유형

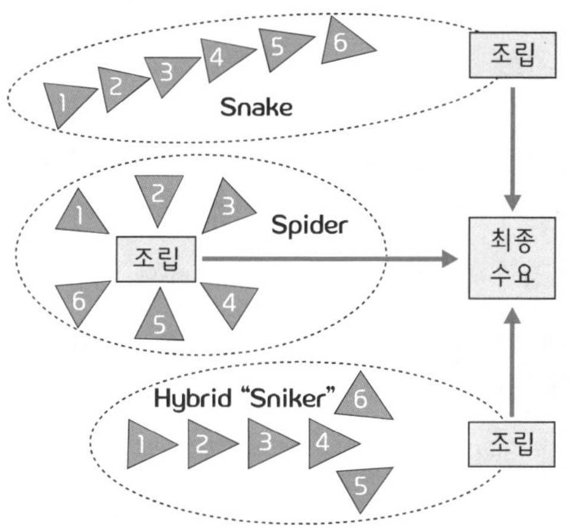

자료: Baldwin and Venables (2013).

5. 글로벌 가치사슬의 발전동기[6)]

(1) 무역비용 감소

글로벌 가치사슬의 출현과 생산의 국제적 분절화는 경영환경 및 규제환경의 변화와 기업운영의 사고방식 및 기업경영 조직의 변화로 인해 더욱 가속화되었다. 국경을 넘어 상품과 서비스를 이동시키는 데 필요한 무역관련 비용이 하락하고, 전 세계에 걸친 기업활동을 쉽게 조정할 수 있도록 정보통신 비용이 크게 하락하였기 때문이다. 이에 따라 기업은 글로벌 전략으로서 아웃소싱과 오프쇼어링을 적극 추진하여 전 세계로부터 저렴한 양질의 중간재를 조달할 수 있게 되었다.

상품거래와 관련된 무역비용에는 운송 및 항만 이용, 화물 및 보험, 관세, 비관세 조치와 관련된 비용과 수입업체, 도매업체 및 소매업체의 이윤이 포함된다. 서비스 거래와 관련된 무역비용에는 통신비용이 대부분을 차지한다. 글로벌 가치사슬에서 중간재는 여러 번 국경을 넘나들어야 하므로 이런 무역비용의 감소는 글로벌 가치사슬 발전에 큰 역할을 하게 된다.

(2) 규제완화

또한 그동안 지속적인 세계무역 자유화 조치들은 무역과 투자에 대한 장벽을 낮추었고, 수출상품에 대한 관세인하 조치와 비관세 장벽의 해소는 상품과 서비스의 국제교역을 크게 증가시켰다. 첨단 IT산업의 교역 자유화를 위해 컴퓨터, 통신장비, 반도체, 반도체 제조장비, 소프트웨어 등 정보통신 기술 상품의 교역을 완전히 무관세화하자는 "정보기술협정Information Technology Agreement"은 정보통신 기술ICT 산업에서 글로벌 가치사슬을 크게 발전시켰다.

다자간 및 양자 간 합의를 통한 투자 자유화 조치들 역시 기업이 생산활동을 국제적으로 확산하기 위한 해외직접투자FDI를 적극 활용할 수 있게 해주었다. 신흥 경제국은 해외투자를 활용하기 위한 투자개혁 조치를 통해 글로벌 가치사슬에 적극 참가할 수 있게 되었다.

6) OECD (2013), *Interconnected Economies: Benefitting from Global Value Chains,* Paris: OECD, pp.19-20.

(3) 정보통신 기술의 발전

무역비용의 하락과 규제완화가 지난 수십 년 동안 세계경제의 글로벌화를 주도했지만, 글로벌 가치사슬의 확산은 제3차 산업혁명이라고 할 수 있는 정보통신 기술(ICT)의 급속한 발전으로 크게 촉진되었다. 안정적이고 빠른 통신수단, 정보관리 소프트웨어의 발전, 보다 강력해진 개인용 컴퓨터는 회사 내부 또는 멀리 떨어진 회사와의 복잡한 활동을 조직, 조정하는 비용을 크게 낮추었다. 더욱이 ICT의 발전으로 많은 서비스의 특성을 바꾸어 인터넷과 이메일 또는 전화 및 화상회의를 통해 데이터 입력, 정보처리, 연구 및 컨설팅을 쉽게 수행할 수 있게 되었다.

(4) 경쟁환경의 변화

무역비용의 감소, 규제완화, ICT 산업의 발전은 세계경제를 보다 밀접하게 연결함으로써 경쟁환경을 크게 바꾸어 놓았다. 이런 상황하에서 기업들은 기업, 지역을 넘어서 가치사슬을 조정하고 최적화 해야만 했다. 이는 생산단계를 생산비용에 따라 각각 다른 지역에 위치하게 하였다. 노동 집약적인 생산단계는 저임금 국가에, 유통, 판매, 연구개발 등의 생산단계들도 각각 국제적으로 유리한 지역에 위치하게 되었다.

국내외에서의 증가하는 경쟁환경에 적응하기 위해서는 효율성을 높이고 비용절감을 하는 것이 중요하다. 국내외 또는 기업 내외의 구분 없이 낮은 비용 혹은 보다 효율적인 생산활동을 하는 기업으로부터 필요한 소재, 부품, 장비를 구매하는 것이 비용을 낮추어 치열한 경쟁환경에서 생존하는 방법이 되었던 것이다. 또한 이런 환경 속에서 특정의 소재, 부품, 장비의 생산에 특화한 공급업자들은 규모와 범위의 경제 효과를 활용할 수 있기 때문에 추가적인 비용절감이 가능하였다.

(5) 해외시장의 활용

해외시장에 접근하게 된 기업들은 글로벌 가치사슬을 통해 해외시장을 보다 잘 이해하고 이를 잘 활용할 수 있게 되었다. 보다 넓은 시장, 보다 빨리 성장하는 시장에서 생산, 판매, 유통을 위해 자신의 계열사 또는 외부의 다른 기업들과 네트워크를 구축할 수 있게 되었다. 해외시장에 계열사를 갖게 되면서 자신의 지적 재산권을 보호하기 쉬워졌으며, 다른 파트너와 거래할 때에는 사업 파트너의 지적 자산을 활용할 수도 있었다.

(6) 지식의 습득

최근 글로벌 가치사슬의 확산에 중요한 역할을 하는 것은 해외로부터 유용한 지식을 습득할 수 있다는 것이다. 자신의 혁신활동에 추가적으로 외국의 숙련 노동자, 기술 전문가 심지어 경쟁기업과 중간재 공급업자들로 부터도 기업의 지식자산을 축적할 수 있게 되었다. 해외지식에 접근할 수 있다는 것은 연구개발 활동의 국제화에 매우 중요한 수단이 되었다.

6. 다국적 기업과 글로벌 가치사슬[7)]

글로벌 가치사슬에 참가하는 기업의 지배구조 분석을 위한 이론적 분석 틀에서는 주요 참가자인 다국적 기업과 이들의 해외 계열사, 국내외 시장에서의 독립적인 공급업체와의 관계를 이해할 필요가 있다. 글로벌 가치사슬에서 경제적 거래에는 본사와 계열사 간의 기업내 거래뿐만 아니라 해당 기업과 독립적인 공급업체 간의 상품의 질과 디자인 등의 거래조건이 정해진 상품의 대등한 거래행위가 있다.

이때 글로벌 가치사슬의 유형에 따라 교섭력의 배분과 지식 흐름의 방향이 정해진다. 이는 선도기업인 다국적 기업에 집중될 수도 있고, 선도기업과 공급업체 간에 대등한 관계가 될 수도 있다. 거래의 복잡성, 거래조건의 성문화成文化 능력, 공급기지의 역량과 같은 요인들이 고려된다. 결과적으로 글로벌 가치사슬의 지배구조가 이익과 위험의 배분을 결정하게 된다.

(1) 생산자 주도와 구매자 주도의 다국적 기업

글로벌 가치사슬에서 "생산자 주도producer-driven" 가치사슬과 "구매자 주도buyer-driven" 가치사슬의 차이는 다국적 기업과 독립적인 공급업체의 서로 다른 역할을 보여준다. 구매자 주도의 가치사슬은 미국의 월마트Walmart나 한국의 이마트emart와 같은 대형 소매업체나 나이키Nike와 같은 유명 브랜드 판매자들에 의해 이루어지는 방식이다. 판매상품은 비교적 간단한 의류, 가정용품, 장난감들로서 이를 생산하는 데 자본이 적게

7) OECD (2013), *Interconnected Economies: Benefitting from Global Value Chains,* Paris: OECD, pp.20-23.

들고 다양한 기술을 가진 근로자가 필요하지 않다. 이런 글로벌 가치사슬에서 선도기업은 마케팅과 영업을 중요시한다. 직접 운영하는 상품생산 공장이 없는 경우가 많아서 대규모 네트워크를 구성하는 독립적 공급업체가 생산하는 상품을 구매한다.

반면 생산자 주도의 가치사슬은 기술과 연구개발R&D에 크게 의존하는 반도체, 전자, 자동차 및 제약 산업과 같은 첨단기술 분야에서 일어나고 있다. 지엠GM, 소니Sony, 애플Apple이나 한국의 삼성전자, 현대자동차와 같은 대형 제조회사는 여러 국가에서 이루어지는 조립활동뿐만 아니라 상품 디자인도 통제한다. 기술, 디자인, 전문적인 생산기술이 핵심 경쟁력인데 이는 주로 선도기업이 내부적으로 발전시킨 것이거나, 경쟁기업에 기술이 유출되는 것을 방지할 수 있는 계열사나 완전 통제할 수 있는 공급업체에서 발전시킨 것이다. 이런 네트워크에서 다국적 기업의 역할은 여러 국가에 위치한 계열사들과 강한 유대관계를 형성하는 것이다.

(2) 수평적 다국적 기업과 수직적 다국적 기업

다국적 기업은 수십 년간 글로벌 가치사슬의 발전을 가속화 해온 해외직접투자FDI를 통해 보다 좋은 입지 여건을 찾아 해외조달 활동을 해왔다. 다국적 기업은 전통적으로 수평적 다국적 기업과 수직적 다국적 기업으로 구분된다. 시장 추구형인 수평적 다국적 기업은 고객 가까이에서 생산하고 규모의 경제 효과를 활용하여 무역비용을 절감한다. 이들의 생산공장은 자국과 해외 생산국에서 비슷한 상품을 생산하여 수출비용을 절약한다.

반면 효율성 추구형인 수직적 다국적 기업은 일반적으로 집약적으로 사용되는 생산요소 비용을 감안하여 여러 국가에서 다양한 생산단계의 상품(중간재)을 생산한다. 한 나라에서 생산된 상품은 다른 나라에서의 생산을 위한 투입물로 사용되기 때문에 이런 유형의 다국적 기업은 국제적인 생산의 분절화를 가져오게 된다.

하지만 실제 대부분의 다국적 기업 계열사들은 수평적, 수직적 특성을 모두 가지고 있다. 가령 중국에 계열사를 설립한 다국적 기업은 빠르게 성장하는 대규모 중국시장에서 낮은 인건비를 활용할 뿐만 아니라 중국시장에서 상품 또는 서비스를 판매하기도 한다.

(3) 다국적 기업의 기업내 국제무역

다국적 기업의 계열사는 자국 시장에 상품을 공급할 뿐만 아니라 다른 나라에 상품을 공급하거나 다국적 네트워크에 속해있는 다른 계열사를 위해 중간재를 생산하기도 한다. 다국적 기업은 자신의 계열사를 통한 오프쇼어링뿐만 아니라 다른 회사를 통한 아웃소싱을 통해 서로 다른 국가에서 생산과정을 수행한다. 이런 과정에서 다국적 기업과 계열사 간의 국경을 넘나드는 무역거래, 즉 기업내 무역이 국제무역의 많은 부분을 차지하게 된다. 물론 여기에는 다국적 기업이 자신의 계열사가 아닌 독립된 공급업자로부터 조달받아 상품을 생산하거나, 이들이 자신의 계열사와의 기업내 무역으로 거래한 것까지를 포함하지만 외견상 다국적 기업의 기업내 국제무역으로 집계되는 부분이 상당하다.

(4) 중소기업의 다국적 기업으로의 성장

글로벌 가치사슬에의 참가를 통해 중소기업도 기업활동을 고도화upgrading하여 자신의 역량을 강화할 수 있다. 중소기업은 일반적으로 국제시장에 진출하기가 어렵지만 글로벌 가치사슬을 통해 해외에서 사업을 확장할 수 있는 새로운 기회를 가질 수도 있다. 가령 자동차 산업의 공급기지가 세계화되면서 핵심부품을 공급할 수 있는 중소기업들은 국제화를 달성할 수 있었다. 간혹 완성차 조립업체가 다른 나라에 새로운 조립공장을 세울 때 부품 공급업체의 동반진출을 지원하게 된다. 과거 한국의 현대자동차가 중국에 진출할 때 40여 개 1차 협력업체와 동반 진출한 것과 같다.

생산의 분절화와 정보통신 기술의 발전에 따라 중소기업들도 해외시장을 통해 새로운 기업가적 역량을 발휘하여 다국적 중소기업으로 발전하고 있다. 인터넷과 새로운 비즈니스 모델은 이런 중소기업들이 최소비용으로 해외시장에 진입하여 글로벌 가치사슬에서 중요한 역할을 하게 한다.

동시에 많은 중소기업은 내부적으로 경영자원, 재무자원, 기술수준의 제고와 보호를 위한 역량이 부족하다. 글로벌 가치사슬 참가에 있어서 꼭 필요한 적정 수준의 연구개발 비용, 직원의 교육훈련 비용, 상품의 표준과 품질기준을 준수할 수 있는 역량을 가지고 있지 못하다. 또한 글로벌 가치사슬에서 소규모 기업은 자신의 위상을 높일 수 있는 다양하고 복잡한 작업을 감당할 수 없다. 중소기업이 성공적인 글로벌 가치사슬 참가를 위해서는 상품개발에 기여하고, 하위 공급업체들로 구성된 네트워크를 조직하고 감시할 수 있고, 경쟁력있는 가격으로 양질의 상품을 공급할 수 있어야 하지만 이는 쉬운 일이 아니다.

CHAPTER 2.

글로벌 가치사슬 분석방법론의 발전체계

본 장에서는 글로벌 가치사슬관련 연구가 많이 축적된 점을 감안하여 글로벌 가치사슬을 학문적으로 종합 분석할 수 있는 프레임워크를 살펴보고자 한다. 국경을 넘나드는 생산공유에서의 수직적인 공급－사용 관계와 여기에 관여하는 당사자 간의 가치배분에 미치는 영향을 명시적으로 살펴볼 수 있는 체계를 구성하자는 것이다.1)

이런 목적에 매우 부합하는 분석체계가 [그림 2－1]에서 제시되고 있다. 그림의 중간부분은 국제무역 이론의 발전과정에서, 또는 기업의 본질이나 계약이론 관점에서, 좌측은 특정 상품을 구성하는 부품구성을 구체적으로 살펴보는 관점에서, 우측은 국제 산업연관표를 이용한 보다 엄밀한 수량적인 분석법 측면에서 글로벌 가치사슬의 발전과정과 더불어 종합적인 분석체계를 제시하고 있다. 본서에서 서술하고자 하는 전반적인 구성이라고 할 수 있다. 이하에서는 [그림 2－1]의 좌측에서부터 기업이론, 시장이론, 무역이론, 산업연관분석과 관련된 주요 배경을 살펴보고자 한다.

1. 기업의 본질: 계약이론의 적용

산업조직 이론에서는 오랫동안 기업의 거래행위가 시장을 통해 이루어지는지, 기업의 경계 내에서 이루어지를 결정하는 요인에 대해 연구했다. 이런 문제는 로널드 코오스Ronald Coase가 "기업의 본질the nature of the firm"에 대한 깊은 통찰력을 가진 개념을 제시한 후 다양한 방법을 통해 해결되었다.2) 이후 기업내 거래에서 다국적 기업의 거

1) Satoshi Inomata (2017), "Chapter 1: Analytical frameworks for global value chains: An overview," *Measuring and Analyzing the Impact of GVCs on Economic Development*, Global Value Chain Development Report 2017, World Bank Group, IDE-JETRO, OECD, UIEE, WTO 참조.

2) Coase, R. (1937), "The Nature of the Firm," *Economica* 4(16): pp.386-405.

래에 대한 연구라는 국제적 관점으로 그 연구 범위를 넓히고 있다.

앤트라스(Antràs, 2003)는 자본 집약적 산업과 자본이 풍부한 국가 간에 기업내 거래가 비대칭적으로 많다는 사실을 설명하기 위하여 불완전한 계약하에서 기업이론과 불완전 경쟁하에서의 국제무역을 이론화 하였다.3) 통합된 이론의 틀 내에서 재산권을 확보함으로써 거래비용을 줄이고, 비교우위를 활용하여 요소비용을 최소화하려는 기업의 이중적 목표가 분석되었다. 이 모형은 더 나아가 [그림 2-1]에서 보여주는 것처럼 공간적 차원, 기업조직 차원에서 가치사슬 변화의 범위를 보여주고 있다.

앤트라스와 헬프먼(Antràs and Helpman, 2004)은 기업의 이질성firm heterogeneity이란 또 다른 요인을 도입하고 있다. 메리츠(Melitz, 2003)를 참고하여 앤트라스와 헬프먼(Antràs and Helpman, 2004)은 기업 생산성에서 산업부문 내의 이질성이 기업의 세계화 결정에 미치는 영향을 조사했다. 이에 의하면 글로벌 활동을 위한 다양한 진입비용이 글로벌화의 방법 선택에 따른 기업 간 생산성 격차를 결정한다고 한다.4) 가장 생산적인 기업은 해외직접투자를 선택하고, 그 다음 생산적인 기업은 대등한 관계의 해외 오프쇼어링을 선택하며, 가장 낮은 수준의 생산성을 가진 기업은 국내조달에만 의존한다고 한다.

이런 접근방식에서 더 나아가, 앤트래스와 쵸어(Antràs and Chor, 2013)는 가치사슬에 따른 생산과정의 각 부분에서 전통적인 제조나 구매의 선택 문제를 해결하기 위해 가치사슬의 중요한 속성인 생산단계의 기술적 순서를 고려하였다.5) 계약의 불완전성 때문에 선도기업(최종상품 생산자)이 가치사슬에서의 지배구조의 형태를 선택할 때 전략적 판단을 하게 된다고 한다. 이 모형의 주요 시사점은 기업이 일련의 거래에서 얻는 이익을 최적화하기 위해 상류부문 공급업체와 하류부문 업체 간의 지배구조 형태를 차별화해야 한다는 것이다.

계약이 불완전한 경우에 대해 앤트래스와 쵸어(Antràs and Chor, 2013)는 선도기업(최종재 생산자)과 공급업체(중간재 생산자)는 각 생산단계에서 발생하는 추가적 부가가치의 배분에 관해 사후적으로 협상을 해야 된다고 했다. 이에 대해 그로스먼과 하트

---

3) Antràs, P. (2003), "Firms, Contracts, and Trade Structure," *Quarterly Journal of Economics* 118 (4): pp.1375-1418.

4) Melitz, M. J. (2003), "The Impact of Trade on Intra-Industry Reallocations and Aggregate Industry Productivity," *Econometrica* 71(6): pp.1695-725.; Antràs, P. and E. Helpman (2004), "Global Sourcing," *Journal of Political Economy* 112(3): pp.552-580.

5) Antràs, Pol, and Davin Chor (2013), "Organizing the Global Value Chain," *Econometrica* 81, No.6, pp.2127-2204.

〈그림 2-1〉 글로벌 가치사슬 생성 발전과 영향 분석을 위한 주요 경제학적 주제

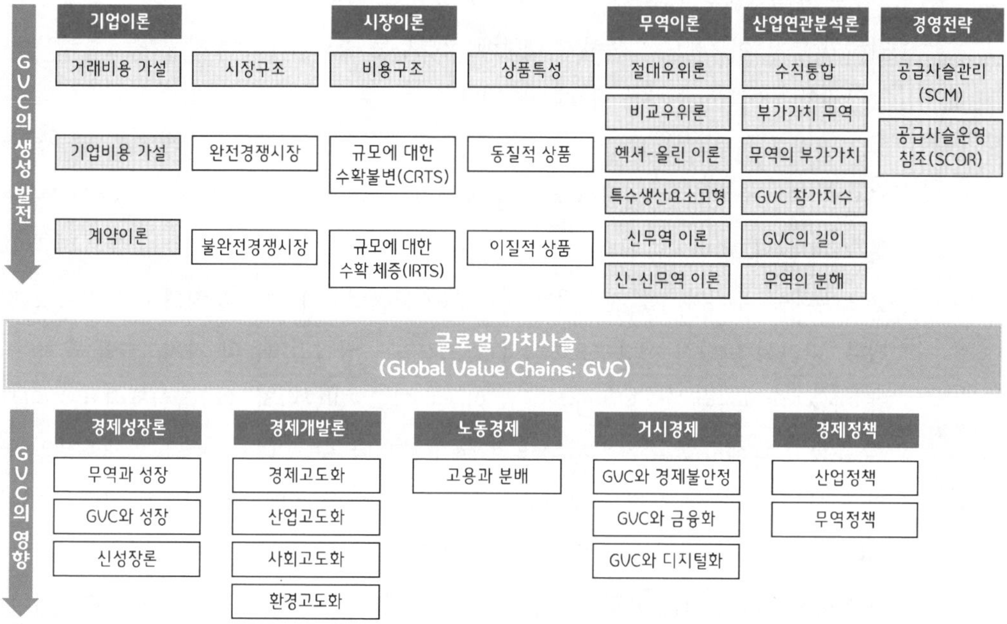

GVC의 생성 발전

기업이론
거래비용 가설
기업비용 가설
계약이론

시장구조
완전경쟁시장
불완전경쟁시장

시장이론
비용구조
규모에 대한 수확불변(CRTS)
규모에 대한 수확 체증(IRTS)

상품특성
동질적 상품
이질적 상품

무역이론
절대우위론
비교우위론
헥셔-올린 이론
특수생산요소모형
신무역 이론
신-신무역 이론

산업연관분석론
수직통합
부가가치 무역
무역의 부가가치
GVC 참가지수
GVC의 길이
무역의 분해

경영전략
공급사슬관리(SCM)
공급사슬운영참조(SCOR)

글로벌 가치사슬
(Global Value Chains: GVC)

GVC의 영향

경제성장론
무역과 성장
GVC와 성장
신성장론

경제개발론
경제고도화
산업고도화
사회고도화
환경고도화

노동경제
고용과 분배

거시경제
GVC와 경제불안정
GVC와 금융화
GVC와 디지털화

경제정책
산업정책
무역정책

자료: Satoshi Inomata (2017)와 필자 보완.

(Grossman and Hart, 1986)는 선도기업이 보다 유리한 협상 위치를 갖고 있기 때문에 독립적인 공급업자보다 공급업자를 통합할 때 보다 높은 이익을 얻을 수 있다고 했다.6)

공급업자의 투자에 대한 의사결정은 선도기업이 생산하는 최종상품과 관련되어 있기 때문(예: 독특한 형태의 금형제작에 대한 투자)에 다른 상품의 생산을 위한 목적으로는 사용될 수 없는, 소위 자산 전속성asset specificity을 갖는다. 따라서 수직적으로 통합된 상태에 있는 공급업자는 선도기업의 착취행위에 대비하여 생산설비에 과소 투자할 유인을 갖게 된다.

따라서 선도기업은 두 가지 상반된 상황에 처하게 된다. 만약 공급업체를 통합하게 되면 특정 생산단계에서 부가가치의 많은 부분을 가져갈 수 있지만 이때에는 공급업체의 과소투자를 유발하여 최종상품의 생산에 제약을 가하거나 품질 저하를 초래할 수 있다. 따라서 선도기업의 전략은 자신이 생산하는 최종상품의 특성에 의존하게 된다. 만약 선도기업이 생산하는 상품이 매우 탄력적 시장수요를 가진 상품이라면 보다

6) Grossman, S., and O. Hart (1986), “The Costs and Benefits of Ownership: A Theory of Vertical and Lateral Integration,” *Journal of Political Economy* 94(4): pp.691-719.

많이 생산함으로써 더 큰 이익을 얻을 수 있다. 따라서 중간투입물 공급업자의 투자 결정은 최종상품의 매출 전망에 달려 있다. 또한 현재 생산단계 이전의 상류부문 공급업체의 투자 여부에도 의존하기 때문에 상류부문 공급업체의 투자증가는 하류부문 공급업체의 더 많은 투자를 유도하게 된다.

반대로 선도기업이 상당한 시장지배력을 가지고 있어서 비탄력적인 우하향 수요곡선에 직면해 있다면 기업의 수익은 생산량 증가에 따라 늘어났다가 줄어드는 형태를 가지게 되고, 한계수입은 생산량 증가에 따라 하락한다. 결과적으로 상류부문의 대규모 투자는 투자가치를 감소시켜 하류부문 공급업체의 수익을 악화시킬 것으로 전망된다. 따라서 탄력적 시장수요하에서 선도기업과 공급업체들의 가치사슬을 순차적 보완 사슬sequential complements chains이라고 할 수 있고, 비탄력적 수요곡선하에서 가치사슬은 순차적 대체사슬sequential substitutes chains이라고 할 수 있다. 일련의 생산과정을 특징짓는 이런 순차성의 유형은 가치사슬에서 선도기업의 지배구조 결정에 영향을 미치게 된다. 즉, 순차적 보완 사슬에서 선도기업은 상류부문의 생산단계는 아웃소싱하고 하류 부문의 공급업체는 수직적 통합하려고 할 것이다. 반면 순차적 대체 사슬에서 선도기업은 상류부문 생산단계는 수직적 통합을, 하류 부문 생산단계는 아웃소싱을 하려고 할 것이다.

기업의 조직형태 선택에 관한 재산권 이론property right theory은 가치사슬 지배구조에 대한 사회학자들의 분석 통찰력과 비슷하다. 두 접근방식 모두 모형의 핵심변수로 거래의 계약 가능성을 활용하기 때문이다. 따라서 이 주제는 글로벌 가치사슬 분석에서의 시너지 효과를 위해 광범위한 학제간 협력이 필요한 분야라고 할 수 있다.

2. 국제무역 이론의 발전

글로벌 가치사슬에 대한 다양한 연구 방법에도 불구하고 글로벌 가치사슬이 국제 간 중간재 거래를 포함한 국제교역이란 관점에서 본다면 경제학에서도 오랜 발전 역사를 가진 국제무역 이론의 역사적 관점을 통해 이를 살펴보는 것이 중요하다.

1817년 『정치경제원리Principles of Political Economy』라는 저술을 통해 애덤 스미스Adam Smith의 절대우위론의 한계를 지적하고, 보다 설득력있는 비교우위론을 주장한 데이비드 리카르도David Ricardo가 국제무역 이론의 기초를 확립하였다. 그 이후에 대두된 헥셔–올린Heckscher-Ohlin정리, 새뮤얼슨Paul Samuelson의 요소가격 균등화 정리factor price equalization theorem, 스톨퍼-새뮤얼슨 정리Stoper-Samuelson Theorem, 립진스키 정리Rybcynski theorem, 조운즈Jones의 특수생산 요소이론specific factors model에 이르는 주류 국제무역 이론은 다음의 3가지 가정에 기초하고 있다.[7)]

첫째, 시장은 완전경쟁적perfectly competitive이며, 생산자는 규모에 대한 수확 불변constant returns to scale의 가정하에서 상품을 생산한다. 둘째, 산업은 동질적인 상품homogeneous product을 생산하는 생산자로 구성되어 있다. 셋째, 국가는 최종상품(리카르도의 사례에 따르면, 영국은 직물, 포르투갈은 와인)을 거래하며 각 상품은 수출국 국내의 생산요소만을 사용한다.

이 중 첫째 가정은 1970~1980년대 새로운 무역이론, 즉 신무역 이론New Trade Theory이 등장하면서 완화된다. 크루그먼(Krugman, 1979, 1980)에서 시도되고,[8)] 헬프먼과 크루그먼(Helpman and Krugman, 1985)에서[9)] 보다 일반화된 신무역 이론의 핵심은 불완전경쟁시장imperfect competitive market의 가정하에서 국제무역 이론의 기본구조를 만들기 위해 생산규모의 확대에 따른 규모의 경제, 다양한 상품의 생산에 따른 범위의 경제 효과로 인한 수확 체증increasing returns to scale or scope의 생산기술을 고려하고 있다는 것이다.

따라서 신무역 이론은 전통적 무역이론인 비교우위론의 개념으로는 설명할 수 없는 현상인 "비슷한 기술과 자원부존량을 가진 국가들 간에 일어나는 산업내 무역"의 존재를 설명하기 위한 것이다.

산업내 무역이 존재한다는 사실은 당시 전통적인 무역이론으로 설명할 수 없기 때문에 신무역 이론이 발전하게 된 것이다. 1990년대 후반에는 동질적인 상품을 생산하는 생산자의 가정도 완화된다. 기업 수준의 미시자료micro data를 분석한 결과 특정 산업에서 수출기업과 비수출 기업 간의 생산성 격차가 상당한 것으로 밝혀져 수출 활동에 필요한 고정비용을 고려한 기업의 시장진입, 또는 퇴출에 대한 기업의 의사결정을 감안한다면 어떤 산업 내에서 생산성이 다른 이질적인 기업이 공존할 수 있다는 설명이 가능하게

---

7) 남종현·이홍식 (2018), 『국제무역론』, 경문사.; Dominick Salvatore (2019), International Economics, (13th Edition), John Wiley & Sons Inc., 최낙일·김갑용 역, 시그마프레스.; Paul R. Krugman, Maurice Obstfeld, and Mark J. Melitz (2014), *International Economics: Theory and Policy,* (10th Edition), Pearson Series in Economics, 강정모·이상규·이연호 역, 시그마프레스.

8) Krugman, P. (1979), "A Model of Innovation, Technology Transfer, and the World Distribution of Income," *Journal of Political Economy* 87(2): pp.253-66.; Krugman, Paul (1980), "Scale Economies, Product Differentiation, and the Pattern of Trade," *American Economic Review*, Vol. 70(5), pp.950-959.

9) Helpman, E., and P. Krugman (1985), *Market Structure and Foreign Trade,* Cambridge, MA, MIT Press.

된다. 이는 나중에 "새로운 신무역 이론New-New Trade Theory"이라고 불리게 된다.[10)]

전통적 무역이론의 세 번째 가정인 최종재를 수출한다는 가정 역시 점차 완화되고 있다. 글로벌 가치사슬에 대한 많은 연구들이 이 가정과 관련되어 있다. 운송수단과 정보통신 기술의 극적인 발전에 따라 과거 하나로 통합되어 있었던 생산과정production process이 이제 설계, 부품조달, 조립 및 유통과 같은 여러 개의 특정 작업tasks으로 분절화segmentation되는 것이 가능해졌다. 그리고 이처럼 분절화된 각 작업은 국경을 넘어 해당 작업을 가장 효율적으로 수행할 수 있는 장소에서 이루어지게 된다. 따라서 오늘날 국제무역에 대한 이론들은 전통적 무역이론이 관심을 가졌던 최종상품final products의 움직임뿐만 아니라 특정 작업의 국가 간 이동과 이로 인해 발생하는 부가가치의 움직임에 관심을 가지게 되었다.

3. 기업의 원가자료 분석

기업의 내부 원가자료를 이용하여 글로벌 가치사슬을 정량적으로 설명하려는 노력이 있었다. 이런 연구는 일반적으로 제조업체가 제공한 데이터, 또는 민간 컨설팅 회사의 분석 보고서, 또는 산업고유의 상품 형태별로 나누어 투입물의 구성과 판매망의 구성을 살펴보는 것이다.

초기 연구로서 기업의 원가자료를 이용하여 애플Apple의 아이팟iPod이나 스마트폰, 휴렛 패커드Hewlett Packard나 레노버Lenovo의 노트북과 개인용 컴퓨터의 부가가치 구조를 분석한 연구가 있다. 이런 상품 수준에서의 접근방식은 통계적 추론에 의존하지 않고 개별기업에서 제공하는 데이터를 직접 사용하기 때문에 생산에서 공급사슬의 실제 구조를 파악하는 데 유용하였다.

애플에서 출시한 상품들은 글로벌 가치사슬 사례연구에서 매우 인기있는 연구대상이었다. 데드릭, 크래머와 린든(Dedrick, Kraemer and Linden, 2008, 2010)은 공급망에 따른 애플 상품에 포함된 부가가치의 분포를 측정, 분석하기 위해 미시 수준의 분석방법을 적용했다. 그들은 상품에 사용된 부품을 각각 분리하여 각 구성요소 별로 생산공장, 가격, 비용을 계산했다. 이들은 또한 공급업체의 영업 이익률을 이용하여 부품 공급업체

10) Melitz, M. J. (2003), "The Impact of Trade on Intra-Industry Reallocations and Aggregate Industry Productivity," *Econometrica* 71(6): pp.1695-1725.

가 공급한 부가가치를 추정했다. 아울러 서비스 제공업체들의 부가가치 기여 정도를 파악하기 위해 제조, 유통 및 소매 서비스 부분의 기여도를 측정했다. 이런 부분을 애플의 상품가격에서 공제한 결과 많은 부가가치(대략 아이팟 또는 아이패드의 경우 약 30%, 아이폰의 경우 56%)가 가치사슬의 선두기업인 애플에게 돌아갔다는 사실을 발견했다.11)

하지만 이런 분석법은 다음과 같은 약점들을 가지고 있다. 첫째, 무역정책과 같은 거시경제 문제를 분석하는 데에는 효용성이 거의 없다. 분석의 초점이 특정 상품이나 일부 기업의 기업활동에 있기 때문이다. 이것은 국가 전체적 관점에서 전체 부가가치 흐름을 파악하는 데 전혀 도움이 되지 않는다.

둘째, 대부분 기업의 재무자료에는 국가회계 작성에서 필요한 부가가치 항목의 중요한 구성요소인 종업원에 대한 보수자료를 확실하게 제시하지 않고, 다른 생산비용과 합산하여 보고한다.

셋째, 생산과정의 모든 지점에서 부가가치가 생성되기 때문에 부가가치 분석은 전체 공급사슬에 따른 모든 생산단계를 추적해야만 한다. 그러나 상품 수준에서의 접

〈 그림 2-2 〉 Video iPod 30G의 원가구성

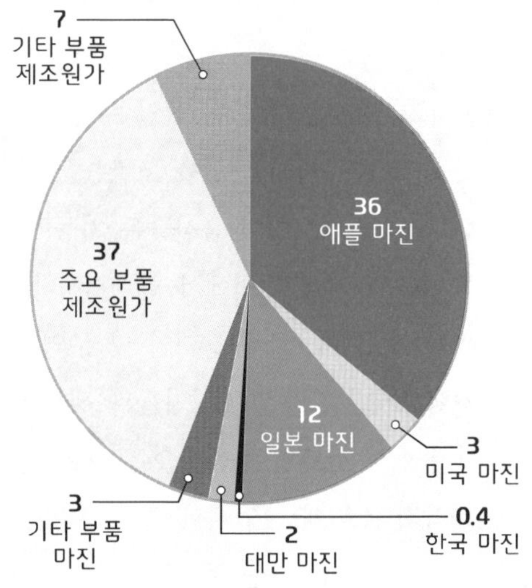

자료: Jason Dedrick et. al. (2008).

〈 그림 2-3 〉 HP nc6230 노트북의 원가구성

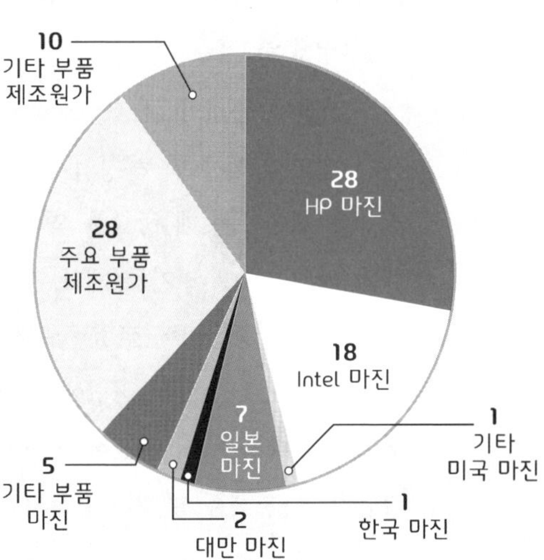

자료: Jason Dedrick et. al. (2008, 2010).

11) Dedrick, J., K. Kraemer, and G. Linden (2008), *Who Profits from Innovation in Global Value Chains? A Study of the iPod and notebook PCs,* Report prepared for the Sloan Industry Studies Annual Conference, Boston, May 1-2.; Dedrick, Jason, Kenneth L. Kraemer, and Greg Linden (2010), "Who Profits from Innovation in Global Value Chains? A Study of the iPod and Notebook PCs," *Industrial and Corporate Change* 19(1): pp.81-116.

근방식은 이런 상품의 생산에 직접 부품을 투입한 공급업자(1차 공급업자)의 부가가치 구조만을 고려하고 나머지 부가가치 흐름은 추적하지 않는다. 예를 들어 아이폰의 하드 디스크 드라이브에는 여러 국가에서 생산된 하위부품이 포함되어 있으므로 부가가치의 근원을 다시 여러 국가로 구분할 필요가 있지만 한계가 있다.

4. 산업수준에서 사례연구

산업수준에서의 사례연구는 구체적 산업차원에서 글로벌 가치사슬을 연구하는 것이다. 일반적으로 공급망을 따른 부가가치의 분포, 글로벌 가치사슬의 특성, 주요 역할 행위자를 파악하고, 해당 산업부문에서 글로벌 가치사슬의 발전 정도와 과정을 검토한다.

저레피(Gereffi, 1994, 1999)는 산업수준에서 글로벌 가치사슬을 분석한 초기 연구자 중 한 명이다. 제러피는 글로벌 상품사슬Global Commodity Chains: GCC의 관점을 소개하고 글로벌 상품사슬의 지배구조가 글로벌 생산 시스템을 조정하는 데 필수적이라고 하였다. 지배구조에 따라 생산자 주도와 구매자 주도, 두 가지 유형의 글로벌 상품사슬GCC을 구별하였다.[12]

생산자 중심의 글로벌 상품사슬에서 다국적 기업 또는 통합된 산업 수준의 기업은 국내외 자회사 및 하청업체를 통해 상류 및 하류 부문과의 연결을 포함한 생산 시스템을 제어하는 데 중요한 역할을 한다. 이런 유형의 글로벌 상품사슬은 자동차, 컴퓨터, 항공기 및 전기 기계와 같은 자본 또는 기술 집약적 산업에서 일반적이다.

구매자 중심의 글로벌 상품사슬에서는 대형 소매업체, 브랜드 기업 및 무역 회사가 일반적으로 독립된 공장에서 생산활동을 수행하지만 다양한 계약자들과 생산 네트워크를 구축하는 데 중요한 역할을 한다. 이런 유형의 글로벌 상품사슬은 의류, 신발, 장난감, 가전제품 및 가정용품과 같은 노동 집약적 소비재 산업에서 일반적이다.

스터전 등(Sturgeon et al., 2009)은 선도기업과 공급업체라는 두 가지 넓은 유형의

12) Gereffi, Gary (1994), "The Organization of Buyer-Driven Global Commodity Chains: How U.S. Retailers Shape Overseas Production Networks," In *Commodity Chains and Global Capitalism,* Westport, CT: Praeger Publishers, pp.95-122.; Gereffi, Gary (1999), "International Trade and Industrial Upgrading in the Apparel Commodity Chain," *Journal of International Economics* 48 (1): pp.37-70.

기업군에 대한 글로벌 가치사슬을 분석을 하였다. 선도기업은 상품 및 브랜드 개발, 마케팅, 유통, 때로는 최종 조립과 같은 후기 제조단계에 중점을 둔다. 공급업체는 상품 및 관련 서비스 판매에 초점을 맞추고 있는데 이들은 대부분은 선도기업이 아웃소싱하기로 결정한 가치사슬 활동의 결과로 이루어진 것이다.[13]

스터전(Sturgeon, 2003)은 가치사슬에서 모듈module이란 개념을 도입했는데, 이는 가치사슬이 뚜렷이 구분되는 상품 또는 공정에 대한 정보가 주로 기술적 요인에 의해 나누어지고, 또 표준화된 것을 나타내는 개념이다.[14] 모듈 생산 네트워크는 글로벌 규모의 생산 시스템을 만들기 위해 나타난다. 이런 네트워크를 통해 공급업체는 규모의 경제와 범위의 경제 효과를 활용하는 동시에 선도기업은 비용절감과 운영의 유연성을 가질 수 있다.

(1) 의류 및 직물

글로벌 상품사슬 접근법을 적용한 저레피(Gereffi, 1994)는 의류산업 사례에서 섬유 제조와 의류 제조, 즉 표준화된 부문과 패션 지향적인 부분으로 구성된 구매자 중심의 글로벌 상품사슬을 적용하였다. 그는 미국의 상류부문인 섬유와 하류부문인 소매 산업의 발전에 대해 언급하면서 이런 전방 및 후방 연결이 의류 생산업체와 아웃소싱 관행에 미치는 영향을 분석했다. 그는 미국 소매 및 도매 부문의 집중된 구매력과 해외공장의 초과생산 능력을 파악하고 대규모 구매자가 공급업체와의 아웃소싱 가격 및 거래조건을 강제할 수 있다고 했다. 대형 구매자들은 글로벌 공급망에 영향을 미칠 수 있는 요인에 민감하지만, 해외 생산패턴을 변경하여 변화하는 경제적, 정치적 요인에 대응할 수 있는 우월한 위치에 있다.

(2) 전자

전자산업은 가장 역동적인 가치사슬 활동이 이루어지는 산업이다. 스터전과 카와카미(Sturgeon and Kawakami, 2011)는 지난 20년 동안 일반적으로 동아시아, 특히 전자

---

13) Sturgeon, Timothy J., Olga Memedović, Johannes Van Biesebroeck, and Gary Gereffi (2009), "Globalization of the Automotive Industry: Main Features and Trends," *International Journal Technological Learning, Innovation and Development* 2(1): pp.7-24.

14) Sturgeon, Timothy J. (2003), "What Really Goes On in Silicon Valley? Spatial Clustering and Dispersal in Modular Production Networks," *Journal of Economic Geography* 3(2): pp.199-225.

산업에서 중국이 생산 위치와 최종시장 측면에서 점차 중요해졌다는 사실을 발견했다.[15] 다른 기술 집약적 산업과 비교하여 전자산업은 엔지니어링 또는 설계와 제조를 한 곳에 배치할 필요성이 적기 때문에 전자회사가 아웃소싱 또는 오프쇼어링 전략을 추진하는 것이 상대적으로 쉽다. 결과적으로 전자산업의 글로벌 가치사슬은 지리적으로 가장 광범위하고 역동적이라고 했다.

스터전과 카와카미(Sturgeon과 Kawakami, 2011)는 전자산업 글로벌 가치사슬에서 3가지의 경제주체, 즉 선도기업, 플랫폼 리더 및 계약 생산업체를 구분했다. 첫째, 선도기업lead firm은 델Dell, 애플Apple, 시스코Cisco와 같은 기업으로서 공급업체에 주문하고 최종재 시장에서 브랜드 상품 및 시스템을 판매한다. 이런 선도기업은 일반적으로 기술, 연구 및 개발과 브랜드 개발에 대한 투자를 통해 시장 지배력을 얻고, 또 대체 공급업체를 선택할 수 있으며, 부가가치 사슬 내에서 창출되는 부가가치의 가장 많은 부분을 차지한다.

둘째, 플랫폼 리더platform leader는 인텔Intel과 같은 기업으로 다른 회사의 상품에 자신의 기술을 성공적으로 적용한 회사이다. 이런 기업은 가치사슬에 영향을 미치고 대부분의 이익을 점유할 수 있는 기술적 능력과 시장 지배력을 가지고 있다. 그러나 개인용 컴퓨터PC 및 휴대폰 산업 이외의 전자분야에서는 플랫폼 리더가 일반적으로 존재하지 않는다.

셋째, 계약 생산업자는 생산 서비스, 또는 소위 전자제조 서비스EMS, 제조 및 생산설계 서비스, 즉 ODMOriginal Design Manufacturing 서비스를 제공함으로써 선도기업을 위해 상품을 생산한다. 계약 제조업체는 부품구매, 회로기판 조립, 최종조립 및 테스트를 수행한다. 전자제품 제조공정에 사용되는 기술은 매우 일반적인 것으로 대체 가능성이 상대적으로 높기 때문에 계약 생산업자는 보통 치열한 경쟁상태에 있으며, 시장 지배력과 이윤 규모도 낮다. 그럼에도 불구하고 계약 생산업자의 급속한 증가는 전자산업의 가치사슬에서 가장 주목할 만하다.

스터전(Sturgeon, 2003)은 전자산업의 생산구조는 반도체 파운드리 업체가 칩을 제조하고, 풀 서비스 계약 제조업체가 회로기판과 최종상품을 조립하며, 공급업체(예: Applied Materials, Siemens)가 생산장비의 기술개발을 하는 등 매우 모듈화되어 있다고

15) Sturgeon, Timothy J., and Momoko Kawakami (2011), "Global Value Chains in the Electronics Industry: Characteristics, Crisis, and Upgrading Opportunities for Firms from Developing Countries," *International Journal of Technological Learning, Innovation, and Development* 4 (1/2/3): pp.120-147.

했다. 이런 유형의 산업구조는 사내생산이 없는 가상적 선도기업과 실험실 없는 디자인 하우스를 가능하게 한다. 대규모 생산설비와 국경을 넘나드는 통합된 가치사슬 활동을 하게 되는 새로운 형태의 세계적 공급업체가 출현하기도 한다.

(3) 자동차 산업

스터전 등(Sturgeon et al., 2009)은 또한 자동차 산업의 글로벌 가치사슬에 대해 많은 연구를 하였다. 여기서 이들은 인도와 중국과 같은 신흥국의 시장개방으로 해외직접투자FDI가 급증했으며, 자동차 산업은 개별 국가산업으로부터 세계적으로 통합된 글로벌 산업으로 변모했다는 사실을 지적하고 있다.

자동차 산업은 생산자가 주도하는 글로벌 가치사슬로서 섬유 산업과 같은 구매자 주도의 글로벌 가치사슬과 구별된다. 선도기업에 의한 시장집중, 산업 전반의 표준적 기술이 충분히 개방되지 않음으로써 모듈생산의 광범위한 적용의 어려움, 린lean 생산기술 및 적시Just-In-Time: JIT 부품배송, 주문 제작, 상품 맞춤화의 적용 증가, 다양한 배출기준, 안전기준 및 도로 여건과 같은 다양한 지역시장의 차이, 최종조립 및 최종

〈 그림 2-4 〉 메이드인 더 월드(Made in the World): 자동차 산업

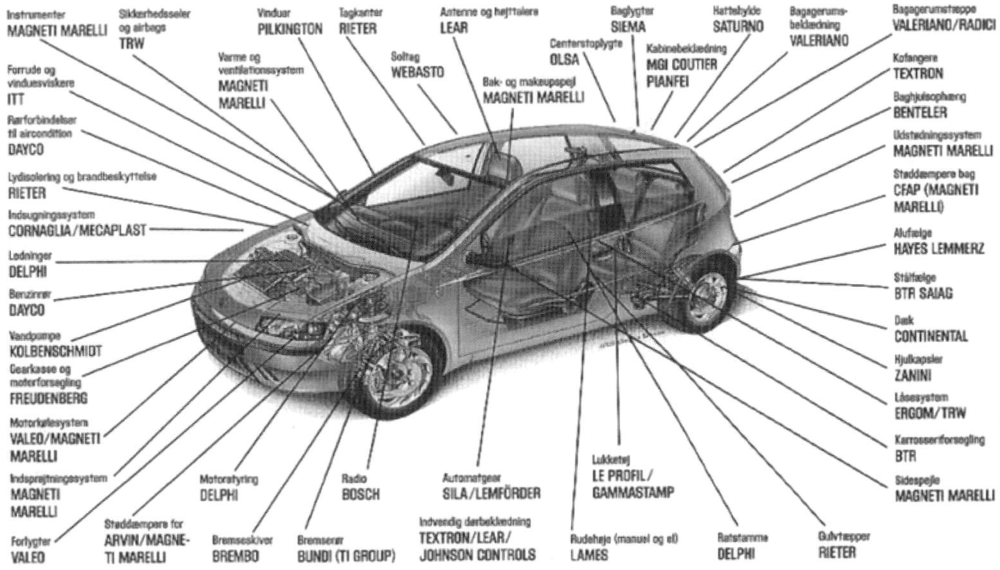

자료: Koen De Backer (2013).

시장에 대한 부품생산의 근접성과 같은 다양한 특징을 가지고 있다.

기업의 높은 시장집중은 소수의 거대 선도기업들에게 기업관계의 조정과 구매에서 상당한 지배력을 갖게 하고, 이들 각각 자체 사양과 표준을 만들 수 있도록 한다. 산업의 표준화가 되어 있지 않으므로 선도기업과 공급업체 간의 밀접한 관련성이 있는 가치사슬이 형성된다. 그 결과 선도기업과 거대 공급업체가 다국적 경영을 통해 글로벌화되지만 특정 지역시장을 위한 특정 차량의 생산을 위해 긴밀한 협력이 필요하므로 복수의 지역 생산시스템(예: 북미, 동아시아, 라틴 아메리카)이 구축된다.[16] 이는 생산구조의 강력한 지역통합과 해당 지역내 국가의 가치사슬 활동을 긴밀하게 연계되도록 한다. 자본장비, 기술에 대한 막대한 투자와 긴밀한 가치사슬의 연결로 인해 이런 자동차 생산 집적지(클러스터cluster)는 다른 산업보다 더 안정적이고 오래 지속되는 경향이 있다고 한다.

5. 국제 산업연관표를 이용한 방법론의 발전

글로벌 가치사슬에 대한 이상의 전통적 접근방법의 한계를 고려하여 많은 경제학자들이 국제 산업연관표를 이용한 보다 체계적인 접근방법의 필요성을 제기했다. 국제 산업연관표는 동일한 시점에서 여러 국가의 산업연관표를 결합한 대규모 데이터 세트로서 재화와 용역의 국제거래에 대한 다양한 모습을 파악할 수 있게 해준다. 국제 산업연관표는 국제 무역통계에는 없는 산업 간 또는 국가 간 수요－공급 관계에 대한 정보를 포함하고 있으므로 국제 간 생산공정 공유의 수직적 구조를 파악할 수 있게 해준다.

상품수준에서의 접근방법과 달리 산업연관분석은 경제 시스템을 구성하는 전체 산업을 다루므로 국가 또는 몇 개 국가들로 구성된 지역(가령, EU, 북미, 아세안 등)의 국경 간 부가가치 흐름을 측정할 수 있게 해준다. 이런 이론적인 분석과정을 통해 모든 생산단계에서 모든 국가, 제반 산업의 부가가치 생성과정을 추적할 수 있다.

국제 산업연관표를 이용한 접근방법에도 약점이 있다. 첫째, 산업연관표의 산업

---

16) Koen De Backer (2013), *OECD Work on Global Value Chains and Trade in Value Added*, COMPNET meeting, Dublin, 13 March 2013.

17) https://gvcc.duke.edu/cggcproject/korea-institute-for-industrial-economics-trade-kiet/.

경제학자 소개 2

게리 저레피(Gary Gereffi)

게리 저레피는 노틀댐 대학교를 졸업하고, 예일대학에서 석사, 박사학위를 받았다. 현재 듀크대학교 사회학 교수로서 세계화, 지배구조 및 경쟁력 센터 소장을 맡고 있다. 대학에서는 주로 경제사회학, 세계화, 경제사회개발, 국제경쟁력관련 분야를 강의한다.

저레피의 연구 관심분야는 글로벌 기업의 경쟁전략, 글로벌 가치사슬의 지배구조, 동아시아와 라틴 아메리카 지역의 산업 고도화, 신흥국의 글로벌 지식경제 등 다방면에 걸쳐있다. 글로벌 가치사슬 연구에서 저레피의 위상은 독보적이다. 글로벌 가치사슬(GVC)과 유사한 많은 용어들을 GVC로 통일하였다.

저레피는 세계 여러 지역의 경제개발 및 기업과 정부의 관계에 관한 많은 저서를 집필했다. 대표적인 것은 『제조업 기적: 라틴 아메리카와 동아시아에서의 산업화의 괘적』, 『상품사슬과 글로벌 자본주의』, 『자유무역과 불균등 발전』, 『NAFTA이후 북미 의류산업』, 『새로운 일자리 오프쇼어링과 글로벌 발전』, 『제조업의 기후해법: 이산화탄소 감축기술과 미국 일자리』, 『위기 이후 글로벌 가치사슬』 등이 있다.

한국의 산업연구원(KIET)은 2017년 저레피가 소장으로 있는 듀크대학교 글로벌가치사슬센터(Duke GVCC)와 글로벌 가치사슬관점에서 한국경제의 산업 고도화 기회를 탐색하는 연구를 위해 협약을 체결하고 전자산업과 조선산업의 글로벌 가치사슬 연구를 수행한 바 있다.[17] 특정 글로벌 산업에 대한 여러 국가의 참가를 분석하여 산업구조 변화에 대한 한국의 대응 과제를 찾기 위함이었다. 당시 두 산업은 한국 수출의 30%를 차지하고, 50만개 이상의 숙련 일자리를 제공하며, 한국 연구개발(R&D) 투자의 상당한 부분을 차지하는 주요 산업이었다.

분류는 상당히 상위 산업수준에 대한 것이기 때문에 특정한 업무, 즉 상품 디자인, 조립과 같은 업무의 부가가치를 측정하는 데에는 한계가 있다. 둘째, 거래는 국내 기준으로 작성되기 때문에 생산활동은 생산된 상품과 관련된 국적이 아닌 영토적 경계에 의해 구분되므로 국가 간 부가가치의 정확한 귀속 여부를 판단하기 힘들다. 셋째, 국제 산업연관표에는 특정한 거래의 자세한 속성에 대한 정보가 없으므로 글로벌 가치사슬에 대한 정성적 분석이 불가능하다.

따라서 상품수준에서 글로벌 가치사슬을 분석하는 접근방식은 지배구조나 계약당사자 간의 기술이전 방식과 같은 개별 가치사슬의 정성적 측면을 분석하는 데에는 적합하지만, 국제 산업연관표를 이용한 글로벌 가치사슬 분석방법은 체계적인 관점에서 보다 거시적으로 가치사슬 구성의 일반적인 모습을 파악할 수 있게 해준다. 두 분석방법은 대체적인 것이 아니라 연구목적에 따라 상호 보완적인 방법으로 사용될 수 있다.

최근 국제 산업연관표를 이용한 글로벌 가치사슬 연구는 아주 보편화되고 있다. 본서에서의 많은 내용도 국제 산업연관표를 이용한 방법론에 대한 것이다. 초기에는 수출품을 생산하는 데 사용한 수입된 중간 투입물, 또는 국제적 생산공유의 척도인 수출액에서 수입된 부분으로 정의되는 수직적 전문화 정도를 측정하였다. 그 다음에는 가공무역의 존재를 무시하고 총수출 측면에서 국제 무역량을 측정할 때 야기되는 통계적 왜곡을 방지하기 위해 부가가치 무역액을 측정하기도 하였다.

그 외에도 글로벌 가치사슬의 본질을 이해하는 데 도움이 되는 많은 방법론이 개발되어 다양한 지표의 측정을 시도하고 있다. 국제 산업연관표를 이용한 이런 방법론의 발전을 뒷받침하기 위해 세계 여러 국제기구에서 국제 산업연관표를 작성한 바 있다.

현재 다양한 기관이 특정 분석목표를 위해 설계된 국제 산업연관표를 경쟁적으로 구축하고 있다. 이들의 발표형태, 산업섹터 구분, 부가적인 정보(예: 환경계정) 등은 서로 다르다. 본서의 국제 산업연관표의 실증분석편에서 ADB, WIOD 등에서 작성한 다양한 국제 산업연관표를 소개할 것이다.

최근에는 국제 산업연관표의 통합을 위한 노력도 진행 중이다. 특히 시드니 대학의 연구팀은 최근 참가국들이 서로 개별적으로 개발한 통계자원을 사용할 수 있는 클라우드 컴퓨팅 플랫폼 구축을 목표로 하는 국제 산업연관표 연구소를 개원했다. 전술한 국제 산업연관표 데이터베이스의 정보와 국민계정 및 대외 무역통계가 플랫폼에 입력될 것으로 예상된다.

데이터 풀과 연결된 매우 세부적인 지역과 산업분류(기초분류)는 연구자가 자신의 연구목적에 가장 적합한 국제 산업연관표를 구축할 수 있도록 지역과 산업부문의 조합을 스스로 선택할 수 있는 기초자료의 공급 역할을 하게 될 것이다. 위키피디아Wikipedia와 같은 공동의 e-인프라를 개발함으로써 사용 가능한 정보의 사용을 최적화하고 데이터 구성의 유연성을 향상시키며, 여러 기관의 중복된 작업을 방지하여 자원을 절약할 수 있을 것이다.

(1) 부가가치 무역

쿠프먼, 왕과 웨이(Koopman, Wang and Wei, 2014, 이하 KWW)에 의하면 정성적 분석 또는 미시자료를 이용한 상품 또는 산업 차원에서의 실증연구는 특정 공급망의 구성과 특징을 잘 설명해 주지만 부가가치 무역과 총무역 간의 차이, 국가경제의 글로

《그림 2-5》 통상적인 무역통계와 부가가치 무역통계

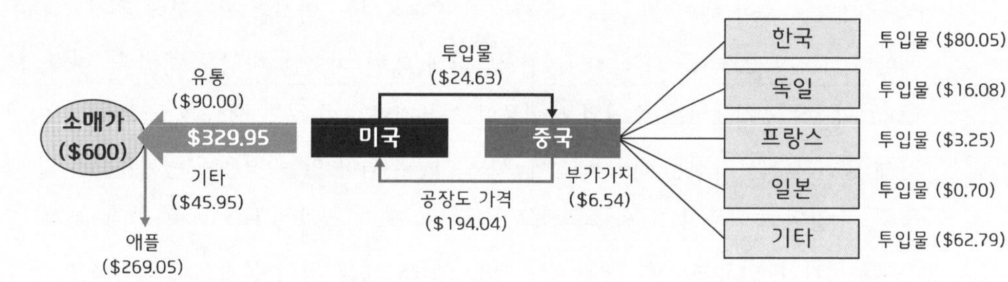

자료: Louis Brennan and Ruslan Rakhmatullin (2015).

벌 생산 네트워크 참가와 같은 거시적 수준의 포괄적인 모습을 보여주지 못한다고 했다.[18] 또한 존슨과 노규에라(Johnson and Noguera, 2012)는 국경을 넘나드는 중간재의 거래를 집계한 기존의 무역통계는 "이중계산double counting" 문제가 있기 때문에 이런 전통적인 무역통계에 기반한 접근방법은 수출에 있어서 국내에서 창출된 부가가치를 과대평가할 가능성이 있다고 했다.[19]

드게인 등(Degain et. al., 2014)은 국가 내 및 국가 간 생산과정을 연결하는 국제산업연관표ICIO를 사용하여 전 세계적으로 부가가치 무역TiVA을 측정하는 것이 가능하다고 했다.[20] 이후 허멀스, 이시와 이(Hummels, Ishii and Yi, 2001, 이하 HIY)는 수직전문화VS를 측정하는 방법으로 수출품 생산에 사용되는 수입 중간재에 포함된 외국 부가가치의 양을 추정하기 위해 국제 산업연관표를 사용할 것을 제안하였다. 이들은 수출품 생산에 직접 사용되는 수입된 투입물뿐만 아니라 수출품 생산에 사용되는 국내 중간 투입물 생산에 간접적으로 사용되는 수입 투입물도 고려하였다.[21]

18) Koopman, Robert, Zhi Wang, and Shang-Jin Wei (2014), "Tracing Value-Added and Double Counting in Gross Exports," *American Economic Review* 104(2): pp.459-494.

19) Johnson, R. C., and G. Noguera (2012), "Accounting for Intermediate Production Sharing and Trade in Value Added," *Journal of International Economics* 86(2): pp.224-236.; Louis Brennan and Ruslan Rakhmatullin (2015), *Global Value Chains and Smart Specialization Strategy: Thematic Work on the Understanding of Global Value Chains and their Analysis within the Context of Smart Specialization*, JRC Research Reports JRC98014, Joint Research Centre.

20) Degain, Christophe, Lin Jones, Zhi Wang, and Li Xin (2014), *The Similarities and Differences among Three Major Inter-Country Input-Output Databases and Their Implications for Trade in Value-Added Estimates*, USITC Working Paper 2014-12B.

21) Hummels, D., J. Ishii, and K-M. Yi (2001), "The Nature and Growth of Vertical Specialization in World Trade," *Journal of International Economics* 54(1): pp.75-96.

존슨과 노규에라(Johnson and Noguera, 2012)는 HIY(2001)의 수직 전문화 지표VS는 한 국가의 수출이 해외 최종수요에 완전히 흡수된다는 엄격한 가정하에 측정된다고 지적했다. KWW(2014)는 HIY(2001) 접근방식에 대해 비슷한 비평을 하였다. 첫째, HIY(2001)의 VS 추정에서는 수입된 투입물의 사용정도가 수출용 생산과 국내 판매용 생산 간에 동일하다는 가정을 하고 있는데 이는 가공무역이 있는 경우에는 적용되지 않는다. 둘째, 수입된 투입물이 100% 외국에서 조달된다고 가정하는 HIY(2001)의 두 번째 가정은 한 국가가 먼저 수출한 중간재가 다음 생산단계를 위해 본국으로 되돌아올 때에는 성립하지 않는다.

HIY(2001) 이후 많은 연구들에서 국제 산업연관표를 사용하였지만 무역의 부가가치TiVA를 측정하기 위해 다른 접근방식을 사용하기도 했다. 도딘, 리플타와 슈와이스거쓰(Daudin, Rifflart and Schweisguth, 2011)는 HIY(2001) 접근방식을 더욱 확장하여 소비, 투자 또는 국내 최종 사용을 위한 투입물로서 사용되는 수입상품에 포함되어 원산지로 돌아오는 초기 수출로 정의된 VS1*을 제안하였다.[22] 투입산출표와 GTAP의 양자 간 무역 데이터를 사용하여 존슨과 노규에라(Johnson and Noguera, 2012)는 생산공유 정도를 측정하는 방법으로 총수출VAX에 대한 부가가치 비율을 측정했다.

또한 GTAP의 투입산출 데이터를 기반으로 하지만 이를 추가적으로 개선한 쿠프만, 파워스, 왕과 웨이(Koopman, Powers, Wang and Wei, 2010, 이하 KPWW)는 국가 수준에서 총수출을 분해하기 위한 새로운 측정방법과 현시비교우위지수RCA, 양자 간 무역수지, 부가가치 측면에서 무역비용 효과를 측정하는 방법을 제안하고 있다.[23] 세계투입산출 데이터베이스World Input-Output Database: WIOD를 이용하여 스테러, 포스터와 드브라이스(Stehrer, Foster and de Vries, 2012)는 생산요소를 자본과 교육수준이 다른 노동으로 분리하여 부가가치를 측정하고 있다.[24]

---

22) Daudin, Guillaume, Christine Rifflart, and Danielle Schweisguth (2011), "Who Produces for Whom in the World Economy?" *Canadian Journal of Economics* 44(4): pp.1403-1437.

23) Koopman, R., W. Powers, Z. Wang and S. J. Wei (2010), *Give credit to where credit is due: tracing value added in global production chains*, NBER Working Papers Series 16426.

24) Stehrer, Robert, Neil Foster, and Gaaitzen de Vries (2012), *Value Added and Factors in Trade: A Comprehensive Approach*, The Vienna Institute for International Economic Studies (wiiw) Working Paper 80.

(2) 글로벌 가치사슬의 길이(length)와 거리(distance)

생산의 분절화 이론에 따르면, 상품의 생산과정이 생산기술이나 소비시장의 변화에 의해 보다 세분화 될 가능성이 있을 때 보다 효율적인 자원배분, 보다 낮은 한계생산비용을 가져올 수 있는 노동분업의 기회가 있다고 한다. 이는 요소부존량이 국가별로 차이가 나기 때문에 국제시장에 접근할 때 더욱 분명해진다.

따라서 생산의 분절화에 대한 연구는 동일한 상품을 생산하는 여러 가지 대체기술을 비교하여 생산공정에서의 생산단계 수에 관심을 가진다. 실증분석에서는 연속적인 생산과정의 전체 구조를 파악할 필요가 있다. 중요한 것은 생산과정의 연결성의 강도뿐만 아니라 생산단계의 수에 따라 결정되는 연계된 길이도 중요하다.

생산 네트워크를 분석하기 위한 전통적인 산업연관분석은 일반적으로 산업 간 연결성, 연계의 정도에 관심을 가지고 있다. 생산연결의 "길이"차원은 디첸바커, 로메로와 보스마(Dietzenbacher, Romero and Bosma, 2005)가 산업연관표를 이용하여 개발한 평균적인 전파의 길이 모형에 의해 처음으로 분석되었다.[25] 평균 전파길이 모형은 생산 네트워크의 모든 노드node에 정렬된 평균 생산단계의 수를 나타내므로 산업의 분절화 정도를 효과적으로 측정한다. 디첸바커와 로메로(Dietzenbacher and Romero, 2007)는 1985년 유럽 국제 산업연관표를 이용하여 주요 유럽 국가의 국가 간 연계성을 분석하여 국제 간 생산과정의 길이를 측정하였다.[26]

팰리(Fally, 2011)는 평균 전달길이 모형과 비슷한 관점에서 생산의 분절화를 측정하기 위한 모형을 개발했다.[27] 팰리Fally의 모형과 앤트라스 등(Antràs et. al., 2012)의 모형과의 가장 큰 차이는 최종 소비시점을 기준으로 평균 생산단계의 수를 포착하는 것이다.[28] 이는 생산사슬을 따라 상품의 최종수요에 이르는 거리를 측정하는 것이다. 이런 연구는 미국 및 기타 몇 개 국가의 산업연관표를 이용하였는데 나중에 드 베커와

25) Dietzenbacher, E., I. Romero, and N. S. Bosma (2005), "Using Average Propagation Lengths to Identify Production Chains in the Andalusian Economy," *Estudios de Economia Aplicada* 23(2): pp.405-322.

26) Dietzenbacher, E., and I. Romero (2007), "Production Chains in an Interregional Framework: Identification by Means of Average Propagation Lengths," *International Regional Science Review* 30(4): pp.362-383.

27) Fally, T. (2011), *On the Fragmentation of Production in the US. Boulder*, CO: University of Colorado-Boulder.

28) Antràs, P., D. Chor, T. Fally, and R. Hillberry (2012), "Measuring the Upstreamness of Production and Trade Flows," *American Economic Review: Papers & Proceedings* 102(3): pp.412-416.

미러우돗(De Backer and Miroudot, 2012)은 팰리(Fally, 2011)모형을 경제협력개발기구OECD의 56개 국가에 대해 1995년, 2000년, 2005년 자료를 이용하여 측정한 바 있다.[29)]

글로벌 가치사슬 맥락에서 "길이"모형을 적용하는 하나의 방법은 글로벌 생산시스템 내에서 국가(또는 산업)의 상대적 위치를 식별하는 것이다. 최종상품에 대한 한 국가의 대표적 생산사슬이 주요 상품에 대한 생산사슬보다 길다면 해당 국가는 상대적으로 상류부문의 산업을 운영하는 것으로 간주할 수 있다. 반대로 최종상품에 대한 한 국가의 대표적 생산사슬이 주요 상품에 대한 생산사슬보다 짧으면 이 국가는 상대적으로 하류부문의 위치에서 생산활동을 한다고 할 수 있다. 평균 전달길이는 생산라인을 따라 순방향(비용푸시cost push) 및 역방향(수요풀demand pull)으로 측정할 수 있기 때문에 전방길이와 후방길이를 비교함으로써 글로벌 생산 네트워크 내에서 한 국가의 상대적 위치를 식별할 수 있다.

생산시스템 내에서 한 산업 또는 국가의 상대적 위치는 가치사슬에 따른, 가령 "스마일 커브smile curve" 또는 가치사슬 지배구조의 형태에 따른 부가가치 비율의 부문별 특성변화를 파악하는 데 매우 중요하다.[30)]

〈 그림 2-6 〉 가치사슬과 스마일 커브(Smile Curve)

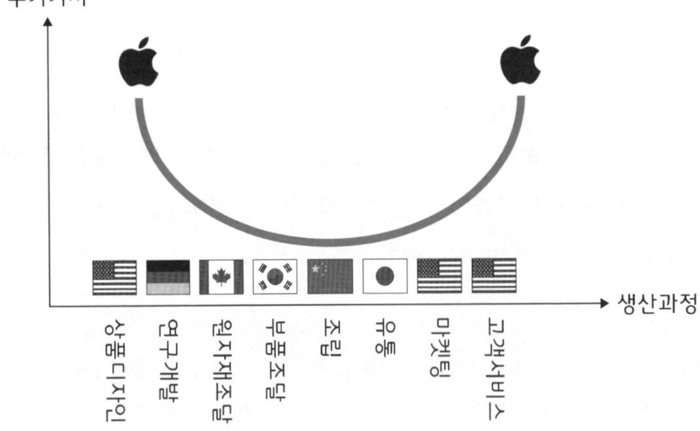

자료: Inomata, Satoshi (2014).

29) De Backer, K., and S. Miroudot (2012), *Mapping Global Value Chains*, Working Paper Series No.1677, European Central Bank, Frankfurt.

30) Inomata, Satoshi. (2014), "Trade in Value Added: Concept, Development, and an East Asian perspective," In A *World Trade Organization for the 21st Century*, edited by R. Baldwin, M. Kawai, and G. Wignaraja, Cheltenham, U.K.: Edward Elgar, pp.48-70.

(3) 총수출의 분해와 무역통계의 이중계산

KWW(2014)에서는 총수출을 다양한 부가가치 요소로 분해하기 위한 체계적인 회계 프레임워크를 개발하였다. 여기서 부가가치 근원은 부가가치 수출VT, 국내로 돌아온 국내 부가가치VS1, 해외 부가가치VS, 이중 계산된 부분 등으로 구성된다. KWW(2014)에서 총수출을 분해하기 위한 회계 프레임워크의 주요한 공헌의 하나는 총수출에서 다양한 유형의 이중 계산된 부분을 측정하고 분해하였다는 것이다. KWW(2014)는 "수출에서 국내 부가가치"와 "수출에서 국내 부분"을 달리 정의하고 있다. 전자는 최종적으로 국내로 돌아온 중간재 수출VS1에 포함된 국내 부가가치를 제외하지만 후자에서는 이를 포함한다. 총수출 분해를 위한 이 회계 프레임워크의 또 다른 공헌은 총액으로 표시되는 공식적 무역통계와 부가가치로 표시되는 국민계정 간의 차이를 해소한 것이다.

총수출 분해방법을 사용하여 여러 가지 추가적인 부가가치 무역TiVA 측정방법이 개발되었다. 하나는 글로벌 가치사슬의 상류 및 하류 연결정도를 반영하는 두 가지의 글로벌 가치사슬 참가지수이다. 첫째, 글로벌 가치사슬에 대한 전방참가지수는 해외국가의 총수출에서의 비율로 측정된 외국수출에 포함된 국내 부가가치를 의미한다(OECD, 2017).

총수출을 이렇게 분해하는 방법과 분해결과, 글로벌 가치사슬 참가지수의 계산 등은 제4부 국제 산업연관표를 이용한 글로벌 가치사슬의 실증분석 사례에서 매우 자세히 살펴보게 된다. 국제 산업연관표를 이용한 글로벌 가치사슬 분석의 핵심내용의 하나가 될 것이다.

(4) 양자 간 무역에서 총수출의 부가가치 분해(BM방법)

전술한 KWW방법에 의해 총수출을 9개 항목으로 구분하는 방법은 매우 획기적인 방법이긴 하지만, 국가 전체 수준에서 총수출을 분해하고 있기 때문에 국가 간, 산업 간 무역흐름을 측정할 수 없어서 국제 생산네트워크 내에서 국가와 산업부문 간의 모든 직·간접적 연결고리를 파악할 수 없다는 문제점이 있다.

보린과 맨치니(Borin and Mancini, 2017)는 KWW방법의 이런 문제점을 해결하고자 "양자 간 무역bilateral trade에서의 총수출의 부가가치 분해방법BM방법"을 개발하였다. 이들은 KWW방법에 의한 총수출의 부가가치 분해방법은 총수출 가운데 국내 부가가치는 정확하게 측정하지만, 해외 부가가치 측정치와 총수출에서 이중 계산된 부분의 계산에는 약간의 오류가 있음을 지적하면서 총수출을 "싱크방식sink-based method"과 "소스방식source-based method"으로 구분하여 총수출을 보다 세분화된 17개, 또는 19개 원천별 부가가치로 분해하고 있다.[31] 이 두 방법은 국가 간 여러 단계에 걸친 중간재와 최종재 거래에서 어떤 무역 당사국간 어떤 거래를 이중계산된 거래로 볼 것이냐의 관점의 차이를 구분하는 것이다.

국가 간, 산업 간 부가가치 무역흐름을 분해하는 방법 역시 제4부 국제 산업연관표를 이용한 글로벌 가치사슬의 실증분석 사례에서 매우 자세히 살펴보게 된다. 국제 산업연관표를 이용한 글로벌 가치사슬 분석에서 매우 중요한 개념들을 측정할 수 있게 되어 글로벌 가치사슬 분석 내용을 매우 풍부하게 해주는 방법론이다.

6. 글로벌 가치사슬의 영향분석

이상에서 설명한 다양한 분석방법은 글로벌 가치사슬이 어떻게 발전해왔고 작동하는지를 이해하는 데 도움이 되었다. 하지만 이것이 경제사회에 미치는 영향을 분석하고자 하는 경제학적 연구주제에 적용되기 위해서는 추가적인 분석과정을 거쳐야 한다. 글로벌 가치사슬은 시간과 공간에 걸친 다양한 상품과 서비스의 생산단계를 연결하는 기능을 수행하기 때문에 글로벌 가치사슬의 경제적, 사회적, 정치적 효과는 가치사슬 위치 및 연결성, 생산단계의 위치 등 각각에서 발견되는 상품유형의 조합에 따라 달라진다.

지금까지의 선행연구들은 경쟁력, 경제성장과 발전, 노동시장 효과 및 무역비용, 경제 불안정 등과 같은 다양한 분야에서의 글로벌 가치사슬의 경제적 영향을 연구하고 있다. 이런 측면들은 제5부에서 보다 자세히 살펴보게 될 것이다.

(1) 수출 경쟁력 분석

경쟁력competitiveness이라고 하는 주제는 글로벌 가치사슬 연구가 발전하게 된 계기가 된 주제이다. 글로벌 가치사슬이 경쟁력에 미치는 영향을 완전히 이해하려면 개념

---

31) Borin, A., and M. Mancini (2017), *Follow the value-added: tracking bilateral relations in Global Value Chains*, MPRA Working Paper, No.82692.

자체를 명확히 해야 한다. 거시적 차원에서 경쟁력이란 1979년부터 국가 경쟁력 지표를 측정 발표해온 세계경제포럼WEF에서 정의한 것처럼, “국가의 생산성 수준을 결정하는 일련의 제도, 정책 및 요소”이다.[32)]

미시적 수준에서 경쟁력이란 어떤 기업이 주어진 사업환경에서 성공적으로 경쟁하고(Porter, 1990), 수익성, 매출성장 또는 시장점유율 측면에서 다른 경쟁자를 능가할 수 있는 능력이다.[33)] 기업의 경쟁력에 결정요인에는 4가지가 있다. (1) 생산 및 배송 능력, (2) 생산 및 배송비용, (3) 기업운영 능력, (4) 혁신 및 상품 차별화이다.[34)] 국가 또는 기업 수준에서 경쟁력을 측정하는 공통된 지표로는 오랫동안 생산성productivity이나 효율성efficiency 수준의 차이가 사용되었다.[35)]

국제무역 측면에서 경쟁력은 국제시장에서의 상품 또는 서비스의 판매에서 한 국가의 우위 또는 열위 여부를 측정하는 것이다.[36)] 발라사(Balassa, 1965)는 전통적인 무역통계를 기반으로 한 국가의 총수출에서 차지하는 어떤 품목의 점유율을 세계 평균과 비교하여 국가의 상대적 무역성과와 경쟁력 척도로 사용하는 현시비교우위Revealed Comparative Advantage: RCA지수를 개발했다.[37)] RCA지수는 그 값이 1보다 크면(작으면) 해당 상품수출에서 국가의 비교우위(열위)가 있다고 판단한다.

글로벌 가치사슬의 출현이 국제무역의 구조를 근본적으로 변화시킴에 따라 국제무역에서 경쟁력을 측정하기 위한 새로운 접근방식이 필요해졌다. 총액기준으로 측정되어 무역에서 중간투입물 거래를 이중 계산한 무역흐름을 기준으로 한 표준적 RCA지수는 한 국가의 비교우위를 과대 또는 과소 평가할 위험성이 있다. KPWW(2010)와 KWW(2014)는 전통적인 무역통계를 사용할 때의 이런 이중 계산의 문제를 인식하고 부가가치 무역통계TiVA에 RCA접근법을 적용한 결과 상당한 차이가 있음을 발견하였다.

---

32) Cann, Oliver (2016), *What is competitiveness?*, World Economic Forum.

33) Lall, Sanjaya (2001), *Competitiveness, Technology and Skills*. Cheltenham, UK: Edward Elgar Publishing.

34) David, Andrew, Mitchell Semanik, and Mihir Torsekar (2018), *Framework for Analyzing the Competitiveness of Advanced Technology Manufacturing Firms*, U.S. International Trade Commission (USITC) Working Paper ID-057.

35) Reinert, Erik S. (1995), “Competitiveness and Its Predecessors: A 500-year Cross-national Perspective,” *Structural Change and Economic Dynamics* 6(1): pp.23-42.

36) OECD (2014), *OECD Glossary of Statistical Terms: Competitiveness (in international trade) Definition,* OECD.

37) Balassa, Bela (1965), “Trade Liberalisation and ‘Revealed’ Comparative Advantage,” *Manchester School of Economic and Social Studies* 33(2): pp.99-123.

예를 들어, KPWW(2010) 및 KWW(2014) 연구에서 표준적 RCA지수를 이용할 때에는 중국과 인도 모두 철강재 부문에서 강한 비교우위를 나타내어 분석대상 국가 가운데 각각 1위와 4위를 차지했다. 그러나 부가가치 무역자료를 이용한 RCA지수로 평가할 때 두 국가의 비교우위지수와 순위는 내려가고 다른 일부 국가의 순위는 상승했다. 심지어 인도는 비교우위에서 비교열위로 바뀌었다.

유사한 방법론을 적용하여 이스케이스와 미러우돗(Escaith and Miroudot, 2016)은 6개 산업부문에서 표준 RCA와 부가가치 RCA 지수 간의 차이를 계산하여 일부 국가에서는 그 차이가 클 수 있음을 발견했다.[38] 이로 인해 글로벌 가치사슬의 측면에서 시장 접근성, 생산성, 교육 및 연구수준, 인프라 및 규제 환경을 통합한 경쟁력 지표의 측정이 필요하다는 논의가 촉발되었다.[39]

팍, 냐야르와 로우(Park, Nayyar and Low, 2013)는 글로벌 가치사슬에 참가하는 중소기업의 생산성 향상 능력이 경제전반의 경쟁력에 미친다는 사실이 중요하다고 했다.[40] 가령, 대부분의 경제에서 전체 기업수의 90% 이상을 차지하는 중소기업[SME]은 대규모 생산사슬 구축이나 기업조직의 관료화 부담이 상대적으로 적기 때문에 유연한 중소기업으로서 다양한 틈새시장에서 글로벌 시장에 진입할 수 있는 기회가 있다고 했다. 하지만 이런 틈새시장에서도 중소기업은 우수한 자원과 시장 지배력을 갖춘 대기업의 진입위험에 직면하고 있다. 따라서 한 나라의 종합적인 경쟁력을 높이기 위해서는 중소기업의 생산성 향상 능력이 중요하다고 했다.

벰스와 존슨(Bems and Johnson, 2012)은 부가가치 실효환율의 개념을 제안함으로써 국제 거시경제학에 대한 부가가치 무역 접근법을 제안하고 있다.[41] 실질 실효환율은 일반적으로 외부 불균형을 해소하는 데 필요한 가격조정의 규모 또는 명목환율 불일치 정도를 평가함으로써 한 나라의 수출경쟁력을 측정하는 데 사용된다.

---

38) Escaith, Hubert, and Sebastian Miroudot (2016), *Industry-level Competitiveness and Inefficiency Spillovers in Global Value Chains,* Paper presented at the 24th International Input-Output Conference, Seoul, South Korea.

39) Timmer, Marcel P., Bart Los, Robert Stehrer, and Gaaitzen J. de Vries (2013), "Fragmentation, Incomes, and Jobs: An Analysis of European Competitiveness," *Economic Policy* 28(76): pp.613-661.

40) Park, Albert, Gaurav Nayyar, and Patrick Low (2013), *Supply Chain Perspectives and Issues: A Literature Review,* Hong Kong: WTO and Fung Global Institute.

41) Bems, R., and R. Johnson (2012), *Value-Added Exchange Rates*, NBER Working Paper No.18498, NBER, Cambridge, MA.

기존의 실질 실효환율은 종종 소비자 물가지수의 가중 바스켓으로부터 계산되는데 여기서 가중치는 양국의 총무역 거래액을 기준으로 한다. 하지만 급격한 세계화로 인해 기존의 실질 실효환율은 두 가지 측면에서 부적합한 척도가 되었다. 첫째, 실질 실효환율이 세계시장에서 수출 경쟁력을 평가하는 데 사용된다. 하지만 소비자 가격지수는 부가가치 원산지가 여러 국가에 걸쳐 분산되어 있는 상품의 가격을 나타내기 때문에 소비자 물가지수로 가격의 변화를 평가하는 것은 바람직하지 않을 수 있다. 둘째, 동일한 논리를 적용한다면 총무역액은 국가 간 생산공유가 증가하고 있는 오늘날의 경제현실을 나타내는데 부적합하므로 이를 가중치로 사용할 경우 현실을 제대로 반영하지 못하는 지표가 된다.

부가가치 실효환율은 소비자물가지수대신 국내총생산(부가가치) 디플레이터를 사용하여 가격변동을 측정하고 총무역액 대신 부가가치 무역액을 가중치로 사용함으로써 이런 문제를 피할 수 있게 해준다.

(2) 경제성장과 발전

태그리오니와 윙클러(Taglioni and Winkler, 2016)는 글로벌 가치사슬이 보편화되면서 국제무역과 경제개발 패러다임에서 변화가 생겼다고 했다. 정책 입안자들은 글로벌 가치사슬 참가로 인해 수출증가라는 전통적인 개념을 넘어서 기술과 지식의 이전, FDI 증가, 인적자본의 고도화와 같은 경제적 기회가 증가한 것으로 인식하게 되었다. 따라서 장기적으로 생산성 향상과 지속적인 경제성장으로 이어질 수 있다. 저소득 및 중간소득 국가LMIC들은 글로벌 가치사슬에의 참가를 통해 지속적인 산업화와 서비스화 과정을 향상시키는 과정에서 글로벌 가치사슬 참가를 통해 많은 혜택을 누릴 수 있다고 했다.[42)]

크리스쿠오로, 티미스와 존스턴(Criscuolo, Timmis and Johnstone, 2016)은 국가 또는 기업 수준에서 글로벌 가치사슬 참가는 (1) 전문화, (2) 해외조달 투입물, (3) 기술확산, (4) 지식이전이란 네 가지 채널을 통해 생산성 향상을 가져올 수 있다고 했다.[43)] 글로벌 가치사슬의 확장을 통해 가치사슬 내의 특정활동에 대한 전문화가 가능해지

42) Taglioni, Daria, and Deborah Winkler (2016), *Making Global Value Chains Work for Development. Trade and Development series*, Washington, DC: World Bank.

43) Criscuolo, Chiara, Jonathan Timmis, and Nick Johnstone (2016), "The Relationship between GVCs and Productivity," Background paper prepared for the 2016 *OECD Global Forum on Productivity*, Lisbon.

며, 참가기업은 자원을 가장 효율적으로 배분하는 핵심작업core tasks에 전문화하여 생산성을 향상시킬 수 있다는 것이다.

해외의 중간재에 대한 접근성이 증가함에 따라 이런 전문화가 가능해진다. 가치사슬에서 비교우위를 바탕으로 기업은 외국기업에 대한 투입물의 상류부문 공급업체로 참가하거나, 또는 자신의 생산 및 수출을 위해 상류부문과의 연계를 통해 해외 투입물을 사용하는 하류부문의 생산자로 참가할 수 있다. 글로벌 가치사슬에의 참가는 전문화를 통해 규모의 경제 효과를 높이고, 국가 간 상호 보완성을 보다 잘 활용할 수 있게 한다.

많은 연구에 의하면, 글로벌 가치사슬에 참가함으로써 기업들은 국내조달보다 경쟁력있는 대안을 이용할 수 있을 뿐만 아니라 다양하고 질 좋은 해외 투입물을 사용함으로써 생산성을 높일 수 있다고 했다.[44] 글로벌 가치사슬 참가는 또한 국내기업들로 하여금 선진기술과 지식, 주요 글로벌 가치사슬 참가자들의 표준뿐만 아니라 "개방형 혁신" 시스템과 보다 긴밀하게 접촉할 수 있게 해 준다.[45]

태그리오니와 윙클러(Taglioni and Winkler, 2016)에 의하면, 이런 이점은 글로벌 가치사슬의 세 가지 메커니즘을 통해 실현 가능하다고 한다. ① 확산효과diffusion effect는 다국적 기업이 지식과 기술공유를 통해 국내 기업에 도움을 줄 수 있다는 것이다. ② 가용성 및 품질효과availability and quality effect는 글로벌 가치사슬 참가를 통해 구매자 산업에서 투입물의 가용성과 품질을 증가시킨다는 것이다. ③ 과시효과demonstration effect는 글로벌 가치사슬에서 상품의 모방이나 역설계, 사업모델, 마케팅 전략, 생산 프로세스 및 수출 프로세스를 하는 기업으로부터 기술 및 지식이 유출된다는 것이다.

엥겔과 태그리오니(Engel and Taglioni, 2017)는 글로벌 가치사슬에 참가한 개발도상국들은 글로벌 시장에서 생산성 향상의 기회를 얻을 수도 있지만, 일부 국가들은 결

---

44) Amiti, Mary, and Jozef Konings (2007), "Trade Liberalization, Intermediate Inputs, and Productivity: Evidence from Indonesia," *American Economic Review* 97(5): pp.1611-38.; Topalova, Petia, and Amit Khandelwal (2011), "Trade Liberalization and Firm Productivity: The Case of India," *Review of Economics and Statistics* 93(3): pp.995-1009.; Bas, Maria, and Vanessa Strauss-Kahn (2015), "Input-trade Liberalization, Export Prices and Quality Upgrading," *Journal of International Economics* 95(2): pp.250-262.

45) Teece, David J., Gary Pisano, and Amy Shuen (1997), "Dynamic Capabilities and Strategic Management," *Strategic Management Journal* 18(7): pp.509-33.; Sturgeon, Timothy J., and Olga Memedović (2011), *Mapping Global Value Chains: Intermediate Goods Trade and Structural Change in the World Economy*, United Nations Industrial Development Organization (UNIDO), Development Policy and Strategic Research Branch Working Paper 05/2010.; Ketels, Christian HM., and Olga Memedovic (2008), "From Clusters to Cluster-based Economic Development," *International Journal of Technological Learning, Innovation and Development* 1(3): pp.375-392.

국 중진국 함정middle income trap이라고도 하는 경기둔화를 경험할 수 있다고도 했다.46) 이런 경기침체는 산업내 또는 산업 전반에 걸친 고부가가치 활동으로 이동함으로써 피할 수 있다. 해당 국가의 상대적 경제발전 수준에 따라 이런 고도화를 통해 세계 경제에서 입지를 유지하거나 개선할 수 있을 것이다.

험프리와 슈미츠(Humphrey and Schmitz, 2002)에 의하면 글로벌 가치사슬 내에서는 4가지 유형의 고도화가 가능하다고 한다.47) ① 프로세스 고도화, ② 기능 고도화, ③ 상품 고도화, ④ 사슬 또는 부문간 고도화가 그것이다. 이 중 프로세스 및 기능 고도화는 조직 또는 기술에서의 효율성 향상과 같은 생산성 향상에 중점을 둔다. 상품 및 사슬 고도화는 가치사슬을 따라 수직 또는 수평으로의 이동을 중요시한다. 상품 및 사슬 고도화를 위해서는 모두 더 높은 부가가치를 창출할 수 있는 새로운 작업tasks에 대한 전문성을 개발해야 한다.

뱀버 등(Bamber et al., 2014)에 의하면 글로벌 가치사슬에서는 3가지 고도화의 기회가 있다고 한다.48) ① 가치사슬에 진입, ② 상류부문으로의 연계성 고도화, ③ 최종시장 고도화가 그것이다. 대부분의 연구문헌들에 의하면 고도화를 측정하기 위한 일반적인 지표로는 수출량 또는 수출 단위가격의 상승(교역조건의 개선)이란 지표를 사용한다.

(3) 사회의 고도화(social upgrading) 효과

일반적으로 글로벌 가치사슬 참가의 노동수요, 임금수준, 기술, 노동참가 수준과 같은 사회적 고도화에 대한 효과를 평가하는 것은 매우 어렵다. 노동시장의 구조적 변화의 대부분은 기술혁신이나 소비자 수요의 변화에 의해 촉발되기 때문에 글로벌 가치사슬의 순효과를 다른 요인들의 효과와 분리하는 것이 매우 어렵기 때문이다.

---

46) Engel, Jakob, and Darcia Taglioni (2017), "The Middle-Income Trap and Upgrading Along Global Value Chains," Chap. 5 in World Bank et al., *Measuring and Analyzing the Impact of GVCs on Economic Development,* Washington, DC. World Bank.

47) Humphrey, John, and Hubert Schmitz (2002), "How Does Insertion in Global Value Chains Affect Upgrading in Industrial Clusters?" *Regional Studies* 36(9): pp.1017-1027.

48) Bamber, Penny, Karina Fernandez-Stark, Gary Gereffi, and Andrew Guinn (2014), *Connecting Local Producers in Developing Countries to Regional and Global Value Chains,*" OECD Trade Policy Paper No.160.

1) 선진국의 사회적 고도화

선진국에서 아웃소싱 및 오프쇼어링과 관련된 노동시장 효과는 이미 잘 알려져 있다. 핀스트라와 핸슨(Feenstra and Hanson, 1996, 1999)의 연구에 따르면, 상품생산 부문에서 비숙련 노동자가 담당하는 작업의 아웃소싱은 숙련노동에 대한 상대적 수요증가의 31~51%를 차지하여 미국에서 숙련 노동자와 비숙련 노동자 간의 임금 불평등을 증가시켰다고 하였다.[49] 또한 후속 연구(2001)에서는 무역, 특히 중간재 무역의 노동시장에 대한 효과는 다른 연구결과보다 더 크다고 주장하며, 미국, 일본, 홍콩, 멕시코의 경우 생산공유 및 해외 아웃소싱이 숙련 노동자에게 지급되는 임금을 증가시켜 왔다고 한다.[50] 아세모글루와 아토어(Acemoglu and Autor, 2010)는 오프쇼어링과 아웃소싱이 선진국 경제에서 기술변화의 기술편향적 노동효과를 강화한다고 주장했다.[51] 허멀스 등(Hummels et al., 2014)은 오프쇼어링이 덴마크의 숙련된 노동과 비숙련 노동 간의 임금격차를 확대하는 데 기여했다고 한다.[52] 패롤, 홀웨그와 윙클러(Farole, Hollweg and Winkler, 2018)에 따르면 이런 양극화된 노동기술 효과는 고소득 국가에서 분명하지만 개발도상국에서는 분명하지 않다고 하였다.[53]

상대적인 노동수요와 임금수준에서 글로벌 가치사슬의 기술수준에 따른 양극화 효과는 분명해 보인다. 하지만, 선진국에서 총노동 수요에 미치는 영향은 서로 다른 경로를 통해 상충되는 효과가 발생할 가능성이 있다. 첫째, 대체효과substitution effect가 있다. 오프쇼어링은 생산활동의 일부를 해외로 옮기고 국내 노동력을 외국 노동으로 대체하기 때문에 국내 노동수요를 감소시킨다. 둘째, 생산성 효과productivity effect가 있다. 아웃소싱은 전문화를 더욱 강화하고, 노동생산성을 향상시켜 생산량 단위당 노동

---

49) Feenstra, R. C., and G. H. Hanson (1996), "Globalization, Outsourcing, and Wage Inequality," *American Economic Review* 86(2): pp.240-245.; Feenstra, Robert C., and Gordon H. Hanson (1999), "The Impact of Outsourcing and High-Technology Capital on Wages: Estimates for the United States, 1979~1990," *Quarterly Journal of Economics* 114(3): pp.907-940.

50) Feenstra, Robert C., and Gordon H. Hanson (2001), *Global Production Sharing and Rising Inequality: A Survey of Trade and Wages*, NBER Working Paper.

51) Acemoglu, Daron, and David Autor (2010), *Skills, Tasks and Technologies: Implications for Employment and Earnings*, NBER Working Paper 16082.

52) Hummels, David, Rasmus Jørgensen, Jakob Munch, and Chong Xiang (2014), "The Wage Effects of Offshoring: Evidence from Danish Matched Worker-Firm Data," *American Economic Review* 104(6): pp.1597-1629.

53) Farole, Thomas, Claire Hollweg, and Deborah Winkler (2018), *Trade in Global Value Chains: An Assessment of Labor Market Implications*, World Bank Working Paper 30249.

수요를 감소시킨다. 마지막으로, 규모의 효과scale effect이다. 오프쇼어링은 생산비용을 감소시켜 가격을 낮추고 수요를 증가시켜 결과적으로 더 높은 생산량을 생산하기 위한 노동수요를 증가시킨다. 결국 노동수요에 대한 순효과는 이 세 가지 효과가 실제 경제에서 어떻게 일어나는가에 달려있다.

앤틀라스, 포트와 틴털놋(Antràs, Fort and Tintelnot, 2017)은 중국으로부터의 아웃소싱 기회가 증가함에 따라 미국 국내고용이 증가했음을 보여주고 있다.[54] 미국 제조회사의 생산증가 및 국내 아웃소싱으로 인한 이익은 시장에서 조달계약을 하였거나 아웃소싱하지 않은 퇴출 회사의 손실보다 크다고 한다. 왕 등(Wang et al., 2018)의 투입산출표를 이용한 연구에 의하면 중국으로부터의 중간 투입물 수입은 미국의 총고용과 실질임금에 긍정적인 영향을 미쳤다고 한다.[55] 직접 경쟁하는 제조업 및 관련 상류무문 산업에서의 부정적인 노동효과는, 특히 서비스 부문에서 저가의 중국산 중간투입으로부터 혜택을 받은 하류부문 산업의 긍정적인 이익으로 상쇄되었다고 한다.

2) 개발도상국에서의 사회적 고도화

이론적으로 글로벌 가치사슬 참가는 개발도상국 기업에 더 많은 수출기회를 만든다. 그리고 수출기업은 일반적으로 더 많은 근로자를 더 높은 임금에 고용하므로 이는 긍정적인 노동효과로 이어진다.[56] 태그리오니와 윙클러(Taglioni and Winkler, 2016)에 의하면, 개발도상국의 노동시장은 다음과 같은 세 가지 효과를 통해 글로벌 가치사슬 참가로부터 혜택을 받을 수 있다고 한다.[57] ① 수요효과demand effect이다. 글로벌 가치사슬에 참가하는 다국적 기업은 현지 노동시장에서 숙련노동에 대한 수요를 증가시킨다. ② 기술향상 효과skill-upgrading effect이다. 현지 노동력이 다국적 기업으로부터 훈련과 기술 고도화의 기회를 갖게 된다. ③ 파급효과spillover effect이다. 현지 노동력이 다국적 기업에서 지역기업으로 이직한다면 습득한 기술과 지식을 함께 가져갈 수 있다.

---

54) Antràs, Pol, Teresa C. Fort, and Felix Tintelnot (2017), "The Margins of Global Sourcing: Theory and Evidence from U.S. Firms," *American Economic Review* 107(9): pp.2514-2564.

55) Wang, Zhi, Shang-Jin Wei, Xinding Yu, and Kunfu Zhu (2018), *Re-examining the Effects of Trading with China on Local Labor Markets: A Supply Chain Perspective*, NBER Working Paper 24886.

56) Shepherd, Ben (2013), *Global Value Chains and Developing Country Employment: A Literature Review*, OECD Trade Policy Papers No.156. Paris: OECD Publishing.

57) Taglioni, Daria and Deborah Winkler (2016), *Making Global Value Chains Work for Development. Trade and Development series*, Washington, DC: World Bank.

패롤(Farole, 2016)은 이런 효과가 항상 개발도상국의 노동시장에서 광범위하고 긍정적인 결과로 이어지지는 않는다는 사실을 지적했다.[58] 대신 이 과정에서 성공한 나라와 실패한 나라가 있을 수 있다고 한다. 잉여 노동력이 많고 임금이 낮은 국가는 글로벌 가치사슬 참가이후 일자리가 크게 늘어나지만 산업과 국가가 고도화됨에 따라 임금이 상승하고 순고용은 감소하며, 숙련된 노동자는 늘어나고 여성노동은 일자리를 잃게 될 수도 있다고 한다. 관련된 산업의 유형, 선도기업의 전략, 국내 기술기반 및 제도적 환경이 개발도상국의 노동시장에 커다란 영향을 미치게 된다고 한다.

패롤, 홀웨그와 윙클러(Farole, Hollweg and Winkler, 2018)는 한 국가의 글로벌 가치사슬 참가를 두 가지 유형으로 구분하였다.[59] 하나는 상류부문과 연계된 구매자, 다른 하나는 하류부문과 연계된 판매자이다. 이때 전반적인 노동수요는 구매자 또는 판매자로서의 글로벌 가치사슬 참가와 양(+)의 상관관계를 갖지만, 후자가 훨씬 더 낮은 상관관계를 보인다고 하였다. 수출에 추가된 해외 부가가치의 비율로 측정되는 후방 글로벌 가치사슬 참가의 강도는 직접 관련된 부문의 노동수요와 음(−)의 상관관계에 있지만 간접 부문에 대한 긍정적 효과는 부정적인 직접 효과를 상쇄할만큼 충분히 커서 결과적으로 총 노동 수요를 증가시킨다고 한다. 제3국 수출에서 국내 부가가치가 차지하는 비중으로 측정되는 전방 글로벌 가치사슬 참가의 강도는 직 간접적으로 노동수요와 부(−)의 관계를 가진다.

개발도상국에서 글로벌 가치사슬의 노동효과에 대한 연구는 주로 노동통계의 가용성 및 질적 문제로 인해 다소 제한적이다. 수출부문으로 정의되는 직접 부문은 일반적으로 국내 생산사슬의 끝 부분에 위치한다. 마찬가지로 간접 부문은 직접 부문에 투입물을 공급하고 국내 생산사슬의 상류부분에 위치한다.

(4) 국내 요소소득 및 후생에 미치는 영향

오프쇼어링 모형은 오프쇼어링의 국내 노동시장에 대한 잠재적으로 해로운 효과에 대한 정치적 관심사항(가령, 산업 공동화 문제)을 제기하므로 당연히 소득분배와 후생의 문제를 다루는 방향으로 발전하였다.

전통적으로 노동시장에 대한 국제무역의 영향은 동일한 산업 내에서 다양한 유

---

58) Farole, Thomas (2016), *Do Global Value Chains Create Jobs?,* IZA World of Labor.

59) Farole, Thomas, Claire Hollweg and Deborah Winkler (2018), *Trade in Global Value Chains: An Assessment of Labor Market Implications*, World Bank Working Paper 30249.

형의 노동구성의 변화보다는 수입품과의 경쟁으로 인한 산업부문 간의 자원이동이란 관점에서 연구되었다. 세계화에 대한 새로운 연구문헌에서는 오프쇼어링은 특정 유형의 노동과 노동기술이 제공하는 작업에 해당하는 생산활동이 국경을 넘나드는 것이란 점을 잘 인식하고 있다.

핀스트라와 한슨(Feenstra and Hanson, 1996)은 개발도상국에서 외국인에 대한 소유권 인정에 따른 오프쇼어링의 영향을 검토했다.[60] 선진국에서 개발도상국으로의 상당한 자본이동은 개발도상국의 기준으로는 기술 집약적이지만 선진국 기준에서는 덜 기술 집약적인 일부 생산과정의 이전이라고 할 수 있다. 따라서 노동수요는 각 경제의 기술수준 관점에서, 보다 높은 기술인력으로 치우치게 되므로 비숙력 노동의 상대적 임금수준은 선진국과 개발도상국에서 모두 하락하게 된다.

그로스먼과 로시 한스버그(Grossman and Rossi-Hansberg, 2008a)는 오프쇼어링의 가능성 증가가 관련 국가의 생산성과 요소소득에 미치는 영향을 설명하기 위해 "작업의 거래trade in tasks"라는 개념을 도입했다.[61] 이들은 전통적인 무역이론에서 다루는 최종상품이 아니라 기업전략으로서 오프쇼어링 활동의 중요성을 파악하기 위해 생산과정에서의 작업 또는 업무tasks에 분석의 초점을 두었다.

이 모형에서 오프쇼어링의 가능성은 운송 및 통신 기술을 통한 기업 본사와 해외의 공급업체 간의 협력 능력의 개선 정도로 측정된다. 오프쇼어링 가능성의 변화 정도는 이런 작업의 형태에 따라 변화하는 것으로 보았다. 어떤 작업(글이나 말로서 전달 가능한 지식을 이용하는 작업)은 오프쇼어링이 쉽지만 글이나 말로서 전달하기 힘든 암묵적 지식taxit knowledge을 이용하는 작업은 오프쇼어링이 쉽지 않다.

오프쇼어링의 영향은 3가지 측면에서 살펴볼 수 있다. 첫째, 노동공급 효과: 일부작업을 해외로 옮기면 이런 작업을 수행했던 국내 노동력이 남게 되므로 노동시장에서 노동공급이 늘어난 것과 같은 효과가 나타난다. 이로 인해 임금이 경직적일 때 해당 업무를 하던 노동력의 실질임금을 낮추게 되고, 또 국내 일자리를 잃게 만든다는 점 때문에 오프쇼어링을 하는 기업에 대한 대중매체와 정치권의 반감을 불러일으킬 수 있다.

둘째, 상대가격 효과: 국가 간 비교우위가 숙련 노동의 업무보다 비숙련 노동의

60) Feenstra, R. C., and G. H. Hanson (1996), "Globalization, Outsourcing, and Wage Inequality," *American Economic Review* 86(2): pp.240-245.

61) Grossman, G. M., and E. Rossi-Hansberg (2008), "Trading Tasks: A Simple Theory of Offshoring," *American Economic Review* 98(5): pp.1978-1997.

업무에서 약할 때 이 나라는 비숙련 노동의 업무를 오프쇼어링 하게 된다. 따라서 이 나라는 전통적 무역이론이 제시하는 것처럼 숙련노동을 집약적으로 사용하는 상품의 수출에 전문화하게 된다. 따라서 수출증가로 인해 교역조건이 악화될 경우 스톨퍼-새뮤얼슨 정리가 제시하는 것처럼 숙련 노동자의 후생에 부정적인 영향을 미칠 수 있다. 이런 효과는 해당 국가가 상품의 국제 상대가격에 영향을 미칠만큼 충분히 클 때(대국) 가능하다.

셋째, 생산성 효과: 의사소통 능력의 증가 등으로 오프쇼어링에 대한 긍정적 전망이 증가하게 되면, 오프쇼어링하는 정도에 비례하여 기업의 수익성이 높아진다. 이런 생산성 효과는 요소부가형 기술발전factor augumented technological change과 같은 결과를 가져오므로 모든 산업에 있어서 해외 노동과 비슷한 업무를 하는 국내 노동자의 고용에 긍정적 영향을 미친다.

요소소득에 대한 오프쇼어링의 순효과는 이런 세 가지 효과의 합으로 구성된다. 실증분석에 있어서는 생산성 증대 효과가 다른 두 효과를 능가할 정도로 커서 오프쇼어링의 긍정적 효과를 인정하고 있다.

(5) 경제 불안정의 관리

세계화 과정에서 사회, 국가, 경제는 국제무역, 해외직접투자, 고급인력의 이민, 국가 간 지식과 기술의 흐름과 같은 여러 채널을 통해 통합되었다. 글로벌 가치사슬은 국가 간 상호 의존성을 증가시켰는데 국제 간 의존성의 증가, 수직 전문화의 확대에 따라 생산이 지리적으로 집중되면서 어느 한 지역에서의 사건이 세계적 혼란을 야기할 수 있게 되었다. 국가 경제의 전체 시스템이 이런 위험에 매우 취약해지게 된 것이다.

전 세계적으로 국가경제에 충격을 줄 수 있는 대표적인 위험요인으로 전염병의 대유행, 생필품 공급 부족, 지정학적 위험, 인프라의 위험, 금융위기 등이 있을 수 있다. 1997년 아시아 금융위기, 2008년 세계 금융위기, 최근 COVID-19의 대유행, 미중 패권전쟁에 따른 공급망 재편 등이 글로벌 가치사슬의 발전에 수반되어 나타난 위험요인들이라고 할 수 있다.

PART 2.

국제무역 이론과 글로벌 가치사슬

제2부에서는 국제무역 이론 전반의 내용을 살펴봄으로써 글로벌 가치사슬이 국제무역 이론에서 어떤 의미와 위상을 가지는지를 살펴본다. 다양한 국제무역 이론들은 국가 간 무역이 일어나는 이유, 무역을 통해 얻을 수 있는 이익, 무역 패턴의 결정, 무역을 통한 국가 전체의 후생분만 아니라 개인의 후생증가 가능성 여부가 동일한 틀 내에서 검토된다. 또한 국가 전체, 개인의 후생증대를 위한 국가 정책의 필요성 여부에 대한 의미도 살펴본다. 애덤 스미스와 데이비드 리카르도 이후 많은 경제학자들이 이런 질문에 대한 답을 구하려고 했지만 여전히 무역의 원인과 무역패턴, 무역을 통한 후생증가 여부를 설명하는 데 많은 어려움이 있다. 글로벌 가치사슬에 대한 설명 역시 국제무역 이론의 틀 내에서 설명될 수밖에 없다. 글로벌 가치사슬의 핵심 내용 역시 국제무역 이론이기 때문이다.

CHAPTER 3.

국제무역 이론의 요약

역사적으로 국가 간 무역이 발생하는 원인은 여러 가지 방법으로 설명되어 왔다. 가령 국가 간 요소부존량과 기술의 차이를 이용하기 위해 무역을 한다는 비교우위론이 대표적이다. 최근의 무역이론에 따르면, 전문화를 통한 규모의 경제란 이점을 활용하기 위해 무역을 한다고 한다. 현대 무역이론들의 일부는 불완전 경쟁, 상품 차별화 및 기술격차(혁신) 때문에 무역이 일어난다고 한다. 국제무역에서는 내생적인 기술변화가 중요한 역할을 하기 때문에 신성장 이론과도 밀접하게 관련된다.

제2부에서는 국제무역 이론 측면에서 글로벌 가치사슬의 위상을 살펴보려고 하기 때문에 전체 무역이론을 동일한 틀에서 이해할 필요가 있다. 우선 제3장에서는 무역이론을 보다 자세히 살펴보기 전에 무역이론의 전반적 개요를 살펴보고자 한다. 경제학에서 가장 오랜 역사를 가진 이론이라고 할 수 있지만 전체적인 맥락을 이해하지 않으면 상식적인 면에서도 혼동스럽기 때문에 전체 무역이론을 통일된 틀에서 설명해 보고자 하는 것이다.

국제무역 이론의 발전과정을 하나의 흐름도로 나타내면 다음 [그림 3-1]과 같다. 국제무역 이론의 역사를 살펴보면 3가지의 주요 흐름이 있다. 첫째, "전통적 무역이론"이라고 부르는 고전파, 신고전파 무역이론이 있다. 여기서 가장 중요한 것은 거의 100여 년간 무역이론을 지배했던 신고전파 헥셔-올린Heckscher-Ohlin의 무역이론이다. 오랫동안 지배적인 무역이론이었음에도 불구하고 실증적 연구에 의해 많은 부분의 타당성이 입증되지 못했다.

이로 인해 많은 유명 경제학자들이 새로운 무역이론을 개발했다. 이런 현대적 무역이론들은 1970년대 후반에서 1980년대 초반에 나타났다. 1980년대 후반, 이런 현대적 무역이론은 경제성장 이론에 커다란 영향을 미쳐 신성장 이론으로 더욱 발전하게 되었다. 결국 이는 비교우위론의 동적인 진화과정을 보여준다고 할 수 있다.

국제무역 이론은 이론이 크게 전제하고 있는 기본 가정과 무역이 일어나는 메커

〈그림 3-1〉 국제무역 이론의 주요 흐름도

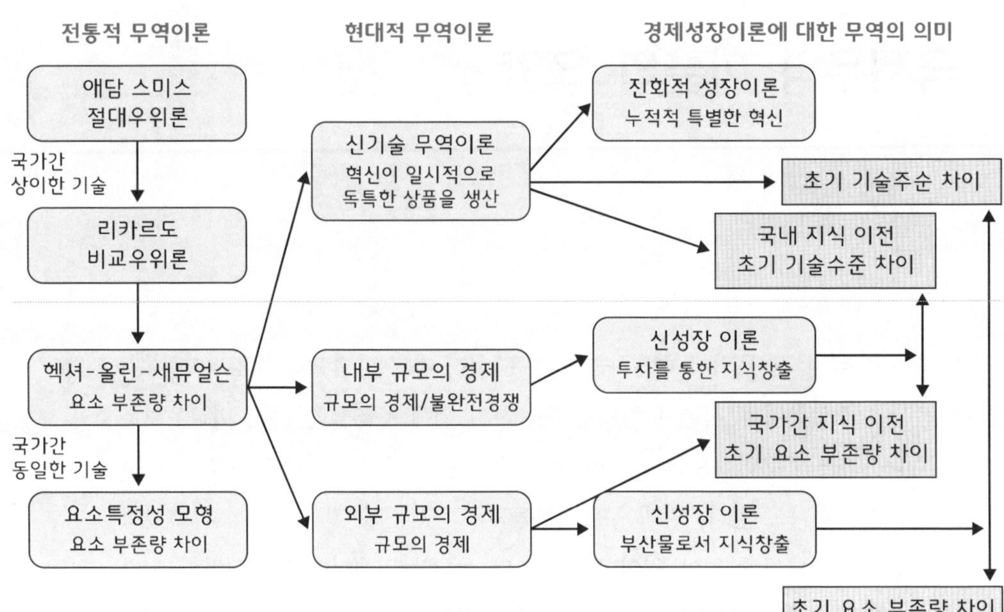

자료: Siemen van Berkum and Hans van Meijl (1998, 2000).

니즘에 따라 구분된다.1) [그림 3-1]에서 다양한 무역이론은 타원형으로 표시되어 있다. 타원형을 연결하는 화살표는 이전 모형에서 새로운 무역이론으로의 발전 관계를 나타내는데 중요한 기본 가정의 변화를 반영하고 있다.

국제무역 이론을 구분하는 중요한 기준은 국가 간 기술격차에 관한 것이다. [그림 3-1]에서 만약 국가 간 기술이 다르다고 가정하면 윗부분에, 국가 간 기술이 동일하다고 가정한다면 아랫 부분에 해당이론이 설명된다. 새로운 성장이론에서 무역이론이 전제하고 있는 기술이 국가마다 다를 수 있기 때문에 2가지 방향으로 나타낼 수 있다. 각 방향은 그림에서 사각형으로 표시되어 있다.

국제무역 이론을 보다 자세히 살펴보기 전에 무역이론 간의 주요 관계를 이해할 필요가 있다. 무역이론 역시 다른 많은 경제이론들과 마찬가지로 애덤 스미스Adam Smith

---

1) Siemen van Berkum and Hans van Meijl (2000), "The application of trade and growth theories to agriculture: a survey," *The Australian Journal of Agricultural and Resource Economics*, 44:4, pp.505-542.; Siemen van Berkum and Hans van Meijl (1998), *A Survey of Trade Theories*, The Hague, Agricultural Economics Research Institute (LEI-DLO).

의 『국부론』에서 시작되었다. 애덤 스미스는 어떤 한 나라가 다른 나라보다 적은 노동력으로 특정 상품을 생산하고, 다른 나라는 다른 상품을 더 적은 노동력으로 생산할 수 있을 때 두 상품을 교환하게 되는 무역이 가능하다는 것을 보여주었다.

데이비드 리카르도는 한 나라가 다른 나라보다 모든 상품을 더 적은 노동력으로 생산할 수 있다 하더라도 두 상품의 상대적 생산원가가 서로 다르면 무역이 일어날 수 있다는 사실을 보여주었다. 이는 국제무역 이론에서 비교우위론이라고 한다.

신고전파 헥셔－올린 모형은 국가 간 생산기술이 동일하다는 가정하에 노동이외에 자본이란 또 다른 생산요소를 도입하여 리카르도의 비교우위론을 보다 정교하게 발전시킨 것이다. 이런 가정의 변화로 인해 요소 부존량의 차이가 국제무역이 일어나는 원인이 되고 있다.

요소특정성 모형specific factor trade model은 상품생산에 있어서는 상품별로 특수한 생산요소가 필요하다고 가정한다. 표준적인 헥셔－올린 모형과는 소득분배에 대한 영향을 다르게 설명할 수 있기 때문에 별도의 무역이론으로 간주할 수 있다.

헥셔－올린 모형의 국제무역에 대한 설명 가운데 일부는 실증분석에 의해 그 타당성이 입증되지 않았기 때문에 현대 무역이론이 대두된다. 여기서는 전통적 무역이론의 기본 가정 중 하나인 규모에 대한 수확 불변과 동일한 생산기술의 가정이 완화되었다. 규모의 경제 효과는 해당 기업에 있어서 외부적인 요인으로 일어날 수도 있고, 내부적인 요인으로부터 일어날 수도 있다. 외부 규모의 경제 효과는 완전경쟁시장의 가정과 양립할 수 있지만, 내부 규모의 경제 효과는 곧 불완전 경쟁시장을 의미한다. 두 가정은 국제무역에 있어서 다른 의미를 제공해 준다.

또 다른 현대 무역이론은 신기술 무역이론으로서 기술의 역할을 강조한다. 고전파 무역이론에서도 기술의 역할이 중요하지만 신기술 무역이론에서는 국가 간 기술의 차이는 정적이지 않고 일시적인 혁신에 의해 일어난다고 가정한다. 진화 성장이론은 신기술 이론을 더욱 발전시켜 혁신과정을 중요시 하는데 혁신은 누적적이고 구체적이며 불가역적이라고 가정한다.

보다 정형화된 신성장 이론에서도 신기술 무역이론과 같이 지식의 창조를 중요시한다. 지식의 창조를 모형화 하는 여러 방법들은 규모의 경제 효과를 강조하는 현대 무역이론에서 온 것이다. 즉, 지식이 다른 활동의 부산물이거나 시행착오라는 학습효과에 의한 것이라면 외부 규모의 경제 효과와 비슷하다. 그러나 지식창조가 의도적인 경제적 활동의 결과라면 기업은 지식창조를 위해 투자를 했다는 것이고, 이는 기업들이 내부 규모의 경제 효과를 가지고 있으며, 시장을 불완전 경쟁상태로 만드는 고정비용을 가지고 있다는 의미이다. 만약 혁신이 신상품 개발로 이어진다면 신기술 무역이론과 유사해진다. 더욱이 한 기업이 창조한 지식의 일부를 다른 기업이 사용하게 된다면 외부 규모의 경제 접근법과 유사하게 된다.

무역과 성장의 관계에 있어서 또한 중요한 것은 이런 지식의 확산이 국가 내에서 일어나는지, 아니면 국제적으로 일어나는지 여부이다. 신성장 이론 초기의 무역패턴은 요소 부존량의 차이 또는 초기 지식수준의 차이에 의해 일어난다고 한다.

1. 전통적 무역이론

전통적인 무역이론은 고전파 무역이론과 신고전파 무역이론으로 구분된다. 고전파 이론에 애덤 스미스의 절대우위론, 리카르도의 비교우위론이 있다면, 신고전파 무역이론에는 헥셔-올린의 요소 부존량 모형이 있다. 고전파 무역이론에서는 국가 간 기술차이를 중요시 하지만, 신고전파 무역이론에서는 국가 간 상대적 요소 부존량의 차이를 중요시한다.

국제무역의 첫 번째 이론은 애덤 스미스가 주장한 바와 같이 국가 간 상품생산에서 절대적인 비용의 차이가 있을 때, 즉 절대적 비용우위가 있을 때 무역이 일어난다는 것이다.

데이비드 리카르도는 한 나라가 다른 나라보다 모든 상품을 더 효율적으로 생산할 수 있다 해도 무역이 가능하고, 무역 당사국이 서로 유익할 수 있다고 했다. 그 전제조건은 모든 상품생산에서의 상대적 효율성 차이가 있어야 한다는 것이며 이때 효율성의 차이가 가장 큰 재화의 생산에 비교우위가 있다는 것이다. 리카르도 모형에서는 노동이 유일한 생산요소이므로 결국 노동 생산성의 차이가 무역을 설명하는 요인이 된다. 이때 국가 간 노동 생산성 수준의 차이는 기술지식의 수준이 다르거나, 자연환경(천연자원, 기후, 토양, 지리적 위치)에서의 차이 때문에 발생한다.

신고전파 이론인 헥셔-올린 모형은 보다 많은 생산요소를 고려하여 리카르도 모형을 더 정교하게 만든 것이다. 고전파 이론과 달리 모든 국가가 동일한 생산기술을 갖는다고 가정한다. 또한 헥셔-올린 모형에서는 규모에 대한 수확 불변, 동일한 선호를 갖는 소비자, 완전경쟁시장을 가정하고 있으므로 국가 간 요소 부존량의 차이가 국가 간 무역을 가져오는 유일한 요소이다. 국가 간 요소 부존량의 차이가 클수록 보다 많은 무역이 일어나는데 이는 산업 간 무역inter-industry trade이 된다. 각 나라는 풍부한 생산요소를 보다 집약적으로 사용하는 상품을 수출하게 된다. 따라서 상대적으로 풍부한 생산요소의 소유자는 무역으로부터 이익을 얻는다. 무역균형 상태에서 국가 간에 생산요소의 상대가격은 동일해진다.

고전파 무역이론이나 신고전파 무역이론과 같은 전통적 무역이론에서 무역으로부터 얻는 이익은 상호교환exchange과 전문화specialization에서 온다. 무역 당사국은 생산자원을 보다 합리적으로 배분하고, 저렴한 가격의 경쟁상품을 수입함으로써 상대가격이 하락하기 때문에 무역으로부터 이익을 얻게 된다. 무역장벽이 적을수록 무역으로부터의 이익은 커진다. 따라서 대국large country처럼 교역조건을 변화시킬 수 없는 한 자유무역 정책이 최선의 정책이 된다. 만약 국내의 경제적 왜곡을 시정시키려 하거나, 무역으로 인한 소득분배의 개선과 같은 정치적인 이유로 이루어지는 무역정책은 차선의 정책으로 평가할 수 있다.

요소 특정성 모형은 표준적인 헥셔-올린 모형의 특수한 형태이다. 헥셔-올린 모형에서 모든 생산요소는 산업 간 이동이 가능하지만, 요소 특정성 모형에서 어떤 생산요소는 산업 간 이동이 단기적으로 불가능하다. 따라서 무역으로부터 얻을 수 있는 생산요소에 대한 보상은 헥셔-올린 모형에서와는 완전히 다르다. 무역으로 인해 수출상품을 생산하는 데 필요한 특수 생산요소 소유자의 소득은 증가하지만 수입상품을 생산하는 데 사용되는 특수 생산요소 소유자의 소득은 감소한다. 노동과 같이 이동 가능한 생산요소 소유자는 근로자가 어떤 재화의 소비를 선호하느냐에 따라 다르게 나타난다. 이에 대한 자세한 내용은 후술한다.

전술한 바와 같이, 지난 100여 년간 헥셔-올린 모형은 이론적 우수성에도 불구하고 모형이 시사하는 내용이 실증연구에 의해 명백하게 입증되지 못했다. 자본이 풍부한 나라인 미국의 수입품이 수출품보다 자본 집약적이라는 레온티에프(Leontief, 1953)의 연구가 대표적이다. 하지만 레온티에프 연구에 대한 많은 연구자들의 비판과 헥셔-올린 모형의 단점에 대한 주장과 반론을 통해 헥셔-올린 모형은 더욱 발전하게 된다. 대표적으로 생산요소로서 노동과 자본 이외의 생산요소들을 도입하거나 노동을 숙련 노동과 비숙련 노동으로 구분하거나, 자본을 인적 자본과 물적 자본을 구분하여 국제무역을 설명하는 것이다.

2. 현대적 무역이론

헥셔-올린 모형의 이런 발전에도 불구하고 실제 국제무역의 흐름을 보면 무역의 상당 부분이 산업화된 국가 간의 산업내 무역intra-industry trade이며, 비슷한 요소 부존량을 가진 국가 간의 무역이며, 무역의 소득분배 효과가 크지 않다. 전통적 무역이론이 시사하는 바와 다른 국제무역의 이런 모순된 현상 때문에 많은 경제학자들이 새로운 무역이론을 개발하였다. 결국 신무역 이론은 규모에 대한 수확 불변이나 완전경쟁시장이라는 가정을 완화함으로써 헥셔-올린 모형을 보다 발전시키는 것이었다. 또 다른 신무역 이론은 신기술 이론neo-technology theory으로서 고전파 무역이론인 리카르도 모형과 같이 기술의 역할을 강조하는 것으로 헥셔-올린 모형과는 상당히 다른 것이다.

신무역 이론은 규모에 대한 수확 체증increasing returns to scale을 가정한다. 개별기업 입장에서 규모의 경제 효과가 완전히 "내부 규모의 경제 효과internal economies of scale"에 의한 것이라면, 이는 불완전 경쟁시장imperfect competition market을 의미한다. 하지만 규모의 경제 효과가 완전히 외부에서 초래되는 "외부 규모의 경제 효과external economies of scale"에 의한 것이라면 동일한 산업 내에 많은 기업들이 존재하는 완전경쟁시장이 된다.

내부 규모의 경제 효과에 따른 불완전 경쟁시장을 가정하는 모형에서도 2가지 방법이 있다. 첫째는 규모의 경제 효과를 모형화하는 데 초점을 맞추고 시장의 불완전성은 단순화하여 독점적 경쟁monopolistic competition 시장을 가정하는 것이다. 둘째는 불완전 경쟁시장에 초점을 맞추고 규모의 경제 효과가 이런 시장의 불완전성을 야기한다고 가정하면서 시장형태를 쿠르노Cournot, 또는 베르트랑Bertrand 과점시장oligopoly market이라고 가정하는 것이다.

이상에서 설명한 신기술 무역이론과 신무역 이론과 주요 차이점은 전자는 기업과 국가 간의 내생적인 기술혁신과 기술격차가 국제무역의 주요 이유라는 것이지만, 후자는 국가 간 동일한 생산기술을 가정하면서 상품 차별화 등이 국제무역의 주요 이유라는 것이다. 이에 대해 좀 더 자세히 살펴보자.

(1) 규모의 경제 효과와 불완전 경쟁시장

신무역 이론에 따르면, 무역은 동일한 요소 부존량, 동일한 기술, 동일한 소비자 선호를 가진 국가 간에도 가능하다. 이때 무역을 설명하는 가장 중요한 요소는 규모의 경제 효과이다. 하지만 전통적 이론과 달리 규모의 경제 효과를 가정한다고 할 때 어떤 상품생산에 전문화할 것인지에 대한 답을 주지는 않는다. 결과적으로 신무역 이론에서 어떤 상품생산을 수출하고, 수입할 것인지는 "역사적 우연historical accidents"에서 결정된다고 할 수 있다.

규모의 경제 효과는 외부적external일 수도, 내부적internal일 수도 있는데 무역에 대해서는 각각 다른 의미를 제공한다. 외부 규모의 경제가 중요한 요인일 때에는 큰 규모의 산업으로 시작한 국가가 다른 국가가 비록 잠재적으로 같은 상품을 더 싸게 생산할 수 있더라도 경쟁력 우위를 유지할 수 있다. 무역으로부터 얻는 이익은 교환, 전문화, 규모의 경제 효과의 활용에서 온다. 그러나 국가 간 후생의 배분은 국가가 생산하는 재화가 외부 규모의 경제하에서 생산되었는지 여부에 따른 전문화 패턴과, 무역 균형에서 재화의 수요와 공급에 따라 결정되는 교역조건에 의해 결정된다. 이때 무역 당사국들은 심지어 무역으로부터 손해를 볼 수도 있다. 이때에는 무역 또는 산업정책이 유용할 수도 있다.

독점적 경쟁시장의 산업에서는 차별화된 상품을 생산하는 많은 유사 기업이 서로 경쟁한다. 이런 경쟁 때문에 시장균형 상태에서 이윤이 존재하지 않는다. 독점적 경쟁시장 구조에서 일어나는 무역은 내부 규모의 경제 효과를 이용하여 각 국가에서 생산된 차별화된 상품을 서로 교환하는 형태이다. 소비자들은 다양하게 차별화된 상품의 소비를 선호love of variety할 수 있으므로 어떤 한 국가는 다른 나라에서 생산된 차별화된 상품을 수입하고, 국내에서 생산된 또 다른 차별화된 상품을 수출할 수 있다. 같은 산업 내에서 서로 차별화된 상품의 교역이 이루어지기 때문에 산업내 무역이라고 한다. 그러나 어느 나라가 어떤 차별화된 상품을 생산, 수출할 것인지는 불분명하다. 실제 일어나고 있는 전문화 패턴은 역사적 우연에 의해 결정된다.

독점적 경쟁으로 인한 무역의 이익은 교환, 전문화, 규모의 경제 활용, 경쟁력 없는 기업의 퇴출과 상품의 다양성 때문에 발생한다. 산업내 무역의 소득분배 효과는 헥셔-올린 모형의 산업 간 무역에서의 소득분배 효과보다 적다. 산업내 무역은 유사한 경제개발 수준의 국가 간에 일어나기 때문에 상대적 요소 부존량이 유사한 국가 간 무역으로부터 커다란 소득분배 효과가 일어나지 않게 되는 것이다.

과점적 시장구조에서 기업의 행동은 상대 경쟁기업의 행동에 서로 영향을 미친다. 무역은 규모의 경제 효과 때문에 일어난다. 하지만 시장이 구분되어 가격차별이 가능하다면 규모의 경제 효과나 비교우위가 없어도 무역이 일어날 수 있다. 무역으로 인한 이익은 경쟁효과(낮은 마크업 수준), 고정비용을 충당할 수 없는 기업의 퇴출, 기업의 생산규모가 증가하면서 나타나는 평균비용의 하락이란 형태로 나타난다. 후생수준에 미치는 영향은 분명하지 않다.

규모에 대한 수확 불변과 완전경쟁시장의 가정에 기반한 무역이론은 100년 이상 자유무역 정책을 정당화했다. 신무역 이론은 규모의 경제 효과와 불완전 경쟁시장의 가정을 도입함으로써 자유무역 정책의 당연성에 대해 의문을 제기했다. 신무역 이론가들은 특수상황에서 적극적인 무역정책이 유익할 수 있다는 것을 보여주었다. 예를 들어, 만약 한 산업에서 큰 이익이 발생한다면 해당 산업을 유지되어야 한다. 특정조건하에서, 수출 보조금의 사용을 통해 외국기업으로부터 국내기업으로 이윤을 이전시킬 수도 있다. 이것이 소위 "전략적 무역정책strategic trade policy"이다. 그러나 보호주의 무역을 옹호하는 이런 주장은 특수한 가정에 의존하는 예외적인 주장일 수 있다. 가정 중 하나를 약간 변경하면 정책적 의미가 바뀌거나 반대가 되기도 한다. 따라서 좋은 정책을 위해서는 정부가 좋은 모형을 선택하는 데 도움이 될 많은 정보를 가지고 있어야 한다. 이 정보는 너무 구체적인 것들이어서 쉽게 이용 가능하지 않을 수 있다.

실증연구에 의하면 자유무역으로부터의 벗어난 보호주의 무역은 이득이 적을 수 있다고 한다. 더 나아가 규모의 경제 효과와 불완전 경쟁과 관련된 이론에 대한 실증적 검증 결과는 상당히 시사하는 바가 있다. 불완전 경쟁하에서 무역정책이 미치는 영향을 분석한 결과에 의하면 무역정책의 전략적 역할이 타당하다는 것을 입증하지 못하고 있다. 따라서 자유무역 정책은 비록 불완전 경쟁시장에서 최적의 정책은 아니지만 차선의 정책으로 평가받을 수 있을 것이다.

(2) 신기술 이론

기술의 역할을 중시하는 무역이론들은 기술변화에 따른 무역패턴의 변화를 강조한다. 국가 간 기술격차는 생산원가를 낮추고 신상품을 생산하려는 노력을 통해 기업 수준에서의 상품혁신과 공정혁신을 가져온다. 기술발전이나 혁신은 자유롭게, 즉각적으로 확산되지 않기 때문에 해당 기업이나 국가는 생산과 수출에서 일시적으로 비교우위를 가질 수 있다. 리카르도의 비교우위론과의 차이는 일부 재화의 생산에서 국가 간 기술(생산성) 격차가 무역을 유발한다는 것이다. 여기서 혁신을 달성한 국가는 적어도 일시적으로 다른 국가가 생산할 수 없는 일부 신상품을 생산할 수 있기 때문에 무역이 일어나게 된다.

1950년대와 1960년대 크래비스Kravis, 포스너Posner, 버논Vernon, 허쉬Hirsch가 신기술

무역이론의 초기 발전에 공헌했다. 이들은 혁신이 일어나는 국가가 다른 나라에서 이 신기술을 모방할 때까지 거래 상대국에 대해 일시적으로 기술우위를 누리게 되는 혁신의 순차적 과정을 설명했다. 이들은 각각 새로운 상품을 생산하고 수출하는 기술의 가용성(포스너의 "기술격차" 모형), 숙련된 노동력의 가용성(허쉬 모형), 또는 시장의 근접성(버논의 "상품수명 주기설")과 같은 다양한 이유로 한 국가가 신상품을 생산하고 수출하게 된다고 했다.

폴 크루그먼Paul Krugman은 자신의 북남모형North-South model에서 기술관점으로 무역을 설명하고 있다.[2)] 이 모형에서 북쪽 나라는 지속적 혁신을 통해 다양한 신상품을 시장에 출시하지만, 남쪽 나라는 시차를 두고 이 신상품 생산을 모방할 뿐이다. 북남모형에서 무역 메커니즘은 혁신과 함께 성장하고 모방과 더불어 기술격차가 축소되는 과정이다. 두 나라 모두 교환, 전문화, 상품 다양성 때문에 무역으로부터 이익을 얻는다. 하지만 생산시설이 저비용 국가로 이전되면서 세계 전체로는 이익이 되겠지만 혁신을 주도한 북쪽 나라는 남쪽 나라의 모방으로 손해를 볼 수도 있다. 혁신국가는 올바른 국제적 기술이전 체계가 없는 한 혁신율을 높이거나(혁신정책), 모방을 방지하기 위해 보호주의적 조치를 취할 수도 있다.

많은 실증분석 결과는 기술 무역이론의 타당성을 입증해주고 있다. 미국 산업 전반의 수출실적과 다양한 R&D지표 사이에는 정(+)의 상관관계가 있다고 한다. R&D는 기술발전과 관련이 있기 때문에 무역에 대한 기술이론이 타당하다는 것이다. 무역의 기술이론을 검증하기 위해 헥셔-올린 모형에 적합한 추가적 설명변수를 이용해 보았는데 무역성과와 기술관련 변수 사이에 강한 정(+)의 상관관계가 있다는 것을 발견했다.

하지만 기술관련 변수가 기술을 개발하고 활용하는 개인, 기업 또는 국가의 능력과 많은 관련이 있기 때문에 무역의 결정요인으로서 기술과 인적 자본의 역할을 구분하기는 힘들다. 무역의 원동력으로서 기술격차에 대한 이런 연구들은 단편적인 것으로, 일부 산업에서만 혁신으로 인한 일시적 우위가 무역의 주요 요인이 될 수 있다고 평가하고 있다.

---

2) Krugman, Paul (1979), "A Model of Innovation, Technology Transfer, and the World Distribution of Income," *Journal of Political Economy* 87(2): pp.253-266.

(3) 글로벌 가치사슬 이론

그로스먼과 로시-한스버그(Grossman and Rossi-Hansberg, 2006, 2008)는 세계화 시대에는 최종재 거래의 특성과는 완전히 다른 중간재나 서비스 무역(작업의 무역trade in tasks)이 활발하므로 과거와 다른 새로운 무역이론이 필요하다고 했다.[3)]

글로벌 가치사슬의 경제학Economics of Global Value Chains은 국제무역 이론의 틀 내에서 아직 완성되었다고 볼 수 없다. 하지만 단편적으로 많은 경제학자들은 중간재나 서비스의 해외조달(오프쇼어링offshoring)을 통해 효율성을 높일 수 있다는 무역의 이익을 강조하며, 국가 간 요소 부존량, 국가 간 기술의 차이에도 불구하고 무역을 통해 완전고용과 무역수지 균형을 달성할 수 있다고 한다. 사회후생 분석에서도 오프쇼어링에 따라 생산요소 조달에서의 관련 비용이 미미하고, 무역을 통해 손해보는 계층loser과 이익을 보는 계층winner 간에도 적절한 보상이 이루어진다면 파레토 최적Pareto optimality을 달성할 수 있다고 한다.

1990년대 후반 경제학자들은 중간재 무역의 중요성을 인식하면서 다시 헥셔-올린 모형을 활용하기 시작했다. 신무역 이론에 의해 몰락했던 비교우위론이 다시 부활했다. 특히 숙련 노동자와 비숙련 노동자의 임금 불균등 증가에 대한 국제무역의 역할을 설명하기 위해 이를 활용했다. 따라서 글로벌 가치사슬에서 오프쇼어링에 대한 초기 모형들은 비교우위론의 분석틀을 사용했다.

이런 관점에서 오프쇼어링은 상대적 요소 부존량에 의해 설명되는 바와 같이 보다 세련된 국제적 전문화의 패턴이라고 할 수 있다. 무역장벽(관세, 운송 및 통신비용)의 감소에 따라 가능해진 것이다. 따라서 생산의 분절화가 가능한 세계에서 무역 자유화는 상대적 요소가격에 대한 스톨퍼-새뮤얼슨 효과(즉, 숙련 노동이 상대적으로 풍부한 국가에서 숙련 노동자의 상대적 임금이 증가)를 성립시키며, 사회 후생에도 전반적으로 유익한 효과를 가져온다고 기대할 수 있다.

---

3) Grossman, Gene M., and Esteban Rossi-Hansberg (2006), "The Rise of Offshoring: It's Not Wine for Cloth Anymore," In *The New Economic Geography: Effects and Policy Implications. Proceedings*, Federal Reserve Bank of Kansas City, pp.59-102.; Grossman, Gene M., and Esteban Rossi-Hansberg (2008), "Trading Tasks: A Simple Theory of Offshoring," *American Economic Review* 98(5): pp.1978-1997.

3. 경제성장 이론과 무역

대부분 국제무역 이론은 정적인static 측면에서 무역으로 인한 소득분배의 문제를 다루었지만 신성장 이론이 출현하면서 신무역 이론의 정적인 측면을 동적인dynamics 측면으로 발전시켰다. 신무역 이론은 규모의 경제 효과와 시장의 불완전성 문제를 다루는 기초를 세웠다. 신성장 이론은 신기술 무역이론처럼 기술변화의 역할을 강조한다. 이런 요소들을 동적인 측면에 도입함으로써 신성장 이론은 비교우위론의 동적인 진화 과정과 글로벌 기술경쟁의 세계에서 무역의 효과를 보다 잘 설명해 주게 되었다.

신성장 이론에서는 기술변화를 내생화하기 위해 두 가지 접근법을 사용하고 있다. 첫째는 다른 활동의 부산물인 외부효과externality, 또는 학습효과learning by doing effect가 경제성장을 유발한다고 보고 이런 외부 규모의 경제 효과를 모형화하는 것이다. 둘째는 기술변화가 의도적인 경제활동의 산물이므로 기업이 기술변화를 위한 지식창출 활동에 투자를 하게 된다는 것이다. 지식에 대한 투자는 고정비용fixed cost이므로 독점상태에서 해당 기업은 독점이윤을 통해 고정비용을 충당할 수 있게 된다. 여기서 기업의 지식에 대한 투자는 이후 지식유출knowledge spillover 효과로 인해 같은 산업 내에서 외부효과를 발생시키므로 두 접근법은 사실상 혼합된다고 볼 수 있다.

(1) 외부 규모의 경제 효과와 성장

외부 규모의 경제 효과가 전문화 패턴의 동적 변화 과정을 결정하는 메커니즘은 기업이 의도하지 않은 지식을 창출하게 되고 이런 지식이 다른 모든 기업으로 확산되어 자본과 같은 축적될 수 있는 생산요소의 생산성 수준을 증가시키는 것이다. 초기의 전문화와 무역패턴은 비교우위(초기 요소 부존량), 또는 초기 기술역량에 의해 결정된다. 이런 외부 규모의 경제 효과가 경제성장 이론에 대해 의미하는 바는 한 국가가 자신이 전문화하고 있는 상품에 대한 지식과 기술을 축적하여 비교우위를 더욱 강화한다는 것이다. 상품마다 기술적 기회가 다르기 때문에 전문화 패턴에 따라 국가의 후생수준과 국가의 장기 성장이 결정될 것이다.

수요조건에 따라 만약 어떤 나라가 저 기술 상품의 생산에 특화하려는 무역정책이나 산업정책을 취하면 해당국가에 도움이 될 수도 있다. 이는 고기술 상품생산에 특화하는 나라에 비해 낮은 후생수준에 이르게 한다. 만약 다른 분야에 대한 전문화가 사회후생을 증가시킬 수 있다면 보호주의나 산업정책을 통해 전문화의 방향을 바꿀 수도 있다. 하지만 현실적으로 국별, 상품별로 정확한 기술적 기회를 파악하는 것이 불가능하므로 올바른 정책이 무엇인가를 추론하는 것은 힘들다.

(2) 인적 자본 투자와 성장

지식 또는 인적 자본에 대한 투자를 강조하는 모형은 불완전 경쟁시장과 외부성을 결합한다. 기업은 연구개발R&D 투자를 통해 다양한 상품, 새로운 품질의 상품을 생산한다. 기업이 보유한 지식의 총량이 증가하면서 유출효과spillover effect가 나타난다. 지식의 저량이 많아질수록 신상품의 설계비용이 절감된다. 이로 인해 R&D에 대한 지속적인 투자 동기가 유발되어 제조업은 일정한 비율로 성장하게 된다. 내생적인 성장이 일어나기 위해 중요한 것은 연구개발에 대한 투자 동기가 줄어들지 않아야 한다는 것이다.

연구개발 투자는 비교우위(요소 집약도) 원리에 의한 전문화의 패턴, 역사, 지식의 초기 축적량, 국가의 규모 또는 수요구조에 따라 달라진다. 이런 요인들은 연구개발 분야, 첨단기술 분야, 저 기술 분야에서 일하는 노동력의 배분에 영향을 미친다. 따라서 전문화 패턴에 따라 후생 및 성장에 대한 의미가 달라진다. 특히 지식의 확산이 국내적 확산인지, 아니면 국제적 확산인지가 중요하다.

1) 국제적 지식 확산

국제적인 지식의 확산이 있다면 모든 혁신가는 동일한 지식을 갖게 될 것이고, R&D에서의 국가 우위는 자원 부존량에 의한 상대적 요소 가격의 차이에서 발생할 것이다. 국가의 규모나 과거의 생산 경험과 같은 요소들은 장기적 무역 패턴에 아무런 역할을 하지 못하고 오로지 요소 부존량이 중요한 역할을 하게 된다.

2) 국내적 지식 확산

국내적 지식의 확산만 있다면 초기 조건initial conditions이 장기적 결과를 좌우하게 된다. 초기 지식의 축적량이 더 많은 국가는 R&D에서 유리하고 교역 상대국보다 더 빨리 지식을 축적하게 되어 생산성 우위를 유지하게 된다. 이런 과거의 경험에 의해 장기적인 무역 패턴과 성장률이 결정된다. 국내적 지식확산만 있다면 정부정책을 통해 전문화 패턴을 바꾸어 후생 수준을 높일 수 있다. 이때에는 산업정책(R&D 보조금)이 최선의 정책이 될 것이고 무역정책은 차선의 정책이 될 것이다.

(3) 진화적 성장(evolutionary growth)

진화적 성장이론에서는 기술이 경제활동에 중요한 역할을 한다고 가정한다. 기술변화와 혁신은 누적되고, 구체적이며, 불가역적인 과정이다. 무역이 일어나는 메커니즘은 모든 분야에서 절대적인 기술차이가 세계시장에서의 위치를 결정한다는 것이다. 상대적 기술격차는 작은 역할을 할 뿐이다. 기술격차는 비교우위의 메커니즘에 따라 산업 부문간 전문화 패턴을 결정한다. 미래의 성장과 기술발전은 현재의 전문화 패턴에 따라 결정된다. 따라서 한 국가의 현재 전문화 패턴은 어느 부문에서 기술이 축적되고, 혁신이 이루어지며, 규모의 경제가 실현될지 여부 등을 결정하기 때문에 아주 다양한 영향을 미치게 된다.

각 산업부문은 각각 다른 성장기회를 가지므로 현재의 전문화 패턴이 국가의 미래 경제성과에 매우 중요하다. 전통적인 비교우위 메커니즘에 따른 전문화 패턴은 성장과 기술발전의 기회가 가장 적은 산업과 경제활동에 전문화하게 할 수 있으므로, 정적 측면에서 효율적인 전문화 패턴은 동적 측면에서 비효율적일 수 있다. 이때 국가는 산업정책이나 무역정책을 통해 전문화 패턴이나 미래의 성장경로를 바꾸려고 할 것이다.

4. 국제무역 이론과 정책

전통적인 무역이론에서는 무역을 통해 무역 당사국이 모두 이익을 본다고 하므로 자유무역을 지지하는 입장이다. 다만 대국이 교역조건을 개선할 수 있는 상황이라면 무역정책의 타당성은 논란이 될 수 있다. 현대적 무역이론은 무역정책에 대한 전통적 무역이론의 주장을 보다 확장하여 "전략적 무역"과 같은 정부의 정책개입이 필요할 수 있다는 새로운 주장을 하게 되었다. 그러나 무역정책이 이익이 될 수 있는 상황은 매우 특별한 경우이다. 더욱이 올바른 결정을 내리기 위해 정부는 매우 상세한 정보를 필요로 하지만 이는 무척 어려운 일이다. 또한 실증분석 결과 정책개입으로 인한 경제적 편익은 매우 적다고 한다. 그래서 현대적 무역이론에서도 불완전 경쟁상태에서 자유무역이 비록 최적은 아니지만 자유무역을 지지한다고 볼 수 있다.

대부분 신성장 이론은 국제적으로 지식의 자유로운 확산이 가능한 것으로 가정한다. 이때 무역정책은 이롭지 않을 것이다. 그러나 진화 성장이론은 생성된 지식의 중요한 부분은 누적적이고, 구체적이며, 경로 의존적이라서 지식확산은 해당 지역 또는 국내 범위에 한정된다고 가정한다. 이때 관련 이익이 매우 클 수 있기 때문에 무역정책은 이로울 수 있다. 정부정책은 여전히 기술적 기회, 지식확산, 외부 규모의 경제효과와 같은 측정하기 어려운 많은 경제정보를 필요로 한다. 그럼에도 진화 성장이론에서는 정부정책으로 인한 이득이 더 크기 때문에 현대적 무역이론이 의미하는 것보다 정부정책을 가치있는 것으로 평가한다.

CHAPTER 4.

국제무역 이론의 구분

애덤 스미스와 데이비드 리카르도 이후 많은 경제학자들이 국가 간 무역이 일어나는 이유, 국제무역의 이득, 국제무역의 패턴을 설명하기 위해 노력해 왔다. 하지만 국제무역의 원인에 대한 많은 설명에도 불구하고 여전히 풀리지 않은 많은 의문이 있다.

가령, 비교우위론에 의하면 자연 요소 부존량과 요소가격의 차이를 이용하기 위해 무역을 한다고 한다. 그러나 현대적 무역이론에 의하면, 규모의 경제 효과를 활용할 수 있는 전문화의 이점 때문에 국가 간 무역이 가능하다고 한다. 또한 기업과 국가 간의 불완전 경쟁, 상품 차별화 및 기술격차(혁신) 때문에 무역이 가능하다고 한다. 이런 현대적 무역이론들은 비교우위론의 동적인 진화과정을 보여주는 신성장 이론으로 발전하게 된다.

1. 국제무역 이론의 구분

국제무역 이론은 크게 전통적 무역이론과 현대적 무역이론으로 구분할 수 있다. 또한 강조하는 무역요인들에 따라 이는 더욱 세분화될 수 있다. 여기서는 각 이론이 강조하는 원리를 살펴본다. 국제무역 이론은 다음 [표 4-1]과 같이 분류할 수 있다.

중상주의Mercantilism는 봉건제도의 쇠퇴 이후 유럽을 지배했던 정치경제학의 이론체계이다. 중상주의 제도는 금괴를 축적하고 식민지를 건설하고 상선을 건조하며 산업과 광업을 발전시켜 무역균형을 맞추려는 국가정책에 바탕을 두고 있었다. 중상주의는 국산품의 수출을 장려하고 수입을 줄이는 정책을 강조했다. 신중상주의Neo-mercantilism는 한 국가가 가능한 많은 양의 경화를 축적하는 것을 강조하는 경제사조이다.

〈표 4-1〉 국제무역 이론의 구분

구분	무역이론
1. 전통적 무역이론	• 중상주의(Mercantilism) • 고전파 이론 - 절대우위(A. Smith) - 비교우위(D. Ricardo) • 신고전파 이론(Heckscher-Ohlin) - 요소특정성 모형(단기)
2. 현대적 무역이론	• 규모의 경제 및 불완전 경쟁 - 외부 규모의 경제 - 내부 규모의 경제 및 불완전 경쟁(독점적 경쟁/과점적 경쟁) • 신기술 무역이론 - 기술격차이론 • 글로벌 가치사슬과 무역이론 - 분절화된 생산(fragmented production) - 요소 서비스 무역(factor service trade) - 작업의 무역(Trade in Tasks)
3. 경제성장과 무역	• 신성장 이론 - 외부 규모의 경제: 부산물로서의 지식 - 내부 규제의 경제: 투자의 결과로서 지식 • 진화적 성장이론

전통적 무역이론은 국가 간의 기술차이(고전파 이론) 또는 상대적 요소 부존량의 차이(신고전파 이론)를 중시한다. 첫 번째 국제무역 이론은 고전파 이론으로서 절대우위론absolute advantages이다. 애덤 스미스에 따르면 무역은 국가 간에 절대적인 비용의 차이가 있을 때 나타난다. 데이비드 리카르도는 어떤 한 나라가 다른 나라보다 모든 상품을 더 효율적으로 생산할 수 있다고 해도 무역이 가능하고 상호간에 유익할 수 있다고 했다. 다만 모든 상품의 상대적 효율성 차이가 동일하지 않아야 한다. 이때 한 나라는 효율성의 차이가 큰 재화의 생산에 비교우위comparative advantage를 갖게 된다.

오랫동안 국제무역 이론을 지배했던 신고전파 이론은 고전파 무역이론에 더 많은 생산요소를 도입함으로써 더욱 정교하게 발전한다. 그러나 고전파 이론과는 달리 신고전파 이론은 국가가 모두 동일한 생산기술을 가지고 있다고 가정한다. 또한 표준적인 신고전파 모형인 헥셔–올린 모형에서는 규모에 대한 수확 불변, 국가 간 동일한 소비자 기호, 완전경쟁시장을 가정한다. 결국 헥셔–올린 모형에서 무역은 국가 간 요소 부존량의 차이에 의해서 발생하게 된다. 요소 부존량의 차이가 클수록 국가 간 무역이 더욱 늘어난다. 이때의 무역은 산업 간 무역inter-industry trade이다.

요소 특정성 모형은 표준적 신고전파 헥셔-올린 모형의 특수한 형태이다. 표준적인 헥셔-올린 모형에서는 모든 생산요소가 산업 부문간 이동 가능한 반면, 요소 특정성 모형에서는 한 생산요소는 산업 부문간 이동이 가능하지만 다른 한 생산요소는 이동이 불가능한 생산요소이다. 무역에 따른 생산요소에 대한 보상이 표준적 헥셔-올린 모형과 완전히 다르기 때문에 단기적 헥셔-올린 모형이라고 할 수 있다.

오랫동안 신고전파 모형의 이론적 우세에도 불구하고, 헥셔-올린 모형의 타당성은 실증분석에 의해 입증되지 못했다. 가장 영향력 있는 실증연구로서 레온티에프(Leontief, 1953)의 연구에서는 자본 풍부국인 미국의 수입품이 수출품보다 더 자본 집약적이라는 사실을 발견했다.[1] 더 나아가 많은 실증분석에서 대부분의 무역은 동일한 요소 부존량을 가진 국가 간의 무역이며, 산업국가 간 무역의 상당 부분은 산업 간 무역이 아니라 산업내 무역이라는 것이었다.[2]

전통적 무역이론의 타당성을 보여주지 못한 이런 실증분석 결과 때문에 많은 경제학자들은 새로운 무역이론을 찾기 시작했다. 신무역 이론은 규모에 대한 수확 불변과 완전경쟁시장이라는 비현실적인 가정을 다른 가정으로 대체함으로써 신고전파 모형을 더욱 정교하게 만들었다. 또한 신기술 이론neo-technology theories은 고전파 무역이론과 마찬가지로 기술의 역할을 강조하면서 신고전파 이론과 차별화하였다.

신무역 이론은 규모에 대한 수확 체증을 가정하고 있으므로, 규모의 경제 효과가 개별기업에 있어서 완전히 외생적이 아니라면 이는 불완전 경쟁시장을 의미한다. 즉, 어떤 산업내 기업의 평균비용 곡선이 우하향하는 곳에서 시장균형이 이루어진다면 이는 독점시장 또는 독점적 경쟁시장과 같은 불완전 경쟁시장이 된다. 완전경쟁시장이라면 평균비용 곡선의 최저점에서 시장균형이 일어나기 때문에 규모에 대한 수확 불변 상태가 된다.

신무역 이론의 첫째 형태는 소위, 외부 규모의 경제를 가정한다. 즉, 해당 산업에는 많은 기업들이 있어서 완전경쟁시장이다. 둘째 형태는 내부 규모의 경제를 가정하므로 불완전 경쟁시장이다. 여기에는 또 다른 두 가지 형태의 모형이 있다. ① 규모

---

1) Wassily Leontief (1953), *Domestic Production and Foreign Trade; The American Capital Position Re-Examined*, Proceedings of the American Philosophical Society, Vol.97, No.4, pp.332-349.

2) Balassa, B. (1967), *Trade Liberalization among Industrial Countries: Objectives and Alternatives,* New York, MacGraw Hill.; Grubel, H. G. and Lloyd, P. J. (1975), *Intra-Industry Trade: The Theory and Measurement of International Trade in Differentiated Products,* Macmillan Press, London.

의 경제를 모형화하는 데 중점을 두고 시장을 독점적 경쟁시장이라고 가정하여 단순히 시장의 불완전성을 다루는 형태이다.[3] ② 불완전 경쟁시장에 초점을 맞추고 규모의 경제 효과가 이런 시장의 불완전성을 가져오는 것으로 간주하는 것이다. 이때 시장구조는 쿠르노Cournot, 또는 베르트랑Bertrand 과점시장의 형태이다.[4]

이런 무역이론들은 주로 정적 모형static model으로서 국가 간 상품생산이나 이를 위한 생산요소의 배분과 같은 할당allocation의 문제를 강조하였지만 경제 성장론에서 흥미로운 발전이 일어나게 된다. 신성장 이론은 정적인 신무역 이론을 바탕으로 발전하면서 동적인dynamic 측면을 보여주게 된다. 신무역 이론은 규모의 경제 효과와 시장의 불완전성이란 주제를 어떻게 처리할 것인가에 대한 방법을 제시했고, 신기술 이론과 마찬가지로 신성장 이론은 기술변화의 역할을 강조하여 비교우위론을 동적으로 진화하게 하면서, 글로벌 기술경쟁이 세계무역에 미치는 영향을 다룰 수 있게 하였다.[5] 국제무역 이론에서 이런 측면은 성장이론에 대한 무역의 중요한 의미를 제공해 준다.

2. 국제무역 이론의 분류기준

전통적 무역이론, 현대적 무역이론을 종합적으로 이해하기 위해서는 다음 [표 4-2]에서 제시하고 있는 기준, 즉 ① 무역이론의 주요 가정, ② 무역발생 메커니즘, ③ 무역의 이익, ④ 정부정책의 효과성, ⑤ 실증분석과의 정합성에 따라 살펴보는 것이 편리하다. 따라서 다음 장에서는 이런 5개 분류기준, 즉 가정, 메커니즘, 시사점, 정부정책, 실증분석이라는 기준에 따라 무역이론을 설명하고자 한다.

---

3) Dixit, A. K. and V. Norman (1980), *Theory of International Trade*; Cambridge, MIT Press; Helpman, E. and P. R. Krugman (1985), *Market Structure and Foreign Trade: Increasing Returns, Imperfect Competition, and The International Economy,* Cambridge, MIT Press.

4) Brander, J. A. and B. J. Spencer (1985), "Export Subsidies and International Market Share Rivalry," *Journal of International Economics*, Vol.18, pp.83-100.; Helpman, E. and P. R. Krugman (1989), *Trade Policy and Market Structure*, Cambridge, MIT Press.

5) Romer, P. M. (1990), "Endogenous Technological Change," *Journal of Political Economy*, Vol.98, No.2, pp.571.; Grossman, G. M. and E. Helpman (1991b), *Innovation and Growth in the Global Economy,* Cambridge, MIT Press.

《 표 4-2 》 다양한 국제무역 이론의 평가기준

구분기준	항목	주요 가정
1. 기본 가정	공급	• 생산요소 - 생산요소의 개수 - 생산요소의 종류(토지, 노동, 자본, 인적 자본, 지식) ◦ 부문 간 이동가능 / 이동불가능 ◦ 국가 간 이동가능 / 이동불가능 • 국가 간 초기 요소부존량의 차이 • 부문 / 상품 - 개수 - 동질적 상품 / 차별화된 상품
	기술	• 규모의 경제 - 규모에 대한 수확 불변 가정 - 규모에 대한 수확 체증 가정 ◦ 외부 규모의 경제 ◦ 내부 규모의 경제 • 생산기술 - 상품 간 차이 유 / 무 - 국가 간 차이 유 / 무 - 기술발전 유 / 무 ◦ 외생적 기술변화 ◦ 내생적 기술변화 공정혁신 상품혁신(신상품 / 품질개선) • 지식의 확산 유 / 무 - 국내적 지식확산 / 국제적 지식확산 - 상품 간 지식확산 / 특정상품내 지식확산
	수요	• 소비자 선호 - 소득 수준별 선호 차이 유 / 무 - 국가별 선호 차이 유 / 무
	시장	• 상품시장 - 완전경쟁 - 불완전 경쟁(독점, 과점, 독점적 경쟁) • 생산요소 시장 - 완전경쟁 / 불완전 경쟁
2. 무역 메커니즘		• 기술격차 • 요소부존량의 차이 • 소비자 선호의 차이 • 규모의 경제 • 완전경쟁 • 가격차별 • 경제성장

구분기준	항목	주요 가정
3. 시사점	국가별 상품 수출	• 산업 간 무역 • 산업 내 무역
	무역의 이익	• 전문화와 교환의 이익 • 규모의 경제 활용 • 차별화된 상품으로부터의 이익 • 경쟁력 향상 • 혁신증가
	요소가격 균등화	
	무역으로 인한 승자와 패자	
	경제성장	• 요소별 경제성장 • 사회후생
4. 정책	정부정책관련 논란	• 교역조건 • 유치산업 보호 • 외부성 • 전략적 무역정책의 효과 • 정치적 논란
	정부정책의 형태	• 무역정책(관세, 쿼터) • 산업정책(보조금, 세금) • 혁신정책(보조금) • 경쟁정책
	정부정책의 효과	• 총 후생변화 • 정부예산, 소비자 잉여, 생산자 잉여 • 산업부문별 효과 • 생산요소별 효과 • 다른 나라에 대한 효과
5. 실증적 타당성	실증분석 가능 / 불가능	• 이론의 타당성 입증 / 부정

자료: Siemen van Berkum and Hans van Meijl (1998), pp.23-25.

CHAPTER 5.

전통적 무역이론

여기에서는 전통적 무역이론들을 살펴본다. 먼저 고전파 무역이론으로 중상주의 이론을 보면, 이는 무역이론이라기보다는 초기 경제사조라고 할 수 있다. 본격적인 고전파 무역이론으로 애덤 스미스Adam Smith의 절대우위론을 살펴보고, 그 다음 데이비드 리카르도David Ricardo의 비교우위론을 살펴본다. 핵심 내용은 국가 간 생산기술의 차이 때문에 무역이 일어난다는 것이다.

1. 중상주의 이론

국제무역 이론은 중상주의 시대에서 비롯되었다. 16세기부터 18세기 중반까지 영국, 스페인, 프랑스, 네덜란드는 세계에서 가장 경제적으로 발전된 나라였다. 이때 정부는 경제정책을 통하여 강한 시장개입을 했다. 정부는 자신들의 권력과 부를 유지하는 방법에 대해 걱정했는데, 이런 목표를 적절하게 반영하는 경제철학이 바로 중상주의였다. 중상주의는 귀금속의 보유량을 증가시키기 위해 수입보다 많은 수출을 통해 무역흑자를 달성하고자 했다. 보다 많은 무역수지 흑자를 달성하기 위해 정부는 적극적인 무역규제를 실시했다. 한 나라의 국부national wealth는 수출과 수입의 차이에 달려있다고 생각했다.

국제무역에 대한 중상주의적 견해는, 국가는 관세와 쿼터를 통해 수입을 억제하고, 수출 보조금과 수출 지원책을 통해 수출을 장려해야 한다는 것이었다. 중상주의자들의 주된 관심사는 한 나라의 후생을 늘리기 위해 다른 나라의 후생을 감소시키는 것이었다. 이런 견해에 따르면, 한 국가의 국제무역으로 인한 이익은 다른 국가가 지불해야 하는 비용과 같았다. 중상주의자들은 한 국가의 부는 그 국가가 소유하고 있는 귀금속의 양으로 측정된다고 했다. 하지만 실제 한 나라의 부는 재화와 용역을 생산하는 데 사용할 수 있는 인적 자원과 인간이 제조한 자원 또는 천연자원의 양으로 측정된다.

데이비드 흄(David Hume, 1752)과 애덤 스미스(Adam Smith, 1776)는 귀금속이 자유시장에서 거래되는 것을 볼 때 무역수지 흑자를 장기적으로 유지하는 것은 불가능하다고 주장했다.[1] 흄은 단기적으로는 무역흑자가 가능하다고 주장했다. 흄은 "가격, 정화, 흐름의 원리Price, Specie Flow Mechanism"를 제시하며 중상주의 원칙이 가진 경제논리의 부족함을 지적했다. 예를 들어, 영국이 프랑스에 대해 무역흑자를 달성한 결과 금과 은이 영국으로 유입되면 영국의 국내 화폐공급이 증가하고 물가가 상승한다. 반면 프랑스에서는 금과 은의 유출이 화폐공급을 감소시킴으로써 물가가 하락한다. 프랑스와 영국의 이런 상대가격의 변화는 프랑스가 영국상품을 덜 사게 하고, 영국이 프랑스 상품을 더 많이 사게 한다. 따라서 영국과 프랑스의 무역은 제로섬 게임zero-sum game이라는 것이다. 제로섬 게임에서 어떤 한 나라의 이득은 다른 나라의 손해의 결과로서 얻어지는 것이다. 장기적으로는 어떤 나라도 무역흑자를 지속할 수 없게 된다는 당시로서는 매우 파격적인 주장이었다.

2. 고전파 이론

(1) 절대우위론

국제무역에 대한 본격적인 첫 번째의 이론은 상품생산에 있어서 국가 간 절대비용의 차이, 즉 절대우위absolute advantages에 의해 무역이 일어난다고 하는 절대우위의 무역이론이다. 절대우위론의 원리를 영국과 포르투갈의 포도주와 직물생산에 필요한 노동시간의 차이를 이용하여 설명해보자.

2개의 국가(포르투갈과 영국)가 2개의 상품(포도주와 직물)을 생산한다고 하자. 이 상품들을 생산하는 데 필요한 유일한 요소는 노동이며, 한 단위의 포도주와 직물을 생산하기 위해 필요한 노동시간은 다음 [표 5-1]과 같다.

양국 모두 총 200시간의 노동력(노동시간)을 가지고 있다면 무역이 일어나기 전

1) Adam Smith (1776), *An Inquiry into the Nature and Causes of the Wealth of Nations,* Reprinted in 1976, Oxford, U.K., Oxford University Press.; Hume, David. (1752), "Of the Balance of Trade," *Essays: Moral, Political, Literary*, Vol.1, Longman Green, London, 1898.

〈표 5-1〉 영국과 포르투갈에서 포도주와 직물 생산에 필요한 노동시간

		상품	
		포도주	직물
국가	포르투갈	80	120
	영국	120	80

포르투갈은 80시간의 노동시간으로 포도주 한 단위, 120시간의 노동시간으로 직물 한 단위를 생산한다. 영국은 120시간의 노동시간으로 포도주 한 단위, 80시간의 노동시간으로 직물 한 단위를 생산한다. 포도주 생산에서 포르투갈은 80시간의 노동시간이 필요하고, 영국은 120시간의 노동시간이 필요하므로 포르투갈은 포도주 생산에 절대우위가 있다. 반면 직물생산에서 포르투갈은 120시간의 노동이 필요하고, 영국은 80시간의 노동시간이 필요하므로 영국이 직물생산에 절대우위가 있다.

절대우위론에 따르면, 각 국가들은 자신이 절대우위를 가지고 있는 상품의 생산에 전문화하여 이를 수출하고, 절대열위를 가진 상품을 수입함으로써 각국의 소비자들은 자신들의 효용을 극대화 할 수 있다. 따라서 포르투갈은 자신들이 절대우위에 있는 포도주 생산에 전문화하여 200시간의 노동시간을 포도주 생산에 투입한다면 2.5단위(200/80)의 포도주를 생산할 수 있고 영국은 자신들이 절대우위에 있는 직물 생산에 전문화 한다면 2.5단위의 직물을 생산하게 된다.

양국이 무역을 하게 되면 포르투갈은 80시간을 투입하여 만든 포도주 한 단위를 120시간 투입하여야만 만들 수 있는 직물 1단위와 교환할 수 있게 되어 40시간의 노동시간을 추가적으로 포도주 생산에 투입할 수 있다. 반면 영국은 80시간을 투입하여 만든 직물 한 단위를 120시간 투입하여야만 만들 수 있는 포도주 1단위와 교환할 수 있게 되어 40시간의 노동시간을 추가적으로 직물 생산에 투입할 수 있다. 결국 무역 이전 포르투갈과 영국이 생산할 수 있었던 포도주와 직물의 생산량은 각각 2단위였지만 무역을 위해 절대우위에 있는 상품의 생산에 전문화를 하게 되면 각각 2.5단위를 생산할 수 있게 된다.

경제학자 소개 3

애덤 스미스(Adam Smith)

애덤 스미스(Adam Smith)는 스코틀랜드 커콜디(Kirkcaldy)의 작은 마을에서 태어났다. 14세에 글래스고 대학교(University of Glasgow)에 입학하여 당시 유명 도덕철학자인 허치슨에게 배웠다. 1740년에는 옥스퍼드의 밸리올 칼리지(Balliol College)로 옮겨서 유럽문학을 배우고 졸업했다.

이후 고향인 글래스고로 돌아와 일반대중들을 상대로 한 도덕철학 강의로 유명세를 탄 이후 글래스고 대학교에서 논리학(1751), 도덕철학(1752)과의 학장이 되었다. 1764년에는 학계를 떠나 젊은 버클루 공작(duke of Buccleuch)의 개인교사로 지내면서 그를 따라 2년 이상 프랑스와 스위스를 여행했다. 이때 유럽의 지성들이었던 볼테르(Voltaire), 장 자크 루소(Jean-Jacques Rousseau), 프랑수아 퀘네(François Quesnay), 앤 로버트 자크 튀고(Anne- Robert-Jacques Turgot)등과 친밀히 교류하였다.

버클루 공작으로부터 종신 연금을 받게 되자 고향 커콜디로 돌아와서 『국부론(Wealth of Nations)』을 집필하여 이를 1776년에 출판하였다. 공교롭게도 국부론이 출판된 1776년 미국이 영국으로부터 독립하였고, 그의 친한 친구인 데이비드 흄(David Hume)이 사망했다. 1778년에 세관 국장으로 임명되어 밀수 금지법의 집행에 많은 도움을 주었다, 하지만 국부론에서 애덤 스미스는 "부자연스러운 법안(unnatural legislation)"에 직면한 밀수를 합법적인 활동으로 옹호했다. 애덤 스미스는 결혼하지 않은 상태로 1790년 7월 19일 에든버러에서 사망했다.

국부론은 애덤 스미스를 경제사상의 선구자로 만든 저술로서 19세기 데이비드 리카르도(David Ricardo), 칼 마르크스(Karl Marx), 20세기 존 메이너드 케인스(John Maynard Keynes)와 밀턴 프리드먼(Milton Friedman)의 학문세계에까지 영향을 미친 불후의 명작이다.

국부론에서 애덤 스미스의 통찰력은 자유시장경제에서 합리적인 이익추구 행위(rational self-interest)가 어떻게 경제적 복리(economic well-being)를 가져오는 가에 대한 설명에서 찾을 수 있다. 애덤 스미스를 무자비한 개인주의의 옹호자로 비판하는 사람들은 애덤 스미스의 첫 저술인 도덕감정론에서 윤리(ethics)와 자선(charity)을 강조하고 있다거나, 애덤 스미스가 글래스고 대학에서 자연신학, 윤리학, 법학, 경제학을 강의했다는 사실을 지적한다.

하지만 애덤 스미스는 도덕감정론에서 동정심과 이익추구 행위를 대립적인 것으로 보지 않고 보완적인 것으로 보았다. "인간은 형제들의 도움을 받을 기회가 항상 있으며, 그들의 자비심에서만 도움을 기대하는 것은 헛된 일이다(Man has almost constant occasion for the help of his brethren, and it is in vain for him to expect it from their benevolence only)"고 하였다. 자비심(charity)은 고결한 것이지만 그 자체만으로 생활에 필수적인 것을 제공해주지 않으며 이익추구 행위가 자비심의 이런 부족함을 해결해줄 수 있는 메커니즘이라고 했다. "우리가 우리의 저녁 식사에서 기대할 수 있는 것은 정육점, 양조업자, 또는 빵 굽는 사람의 자비가 아니라 자신의 이익을 추구하려는 그들의 관심에서 온다(It is not from the benevolence of the butcher, the brewer, or the baker, that we can expect our dinner, but from their regard to their own interest)"고 했다.

애덤 스미스는 국부론에서 "보이지 않는 손(an invisible hand)"이라는 말을 한 번 밖에 사용하지 않았지만 국부론에서 언급되는 매우 중요한 내용으로 소개되고 있다. "사회의 생산품이 최고의 가치를 지닐 만한 방법으로 그 산업을 이끌어감으로써, 그는 자기 자신의 이득 만을 염두에 두고 있지만, 다른 많은 다른 경우에서와 마찬가지로, 이를 통해 '보이지 않는 손'에 이끌려 자신의 의도에 전혀 없던 어떤 목적을 도모하는 것이다(by directing that industry in such a manner as its produce may be of the greatest value, he intends only his own gain, and he is in this, as in many other cases, led by an invisible hand to promote an end which was no part of his intention)"고 하였다. 이는 결국 누구나 자기 자신의 안전(security)과 이익(interest)을 추구하기 위해 노력하지만 결국 사회 전체의 이익으로 연결된다는 주장일 것이다. 하지만 자본론과 국부론 모두에 정통했던 고 김수행 서울대 교수는 애덤 스미스의 "보이지 않는 손"을 시장 만능 또는 자유방임의 이론으로만 해석하는 것은 그를 모독하는 행위라고 주장하기도 했다.

애덤 스미스의 국부론은 국가 번영의 본질과 원인을 규명하고 있다. 여기서 애덤 스미스는 국가 번영의 주요 원인을 분업의 증가로 보았다. 유명한 핀(pin) 생산의 예를 사용하여 핀 생산을 위한 18개의 특수 작업이 특정 작업자에게 할당되면 10명의 근로자가 하루에 48,000개의 핀을 생산할 수 있다고 했다. 하지만 분업이 없다면 노동자는 하루에 하나의 핀이라도 생산하는 것이 행운일 수 있다고 하였다. 애덤 스미스는 "분업은 시장의 크기에 의해 제한된다(The division of labour is limited by the extent of the market)"고 했다. 시장이 클수록 큰 시장을 충족하기 위한 생산이 활발해지고 이를 통해 분업이 더욱 확대될 것이란 의미이다.

국부론에서는 개인이 자신의 노동력이나 다른 자원을 가장 잘 활용하는 방법에 대해서도 다루고 있다. 애덤 스미스는 "개인은 가능한 가장 높은 수익이 있는 곳에 가령 토지 또는 노동과 같은 자원을 투자할 것(an individual would invest a resource—for example, land or labor—so as to earn the highest possible return on it)"이라고 주장했다. 결과적으로 사용되는 모든 자원은 동일한 수익률을 가져와야 하고 만약 그렇지 않다면 재할당(reallocation)이 일어난다는 것이다. 조지 스티글러(George Stigler)는 이런 아이디어야말로 경제이론의 중심 명제라고 불렀다. 하지만 이런 주장은 1766년 프랑스의 경제학자 튀고가 먼저 주장한 바 있다. 스티글러는 경제학에서는 아이디어의 창시자가 오히려 인정을 못 받는 경우가 많은데 이는 놀라운 일이 아니라고 했다.

(2) 비교우위론

데이비드 리카르도David Ricardo는 한 나라가 두 상품 모두의 생산에서 절대우위를 가질 때에도 무역이 가능하며, 무역 당사국 모두 이득을 얻을 수 있다는 비교우위론을 주장했다.

① 기본가정

생산요소로는 노동 하나만 있는데 국내에서는 이동 가능하나 국제적으로는 이동이 불가능하다. 상품(부문)은 2개만 있으며 각 상품은 동질적이다. 상품생산에서 규모에 대한 수확 불변을 가정하고 있다. 두 상품의 생산에서 국가별, 상품별로 각각 다른 일정한 노동력이 필요하다. 따라서 기술변화도 없고, 기술유출도 없다고 가정한다. 소비자 선호는 두 국가에서 소득수준별로 동일하다고 가정하며, 시장은 완전경쟁시장이라고 가정한다.

② 무역 메커니즘

절대우위론과 마찬가지로 비교우위론에서도 무역이 발생하는 원인은 국가 간 생산기술의 차이이다. 국가별, 상품별로 생산기술이 다르므로 필요한 노동 투입량이 다르다. 생산기술은 각 산업의 노동생산성으로 나타낼 수 있으므로 비교우위는 노동생산성의 국제적 차이에 의해 생긴다. 한 국가는 다른 국가보다 상품 X와 비교해서 상품 Y의 노동투입 시간의 비율이 높을 때, 즉 상품 X에서 자국의 상대적인 노동 생산성이 다른 국가보다 높을 때, 상품 X의 생산에 비교우위가 있게 된다.

무역의 절대우위론 설명을 위한 [표 5-1]의 사례에서 직물생산에 필요한 노동시간을 조금 바꾸어 비교우위론을 설명해보자. 포르투갈은 영국의 120시간보다 적은 80시간으로 포도주를 생산할 수 있다. 직물은 영국의 100시간보다 적은 90시간으로 직물을 생산할 수 있다고 하자. 따라서 포르투갈은 포도주와 직물, 두 상품의 생산에서 영국에 대해 절대우위를 가지고 있다. 따라서 절대 우위론에 따르면 양국 간에는 무역이 일어나지 않는다. 하지만 비교우위론에 의하면 양국 간 무역이 일어날 수 있다.

비교우위론을 설명하기 위해, 국가별로 두 상품의 생산비용을 비교하는 방법과, 국가 내에서 두 상품의 생산비용을 비교하는 방법을 사용해보기로 하자.

첫째, 포도주와 직물 생산에서 두 나라 간에 상대적 효율성 차이가 동일하지 않다는 점에서 비교우위를 살펴보자. [표 5-2]에서 수직 방향으로 효율성을 비교하는 것이다. 영국은 포도주 한 단위 생산을 위해 포르투갈 대비 120/80이 필요하지만, 직물 한 단위를 생산하는 데에는 포르투갈에 비해 100/90이 필요하므로 직물을 상대적으로 더 저렴하게 생산할 수 있다. 반면 포르투갈은 포도주 한 단위를 생산하는 데 영국에 비해 80/120이 필요한데 직물 한 단위를 생산하는 데 영국에 비해 90/100이 필요하므로 포도주를 상대적으로 더 저렴하게 생산할 수 있다. 이는 영국이 직물생산에, 포르투갈이 포도주 생산에 비교우위가 있다는 것을 의미한다. 상품생산에서 이런 상대적 효율성 차이 때문에 영국과 포르투갈은 교환(무역)을 통해 상호 이익을 높일 수 있다.

둘째, 같은 나라에서 어떤 상품의 생산이 유리한가를 살펴보자. [표 5-2]에서

〈 표 5-2 〉 영국과 포르투갈에서 포도주와 직물 생산에 필요한 노동시간

		상품	
		포도주	직물
국가	포르투갈	80	90
	영국	120	100

수평 방향으로 효율성을 비교하는 것이다. 무역을 하기 전 포르투갈에서 포도주와 직물의 가격비율은 80/90이지만 영국에서는 120/100이다. 따라서 포르투갈은 포도주 생산에, 영국은 직물생산에 비교우위가 있게 된다. 생산요소가 노동 하나이며, 상품시장이 완전경쟁시장이므로, 상품가격이 노동비용과 같아서 이런 가격비율의 비교가 가능하다.

만약 두 나라가 무역을 하게 된다면 세계시장에서의 가격($P_W = P_X/P_Y$)은 80/90과 120/100 사이에서 결정된다. 무역을 하게 되었을 때 실제 균형가격은 무역수지 균형이 이루어지는 수준에서 결정될 것이다. 만약 세계시장 가격이 1/1이라면 포도주 한 단위와 직물 한 단위가 교환된다.

포르투갈이 자신이 비교우위가 있는 포도주 생산에 전문화하여 영국의 직물 1단위를 얻을 수 있기 때문에 직물 한 단위의 생산을 포기함으로써 포도주 90/80을 얻을 수 있으므로 이익이 된다. 따라서 포르투갈은 포도주와 직물생산에서 절대적인 우위를 가지고 있음에도 불구하고 포도주 생산에 전문화하고 영국의 직물을 수입하는 것이 이익이 된다.

반면 영국은 자신들이 비교우위가 있는 직물생산에 전문화하여 포르투갈의 포도주 1단위를 얻을 수 있기 때문에 포도주 한 단위의 생산을 포기함으로써 120/100의 직물을 얻을 수 있다. 따라서 영국은 포도주와 직물 생산에서 절대 열위에 있지만 직물생산에 전문화하고 포도주를 수입하는 것이 이익이 된다. 양국이 하나의 상품에 전문화 하여 무역을 함으로써 무역 전보다 포도주는 90/80단위, 직물은 120/100단위만큼 생산량이 증가하게 된다. 전체 생산량이 늘어남으로써 소비자가 소비할 수 있는 상품의 양 역시 늘어나 후생 수준이 높아질 것으로 예상할 수 있다.

③ 시사점

리카르도의 비교우위론에서 무역의 이익을 도표를 이용하여 살펴보자. 생산가능곡선, 국내 상대가격, 국제 상대가격, 사회후생 무차별곡선, 오퍼곡선의 개념은 기초

국제무역 이론에서 다루는 내용들이기 때문에 여기에서 자세한 설명을 생략한다.[2)]

첫째, 무역이 없는 경우를 먼저 살펴보자, 각국에서 두 상품의 상대가격은 각 상품의 생산에 필요한 상대적 단위 노동시간에 따라 결정된다. 완전경쟁시장에서 비용과 가격이 일치하기 때문이다. 다음 [그림 5-1]에서 생산가능곡선을 통해 설명할 수 있다. 편의상 영국의 총 노동량은 1,200시간이라고 하면 직물 12단위, 포도주 10단위를 생산할 수 있는 생산가능곡선(*PPC*)이 정의된다. 무역 전 폐쇄경제하의 균형가격은 해당 국가의 무차별 곡선(I_0)과 생산가능 곡선이 접하는 점 *A*에서 결정된다. 이 접점에서 생산가능곡선, *PPC*와 무차별 곡선 I_0의 기울기는 동일하다.

따라서 무역이 일어나기 전에는 상품생산에서의 비용조건만이 상대적 국내가격 수준(P_X/P_Y)을 결정한다. 따라서 무역전 영국의 상대가격 P_E는 120/100이고 포르투갈에서의 상대가격 P_P는 80/90이다. 양국이 무역을 하면 균형 세계 상대가격(P_W)은 무역이 일어나기 전 영국과 포르투갈 두 나라의 상대가격 사이에서 결정될 것이다. 즉 $P_E < P_W < P_P$. [그림 5-1]에서 균형 세계 상대가격을 나타내는 선은 점선으로 표시되어 있다. 이 세계 상대가격은 영국이 *C*점에서 직물생산에 완전히 전문화하고 무차별 곡선이 세계 상대가격과 접하는 곳(점 *B*)에서 소비한다는 것을 의미한다. 무역 후

〈 그림 5-1 〉 리카르도 모형에서 무역의 이익

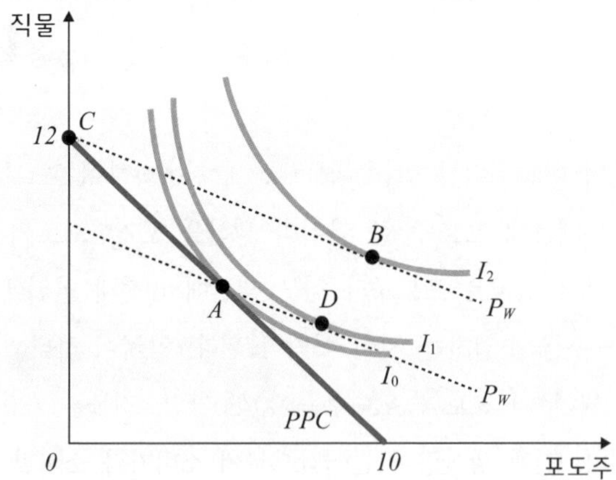

자료: Siemen van Berkum and Hans van Meijl (1998), p.33.

2) 남종현·이홍식 (2018), 『국제무역론』, 경문사.; Dominick Salvatore (2019), International Economics, (13th Edition), John Wiley & Sons Inc., 최낙일·김갑용 역, 시그마프레스.; Paul R. Krugman, Maurice Obstfeld, and Mark J. Melitz (2014), *International Economics: Theory and Policy,* (10th Edition), Pearson Series in Economics, 강정모·이상규·이연호 역, 시그마프레스 참조.

소비점은 무역전 효용수준보다 높으므로($I_2 > I_0$) 영국은 무역에서 이득을 얻는다. 마찬가지 논리를 적용하면 포르투갈도 영국과 마찬가지로 포도주 생산에 전문화하여 무역을 통해 이득을 얻을 수 있게 된다.

양국은 상대적으로 노동생산성이 높은 상품을 생산하여 이를 상대적으로 노동생산성이 낮은 다른 상품과 교환함으로써 전문화로부터의 이익을 얻는다. 이것은 생산성이 낮은 상품을 직접 생산하는 것보다 더 효율적인 방법이며, 양국에서 소비 가능성을 높이는 것이다.

[그림 5−1]에서 무역으로부터의 총 이득, 즉 점 A에서 점 B로의 소비점 이동은 교환의 이익gains from exchange과 전문화의 이익gains from specialization으로 나눌 수 있다. 교환의 이익은 한 상품을 다른 상품으로 교환함으로써 더 높은 효용수준을 얻는 것으로서, 그림에서 점 A에서 점 D로의 이동으로 나타낸다. 즉, 생산은 점 A에서 이루어지지만 가격은 무역 전 가격에서 세계가격(P_W)으로 변화하기 때문이다. 한편 점 D에서 점 B로의 이동은 전문화의 이익을 나타낸다. 영국은 직물생산에 전문화하여 생산을 점 A에서 점 C로 이동하지만 세계 가격수준은 그대로 유지된다.

영국이 무역으로부터 얻는 이익은 세계 가격수준에 달려있다. 세계 가격수준이 폐쇄경제하의 가격과 같다면($P_W = P_E$) 효용수준은 점 A에 머물러 있기 때문에 무역에서 얻는 이득은 없다. 만약 영국의 수출상품인 직물의 상대가격이 상승하여 세계가격이 하락한다면 영국의 교역조건이 개선(수출상품의 상대가격이 상승)되고 영국은 더 높은 무차별곡선(점 A에서 점 B로 이동)에 도달할 수 있으므로 보다 높은 효용을 얻게 된다. 따라서 세계가격은 한 국가가 무역을 통해 얻을 수 있는 이익이 국가 간에 어떻게 배분되는가를 결정한다.

공급조건에 의해서만 결정되는 폐쇄경제하의 가격수준과 달리 균형 세계가격은 수요와 공급조건에 의해 결정된다. 두 나라의 오퍼곡선offer curves은 세계 상대가격 변화에 따른 두 상품의 초과수요(수입) 또는 초과공급(수출)을 나타낸다. [그림 5−2]에서는 영국의 오퍼곡선, F_E와 포르투갈의 오퍼곡선, F_P가 교차하는 점, E에서 세계가격, P가 결정된다는 것을 보여준다. 점 E에서 영국의 포도주 수입은 포르투갈의 포도주 수출과 같고, 포르투갈의 직물 수입은 영국의 직물 수출과 같아진다.

세계가격은 국가 간 무역으로 인한 이익의 배분에 중요하기 때문에 이런 균형가격의 변화를 가져올 수 있는 요인들로서 수요에서의 기호 변화, 국가 규모의 변화, 생산기술의 변화가 미치는 영향을 살펴보자.

첫째, 수요에서 기호변화demand preference change는 세계 균형가격에 영향을 미친다.

〈그림 5-2〉 리카르도 모형에서 국제가격의 결정

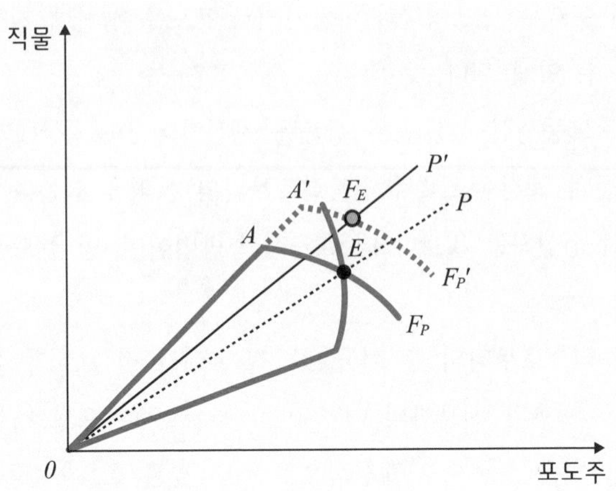

자료: Siemen van Berkum and Hans van Meijl (1998), p.33.

영국의 수요가 포도주를 보다 선호하게 된다면([그림 5−1]에서 무차별 곡선이 X축 방향으로 이동) 영국의 오퍼곡선은 OAF_P에서 $OA'F_P'$로 이동하므로 세계 가격 수준이 P에서 P'(포도주의 상대가격 상승)로 상승하여 영국의 교역조건은 악화된다. 수입상품으로의 수요의 이동은 교역조건을 악화시키고, 무역으로 인한 이익을 감소시킨다.

둘째, 국가의 규모size of countrty 변화가 세계 균형가격에 영향을 미친다. 영국의 국가 규모가 커지면(노동력 증가), [그림 5−1]에서 생산가능곡선 PPC는 바깥쪽으로 이동하며, 오퍼곡선은 OAF_P에서 $OA'F_P'$로 이동한다. 따라서 노동력의 증가는 교역조건을 악화시킨다. 영국의 국가 규모가 더 커지면 포르투갈의 오퍼곡선은 영국의 오퍼곡선의 직선인 부분과 교차하게 되고 세계 가격은 대국인 영국의 무역전 수준과 같아진다. 대국은 이런 상황에서 무역을 통해 이득을 얻지 못한다. 따라서 양국은 세계 가격이 두 나라에서의 상대가격 사이에 있을 때 완전히 전문화하게 된다. 이는 양국이 세계수요를 충족시킬 수 있을 만큼 충분히 많은 양의 상품을 생산할 수 있는 능력을 가지고 있을 때에 가능하다.

셋째, 생산기술production technology의 변화가 세계 균형가격에 영향을 미친다. 일반적으로 생산기술의 변화는 생산가능 곡선의 기울기를 변화시킨다. 수입상품의 미미한 노동 생산성 증가는 교역조건을 변화시키지 않는다. 수출상품의 노동 생산성이 증가하면 오퍼곡선은 OAF_P에서 $OA'F_P'$로 이동하여 교역조건을 악화시킨다.

④ 정책

비교우위론이 제시하는 주요한 정책적 의미는 다른 나라와의 무역을 제한하는 어떤 조치도 필요 없다는 것이다. 무역에 정부가 개입하지 않는 것이 무역으로부터 이익을 얻는 최적의 방법이기 때문에 정부정책을 통한 시장왜곡이 없어야 한다. 하지만 교역조건terms of trade에 영향을 미치거나, 국내경제의 왜곡(외부성) 문제가 있을 때에는 무역정책이 필요할 수도 있다.

경제학자 소개 4

데이비드 리카르도(David Ricardo)

데이비드 리카르도는 커다란 경제적 성공과 학문적으로 지속적인 명성을 얻은 매우 유명한 경제학자이다. 그는 비 유대교 여성과 결혼하면서 집안에서 버림받다시피 하였지만 주식 중개인과 대출 중개인으로 엄청난 재산을 모았다. 50대 초반 사망할 당시 그의 재산은 오늘날 달러로 1억 달러 이상으로 평가된다고 한다. 애덤 스미스의 국부론이 출간되기 4년 전에 태어난 그는 27세 때 처음 애덤 스미스의 『국부론』을 읽고 경제학에 흥미를 갖게 되었으며, 37세에 첫 경제학 논문을 쓴 후 약 14년간 전문적인 경제학자로서의 생을 보냈다.

리카르도는 경제학자들 사이에서 "지금논쟁(地金論爭: bullion controversy)"으로 유명해지게 되었다. 1809년 리카르도는 영국의 인플레이션이 영란은행의 과도한 지폐발행 성향 때문에 일어난 것이라고 하였기 때문이다. 오늘날 화폐수량설 또는 통화주의자들의 주장을 믿었던 것 같다.

리카르도는 "낮은 곡물가격이 자본의 이윤에 미치는 영향에 관한 에세이(Essay on the Influence of a Low Price of Corn on the Profits of Stock, 1815)"에서 경제학의 가장 유명한 법칙 중 하나인 한계수익체감의 법칙(law of diminishing marginal returns)을 명확하게 설명했다. 가령, 고정된 양의 토지에서 더 많은 노동력과 기계를 사용하게 되면 추가적인 생산량은 감소할 것이란 주장이었다.

리카르도는 또한 밀 수입을 제한하는 보호주의자들의 곡물법(穀物法: corn laws)을 반대하였다. 리카르도는 이때 자유무역을 주장하면서 오늘날 비교우위(comparative advantage)라고 부르는 비교비용(comparative costs)의 개념을 세우게 되었는데 이는 오늘날 자유무역에 대한 대부분 경제학자들의 믿음에 기초가 되는 아이디어이다. 곡물법은 1815년에 제정되어 1846년에 폐지되었는데 그 계기는 수백만명이 아사한 1845~1852년의 아일랜드 대기근 때문이었다. 결국 곡물법의 폐지는 자유무역을 향한 계기가 되었다고 경제사학자들은 평가하고 있다.

리카르도는 각 국가가 비교비용이 더 낮은 재화를 생산하는 데 전문화함으로써 무역으로부터 이익을 얻을 수 있다는 오늘날 무역에서의 비교우위론을 수학적 도구 없이 복잡한 결론에 도달한 기이한 능력을 보여주었다.

폴 새뮤얼슨(Paul Samuelson)은 수소폭탄의 개발자로 유명한 수학자, 스타니스와프 마르친 울람(Stanis Marcin Ulam)으로부터 "사회과학 분야의 모든 명제 중에서 참이면서 동시에 자명하지 않은 명제를 하나

대보라"는 수수께끼를 몇 년 후에 풀었는데 그것은 바로 리카르도의 비교우위론이라고 했다. "그것이 논리적으로 참이라는 것은 수학자 앞에서 증명할 필요조차 없다. 그리고 그것이 자명하지 않다는 사실은 그 원칙을 스스로 이해할 수 없거나, 설명을 들은 뒤에도 믿을 수 없었던 수천 명의 중요한 지식인들이 입증해준다"고 했다. 새뮤얼슨은 리카르도의 영국과 포르투갈의 직물과 포도주 생산비를 비교하는 사례를 자신이 1972년에 쓴 『경제학자의 길(The Way of an Economist)』이라는 책에서 "4개의 마법 숫자"라고 평가했다.

또한 밀턴 프리드만(Milton Friedman)의 아들인 경제학자, 데이비드 프리드만(David Friedman)은 1990년에 쓴 『가격이론(Price Theory)』에서 "리카르도의 원리를 읽는 현대 경제학자들은 에베레스트 산 원정대가 산 정상에 도착했을 때 티셔츠와 테니스화를 신은 등산객을 만난 기분일 것"이라고 하였다.

리카르도의 또 다른 공헌 중의 하나는 지대이론(theory of rents)이다. 토마스 맬더스(Thomas Malthus)와 자주 정반대 의견을 가졌었지만 지대이론은 맬더스의 주장을 차용한 것이었다. 농부들은 더 많은 토지가 경작됨에 따라 덜 생산적인 토지를 사용하기 시작한다. 그러나 생산성이 낮은 토지에서 생산되는 옥수수 한 부셸의 가격과 생산성이 높은 토지에서 생산된 옥수수 한 부셸은 같은 가격에 팔리기 때문에 소작농은 생산성이 높은 토지를 임대하기 위해 더 많은 비용을 기꺼이 지불하게 된다. 그 결과 생산적인 토지에서 얻는 이득은 소작농이 아니라 지주가 차지하게 된다는 것이다. 리카르도의 이런 추론방법은 오늘날 경제학자들이 많이 활용하는 것이다. 농산물에 대한 가격지원은 농민보다 농지 소유자를 더 부유하게 한다든지, 택시의 수를 제한하는 것은 택시 운전자가 아니라 택시면허를 가진 택시 소유자를 부유하게 한다는 것 등이다.

리카르도는 오늘날 리카르도의 대등정리(Ricardian equivalence theorem), 또는 배로-리카르도 대등정리(Barro-Ricardo equivalence theorem)라고 불리는 이론을 만들었다. 정부지출 수준이 일정할 때, 정부지출의 재원조달 방법(조세 또는 채권)의 변화는 민간의 경제활동에 아무 영향을 주지 못한다는 주장이다. 리카르도 본인은 이 논리에 대해 뚜렷한 확신을 가진 것 같지는 않지만 오랜 세월이 흐른 뒤 경제학자들이 이런 추론을 보다 구체화하여 리카르도의 이름을 붙였다. 하버드 대학 경제학자인 로버트 배로(Robert Barro)는 리카르도의 이런 추론에 근거하여 보다 발전된 이론을 제시하였기 때문에 배로-리카르도의 대등정리에 이름을 올렸다. 훗날 배로는 1974년 논문을 쓸 당시 자신은 "다행히도 리카르도를 몰랐다"는 사실을 인정했다는 재미있는 이야기가 전해진다.

3. 신고전파 이론

(1) 헥셔-올린(Heckscher-Ohlin) 모형

헥셔-올린 모형은 국가 간 요소 부존량의 차이가 무역을 가능하게 하며, 교역 당사국에 이익이 된다는 것이다. 헥셔-올린 모형은 이후 많은 발전을 통해 요소가격 균등화 정리factor price equalization theorem, 스톨퍼-새뮤얼슨 정리Stolper-Samuelson theorem, 립진스키 정리Rybczynski theorem와 한 세트를 구성하게 된다.[3)]

3) 특히 남종현·이홍식 (2018), 『국제무역론』, 경문사, pp.79-151 참조.

① 기본가정

헥셔-올린 모형에서는 노동과 자본의 2개 생산요소를 가정하고 있는데, 이 두 생산요소는 모두 국내에서는 산업 부문 간 이동이 가능하나 국제적으로는 이동이 불가능하다. 국가마다 초기 요소 부존량이 다르므로 요소 부존량의 비율인 자본/노동 비율이 서로 다르다. 생산함수는 규모에 대한 수확 불변을 가정하고 있다. 두 상품의 생산함수는 각각 다르나 국가별, 상품별 생산함수는 동일하다. 이때 기술변화는 없는 것으로 가정한다. 한 상품의 생산기술은 다른 상품의 생산이나 다른 국가로 이전 또는 확산되지 않는다고 가정한다. 소비자 선호는 국가별, 소득수준별로 동일하다. 각 상품시장과 요소시장은 완전경쟁시장이라고 가정한다.

② 무역 메커니즘

표준적인 헥셔-올린 모형의 핵심은 국가 간 요소 부존량의 차이에 의해 무역이 일어난다는 것이다. 모든 가정을 고려할 때 요소 부존량의 차이가 국가 간 요소가격과 상품가격을 다르게 한다. 상품가격이 다르므로 무역이 일어날 여지가 생긴다.

국가 간 요소 부존량이 다르고, 상품간 요소 집약도가 다르다고 가정하자. 이때 상대적으로 노동이 풍부한 국가와 자본이 풍부한 국가가 있을 수 있고, 상대적으로 노동 집약적이고 자본 집약적인 상품이 있을 수 있다. 노동이 풍부한 국가에서 노동의 상대적 가격이 낮다. 상품의 상대적 가격이 다를 때 리카르도의 비교우위론에서와 같이 교역을 하려는 유인이 생긴다.

다음 [그림 5-3]을 이용하여 이런 원리를 설명할 수 있다. 두 개의 상품(X와 Y)과 두 개의 국가(국내 H 및 해외 F)가 있다고 가정하자. H국은 상대적으로 자본이 풍부하고 F국은 상대적으로 노동이 풍부하다. 상품 Y는 자본 집약적이고 상품 X는 노동 집약적이다. 이 그림에는 H국과 F국의 생산 가능성 곡선과 무차별 곡선, 그리고 무역 전후의 균형과 각 균형에서의 상대 가격선이 제시되어 있다.

폐쇄경제하에서 H국과 F국의 상품 X와 Y의 상대가격은 가격선 P_H와 P_F가 된다. 가격선은 생산가능곡선과 무차별 곡선의 접점에서 결정된다. 이런 상대가격하에서 H국은 Y_{HA}와 X_{HA}를 생산, 소비하며, F국은 Y_{FA}와 X_{FA}를 생산, 소비한다. 폐쇄경제하에서 상품 X의 상품 Y에 대한 상대가격은 H국에서 더 높다.

따라서 비교우위 원칙에 따르면, H국은 상품 Y를, F국은 상품 X를 수출한다. 무역을 하게 되면 $H(F)$국에서 상품 $Y(X)$에 대한 수요가 증가하기 때문에 상품 Y에

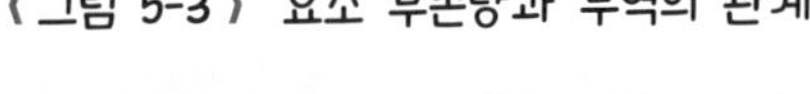
〈그림 5-3〉 요소 부존량과 무역의 관계

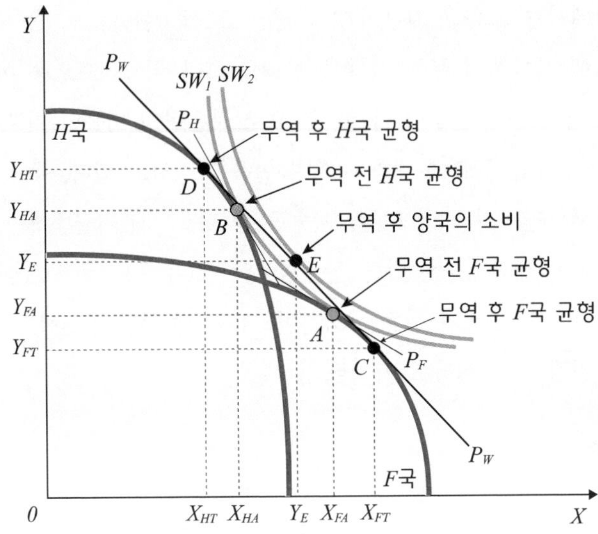

자료: Siemen van Berkum and Hans van Meijl (1998), p.36.

대한 상품 X의 상대가격은 감소(증가)하게 된다. 무역이 확대되면 각국의 수출부문이 성장하고 수입부문은 위축된다. 생산요소는 수출품 생산부문으로 이동하게 되므로 수출품 산업과 수입품 산업에서의 소득분배에도 변화가 생긴다. 수출부문은 상대적으로 풍부한 생산요소를 많이 사용하기 때문에 이 생산요소의 상대적 요소가격이 상승하게 되고, 따라서 수출재의 상대가격도 상승하게 된다. 이런 과정은 두 나라의 상대가격이 동일해지는 P_W수준까지 계속된다.

무역균형 상태에서 H국은 Y_{HT}를 생산하고 Y_E를 소비하기 때문에 $Y_{HT}-Y_E$만큼 F국으로 수출한다. F국은 Y_{FT}를 생산하고 Y_E를 소비하며 $Y_{FT}-Y_E$만큼 수입한다. 상품 X의 경우 그 반대가 된다. 무역은 무역 당사국으로 하여금 더 높은 무차별 곡선에 도달할 수 있게 하여, 무역전 SW_1에서 무역후 SW_2의 보다 높은 후생수준을 누릴 수 있게 된다.

③ 시사점

이상에서 설명한 헥셔–올린 이론에서는 많은 유명 경제학자들의 지속적인 연구를 거쳐 다음의 정리theorem들이 유도되었다. 그래서 헥셔–올린 이론은 헥셔–올린 정리, 요소가격 균등화 정리, 스톨퍼–새뮤얼슨 정리, 립진스키 정리로 구성된다. 헥셔

−올린 모형으로부터 찾을 수 있는 시사점이 바로 이것들이다.

첫째, 헥셔−올린 정리Heckscher Ohlin theorem이다. 한 국가는 자국의 풍부한 생산요소를 가장 집약적으로 사용하는 상품을 수출한다는 원칙하에 자본(노동)이 풍부한 $H(F)$국은 자본(노동) 집약적인 재화 $Y(X)$를 수출하고, 노동(자본) 집약적 재화 $X(Y)$를 수입하게 된다는 것이다.

둘째, 요소가격 균등화 정리factor price equalization theorem이다. 앞서 살펴본 도표의 설명에서 보듯이 무역균형 상태에서 양국의 요소 상대가격은 동일하다. 또한 무역균형에서는 양국 상품의 상대가격도 동일하다. 이때 동일한 생산기술과 규모에 대한 수확불변의 가정하에서 양국의 요소가격이 같아지게 된다는 것이다.

셋째, 스톨퍼−새뮤얼슨 정리Stolper-Samuelson theorem이다. 상품의 상대가격이 상승하면 집약적으로 사용하는 생산요소에 대한 보상이 증가하고, 그렇지 않은 생산요소에 대한 보상은 감소한다. 헥셔−올린 정리와 스톨퍼−새뮤얼슨 정리를 결합하면 부족한 생산요소의 소유자들은 무역으로부터 손실을 보게 되고, 풍부한 생산요소의 소유자들은 무역으로부터 이익을 얻게 된다. 그래서 무역은 생산요소 소유자 간 소득분배의 변화를 초래하게 된다.

넷째, 립진스키 정리Rybczynski theorem이다. 어떤 한 생산요소의 공급이 외생적으로 증가하게 되면 이 생산요소를 집약적으로 사용하는 상품의 생산이 증가하고 다른 재화의 생산은 감소한다는 것이다.

다섯째, 무역은 양국의 후생을 증가시킨다. 무역 당사국은 무역을 통해 보다 높은 무차별 곡선상에서 소비를 할 수 있다. 이는 생산자원을 국가 간에 보다 효율적으로 배분하고, 수입 경쟁상품의 상대가격을 하락시킴으로써 가능한 것이다.

④ 정책

전통적 무역이론들은 무역을 국가 간 기술 또는 요소 부존량의 차이 때문에 발생하는 것으로 설명한다. 국가 간의 이런 차이를 이용함으로써 무역은 모든 국가를 이롭게 한다. 무역장벽이 적을수록 무역은 더 많은 이득을 가져온다. 따라서 자유무역 정책은 정상적인 상황에서 최상의 정책이다.

경제학자 소개 5

에리 헥셔(Eli Heckscher)

에리 헥셔(Eli Heckscher)는 스웨덴 스톡홀름의 유태인 가정에서 태어났다. 1907년 웁살라 대학(Uppsala University)에서 박사학위를 마치고 1909~1919년간 스톡홀름 경제대학에서 정치경제, 통계학 교수, 경제사 연구교수로 지내다가 명예교수로 은퇴했다. 그는 『중상주의』라는 책을 집필하였는데 여러 나라에서 번역서가 출판되기도 하였다.

1919년 "소득분배에 대한 해외무역의 효과(The Effect of Foreign Trade on the Distribution of Income)"란 논문에서 국가 간 무역에서의 비교우위가 생산요소 부존량의 차이에 기인한다는 가설을 제시하면서 자유무역을 주장했다. 이 아이디어는 그의 제자인 경제학자 베르틸 올린(Bertil Ohlin)에 의해 더욱 발전되어 현재 Heckscher-Ohlin 이론으로 알려져 있다.

헥셔의 이 논문은 대단한 업적이었음에도 초기에는 주의를 끌지 못했다. 헥셔의 논문이 스웨덴어로 작성되어 스웨덴의 『경제저널(Ekonomisk Tidskrift)』이란 잡지에 게재되어 국제적으로 알려지는 데 한계가 있었기 때문이다. 또한 헥셔는 1,148편의 책과 논문을 저술하였는데 이로 인해 이 논문이 간과되었기 때문이기도 하다. 그리고 당시 전 세계적으로 반유대주의가 부상하고 있었기 때문에 제2차 세계대전이 끝날 때까지 유태인인 헥셔의 업적이 세계적으로 알려지지 못했을 수도 있었다.

많은 사람들은 헥셔의 정치적 성향을 좌파로 간주했지만 헥셔는 개인의 재산권이 보장된 상태에서 경쟁이 이루어지는 경제시스템이 경제성장을 보다 촉진할 것이라는 확신을 가지고 있었다. 노벨상 수상자로서 충분한 업적이 있었지만 노벨 경제학상이 헥셔 사후에 제정되어 이를 수상하지 못했다. 대신 올린이 1975년 헥셔-올린 정리가 국제무역 이론에 미친 공로로 노벨상을 받게 된다.

경제학자 소개 6

베르틸 고타드 올린(Bertil Gotthard Olin)

베르틸 고타드 올린(Bertil Gotthard Olin)은 7명의 형제와 함께 스코니아의 클리판에서 자랐다. 1917년 룬트대학(Lund University)에서 학사학위, 1919년 스톡홀름 정경대학에서 석사학위를 받았다. 또한 1923년 하버드 대학에서 석사학위를 마치고 귀국하여 1924년 스톡홀름 대학에서 엘리 헥셔(Eli Heckscher) 교수의 지도하에 박사학위를 취득한 후 1925년에 코펜하겐 대학의 교수가 되었다.

1930년 올린은 그의 스승인 엘리 헥셔의 뒤를 이어 스톡홀름 정경대학의 경제학 교수가 되었다. 1933년 올린은 그를 세계적으로 유명하게 만든 『지역간 무역과 국제무역(Interregional and International Trade)』이란 책을 출판했다. 이 책에서 올린은 헥셔의 이전 연구와 그의 박사학위 논문의 내용을 이용하여 국제무역 이론을 구축했다. 이것이 바로 표준 무역이론의 하나인 헥셔-올린 모형이다. 이를 통해 1977년 제임스 미드(James Meade)와 함께 "국제 무역 및 국제 자본 이동 이론에 대한 획기적인 공헌"으로 노벨상을 수상하게 된다.

올린은 1927~1934년 동안 집필한 저서에서 존 메이나드 케인스(John Maynard Keynes)가 1937년에 집필한 "고용, 이자, 통화에 대한 일반이론(The General Theory of Employment, Interest and Money)"과 매우 유사한 이론적 추론과 정책적 의미를 가진 결론을 제시했었다. 불행하게도 이 저술은 스웨덴어로 출판되었고 영어로 번역되지 못했다. 1937년 『경제저널(Economic Journal)』에 "Some Notes on the Stockholm Theory of Saving and Investment"라는 영어논문을 발표하였지만 많은 케인지언들은 올린의 독창성을 인정하지 않았다. 하지만 훨씬 후 이 분야에서 그의 독창성이 인정받게 되었다.

올린은 또한 1944년부터 1967년까지 집권 사회민주당에 반대하는 최대 정당이었던 사회 자유당인 국민당의 당수를 지냈다. 제2차 세계대전 중인 1944년부터 1945년까지는 스웨덴 연립정부에서 무역부 장관을 역임했다. 1959년과 1964년에는 노르딕 평의회 의장을 지냈던 정치인이기도 하였다.

경제학자 소개 7

폴 새뮤얼슨(Paul Samuelson)

폴 새뮤얼슨은 1915년 미국 인디애나주 개리에서 폴란드 출신 유대인 가정에서 출생했다. 1923년 가족들과 함께 미국 시카고로 이주했다. 1935년 시카고 대학에서 석사학위를 마치고, 하버드 대학 박사과정에 입학했다. 박사학위를 준비하면서 『경제분석의 기초』를 집필했다. 1941년 조지프 슘페터와 바실리 레온티에프의 지도로 박사학위를 받았다. 1940년부터 2009년 94세로 타계할 때까지 MIT에 재직하면서 경제학과를 세계적으로 유명하게 만들었다.

1947년에 출간된 『경제분석의 기초』에서는 수학이 경제학의 언어가 될 정도로 현대 경제학의 기초를 닦았으며, 1948년에 출간한 『경제학』은 경제학을 새로 쓰고, 경제학 교육방법을 새로 만들었다고 할 수 있는 명작으로 19판까지 총 400만부 이상 판매되었으며 전 세계 40여 개 국가의 언어로 번역되었다. 새뮤얼슨의 『경제학』은 애덤 스미스의 『국부론』, 리카르도의 『정치경제학과 과세의 원리』, 존 스튜어드 밀의 『정치경제학 원리』, 알프레드 마샬의 『경제학 원리』와 함께 경제학의 역사를 바꾼 책으로 기억될 것이다.

새뮤얼슨은 여러 분야에서 획기적인 공헌을 하였다. 첫째, 자신의 저서에서 케인즈 이론에 대한 수학적 기반을 제공하는 모형을 만들어 신케인즈 주의(Neo-Keynesian)라는 주류 거시경제학을 개척했다. 1970년대 스태그플레이션이 발생하며 통화주의자들의 인기가 높아지자, 신케인즈주의를 고전파 경제학과 결합하여 "신고전파 종합(Neoclassical synthesis)"이란 것을 만들었다.

둘째, 새뮤얼슨은 "공공지출의 순수이론(The Pure Theory of Public Expenditure)"이란 논문을 통해 공공재와 공공재의 효과적인 공급에 필요한 조건에 대한 이론을 만들었다. 이 논문은 2.5페이지 밖에 되지 않는 논문으로 수식 3개, 결론이 불과 6줄 밖에 되지 않지만 12,500회 이상 인용되고 있다.

셋째, 세대 간 중첩모형(Overlapping Generation Model)을 더욱 발전시켰다. 이를 통해 인간의 삶에서 다양한 기간에 걸쳐 나타나는 소비자의 행동변화(인적자본에 대한 투자, 근로활동, 퇴직 후를 위한 저축)와 이런 변화가 전체 경제성장에 미치는 영향을 분석하였다. 거시경제학에 없어서는 안 될 내용이다.

넷째, 현시선호이론(theory of revealed preference)을 개발했다. 기존의 소비자 수요이론은 한계대체율(MRS) 체감의 원칙에 기초하여 소비자가 효용을 극대화하기 위한 소비선택 결정을 한다고 하지만 효용함수를 확실하게 측정할 수 없었다. 현시선호이론은 소비자의 행동을 관찰하여 효용함수를 정의하고자 하는 이론이다.

다섯째, 후생경제학 분석에 사용되는 베르그송-새뮤얼슨 함수(Bergson-Samuelson social welfare function)를 개발하였다. 사회후생함수를 이용하여 자원배분의 효율성을 평가하는데 각 개인이 높은 효용을 가질 때 사회후생함수값도 높아진다고 가정한다.

여섯째, 새뮤얼슨은 국제무역 이론에서 요소가격 균등화 정리, 즉 국제무역 균형 상태에서 양국의 요소상대가격은 동일해진다는 가설과 스톨퍼-새뮤얼슨 정리, 즉 국제무역에서 상품의 상대가격이 상승하면 이 상품이 집약적으로 사용하는 생산요소에 대한 보상이 증가하고, 그렇지 않은 생산요소에 대한 보상은 감소한다는 가설을 제시했다.

일곱째, 금융경제론에서 효율적 시장 가설(Efficient Market Hypothesis)을 개발하였다. 자본시장의 가격은 이용가능한 정보를 충분히 즉각적으로 반영하고 있으므로 어떤 투자자라도 이용가능한 정보를 기초로 한 거래에 의해 초과수익을 얻을 수 없다는 것이다.

새뮤얼슨이 이런 공헌에 대해 노벨상 수상자인 케네스 애로우(Kenneth Arrow)는 "새뮤얼슨의 업적이 없었더라면 현대 경제학은 상상도 할 수 없었을 것"이라고 했고, 역시 노벨상 수상자인 폴 크루그먼(Paul Krugman)은 "새뮤얼슨은 적어도 8개의 경제학 분야를 '글자 그대로 새롭게 창조'했는데 그 각각의 분야는 역사상 최고의 경제 사상가들 사이에서 그의 자리를 확보할 만하다"고 했다.

(2) 요소 특정성 모형

헥셔-올린 모형에서는 모든 생산요소가 산업부문 간에 자유롭게 이동할 수 있다고 가정한다. 부문 간에 생산요소가 자유롭게 이동 가능하다는 것은 장기적인 측면에서 그렇다는 것이다. 가령 단기적으로 포도주 생산에 사용되는 자본은 직물생산에 사용되는 자본으로 완벽하게 이동하지 못한다. 요소 특정성 모형에서 특정 생산요소는 단기적으로 산업부문 간 이동하지 못하는 생산요소이다. 노동은 부문 간 이동이 가능하지만, 자본은 단기적으로 이동할 수 없으므로 요소 특정성이 있다는 것이다.

요소 특정성 모형에서는 리카르도의 비교우위론에서와 같이 국가 간 기술차이가 있다고 가정한다. 리카르도 모형에서 사업부분간 이동 가능한 생산요소(노동)의 한계 생산물은 일정하다고 가정하지만, 요소 특정성 모형에서는 노동의 한계 생산물이 체감한다고 가정한다.

① 기본가정

요소 특정성 모형에서는 3가지 생산요소를 가정한다. 국내에서 산업부문 간 이동이 가능한 노동과 단기적으로 부문간 이동이 불가능한, 각 상품에 특별히 활용되는 2가지 종류의 자본이 있다고 가정한다. 이때 모든 생산요소는 국제적으로 이동이 불가능하다. 초기 요소 부존량은 국가마다 다르다.

2가지 상품이 있는데 각각 동질적인 상품이라고 가정하며 생산기술은 규모에 대한 수확 불변을 가정한다. 생산함수는 상품별로는 다르지만 국가 간에는 동일하다. 기술변화는 없는 것으로 가정하며 기술유출 역시 없다고 가정한다. 소비자 선호는 국가 간 동일하다. 상품시장과 생산요소 시장 모두 완전경쟁시장을 가정한다.

② 메커니즘

헥셔-올린 모형과 대조적으로, 요소특정성 모형에서 국제무역의 방향은 초기 요소 부존량 만으로는 설명할 수 없다. 전문화 패턴은 헥셔-올린 모형에서와 같이 생산함수의 특성과 두 산업 간 자본의 배분에 따라 달라진다.

③ 시사점

요소 특정성 모형은 의외로 설명력이 풍부하다. 아래에 설명하는 시사점들은 많은 국제무역 이론에 대한 교과서적인 저술에서 자세히 언급하고 있기 때문에 여기서 자세한 설명은 생략한다.[4] 후술하는 글로벌 가치사슬의 무역이론에서 바그와티 모형을 설명할 때 이와 관련된 도표를 활용할 것이다.

첫째, 요소 특정성 모형에서는 헥셔-올린 정리가 항상 성립하는 것은 아니다. 상대적으로 노동이 풍부한 국가가 항상 노동 집약적 상품을 수출하지는 않는다.

둘째, 요소 특성성 모형은 소득분배 측면에서 헥셔-올린 모형이 의미하는 바와 다르다. 무역은 비교우위가 있는 상품의 상대가격을 올린다. 부문간 이동가능한 생산요소인 노동은 상품 X의 생산으로 이동하며 이는 이 산업부문의 특정 생산요소의 수익을 증가시킨다. 상품 Y에 대한 영향은 이와 정반대이다. 따라서 무역은 수출재를 생산하는 데 필요한 특정 요소의 소득을 증가시키며, 수입재에 사용되는 특정 요소의 소득을 감소시킨다.

---

4) 남종현·이홍식 (2018), 『국제무역론』, 경문사, pp.153-168.; Dominick Salvatore (2019), International Economics, (13th Edition), John Wiley & Sons Inc., 최낙일·김갑용 역, 시그마프레스. pp.122-123.; Paul R. Krugman, Maurice Obstfeld, and Mark J. Melitz (2014), *International Economics: Theory and Policy,* (10th Edition), Pearson Series in Economics, 강정모·이상규·이연호 역, 시그마프레스, pp.51-84 참조.

노동의 한계 생산물은 수출상품 X의 생산에서는 하락하며, 수입상품 Y의 생산에서는 증가한다. 노동자의 후생은 소비 형태에 따라 달라지는데 만약 소비자가 가격이 상승한 수출상품 X를 선호하면 소비자 후생은 감소하지만, 소비자가 가격이 하락하는 수입상품 Y를 선호하면 소비자 후생은 증가한다. 따라서 무역으로 인한 근로자의 후생 증가 여부는 불분명하다.

셋째, 하나의 특정 요소 부존량이 증가하면 두 특정 요소의 실질소득이 감소하나, 상대가격이 변화하지 않더라도 이동 가능한 요소인 노동의 실질소득은 증가한다. 이는 상대가격이 변하지 않을 때 요소 부존량 변화가 요소가격에 영향을 미치지 않는다는 헥셔–올린 모형과 대비된다.

넷째, 노동량이 증가하면 노동의 수익은 감소하고 두 특정 요소의 소득은 증가한다.

다섯째, 특정 요소 중 하나가 증가하면 이 요소를 사용하는 상품의 생산량이 증가하고 다른 상품의 생산량은 감소한다. 만약 노동 공급이 증가한다면 두 상품의 생산량은 모두 증가한다. 전자의 효과는 립진스키 정리와 부합하지만 후자의 효과는 이와 부합하지 않는다.

여섯째, 국제무역에 의한 상품가격의 균등화는 요소 가격의 균등화를 가져오지 않는다. 즉 요소 특성정 모형에서는 요소가격 균등화 정리가 성립하지 않는다.

경제학자 소개 8

로널드 윈드롭 조운즈(Ronald Winthrop Jones)

로널드 윈드롭 조운즈(Ronald Winthrop Jones)는 1931년 미국 켄터키 주의 루이스빌에서 출생하여 2022년에 사망한 유명한 국제경제학자이다. 슈워츠모어 대학(Swarthmore College) 졸업 후 1956년 로버트 솔로우 지도하에 MIT에서 박사학위를 받았다. 이 후 조운즈는 로체스터 대학 경제학과 교수를 지낸 후 퇴임하였다.

그가 저술한 『글로벌라이제이션과 생산요소 무역의 이론(Globalization and the Theory of Input Trade)』은 매우 영향력 있는 국제무역에 관한 책이다. 이는 글로벌 가치사슬에서 다루는 생산의 분절화와 생산과정에서의 아웃소싱에 대해 언급하고 있다. 조운즈는 또한 리처드 케이브스(Richard Caves), 제프리 프랭켈(Jeffrey Frankel)과 함께 『세계무역과 무역수지(World Trade and Payments)』라는 대학원 교재를 집필하기도 했다.

④ 정책

요소 특정성 모형 역시 자유무역 정책은 국가의 후생 증대를 위한 최선의 정책이라는 의미를 제공해 준다.

4. 완전경쟁시장에서의 무역정책

완전경쟁시장을 가정하고 있는 전통적 무역이론에서 자유무역은 세계 전체 관점에서 최선의 정책이다. 하지만 개별국가의 입장에서는 다음과 같은 특별한 조건하에서 보호주의 무역정책이 유리할 수 있다. 첫째, 만약 한 국가가 세계가격에 영향을 미칠 수 있는 대국이라면 교역 상대국의 희생하에 교역조건을 개선할 수 있다. 둘째, 무역정책은 국내 왜곡을 바로잡기 위해 사용될 수 있다. 셋째, 무역정책은 정치적인 이유로 바람직할 수 있다. 이에 대해서 좀 더 자세히 살펴보자. 많은 국제경제학 관련 저술들에서 도표를 이용한 자세한 설명을 제시하고 있는 내용이다.[5)]

(1) 교역조건을 개선할 수 있을 때의 무역정책

첫째, 관세tariff는 수입품의 국내 가격수준을 높여서 소비자 잉여의 희생하에 관세수입을 확보할 수 있다. 관세부과의 효과에는 3가지가 있는데 첫째는 관세수입 효과, 둘째는 수요와 공급 측면의 사회후생 손실(사중손실deadweight loss)이 있고, 셋째는 관세부과로 수입업체들이 가격을 낮추기 때문에 교역조건이 개선되는 이득이 있다.

둘째, 수입할당import quota에 따른 가격상승으로 인한 수익을 국내경제(국내 수입업자)가 징수할 수 있을 때에는 관세부과와 같은 효과를 발생한다. 만약 수입할당이 해외 수출업자의 자발적 수출제한에 따른 것이라면 수입할당으로 인한 수익은 외국인들이 가져가므로 관세부과보다 나쁘다.

셋째, 수출 보조금export subsidy은 무역조건을 악화시키고 왜곡 효과를 일으키기 때문에 결코 이득이 되지 않는다. 이런 왜곡손실을 방지하여 교역조건의 개선을 가져올 수 있는 무역정책 수단은 수출세를 부과하는 것이다.

---

5) 남종현·이홍식 (2018), 『국제무역론』, 경문사, pp.325-362.; Paul R. Krugman, Maurice Obstfeld, and Mark J. Melitz (2014), *International Economics: Theory and Policy,* (10th Edition), Pearson Series in Economics, 강정모·이상규·이연호 역, 시그마프레스, pp.211-240 참조.

(2) 국내경제의 왜곡을 시정하기 위한 무역정책

시장실패나 국내경제에서의 왜곡이 있다면 소비자와 생산자 잉여가 사회적 비용과 편익을 정확하게 측정하지 못한다. 무역정책은 이런 왜곡을 수정하는 데 유용할 수 있다. 시장 왜곡에는 크게 두 가지가 있을 수 있다. 첫째는 요소시장의 불완전성(산업 간 임금 격차, 실업 등)이다. 둘째는 기업 간의 기술확산, 학습효과 및 오염과 같은 외부경제나 외부 불경제로 인한 것이다.

무역정책을 통해 생산활동에서 정(+)의 외부효과는 확대하고 부(−)의 외부효과를 축소시킬 수 있다. 이는 무역정책을 통해 교역조건의 개선이 불가능한 소국에 있어서 무역정책이 후생을 증대시킬 수 있다는 것을 의미한다. 하지만 소비자 잉여의 손실 없이도 보조금을 지급함으로써 동일한 결과를 얻을 수 있기 때문에 무역정책은 차선책이라고 할 수 있다.

(3) 정치적 이유와 무역정책

간혹 무역정책은 정치적 목표를 달성하기 위해 사용된다. 첫째, 국방을 위해서는 특정 산업이 필요하다. 수입을 통해 외국으로부터 물자를 구할 수 없을 때에도 꼭 필요하기 때문이다. 최근 COVID−19의 대유행으로 문제시되고 있는 의약품과 의료용품과 같은 필수품 역시 국내에서 조달 가능해야 한다고 판단할 수도 있다.

둘째, 소득분배 목적을 달성하기 위해 필요하다. 때로는 무역정책이 보다 바람직한 소득분배 문제를 해결할 수 있기도 하다. 반면 무역의 바람직하지 않은 소득분배 효과를 시정하기 위해서도 필요하다. 시장왜곡이 있을 때와 마찬가지로 이때에도 소득분배 정책이 최선책이고, 무역정책은 차선책이라고 할 수 있다.

5. 실증분석 결과

(1) 리카르도의 비교우위론 검정

리카르도 모형에는 몇 가지의 단점이 있다. 무역 당사국이 비교우위가 있는 상품 생산에 완전히 전문화 한다거나, 국제무역으로 인한 국내 소득분배 효과를 설명하지 못한다거나, 무역의 이익을 국가 전체의 관점에서만 다룬다는 것 등으로 인해 국제무역의 원인과 결과를 분석하기에는 너무 단순하다는 것이다.

그러나 크루그먼과 오스트펠드(Krugman and Obstfeld, 1994)에 따르면 상대적으로 생산성이 높은 상품을 수출하는 경향이 있다는 모형의 기본적 예측 결과는 여러 연구들에 의해 강하게 입증된다고 한다.[6] 따라서 크루그먼과 오스트펠드는 상대적 단순성 때문에 상대적 노동 생산성에 초점을 맞추는 것이 국제무역을 생각할 때 매우 유용한 도구가 될 수 있다고 했다.

그러나 리머(Leamer, 1994)는 이런 실증 연구결과에 큰 확신을 갖지 못했다. 첫째, 실증연구에서 리카르도 모형은 문자 그대로 타당하게 해석되지 않는다고 했다. 둘째, 실증연구는 고려될 수 있는 대립가설의 범위를 적절하게 언급하지 않고 있다고 했다. 따라서 리머는 고전적 비교우위론에 대한 이런 실증연구로부터 배울 수 있는 것은 많지 않다고 했다.[7]

(2) 헥셔-올린 정리의 검정

헥셔-올린 정리는 생산요소의 부존량, 요소 집약도, 무역이란 세 변수의 관계를 설명하고 있으므로 실증분석을 통해 그 타당성을 검증하기 위해서는 이 세 가지 변수를 모두 포함한 연구가 되어야 한다. 하지만 많은 실증분석 결과를 볼 때 헥셔-올린 정리의 실증적 타당성에 대해서는 쉽게 결론을 내리기 어렵다.[8]

레온티에프(Leontief, 1953)의 연구는 비록 요소 부존량을 직접 측정하지는 않았지만 헥셔-올린 정리에 대한 첫 실증분석이라고 할 수 있다. 레온티에프는 미국의 수출과 수입에 포함된 자본과 노동을 측정하기 위해 미국 경제의 투입-산출표를 사용했다. 미국은 자본이 풍부하고 노동력이 부족한 국가임에도 불구하고 미국 수출품의 자본/노동 비율이 수입품의 그것보다 낮다는 것을 발견했다. 이는 "레온티에프의 역설 Leontief paradox"이라고 하는데 이후 이와 관련된 많은 논쟁은 주로 레온티에프가 적용한 방법론과 관련된 것이었다.

여러 연구자들이 레온티에프의 기본적인 방법론을 활용하여 분석했었는데 1970

---

6) Krugman, P. R. and M. Obstfeld (1994), *International Economics, Theory and Policy,* Third edition, HarperCollins College Publishers.

7) Leamer, E. E. (1994), Testing Trade Theories, in D. Greenaway and A. L. Winters, *Surveys in International Trade*, Basil Blackwell, Oxford/Cambridge.

8) Deardorff, A. V. (1984), "Testing Trade Theories," In R. W. Jones and P. B. Kenen, *Handbook of International Economics*, Vol.1, North Holland, Amsterdam.

년까지 이 역설을 뒤집을 수 없었다.[9)] 레온티에프의 연구와 이어진 많은 논쟁을 거치면서 헥셔-올린 정리는 생산요소로서 자본과 노동 외에 다른 요소들을 도입하거나, 노동을 숙련 노동과 비숙련 노동, 자본을 인적 자본과 물적 자본으로 구분하는 방법을 통해 더욱 발전하게 된다.

레온티에프 역설을 해소하기 위한 연구로 추가적인 생산요소를 도입하는 시도만이 있었던 것이 아니었다. 리머(Leamer, 1980)는 레온티에프가 작성한 투입-산출표에서 미국은 자본과 노동의 순 수출국이라는 사실을 발견했다. 무역흑자는 상대적으로 부존량이 부족한 요소 서비스의 순 수출국이 될 수도 있게 한다. 만약 이런 현상이 발생한다면 수출입 상품생산에서의 요소 집약도는 상대적 요소 부존량과 특별한 관계가 없을 수도 있다는 것이다. 그래서 자본이 풍부한 나라가 수출에서 수입보다 더 높은 자본/노동 비율을 보일 필요가 없으므로 레온티에프의 분석 결과는 역설이라고 볼 수 없다는 것이다.

리머[Leamer]는 이를 규명하기 위해서는 수출과 수입보다는 생산과 소비에서 나타난 요소 비율을 고려하는 것이 적절하다고 했다. 레온티에프의 투입 산출표를 이용하여 분석한 결과 미국은 노동과 자본 서비스의 순 수출국이며, 생산에서의 자본/노동 비율이 실제 소비에서의 그것보다 크다는 사실을 발견했다. 이를 통해 리머(Leamer, 1994)는 미국은 노동력 대비 자본이 풍부하며, 레온티에프의 역설이 역설이 아님을 증명했다.

보웬 등(Bowen et al., 1987)에서는 27개 국가와 12개 생산요소에 대한 자료를 사용하여 헥셔-올린 모형의 타당성을 검증하였다. 이 연구는 상품교역은 실제 생산요소의 간접적 교역이라는 생각에 바탕을 두고 있다. 헥셔-올린 모형에 따르면, 한 국가의 수출입에 내재된 생산요소를 보면 상대적으로 풍부하게 보유한 생산요소의 순 수출국이고, 상대적으로 부존량이 적은 생산요소의 순 수입국이 될 것으로 예상할 수 있다.

보웬 등은 각 생산요소의 세계 공급량에 대한 각국 부존량의 비율을 계산한 다음 이 비율을 각 나라의 세계 소득대비 점유율과 비교하였다. 만약 헥셔-올린 정리가 옳다면 요소 점유율이 소득 점유율보다 높은 생산요소를 수출하고, 그렇지 않은 생산요소를 수입할 것이라고 생각할 수 있다. 분석결과 생산요소의 3분의 2에서, 분석기간 가운데 70% 이하에서만 예상된 방향으로 나타났다. 이런 결과는 세계적인 규모로는 레온티에프 역설이 성립하고 있음을 보여주는 것이었다. 따라서 무역은 헥셔-올린 정리가 예측한 방향으로 일어나지 않는다고 했다.

---

9) Deardorff (1984), pp.480-485 참조.

리카르도 모형의 한계는 널리 알려졌지만, 크루그먼과 오스트펠드(Krugman and Obstfeld, 1994)는 무역패턴이 자원보다는 국가 간 기술격차에 의해 주도된다고 하였다. 하지만 무역은 소득분배에 영향을 미치기 때문에 한 나라의 수출과 수입에 어떤 요소가 관여하는지를 확인하는 것이 매우 중요하다. 따라서 헥셔-올린 모형과 요소특정성 모형은 무역 및 무역정책의 소득분배 효과를 평가하는 방법으로 제한적으로 사용될 수 있다고 했다.

우드(Wood, 1994)는 헥셔-올린 정리가 글로벌 무역패턴을 설명하는 데 부정확하다는 사실을 받아들이지 않았다. 전통적 헥셔-올린 이론은 많은 실증연구에서 현실 설명력이 부족하다는 주장이 있긴 하지만 훨씬 현실설명 능력이 양호하다고 주장했다. 우드는 헥셔-올린 모형에서 생산요소로서 자본을 제외할 때 더 설명력이 높다고 판단했다. 왜냐하면 국제적으로 이동 가능한 금융으로 정의되는 자본은 국제적으로 유동적이므로 무역형태에 영향을 미치지 않을 것으로 보았다. 자본은 보통 토지나 노동과 같이 이동 불가능한 생산요소로 간주되는데 금융자본을 자본으로 정의함으로써 생산요소로서 잘못 사용하였다는 것이다.

하지만 우드는 선진국과 개발도상국의 무역(북남무역)을 설명하는 데 있어서 자본이 아닌 기술의 가용성skill availability 여부가 중요하다고 했다. 그래서 기술만을 고려한 헥셔-올린 모형이 제조업에서 북남무역을 잘 설명할 수 있다고 했다. 선진국은 풍부한 숙련노동을 가지고 있기 때문에 개발도상국으로 숙련노동 집약적인 상품을 수출하고 비숙련 노동 집약적 상품을 수입한다는 것이다. 우드는 선진국과 개발도상국의 무역이 기술력의 차이에 따라 일어난다는 가설을 증명한 것이다. 우드는 자본을 제외하고 헥셔-올린 모형을 정확하게 설정한다면 전 세계 무역패턴을 매우 정확하게 설명할 수 있다고 했다.[10)]

현대적 무역이론이 대두된 배경으로서 헥셔-올린 모형이 제시하는 의미와 상반되는 3가지의 사실은 다음과 같다. 첫째, 무역은 많은 부분 실제 동일한 요소비율을 가진 국가 간에 발생하고 있다는 것이다. 헥셔-올린 이론에 따르면 국가 간 요소비용의 차이가 클수록 무역량이 더 커지는 것으로 볼 수 있다. 둘째, 그루벨과 로이드(Grubel and Lloyd, 1975)는 실제 산업 내 무역이 중요하며, 시간이 지남에 따라 전체 세계무역에서 차지하는 산업내 무역의 비중이 증가하고 있다는 사실을 발견했다. 그

---

10) Wood, A. (1994), "Give Heckscher and Ohlin a Chance!," *Weltwirtschaftliches Archiv* 130, pp.20-49.

러나 헥셔-올린 모형은 산업 간 무역만 설명하고 있으며 산업내 무역은 설명하지 않고 있다. 셋째, 실제 무역의 소득분배 효과는 작다. 하지만 헥셔-올린 모형에 의하면 무역으로 인한 소득분배 효과가 크다고 할 수 있다.

경제학자 소개 9

바실리 레온티에프(Wassily Leontief)

바실리 레온티에프(Wassily Leontief)는 1905년 독일 뮌헨에서 출생하였다. 1921년 15세에 현재 상트 페테르부르크에 있는 레닌그라드 대학교에 입학하여 19세인 1925년에 졸업했다. 소련 치하에서 학문의 자유, 언론의 자유를 주장하다 여러 번 구금되었다. 죽을 병에 걸렸다는 핑계로 소련을 탈출하여 베를린의 프리드리히 빌헬름 대학교에서 공부를 계속했으며 1928년에 베르너 좀바르트(Werner Sombart) 교수의 지도하에 『순환흐름으로서 경제(The Economy as Circular Flow)』란 주제로 경제학 박사학위를 받았다.

1927년부터 1930년까지 그는 킬 대학의 세계경제연구소에서 근무했으나 1931년 미국으로 건너가 전미경제조사국에 취업했다. 제2차 세계대전 중에는 미국 전략서비스국(U.S. Office of Strategic Services)에서 컨설턴트로 근무했다. 1932년에 하버드 대학교 경제학과로 옮겼으며, 1946년에는 경제학과 종신교수가 되었다.

레온티에프는 1949년 하버드 대학이 가지고 있는 컴퓨터와 미국 노동통계국의 데이터를 사용하여 미국 경제에 대한 산업연관표를 만들고 복잡한 수학적 모형을 완성했다. 1965년부터는 Harvard Society of Fellows의 의장을 맡았다. 1975년에는 뉴욕 대학교로 옮겨 경제분석연구소를 설립하고 운영했다.

레온티에프는 산업연관표의 작성과 분석에 대한 공로를 인정받아 1973년 노벨경제학상을 받았다. 산업연관표를 이용한 투입-산출 분석은 매우 참신한 방법론으로서 대규모 실증연구 작업이었으며 이후 컴퓨터의 발전에 따라 그 범위를 더욱 확장할 수 있었다. 본서에서 설명하고 있는 글로벌 가치사슬 연구의 실증분석 역시 레온티에프가 아니었으면 불가능한 방법론이 되었을 것이다. 레온티에프는 자신이 만든 산업연관표를 이용하여 미국과 다른 국가 간의 무역 흐름의 특성을 연구하여 헥셔-올린 정리와 다른 무역흐름을 발견하였는데 이를 "레온티에프의 역설"이라고 한다. 이 역설을 푸는 과정에서 국제무역 이론은 더욱 발전하게 된다. 이처럼 레온티에프의 공헌은 실증연구를 중시하고 있다. 그래서인지 레온티에프는 너무나 많은 경제학자들이 원시자료를 이용한 실증분석을 하면서 "손을 더럽히는 것을 싫어한다"고 비판한 바도 있다.

레온티에프는 자신이 노벨 경제학상을 받기도 하였지만 자신이 지도한 박사과정 학생 가운데 폴 새뮤얼슨(Paul Samuelson, 1970년), 로버트 솔로우(Robert Solow, 1987년), 버논 스미스(Vernon L. Smith, 2002년), 토마스 쉘링(Thomas Schelling, 2005년)과 같은 노벨상 수상자를 배출하기도 했다. 그 외에도 리차드 퀀트(Richard E. Quandt), 데일 졸겐슨(Dale Jorgenson), 홀리스 채너리(Hollis B. Chenery), 마이클 로벨(Michael C. Lovell), 쉐러(F. M. Scherer)과 같은 유명 경제학자들을 배출했다.

〈 표 5-3 〉 전통적 무역이론 요약

	리카르도의 비교우위론	헥셔-올린 모형	요소특정성 모형
가정 - 생산요소	• 1개의 생산요소(산업부문간 이동가능)	• 2개의 생산요소(노동과 자본, 산업부문간 이동가능) • 초기 요소 부존량 차이	• 노동과 특정상품 생산에 특화된 생산요소 • 초기 요소부존량의 차이
- 상품/산업부문	• 2개의 동질적 상품	• 2개의 동질적 상품	• 2개의 동질적 상품
- 규모의 경제 효과 여부	• 규모에 대한 수확 불변 (CRTS)	• 규모에 대한 수확 불변 (CRTS)	• 규모에 대한 수확 불변 (CRTS)
- 생산기술	• 국가 간 생산기술 차이 • 산업부문간 생산기술 차이 • 기술변화 없음	• 국가 간 생산기술 동일 • 산업부문간 생산기술 차이 • 기술변화 없음	• 국가 간 생산기술 동일 • 산업부문간 생산기술 차이 • 기술변화 없음
- 기술유출	• 없음	• 없음	• 없음
- 소비자 선호	• 국가 간 동조적, 동일한 선호체계	• 국가 간 동조적, 동일한 선호체계	• 국가 간 동조적, 동일한 선호체계
- 시장구조	완전경쟁시장	• 완전경쟁시장	• 완전경쟁시장
무역 메커니즘	• 국가 간 기술차이	• 국가 간 요소 부존량 차이	• 국가 간 요소 부존량 차이 • 산업부문과 기술특성상 특별한 생산요소 존재
의미 - 무역의 이득의 원천	• 교환과 전문화	• 교환과 전문화	• 교환과 전문화
- 요소가격 균등화	• 적용되지 않음	• 적용됨	• 적용되지 않음
- 생산요소 소유자별 이득	• 노동 소유자 이득	• 상대적으로 풍부한 생산요소 소유자	• 수출재 특정생산요소 소유자 이득 • 수입재 특정생산요소 소유자 손해 • 노동 소유자는 불분명
정책적 의미	• 완전경쟁시장을 가정하는 전통적 무역이론에서 자유무역 정책은 항상 세계적 차원, 국가적 차원에서 최적 • 간혹 교역조건의 개선을 위한 무역정책, 시장왜곡을 시정하기 위한 무역정책(이때 산업정책이 최선, 무역정책은 차선) • 국방, 소득분배 개선, 대규모 유행병(COVID-19) 대처와 같은 상황에서 정치적 이유의 무역정책 가능		
실증분석	• 이론입증(보다 생산적 노동력을 사용하는 상품 수출) • 설득력은 미미	• 레온티에프의 역설 • 산업내 무역의 존재 • 비슷한 요소부존량을 가진 국가 간 교역 • 소득분배효과가 크지 않음	• 본질적으로 리카르도 모형과 비슷하나 실증연구는 미미

자료: Siemen van Berkum and Hans van Meijl (1998), pp.90-91.

CHAPTER 6.

현대적 국제무역 이론

1. 규모의 경제 효과와 불완전 경쟁시장

국제무역의 많은 부분은 산업화된 국가 간의 산업내 무역이며, 비슷한 요소 부존량을 가진 국가 간의 무역이라는 사실은 헥셔－올린 모형이 제시하는 의미와 모순되는 현상이다. 이런 모순을 설명하기 위해 많은 경제학자들이 새로운 국제무역 이론을 개발하기 시작했다. 이것이 신무역 이론이라 불리는 현대적 무역이론인데 핵심은 전통적 무역모형이 가정하고 있는 규모에 대한 수확 불변 가정과 완전경쟁시장의 가정을 규모에 대한 수확 체증과 불완전 경쟁시장의 가정으로 대체함으로써 신고전파 헥셔－올린 모형을 보다 정교하게 발전시킨 것이다.

만약 어떤 한 산업에 규모의 경제 효과가 존재한다면 생산요소 투입을 2배 증가시키면 산업의 생산량은 2배 이상 증가한다. 제한된 수의 상품생산에 집중하게 되면 생산량 증가에 따른 비용감소 효과, 즉 규모의 경제 효과가 발생하므로 국제무역을 할 유인이 생기게 된다. 국가별로 제한된 수의 상품생산에 전문화하여 무역을 함으로써 보다 낮은 비용에 모든 범위의 상품을 소비할 수 있게 되는 것이다.

규모의 경제 효과가 무역을 가능하게 한다는 사실을 모형화 하기 위해서는 신고전파 모형의 완전경쟁시장의 가정과 규모의 경제 효과가 양립할 수 없다는 문제가 있다. 완전경쟁시장의 균형은 평균비용 곡선의 최저점에서 일어나므로 규모에 대한 수확 불변 상태에 있게 되는 것이다.

먼저 규모의 경제와 시장구조에 대해 살펴보자. 규모의 경제에는 "외부 규모의 경제external economies of scale"와 "내부 규모의 경제internal economies of scale"가 있다. 첫째, 외부 규모의 경제는 산업의 규모 증가에 따라 단위당 생산원가가 하락하는 것이지 기업의 생산규모 증가에 따라 단위당 생산원가가 하락하는 것이 아니다. 즉 산업의 생산규모의 확대는 기업의 생산규모 확대에 의한 것이 아니라 기업수의 증가에 따른 생산확대이다. 규모의 경제 효과가 전적으로 기업 외부에서 오는 산업은 일반적으로 많은 소규모 기업들로 구성된 완전경쟁시장이다. 이것은 규모에 대한 수확 체증을 정의한 알프레드 마샬Alfred Marshall의 오래된 접근법이다.[1)]

마셜은 산업규모가 커지면 많은 기업들이 시장에 진입하면서 다음과 같은 3가지 이유로 외부 규모의 경제 효과가 발생한다고 했다. ① 전문화된 공급자specialized supplier가 형성되기 때문이다. 따라서 해당 산업을 지원해 줄 전문적인 서비스를 이용할 수 있다. ② 공동 노동시장labor market pooling이 형성되기 때문이다. 해당 산업에 필요한 인력뿐만 아니라 다른 지원 산업에서 필요한 인력들이 집적하게 되어 언제든지 필요한 인력을 쉽게 조달할 수 있다. ③ 지식창출 및 확산knowledge creation and spillover이 촉진되기 때문이다. 산업에 많은 기업들이 모여들면서 기업간, 근로자간 빈번한 접촉을 통해 지식이 창출되고 확산될 가능성이 높아진다. 이런 요인들로 인해 해당 산업에서는 비록 완전경쟁시장 구조라고 하더라도 장기적으로 평균비용곡선이 하락하게 된다. 바로 외부성externality이 발생하게 되는 것이다. 현대적 무역이론은 이런 외부 규모의 경제 효과를 고려하는 것으로부터 시작되었다.

둘째, 내부 규모의 경제는 기업 수준에서 나타나는 규모의 경제 효과이다. 해당 산업에 하나의 대기업이 있거나 몇 개 기업이 존재하는 불완전 경쟁시장에서 일어난다. 보통 시장균형은 평균비용 곡선의 우하향하는 부분에서 이루어진다. 그래서 규모의 경제 효과가 나타난다. 무역을 설명하기 위해 이런 내부 규모의 경제 효과를 모형화 하는 방법에는 두 가지가 있다. ① 규모의 경제 효과를 모형화하는 데 중점은 두고 시장은 단순히 독점적 경쟁시장monopolistic competition market이라고 가정하는 방법이다.[2)] ② 불완전 경쟁 시장구조에 초점을 맞추고 규모의 경제 효과가 시장의 불완전성을 가져온다고 가정한다. 여기서 다루는 시장구조는 쿠르노Cournot 또는 베르트랑Bertrand의 과점시장oligopolistic market이다.[3)]

---

1) Paul R. Krugman, Maurice Obstfeld, and Mark J. Melitz (2014), *International Economics: Theory and Policy,* (10th Edition), Pearson Series in Economics, 강정모·이상규·이연호 역, 시그마프레스. pp.149-167 참조.

2) Dixit, A. K. and V. Norman (1980), *Theory of international Trade*, Cambridge.; Helpman, E. and P. R. Krugman (1985), *Market Structure and Foreign Trade: Increasing Returns, Imperfect Com-petition, and The International Economy*, Cambridge, MIT Press.

3) Brander, J. A. and B. J. Spencer (1985), "Export Subsidies and International Market Share Rivalry," *Journal of Inter-national Economics,* Vol.18, pp.83-100.; Helpman, E. and P. R. Krugman (1989), *Trade Policy and Market Structure*, MIT Press, Cambridge.

2. 외부 규모의 경제와 완전경쟁시장

① 기본가정

생산요소로는 노동과 자본이 있으며 이들은 국내에서는 산업부문간 이동 가능하나 국제적으로는 이동 불가능하다. 국가의 초기 요소 부존량은 동일하다. 2가지 상품을 생산하는데 각 상품은 동질적인 상품이다. 두 가지 상품 중 하나의 상품은 규모에 대한 수확 불변의 상태에서 생산되며, 나머지 상품생산에서는 해당국 고유의 외부 규모의 경제 효과가 나타난다. 상품간 기술은 다르나 국가 간 동일한 생산함수를 가지며 기술변화는 없다고 가정한다. 또한 상품간 국가 간 기술 유출도 없다고 가정한다. 소비자 기호는 소득 수준별로 동일하고 국가 간에도 동일하다. 상품시장과 생산요소시장에서 완전경쟁시장 구조를 가정한다.

② 무역 메커니즘

외부 규모의 경제는 기업 수준이 아닌 산업 수준에서 일어나는 규모의 경제 효과이다. 두 개의 국가, 두 개의 상품과 하나의 생산요소(노동)를 가정하고, 상품 X의 생산에서는 외부 규모의 경제 효과가 작용하고, 상품 Y의 생산에서는 기업과 산업 수준에서 모두 규모에 대한 수확 불변 상태라고 하자. 또한 두 국가 모두 동일한 생산기술을 가지며, 두 상품 모두를 생산한다고 하자. 양국이 상품 Y를 생산한다는 것은 임금이 같다는 것을 의미한다.

X산업에서 생산규모가 더 큰 나라일수록 해당 산업에서 평균비용이 더 낮아진다. 무역은 이 산업에 새로운 기업의 진입entry을 가져와 상대적 시장규모를 더욱 확대시킬 것이다. 규모의 경제 효과는 이 산업의 상대적 비용우위를 더욱 강화하고, 무역을 더욱 확대시킬 것이다. 이런 과정은 적어도 한 국가가 해당 산업에 전문화할 때까지 계속된다. 따라서 규모에 대한 수확 체증은 국가 간 전문화와 무역으로 이어진다.

다음 [그림 6−1]은 외부 규모의 경제 효과가 존재할 때 무역을 통해 어떤 한 국가가 세계수요를 모두 생산하게 되면 외부 규모의 경제 효과로 인해 생산비용을 크게 낮출 수 있고 이로 인해 세계가격이 자국과 세계시장에서 모두 하락하게 된다는 것을 보여준다. 가령 중국이 자신들의 평균비용 곡선, AC_C와 수요곡선, D_C가 교차하는 점에서의 가격인 P_1에서 공급할 수 있었지만 세계의 모든 물량을 모두 공급하게 되면 자신들의 평균비용 곡선과 세계 수요곡선, D_W가 일치하는 P_2에서 가격이 결정되어 보

〈그림 6-1〉 외부 규모의 경제 효과와 무역

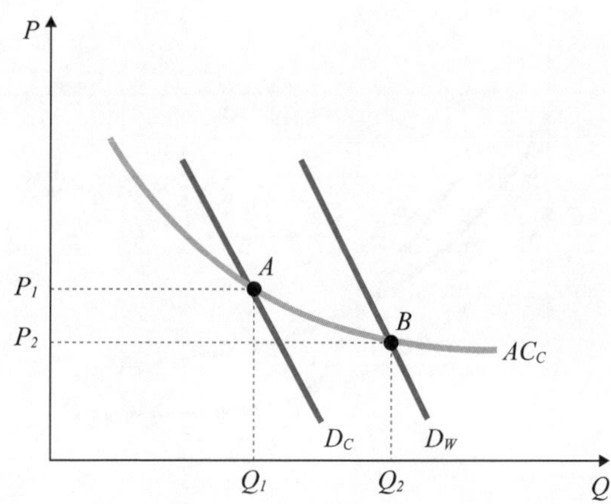

자료: Paul R. Krugman, Maurice Obstfeld, and Mark J. Melitz (2014), p.157.

다 낮은 가격에 상품을 공급할 수 있게 된다. 누가 세계수요를 모두 공급할 것인가는 종종 금융산업의 중심지 런던과 뉴욕의 발전과 같은 역사적 우연성historical accident이나 실리콘 밸리Silicon Valley나 인도의 방갈로르Bangalore의 형성과 같은 우연한 사건에 의해 결정된다.

③ 시사점

첫째, 외부 규모의 경제 효과가 존재한다면 동일한 요소 부존량, 동일한 생산기술, 동일한 소비자 기호를 가진 국가 간에도 무역이 일어날 수 있다.

둘째, 외부 규모의 경제 효과만으로는 전문화의 방향을 결정할 수 없는 경우가 많다. 따라서 외부 규모의 경제 효과에 따른 무역의 패턴에는 역사적 우연성이 중요한 역할을 한다. 외부 규모의 경제 효과가 무역의 중요한 결정요인일 때, 비록 다른 나라가 잠재적으로 동일한 상품을 더 싸게 생산할 수 있더라도 큰 산업으로 성장한 국가는 그 이점을 유지할 수 있다. 이를 소위 "확립된 우위established advantage"라고 한다.

[그림 6-2]을 통해 "확립된 우위"를 이용한 국제무역을 설명해 보면, 어떤 한 국가가 한 산업에서 우위를 확보하기만 하면, 어떤 다른 국가가 잠재적으로 그 재화를 더 싸게 생산할 수 있더라도 비용우위를 유지하여 수출할 수 있다는 것이다.

가령 베트남이 어떤 상품생산에서 중국의 평균비용곡선 AC_C보다 낮은 AC_V를 가지고 있다면 중국보다 싼 점, B에서 세계 수요를 공급할 수 있지만 베트남이 처음

〈 그림 6-2 〉 확립된 우위와 무역

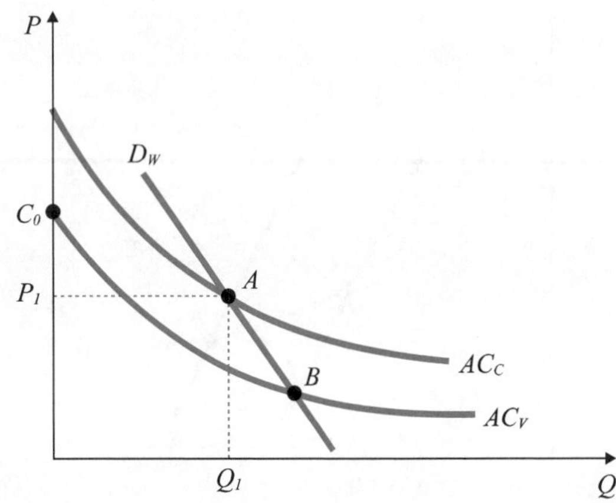

자료: Paul R. Krugman, Maurice Obstfeld, and Mark J. Melitz (2014), p.159.

시작할 때의 생산비는 C_0로서 중국의 생산점 A에서 보다 높으므로 먼저 생산을 시작한 중국의 우위가 유지된다. 즉 국제무역에서의 전문화 패턴이 비교우위에 역행하더라도 기존의 전문화 패턴이 지속될 수 있다는 것이다. 이런 원인은 종종 역사적 우연성에 기인한다.

셋째, 무역 이후 양국의 임금수준의 변화는 애매하다. 무역균형에서 두 나라가 규모에 대한 수확 불변의 상태에서 해당 상품을 생산한다면, 두 나라의 임금은 동일하지만 무역 전보다는 높아질 것이다. 만약 한 나라가 외부 규모의 경제 효과를 가진 상품으로 수요가 많은 상품을 전문적으로 생산하게 된다면 상품의 상대가격은 상승하고, 다른 나라에 비해 이 나라의 임금은 상승할 것이다. 하지만 다른 나라의 실질임금은 전문화와 무역의 이익을 통해 상승할 수도 있지만, 만약 더 비싼 상품을 많이 소비한다면 오히려 감소할 수도 있다.

넷째, 이런 실질임금의 변화로 인해 국가 간 후생의 분배는 매우 불평등하고 전문화 패턴에 크게 의존할 수 있다. 어떤 국가는 심지어 무역으로부터 손해를 볼 수도 있다. 다음 [그림 6-3]은 무역이 후생손실을 가져오는 사례를 보여준다. 외부 규모의 경제 효과 때문에 S국과 T국의 평균비용곡선은 하락한다. 무역이 없다면 T국은 자국 수요, D_T만으로 충분히 낮은 가격, P_2에 생산을 할 수 있지만 무역을 함으로 인해 초기 생산비가 국제가격보다 비싸서 생산하지 못할 수 있다. 바로 이런 확립된 우위는 상품생산에 적합한 국가가 외부 규모의 경제 효과가 있는 재화를 생산할 것이라는 보장이 없다는 것을 보여준다. 외부 규모의 경제 효과가 어떤 때는 무역의 비교열위를

《 그림 6-3 》 외부 규모의 경제와 무역으로부터 손실

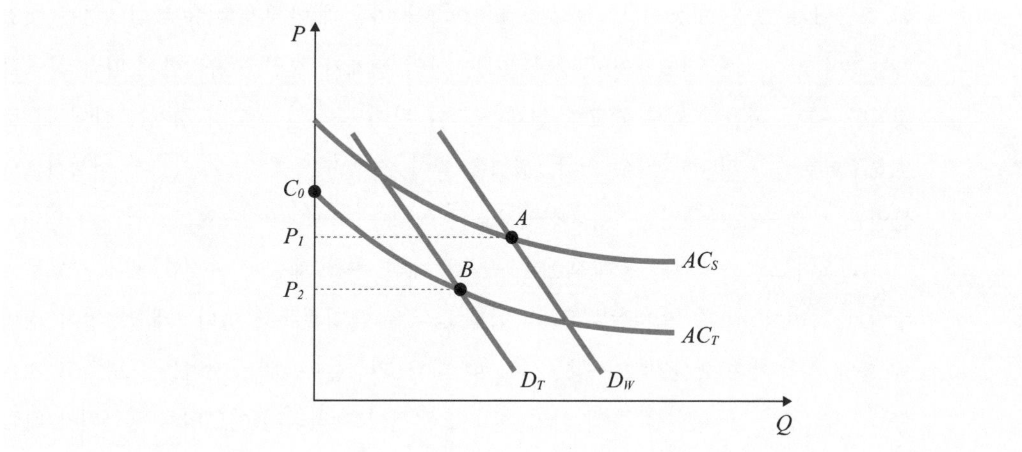

자료: Paul R. Krugman, Maurice Obstfeld, and Mark J. Melitz (2014), p.161.

초래할 수 있으나 산업집중의 이익을 이용하는 것은 세계 경제에 이익이 될 수 있다.

④ 정책

어떤 국가는 후생 측면에서 바람직하지 않은 상품의 생산에 전문화할 수 있다. 무역 또는 산업정책은 초기의 비용우위를 역전시킬 수 있으므로 전문화의 패턴을 바꿀 수도 있다. 이때에는 무역 및 산업정책의 효과를 인정할 수 있다.

무역정책은 세계 전체 관점에서도 바람직할 수 있다. 이런 경우는 외부 규모의 경제 효과가 크고 이 상품에 대한 수요가 커서 작은 나라가 초기 우위를 점유하고 있을 때 일어난다. 외부 규모의 경제 효과를 가진 부문은 작은 나라에 위치할 수 있지만 세계적 관점에서 이 나라는 최적의 규모를 달성하기에는 너무 작고, 따라서 생산비용도 필요 이상으로 높아질 가능성 있다.

⑤ 실증분석

외부 규모의 경제 효과를 파악하는 것은 매우 어렵다. 사실상 외부성은 정의상 시장거래에서 흔적을 남기지 않기 때문에 쉽게 측정하기 어렵다. 하지만 외부 규모의 경제 효과의 중요성을 입증하는 몇 가지 사례가 있다. 미국 캘리포니아의 실리콘 밸리에 반도체 제조업체, 런던과 뉴욕에 금융, 은행 기업, 미국 헐리우드에 영화 오락산업, 인도 방갈로르에 정보 서비스 산업이 집중된 것이 대표적이다.

외부 규모의 경제 효과가 일어나는 매우 중요한 이유는 전술한 바와 같이 전문화된 공급업자, 공동 노동시장, 지식 창출 및 확산 가운데 마지막 이유로 발생하는 것일 가능성이 있다. 즉, 개별기업의 생산원가는 산업 전체가 경험을 축적함에 따라 하락할 것이다. 특정 시점의 외부 규모의 경제 효과와 같이 동적인 규모의 경제는 잠재적으로 보호주의무역을 정당화할 수 있다. 경험을 쌓아 경쟁력을 가질 수 있도록 일시적으로 산업을 보호하자는 주장은 "유치산업보호론infant industry argument"으로 잘 알려져 있다.

다음 [그림 6-4]는 동태적으로 규모에 대한 수확 체증이 존재할 때에 보호무역주의가 합리화 될 수 있다는 "유치산업보호론"을 설명해주고 있다. 개별기업이 경험을 통해 상품이나 생산기술을 향상시킬 때 다른 기업들은 해당 기업을 모방하고 지식 습득, 지식창출 및 확산을 통해 산업 전체로 경험이 축적되며 이로인해 생산비가 하락(학습곡선)하는 것이다. 따라서 해당 산업이 홀로 자립할 수 있도록 보조금을 지급하여 재화의 생산을 촉진하고 외국과의 경쟁에서 일시적으로 산업을 보호하자는 것이다.

〈 그림 6-4 〉 동태적 수확 체증과 무역(유치산업 보호론)

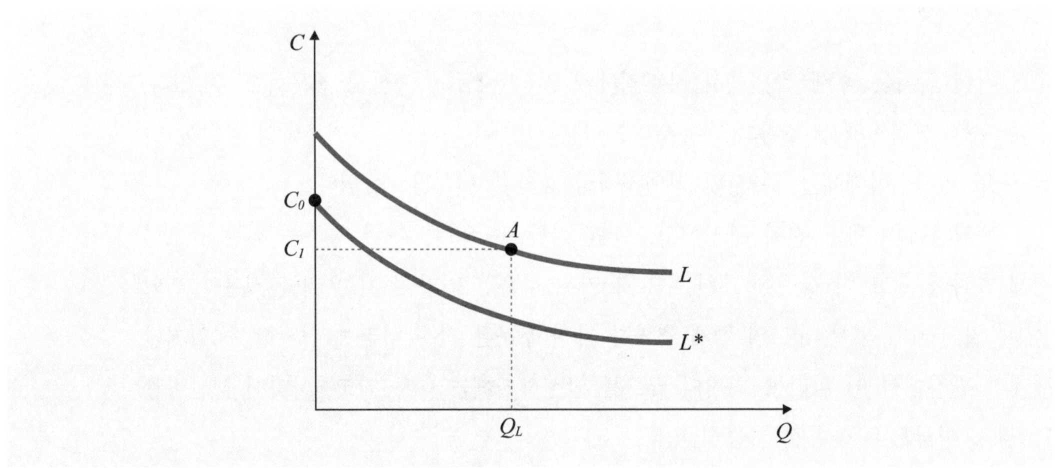

자료: Paul R. Krugman, Maurice Obstfeld, and Mark J. Melitz (2014), p.162.

경제학자 소개 10

폴 크루그먼(Paul Krugman)

1953년 미국 뉴욕주 롱아일랜드의 유대계 집안에서 태어났다. 1974년 예일대학교 경제학부를 졸업하였으며, 1977년 MIT에서 루디 돈부쉬(Rudi Dornbusch) 교수의 지도로 경제학 박사학위를 받았다. 예일, 스탠퍼드, MIT교수를 거쳐 2000년부터 프린스턴대학교 교수로 지내고 있다. 지금까지 약 30여 권의 저술과 200여 편의 학술논문을 저술했으며 New York Times 등에서 정치 경제문제에 대한 다수의 칼럼을 썼다. 세계에서 가장 영향력 있는 경제학자의 한 명으로 평가받고 있다. 국제무역 이론에서 신무역이론을 개발한 공로로 노벨 경제학상을 받았다.

크루그먼의 경제학에 대한 공헌은 몇 가지 측면에서 볼 수 있다. 첫째, 고전적 무역이론과 다른 특성을 가진 국가 간의 비교우위에 기반한 무역을 강조했다. 20세기에 들어와 유사한 특성을 가진 산업국가들 간의 무역비중이 점점 커짐으로써 이를 비교우위론으로 설명하기 곤란하였다. 크루그먼은 1979년의 논문, "규모의 경제, 독점적 경쟁과 국제무역(Increasing returns, monopolistic competition, and international trade)"에서 소비자는 다양한 차별화된 상품을 선호하고, 생산은 규모의 경제하에서 이루어진다는 가정하에 무역을 설명했던 것이다.

둘째, 크루그먼의 신무역 이론은 신경제지리학(New Economic Geography)으로 발전했다. 1991년의 "규모에 대한 수확 체증과 경제지리학(Increasing returns and economic geography"에서 신무역 이론이 주장하는 것처럼 무역이 규모의 경제 효과 때문이라면 생산은 전 세계에 고르게 분포하는 대신 인구 밀도도 높고 소득수준도 높아지는 일부 국가, 지역 또는 도시에 집중되는 경향을 보인다고 했다. 이 논문은 크루그먼의 저술 가운데 가장 많이 인용되는 학술 논문으로 2022년 현재 19,300회가 넘는다.

셋째, 크루그먼이 한국에 널리 알려진 것은 동아시아 경제성장에 대한 잘못된 해석에 있었다. 1994년 포린 에퍼어즈(Foreign Affairs)에 동 아시아 호랑이 국가의 경제적 성공은 기술과 제도의 발전에 의한 것(총요소생산성 증가)이 아니라 노동과 자본 등 생산요소의 투입증대에 의한 것이기 때문이 신화에 불과하다고 했다.

1997년 아시아 외환위기가 발발했을 당시 아시아 경제위기를 제대로 예측했다는 점에서 국내에 많이 인용되었으나 생산성 연구자들이 당연시 하던 경제성장이 요소투입과 총요소생산성으로 절대적으로 구분될 수 있는 것도 아니며, 경제성장 단계에 따라 경제성장의 원천이 변화한다는 상식을 간과한 것이었다. 한국은 당시 GDP 1만 달러에서 현재 3만 달러 이상으로 증가하여 "기적의 기적(miracle of miracles)"을 달성했다. 나중에 정작 크루그먼은 해당 논문에서 아시아의 위기를 예측한 적이 없다고 했다.

그 외에도 크루그먼은 국제금융, 거시경제와 재정정책, 환경경제(녹색경제, green economy)와 같은 분야의 발전에 커다란 공헌을 하였다.

크루그먼이 모리스 옵스펠드(Maurice Obstfeld)와 공동 저술한 『국제경제: 이론과 정책(Krugman's International Economics: Theory and Policy)』은 국제 경제학에 대한 표준적인 교과서로서 많은 인기를 얻고 있다.

3. 내부 규모의 경제와 불완전 경쟁시장

(1) 독점적 경쟁시장과 무역

독점적 경쟁시장 상태에 있는 산업은 차별화된 상품을 생산하는 충분히 많은 수의 유사한 기업들로 구성되어 있고, 각 기업은 시장균형 상태에서 경쟁 때문에 이익을 전혀 누리지 못한다. 상품은 크게 두 가지 형태로 차별화된다. 첫째, 각 소비자가 상품의 다양성varieties에 대해 다른 선호를 보일 때의 차별화로서 소위 "상품 다양성 선호 접근법love of variety approach"이다.[4] 둘째, 각 소비자는 상품이 가진 여러 가지 속성attributes의 혼합을 선호한다는 "소비자 기호의 다양성 접근법diversity of tastes approach"이다.[5] 서로 다른 속성으로 구성된 상품별로 상품 차별화가 나타난다. 두번째 접근방식이 더 사실적이지만 첫번째 접근방법이 더 쉽게 모형화될 수 있다.

상품의 차별화가 있을 때 각 상품은 고유하므로 이 상품을 생산하는 데에는 일정한 고정비용이 필요하다. 따라서 고정비용 때문에 생산량 증가에 따른 평균비용의 감소 즉, 내부 규모의 경제 효과가 일어나게 된다. 각 기업들은 차별화된 상품을 생산하기 때문에 자신의 상품에 대해 어느 정도 독점력을 가지게 되므로 우하향하는 수요곡선을 가지게 된다. 만약 이런 차별화된 상품시장에서 독점이익이 존재한다면 추가적으로 신규기업의 진입이 이루어지게 되므로 결국 경쟁에 의해 이윤이 사라지는 상태가 된다. 따라서 시장균형 상태에서 시장규모가 매우 크다면 많은 수의 기업이 존재할 것이고, 고정비용이 클수록 적은 수의 기업이 존재할 것이며, 소비자의 선호가 다양하여 차별화된 상품의 수가 많을수록 많은 기업이 존재하게 될 것이다.

다음 [그림 6-5]를 통해 내부 규모의 경제 효과가 존재하는 경우, 개별기업의 평균비용곡선이 우하향하는 상태에서 기업의 자유로운 진입과 퇴출을 통해 독점적 경쟁시장 균형이 이루어지는 과정을 살펴보자. 그리고 무역을 통해 보다 많고, 탄력적인 세계시장 수요곡선에 직면하여 세계 기업들과 독점적 경쟁을 하는 과정에서 보다 저렴한 상품의 공급이 가능하다는 것을 살펴보자.[6]

---

4) Dixit, A. K. and J. E. Stiglitz (1977), "Monopolistic Competition and Optimum Product Diversity," *American Economic Review*, Vol.67, pp.297-308,; Spence, A. M. (1976), "Product Selection, Fixed Costs, and Monopolistic Competition," *Review of Economic Studies*, Vol.43, pp.217-235.

5) Lancaster, K. (1980), "Intra-industry Trade under Perfect Monopolistic Competition," *Journal of International Economics,* Vol.10, pp.151-175.

6) 남종현·이홍식 (2018), 『국제무역론』, 경문사, pp.174-179.

〈 그림 6-5 〉 독점적 경쟁시장과 무역

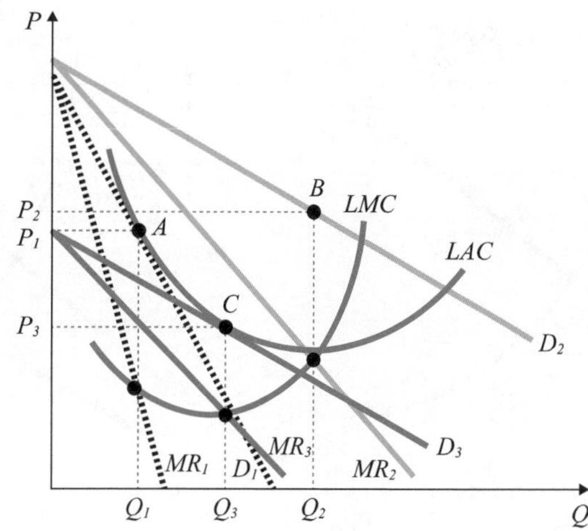

자료: 남종현·이홍식 (2018), p.177.

무역이 없을 경우, 국내기업들 만의 독점적 경쟁시장 균형은 한계비용곡선, LMC와 한계수입곡선 MR_1일치하는 곳에서 균형이 일어나고 이때 수요곡선은 D_1이며 가격은 P_1에서 결정되어 이윤이 영(0)인 국내시장 균형이 이루어진다. 만약 무역을 하게 되면 D_2곡선이 나타내는 바와 같이 세계시장의 수요는 매우 크고 보다 탄력적이 된다. 이때의 시장균형은 한계비용곡선, LMC와 한계수입곡선 MR_2일치하는 곳에서 일어나며 평균비용보다 높은 P_2가격에 상품을 공급함으로써 정(+)의 이익을 보게 된다. 이후 새로운 기업이 진입함으로써 이 기업이 직면하게 되는 수요곡선은 D_3로 줄어들게 되며 역시 한계비용곡선 LMC와 한계수입곡선 MR_3가 일치하는 곳에서 균형이 일어나고 가격은 P_3에서 결정되며 이윤은 영(0)이 된다.

따라서 내부 규모의 경제가 존재하는 산업에서 한 국가가 생산할 수 있는 상품의 다양성과 생산규모는 제약을 받으나, 무역을 하게 되면 통합된 보다 큰 시장에서 개별 국가는 상품의 다양성과 생산규모의 제약을 벗어날 수 있게 된다. 즉 좁은 범위의 상품생산에 전문화하고 각국은 자신이 만들지 않는 상품을 수입함으로써 각국 소비자들은 더 다양한 상품을 소비할 수 있게 된다. 결과적으로 무역은 부존자원이나 기술이 다르더라도 국가 간 상호 이익의 기회를 제공해준다.

독점적 경쟁시장에서 기업의 수와 이들이 설정하는 가격은 두 가지 관계에 의해 결정된다. 첫째, 기업이 많을수록 경쟁이 치열해지면서 시장가격이 낮아진다. 이런 관

《 그림 6-6 》 독점적 경쟁시장에서 큰 시장 효과

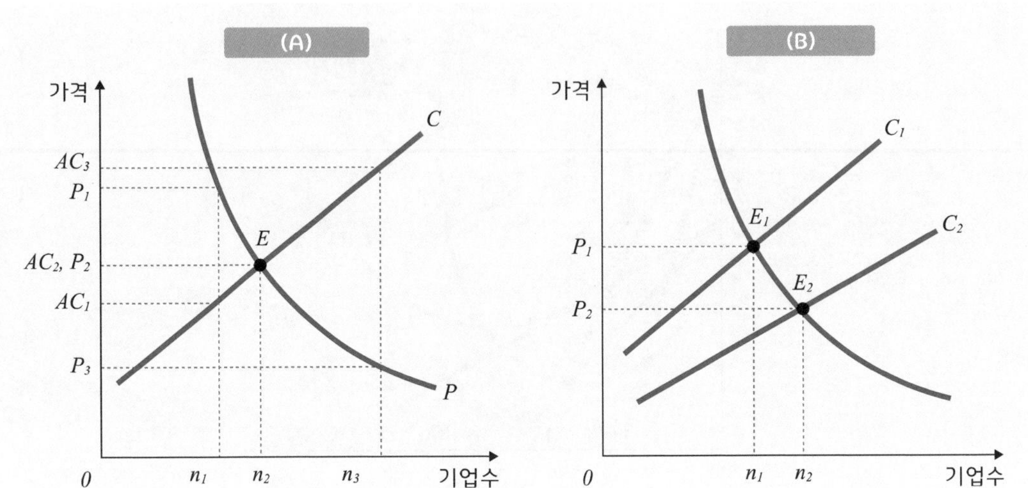

자료: Siemen van Berkum and Hans van Meijl (1998), p.47.

계는 [그림 6−6(A)]의 곡선 P에 의해 나타낼 수 있다. 둘째, 시장의 규모를 감안할 때 기업의 수가 많아지면 각 기업이 팔 수 있는 양이 적어지므로 평균비용이 더 높아진다. 이런 관계는 [그림 6−6(A)]에서 C로 나타낼 수 있다. 가격이 평균비용보다 높으면 해당 산업에서는 이윤이 존재하므로 추가적으로 신규기업이 진입한다. 이 과정에서 가격이 평균비용보다 낮아지면 손해를 보게 되므로 기업의 퇴출이 있게 된다. 따라서 장기적으로 균형가격과 기업의 수는 가격이 평균비용과 같아지는 P와 C의 교점, E에서 일어나게 된다.

① 기본가정

생산요소로는 노동과 자본이 있다고 가정한다. 두 생산요소는 국내에서는 산업 간 이동이 가능하나 국제적으로는 이동이 불가능하다. 국가의 초기 요소 부존량은 기본적으로 동일하다고 가정한다. 해당 시장에는 n개의 차별화된 상품이 있으며, 이를 공급하는 기업들은 기업 차원에서 규모의 경제 효과를 누리고 있다. 시장에 공급되는 모든 상품은 차별화된 상품임에도 불구하고 동일한 기술을 가지고 있으며, 국가 간에도 동일하다. 해당상품의 생산에서 기술변화는 없으며 산업 간, 국가 간 기술(지식)의 확산은 없다. 상품시장은 독점적 경쟁시장 구조를 가지나, 생산요소 시장은 완전경쟁시장이다. 소비자 선호는 소득수준에 따라, 그리고 국가 간에 동일하다고 가정한다.

② 무역 메커니즘

상품 차별화 및 내부 규모의 경제 효과가 있을 때 무역이 일어나는 메커니즘을 이해하기 위해 우선 국가 간 요소 부존량이 동일하다고 가정하자. 여기서 각 소비자가 다양한 종류의 상품을 선호한다는 가정을 하면 상품 A의 차별화는 각 국가로 하여금 A의 차별화된 상품을 생산하게 한다. 각 국가의 소비자들은 상품 A의 다양화된 상품을 소비하기 때문에 각 국가는 자국의 차별화된 상품 A를 수출하게 되고, 다른 나라로 부터는 타국이 생산한 차별화된 상품 A를 수입하게 된다. 그에 따라 산업내 무역 intra-industry trade이 일어난다.

소비자가 다양한 종류의 상품을 선호하게 된다는 소위 딕싯-스티그리츠Dixit-Stiglitz의 가정하에서 효용함수는 다음과 같이 나타낼 수 있다. 즉

$$U=(\sum_{i=1}^{N} Q_i^{\sigma})^{1/\sigma}$$

여기서 U는 효용, Q_i는 차별화된 상품 i의 소비, σ는 소비자가 하나의 차별화된 상품을 다른 차별화된 상품과 대체하려는 의사의 정도를 나타내는 대체탄력성을 나타낸다.[7)]

이런 산업 내 무역은 본질적으로 규모의 경제 효과에 의해 일어난다. 만약 규모의 경제 효과가 없다면 각 나라는 상품 A의 차별화된 모든 상품을 스스로 생산할 수 있지만 규모의 경제 효과가 존재하게 되면 각 나라는 여러 차별화된 상품 가운데 하나의 상품생산에 집중하게 된다. 따라서 산업내 무역을 가능하게 하는 것은 규모의 경제 효과와 상품 차별화가 결합되었기 때문이다. 무역으로부터 얻을 수 있는 이득은 소비자가 소비할 수 있는 차별화된 상품의 수가 늘어나는 것 외에도 생산규모가 확대됨으로써 규모의 경제 효과에 의해 상품 생산량 단위당 평균비용이 하락하기 때문이다.

생산규모의 증가 여부는 상품 차별화의 형태에 따라 다르게 나타난다. 딕싯-스티그리츠Dixit-Stiglitz에서의 소비자 선호형태인 수요의 탄력성이 일정하다면 무역은 상품의 다양성을 증가시키지만 기업의 생산규모를 증가시키지는 않는다. 만약 랭카스터Lancaster의 소비자 선호, 즉 상품의 속성 또는 특성이 잘 조합된 상품소비를 선호하게 된다고 가정한다면 무역은 수요의 탄력성을 보다 증가시키고, 무역으로 인한 보다 큰

7) Dixit, Avinash K. and Stiglitz, Joseph E. (1977), "Monopolistic competition and optimum product diversity," *American Economic Review* 67(3), pp.297-308.

시장은 상품의 다양성과 함께 평균비용을 하락시킬 것이다.[8)]

무역 이후 생산규모가 증가하는 경우는 전술한 [그림 6-6(B)]에서 C곡선의 하향이동($C_1 \rightarrow C_2$)으로 나타낼 수 있다. 그 결과 기업의 수, 소비자의 이용 가능한 차별화된 상품의 수와 각 상품의 가격이 동시에 하락한다. 따라서 무역이 일어나는 국내외 통합시장에서는 더 많은 기업이 각각 더 큰 규모로 생산하여, 더 낮은 가격에 판매할 수 있게 된다.

③ 시사점

독점적 경쟁시장은 무역에 대해 다음과 같은 시사점을 제공한다.

첫째, 국가 간 요소 부존량이 동일하더라도 무역이 가능하다. 이때 모든 무역은 산업내 무역이 된다. 어떤 나라가 어떤 차별화된 상품을 수출할 것인지 정확한 무역의 패턴은 알 수 없다.

둘째, 무역으로 인한 이득은 차별화된 상품의 수(기업의 수와 동일)가 증가하여 소비자들이 보다 다양한 상품을 소비할 수 있고, 각 기업의 상품 생산량이 증가하면서 규모의 경제 효과로 인해 단위당 평균비용이 감소함에 따른 것이다.

셋째, 내부 규모의 경제 효과와 상대적 요소 부존량의 차이를 반영하는 모형에서 산업내 무역은 규모의 경제 효과와 더불어 독점적 경쟁에 의해 일어나며, 산업 간 무역은 전통적인 헥셔-올린 모형에 의해 일어난다고 할 수 있다. 산업내 무역은 비슷한 국가들 간에 보다 중요해지고, 산업 간 무역은 상대적 요소 부존량의 차이가 있는 국가들 간에 보다 중요해진다.

넷째, 산업내 무역은 산업 간 무역과 달리 소득분배에 큰 영향을 미치지 않는다. 비교우위론을 기반으로 하는 모형에서 무역은 상대가격의 변화를 통해 그 효과가 나타나는데 풍부한 생산요소 소유자는 소득증가, 부족한 생산요소 소유자는 소득하락이라는 강한 소득분배 효과가 나타낸다.

하지만 무역 당사국이 상대적 요소 부존량이 비슷하여 산업 간 무역이 많지 않을 때나, 상품 차별화로 인한 규모의 경제 효과가 커서 생산 규모가 커지고 상품의 차별화로 인해 선택 여지가 많아질 때에는 산업내 무역으로부터 보다 큰 이익을 얻을 수

---

8) Lancaster Kelvin J. (1966), "A New Approach to Consumer Theory," *Journal of Political Economy*, Vol.74, No.2 pp.132-157.; Helpman, E. (1981), "International Trade in the Presence of Product Differentiation, Economies of Scale and Monopolistic Competition: a hamberlain-Heckscher-Ohlin Approach," *Journal of International Economics,* Vol.11, Issue 3, pp.305-340.

있다. 이때 무역의 소득분배 효과는 적을 것이며 산업내 무역으로 부터 추가적 이익이 있게 된다. 그 결과 무역이 소득분배에 미치는 영향에도 불구하고 풍부한 생산요소 소유자나 부족한 생산요소의 소유자 모두 무역을 통해 이익을 얻게 된다. 산업내 무역은 비슷한 수준의 경제발전 단계에 있는 국가 간에 집중적으로 일어나기 때문에, 심각한 소득분배 효과를 가져오지 않는 무역은 유럽공동체EU와 같은 선진 산업 국가들 사이의 제조업에서 많이 일어날 가능성이 있다.

다섯째, 이런 독점적 경쟁시장 모형에서는 다국적 기업과 기술무역에 대한 의미를 찾을 수 있다. 독점적 경쟁시장 모형에서는 어떤 한 나라의 기업이 특정 상품을 개발하고 관련 기술을 해외에 판매한다면 기술무역을 통해 새로운 독점적 경쟁자가 시장에 진입할 수 있다.[9] 만약 어떤 기술이 기업 내에서만 이전될 수 있다면 다국적 기업MNE이 출현하게 된다.[10]

여섯째, 만약 무역에서 운송비용이 존재한다고 하면 시장규모가 무역패턴에 중요한 영향을 미칠 수 있다. 다른 조건이 일정하다면 각국은 커다란 국내시장을 가지고 있는 상품을 수출하게 될 것이다.[11]

(2) 과점적 경쟁(oligopolistic competition)과 무역

① 기본 가정

대부분 과점적 경쟁모형에서는 생산요소의 수에 대해서 특별한 가정을 하지 않는다. 상품은 2개 또는 몇 개의 상품을 가정한다. 기업 차원에서 규모에 대한 수확 체증을 가정한다.[12] 상품과 국가에서 생산기술은 동일하며 기술변화와 기술확산은 없다고 가정한다. 상품시장은 과점적 경쟁oligopolistic competition시장으로 보통 쿠르노 모형Cournot model의 시장구조를 가정한다. 생산요소 시장은 완전경쟁시장이다. 소비자 선호는 소득

9) Feenstra, R. C. and K. Judd (1982), "Tariffs, Technology Transfer, and Welfare," *Journal of Political Economy*, Vol.90, pp.1142-1165.

10) Helpman, E. (1985), "International Trade in Differentiated Middle Products," In D. Hague and K. G. Jungenfeldt (eds.), *Structural Adjustment in Developed Open Economies*, New York.

11) Krugman, P. R. (1980), "Scale Economies, Product Differentiation and the Pattern of Trade," *American Economic Review*, Vol.70, pp.950-959.; Helpman, E. and P. R. Krugman (1985), *Market Structure and Foreign Trade: Increasing Returns, Imperfect Competition and The International Economy*, Cambridge, MIT Press.

12) Brander, J. A. and P. R. Krugman (1983), "A 'Reciprocal Dumping' Model of International Trade," *Journal of International Economics,* Vol.15, pp.313-321에서는 예외임.

수준, 국가 간에 동일하다고 가정한다.

② 무역 메커니즘

보통 내부 규모의 경제 효과가 과점적 시장구조로 이어진다고 가정한다. 이런 시장에서 한 기업의 행동은 다른 기업의 행동에 영향을 미친다. 국제무역에서 기업들은 대부분 쿠르노 모형에서의 기업행동 방식인 상대기업의 산출량은 주어진 것으로 간주하여 자신의 공급량을 결정한다고 가정한다.

여기서 중요한 것의 하나는 무역과 시장 지배력의 관계에 대한 것이다. 만약 기업들이 쿠르노 방식으로 경쟁한다면 가격은 각 기업이 인지하고 있는 수요의 가격탄력성에 의존하는 마크업markup만큼 한계비용보다 높게 설정된다. 만약 무역이 일어난다면 각 기업은 보다 크고 경쟁적인 시장에 직면하게 되고, 시장의 수요 탄력성이 보다 높을 것으로 생각하게 하여 공급량을 늘리고 보다 낮은 가격을 책정하게 될 것이다. 따라서 무역은 시장 지배력(독점력)에서 초래되는 독점으로 인한 시장왜곡monopolistic distortions을 줄이게 된다. 이런 효과를 경쟁증대 효과pro-competitive effect라고 한다.

규모에 대한 수확 체증이 존재하는 쿠르노 시장에서 무역이 일어나면 2가지 효과가 나타난다.[13] 무역이 시작되면 경쟁기업의 수가 증가하므로 수요의 탄력성이 높아지며 이로 인해 손해를 보게 되는 기업이 퇴출하면서 해당 시장 내에서 기업의 수가 줄어든다. 이를 기업퇴출exit of redundant firms이라고 한다. 다른 한편으로는 앞서 설명한 바와 같이 두 시장에서 기업의 수가 동시에 증가하면서 독점으로 인한 왜곡이 감소하는 경쟁증대 효과가 일어난다.

③ 덤핑(dumping)에서 같은 상품의 무역

만약 시장이 구분되어 가격차별price discrimination이 가능하다면 규모의 경제 효과와 비교우위 요인이 없어도 무역이 일어날 수 있다.[14] 비슷한 두 국가에 비슷한 독점기업이 하나씩 있다고 가정하자. 기업들은 일정한 한계비용으로 생산을 한다고 하자. 국가 간 무역에는 수송비용이 필요한데 만약 국내 기업의 한계비용과 해외가격의 차이가 수송비용보다 크다면 국내 독점기업은 상품을 수출하는 것이 유리하다.

다음 [그림 6-7]을 이용하여 이를 설명할 수 있다. 해외시장은 완전경쟁시장이

13) Dixit, A. K. and V. Norman (1980), *Theory of international Trade,* Cambridge MIT Press.

14) Brander, J. A. (1981), "Intra-Industry Trade in Identical Commodities," *Journal of International Economics*, Vol.11, p.114.

〈 그림 6-7 〉 덤핑과 무역

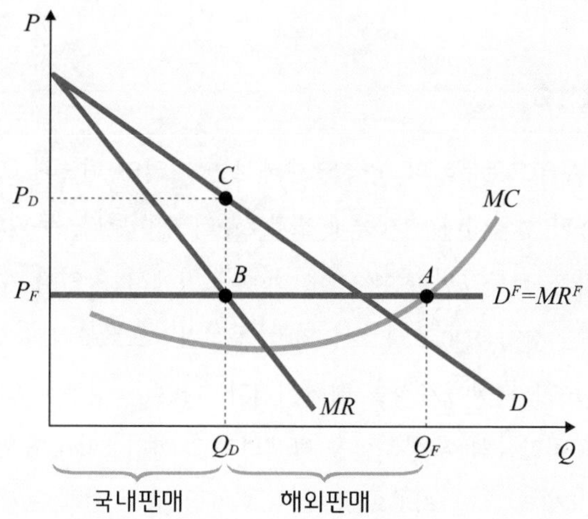

자료: 남종현·이홍식 (2018), p.199.

다. 수요곡선은 수평선이 된다. 먼저 국내시장의 한계비용곡선, MC를 해외시장의 한계수입, $D^F=MR^F$를 일치시켜 점 A에서 Q_F만큼 공급한다. 그 다음 점 B에서 국내 공급량, Q_D를, P_D가격에 공급한다. 국내시장 가격보다 저렴한 가격에 해당 상품을 수출한다는 점에서 덤핑dumping행위이다.

상품을 수출할 때 운송비용이 필요하면 해외시장 점유율은 국내시장보다 낮아질 것이다. 이는 국내기업이 해외시장에서 보다 높은 수요의 탄력성에 직면하게 되므로 해외시장에서의 가격을 국내시장보다 낮게 책정하게 된다는 것이다. 따라서 기업이 매출을 확대하려면 해외시장에 수출을 늘리는 것보다 국내시장에 대한 공급을 늘리는 것이 더 수익성이 높다.

하지만 한 단위 추가 판매에 따른 한계수입의 하락은 해외시장 판매량이 국내시장보다 작기 때문에 해외시장에서 가격하락 효과가 작다. 이런 덤핑행위를 하는 이유는 해외시장과 국내시장에서 가격변화에 대한 판매량 반응의 차이 때문이다. 두 기업 모두 동일한 조건을 가지고 있기 때문에 이를 상호덤핑reciprocal dumping이라고 한다.[15] 그 결과 동일한 상품의 양방향 무역이 일어나게 된다. 따라서 이 모형은 상품 차별화 및 규모의 경제 효과에 의한 무역의 이유와 다른 산업내 무역의 존재 이유를 설명해

---

15) Brander, J. A. and P. R. Krugman (1983), "A Reciprocal Dumping Model of International Tradel," *Journal of International Economics*, Vol.15, pp.313-321.

준다. 이 모형에서는 동일한 상품의 산업내 무역이 가능한데 이는 기업의 덤핑행위 때문이라는 것이다.

④ 시사점

첫째, 무역으로부터의 이득은 손해보는 기업의 퇴출과 기업의 생산규모 확대에 따른 평균비용의 하락이나 경쟁증대 효과로부터 일어난다. 무역의 후생효과는 불분명하다.

브랜더와 크루그먼Brander and Krugman 모형에서 확인할 수 있듯이 두 가지 효과가 있다. 하나는 경쟁증대 효과로서 외국 독점기업으로부터의 상품 수입은 국내시장에서의 총공급 증가와 상품가격을 하락시킨다. 다음은 일부 수입품은 국내 배송을 대체함으로써 수송비만큼의 후생손실을 발생하기도 한다. 따라서 총 후생효과는 불분명한데 만약 수송비가 낮다면 전자의 효과가 후자의 효과보다 크게 되므로 무역의 후생효과는 커진다. 둘째, 이런 무역에 대한 쿠르노 접근법의 가장 중요한 의미는 무역정책 분야에서 나타난다.

(3) 무역정책과 불완전 경쟁

규모에 대한 수확 불변과 완전경쟁시장의 가정은 지난 100여 년 이상 자유무역 정책의 당위성에 대한 논리를 제공해왔다. 하지만 신무역 이론은 이 가정들을 규모의 경제와 불완전 경쟁시장의 가정으로 대체함으로써 자유무역 정책의 타당성에 의문을 제기하였다. 특정 경제 상황에서는 적극적인 무역정책이 이로울 수 있다는 것이다. 하지만 다른 상황에서는 여기에 반대하는 주장이 있을 수도 있다. 불완전 경쟁상태에서 보호주의 무역에 대한 찬반 주장을 살펴보자.

① 보호주의 무역에 대한 찬성 논리

첫째, 해외시장에서 시장 지배력을 가지고 있는 상황에서는 교역조건의 개선을 가져올 수 있다. 시장 지배력을 가진 외국기업은 관세 부과액보다 낮은 가격 인상을 통해 자신의 마크업 수준의 일부를 줄여 관세의 일부를 흡수한다. 이것은 전통적인 무역이론에서 "최적 관세론optimal tariff argument"주장과 유사하다.[16]

---

16) 특정 상품의 대규모 수입국인 국가가 시장에서 독점력이 있는 경우(가령, 수요독점자, monopsony) 수입관세의 경제적 부담을 국내 소비자에서 외국 공급자로 전가할 수 있다는 이론(Douglas Irwin (2014), *Tariff Incidence: Evidence from Sugar Duties 1890~1930*, NBER Working Paper, No.20635.)

둘째, 보호주의는 수익의 국내 이전을 가능하게 한다. 만약 어떤 산업에서 큰 이익이 발생한다면 좋은 일이다. 특정 조건하에서, 수출 보조금을 사용하면 외국 기업으로부터 국내 기업으로 이익을 이전시키는 것이 가능하다. 이른바 "전략적 무역정책 strategic trade policy"이라고 한다.[17] 수출 보조금을 정당화하는 주장은 전통적 무역이론과 완전히 모순된다.

하지만 이런 주장은 기업의 과점적 행동을 보여주는 쿠르노 모형과 관련이 있다. 쿠르노 모형의 기본개념은 과점시장에서 각 기업은 경쟁사의 생산량 수준이 주어졌다고 가정하고 자신의 이윤 극대화를 위한 최적 생산량 수준을 결정함으로써 시장균형이 달성되는 것이다. 기업이 시장에서 대등한 위치에 있다면 한 기업이 생산량을 늘리면 다른 경쟁기업 역시 생산량 조정을 통해 가격전쟁을 하게 된다. 만약 특정한 기업이 보다 효율적으로 상품을 생산하여 추가적으로 생산비용을 줄일 수 있다면 그 기업은 생산량을 더욱 늘릴 수 있게 되고, 경쟁기업의 생산량은 위축될 것이다. 따라서 새로운 균형에서 낮은 생산비용을 가진 기업은 보다 많은 시장 점유율을 가질 것이고, 그렇지 못한 기업은 보다 적은 시장 점유율을 가지게 될 것이다.

기업에게 수출 보조금(또는 생산 보조금)을 주는 것은 비용하락과 같은 효과를 가져온다. 따라서 보조금 지급은 생산량 확대를 통해 기업이익을 증대시킨다. 이는 생산량 축소를 통해서만 최선의 대응을 할 수 있는 경쟁기업에게는 "신뢰할 수 있는 위협 credible threat"이 되므로 보조금 지급은 보조를 받은 기업으로 하여금 국제시장에서 더 많은 시장 점유율을 차지할 수 있게 한다. 증가한 기업이익이 세금수입을 능가하므로 국가 전체로도 이득이 된다. 즉 정부예산과 같은 보조금은 비용절감 효과를 가져오고, 해외 경쟁사를 위축시키며, 국내기업의 이익을 증가시킨다.

국가후생을 높일 수 있는 전략적 수출 보조금 정책의 효과는 무역모형이 전제하고 있는 구체적인 가정에 의존한다. 많은 무역 이론가들은 수출 보조금 정책의 이런 긍정적 효과를 인정하지 않고 있다. 가령 ① 모형의 쿠르노 가정이 베르뜨랑Bertrand 가정으로 바뀌거나,[18] ② 외국 정부의 보복이 있거나,[19] ③ 다른 산업에 대한 부정적

17) Brander, J. A. and B. J. Spencer (1985), "Export Subsidies and International Market Share Rivalry," *Journal of International Economics*, Vol.18, pp.83-100.; Dixit A. K. and A. S. Kyle1 (1985), "The Use of Protection or Subsidies for Entry Promotion and Deterrence," *American Economics Review*, Vol.75, pp.139-152.

18) Eaton, J. and G. M. Grossman (1986), "Optimal Trade and Industrial Policy under Oligopoly," *Quarterly Journal of Economics*, Vol.2, pp.383-406.

19) Dixit A. K. and A. S. Kyle1 (985), "The Use of Protection or Subsidies for Entry Promotion

영향이 예상되어 정부가 보다 자세한 정보를 파악할 필요가 있거나,[20] ④ 시장진입이 이윤을 소멸시킬 때 수출 보조금은 장기적으로 단지 교역조건을 악화시킬 뿐이라는 것이다.[21] 따라서 전략적 무역정책에 대한 논쟁은 보호주의 무역정책을 정당화하는 논거가 될 수 있지만, 정부가 많은 정보를 모두 입수하는 것은 불가능하다.

셋째, 보호주의 무역정책은 한계비용을 절감시킬 수 있다. 크루그먼(Krugman, 1984)은 한계비용 일정하다는 가정하의 브랜더-크루그먼 모형(Brander and Krugman, 1983) 대신 한계비용이 감소한다는 가정을 하고 있는 모형에서 무역정책이 유익할 수 있음을 보여주었다.

관세를 부과하여 국내시장을 보호하려는 나라를 가정해 보자. 외국기업은 보다 적게 팔고 국내기업은 국내시장에서 더 많이 팔게 될 것이다. 국내기업의 한계비용은 감소하고 외국기업의 한계비용은 증가하게 된다. 간접적인 효과로서 국내기업은 보호조치가 없는 해외시장에서 더 많이 팔 수 있게 된다. 크루그먼Krugman은 이를 '수출촉진으로서의 수입보호import protection as export promotion'정책이라고 했다. 무역보복이 없다면 이런 보호정책은 효과가 있을 것이다. 한계비용이 감소하는 현상은 관찰하기 힘들지만 크루그먼은 R&D나 학습효과에서 발생하는 동적인 규모의 경제 효과를 고려할 때 이런 분석과 해석이 가능함을 보여주었다.

넷째, 보호주의 무역정책으로 관세를 부과할 때 국내시장 진입이 촉진됨으로써 국내가격 인하 효과를 가져온다. 베너블스(Venables, 1985)는 낮은 수준의 관세가 기업의 진입을 유도해 후생을 높일 수 있음을 보여주었다.[22] 그는 한계비용이 일정한 브랜더-크루그먼 모형Brander-Krugman 모형에서 자유로운 기업진입이 가능하다고 가정했다. 관세는 국내시장 수익성을 높이고 해외시장 수익성을 떨어뜨려 국내시장 진입(시장 지배력 하락)과 해외시장 이탈을 유도한다. 국내시장에서는 두 가지 효과가 있다. 국내 경쟁이 치열해지면 가격이 낮아지고, 관세가 부과되면 가격이 오른다. 낮은 관세부과로 인한 전자의 효과가 후자의 효과를 지배하여 국내 물가수준은 하락한다. 소비자는 물

---

and Deterrence," *American Economics Review*, Vol.75, pp.139-152.

20) Dixit, A. K. and G. M. Grossman (1986), "Targeted Export Promotion with several Oligopolistic Industries," *Journal of International Economics*, Vol.21, pp.233-250.

21) Horstmann, I. and J. Markusen (1986), "Up the Average Cost Curve: Inefficient Entry en the New Protectionism," *Journal of International Economics*, Vol.20, pp.225-248.

22) Venables, A. J. (1985), "Trade and Trade Policy with Imperfect Competition: The Case of Identical Products and Free Entry," *Journal of International Economics,* Vol.19, pp.1-19.

가수준 하락으로 수익을 얻고 추가적으로 관세수입이 있기 때문에 후생이 증가한다.

다섯째, 보호주의 무역정책은 외부효과를 가져온다. 신무역 이론은 불완전 경쟁시장과 관련한 R&D 활동의 정(+)의 외부효과를 강조했다.[23] 정(+)의 외부효과는 특히 R&D 활동에 의해 나타나는데, R&D 활동은 다른 산업에 긍정적인 확산효과를 가지므로 개별기업은 자체 R&D 활동의 모든 이익을 내부화할 수 없다. 그리고 지식개발에 대한 투자는 고정비용을 가지고 있다. 따라서 이런 시장은 규모의 경제 효과에 의해 야기되는 불완전한 경쟁시장이다. 생산규모가 확대됨에 따라 상품 단위당 투자비용이 감소한다. 신무역 이론은 지식개발에 대한 투자가 정(+)의 확산효과를 가져오는 원인으로 보고 이런 효과를 반영하였다.

② 자유무역정책에 대한 옹호 논리

첫째, 보통 보호주의 무역은 국내시장의 경쟁을 약화시키고, 국내기업의 시장 지배력을 증가시킨다. 그 원인은 3가지 측면에서 살펴볼 수 있다.

1) 국내 독점기업은 경쟁력 있는 외국 공급자와 경쟁하게 된다(Bhagwati, 1965). 실제 국내 보호무역은 국내기업의 시장 지배력을 높이고 국내 가격수준을 높인다. 이때 "수입관세와 수입할당의 동등성equivalence of import tariffs and quota"이 사라진다. 관세의 경우 독점자는 관세가 포함된 수입가격 이상으로 가격을 올릴 수 없다. 그 이상으로 가격을 올리면 국내 전체 시장을 상실하기 때문이다. 수입쿼터의 경우 수입량이 제한되어 국내시장 지배력을 유지할 수 있다. 따라서 쿼터는 관세를 부과할 때보다 국내 가격을 더 높이고 국내 생산량을 축소시킨다.

2) 일반적으로 국내 독점기업은 외국의 독점기업과 마주쳤을 때 비협조적 행동을 하게 된다.[24] 수입쿼터를 부과하고 베르트랑 경쟁을 가정하면 국내기업은 두 가지 행동을 할 수 있다. 공격적으로 수입량을 쿼터 미만으로 제한할 정도의 낮은 가격을 부과하거나, 쿼터라는 보호막 뒤에서 보수적으로 높은 가격을 부과할 수도 있다. 외국기업의 가격수준이 높을수록 국내기업은 더욱 공격적일 수 있다. 보통 수입쿼터는 국내기업의 이익을 증가시키고 외국기업의 이익을 감소시킨다.

3) 국내 독점기업은 외국의 독점기업과 마주쳤을 때 담합collusion 또는 협조적 행

23) Brander, J. A. and Spencer, B. J. (1983), "Strategic Commitment with R & D: The Symmetric Case," *Bell Journal of Economics* 14, pp.225-235.

24) Krishna, K. (1989), "Trade Restrictions as Facillitating Practices," *Journal of International Economics*, Vol.26, pp.251-270.

위cooperative behaviour를 할 수 있다.[25] 기업의 담합행위는 바그와티 모형Bhagwati model의 의미를 뒤집을 수 있다. 이 경우 담합행위에 대한 처벌이 줄어들 수 있기 때문에 보호주의 무역은 자유무역 때보다 경쟁을 증가시키고 가격을 낮출 수 있다.

둘째, 보호주의 무역은 비효율적인 기업의 진입을 가져올 수 있다. 보통 보호무역은 국내기업의 매출을 증가시키는 데 규모에 대한 수확 체증이 있다면 이는 평균비용을 낮추고 효율성을 높인다. 만약 자유로운 진입이 가능하다면 기업의 행동 양식에 따라 그 효과는 달라질 것이다.

1) 우선 규모에 대한 수익 체증 및 기업의 협조적 행동이 있을 때, 과도한 진입이 있다면 보호주의 무역은 담합이 이루어지는 산업에서의 가격상승과 기업의 이익증가로 나타난다.[26] 장기적으로 신규 기업이 진입함으로써 생산 규모가 축소되어 평균비용이 높아진다. 따라서 보호주의 무역은 비효율적인 많은 소규모 기업을 시장에 잔류하게 만들 수 있다.

2) 만약 규모에 대한 수확 체증인 상태에서 기업 간 비협조적 행동이 있을 때,[27] 과도한 기업진입이 있다면 무역은 쿠르노 경쟁을 통해 시장규모를 증가시키고, 그에 따라 기업의 매출은 증가하며 평균비용은 감소할 수 있다. 따라서 보호주의 무역은 자유무역 때와 비교하여 시장을 분할하고 생산비용을 높인다.

규모의 경제 효과와 불완전 경쟁에 기초한 무역이론은 무역정책에 새로운 의미를 제공한다. 특히 수익의 이전을 가져온다는 것이 새로운 측면이다. 소규모 국가라도 교역조건을 개선할 수 있기 때문에 교역조건의 개선 가능성이 높아진다. 시장왜곡은 불완전 경쟁에 내재되어 있으므로, 가령 소비자가 국산상품을 거의 구매하지 않고 가격과 한계비용의 차이가 있다면 정부가 개입할 수 있다. 다만 무역정책은 이런 상황에서 차선책일 뿐 시장 왜곡을 없애는 산업정책이 오히려 최선책이 될 것이다.

문제는 이런 이론들이 무역정책의 타당성에 대해 체계적이고 새로운 근거를 제시할 수 있는지 여부이다. 가령 전략적 무역정책(수익이전)과 같은 주장은 모형의 특별한 가정에 의존하기 때문에 특수한 경우에 불과하다. 이론이 전제하고 있는 가정 중 하나를 약간 변경하면 정책적 의미가 바뀌거나 반대로 되기도 한다. 좋은 정책을 위해

---

25) Rotemberg, J. and G. Salomer (1986), *Quotas and the Stability of Implicit Collusion*, mimeo, MIT.

26) Eastman, H. and S. Stykolt (1960), "A Model for the Study of Protected Oligopolies," *Economic Journal* 70, pp.336-347.

27) Dixit, A. K. and V. Norman (1980), *Theory of international Trade,* Cambridge, MIT Press.

서는 정부가 올바른 모형을 선택할 수 있도록 자세한 정보가 필요하다. 그러나 이런 정보는 너무 세밀하고 구체적이어서 구하기 힘들다.

실증분석에 의하면 자유무역을 벗어난 무역정책은 그 편익이 적고 최적 관세 조차도 매우 낮다고 한다. 무역정책 실행을 위한 정보부족이나 외국 정부의 보복 가능성을 감안하지 않은 잘못된 정책은 이익보다 큰 손실을 가져온다. 따라서 크루그먼(Krugman, 1987)은 자유무역 정책이 불완전 경쟁 상태에서 거의 최적이 아니지만 경험적으로는 최선이라고 했다.[28] 핀스트라(Feenstra, 1995) 역시 불완전 경쟁하에서 무역정책의 효과를 추정한 다양한 무역모형의 실증분석을 통해 무역정책의 전략적 역할을 인정할 수 없다고 했다.[29]

(4) 신무역 이론의 실증분석

그루벨과 로이드(Grubel and Lloyd, 1975)의 실증분석은 규모의 경제 및 불완전 경쟁관련 무역이론이 지적하고 있는 산업내 무역의 중요성을 보여주는 것이다.[30] 여기서 유사한 요소 부존량을 가진 국가 간 무역 패턴이 헥셔−올린 정리가 의미하는 바와 다르다는 것을 지적했다. 이 연구는 레온티에프Leontief의 연구와 함께 규모의 경제 효과와 불완전 경쟁에 초점을 맞춰 국제무역을 설명하려는 연구를 촉발시켰다. 1970년대 후반부터 독점적 경쟁시장 구조를 반영한 새로운 무역모형들이 규모에 대한 수확 체증 상황에서 무역이론을 전개하였다. 물론 산업내 무역을 설명하려는 많은 이론모형이 개발되었지만 실증연구는 풍부하지 않았다.

산업 간 무역과 산업내 무역의 비율은 무역 당사국의 자본/노동 비율과 정(+)의 상관관계를 갖는다는 가설은 다음 연구에서 확인되었다. 로어쳐와 월터(Loertscher and Wolter, 1980)의 연구는 국가 간 자원부존량의 차이를 나타내는 대리변수로서 일인당 소득의 차이를 사용하여 특정 연도에 대한 횡단면 분석을 통해 이런 상관관계를 확인했다.[31] 헬프먼(Helpman, 1985)의 분석에서는 여러 연도에 걸쳐 산업 국가들이 시간이

---

28) Krugman, P. R. (1987), "Is Free Trade Passe?" *Economic Perspectives*, Vol.1, pp.131-144.

29) Feenstra, R. C. (1995), *Estimating the Effects of Trade Policy*, NBER, Working Paper No.5051.

30) Grubel, H. G. and P. J. Loyd (1975), *Intra-industry Trade: the Theory and Measurement of International Trade in Differentiated Products*, London, MacMillan Press.

31) Loertscher Rudolf and Frank Wolter (1980), "Determinants of intra-industry trade: Among countries and across industries," *Review of World Economics (Weltwirtschaftliches Archiv)*, Vol. 116, Issue 2, pp.280-293.

지날수록 유사해지면서 모형이 의미하는 것처럼 산업내 무역의 상대적 중요성이 증가한다는 것을 확인했다. 또한 헬프먼(Helpman, 1987)에서는 가장 산업화된 14개국의 1956년부터 1981년까지 GNP규모의 유사성과 무역 집약도가 지속적으로 증가했다는 것을 통해 모형의 타당성을 입증하였다.

해브리린신과 시반(Havrylynshyn and Civan, 1984)은 선진국이 더 많은 차별화된 상품을 생산할 것이란 가정하에 산업내 무역이 개발도상국 간보다 선진국 간 더 활발할 것이라는 사실을 통해 이론의 타당성을 입증했다.[32] 리머(Leamer, 1994)는 로어쳐와 월터(Loertscher and Wolter, 1987)와 헬프먼(Helpman, 1987)의 실증분석을 위한 이론적 기반에 문제가 있음을 지적하면서 실증연구와 이론의 연관성이 모호하여 추정된 회귀분석 결과를 해석하는 데 어려움이 있다고 했다. 이는 산업 간 무역과 GDP 수준 및 유사성 사이에 정(+)의 관계가 있음을 보여주고 있지만 국제무역에서 규모의 경제 효과의 역할을 감안하지 못하고 있다는 것을 보여준다.[33]

구체적 산업자료를 이용한 실증연구도 있다. 미국 자동차 산업에 대한 딕싯(Dixit, 1988) 모형, 일본 반도체 산업에 대한 볼드윈과 크루그먼(Baldwin–Krugman, 1990) 모형, 영국의 냉장고와 신발산업에 대한 베너블스와 스미스(Venables and Smith, 1986) 모형 등이 대표적이다.[34] 이 연구결과는 모두 적절한 정도의 관세가 후생개선에 도움이 되고 있으며, 보호주의 무역의 수출촉진 효과가 강하다는 것을 보여준다.

여기서 딕싯과 볼드윈과 크루그먼의 연구를 좀 더 자세히 살펴보자. 미국 자동차 산업에 대한 딕싯의 실증연구에서는 미국 자동차 시장은 국내와 차별화된 외국산 자동차와 함께 쿠르노 형태conjectural variations approach의 경쟁이 이루어지는 비협조적 과점시장을 가정한다. 딕싯은 산업자료를 이용하여 해외 경쟁사에 대한 관세, 국내 생산자에 대한 생산 보조금 등 정책변수들의 효과를 살펴보았다. 수입품에 대한 적절한 관세부과는 국내시장에 대한 접근성을 높이고 규모의 경제 효과때문에 미국 산업에 도움

32) Havrylyshyn, D. and E. Divan (1984), "Inter-Industry Trade and the State of Development," In P. K. M. Tharakan (ed.), *Economics of Intra-industry Trade*, Amsterdam.

33) Leamer, E. E. (1994), "Testing Trade Theories," In D. Greenaway and A. L. Winters, Surveys in *International Trade*, Basil Blackwell, Oxford/Cambridge, pp.84-89.

34) Dixit, A. K. (1988), "Optimal trade and Industrial Policy for the US Automobile industry," In R. Feenstra, *Empirical Methods for International Trade*, Cambridge, MIT Press.; Baldin, R. E., and P. R. Krugman (1990), "Market Access and International Competition: a Simulation Study of 16K Random Access Memories," In P. R. *Krugman, Rethinking International Trade*, Cambridge MIT Press.; Venables, A. J. and A. Smith (1986), "Trade and Industrial Policy under Imperfect Competition," *Economic Policy*, Vol.3, pp.621-672.

이 될 것이지만 그 이익은 미미하다고 했다. 생산 보조금이 지급되면 관세부과의 추가적 효과가 크게 줄어들기 때문에 관세부과의 이익 역시 아주 적다고 했다.

볼드윈과 크루그먼은 반도체 산업에 대한 정교한 모형을 만들었다. 반도체 산업은 기술변화가 매우 빠르게 일어나는 산업이다. 이런 기술변화는 R&D와 경험을 통한 학습의 결과로서 일어난다. 1970년대 후반까지 반도체 시장은 미국 기업이 장악했지만 그 다음에는 일본기업이 장악했다. 볼드윈과 크루그먼은 반도체 산업의 산업구조에 맞게 쿠르노 접근법을 사용했다. 국내 반도체 산업을 보호하기 위한 일본의 정책이 국내시장뿐만 아니라 세계시장에서의 판매능력에 미치는 영향에 분석해본 결과 일본 기업들이 세계 시장에서 경쟁할 수 있는 능력을 갖게 된 데는 국내시장에 대한 보호가 중요했다고 한다. 그러나 이런 보호주의 정책은 일본내 가격상승을 초래하여 생산자 이득으로부터 보상없이 소비자에게 피해를 입혔기 때문에 후생 측면에서의 정책효과는 부정적이라고 했다.

해리스와 콕스(Harris and Cox, 1984)는 규모에 대한 수확 체증과 불완전 경쟁의 가정하에서 캐나다의 보호주의 무역정책의 효과를 분석한 결과 보호주의 정책으로 인한 산업의 초과이익은 신규 기업의 진입으로 이어지고 비효율적으로 작은 규모의 기업으로 구성된 산업구조를 초래했다고 하였다.[35] 캐나다 수출산업의 비효율적인 규모는 미국의 보호정책 때문이라고도 했다. 이런 효과를 종합하여 미국과 캐나다 간의 자유무역이 양국에 서로 이로울 것이라고 했다.

4. 신-신무역 이론(New-New trade theory): 기업의 이질성

① 기본가정

신－신무역 이론에서는 같은 산업 내에서 기업간 생산성 수준의 차이에 따른 기업의 이질성을 강조한다.[36] 기본 모형은 역시 크루그먼의 독점적 경쟁시장 모형을 이용하기 때문에 규모에 대한 수확 체증을 가정하고 있다.

---

35) Harris and Cox (1984), *Trade, Industrial Policy and Canadian Manufacturing*, Toronto, University of Toronto Press.

36) Melitz, M. J. (2003), "The Impact of Trade on Intra-Industry Reallocations and Aggregate Industry Productivity," *Econometrica* 71(6): pp.1695-1725.

생산요소로는 노동투입 하나이며 경제 규모에 따라 총 노동량은 비탄력적으로 공급된다. 기업의 기술은 비용함수로 나타낼 수 있으며, 일정한 한계비용을 가정한다. 모든 기업은 동일한 고정비용을 가지고 있으나 생산성 수준이 다르다고 가정한다.

② 무역 메커니즘

신-신무역 이론에서는 생산성 수준, 즉 상품 한 단위를 추가적으로 생산하는 데 드는 한계비용marginal costs이 서로 다른 이질적인 기업들heterogeneous firms이 존재한다고 가정한다. 생산성이 높은 기업들은 생산비용이 보다 저렴하기 때문에 많은 시장수요를 확보할 수 있어서 더 많은 생산이 가능하여 보다 많은 수입과 이윤을 누릴 수 있다.

여기에서 기업의 이윤은 생산성 수준에 의해 결정되므로 기업의 손익 분기점이 되는 임계 생산성 수준cutoff level이 존재한다. 따라서 이 임계 생산성 수준보다 높은 생산성을 가진 기업은 양(+)의 이윤을, 이보다 낮은 생산성을 가진 기업은 음(−)의 이윤을 달성한다. 이때 이윤을 누리는 기업들은 시장에서 계속해서 존속할 수 있지만 임계수준에 미달하는 기업들은 손해를 보기 때문에 시장에서 퇴출exit하게 된다. 따라서 무역개방 이전 자급자족 경제인 국내시장에서는 임계 생산성 수준 이상의 생산성 수준을 가진 기업만 존재하게 된다.

만약 국제무역이 이루어진다고 하자. 국내기업들이 수출을 하기 위해서는 추가적으로 다양한 형태의 수출시장 진입비용export market entry costs과 무역비용trade costs을 지불해야만 한다. 이런 비용을 부담할 능력이 되지 못하는 기업들은 시장개방에도 불구하고 세계 수출시장에 진입하지 못한다. 이런 비용을 부담할 수 있을 만큼 생산성이 높은 기업들은 수출시장에 진입할 수 있게 된다. 따라서 무역이전 국내시장에서 잔류와 퇴출여부를 결정하는 임계생산성 수준이 있었던 것처럼 수출시장에서도 진입을 가능하게 하는 임계 생산성 수준이 있을 수 있다. 수출시장에 진입 가능한 생산성 수준을 보유한 기업들만 수출을 하게 되게 된다. 확대된 세계시장larger market에서 보다 많은 수익과 이윤을 누릴 수 있게 된다. 수출시장에 진입하지 못하고 국내 생산만 하게 되는 기업들은 이윤이 줄어들면서 낮은 이윤을 누리는 상태로 잔류하거나 퇴출하게 된다. 무역을 위한 시장개방은 외국기업과의 경쟁을 가져오고, 수출기업들의 생산량, 수출량 증대에 따라 노동수요가 증대하며 이는 임금상승을 초래하여 국내기업의 원가 부담을 가중시키게 되므로 이 중 일부는 또다시 퇴출할 수밖에 없다.

③ 시사점

신-신무역 이론은 전통적 무역이론, 신국제경제학과 다른 형태의 국제무역으로 인한 이익을 보여준다. 전통적 무역이론은 비교우위론에 따라 비교열위 상품의 간접 생산을 통한 이익을, 신국제경제학은 상품의 다양성, 규모의 경제 효과로 인한 이익을 강조한다. 하지만 신-신무역 이론은 국제무역을 통한 경제전체의 생산성 향상과 이로 인한 경제성장의 가능성을 국제무역의 이익으로 강조한다.

또한 신-신무역 이론은 특정 시장 내에 생산성 수준이 다른 이질적 기업이 존재하며, 다른 기업에 비해 생산성이 높은 기업이 수출 기업화하게 되고, 보다 많은 수익과 이윤을 누리게 되며, 이런 기업들이 더욱 성장하여 글로벌 가치사슬 구축에 중심적 역할을 하게 되는 선도기업으로 성장하게 된다는 점을 보여준다. 이런 기업들의 출현으로 인해 전 세계를 대상으로 한 아웃소싱이 증가하게 되고 이 과정에서 중간재의 거래, 해외직접투자 등이 활발해지게 된다.

신-신무역 이론의 이런 시사점은 기존의 무역이론과 다른 국제무역을 통한 생산성 향상의 역할에서 찾을 수 있는 것들이다. 하지만 생산성의 결정요인을 감안한다면 문제가 복잡해진다. 자급자족 경제를 상정한다면 기업의 생산성 차이는 개별 기업 고유의 연구개발 노력이나 인적 자본이 생산성 차이를 가져오는 요인이 될 것이다. 요소 부존량이나 제도 그리고 규모의 경제 효과를 가져오는 동일한 여건은 기업간 생산성 차이를 가져오는 요인이 되지 못할 것이다.

하지만 국제무역이 일어나는 개방경제를 상정한다면 국제 간 기업의 생산성 격

〈 그림 6-8 〉 신-신무역 이론의 개념

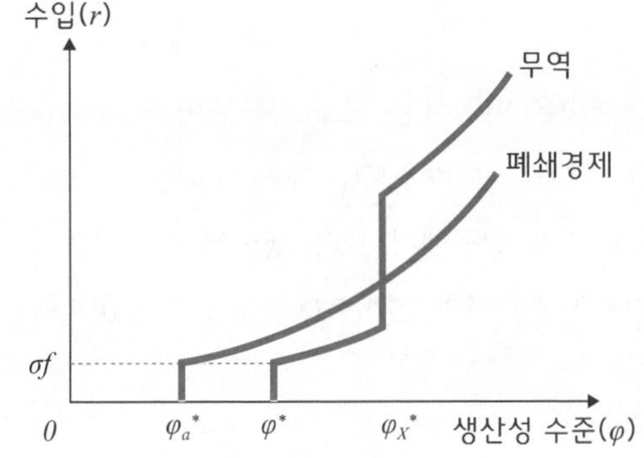

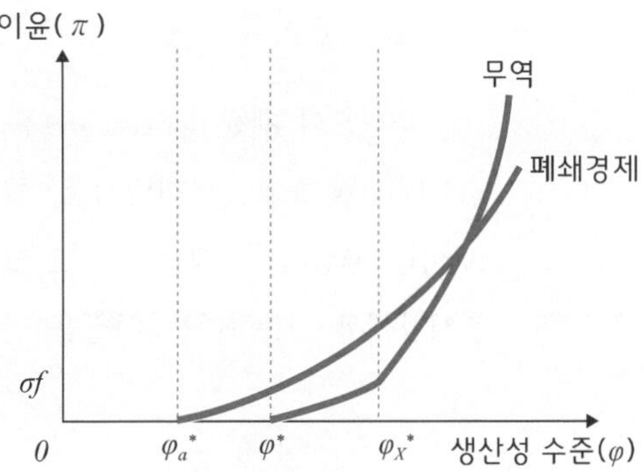

자료: Melitz, M. J. (2003).

차는 개별 기업의 노력 외에도 요소 부존량, 제도, 규모의 경제 효과의 영향을 받게 된다. 기업별 생산성 수준의 차이가 요소 부존량에서 온다면 전통적 무역이론과 동일한 시사점을 주게 된다. 기업별 생산성 수준의 차이가 규모의 경제 효과에서 온다면 현대적 무역이론과 동일한 시사점을 주게 될 것이다. 상품 차별화를 고려하는 신국제경제론과 달리 신-신무역 이론에서는 상품의 다양성이 일정하거나 감소할 때도 사회후생이 증가하게 된다.

④ 정책

신-신무역 이론의 핵심은 생산성 차이에 의한 기업경쟁으로 시장에서 진입, 퇴출이 일어난다는 것이다. 무역을 통한 경쟁압력이 생산성이 높은 기업을 성장시키고, 경제 전체적인 생산성 향상, 즉 경제성장을 가능케 한다는 것이다. 이런 점에서 자급자족autarky이나 무역으로부터 국내기업을 보호하는 정책은 비효율적인 기업을 시장에 잔류하게 함으로써 경제 전체의 생산성을 하락시킬 가능성이 있다. 따라서 자유무역이 최선의 정책이 될 것이다.

신-신무역 이론에서는 넓은 세계시장, 높은 경쟁압력 때문에 생산성이 높은 기업이 생존하고 보다 많은 이익을 누리게 된다. 그에 따라 노동과 자본 등 생산 요소들이 이런 효율적인 기업에게로 재할당된다. 이 과정에서 생산성이 높은 기업의 근로자들은 보다 많은 임금을 받게 된다. 생산성이 낮은 기업에 속한 근로자들은 실직을 하게 된다. 이런 점을 감안한다면 소득 분배정책이 필요하다고 할 수 있다.

만약 신-신무역 이론에서 기업간 생산성의 차이가 규모의 경제 효과에 의해 초래될 가능성을 감안한다면 현대적 무역이론이 제시하는 보호주의 무역정책 역시 타당할 것이다. 국제무역에서 크루그먼의 독점적 경쟁시장 모형이 타당할 수 있는 여지가 있다.

⑤ 실증분석

버나드와 젠센(Bernard and Jensen, 1999a)은 미국시장, 오, 청과 로버츠(Aw, Chung, and Roberts, 2000)는 대만시장, 클라이스, 랙과 타이바우트(Clerides, Lack, and Tybout, 1998)는 콜럼비아, 멕시코, 모로코 시장에 대한 연구에서 보다 생산적인 기업들이 수출시장에서 생존한다는 사실을 발견했다.[37] 오, 청과 로버츠(Aw, Chung and Roberts,

---

37) Bernard and Jensen (1999), "Exceptional exporter performance: cause, effect, or both?" *Journal of International Economics*, Vol.47, Issue 1, pp.1-25.; Aw, Chung, and Roberts (2000), "Productivity

2000)는 또한 시장개방에 직면한 비생산적인 기업들이 해당시장에서 퇴출된다는 사실도 발견했다. 팹시닉(Pavcnik, 2002)은 칠레시장에서 무역 자유화에 따라 산업 생산성 증가가 시장 점유율의 확대에 큰 역할을 하였다고 했다. 버나드와 젠센(Bernard and Jensen, 1999b)은 보다 생산적인 수출기업의 산업내 시장 점유율 확대가 미국 제조업 생산성 증가의 20%를 차지한다고 했다.

멜리츠와 트레플러(Melitz and Trefler, 2012)는 캐나다 시장에서 무역 자유화나 시장개방 확대를 가져온 FTA 체결로 인해 시장 내에서 생산성이 높은 기업의 비중이 증가하였다고 했다.38) 릴리바와 트레플러(Lileeva and Trefler, 2010)는 국제무역이 경제 전체의 생산성뿐만 아니라 기업의 생산성을 향상시킨다고 했다.39) 특히 시장개방 이후 기업들의 R&D 투자가 크게 증가했다고 한다. 무역자유화로 인해 기업들은 자신들의 노동 생산성을 향상시켰고, 상품혁신에 더 노력했으며, 선진 제조기술을 더 많이 습득했다고 한다.

5. 신기술 무역이론

헥셔-올린 이론에서 생산기술은 주어진 불변의 것으로 가정하는데 이는 정적인 현실에서만 타당하다. 기술변화는 생산과 무역에 매우 중요한 영향을 미친다. 기술변화는 새로운 방법으로 기존의 상품을 생산하거나 새로운 유형의 상품을 생산할 때 일어난다. 국가 간 기술격차는 기업 수준에서의 생산비용을 절감하고 신상품 또는 더 나은 상품을 생산할 수 있게 하는 상품혁신 또는 공정혁신이 일어난 결과이다. 새로운 기술발전과 혁신은 자유롭고 즉각적으로 확산되지 않으므로 해당 기업과 국가는 상품 생산과 수출에서 일시적인 비교우위를 가진다. 이런 "신기술 무역이론neo-technology trade theories"의 초기 연구로는 크래비스(Kravis, 1956), 포스너(Posner, 1961), 버논(Vernon,

---

and Turnover in the Export Market: Micro-level Evidence from the Republic of Korea and Taiwan (China)," *World Bank Economic Review* 14(1), pp.65-90.; Clerides, Lack, and Tybout (1998), "Is Learning by Exporting Important? Micro-Dynamic Evidence from Colombia, Mexico, and Morocco," *Quarterly Journal of Economics*, Vol.113, No.3, pp.903-947.

38) Marc J. Melitz and Daniel Trefler (2012), "Gains from Trade When Firms Matter," *Journal Of Economic Perspectives*, Vol.26, No.2, pp.91-118.

39) Alla Lileeva, Daniel Trefler (2010), "Improved Access to Foreign Markets Raises Plant-level Productivity…For Some Plants," *Quarterly Journal of Economics*, Vol.125, Issue 3, pp.1051-1099.

1966), 크루그먼(Krugman,1979a)을 들 수 있다.[40)]

(1) 상품의 이용 가능성 차이

크래비스(Kravis, 1956)에 따르면, 국제무역은 국가 간 특정 상품의 이용 가능성 availability의 차이 때문에 발생한다고 한다. 천연자원의 부족으로 국내에서 해당 상품의 소비가 불가능하다면 무역을 비교 우위론으로 설명할 수 있겠지만 크래비스의 분석은 기술과 상품혁신으로부터 일어나는 상품의 이용 가능성availability of products의 차이 때문에 무역이 일어난다는 것이다. 기술발전은 생산원가를 낮추거나 신상품을 공급함으로써 무역에서 비교우위를 가져온다.

(2) 기술격차 모형

기술격차 모형technology gap model은 1961년 포스너(Posner, 1961)에 의해 개발되었다. 포스너에 의하면 기술변화는 지속적인 동적 과정으로서 비록 국가가 비슷한 요소 부존량과 소비자 선호체계를 가지고 있다고 해도 지속적인 발명과 혁신과정에서 무역이 발생한다는 것이다.

기술격차 모형에 의하면 어떤 한 기업이 신상품을 개발한 뒤 먼저 국내시장에 출시하여 성공적인 것으로 판명되면 해외시장에 공급하려는 시도를 하게 된다. 국제무역에서 이런 신상품은 개발기업이나 수출국에 일시적으로 독점적 지위를 보장한다. 이런 독점적 지위는 종종 특허와 저작권에 의해 보호되기도 한다. 수출국은 외국의 생산자들이 신상품과 새로운 생산공정을 모방할 때까지 다른 나라에 대해 비교우위를 갖게 된다.

포스너 이론의 주요 가정은 다음과 같다. ① *A*와 *B*, 2개의 국가가 있다. ② 두 나라에서 요소 부존량은 비슷하다. ③ 두 나라는 비슷한 수요조건을 가지고 있다. ④ 양국 간 무역전 요소가격 비율은 비슷하다. ⑤ 두 나라는 서로 다른 기술을 가지고 있다.

신상품의 출현과 외국 생산자에 의해 이를 대체할 수 있는 모방상품이 출현하기

---

40) Kravis, I. B. (1956), "Availability' and other Influences on the Commodity Composition of Trade," *Journal of Political Economy*, Vol.LXIV, pp.143-155.; Posner, M. V. (1961), *International Trade and Technical Change*, Oxford Economic Papers.; Vernon, R. (1966), "International Investment and International Trade in the Product Cycle," *Quartely Journal of Economics*, Vol.80, pp.190-207.

까지의 시차를 기술시차technology lag 또는 모방시차imitation lag라고 한다. 포스너는 기술시차를 3가지 요소 즉, 외국의 반응시차reaction lag, 국내의 반응시차, 수요시차demand lag로 분해했다. 외국의 반응시차는 처음으로 외국기업이 신상품과 차별화된 이종상품을 생산하는 데 필요한 시간이다. 국내 반응시차는 국내 생산자들이 지속적으로 국내시장을 장악하고 해외시장에서도 그 지위를 유지할 수 있도록 새로운 이종상품을 도입하는 데 필요한 시간을 의미한다. 수요시차는 국내 소비자들이 그 신상품을 처음 소비하는 데 걸리는 시간을 의미한다.

포스너는 혁신과 모방시차를 합쳐 역동성dynamism이라고 했다. 국제무역에서 역동적인 국가는 스스로 더 빠른 속도로 혁신하거나, 더 빠른 속도로 외국의 혁신을 모방하는 국가이다. 만약 두 교역국 중 하나가 다른 나라보다 역동성이 더 크다면, 다른 나라는 시장을 잠식당하고 결과적으로 무역수지 적자를 보게 된다.

만약 두 나라가 다른 조건이 동일할 때 기술혁신에 의해 양국 간 무역이 일어나는지 여부는 수요시차와 모방시차의 순효과에 달려 있다. 만약 수요시차가 모방시차보다 길다면, 모방국가의 생산자들은 처음 신상품을 개발한 국가의 소비자들이 새로운 상품을 소비해보기도 전에 새로운 기술을 채택하여 해당 상품을 자국에 공급할 것이므로 기술혁신은 무역을 창출하지 못한다. 반면 모방시차가 수요시차보다 길다면, 혁신을 통해 국제무역이 일어날 가능성이 높다. 따라서 두 나라 사이의 무역패턴은 두 나라의 수요시차와 모방시차의 상대적 차이에 따라 달라진다.

포스너의 무역이론은 다음 [그림 6-9]를 통해 설명할 수 있다. 수평축은 시간의 변화를, Y축은 혁신국가인 A국의 무역수지를 나타낸다. 시점 t_0까지는 두 나라 사이에 무역이 일어나지 않는다. 이때 혁신국가 A가 신상품을 처음으로 출시한다. 모방국인 B국의 소비자들이 이 상품의 존재를 알게 되면서 소비하기 시작하면 A국은 수출을 시작한다.

만약 모방국인 B국이 A국의 신기술을 활용할 수 없다면 A국은 최고 수준인 t_3 수준까지 수출은 증가시킬 수 있다. 따라서 t_0-t_3의 기간은 수요시차라고 할 수 있다. 만약 A국의 신기술이 B국에 의해 t_1시점에서 모방된다면 A국의 수출은 최대 수준에 도달하기 전 t_2시점에 무역을 중단하게 될 것이다. 만약 모방시차가 더 길어서 B국 생산자들이 t_4시점까지 새로운 기술을 모방할 수 없다면, A국에서 B국으로의 수출은 t_4까지 최대 수준을 계속 유지할 것이다.

B국이 새로운 기술을 모방하기 시작하면서, A국의 B국으로의 수출은 하락하여 t_6시점에 0으로 하락할 것이다. 이때 두 가지 다른 가능성을 생각할 수 있다. 만약 A국

《 그림 6-9 》 포스너의 기술격차 이론과 무역

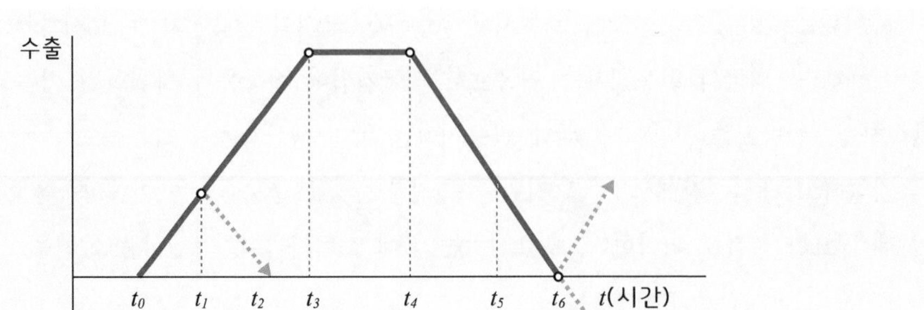

자료: Posner M. V. (1961).

의 생산자들이 이 시점에 새로운 혁신을 도입하지 못하고 *B*국이 추가적으로 혁신을 한다면, *B*국이 *A*국의 국내시장을 잠식하여 오히려 수출을 하게 될 것이다. 하지만 *A*국의 생산자가 새로운 혁신을 도입하여 *B*국으로의 수출을 증가시킬 가능성도 있다. 이는 그림의 아래, 위 방향으로의 화살표가 보여주고 있다.

포스너의 기술격차 모형은 몇 가지 단점이 있다. ① 기술시차나 모방시차를 정확한 방법으로 설명하지 못한다. ② 기술격차가 발생하는 이유와 시간이 지남에 따라 기술격차가 어떻게 사라지는지를 설명하지 못한다.

(3) 상품 수명주기 모형(product life cycle model)

상품 수명주기 모형은 버논Raymond Vernon과 허쉬S. Hirsch에 의해 개발되었다. 이 모형에 의하면 하나의 상품이 처음 혁신적인 국가에서 생산되고 수출되지만 시간이 지나면서 이런 혁신국은 같은 상품 또는 이 상품의 차별화된 이종 상품의 수입국이 된다는 것이다.[41)]

버논의 상품 수명주기 모형은 다음과 같은 가정을 전제로 한다. ① 자본이 풍부한 국가의 생산자들이 처음에 신상품을 개발한다. ② 혁신기업들은 일부 독점이익을 누린다. ③ 국내시장에서의 필요성과 기회는 신상품의 혁신을 촉진한다. ④ 혁신기업은 해외시장의 환경에 대한 정보를 거의 가지고 있지 않다. ⑤ 초기에 혁신을 일으키

---

41) Vernon, R. (1979), "The product cycle hypothesis in a new international environment," *Oxford Bulletin of Economics and Statistics*, Vol.44, No.2, pp.255-267.; Hirsch, S. (1967), *Location of Industry and International Competitiveness*, Clarendon Press, Oxford.

는 선진국의 국내 환경은 다른 선진국과 다르다. ⑥ 수출상품의 변화를 초래하는 경쟁 생산자의 출현이 있을 수 있다.

상품 수명주기 모형이 의미하는 바는 상품의 수명에 따라 필요한 조건이 다르기 때문에 상품의 생산에는 주기가 있다는 것이다. 신상품 개발을 위한 혁신과정에서는 상대적으로 부유한 기업들이 부담해야 할 위험요인이 있다. 이러한 위험은 숙련된 노동력을 필요로 하는 생산 측면에서의 유연성을 높이고, 소비자 반응에 대한 정보흐름을 신속하고 용이하게 함으로써 줄일 수 있다. 시장에 접근함으로써 정보의 흐름이 더욱 쉬워진다.

이런 점에서 신상품의 생산은 선진국에 집중될 가능성이 높다. 상품과 제조공정의 표준화가 진전되면서 다른 나라의 생산자들은 자국의 요소 가격이 선진국 생산자들과 비교해서 우위에 있게 되면 시장에 진입할 수 있다.

결과적으로, 다른 선진국이나 개발도상국도 이런 상품의 생산을 시작하게 될 것이다. 심지어 처음 이 상품을 생산했던 기업들은 더 유리한 요소가격의 이점을 활용하기 위해 다른 나라에 생산시설을 이전할 수도 있다. 결과적으로 원래 상품을 생산했던 나라의 수출은 감소하게 된다. 심지어 같은 상품이나 이보다 개선된 상품의 수입국이 될 수도 있다.

이 이론에 의한 무역패턴은 전자제품, 합성재료, 영화, 내구 소비재, 사무용 기계 및 장비와 같은 몇몇 상품에서 관찰되고 있다. 상품 수명주기 모형의 아주 고전적인 예는 미국과 일본의 라디오 제조 경험에서 찾을 수 있다. 제2차 세계대전 직후 미국 제조업은 진공관을 사용하는 라디오 생산에서 세계시장을 장악하고 있었다.

몇 년 뒤 일본 제조업체들은 미국기술을 모방하여 세계시장의 많은 부분을 차지하게 되었다. 그 다음 미국은 트랜지스터 라디오를 개발했다. 다시 한번 일본은 트랜지스터 라디오를 더 낮은 비용으로 생산하여 세계시장을 탈환하였다. 미국에서 인쇄회로 기판을 생산한 이후 일본은 이 기술을 활용하여 수출을 확대했다.

미국과 일본이 관련된 자동차의 무역 패턴에서도 비슷한 모습을 찾을 수 있다. 이런 과정들은 한국과 일본의 산업발전에서도 찾을 수 있는 매우 익숙한 모습이다. 상품 수명 주기론에 따르면, 상품들은 일반적으로 다음과 같은 네 단계를 거친다.

① 제1단계

고소득층이 선호하는 노동력 절약적 상품은 미국과 같은 선진국 생산자들에 의해 처음 소개되기 시작하는데 이는 선진국이 해당 상품을 제조할 수 있는 장비를 갖추고 있기 때문이다. 처음 이 상품들은 국내시장에 소개되고 국내시장에서 인정을 받게 되면 비슷한 기호와 소득수준을 가진 나라로 수출된다. 이런 혁신기업들은 일시적으로 국내외 시장에서 사실상 독점을 누리게 된다.

② 제2단계

제2단계에서는 신상품에 대한 해외시장이 점점 커지면서 외국 생산자들이 이 신상품이나 이와 매우 비슷한 대체상품을 제조하기 시작한다. 결과적으로, 세계시장에서 혁신국 제조기업들의 시장 점유율은 감소하기 시작하지만 여전히 상당히 많은 양의 상품을 세계시장에 공급한다.

③ 제3단계

외국 제조업자들은 미국과 같은 나라 제조업자보다 낮은 인건비, 그동안 선진국이 누렸던 규모의 경제의 이점을 통해 보다 큰 경쟁우위를 누리게 된다.

④ 제4단계

마지막 4단계에서 외국 생산업자들은 선진국들이 부과하는 운송비와 관세에도 불구하고 원래 혁신국가의 시장에 접근하는 데 성공하게 되고, 혁신국들이 오히려 자신이 최초 개발했던 상품의 순 수입국이 된다. 이러한 상황이 전개되면서 미국과 같은 나라는 국내외적으로 비교적 부유한 소비자들이 소비할 수 있는 새로운 종류의 상품을 생산해야만 한다.

버논의 상품 수명 주기론은 기술격차 모형을 확장한 것이다. 이 모형의 전반적 구조는 미국의 경험에 바탕을 두고 있다. 숙련된 노동력, 높은 일인당 국민소득 및 대규모 국내시장을 보유하고 있는 장점 때문에 자본이 풍부한 나라에서 여러 가지 혁신상품이 개발된다. 먼저 선진국들에 의해 신상품이 개발되고 난 후 상품생산이 표준화되면 저개발국들에 의해 해당 상품이 생산되면서 선진국의 비교우위는 상실된다.

상품 수명 주기론은 전통적인 비교 비교우위론이나 헥셔-올린 모형과 모순되지 않는다. 신상품 혁신은 상대적으로 풍부한 과학기술 능력에서 비교우위를 확립했던 것이다. 비교우위에 따라 혁신국은 상대적으로 낮은 비용으로 신상품을 생산하고 수출할 수 있었던 것이다.

그러나 상품 수명 주기론은 잘못된 가정 때문에 많은 비판을 받았다. 첫째, 혁신기업이 다른 나라의 상황을 잘 모른다고 가정하는 것은 잘못된 것이라고 비판을 받는

〈 그림 6-10 〉 무역의 상품 수명주기 모형

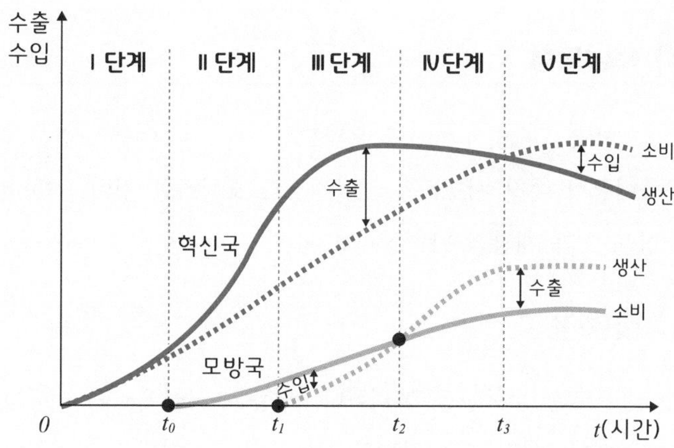

자료: Vernon, R. (1979).

다. 둘째, 혁신국가와 다른 선진국은 모두 신상품을 개발할 수 있는 사회기반시설을 갖추고 있으므로 국내 환경에는 큰 차이가 없다. 셋째, 혁신이 자본이 풍부한 국가에 의해 처음 일어난다는 것도 필수적인 가정은 아니다. 많은 선진국에서, 최근의 혁신과정에서는 노동력 절약을 추구하는 것이 아니라 오히려 자본과 천연자원의 절약을 추구하고 있다. 넷째, 혁신이 선진국에서만 일어난다고 하는 가정도 잘못된 것이다. 미국보다 덜 발전한 한국, 중국, 인도, 브라질, 멕시코와 같은 나라들에서도 현지 조건에 맞는 신상품을 개발하는 등 혁신을 시도하고 있다. 다섯째, 혁신은 반드시 국내시장이 제공하는 기회에 의해서가 아니라 해외 수출 극대화를 위해 촉진될 수도 있다.

기술격차 모형과 이 모형을 확장한 상품 수명 주기론에서 무역은 원래 선진국에서 고숙련 노동이나 연구개발 역량과 같은 상대적으로 개발도상국에 비해 풍부한 생산요소를 이용하여 개발된 신기술 때문에 일어나는 것이다. 선진국에 의해 신상품이 도입된 후 모방과 표준화 과정을 통해 개발도상국이 자신들의 상대적으로 저렴한 노동력을 비교우위로 활용하여 오히려 선진국에 수출하게 되는 것이다. 이런 점에서 무역은 국가 간 상대적 요소 부존량의 하나인 기술이 시간의 경과에 따라 변화하기 때문에 일어난다고 할 수 있다.

따라서 기술격차 모형과 상품 수명주기 모형은 헥셔-올린 모형의 대안 모형이라기 보다는 기본적인 헥셔-올린 모형을 기술 때문에 발생하는 동태적 차원으로 확장한 것이라고 할 수 있다. 즉 상품 수명주기 모형은 정태적 비교우위를 설명하는 기본적인 헥셔-올린 모형과 달리 신상품 개발과 생산과정에 대한 동태적 비교우위를 설명한다고 할 수 있다.

(4) 북남모형

크루그먼(Krugman, 1979a)의 북남모형North South model은 기술 측면에서 무역을 설명하려는 이상의 여러 시도들을 포괄적으로 모형화한 것이다.42) 이를 이용하여 기술격차 모형을 보다 개괄적으로 살펴보자.

① 기본가정

생산요소로는 노동만을 고려한다. 노동은 국내에서는 이동가능하고 국제적으로 이동 불가능하다. 여러 개의 차별화된 상품이 존재한다고 가정한다. 북쪽 나라(선진국)는 혁신적인 상품(다양한 신상품)을 생산하는데, 이때 생산함수는 신상품을 생산하는 선진국과 이를 모방하여 생산하는 남쪽 나라(개발도상국) 간에 동일하다고 가정한다. 규모에 대한 수확 체증의 독점적 경쟁시장을 가정한다. 소비자는 국가 간 동질적이고 동일한 선호를 가지며, 다양하게 차별화된 상품을 선호한다.

② 무역 메커니즘

선진국은 혁신과 지속적인 신상품을 시장에 내놓고 있다. 일정 시간이 지나면 혁신력을 갖지 못한 후진국이 이 신상품들을 모방한다. 양국의 소비자들은 다양화, 차별화된 상품을 소비하게 된다. 선진국은 후진국에 신상품을 수출하고 후진국으로부터 모방된 상품을 수입한다. 혁신과 모방 정도가 무역의 패턴을 결정한다. 신기술을 채택하는 시차가 무역을 발생시키는 요인이 된다.

③ 의미

첫째, 이 모형에서는 정해진 교역패턴 없다. 각각의 상품은 혁신적인 선진국이 먼저 수출하고, 시차를 두고 개발도상국이 수출하므로 버논의 상품 수명 주기론과 같다.

둘째, 선진국의 임금수준이 더 높다. 그러나 두 나라의 노동 생산성은 동일하지만, 선진국이 독점력을 가지게 되는 신상품에서의 수익은 유일한 생산요소인 노동자에게 지급된다. 그러므로 임금은 개발도상국보다 선진국이 더 높다. 모방상품의 노동

---

42) Krugman, P. R. (1979), "Increasing Returns, Monopolistic Competition, and international Trade," *Journal of International Economics*, Vol.9, pp.469-479.

생산성은 두 지역에서 모두 동일하다고 가정하기 때문에 개발도상국에서만 모방상품을 생산하게 된다.

셋째, 개발도상국으로의 기술이전에 따라 모방상품이 생산되면서 생산 설비는 선진국에서 개발도상국으로 이전된다. 이는 초기가격에서 생산원가를 낮추고 세계생산을 증가시켜 양국 모두에게서 수익증가가 일어난다. 그러나 모방은 선진국에서 임금을 하락시키고, 개발도상국의 임금을 상승시키므로 세계의 소득분배에도 변화가 생긴다. 임금격차 감소는 교역조건을 개선한다. 개발도상국에서의 교역조건 효과는 개발도상국에 추가적인 긍정적 효과를 가져오지만, 선진국에게는 부정적인 효과를 가져온다. 따라서 모방은 개발도상국에 이로우며 선진국에는 해롭다.

넷째, 선진국에서의 혁신은 상품의 차별화를 가져오고, 소비자들은 이런 차별화된 다양한 상품을 선호하기 때문에 선진국과 개발도상국 모두에게 이득이 된다. 생산활동과 그로 인한 수익은 선진국에서 이루어지기 때문에 선진국의 임금이 오르고 교역조건도 개선된다. 교역조건의 개선 효과는 선진국에서 부차적 이득이 되고 개발도상국에는 손실이 되지만 크루그먼 모형에서는 이런 부차적 효과는 항상 상품의 차별화로 인한 효과보다 작다.

다섯째, 혁신이 교역조건을 개선한다는 것은 일반적으로 수출상품의 기술변화가 교역조건을 악화시킨다는 전통적인 무역이론과 상반된다. 선진국의 소득은 부분적으로 새로 생산되는 신상품의 독점수익에 의존한다. 모방과 혁신과정의 의미는 선진국이 임금수준을 유지하거나 유리한 위치를 유지하기 위해 지속적으로 혁신을 해야 한다는 것이다.

여섯째, 세계 생산량은 혁신과 모방에 의해 모두 증가한다.

일곱째, 한 지역에서 노동력이 증가하면 실질임금이 감소하고 교역조건이 악화되기 때문에 이 지역에서의 근로자들은 오히려 가난해진다.

여덟째, 생산요소의 국제적 이동과 관련된 의미로서 표준적인 2요소 모형에서 국가 간 노동의 이동은 불가능하고 자본은 국제적으로 이동 가능하다고 하면 선진국에서의 혁신은 이 지역 자본의 한계 생산물을 증가시키기 때문에 자본의 수익률 상승으로 자본유입을 가져온다. 자본유입은 선진국에서 일인당 자본량을 증가시키므로 임금을 증가시킨다. 개발도상국에서의 자본유출은 일인당 자본량을 감소시키므로 임금을 하락시킨다.

이런 효과 때문에 개발도상국은 선진국의 혁신에 의해 손해를 볼 수도 있다. 따라서 혁신에 의해 이동 가능 생산요소인 자본소득은 균등화 되지만 이동 불가능한 노동 소득의 불균등 정도는 증가한다. 개발도상국의 선진국 기술모방은 선진국에서의 혁신과 반대의 효과를 가져와 개발도상국으로의 자본유입을 가져온다.

아홉째, 달러(Dollar, 1986)는 크루그먼의 북남모형과 헥셔-올린 모형을 결합하여 모방률rate of imitation은 선진국과 개발도상국의 임금 격차와 정(+)의 관계에 있다고 했다.[43] 젠센과 서스비(Jensen and Thursby, 1987)는 선진국 독점기업에 의한 내생적 혁신을 가정하고 크루그먼 모형과의 차이는 모방이 선진국의 교역조건을 개선할 수 있다는 것이라고 했다.[44]

④ 정책적 의미

첫째, 자유무역 정책은 세계적 관점에서 이로운 것이다. 선진국에서 어떤 산업이 쇠퇴하는 일은 자주 일어나는 것이며, 세계적인 효율 관점에서 바람직한 현상이다. 그러나 일부 국가에서는 무역으로부터 손해를 볼 수 있으므로 소득 재분배 개선을 위한 조치가 필요할 수 있다.

둘째, 국가적인 관점에서 기술모방의 정책적 의미는 다르다. 선진국 입장에서 기술모방은 선진국의 이익을 잠식하지만 세계 생산량을 증가시킨다. 선진국 소득에 대한 총 효과는 애매하다. 만약 선진국이 손해를 본다면 두 가지 방식으로 대응할 것이다. 혁신율을 높여 모방의 부정적 영향을 능가할 "혁신정책"을 도입하고, 이것이 불가능하거나 효과가 너무 적다면 무역정책을 사용하여 자국 시장을 보호할 수도 있다.

다음은 세계적 관점에서 손실일 수 있지만 정당한 국제 기술이전 시스템이 있다면 선진국은 자유무역을 선택할 것이다. 이번에는 개발도상국 입장에서 기술모방은 이득의 배분과 교역조건을 개선한다. 모방률을 높이는 정책은 개발도상국에 이롭지만 올바른 기술이전 체계가 있어야 한다. 그렇지 않으면 선진국은 자신의 이익을 침해할 수도 있는 보호조치를 강화할 수도 있다.

셋째, 국가적 관점에서 혁신의 정책적 의미는 다르다. 선진국 입장에서 혁신율을 높이기 위한 혁신정책은 이롭다. 개발도상국 관점에서는 선진국의 혁신이 개발도상국에서의 자본유출을 초래한다면 개발도상국에 손해를 끼칠 수 있다. 이때에는 보호주의 무역이 타당할 수도 있다.

---

43) Dollar, D. (1986), "Technological Innovation, Capital Mobility and the Product-cycle in North-South Trade," *American Economic Review*, Vol.76, pp.177-190.

44) Jensen, R. and M. Thursby (1987), "A decision Making Model of Innovation, Technology Transfer and Trade," *Review of Economic Studies*, Vol.55, pp.631-648.

⑤ 실증분석

기술 무역이론에 대한 많은 실증분석이 미국의 무역을 설명하려고 한 것은 아니지만, 미국은 일인당 소득과 상대임금이 높은 혁신적인 선진국이고 나머지 나라들은 이를 모방하는 개발도상국이라고 가정하고 있다. 디어도르프(Dearndorff, 1984)에 따르면, 미국 데이터를 이용한 이런 이론들의 검증결과는 비교적 성공적이라고 한다. 여러 학자들은 산업 전반에서 미국 수출실적과 다양한 R&D관련 변수들 간의 정(+)의 상관관계를 발견했다. R&D는 기술발전과 관련이 있기 때문에, 그 원인과 결과가 무엇이든 이런 증거는 기술무역 이론의 타당성을 보여주는 것이라고 할 수 있다.

기술 무역이론들은 선진국(미국)이 신상품 수출국이 되는 다양한 이유를 제시하고 있지만 디어도르프는 기술격차 이론와 상품 수명 주기론 모두 미국 무역을 성공적으로 설명하고 있다고 평가하고 있다.[45] 이런 연구들은 무역의 기술이론이 제시하는 미국의 무역실적과 다양한 기술관련 변수들 간의 상관관계 분석에 초점을 맞추고 있다. 모든 연구에서는 미국 수출의 중요한 결정요인으로서 연구개발의 중요성을 지적하고 있다.

기술 무역이론에 대한 여러 실증분석에서는 또한 헥셔−올린의 요소 부존량과 관련된 변수를 추가적인 설명변수를 이용했다. 여기에서도 무역성과와 기술관련 변수 사이의 강한 정(+)의 상관관계를 발견했다. 기술관련 변수가 지식 및 기술의 가용성과 관련된 기술을 개발하고 활용하는 개인, 기업, 국가의 능력과 많은 관련이 있다는 것이 분명하다. 따라서 디어도르프는 무역의 결정요인으로서 기술과 인적 자본을 구별하는 것은 어렵다고 하였다.

도시 등(Dosi et al., 1990)에서는 연구개발R&D에 많은 투자를 하는 산업을 가진 국가가 강한 수출국이 되는 경향이 있다는 것을 보여주고 있다.[46] 비교우위를 창출하는 과정은 상품 수명 주기론에 의해 설명될 수 있지만, 일부 산업에 대한 실증연구에서 타당성 있었지만 다른 산업에서까지 광범위하게 인정되지 않는다고 한다. 개그넌과 로즈(Gagnon and Rose, 1992)는 1962~1988년간 미국과 일본의 무역통계(HS 4digit)를 분석한 결과, 두 나라의 무역패턴이 매우 안정적이었음을 보여준다.[47] 즉, 수출에서

45) Deardorff, A. V. (1984), "Testing Trade Theories," In Jones R. W. and P. B. Kenen, *Handbook of Inter-national Economics*, Vol.1, North Holland, Amsterdam, pp.495-499.

46) Dosi, G., C. Freeman, R. Nelson, G. Silverberg and L. Soete (1990), *Technical Change and Economic Theory*, London/New York, Pinter Publishers.

수입으로, 또는 그 반대로 이동하는 상품이 거의 없었다. 이런 결과가 상품 수명 주기론과 일치할 필요는 없지만, 크루그먼은 본 연구의 결과가 각 국가의 산업구조가 급변하고 지속적으로 변화한다는 증거가 없거나, 적어도 상품 수명 주기론을 주장하는 사람들이 주장하는 것보다 훨씬 더 느리게 작동한다는 것을 의미한다고 했다.48)

1970년대 말, 버논(Vernon, 1979)조차 무역에 대한 자신의 상품 수명 주기론을 설명하는 몇 가지 요소에 대해 의문을 제기했다. 어떤 나라의 신상품 생산이 자신의 국내시장에서 시작되어야 하는지에 대해 의문을 제기했는데, 이는 주로 다른 몇몇 국가에서 임금과 소득수준이 미국을 따라잡았기 때문이다.49) 더욱이 버논은 다국적 기업의 성장과 확산이 상품 수명 주기론의 가치를 하락시켰다고 했다. 선진국 간에 기술수준이 빠르게 수렴하는 모습을 보였고, 특히 다국적 기업 때문에 혁신의 확산 속도가 빨라졌기 때문이다.

결론적으로, 상품 수명 주기론의 실증적 검정이나 적용 범위는 제한적이라고 할 수 있다. 무역의 원동력으로서 기술격차에 대한 이런 연구들의 타당성은 단편적인 것으로, 혁신으로 인한 일시적 우위가 일부 산업에서만 무역의 중요한 결정요소라는 것이다.

---

47) Gagnon, J. and A. Rose (1992), *How Pursuasive is the Product Cycle? An Empirical Dynamics of American and Japanese Trade Flows,* NBER Working Paper, No.3946.

48) Krugman, P, (1995), "Technological Change in International Trade," In: P. Stoneman (ed.) *Handbook of the Economics of Innovation and Technological Change*, Basil Blackwell, Oxford/Cambridge, p.354.

49) Vernon, R. (1979), "The Product Cycle Hypothesis in a New International Environment," *Oxford Bulletin of Economics and Statistics*, Vol.41, pp.255-267.

《 표 6-1 》 현대적 무역이론 요약

	외부 규모의 경제 효과	내부 규모의 경제효과와 독점적 경쟁시장	내부 규모의 경제효과와 과점시장 경쟁	기술격차 이론(Krugman, 1979)
가정 - 생산요소	• 노동(L)과 자본(K) • 산업부문간 이동가능 • 국가 간 이동불가 • 초기 요소부존량 동일	• 노동(L)과 자본(K) • 산업부문간 이동가능 • 국가 간 이동불가 • 초기 요소부존량 동일	• 없음	• 노동은 국내에서는 이동가능, 국제 간에는 이동불가
- 산업부문/상품	• 2개의 동질적 상품	• 상품 차별화 없음	• 몇 개의 상품	• 차별화된(수평적) 상품 없음
- 규모의 경제 효과	• 1개의 상품은 규모에 대한 수확 불변, 나머지 1개는 외부 규모에 대한 수확 체증	• 내부 규모의 경제 효과	• 기업수준에서 규모에 대한 수확 체증 (다만 Brander and Krugman model에서는 아님)	• 규모에 대한 수확 불변
- 생산기술	• 국가 간 생산기술 동일 • 산업부문간 생산기술 차이 • 기술변화 없음	• 국가 간, 상품간 생산기술 동일 • 기술변화 없음	• 국가 간, 상품간 생산기술 동일 • 기술변화 없음	• 새로운 차별화된 상품은 선진국에서 생산 • 모방상품은 동일한 생산기술을 이용하여 선후진국에서 생산 • 외생적인 혁신율과 모방율
- 기술유출	• 없음	• 없음	• 없음	• 국제적 지식의 이전 가능
- 소비자 선호	• 소득수준, 국가별로 동일	• 소득수준, 국가별로 동일	• 소득수준, 국가별로 동일	• 소득수준, 국가별로 동일
- 시장구조	• 완전경쟁 상품시장 • 완전경쟁 요소시장	• 독점적 경쟁 상품시장 • 완전경쟁 요소시장	• 과점 상품시장 • 꾸르노의 복점모형 (Brander/Krugman)	• 독점적 경쟁시장
무역 메커니즘	• 규모의 경제가 산업내 무역발생	• 규모의 경제, 차별화된 상품이 산업내 무역 발생	• 규모의 경제, 시장분할과 가격차별(Brander/Krugman)	• 혁신에 따른 기술격차와 모방에 따른 격차 축소
의미	• 무역으로부터 한 국가는 손해	• 모든 국가 이득	• 없음	• 선진국 손해
- 무역 이익의 근원	• 교환, 전문화, 규모의 경제 활용으로 이득	• 교환, 전문화, 규모의 경제, 적자기업 퇴출, 상품 다양화의 활용으로 이득	• 경쟁효과 • 적자기업 퇴출 • 교환, 전문화, 규모의 경제 활용으로 이득	• 보다 많은 상품 다양성 • 전문화, 교환의 이익
- 요소가격 균등화	• 반드시 성립하지 않음 • 한 나라의 임금이 보다 높을 수 있음	• 반드시 성립하지 않음	• 반드시 성립하지 않음	• 성립하지 않음 • 혁신적인 선진국의 임금이 높음

	외부 규모의 경제 효과	내부 규모의 경제효과와 독점적 경쟁시장	내부 규모의 경제효과와 과점시장 경쟁	기술격차 이론(Krugman, 1979)
- 생산요소 소유자별 이득	• 근로자는 이득 혹은 손해	• 무역으로 인한 추가적인 이익이 있으므로 산업내 무역의 소득분배 효과는 산업 간 소득분배 효과보다 작음		• 모방은 선진국의 임금을 낮춤 • 혁신은 선진국과 개도국의 임금 상승(소비자들은 보다 다양화된 상품을 선호)
- 추가적 의미	• 산업 간 무역 • 역사와 우연이 무역형태를 결정 • 전문화의 방향은 종종 잘 알려져 있지 않음	• 산업내 무역 • 정확한 무역형태가 결정되지 않음	• 산업내 무역	• 선진국은 지속적으로 임금수준을 유지하기 위해 혁신할 필요 • 세계 생산량은 모방과 혁신을 통해 증가
정책적 의미	• 국가 또는 전세계 후생증가 가능	• 특수상황하에서 한 나라의 후생이 증가할 수 있음		• 선진국은 무역으로부터 손해 • 세계적 관점에서 무역은 이득
- 논란	• 외부 규모의 경제효과로 인해 국가차원에서 최대의 후생을 가져오는 상품생산에 특화하지 못함 • 세계차원에서 적정 생산규모는 소국에게는 최적이 아님	• 소국입장에서 교역조건 개선 가능 • 해외시장을 독점하고 있을 때에는 교역조건 개선 • 불완전 경쟁은 시장왜곡으로 이득의 이전을 가져옴(전략적 무역정책 논란)		• 외부성(국제 간 지식이전) 모방은 선진국 임금 하락 • 무역정책은 모방을 방지할 수 있지만 세계 생산량은 감소 • 국제 간 적절한 기술이전 시스템이 선진국의 기술보호를 방지할 수 있음
실증분석	• 이론의 검증이 어려움 • 일부 증거 존재(실리콘 밸리, 헐리우드 등)	• 이론검정 시도되었으나 결과에 대해 많은 비판 • 이론자체 검증은 이론의 불완전성과 검증을 위한 자료의 부족으로 매우 어려움		• 단편적으로 기술격차, 상품주기설의 타당성 입증

자료: Siemen van Berkum and Hans van Meijl (1998), pp.92-94.

CHAPTER 7.

글로벌 가치사슬의 무역이론

국제무역 이론으로서 비교우위론은 오랫동안 굳건한 인기를 누렸음에도 불구하고 국제무역의 방향과 후생효과의 분석에서 그 타당성에 많은 도전을 받았다. 현대적 무역이론에서 언급했듯이, 크루그먼Paul Krugman은 2008년 국제무역을 비교우위론과 다른 관점에서 설명한 이론non-comparative advantage models을 개발한 공로로 노벨 경제학상을 받았다.

하지만 현대적 무역이론 역시 많은 이론적, 실증적 문제에 직면하게 되면서 1990년대에는 비교우위론이 보다 진화된 모습으로 다시 부활하게 된다. 특히 1980년대에 규모에 대한 수확 체증, 불완전 경쟁시장, 기업과 국가의 전략적 행동을 강조했던 크루그먼의 소위, 신국제경제학New International Economics: N1E의 발전이 비교우위론의 쇠퇴를 초래할 것처럼 보였지만 경제정책 관점에서 많은 경제학자들의 논쟁을 통해 부활되었다.

신국제경제학은 국제무역에 대한 헥셔－올린 이론의 현실성 부족, 가령 레온티에프Leontief의 역설이나 완전경쟁시장의 가정과 규모에 대한 수확 불변의 가정과 같은 것의 해소 차원에서, 또 다른 한편 산업내 무역의 존재 설명이나 일본이나 한국, 대만 등 아시아 "호랑이"국가들의 수출촉진을 목표로 한 보조금 지급, 국내산업 보호와 같은 정부정책의 성공을 설명하려는 노력으로 발전했다.

사실 신국제경제학 모형은 헥셔－올린 모형보다 현실적으로 보이는 측면이 많다. 모형이 설명하고 있는 규모에 대한 수확 체증, 차별화된 상품, 연구개발R&D에 대한 보조금 지급과 같은 전략적 무역정책은 오늘날 세계 무역환경에서 자주 볼 수 있는 현상들이기 때문이다. 여기에서는 국제무역 이론 관점에서 글로벌 가치사슬의 위상을 살펴보고자 한다.[1)]

1) Milberg, W. and D. Winkler (2013), *Outsourcing Economics: Global Value Chains in Capitalist*

1. 비교우위론의 부활

(1) 신국제경제학에서의 정책개입 타당성

정부가 국제무역에 개입함으로써 사회후생을 증가시킬 수 있다는 주장은 전통적인 헥셔–올린 등 비교우위론과 비교할 때 신국제경제학이 제시하는 매우 중요한 의미이다. 바로 이런 정부개입의 타당성에 대한 관점의 차이 때문에 비교우위에 대한 헥셔–올린 모형이 다시 부활하게 되는 계기가 되었다. 이는 결국 정부개입보다는 자유무역이 바람직하다는 많은 경제학자들에게 신국제경제학이 제시하는 정책적 의미는 수용되기 힘들었기 때문이다.

신국제경제학자들도 신무역모형이 정부개입으로 인한 사회후생 증가의 가능성과 함께 자유무역 정책의 최적성을 언급하려 했다고 할 수 있다. 하지만 많은 국제 경제학자들은 헬프먼과 크루그먼Elhanan Helpman and Paul Krugman의 신국제경제학이 전통적 국제경제학과 서로 화합할 수 없다고 생각했다. 특히 신국제경제학의 주장을 집대성한 1989년의 저술, 『무역정책과 시장구조Trade Policy and Market Structure』에 대해 루카스(Robert Lucas, 1990)가 다음과 같은 비판을 한 것이 단적인 예의 하나이다.

"『무역정책과 시장구조』란 저서의 전반에 걸쳐 헬프먼과 크루그먼은 새로운 무역이론의 정책적 의미를 제시하여 많은 독자들에게 불편함을 주었다. 한때 이들은 마치 다른 누군가가 책의 제목을 정해준 것처럼 '이 책은 정책에 관한 것이 아니라 이론과 방법에 관한 것이다'라고 주장하기도 했다. 독자들이 불편함을 느낀 원인은 결론에 명확히 나와 있다. '자유무역의 경우, 오랫동안 중심적인 교리로서 타당하지 않게 되었는가? 무역정책의 효과에 대해 우리가 말한 내용에도 불구하고 우리는 그렇게 생각하지 않는다.' 헬프먼과 크루그먼은 그들이 자유무역의 '중심적 경제교리central economic tenet'라고 부르는 것의 타당성을 주장하는 것만큼 그 공허함을 처음으로 폭로한 것에 대한 비난을 피하기 위해 노력하고 있는 것 같다"고 하였다.[2)]

Development, Cambridge, U.K.: Cambridge University Press, pp.59-79.

2) Lucas, R. (1990), "Review of Trade Policy and Market Structure by E. Helpman and P. Krugman," *Journal of Political Economy* 98(3), pp.664-667.

(2) 비교우위론의 부활

신국제경제학 모형의 쇠퇴와 비교우위론의 부활은 여러 요인에 기인한다. 전통적인 자유무역보다는 정책개입의 정당성을 주장한다는 점에서 많은 경제학자들의 불만을 사게 되었다. 모형 자체가 새로운 방법론으로서는 엄밀한 미시적 기초를 결여하고 있다는 점도 작용했다. 또한 세계경제의 발전과 전통적 무역모형이 보다 직접적인 관련성이 있었기 때문이기도 하다. 특히 저임금 국가로부터 산업화된 선진국으로의 수출증가와 선진국, 특히 미국에서 소득 불평등의 증가 사이의 명백한 상관관계가 있었기 때문이었다. 이 같은 전통적 비교우위론의 부활에는 우드Wood의 연구가 큰 역할을 하였다.

아드리안 우드(Adrian Wood, 1994, 1995)와 몇몇 경제학자들은 요소 부존량 모형을 부활시키는 데 공헌하였다.[3] 여기서 스톨퍼－새뮤얼슨Stolper-Samuelson 정리를 이용하여, 미국 등 많은 선진국에서 발견되는 숙련 노동자와 비숙련 노동자의 임금 불평등 증가에는 기술변화와 세계화가 중요했다는 점을 강조했다.

우드Wood는 헥셔－올린 모형이 모형의 설정오류로 인해 실증분석에서 입증되지 못하였다고 하면서 자본은 국제적으로 이동가능하기 때문에 세계적으로 비슷한 수익률을 갖게 되어 비교우위를 결정하는 요인이 될 수 없고, 대신 인간에게 체화된 기술과 지식이 국제무역의 패턴을 결정한다고 했다. 세계 무역패턴을 보면 산업화된 나라는 고기술 노동 집약적 상품을 수출하고, 개발도상국은 저기술 노동 집약적인 상품을 수출한다고 했다. 이와 같은 소위 북남무역을 설명하기 위해 헥셔－올린 모형을 재설정하였는데 여기서는 노동과 자본이란 2개의 생산요소 대신 숙련 노동과 비숙련 노동의 두 가지 생산요소를 고려하였다. 이제 스톨퍼－새뮤얼슨 정리에 의해 무역 자유화가 기술이 풍부한 선진국의 비숙련 노동자에 비해 숙련 노동자들의 임금을 증가시키게 된다고 해석할 수 있게 되었다. 1980~1990년대 선진국에서의 소득 불평등 심화를 잘 설명할 수 있게 되자 헥셔－올린 모형은 헥셔－올린－우드Heckscher-Ohlin-Wood: H-O-W 모형으로 불리기도 하였다.

헥셔－올린－우드 모형에 의하면 숙련, 비숙련 노동자들 간의 임금 불평등 증가가 일부 무역 자유화에 기인한다고 한다. 스톨퍼－샤뮤엘슨 정리에 따르면 무역 자유화가 숙련 노동이 풍부한 국가의 숙련 노동자에게 혜택을 주기 때문이다. 반면 많은

---

3) Wood A. (1994), "North-South Trade, Employment and Inequality," *Changing Fortunes in a Skill-Driven World,* Oxford Claredon Press.; Wood A. (1995), "How Trade Hurt Unskilled Workers," *Journal of Economic Perspectives* 9(3), pp.57-80.

노동 경제학자들은 임금 불평등 정도가 심해지는 것은 기술습득의 영향 때문으로 숙련 노동자의 임금은 비숙련 노동자의 임금수준에 비해 상대적으로 더 빨리 증가한다고 하였다.

이는 미국 등 여러 경제권에서 관찰되고 있는 소득 불평등의 증가에 대한 원인으로 무역 자유화와 기술변화의 상대적 기여도에 대한 논쟁을 촉발시켰다. 우드는 무역이 비숙련 노동자 문제의 주요 원인이라고 했다. 선진국에서는 자본 집약적인 제조업에 대한 전문화가 증가하고 있는 반면 개발도상국에서는 노동 집약적 상품의 생산에 더욱 전문화하고 있다고 했다. 우드는 1980~1994년간 미국의 임금 불평등 증가의 75%가 무역 때문이라고 추정했다.

일단의 다른 경제학자들은 인적 자본의 상대적 가치의 차이가 산업 간보다 산업 내에서 더욱 강하게 관찰되기 때문에 기술편향 기술진보가 임금 불평등의 주요 원인이라고 하였다. 임금 불평등의 원인으로서 무역과 기술변화에 대한 연구가 진전됨에 따라 두 가지 효과의 상대적 크기를 평가하는 것이 더욱 어려워졌다. 어떤 연구에 의하면 많은 새로운 기술이 생산에 적용되기 오래전부터 임금 불평등이 심화되기 시작했다고 한다. 1990년대 후반 정보통신 기술이 크게 발전했을 때에는 불평등이 감소하기도 했다.

또한 글로벌 공급망이 발전함에 따라 무역과 기술변화가 연결되어 있다는 것이 분명해졌다. 1995년에 우드는 기술변화의 속도와 방향이 무역에 의해 영향을 받을 수 있기 때문에 무역과 신기술은 서로 연관되어 있다고 했다.

글로벌 가치사슬에 따른 오프쇼어링이 증가하면서 임금 불평등에 대한 국제무역의 역할에 다시 관심이 모아졌다. 핀스트라와 한슨(Feenstra and Hanson, 1996, 1999, 2001)은 헥셔-올린-우드 모형을 이용하여 국제무역이 숙련노동의 임금상승에 상당한 역할을 하였다고 했다.[4] 국제무역이 임금 불평등에 큰 영향을 미치지 못한다는 주장들은 일정한 GDP 대비 무역비중, 기술 집약적 상품의 상대적 가격 상승, 산업 간이 아닌 산업 내에서 주로 일어나는 숙련 노동자의 증가를 국제무역이 임금 불평등에 기여할 수 없다는 증거로 언급하지만 이런 추론은 최종상품의 무역만을 강조하고 글로벌 가치

---

4) Feenstra, R. C., and G. H. Hanson, (1996), "Globalization, Outsourcing, and Wage Inequality," *American Economic Review* 86(2), pp.240-245.; Feenstra, Robert C., and Gordon H. Hanson (1999), "The Impact of Outsourcing and High-Technology Capital on Wages: Estimates for the United States, 1979~1990," *Quarterly Journal of Economics* 114(3), pp.907-940.; Feenstra, Robert C., and Gordon H. Hanson, (2001), *Global Production Sharing and Rising Inequality: A Survey of Trade and Wages*, NBER Working Paper w8372.

사슬의 확대에 따른 중간투입물 무역의 급격한 증가를 반영하지 못하고 있다고 했다.

크루그먼(Krugman, 2008)은 개발도상국이 수직 전문화된 산업에서 저숙련 노동 집약적 부분에 종사할 때 임금 불평등이 크게 증가할 수 있다고 했다. 하지만 국제적 전문화 패턴이 점점 복잡해지기 때문에 무역이 임금 불평등에 미치는 기여정도를 정확하게 측정하는 것은 힘들다고 했다.[5] 1990년대 초 이후 무역의 급속한 성장은 상당한 분배효과를 가져왔을 가능성이 있지만 이를 구체적으로 측정하기 위해서는 더욱 자세한 국제 전문화와 무역의 특성을 이해해야 한다고 했다.

2. 생산의 분절화와 업무의 교역

(1) 생산의 분절화의 의미

생산의 분절화fragmentation라는 용어는 본서의 앞부분에서 여러 번 언급되었지만 여기서는 글로벌 가치사슬의 무역이론을 설명하기 위해 좀 더 자세히 살펴보고자 한다. 생산의 분절화는 생산공정이 공급사슬(부가가치 사슬)에서 각각 다른 부분으로 나누어지는 것을 의미한다. 간단히 말하면 상품을 생산하는 기업이 생산공정을 각각 다른 여러 공급업체나 제조업체에 분산시키는 것을 의미한다. 따라서 해당 기업은 자신의 상품이나 서비스를 생산하기 위해 별도의 공급업체나 부품 제조업체를 활용하게 된다.

이런 외부 공급업체나 제조업체들은 종종 노동력이 풍부하여 임금이 저렴한 다른 나라에 위치하게 되는데 이를 통해 해당 기업은 보다 저렴한 비용으로 상품을 생산하게 된다. 생산의 분절화는 보다 발달된 기술과 세계화 과정에 의해 가능하게 되었다.

(2) 생산의 분절화의 원인

해당 기업은 해외진출이 필요하더라도 생산비용을 줄이기 위해 생산의 분절화를 시도하게 된다. 이때 진출하게 되는 지역은 인건비가 저렴하고 노동력이 풍부한 아시아와 라틴 아메리카와 같은 개발도상국들이었다. 선진국 기업들은 필요한 부품과 잠재적인 공급업자를 조사하고 가장 저렴한 공급업체를 이용하여 최종상품의 부품을 조

---

5) Krugman P. (2008), "Trade and Wages, Reconsidered," *Brooking Papers on Economic Activity* 39 (1), p.103-154.

럽하여 다른 나라에 판매하게 된다.

기업은 가장 저렴한 비용에 이용가능한 효율적인 공급업체를 찾기 때문에 이런 과정은 종종 세계화globalization와 연관된다. 세계화와 보다 발달된 기술은 상품이 여러 국가를 이동하면서 가격이 보다 저렴해지고, 조달, 배송, 상품의 추적이 보다 용이해지면서 생산의 분절화를 더욱 촉진하였다. 생산의 분절화는 전자, 운송 및 의류 산업에서 매우 활발하게 일어났다.

생산의 분절화를 촉진시킨 것은 세계화와 기술변화 외에도 다른 이유가 있다. 선진국에서 비숙련 노동력이 부족해지면서 기업들이 다른 지역(국가)에서 대안을 찾았기 때문이다. 또한 저 성장국과 시장의 역동성이 부족한 국가에서는 기업들이 다른 곳에서 대안을 찾는 과정에서 생산의 분절화가 촉진되었다. 정부의 정책과 규제로 인해 기업들은 규제가 없거나 보다 느슨한 곳으로 생산활동을 이전하는 과정에서 분절화가 촉진되었다.

(3) 생산의 분절화의 장점

생산의 분절화의 가장 큰 이점은 비용 효율성이다. 기업은 다른 공급업체와 제조업체를 활용함으로써 비용절감을 할 수 있고, 이는 소비자에게 보다 저렴한 상품과 서비스를 제공할 수 있게 한다.

개발도상국은 노동력과 원자재에 대한 수요증가로 혜택을 받게 된다. 지역 주민들은 일자리를 얻을 수 있고, 기업이 상품과 서비스 생산을 위한 원자재를 조달하고 노동력을 구하기 때문에 자신들의 기술을 향상시킬 수 있다.

이런 것들이 기업의 수익성을 높여 국가경제에 도움이 된다. 기업이윤이 증가하면 기업은 더 많이 투자하고 성장하며, 일자리 창출, 소비자의 후생증가, 상품의 수준 향상, 상품과 서비스에 대한 수요증가를 유발하게 된다.

(4) 생산 분절화의 형태

1) 사업활동의 분절화(business fragmentation)

기업의 사업활동의 분절화는 사업구조의 특정 부문이 분리되는 것으로 여기에는 기업의 리더쉽, 생산공정, 업무의 절차, 기업의 인프라와 사업체의 위치까지 포함된다. 지나친 사업활동의 분절화는 기업활동의 비효율을 초래할 수도 있다.

2) 시장의 분절화(market fragmentation)

시장의 분절화는 시장 참가자들, 특히 소비자들이 자신의 욕구 또는 필요에 따라 다른 그룹으로 나누어지는 것을 말한다. 기업은 시장의 분절화에 따른 상품과 서비스의 소비패턴 변화를 파악하여 효율성과 수익성을 높일 수 있다. 시장의 분절화는 시장 참가자의 행동, 인구, 지역에 따라 분절화될 수 있다.

3) 산업의 분절화(industry fragmentation)

산업의 분절화는 해당 산업에서 명확한 선도기업이 없을 때 일어난다. 많은 기업이 특정 산업에서 활동하지만 이들 중 누구도 시장가격, 생산, 투자와 경쟁에 영향을 미칠 만큼 충분한 시장 점유율을 가지고 있지 않다. 산업의 분절화에는 기업의 수익성보다는 시장 진입장벽이 없다는 것이 중요하다.

3. 생산의 분절화와 무역

그로스먼과 로시-한스버그(Grossman and Rossi-Hansberg, 2006a, 2006b, 2008)는 세계화 시대에는 최종재의 거래의 특성과 완전히 다른 중간재나 서비스 무역(작업의 무역trade in tasks)이 활발하므로 과거와 다른 새로운 무역이론이 필요하다고 했다. 글로벌 가치사슬의 구조와 그 지배구조는 전통적 무역이론과 완전히 다른 무역의 결정요인, 무역과 경제성장 또는 경제개발과의 인과관계를 설명해 줄 수 있다.

글로벌 가치사슬의 경제학Economics of Global Value Chains은 국제무역 이론의 틀 내에서 아직 완성되었다고 볼 수 없다. 하지만 단편적으로 많은 경제학자들은 중간재나 서비스의 해외조달(오프쇼어링offshoring)을 통해 효율성을 높일 수 있다는 무역의 이익을 강조하며, 국가 간 요소 부존량, 국가 간 기술의 차이에도 불구하고 무역을 통해 완전고용과 무역수지 균형을 달성할 수 있다고 한다. 사회후생 분석에서도 오프쇼어링에 따라 생산요소 조달에서의 관련 비용이 미미하고, 무역을 통해 손해보는 계층loser과 이익을 보는 계층winner 간에도 적절한 보상이 이루어진다면 파레토 최적Pareto optimality을 달성할 수 있다고 한다.

1990년대 후반 경제학자들은 중간재 무역의 중요성을 인식하면서 다시 헥셔-올린 모형을 활용하기 시작했다. 신무역 이론에 의해 몰락하던 비교우위론이 다시 부활했다. 특히 국제무역의 숙련 노동자와 비숙련 노동자의 임금 불균등 증가에 대한 역할을 설명하기 위해 이를 활용했다. 따라서 글로벌 가치사슬에서 오프쇼어링에 대한 초기 모형들은 비교우위론의 프레임워크를 사용했다.

이런 관점에서 오프쇼어링은 상대적 요소 부존량에 의해 설명되는 바와 같이 보다 세련된 국제적 전문화의 한 패턴이라고 할 수 있다. 무역장벽(관세, 운송 및 통신비용)의 감소에 따라 가능하게 된 것이다. 따라서 생산의 분절화가 가능한 세계에서 무역자유화는 상대적 요소가격에 대한 스톨퍼－새뮤얼슨 효과(즉, 숙련 노동이 상대적으로 풍부한 국가에서 숙련 노동자의 상대적 임금이 증가)를 성립시키며, 전반적으로 사회후생에도 유익한 효과를 가져온다고 기대할 수 있다.

아래에서는 무역을 글로벌 가치사슬의 3가지 측면, 즉 생산의 분절화, 생산요소 서비스의 무역, 작업의 무역이란 관점에서 살펴보고자 한다.

(1) 생산의 분절화와 무역

경제이론상 글로벌 가치사슬에서의 오프쇼어링에는 정태적, 동태적 유형의 후생증가 효과가 있다고 설명한다. 정태적인 후생증가는 오프쇼어링이 보다 세련된 노동분업을 가능하게 하고 기술변화를 통한 비용절감이나 글로벌 공급망을 효율적으로 관리할 수 있기 때문에 가능하다. 생산의 분절화는 한 산업부문 내에서 최종재가 여러 개의 분절화된 공정으로 나누어지고, 각 공정의 공급처로부터 조달된 투입물을 사용하여 생산이 이루어지는 것이다. 이때 생산의 분절화는 요소 부존량, 분절화된 부문의 요소 집약도, 분절화되어 해외에서 조달되는 오프쇼어링 부문의 요소 집약도에 의해 결정되는 기술변화 때문에 일어난다. 이런 관점에서 중간재 서비스의 오프쇼어링을 포함한 생산의 분절화는 최종재나 서비스 무역만 존재한다고 할 때의 이득보다 많은 이득을 가져다준다.

안트와 키르카우스키(Arndt and Kierzkowski, 2001)에 따르면, 생산공정이 공간적으로 분산되면 최종재의 평균 요소 집약도보다는 각 생산공정의 요소 집약도가 각 생산공정의 지리적 위치를 결정하게 된다. 노동의 국제적 분업을 통한 각 생산공정의 요소 집약도는 해당 지역의 풍부한 생산요소가 무엇이냐에 따라 결정된다. 따라서 생산공정을 따라서 전문화를 확대하는 것은 일반적으로 사회후생을 증대시키는 효과를 가진다.[6)]

안트와 키르카우스키(Arndt and Kierzkowski, 2001)는 2개의 재화(A와 B), 2개의

6) Arndt Sven W. and Henryk Kierzkowski (2001), *Fragmentation: New Production Patterns in the World Economy*, New York, Oxford University Press.

생산요소(자본, K와 노동, L)를 고려한 헥셔-올린 모형을 이용하여 소규모 개방경제에서의 통합생산에서 분절화된 생산으로의 생산방법의 변화가 효율성 증대에 미치는 영향을 분석했다.

다음 [그림 7-1]을 통해 이를 설명해보자. 어떤 한 국가가 자본이 풍부하여 자유무역하에서 자본 집약적 재화인 B를 수출하고 그렇지 않은 재화 A를 수입한다고 하자. A_0과 B_0는 두 재화의 단위 산출물에 대한 등량곡선이다. w를 노동의 가격인 임금수준, r을 자본의 가격이라고 하면 요소가격 비율(w/r)은 세계 상품가격이 된다.

〈그림 7-1〉 통합된 생산과 분절화된 생산의 도해

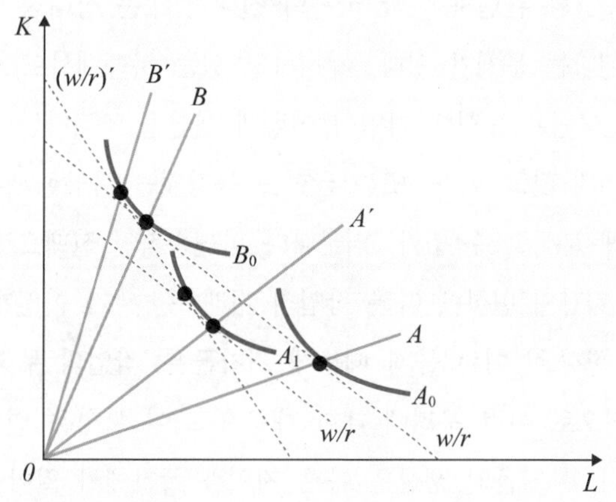

자료: Arndt Sven W. and Henryk Kierzkowski (2001), p.77.; Milberg and Winkler (2013), p.73.

만약 수입품이 A_1과 A_2의 두 부분으로 분절화될 수 있고, 이 중 A_1이 보다 자본집약적이라면, 이 국가는 A_1을 생산하게 되고 A_2는 수입하게 될 것이다. 이제 등량곡선 A_0는 원점 방향으로 이동하여 A_1이 된다. 요소가격은 $(w/r)'$로 변화하게 된다. 그러면 새로운 재화 A, B의 생산점에서 자본집약도는 A에서 A'로, B에서 B'로 모두 증가하게 된다. 이는 결국 생산가능 곡선이 바깥쪽으로 이동하는 것을 의미하므로 완전고용의 가정하에서 국가의 후생수준은 증가하게 된다.

디어도르프(Deardorff, 2001a, 2001b)는 2개 국가, 2개 생산요소, 다수상품, 콥-더글러스Cobb-Douglas 생산기술 및 선호를 가정하는 헥셔-올린 프레임워크를 사용했다.[7)]

---

7) Deardorff, A. V. (2001a), "Fragmentation in Simple Trade Models," *North American Journal of Economics and Finance* 12(2): pp.121-137.; Deardorff, A. V. (2001b), "Fragmentation across

한 국가의 요소 부존량이 다양화되어 있다는 가정하여 비용절감을 위한 오프쇼어링 모형을 개발했다. 여기에서는 자본/노동 비율과 상품의 국내 가중평균된 요소 집약도가 두 나라의 임금비율을 결정하는 것으로 보고 있다. 생산의 분절화는 생산된 상품의 요소 집약도를 변화시키고, 상대적인 요소가격을 변화시키는 원인이 될 수 있다. 그 결과는 분절화된 부문의 요소 집약도와 원래의 기술에 의해 결정된다.

하지만 그로스먼과 로시-한스버그(Grossman and Rossi-Hansberg, 2006b)가 제기한 것처럼 생산의 분절화 모형은 몇 가지 문제점을 갖고 있다. 이 연구는 적절한 문제를 제기하고 몇 가지 흥미로운 사례와 통찰력을 제공한다. 하지만 모형의 결과는 어떤 생산공정을 분해할 수 있는지, 초기에 요소가격 균등화가 유지되는지, 그리고 여러 상품의 세계수요와 관련하여 각 국가의 절대적 또는 상대적 요소 부존량이 무엇인지에 따라 결정된다는 문제가 있다. 제시하고 있는 사례에서도 일반원칙을 유도하는 것이 쉽지 않다. 모형은 모형내 기업이 어떻게 생산을 조직하는지에 대해 한계개념의 의사결정을 내리지 않고 있다. 또한 균형을 특징짓는 다양한 원인이 있기 때문에 새로운 문제를 쉽게 분석할 수 없다. 더군다나 비연속적인 선택으로서 생산 분절화를 모형화하는 것은 시간의 변화에 따른 작업의 거래task trade가 어떻게 진화하는지에 대한 연구를 어렵게 한다.[8] 이런 문제 때문에 저자들은 '작업의 무역'을 강조하고 있다.

부분적으로 이런 우려에 대한 대응으로 이 모형은 연속적인 투입물에서의 거래를 중시한다. 투입물의 생산은 다른 지역과 국가에서 일어날 수 있고 이를 조직하는 것도 지속적 변화한다고 가정한다. 예를 들어, 일부 투입물은 비용측면에서 역외에서 생산되어 거래될 수 있지만, 오프쇼어링 가능성은 변화하며 투입물의 특성에 따라 결정된다. 궁극적으로 서로 다른 위치에서의 투입물의 한계비용은 동일하게 된다.

핀스트라와 한슨(Feenstra and Hanson, 1997)은 역외에서 생산될 일련의 투입물을 선정하기 위해 전통적인 요소 부존량 접근법을 사용하였다.[9] 여기서는 외국인 직접투자FDI가 고기술이 풍부한 국가와 그렇지 못한 국가의 생산에 있어서 평균 기술집약도를 증가시키며, 결과적으로 양국에 임금 불균등을 확대하게 된다는 흥미로운 결과를 제시하고 있다.

Cones," In *Fragmentation: New Production Patterns in the World Economy*, (eds) Arndt Sven W. and Henryk Kierzkowski, Oxford University Press, pp.35-51.

8) Grossman, Gene M. and Esteban Rossi-Hansberg (2006), *Trading Tasks: As Simple Theory of Offshoring*, NBER Working No.12721, NBER.

9) Feenstra, R. C., and G. H. Hanson (1997).

4. 서비스의 무역

(1) 서비스 아웃소싱 개념

이미 살펴본 바와 같이, 많은 국제무역 이론들은 무역으로 인한 국가 전체의 소득이나 후생수준의 변화, 고용에 대한 영향(실업), 소득분배(근로자의 실질임금 수준)에 미치는 영향에 대해 언급하고 있다. 글로벌 가치사슬 분석에서 아웃소싱 과정에서 일어나는 무역이나 무역정책의 평가에서도 이와 특별히 다른 것은 없다.

많은 연구에서 서비스 무역은 공급자와 수요자의 거래형태에 따라 구분되었다. 대표적으로 세계무역기구WTO는 서비스 무역을 다음의 4가지 형태로 구분하고 있다. 첫째는 서비스의 공급업자와 수요자가 자신의 국가에 위치한 상태에서 원거리 서비스를 공급하고 수요하는 형태이다. 전자정보와 통신기술의 발전에 따라 국경을 넘어서 대량으로 서비스가 거래될 수 있게 되었다. 둘째는 수요자가 서비스 공급국가로 이동하여 서비스를 제공받는 형태이다. 해외여행, 의료 서비스, 유학과 같은 것이다. 셋째는 서비스 공급자가 이를 수요하는 국가에 최소한의 해외투자를 통해 영업활동을 하는 것이다. 주로 판매와 구매활동을 쉽게 하기 위한 형태이다. 은행지점, 보험 대리점의 진출이 대표적인 것이다. 넷째는 서비스 공급업자가 서비스 수요자가 위치한 국가로 대규모 해외직접투자를 통해 진출하는 형태이다. 건축, 컨설팅 서비스, 의사와 교수가 함께 움직이는 의료기관, 대학의 진출과 같은 것이다.

다음에 살펴볼 글로벌 가치사슬의 무역이론으로서 바그와티Bhagwati의 서비스 무역거래 모형은 이 중 첫 번째 형태의 서비스를 대상으로 한다. 바그와티는 서비스 무역 거래에 대한 분석에서 "생산의 분절화"와 비슷한 의미의 용어로 "제조업으로부터 서비스의 분리splintering of services from manufacturing"라는 용어를 사용하였다.

첫 번째 모형은 하나의 최종재와 2개의 생산요소를 사용한 모형이다. 최종재 하나만 있는 상태에서 무역은 존재하지 않는다. 그러나 아웃소싱을 도입하면 최종재 생산을 위해 노동 서비스가 거래될 수 있는 가능성이 생긴다. 따라서 아웃소싱은 두 생산요소 사이의 소득분배에 영향을 미치며 국가 전체의 후생증가로 연결된다. 두 번째 모형은 2개의 상품과 3개의 생산요소를 고려하는 모형이다. 이 모형은 초기에 고정된 세계가격으로 전통적인 상품거래가 이루어진 이후 아웃소싱을 도입한다. 역시 생산요소간 소득분배에 영향을 미치고, 국가는 여전히 아웃소싱으로부터 이익을 얻게 된다.

세 번째 모형은 3개의 상품과 2개의 생산요소를 고려하는데 아웃소싱의 성격을

2개의 거래되는 상품과 함께 무역거래가 되지 않는 상품이 온라인에서 거래되는 것으로 가정한다. 이 모형에서는 아웃소싱이 가능해짐에 따라 무역거래가 되지 않던 상품이 더 낮은 가격으로 수입될 수 있게 함으로써 국가의 후생증가와 함께 두 생산요소 모두 이익을 보게 된다. 바그와티 모형이 제시하는 의미는 아웃소싱이 일반적으로 경제에 이롭다는 것이다.

(2) 바그와티 모형 1: 1개의 상품, 2개의 생산요소 모형

노동과 자본이라는 두 가지 생산요소를 이용하여 하나의 상품을 생산한다고 하자. 이때 요소투입의 규모에 대한 수확 체감을 가정하면 자본이 주어졌을 때 노동의 한계 생산물이 체감하므로 [그림 7-2]에서 MP_L곡선은 우하향하게 된다. 그림에서 L^0를 노동의 부존량이라고 하면, 최종재 생산에 투입된 노동에 대한 임금은 W^0가 된다. 이때 노동자들에게 지급되는 총임금 소득은 $OW^0E^0L^0$가 되며, 자본에 대한 총소득은 W^0E^0위의 MP_L곡선 밑의 면적이 된다.

여기에는 하나의 상품만 존재하므로 전통적인 국제무역에 대해 언급할 것은 없다. 다만 혁신을 통해 해당 경제가 해외로부터 고정임금 W'에 노동 서비스를 전자적으로 구매할 수 있다고 하자. 그러면 경제는 동일한 국내 노동력을 임금 W'에 고용하지만, 추가적으로 L^0L'만큼의 해외 노동력을 사용할 수 있게 된다. 따라서 국내 노동에게는 $OW'RL^0$만큼의 임금소득을, 해외 노동에게는 $L^0RE'L'$의 임금소득을 지불하게 된

〈그림 7-2〉 노동 서비스 아웃소싱의 소득분배 효과

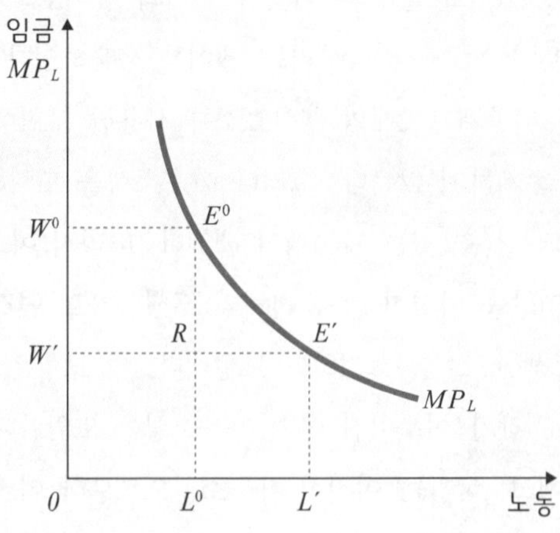

자료: Bhagwati Jagdish N., Arvind Panagariya and T. N. Srinivasan (2004), p.102.

다. 반면 자본은 MP_L곡선 아래와 수평선 $W'E'$위의 면적만큼의 자본소득을 받게 된다.

따라서 다음과 같은 경제적 효과가 발생하게 된다. 아웃소싱으로 인해 이 나라의 총소득은 삼각형, RE^0E'만큼 증가하게 된다. 수입경쟁 생산요소인 국내 노동의 노동소득은 $W'W^0E^0R$만큼 감소하게 된다. 이로 인해 생산요소인 노동과 자본 간에 소득 재분배가 일어나게 되는데 자본의 소유자는 $W'W^0E^0E'$만큼 소득이 증가하게 된다.

이 모형은 아웃소싱의 국내 노동에 대한 부정적인 효과에 대해 설명할 수 있다. 즉, 아웃소싱은 사회 전체에 도움이 될 수 있지만 자본의 소유자들이 받게 되는 사회적 편익의 일부가 노동자들에게 적절히 이전될 수 있는 방법이 없다면 자본의 소유자인 기업이 아웃소싱으로 인한 사회적 편익의 모든 것을 차지하게 되고, 노동자들은 일방적으로 손해를 보게 된다.

(3) 바그와티 모형 2: 상품 무역상태에서 아웃소싱의 효과

이제 어떤 한 국가가 이미 세계시장에서 무역을 하고 있는 상태에서 기술혁신을 통한 아웃소싱이 가능할 때 2개의 상품, 3개의 생산요소를 가정한 모형을 생각해보자. 여기서 2개의 상품은 공통적인 생산요소를 이용하여 생산을 하지만 각 상품생산을 위한 고유의 특수한 생산요소를 가지고 있다는, 일명 요소 특정성 모형을 활용하게 된다. 보다 구체적으로 살펴보면, 수입경쟁 상품은 비숙련 노동을 특수한 생산요소로 사용하고, 수출상품은 자본을 특수한 생산요소로 사용하며, 두 상품이 공통적으로 사용하는 생산요소는 숙련 노동이라고 가정하는 것이다. 이제 기술혁신으로 숙련 노동력이 아웃소싱될 수 있다고 가정하자.

먼저 세계 가격이 주어졌다고 하면 다음 [그림 7-3]은 아웃소싱이 없을 때의 초기 무역균형을 보여준다. X축에서 O_1O_2가 해당국에서 초기 숙련노동 부존량을 나타낸다. 여기서 수입 경쟁재인 상품 1에 고용되는 숙련 노동력은 O_1에서 우측 방향으로 측정하고, 수출재인 상품 2에 고용되는 숙련 노동력은 O_2에서 좌측으로 측정한다. 따라서 O_1O_2상의 임의의 점은 상품생산에서 있어서 숙련 노동력의 배분을 나타낸다. $VMPL_1$과 $VMPL_2$는 상품 1과 상품 2의 생산에서 숙련 노동력의 한계생산물 가치를 나타낸다. 따라서 균형상태에서 두 상품생산에 숙련 노동력은 S_0에 의해 할당된다. 여기서 두 상품생산에서 제공하는 숙련 노동의 임금수준은 R^0로서 동일하다. 그러면 GDP는 두 상품의 총생산량을 나타내는 S^0점에서 두 한계생산물 가치곡선의 아래 부분 면적의 합이 된다.

〈그림 7-3〉 상품 무역상태에서 아웃소싱의 효과

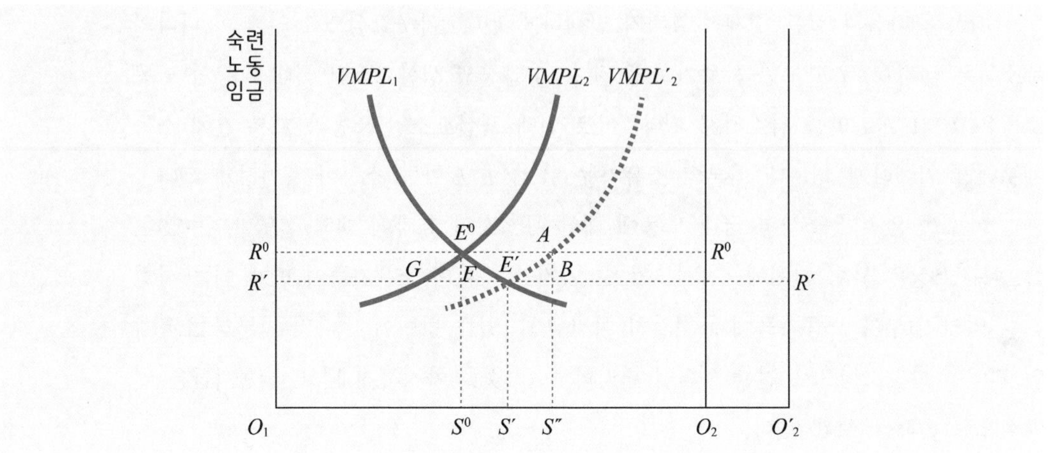

자료: Bhagwati Jagdish N., Arvind Panagariya and T. N. Srinivasan (2004), p.103.

이제 혁신을 통해 국가가 R'로 표시된 더 낮은 임금을 지불하여 해외 숙련 노동 서비스를 구매할 수 있다고 가정하자. 이 임금수준에서는 GE'만큼의 숙련 노동 서비스에 대한 초과수요가 생긴다. 이런 초과수요는 $O_2O_2' = GE'$인 O_2O_2'만큼의 숙련 노동 공급을 증가시키는 아웃소싱에 의해 가능하다.

새로운 균형점을 찾기 위해 $VMPL_2$곡선을 $O_2O_2' = GE'$만큼 이동시킨 곡선을 $VMPL'_2$이라고 하자. 이런 수평 이동의 크기는 $E^0A = GE'$로 동일하기 때문에 상품 1은 S^0S'만큼, 상품 2는 $S'S''$만큼 아웃소싱된 노동 서비스를 사용하게 된다. 아웃소싱된 노동 서비스 O_2O_2'로 인해 임금수준은 R'으로 하락한다.

여기서는 아웃소싱을 통해 국민소득이 증가한다는 것을 설명할 수 있다. 그림에서 상품 1과 상품 2를 나누어서 생각해보자. 우선 상품 1에 있어서 아웃소싱이 일어나기 전 균형은 E^0였으나 아웃소싱 이후 균형은 E'이므로 아웃소싱된 노동 서비스가 S^0S'만큼 더 사용되었다. 이로 인해 $S^0E^0E'S'$만큼의 소득이 증가하였다. 하지만 이 중 $S^0FE'S'$만큼은 해외에서 아웃소싱된 노동 서비스에 지급되었으므로 국내 GDP는 삼각형, FE^0E'만큼 증가했다. 상품 2에 대해 살펴보면 아웃소싱된 노동 서비스가 $S'S''$ 더 사용되었다. 이로 인해 $S'E'AS''$만큼의 소득이 증가하였다. 하지만 이 중 $S'E'BS''$만큼은 해외에서 아웃소싱된 노동 서비스에 지급되었으므로 국내 GDP 증가는 삼각형, $E'AB$만큼이다. 따라서 아웃소싱으로 인해 상품 1과 상품 2의 생산에서 증가한 국내 GDP는 $FE^0E' + E'AB$이다.

이 모형에서 분배문제는 보다 더 복잡해진다. 모든 생산요소에 대해 수확 체감의 가정이 적용되면 숙련 노동 서비스의 증가와 그에 따른 숙련 노동 서비스에 대한 임금의 하락은 비숙련 노동 서비스에 대한 임금과 자본 투입물에 대한 보상(자본 임대료)을 증가시킬 것이다.

소국 모형을 가정한다면, 교역조건이 불변이고, 관세나 세금과 같은 형태의 왜곡이 없다면 아웃소싱은 이로운 것이 된다. 하지만 대국 모형을 가정한다면 아웃소싱은 최종재에 대한 교역조건을 변화시키기 때문에 후생증가로 이어지지 않는다. 이에 대해 좀 더 자세히 살펴보자.

첫째, 초기 가격에서 아웃소싱이후 수출 가능한 상품의 생산량이 수요보다 더 많이 늘어나 상품시장에서의 교역조건을 악화시킬 가능성이 높아지는 상황을 생각해보자. 이런 교역조건의 악화는 아웃소싱이 가져올 수 있는 직접적인 이점을 상쇄하는 것 이상일 수도 있다. 이번에는 아웃소싱이 수입경쟁 상품의 생산량을 크게 늘린다면 수입수요가 감소하고, 수입품의 가격이 하락하며, 교역조건이 개선된다. 이 경우에는 아웃소싱의 직접적 이익이 교역조건의 개선에 의해 더욱 커지게 된다.

아웃소싱이 후생손실로 이어질 가능성을 볼 수 있는 두 번째 방법은 바그와티(Bhagwati, 1968)가 개발한 일반화된 "궁핍화 성장immiserizing growth" 이론을 이용하는 것이다. 바그와티는 왜곡이 있는 상태에서 한 국가의 성장은 왜곡이 수정되지 않은 상태로 있을 때 국가의 성장을 저해하여 오히려 궁핍화시킬 수 있다는 것을 보여주었다. 왜곡으로 인한 2차적 손실은 성장으로 인한 1차적 이득보다 성장으로 인해 더욱 확대될 수도 있다. 지금까지 거래 불가능했던 서비스가 정보기술의 발전으로 인해 거래 가능성이 높아진다면 이는 성장과 유사한 것으로 볼 수 있다. 만약 대국이 최적관세optimal tariff를 도입하여 무역거래에서의 독점력을 활용하는 대신 자유무역 정책을 추구한다면 무역의 기회가 증대하면서 자유무역 정책으로 인한 손실을 더욱 악화시킬 수 있다.10)

이 모형에서 서비스 무역의 후생효과는 3가지 상황, 폐쇄경제, 아웃소싱이전 자유무역, 아웃소싱 이후 자유무역이라는 상황하에서 살펴보는 것이 필요하다. 후생관점에서 아웃소싱은 폐쇄경제에서보다 이득이 된다. 하지만 아웃소싱이 일어나는 자유무역은 교역조건이 불변이고 왜곡이 없으며 아웃소싱이 없는 자유무역에 비해 이롭다. 이런 결론은 가정이 바뀌면 역전될 수 있다.

---

10) Bhagwati Jagdish N., Arvind Panagariya and T. N. Srinivasan (2004), "The Muddles over Outsourcing," *Journal of Economic Perspectives,* Vol.18, No.4, pp.93-114.

(4) 바그와티 모형 3: 3개 상품, 2개 생산요소 모형

이전 모형에서 아웃소싱은 온라인으로 수입되는 생산요소(서비스) 소유자의 실질 소득에 부정적인 영향을 미친다고 했다. 하지만 이런 결과가 반드시 성립하는 것은 아니다. 상품은 3개, 즉 상품 1과 상품 2는 교역 가능한 상품, 상품 3은 처음에는 거래되지 않는 서비스 상품으로 구성되어 있으며, 2개의 생산요소를 가진 모형을 생각해 보자. 이때 이전 모형과 마찬가지로 소국은 교역 가능한 두 상품을 모두 생산한다고 가정하자. 완전경쟁의 가정 때문에 2개 생산요소 가격의 함수인 각 교역재의 평균비용은 외생적으로 주어진 재화의 가격과 같다. 두 개 상품에 대한 평균비용 가격책정 방식은 거래되는 상품의 가격이 불변인 한 요소가격 자체도 불변이 되게 한다. 생산요소 가격이 주어지면 상품 3의 평균비용도 불변이 되므로 공급곡선이 수평이 되어 균형 공급량은 전적으로 수요에 의해 결정된다.[11)]

혁신으로 인해 이전에는 무역거래되지 않던 서비스가 거래 가능해지고 국내에서 공급되는 것보다 저렴한 가격으로 해외에 조달 가능하고 하자. 그러면 서비스의 국내 공급이 완전히 사라지고, 여기에 종사하던 자원들은 상품 1과 상품 2의 생산에 활용될 것이다. 이 두 재화가 모두 계속 생산되는 한 해당 재화로 측정된 요소 가격에는 변함이 없다. 그러나 서비스인 재화 3의 가격이 하락하였기 때문에 해당 재화로 측정한 두 생산요소의 구매력은 상승하게 된다. 그래서 아웃소싱은 두 가지 요소의 소유자들을 이롭게 된다.

이 모형은 서비스 아웃소싱이 또 다른 형태의 무역이라는 점을 강조하고 있다. 상품 또는 서비스 무역에서 아웃소싱의 이점이 경제 전반에 파급되는 정확한 과정은 경제구조에 따라 다르다. 따라서 아웃소싱이 주로 다른 상품의 생산에 있어서 필요한 중간 투입물의 형태를 취한다면 그것은 생산성을 증대시키는 투입물 절약적 기술변화와 같은 역할을 한다. 반면 아웃소싱이 최종 소비자들에게 더 저렴한 신상품 또는 구형 상품의 공급이란 형태를 가진다면 실질소득을 직접 증가시키게 될 것이다.

이상 바그와티의 3가지 모형은 기술변화로 인한 아웃소싱 증가의 결과를 설명하고 있다. 첫째 모형에서 아웃소싱은 사회에 이득을 가져다 주지만 그 혜택은 자본에 대해서는 높은 보상, 노동에 대해서는 낮은 보상을 가져다준다. 두 번째 모형에서는

---

11) Komiya Ryutaro (1967), "Non-traded Goods and Pure Theory of International Trade," *International Economic Review* 8(2), pp.132-152.

여러 가지 생산요소와 주어진 상품가격하에서 아웃소싱은 국가 전체로 이익을 가져오지만 일부 근로자는 이득을 보고 다른 근로자는 손해를 본다. 마지막 모형에서 아웃소싱은 근로자를 다른 산업으로 재배치한 이후 모든 근로자의 실질소득을 증가시킨다.

새뮤얼슨(Samuelson, 2004)은 오프쇼어링은 비교우위론에 기반을 둔 무역거래의 전체 기반을 반전시킬 수 있으며, 그 과정에서 패자에 대한 보상이 없다면 전문화와 국제무역으로 인한 이익이 사회적 손실로 상쇄될 것이라고 주장한 바 있다.[12] 이상에서 설명한 바그와티 등(Bhagwati et al.)의 접근법은 오프쇼어링에 대한 이런 개념적 혼란을 정리했다고 할 수 있다. 경제학자들은 중간재의 무역거래가 증가하고, 해외조달되는 상품과 서비스의 범위가 확장되면서 오프쇼어링 규모가 증가하기 시작하자 질적으로 새로운 형태의 국제거래가 나타나고 있음을 인식하기 시작했다.

경제학자 소개 11

재그디시 바그와티(Jagdish Natwarlal Bhagwati)

재그디시 바그와티(Jagdish Natwarlal Bhagwati)는 1934년 인도 봄베이에서 태어났다. 인도 봄베이에 있는 시덴햄 대학(Sydenham College)을 졸업한 후 1956년 영국 캠브리지 대학에서 경제학 석사학위를 받았다. 1967년에는 MIT에서 킨들버거(Charles P. Kindleberger) 교수의 지도하에 『국제경제학에서 에세이(Essays in International Economics)』란 제목의 논문으로 박사학위를 받았다.

1961년 바그와티는 박사학위를 마친 후 인도로 돌아와 처음에는 콜카타에 있는 인도통계연구소(Indian Statistical Institute)에서 잠시 강의한 후 1962년부터 1968년까지 델리대학 교수로서 국제무역을 강의했다. 1968년부터 1980년까지 MIT에서 경제학 교수를 지냈다. 1980년부터는 컬럼비아 대학교에서 경제학을 강의했다.

바그와티는 1966년 『후진국 경제론(The Economics of Underdeveloped Countries)』을 집필하였는데 여기서 그는 빠른 경제성장은 권위주의 정치체제하에서만 달성될 수 있다는, 소위 개도국은 경제발전과 민주주의 가운데 "잔인한 선택(cruel choice)"을 해야만 한다고 주장했다.

하지만 1995년 "민주주의와 개발: 과거 의문에 대한 새로운 생각(Democracy and Development: New Thinking on an Old Question)"이라는 논문에서는 이 책 출간 후 약 반세기의 경험으로 볼 때 민주주의와 같은 이상적인 정치 시스템은 경제발전에 장애가 될 이유가 없다고 했다. 그는 또한 민주주의는 경제성장에 도움을 줄 수 있는 세계평화에 기여할 것이라고도 했다. 시장은 민주주의와 더불어 또는 없이 성장을

12) Samuelson P. (2004), "Where Ricardo and Mill Rebut and Confirm Arguments of Mainstream Economists Supporting Globalization," *Journal of Economic Perspectives* 19(3), pp.242-244.

가져올 수 있지만 시장이 없는 민주주의는 한 국가의 경제적 후생 증대에 도움이 되지 않는다고도 했다.

또한 2002년의 논문인 "민주주의와 개발: 잔인한 딜레마 혹은 공생관계?(Democracy and Development: Cruel Dilemma or Symbiotic Relationship?)"에서는 민주주의와 경제발전 사이에 필연적인 상충관계(trade-off)가 없다고 했다. 권위주의 체제와 비교할 때 민주주의는 지속적인 경제발전에 필수적인 혁신적이고 기업가적인 프로세스를 촉진하는 환경을 조성할 가능성이 더 크다고도 했다. 반면 민주주의는 시장확대와 경쟁이 수반될 때 경제발전에 더 좋다고 했다. 이런 점에서 국제무역의 자유화는 아이디어, 지식, 상품, 서비스 및 기술의 국가 간 흐름을 촉진함으로써 경제개발을 촉진할 수 있는 민주주의 제도와 생산적인 공생관계를 가질 수 있다고 했다.

2004년 1월에는 『글로벌라이제이션의 방어(In Defense of Globalization)』라는 책을 발간하였는데 여기서 바그와티는 글로벌라이제이션은 적절하게 관리될 때 오늘날 세계에서 사회적 선(social good)을 위한 가장 강력한 힘이 될 것이라고 했다. 글로벌라이제이션 과정은 인간의 얼굴을 가지고 있는데 우리는 그 얼굴을 더 호감을 갖도록 할 필요가 있다고 했다.

경제학계에서 바그와티의 업적은 대단하다. 2014년 파이낸셜 타임즈(Financial Times)는 그를 "당대에서 노벨상을 수상한 적이 없는 가장 뛰어난 경제학자 중 한 명"이라고 했다. 노벨상을 수상한 경제학자 폴 크루그먼은 "바그와티가 교환경제에서 시장왜곡은 정책과 관련되어 있다는 말을 하기 전까지 아무도 이를 이해하지 못했다"고 하면서 바그와티의 업적은 노벨상 감이라고 했다.

역시 노벨상 수상자인 폴 새뮤얼슨은 "선진국이건 개도국이건 인류의 운명을 개선하기 위한 투쟁에서 바그와티는 가장 부유한 미국과 아시아, 아프리카의 가장 가난한 나라 모두의 총요소생산성(TFP)을 높이는 글로벌라이제이션의 지칠 줄 모르는 지지자였다"고 했다.

5. 업무의 무역

생산의 분절화와 국제적인 아웃소싱이 보편화되면서 리카르도 입장에서의 비교우위는 더 이상 최종재나 서비스 교역과 관련된 것이 아니라 업무의 교역과 관련되었다. 이런 관점에서 그로스먼과 로시-한스버그(Grossmann and Rossi-Hansberg, 2008)는 상품의 교역과 업무의 교역을 확실하게 구분하는 국제무역의 결정 요인에 대한 모형을 개발했다.[13] 여기서 생산은 일련의 연속적인 업무를 수행하는 과정이 된다. 무역 당사국들은 이제 최종재가 아니라 업무의 교역 혹은 생산공정의 한 부분을 교역하게 된다. 어떤 업무는 숙련된 노동력을 필요로 하지만 다른 업무는 저숙련 노동 또는 자본과 같은 다른 생산요소나 다른 범주의 노동투입을 필요로 하게 된다.

13) Grossman, Gene M. and Esteban Rossi-Hansberg (2008), "Trading Tasks: A Simple Theory of Offshoring," *American Economic Review* 98(5), pp.1978-1997.

업무의 교역 모형의 특징은 특정 작업이 해외로 이전될 때 모든 산업에서 이를 이용할 수 있다는 것이다. 가령, 저기술 업무가 해외로 이전되면 이는 저숙련 노동 집약적인 산업뿐만 아니라 고숙련 노동 집약적인 산업에서도 활용할 수 있다는 것이다. 따라서 업무의 교역은 상대적인 요소 부존량의 차이가 없을 때에도 일어날 수 있다.

그로스먼과 로시-한스버그는 오프쇼어링과 업무의 아웃소싱으로 인한 거래비용 감소에 대한 3가지 효과를 제시하였다. 즉, 생산성 효과productivity effect, 상대가격 효과relative-price effect, 노동공급 효과labour-supply effect가 그것이다.

첫째, 생산성 효과는 업무의 해외이전에 따른 비용감소 효과를 말한다. 기업은 보다 많은 업무를 저렴하게 해외조달함으로써 비용을 낮출 수 있고, 이것이 오히려 국내 생산요소에 대한 수요를 증가시켜 국내 생산요소에 대한 수익을 증가시킬 수 있다.

둘째, 상대가격 효과는 한 국가의 교역조건의 변화를 통해 일어난다. 이 효과는 저숙련 노동력에 대한 수익에 부정적인 영향을 미칠 가능성이 있다. 수입가격에 대한 수출 가격의 비율로 정의되는 교역조건의 개선은 고기술 수출산업에게 유리하게 작용하고, 수입 경쟁 부문에서 자원을 빼어올 것이기 때문에 비숙련 노동자의 임금을 하락시킬 수 있다.

셋째, 노동공급 효과는 노동이 해외에서 조달됨으로써 국내에서 일자리를 갖지 못하는 노동력이 증가하게 되는 효과로서 저숙련 노동자의 임금을 하락시킬 가능성이 있다.

한편 오프쇼어링을 통한 비용감소는 고숙련 노동력과 다른 요소 투입물에도 영향을 미친다. 그로스먼과 로시-한스버그의 모형에 따르면, 저기술 업무의 오프쇼어링은 다른 생산요소에 대한 보상에 직접적인 영향이 없기 때문에 생산성 효과가 없다. 하지만 상대가격 효과와 노동공급 효과는 직접적 효과를 갖는다. 교역조건의 개선을 가져오는 상대가격 효과는 고기술 집약적 수출산업에 유리하므로 숙련노동의 임금을 증가시킨다. 노동공급 효과는 저숙련 노동의 상대가격을 낮추고 숙련노동의 상대가격을 상승시킨다.

업무의 무역에 대한 이 모형의 결론은, 아웃소싱 비용의 감소는 저숙련 노동과 숙련노동에 대한 보상에 상이한 영향을 미치는데, 저숙련 노동에서는 정(+)의 생산성 효과가 부(-)의 상대가격 효과와 노동공급 효과를 능가하므로 저숙련 노동은 이익을 보게 될 것이라는 것이다. 만약 그렇지 않다면 저숙련 노동에 대한 보상이 감소하게 된다는 것이다. 상대가격 효과와 노동공급 효과가 모두 정(+)의 효과를 나타내기 때문에 고숙련 노동에 대한 보상은 항상 증가하게 된다. 분배의 관점에서 중요한 문제는 저숙련 노동에 대한 정(+)의 효과가 부(−)의 효과를 능가하는지 여부이다.

이런 효과는 국가의 규모에 따라 다르다. 소국의 경우 국내 저숙련 노동은 오프쇼어링으로부터 이익을 얻으나 국내의 고숙련 노동과 다른 생산요소들은 영향을 받지 않는다. 세계가격에 영향을 미칠 수 있는 대국의 경우에는 상황이 다르다. 중요한 것은 생산성 효과가 상대가격 효과를 능가하는지 여부이다. 이는 교역재의 수요 탄력성에 의존한다. 결론은 오프쇼어링의 비용절감 효과로 인해 저숙련 노동은 손해를 보는 것보다 이익을 얻는 것이 가능하다는 것이다. 이전과 마찬가지로 고숙련 노동력에 대한 보상은 상대가격 효과의 영향만 받으므로 오프쇼어링의 비용감소로부터 이익을 얻게 된다. 이런 효과들은 만약 모형에 저기술 업무와 다른 업무를 도입한다면 그 결과가 달라질 수도 있다.

다음 [그림 7−4]는 최종재나 서비스의 교역과 업무교역의 차이를 보여주고 있다. 양국 간 비용의 차이로 인한 무역은 한 국가가 무역 상대국에 비해 비교(비용)우위가 가장 큰 재화 또는 서비스 생산에 특화하게 된다는 것을 의미한다. 그림의 윗부분은 *A*와 *B*라는 두 국가의 무역을 전통적인 리카르도 모형으로 보여준다. 국가 *A*는 상품 *X*를 생산하기 위해 업무 X1, X2, X3를 통해 전체 생산공정을 수행한다. 국가 *B*에서는 상품 *Y*를 생산하기 위해 업무 Y1, Y2, Y3를 국내에서 수행한다. 이러한 전통적인 무역이론에서 생산의 비교우위는 *A*국이 *X*를 생산하여 *B*국로 수출하고, *B*국은 상품 *Y*를 생산하여 *A*국으로 수출하게 한다.

반면 생산의 분절화 가능성이 증가하게 되면 전문화는 업무수준에서 일어나게 된다. 이제 국제적인 노동의 분업은 상품수준이 아니라 업무수준에서 일어난다. 표준화의 정도가 높아질수록 고객과의 접촉이 줄어들며(자산 전속성 감소), 아웃소싱할 수 있는 업무를 더욱 세분화 할 수 있다. 아래 그림은 상품 *X*와 상품 *Y*을 생산하는 기업은 *A*국에만 위치하고, 국가 *B*는 *X*재 생산에 필요한 업무 X1, X2, *Y*재 생산에 필요한 업무 Y1, Y2, Y3를 수행한다. *A*국에서는 X재 생산에 필요한 업무 X3만을 수행하게 된다. 가령 해당 업무는 아웃소싱할 수 없는 특정 기술이 필요하거나 아웃소싱을 하기 위한 거래비용이 높기 때문이다. 이때 국가 *A*는 상품 *X*와 *Y*를 모두 수출하는 반면 업무는 수입하게 된다. 업무의 수행에 비교우위가 있는 *B*국은 상품 *X*와 *Y*를 모두 수입하게 된다.

〈 그림 7-4 〉 생산의 분절화와 업무(작업)의 무역

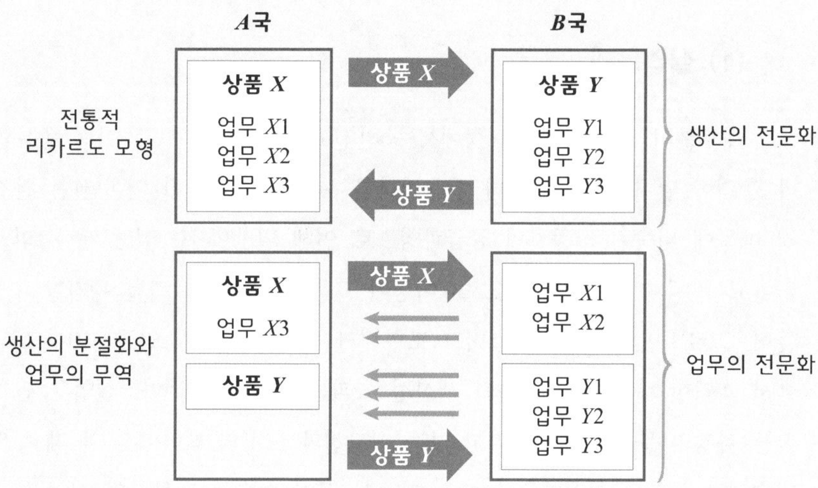

자료: Grossmann and Rossi-Hansberg (2008).

경제학자 소개 12

진 마이클 그로스먼(Gene Michael Grossman)

진 마이클 그로스먼(Gene Michael Grossman)은 1955년 미국 뉴욕에서 출생했다. 1976년 에일대학을 졸업한 후 1976년 MIT에서 바그와티 교수의 지도로 경제학 박사학위를 받았다. 1980년 이후 프린스턴 대학 교수로 있다.

그로스먼의 주요 연구분야는 경제성장과 국제무역의 관계에 대한 것이다. 헬프먼과 공동으로 『글로벌 경제에서 혁신과 성장(Innovation and Growth in the Global Economy)』, 『특별한 이익집단의 정치(Special Interest Politics)』, 『이익집단과 무역정책(Interest Groups and Trade Policy)』을 집필했다. 그로스먼은 크루어거(Krueger, A. B)와 함께 "북미 자유무역협정의 환경에 대한 효과(Environmental impacts of a North American Free Trade Agreement)"를 저술하는 등 환경문제에도 많은 관심을 가지고 있었는데, 특히 소득이 증가하면 환경오염 문제가 악화되다가 소득이 더욱 증가하게 되면 환경 오염이 감소하게 된다는, 소위 환경 쿠즈네츠 곡선(environmental Kuznets curve)에 대한 연구로 잘 알려져 있다.

6. 글로벌 가치사슬 무역모형의 한계

(1) 실업문제

대부분의 오프쇼어링 모형에서는 완전고용을 가정하므로 어떤 종류의 불균형이나 충격이 일어나면 임금이나 환율변화를 통한 조정과정이 일어난다. 완전고용의 가정 때문에 비숙련 노동자의 공급과잉으로 인해 발생할 수 있는 부(－)의 고용효과는 없다고 볼 수 있기 때문에 오프쇼어링이 고용에 미치는 효과를 평가할 수 없다. 예를 들어, 그로스먼과 로시－한스버그 모형에서 실업 노동자의 임금은 0이므로 이런 모형에서 파악할 수 있는 정(+)의 생산성 효과는 감소하게 된다. 실업은 단지 일자리를 찾는 과정의 문제에 불과하다고 하는 신고전파 모형의 맥락에서 볼 때 무역 자유화는 비숙련 노동자의 실업률을 높이고 기존의 실직 비숙련 노동자의 실업 기간을 증가시킨다.[14)]

이런 사실들은 학술적인 내용이라기보다는 대중적 담론이 되어 무역의 고용효과에 초점을 맞추게 된다. 써로우(Thurow, 2004)는 2000년대 미국 노동시장이 어떻게 운영되었는가를 고려하면 비교우위론의 노동시장 가정은 무역으로 인한 소득손실이 이득을 능가하는 것 같다고 주장하는 가정이 될 것이라고 했다.[15)]

데이빗슨(Davidson et al., 1999)은 구직하는 실업자가 존재할 때의 무역모형을 개발하였는데 비슷한 결론을 내리고 있다. 균형실업의 존재를 허용하는 표준 무역모형을 확장하는 것은 적어도 두 가지 이유로 중요하다. 첫째, 무역이 순 고용기회를 창출하는지 여부에 대한 논란이다. 이는 실증분석에 의해 결정될 문제로 보인다. 둘째는 전통적인 비교우위론의 노동시장의 특징을 포함할 수 있도록 전통적인 결정요인이 보다 확대되어야 한다. 데이빗슨은 상대적으로 자본이 풍부한 대국이 상대적으로 노동이 풍부한 소국과 교역을 시작하면 대국의 실업자들은 분명히 후생손실을 겪게 될 것이며, 전체 실업 역시 증가할 것이라고 했다.

---

14) Davidson, C., L. Martin and S. Matusz (1999), "Trade and Search Generated Unemployment," *Journal of International Economics* 48(2), pp.271-299.

15) Thurow, L. (2004), "Do Only Economic Illiterates Argue that Trade Can Destroy?" *Social Research* 71(2), pp.265-278.

(2) 생산성 효과

따라서 그로스먼과 로시-한스버그 모형의 "생산성 효과"는 완전고용이라는 가정과 무관하게 의문의 여지가 있다고 했다. 오프쇼어링으로 인한 국내 노동수요의 감소가 외국인 노동수요의 증가와 동일하다면 생산성 효과는 변하지 않을 것이다. 하우스먼 등(Houseman et al., 2010)은 생산성 수준의 계산에서 외국노동을 제외한 것을 비판했다.16) 생산성이 보다 낮은 노동으로의 전환을 통해 비용을 낮출 수 있지만 노동생산성이 낮아질 것이라고 하였다. 이들은 아웃소싱된 노동력을 포함하도록 조정된 노동투입을 이용하여 추정한 결과 1997년부터 2007년 동안 오프쇼어링으로 인해 미국 제조업 생산성 향상이 이런 노동력을 감안하지 않음으로 인해서 약 0.1~0.2% 포인트 과장되었다고 분석했다. 제조업 가운데 컴퓨터 및 전자산업 이외의 부문에서는 부가가치 증가의 20~50%가 잘못 측정되었다고 했다. 이 분석의 또 다른 의미는 미국의 국내총생산GDP 역시 부풀려진 생산성 측정에 기반하고 있기 때문에 과장되었다고 했다. 앨트먼(Alterman, 2010)은 미국의 수입가격 변화가 과소평가하고 있다는 것이 널리 인정되고 있기 때문에 미국 GDP증가율 역시 과대평가되고 있다고 했다.17)

(3) 자본무시

1990년대 중반 이후 채택된 대부분의 무역모형은 생산요소로서 자본을 무시하고 있다. 이는 곧 생산요소로서 숙련 노동과 비숙련 노동의 두 가지 생산요소를 고려하는 모형을 의미한다. 여기에는 여러 가지 중요한 의미가 있다. 첫째, 오프쇼어링에 대한 논의에서 기업과 기업이익에 대한 논의가 사라지게 되었다. 세계화 과정에서 생산을 조직하는 데 있어서 기업의 역할이 중요하다. 또한 생산비용을 줄이고 오프쇼어링이 중요한 역할을 하는 보다 큰 전략적 목표를 달성하려는 기업의 노력이 중요하다. 둘째, 오프쇼어링으로 인해 생긴 많은 이윤이 부분적으로 국내기업에 재투자되어 고용, 생산량 및 생산성 향상으로 이어지는 오프쇼어링의 동적 효과의 잠재적 중요성을 무시하고 있다.

---

16) Houseman, S., S. Kurz, C. Lengermann, and B. Mandel (2010), *Offshoring and the State of Amerian Manufacturing*, Upjohn Institute Working Paper, No.10-166.

17) Alterman, W. (2010), "Producing an Input Price Index," Proceedings from a Conference on *Measurement Issues Arising from the Growth of Globalization*, Upjohn Institute and National Academy of Public Administration, August.

그로스먼과 로시-한스버그 모형에는 임금(생산성 효과)에 대한 획기적인 면이 있지만 오프쇼어링으로 인한 잠재적 이익에 대해서는 매우 제한된 관점을 가진다. 문제는 오프쇼어링으로 부터의 일부 이익만 근로자들과 공유되고 더 많은 이익은 직 간접적으로 공유되지 않고 재투자 된다는 것이다.

(4) 단순한 정책적 결론

마지막으로, 숙련 및 비숙련 노동력을 고려하는 오프쇼어링에 대한 새로운 헥셔-올린 모형은 매우 단순한 정책적 결론을 내린다. 선진국의 노동자들은 더 많은 기술을 습득해야 한다는 것이다. 세계화의 영향에 대한 책임을 그 과정에서 생긴 피해자에게 두는 것 외에도, 세계화에 대한 기술편향 접근방식은 전 세계의 신기술, 자본 이동성 및 새로운 생산능력이 점점 많은 노동자들을 취약하게 만들면서 설득력이 약해지고 있다.

PART 3.
글로벌 가치사슬과 기업 지배구조

글로벌 가치사슬을 국제무역 이론만으로 설명할 수 없는 이유는 기업의 지배구조가 글로벌 가치사슬의 구축과 관련하여 매우 중요하기 때문이다. 글로벌 가치사슬의 지배구조에 대한 경제학적 논의를 위해서는 산업조직론에서 다루는 기업이론, 거래비용이론, 계약이론, 재산권 이론 등 다양한 주제에 대한 이해가 필요하다. 경제학에서 신제도경제학의 대두로 인해 경제학의 저변이 보다 확대되었다.

CHAPTER 8.

가치사슬에서의 기업 지배구조의 유형과 결정요인

1. 지배구조의 의미와 중요성

가치사슬에서의 지배구조는 상품이나 서비스 생산의 초기 단계부터 최종 수요단계에 이르는 기업 활동범위 내에서, 또는 여기에 영향을 미치는 구매자, 판매자, 서비스 제공자, 규제제도 간의 관계에서 나타난다. 지배구조는 가치사슬의 어느 지점에서 다른 기업을 통제할 수 있는 능력을 말한다. 가치사슬에서 어떤 기업, 조직, 제도들은 가치사슬 내의 다른 참가자의 활동에 영향을 미칠 수 있는 다음 3가지의 수단를 만들고, 이를 강제하려고 한다.

첫째, 상품의 종류이다. 상품의 디자인과 상품의 상세사양을 포함하여 생산하려는 상품의 종류를 결정할 수 있다. 둘째, 생산방법이다. 사용기술, 품질 시스템, 노동표준 및 환경표준 등의 요소를 포함한 생산공정을 말한다. 셋째, 생산량과 생산시점으로서 생산 일정과 물류를 나타낸다.

가치사슬 내의 행위자들은 이런 수단과 관련된 "규칙rules"을 만들고, 감시하고, 준수하도록 한다. 이때 행위자는 가치사슬 내의 기업(구매자 또는 생산자)이거나 공공기관 또는 민간기관이 될 수도 있다. 동일한 행위자가 이런 규칙을 설정, 감시, 준수하는 데 책임질 필요가 있는 것은 아니며, 종종 여러 행위자들이 이런 책임을 수행한다. 어떤 행위자들은 지역시장에서 글로벌 시장으로 이동하여도 다소의 영향력을 행사할 수 있다. 행위자와 그 행위의 영향력은 한 산업부문에 그칠 수도 있고, 보다 광범위한 영역에 영향을 미칠 수 있다.

가치사슬 내에서의 지배구조는 가치사슬 내에 있는 힘을 가진 기업이 설정한 수단에 맞추어 다른 기업들이 활동할 때 존재한다. 가치사슬 내에서 다른 회사가 준수해야 하는 수단를 설정할 수 있는 힘을 가진 기업을 가치사슬 내에서의 선도기업lead firm이라고 한다. 선도기업과 공급업체와의 관계는 장기적으로 상호이익이 되는 관계를 유지하자는 약속이 지켜질 때 해당 산업부문의 경쟁력을 향상시킬 수 있다. 하지만 선도기업이 단기적인 이익 실현을 목적으로 약탈적 행동predatory actions을 할 때에는 그 반대의 효과가 나타난다.

선도기업이 가치사슬 활동에 영향을 미칠 수 있는 이유는, 첫째, 수직적으로 통합된 대규모 기업에서 사내에서 수행했던 비전략적 활동을 아웃소싱하게 됨으로써 관리통제를 위해 가치사슬에서 적절한 지배구조를 설정하고자 하기 때문이다. 둘째, 선도기업이 상품 차별화 전략을 위해서, 그리고 가치사슬 외부에서 설정된 환경 및 사회적 규제나 표준을 충족하기 위해서 가슬사슬내 다른 공급업체가 수행하는 활동을 통제할 필요성이 있기 때문이다.

과거 미국에서 식품이나 생활용품에서 독성물질이 발견된 사례나 미성년자 노동착취의 사례는 선도기업이 원자재나 완제품 아웃소싱 공급업자를 통제해야 할 필요성을 제기했다. 실제 많은 기업들은 자신들이 판매하는 상품의 공장이나 제조설비를 소유하지 않고 있다. 이런 기업들은 상품이 자신의 창고나 유통센터에 도착한 이후에 해당 상품에 대한 소유권을 갖는다. 그럼에도 불구하고 선도기업들은 지배구조의 설정을 통해 가치사슬의 전 단계에서 발생하는 일에 영향을 미칠 수 있다.

선도기업이 규칙과 표준을 설정, 감시, 준수하는 과정을 이해하면 가치사슬 내의 중소기업과 다른 기업들의 활동을 잘 통합 조정할 수 있다. 지배구조는 기업이 자신들의 성과를 개선하고 경쟁우위를 유지할 수 있는 혁신을 가능하게 하는 지식의 생성과 이전 및 확산에 매우 중요하다. 가치사슬의 지배구조를 이해하면 정책당국은 중소기업에게 가치사슬에서 위치를 고도화하는 데 필요한 교육 및 기술지원을 제공할 수 있다.

2. 글로벌 가치사슬에서 지배구조의 역할

가치사슬에서 지배구조는 생산역량의 확보, 시장 접근, 이익 배분, 정책 결정에 도움이 될 수 있다. 첫째, 생산역량의 확보에 도움이 될 수 있다. 선도기업은 비용 절감, 품질향상 및 상시적인 성과의 향상 등을 필요로 한다. 또한 선도기업은 높은 생산표준과 더불어 지식제공 등 여러 가지 지원을 한다. 중소기업은 선도기업인 구매자의 행동을 관찰함으로써 학습을 할 수도 있고, 선도기업은 서비스를 제공하면서 최상의 모범사례를 제시할 수도 있다. 또한 생산공정의 개선, 생산자의 기술 역량을 개선할 수 있는 방법에 대해 실질적 조언을 할 수 있다.

둘째, 시장 접근에 도움을 줄 수 있다. 선진국이 무역장벽을 해소하더라도 가치사슬은 여전히 소수의 강력한 구매자에 의해 지배되기 때문에 개발도상국의 생산자가 항상 성공적으로 국제시장에 접근할 수 있는 것은 아니다. 선도기업이 상품을 어디에서 누가 생산할 것인지 결정하는 경우가 많기 때문에 중소기업이 선진국으로의 제조업 상품 수출에 참가하기 위해서는 선도기업에 접근할 수 있어야 한다. 이때 선도기업과 의사소통을 통해 필요한 사양에 맞는 상품을 생산할 수 있어야만 선도기업의 도움을 받을 수 있다.

셋째, 이윤의 배분에 영향을 미친다. 선도기업이 기업활동에서 높은 수익을 얻을 수 있는 이유는 일반적으로 가치사슬에서 선도적 지위를 유지할 수 있게 하는 진입장벽entry barriers 때문이다. 이는 선도기업이 가진 R&D, 디자인, 브랜딩과 같은 무형의 역량 때문에 가능하다. 반면 개발도상국 기업들은 진입장벽이 낮고 따라서 선도기업이 설정한 낮은 수익을 내는 조건의 생산과 관련된 활동에 참가하는 경향이 있다. 가치사슬에서 수익성이 높은 활동이 무엇인지, 누가 이런 수익성이 높은 부가가치 부문에 참가하는지를 파악하는 것이 중요하다. 가치사슬의 지배구조를 파악하게 되면 중소기업은 기술개발의 방법과 가치사슬에서 추가적인 활동을 수행할 수 있게 되고, 현재의 이익 배분에 영향을 미치는 지배구조에 대한 귀중한 정보를 파악할 수 있다.

넷째, 정책결정에 도움을 줄 수 있다. 지배력을 가진 선도기업이 공급업자들에게 상품과 공정에 대한 준수사항을 요구할 때에는 공급업체의 사업환경을 변경할 수 있다. 가치사슬의 지배구조와 선도기업의 지배력을 이해하면 국내기업, 글로벌 기업, 정책 담당자들은 보다 양호한 노동기준 및 환경기준의 개선뿐만 아니라 공평한 이익 배분에서 도움을 줄 수 있다.

3. 글로벌 가치사슬 지배구조의 유형

가치사슬 내에서 이루어지는 산업활동은 대등한 관계arm's-length relationships가 이루어지는 시장뿐만 아니라 생산공정에 직접 소유권을 가진 계층적 가치사슬hierarchical value chains을 통해서도 이루어질 수 있다. 이런 두 개의 극단적 지배구조 사이에는 모듈형, 관계형, 포획형이라는 3가지의 네트워크 형태를 갖는 지배구조가 있다. 여기서 네트워크형 지배구조라는 것은 선도기업이 직접적인 소유권 없이 공급업체에 대한 생산활동의 조정을 통해 지배력을 행사하는 것을 의미한다. 글로벌 가치사슬에서의 이런 5가지 기업 지배구조의 형태를 좀 더 자세히 살펴보자.[1)]

(1) 시장형 지배구조(market governance)

일반상품을 생산할 때에는 특정 거래를 위해 생산시설에 대한 특별한 투자가 필요하지 않으므로 고객사와 공급업체 모두 대체 가능한 파트너를 마음대로 선택할 수 있다. 이들은 대등한 관계에서 공개된 현물시장 거래를 하게 된다. 또한 상품에 대한 주요 정보가 대부분 상품 안내책(카탈로그)에서 찾을 수 있기 때문에 일반 상품의 조달을 위해 상품가격과 자세한 상품 특성에 대한 정보를 계약자 당사 간에 교환할 필요가 없다. 파트너가 될 구매자와 공급자를 변경하는 데 필요한 거래비용은 거의 무시할 수 있다.

(2) 모듈형 지배구조(modular governance)

기업경영 또는 산업 공학에서 "모듈"이라는 단어는 일반적으로 최종상품을 생산할 때 생산기능의 하위단계를 유형별로 그룹화한 것이다. 생산자는 모듈을 다양하게 조합함으로써 다양한 상품생산이 가능하다. 또한 여러 가지 목적에 사용될 수 있는 장비의 조합을 통해 복잡한 거래관계에서 필요한 상품생산이 가능하므로 공급자는 특정의 거래를 위한 별도의 투자없이 다양한 고객의 요구에 대응할 수 있다.

복잡한 상품생산을 위해서는 계약자 간에 전달되어야 하는 정보가 많을 수 있지만 모듈형 지배구조에서 예상되는 거래를 위해서는 관련 상품정보의 문서화codification가 비교적 잘 되어 있기 때문에 공급업자는 자신의 생산과정을 쉽게 통제할 수 있다. 따라서 글로벌 가치사슬 파트너를 변경하는 데 필요한 거래비용이 상대적으로 작다.

(3) 관계형 지배구조(relational governance)

만약 상품의 제조과정에서 특수장비(예를 들면, 특정 상품생산을 위한 금형)가 포함된다면 이때 계약 당사자는 자산 전속성asset specificity을 갖게 되므로 상호 의존성을 갖게 된다. 특정 목적을 가진 장비는 다른 상품생산에 활용하는 것이 제한되므로 만약 다른

1) Gereffi, G., J. Humphrey, and T. Sturgeon (2005), "The Governance of Global Value Chains," *Review of International Political Economy* 12(1), pp.78-104.

상품생산에 이를 사용한다면 생산성이 크게 하락한다.

따라서 공급업자(특수장비 소유자)는 다른 잠재고객을 찾을 동기를 갖지 않는다. 또한 고객사 입장에서 이런 특수장비를 갖지 않은 제3의 다른 공급업체로부터 동일한 상품을 얻는 것은 어렵거나 추가적인 비용이 들 수 있다. 결과적으로 양 당사자는 이런 의존관계를 대체할 파트너를 찾을 유인이 없다. 만약 생산성을 높이기 위해 전문화된 장비에 더 많은 투자를 한다면 거래의 자산 전속성이 보다 심화되어 당사자는 더 깊은 의존관계를 갖게 된다.

(4) 포획형 지배구조(captive governance)

포획형 거래에서는 글로벌 브랜드를 가진 선도기업과 하도급 관계에 있는 지역 중소기업 간의 거래관계에서 보는 것처럼 거래 당사자 간의 교섭력에 있어서 많은 차이가 있다. 공급업자는 고객사의 지시를 따라야 하며 상품의 품질 및 납품시간을 엄격히 지켜야 한다. 시장형 글로벌 가치사슬 공급업체와 달리 대량생산으로 인한 규모의 경제 효과를 누릴 수 있을 만큼 충분한 생산능력을 갖고 있지 않다. 또한 관계형 글로벌 가치사슬의 공급업체에서 예상되는 특별한 주문에 필요한 특수 생산설비를 갖지 않고 있다. 평범한 생산설비 만을 사용하기 때문에 다른 사업 파트너와 관계를 구축할 기회도 부족하여 현재의 고객사에 대해 “포로의 위치”에 있게 된다.

(5) 위계형 지배구조(hierarchical governance)

위계형 지배구조는 일반적으로 다국적 기업처럼 수직적으로 통합된 기업 내의 관계를 나타낸다.

[그림 9-1]은 이상에서 설명한 글로벌 가치사슬에서의 지배구조 유형을 도표화한 것이다. 여기서는 또한 그림의 하단에서 보듯이 글로벌 가치사슬의 유형별로 거래의 복잡성complexity, 거래의 문서화 정도codifiability, 공급기반의 능력capabilities을 평가할 수도 있다. 가령 시장에서 관계형으로의 가치사슬 유형의 변화는 거래의 복잡성 증가를 수반한다. 관계형에서 모듈형으로의 변화는 거래에서 상품사양의 문서화 필요성을 증가시킨다. 공급기지의 능력개선은 다른 조건이 같다면, 종속 유형에서 시장 유형으로 가치사슬을 변화시킨다.

〈그림 9-1〉 기업 지배구조 관계에 따른 글로벌 가치사슬의 유형

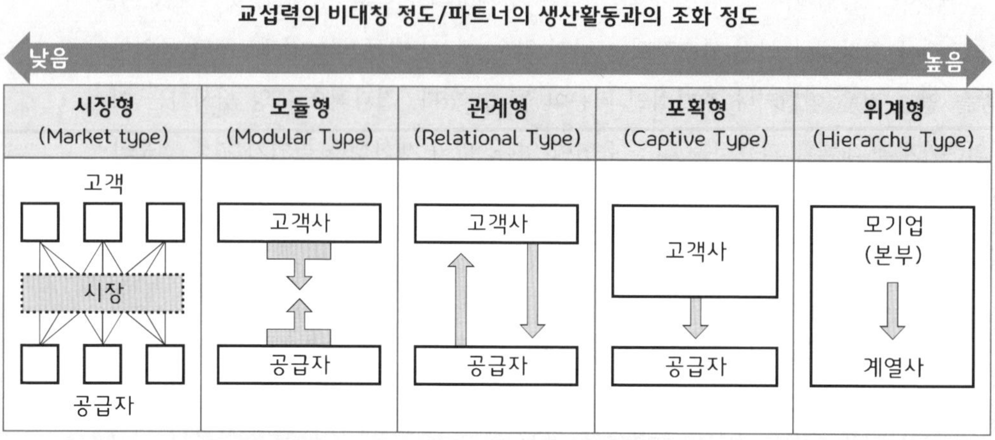

교섭력의 비대칭 정도/파트너의 생산활동과의 조화 정도

낮음 ←→ 높음

시장형 (Market type)	모듈형 (Modular Type)	관계형 (Relational Type)	포획형 (Captive Type)	위계형 (Hierarchy Type)
고객 / 시장 / 공급자	고객사 / 공급자	고객사 / 공급자	고객사 / 공급자	모기업 (본부) / 계열사
거래의 복잡성				
낮음	높음	높음	높음	높음
문서화 거래 가능성				
높음	높음	낮음	높음	높음
공급기지로서의 능력				
높음	높음	높음	낮음	낮음

자료: Gereffi, Humphrey and Sturgeon (2005).

4. 기업 지배구조의 변화 요인

글로벌 가치사슬에서 지배구조의 형태는 산업의 발전이나 성숙 정도에 따라 변화할 수 있으며, 산업 내 지배구조 형태는 가치사슬의 단계별로 다양할 수 있다. 기업 지배구조는 다음의 3가지 요인 때문에 변화 가능하다.

(1) 정보의 복잡성(information complexity)

정보의 복잡성은 특정한 거래가 가능하기 위해 거래 당사자간 전달되어야 하는 상품제조에서의 디자인과 공정과 같은 정보 및 지식의 복잡성을 나타낸다.

(2) 정보의 문서화(information codification)

정보의 문서화는 선도기업이 암묵적 지식이나 정보taxit knowledge or information를 명시적, 구체적, 상황별 정보로 변환하여 최소의 비용으로 효율적으로 생산자에게 전달할 수 있는 문서화의 정도를 나타낸다.

(3) 공급업체의 능력(ability of suppliers)

공급업체 능력은 모든 거래에 필요한 요구사항을 충족할 수 있는 공급업체의 능력을 말한다. 여기에는 수량 및 품질 사양, 적시 배달, 환경, 노동 및 안전에 대한 표준에 부합할 수 있는 능력이 포함된다.

5. 기업 지배구조의 변화

전술한 3개 변수 중 하나라도 변화하면 가치사슬의 지배구조는 예측 가능한 방향으로 변화하게 된다. 예를 들어, 새로운 기술이 개발됨으로써 이미 만들어진 문서화의 내역이 진부하게 되었다면 모듈형 지배구조는 관계형 지배구조로 변화하게 될 것이다. 만약 능력있는 공급업체를 찾을 수 없다면 포획형 지배구조로 변화하거나, 수직적 통합이 선호될 것이다. 반대로 공급업체의 역량이 향상되면 포획형 지배구조는 관계형 지배구조로 변화하게 되고, 문서화가 더욱 개선된다면 모듈형 지배구조로 변화하게 될 것이다.

개발도상국에서 선도기업의 중소기업에 대한 지배구조는 일반적으로 포획형 지배구조이다. 포획형 지배구조의 가치사슬에서 선도기업은 가치사슬 내의 기업들에게 상당한 통제력을 행사한다. 개발도상국 생산자와 글로벌 구매자 사이에는 지식과 기술격차, 사회적 및 공간적 격차로 인해 초기에 관계형 지배구조가 구축될 가능성은 매우 낮다.

6. 기업 지배구조에서 제도적 요인

만약 어떤 산업의 지배구조가 이상에서 설명한 가치사슬 지배구조에 의해 적절하게 설명되지 않는다면 다음과 같은 제도적 환경이나 다른 시장 지배력 요인들에 의해 설명될 수 있을 것이다.

첫째, 사업지원 환경과 제도이다. 사업지원 환경은 정부 조직 및 다양한 비정부 조직(경제단체, 노동조합 및 후원자 그룹)을 포함하여 제도를 구성하는 조직의 영향을 받는다. 여기서 제도는 산업 경쟁력에 영향을 미치고, 사업을 구성하는 조직의 행동을 결정짓는 법률, 정책, 표준 및 사회 문화적 규범을 포함한 사회를 통제하는 규칙으로 정의된다. 제도는 법적으로, 자발적으로 강제된다. 사업환경에 의해 설정되는 규칙이나 제도는 어느 정도 이를 창조하고, 자금을 지원하고 직원을 배치하는 사회에 내재된 신념, 가치, 의미 및 우선순위에 의해 만들어진다. 결과적으로 행동에는 한계가 설정되고, 그런 한계를 위반하는 기업이나 관리자는 사회의 규범과 기대에 따라 기업을 운영하도록 압력을 받는다.

사업환경은 규칙을 정할 뿐만 아니라 가치사슬 내 외부 구성원이 설정한 규칙을 쉽게 준수할 수 있는 환경을 만들기도 한다. 사업환경은 또한 선도기업이 강한 지배력을 바탕으로 약탈적 행위를 할 때 이런 행동에 제동을 걸 수 있는 "견제와 균형"의 시스템으로서의 제도적 역할을 하게 된다. 예를 들어 나이키Nike나 갭The Gap과 같은 구매기업들이 가진 지배력은 높은 브랜드 가치에 따른 것이다. 이들 선도기업들은 외부 활동가들의 공장 내 비윤리적인 노동조건에 대한 고발로 그 명성이 위협을 받을 때 자발적으로 신속하게 이를 개선한 바 있다. 나중에 이런 것들은 종종 사회적, 환경적 관행을 규제하는 의무 규정으로 바뀌게 되고, 생산공장이 규정을 준수하도록 하고, 이를 증명하고 지원할 수 있도록 한다.

둘째, 기업지배구조는 지배력power의 영향을 받는다. 이는 가치사슬 내에 있는 다른 기업에게 영향력을 행사하고 통제할 수 있는 기업과 조직의 능력을 의미한다. 기업 수준에서 이런 지배력은 다양한 방식, 다양한 강도로 축적, 보유, 행사된다. 지배력은 가치사슬 구조의 모든 부분에서 다양한 형태로 나올 수 있다. 가치사슬 내에서 지배력은 기업에 의해 행사되나, 기업 내 노동자들이 행사할 수도 있다.

가치사슬 내의 지배력은 선도기업이 행사하는 지배력과 공급자가 행사하는 지배력으로 나눌 수도 있다. 가치사슬 외부에서는 사업환경이나 소비자에 의해 형성된 제도에서도 지배력이 나올 수 있다. 산업에서 지배력을 가진 기업들은 자신들의 활동을 통해 적극적으로 이익과 위험 배분을 하게 된다.

CHAPTER 9.

기업의 본질과 글로벌 가치사슬

글로벌 가치사슬의 지배구조에 대한 경제학적 논의에서는 경제학의 각론 분야의 하나인 산업조직론에서 다루는 기업이론, 계약이론, 재산권 이론에 관한 다양한 용어들이 사용된다. 이를 이해하기 위해 여기에서는 이들 이론의 핵심이 되는 키워드를 간단히 살펴보고자 한다.[1)]

1. 신제도경제학과 기업이론

본 장에서 살펴볼 용어들은 사실 신제도경제학New Institutional Economics: NIE이란 관점에서 경제현상을 설명할 때 사용되는 용어들이다. 신제도경제학은 경제활동의 기초가 되는 사회규범, 법적 규범, 규칙과 같은 제도를 중시하고, 초기 제도경제학과 신고전파 경제학의 분석범위를 넘어 경제학의 영역을 더욱 확장하려는 경제사조라고 할 수 있다. 신고전파 경제학과 달리 경제발전에서 문화와 고전적인 정치 경제학의 역할을 감안한다. 1975년 올리버 윌리엄슨Oliver E. Williamson에 의해 "신제도경제학"이란 용어가 사용되기 시작했다.

신제도경제학에서 개인은 합리적이고, 효용의 극대화를 도모한다고 가정하지만, 이러한 개인 역시 인지능력에 한계가 있고, 완전한 정보를 가지지 못하며, 계약을 통해 합의된 사항을 감시 또는 강제하는 데 있어서 어려움에 직면한다고 가정한다. 따라서 이런 거래비용을 효과적으로 다루는 방법으로서 제도가 형성된다는 것이다.

신제도경제학은 로널드 코오스Ronald Coase의 "기업의 본질(Nature of the Firm, 1937)"과 "사회비용의 문제(The Problem of Social Cost, 1960)"라는 두 논문에서 시작되었다.[2)]

---

1) https://en.wikipedia.org/wiki/Theory_of_the_firm.

2) Coase, R. H. (1937), "The Nature of the Firm," *Economica* 4(16): pp.386-405.; Coase, R. H.

후자의 논문에서 제시된 코오스 정리Coase theorem에 의해 거래비용이 없다고 할 때 대안적으로 재산권을 할당함으로써 갈등과 외부성을 내부화할 수 있다고 하였다. 따라서 제도의 분석을 통해 제도의 설계와 외부효과의 효율적인 내부화에 대한 법적 또는 경제학적 시사점을 찾을 수 있다.

오늘날 신제도경제학에서는 보다 복잡한 방법론을 사용하고 있다. 전통적인 제도경제학과 달리 효율성과 분배의 문제를 다루는 데 있어서 신고전파의 분석틀을 사용한다.

현재 신제도경제학 분석 방법에서 다양한 측면은 지금까지 살펴본 바 있는 다양한 용어들로 대표된다. 각 용어들은 곧 신제도경제학의 분석틀의 하나로 볼 수 있다. 자주 사용되는 용어에는 다음과 같은 것들이 있다. 기업의 경계boundary of the firm, 재산권property rights, 거래비용transaction costs, 신뢰할 만한 공언credible commitments, 지배구조의 형태modes of governance, 강제 메커니즘enforcement mechanism, 자산 전속성asset specificity, 인적 자산human assets, 사회적 자본social capital, 비대칭 정보asymmetric information, 전략적 행동strategic behavior, 제한된 합리성bounded rationality, 기회주의opportunism, 역선택adverse selection, 도덕적 해이moral hazard, 감시비용monitoring costs, 위계구조hierarchical structures, 협상력bargaining strength과 같은 용어들이 그것이다.

이런 주제와 관련된 주요 경제학자로는 마사히코 아오키Masahiko Aoki, 알만 알치안Armen Alchian, 해롤드 뎀세츠Harold Demsetz, 스티븐 청Steven N. S. Cheung, 요람 바젤Yoram Barzel, 다론 아세모글루Daron Acemoglu 등이 있다. 특히 로널드 코오스Ronald Coase, 더글러스 노스Douglass North, 일리노 오스트롬Elinor Ostrom, 올리버 윌리엄슨Oliver Williamson은 자신들의 훌륭한 연구업적으로 노벨상을 수상했다. 물론 이런 경제학자들 외에도 경제학 이외 다양한 분야의 학자들도 신제도경제학의 발전에 큰 공헌을 하였다.

2. 기업이론의 필요성

기업이론은 다음의 5가지 주제에 대한 논의로 구성된다. 첫째, 기업의 존재existence 이유에 대한 것이다. 경제활동에서 일어나는 모든 거래행위가 시장을 통해서 일어나지 않고, 왜 기업이 출현하여 직접 생산하느냐의 문제이다. 자신이 필요한 것을 시장에서

(1960), "The Problem of Social Cost," *Journal of Law and Economics* 3(1), pp.1-44.

조달하지 않고 직접 기업을 설립하여 만드는 이유를 알고자 하는 것이다. 둘째, 기업의 경계boundaries에 대한 답을 찾고자 하는 것이다. 기업의 규모, 산출물의 다양성과 관련하여 기업과 시장 간의 경계가 존재하는 이유를 알고자 하는 것이다. 즉 어떤 거래가 기업 내부에서 일어나고, 어떤 거래가 시장에서 협상을 통해 일어나느냐 하는 것이다. 셋째, 기업의 조직organization에 대한 이해를 위한 것이다. 왜 기업들은 계층구조나 분산된 조직형태를 갖게 되는가를 이해하려는 것이다. 또한 기업조직 간의 공식적, 비공식적 관계의 상호작용을 이해하려는 것이다. 넷째, 기업의 행동, 성과의 이질성Heterogeneity of firm actions, performances, 즉 다양한 기업 행위나 성과의 원인이 무엇인지를 이해하려는 것이다. 다섯째, 다양한 기업이론의 타당성을 검증하여 증거evidence를 찾으려는 것이다.

기업은 비시장 환경에서 생산하는 것이 더 효율적일 때 시장－가격 메커니즘에 대한 하나의 대안적인 시스템으로 존재하게 된다. 예를 들어, 노동시장에서 기업이나 조직이 수요, 공급 조건에 따라 근로자를 고용하거나 해고하는 것이 어렵다면 직접 생산활동에 참가하는 것 역시 매우 어렵거나 비용이 많이 든다. 근로자들이 매일 보다 좋은 직장을 찾아 회사를 옮겨 다니는 것도 비용이 많이 들 수 있다. 또한 기업이 매일 새로운 공급업체를 찾는 것도 비용이 많이 들 수 있다. 따라서 기업은 비용 최소화를 위해, 또는 재산권의 가치를 극대화하기 위해 근로자들이나 공급업자들과 장기계약을 체결한다.

3. 거래비용 이론

로널드 코오스Ronald Coase는 1937년 “기업의 본질The Nature of the Firm”이란 논문에서 기업의 존재 이유에 대한 거래비용 이론transaction cost theory을 제시했다. 정보가 완전하지 않은 상태imperfect information에서 시장교환을 통해 생산활동을 조직하는 데 필요한 거래비용이 기업 내에서 생산활동을 조직하는 것보다 크다면 기업 내에서 생산을 조직한다는 것이다. 이는 최초로 신고전파 이론적으로 기업을 정의한 시도의 하나라고 할 수 있다.

(1) 기업의 존재이유

로널드 코오스는 기업을 설립하는 주된 이유가 시장의 가격 메커니즘을 사용하는 데 따른 거래비용을 회피하기 위한 것이라고 했다. 시장의 가격 메커니즘을 이용하는 데에는 적절한 가격을 발견할 수 없고, 불확실성이 존재하는 상태에서 시장거래를 위한 협상이나 집행 가능한 계약서의 작성에 수반되는 비용 때문에 거래비용이 발생하게 된다. 특히 불확실한 세계에서 계약은 필연적으로 불완전incomplete하므로 자주 재협상을 해야 한다. 또한 정보의 비대칭asymmetric information, 자산 전속성asset specificity이 존재한다면 수익의 배분과 관련한 협상 과정에서 많은 비용이 들 수 있다.

시장 시스템하에서 기업이 내부적으로 운영된다면 많은 계약을 필요로 한다. 하지만 실제 기업은 보수를 지불하는 대가로 고용자에 대한 관리자의 지시 권한을 규정하는 것과 같은 극히 일부 계약만을 하게 된다. 이런 형태의 계약은 특히 장기간 지속되는 관계라면 매우 불확실한 상황에서 작성된다. 로널드 코오스는 이런 이유로 기업은 매우 단기적인 계약이 불만족스러울 때 출현할 가능성이 높다고 했다.

(2) 기업규모

그는 시장과 관련된 정부의 간섭(세금, 할당, 가격통제)은 기업의 규모를 증가시키는 경향이 있다고 했다. 기업은 내부적으로 그러한 거래비용을 지불하지 않아도 되기 때문이다. 따라서 로널드 코오스는 기업을 기업가가 자원의 통제 가능성에 의존할 때 존재하게 되는 관계의 시스템으로 정의한다. 따라서 기업가가 더 많은 거래를 조직할 수 있을 때 회사가 커지게 된다고 할 수 있다.

이때 기업의 규모는 어떻게 결정될까? 기업의 존재이유는 시장보다 저렴한 비용을 지불하기 위한 것이므로 기업 규모의 상한선은 추가적인 거래를 내부화하는 데 필요한 비용이 시장에서 이 거래를 하는 비용과 같아지는 곳이 된다. 반면 기업 규모의 하한선에서는 기업의 존재비용이 시장 거래비용을 초과하므로 존재하지 않게 된다. 실제 경영관리의 한계수익 감소는 대규모 기업, 특히 많은 다양한 공장과 다양한 내부거래가 일어나는 기업집단을 조직화하는 데 필요한 비용증가 때문이다.

로널드 코오스는 기업의 규모가 시장의 가격 메커니즘을 사용하는 비용과 다른 기업가를 고용하여 기업을 조직화하는 비용에 의존한다고 하면서 이런 두 가지 요소가 기업이 생산하는 상품의 수와 각 상품의 생산량을 결정한다고 했다.

(3) 비판

로널드 코오스의 이런 거래비용 이론은 많은 경제학자들의 비판을 받았다. 대표적으로 푸터맨Louis Putterman은 대부분의 경제학자들은 기업 내 거래와 기업 간 거래를 구분하지만 이 두 가지 형태의 거래가 겹치는 경우가 있어서 명백히 구분되지 않는다고 했다.[3] 마찬가지로 리처드슨(George Barclay Richardson, 1972)은 기업간 협력inter-firm cooperation과 같은 기업과 시장의 중간 형태가 존재하기 때문에 엄격한 구분이 어렵다고 했다.[4] 셸렌스키와 클라인(Shelanski and Klein, 1995) 역시 이런 뚜렷한 구분이 불가능하기 때문에 경제학자들은 기업 내에서 일어나는 거래도 시장(계약) 관계를 나타내는 것으로 간주하는 것이 유용할 것이라고 했다.[5]

경제학자 소개 13

로널드 해리 코오스(Ronald Harry Coase)

로널드 해리 코오스(Ronald Harry Coase)는 1910년 런던에서 출생했다. 1951년 런던 정경대학에서 박사학위를 받았다. 이후 미국 버팔로 대학교에서 일하기 시작했고 1958년에는 버지니아 대학교로 옮겼으며, 1964년에 시카고 대학에 완전히 정착하였다.

경제학에서 코오스의 주목할 만한 공헌은 기업의 거래비용 이론, 외부효과 및 재산권에 대한 코오스 정리, 공공재 이론에 대한 도전이다. 이런 코오스의 공헌은 모두 법과 경제학뿐만 아니라 거래비용 경제학을 포함하는 신제도 경제학의 일반적인 분야를 크게 발전시켰다. 이런 공로로 1991년 노벨경제학상을 수상했다.

첫째, 1937년에 저술한 "기업의 본질(The Nature of the Firm)"을 통해 기업의 거래비용 이론이라는 경제학의 새로운 분야를 개척했다. 기업의 존재이유를 거래비용의 최소화에서 찾았다. 당시 지배적인 미시경제 이론에 따르면, 전체 경제는 다수의 개별 구매자와 판매자가 직접 거래하는 구조였다. 하지만 그는 경제에서는 개별 구성원 간의 독립된 거래가 아닌 경영 관리자의 관리방향에 따라 경제활동이 이루어지는 즉, 함께 협력하는 개인의 그룹으로 조직된 기업 간의 거래가 있다는 점에 착안했다.

당시 사회주의자였던 코오스는 자본주의 경제에서 기업 관리자가 관리하는 생산방식과 사회주의 경제에서 중앙 계획자가 관리하는 생산방식 사이에 밀접한 유사성이 있다는 사실을 발견했다. 그래서 시장이 중앙 계획경제보다 우월하다면 왜 자본주의 경제는 중앙 계획 기업의 집합체로 조직되어 있는가? 즉 기업은 왜 존재하는가?에 대한 답을 바로 거래비용이론으로 설명하게 된 것이었다.

---

3) Putterman, Louis (1996), *The Economic Nature of the Firm*, Cambridge: Cambridge University Press.

4) Richardson, George Barclay (1972), "The Organisation of Industry," *Economic Journal* 82(327), pp.883-896.

5) Howard A. Shelanski and Peter G. Klein (1995), "Empirical Research in Transaction Cost Economics: A Review and Assessment," *Journal of Law, Economics, & Organization*, Vol.11, No.2, pp.335-361.

즉, 완전경쟁시장을 강조하는 표준적 미시경제 이론에서는 시장거래에 비용이 들지 않는다는 가정을 하고 있기 때문에 경제를 조직하는 가장 효율적인 방법은 전적으로 시장거래에 의존하는 것이다. 하지만 현실 세계에서는 거래비용이 발생하기 때문에 조직화된 기업을 포함한 비시장적 수단을 통해 경제활동을 조정하는 것이 거래비용을 절약하는 방법이며 이로 인해 기업이 출현한다는 것이다.

둘째, 1960년 코오스는 "사회비용의 문제(The Problem of Social Cost)"라는 또 다른 논문을 발표했다. 여기서 그는 거래비용이 없다면 정부가 규제를 통해 해결책을 강요할 필요 없이, 또는 초기 재산권 분배와 관계없이 외부효과로 인한 경제적 갈등의 효율적인 해결방법을 찾을 수 있다고 주장했다. 이를 코오스 정리(Coase Theorem)하고 하는데 이를 통해 법경제(Law Economics)라는 분야를 크게 발전시킬 수 있었다. 따라서 "기업의 본질"에서 주장한 바와 같이 현실 세계에서는 거래비용이 0이 아니기 때문에 분쟁이 발생할 때 경제적으로 효율적인 법적 해결책을 찾기 위해 법원은 재산권을 할당하는 역할을 할 수 있다고 주장했다.

셋째, 코오스는 1974년 "경제학에서 등대(The Lighthouse in Economics)"라는 논문에서 실증적 근거를 가지고 공공재 이론을 비판하였다. 당시 지배적인 공공재 이론에 따르면, 등대불빛은 배제성과 경합성이 없는 공공재이기 때문에 정부가 아니면 공급할 수 없는 공공재라는 사례로 자주 인용되었다.

하지만 코오스의 실증적 연구에 의하면 적어도 19세기 영국에서는 많은 등대가 개인이 소유하고 운영했다고 한다. 이는 등대의 소유자가 등대 서비스의 혜택제공에 대해 부근 항구에 입항하는 선박에 요금을 청구할 수 있는 제도적 장치로 인해 가능했다고 한다. 여기에서 코오스는 당시 주류 경제이론의 이상화된 수학적 모델로 해결할 수 없는 실물경제 문제를 해결하기 위한 제도적 방법을 제시한 것이었다.

4. 경영관리 및 행동이론 (Managerial and behavioural theories)

1960년대에 들어서 거래비용 이론은 경영관리 및 행동이론 등에 의해 많은 도전을 받게 된다. 윌리엄 보멀(William Baumol, 1959, 1962), 로빈 매리스(Robin Marris, 1964), 올리버 윌리엄슨(Oliver E. Williamson, 1966)이 개발한 기업의 경영관리 이론에 따르면, 기업을 이해하기 위해서는 기업의 경영자가 자신의 효용을 극대화하려 한다고 가정하고, 기업의 이윤 극대화와 비교하여 이런 행동의 기업의 본질에 대한 의미를 생각할 필요가 있다고 했다.[6] 특히 보멀은 경영 관리자는 주주를 만족시키는 최소한의 이윤

6) William J. Baumol (1959), *Business Behavior, Value and Growth*, Macmillan.; William J. Baumol (1962), "The Theory of Expansion of the Firm," *American Economic Review*, pp.1078-1087.; Robin Marris (1964), *The Economic Theory of 'Managerial' Capitalism*, Palgrave Macmillan.; Oliver E. Williamson (1966), "Hierarchical Control and Optimum Firm Size," *Journal of Political Economy*, Vol.75, No.2, pp.123-138.

을 달성한 후 매출을 극대화하는 것이 최상의 목표라고 했다.

이후 이런 관점은 주인-대리인 이론principal-agent theory으로 발전하게 된다. 가령, 스펜스와 제크하우저(Spence and Zeckhauser, 1971)나 로스(Ross, 1973)가 지적하고 있는 비대칭 정보와 계약의 문제가 대표적이다. 여기서 주인(주주 또는 기업)은 대리인(관리자 또는 공급업체)의 행동을 비용지불 없이 추론할 수 없다는 일반적인 사실을 모형화 한 것이다.[7)]

이는 대리인이 주인보다 많은 전문지식을 가지고 있거나, 주인이 대리인의 행동을 직접 관찰할 수 없기 때문에 발생한다. 이런 문제는 도덕적 해이moral hazard를 가져오는 비대칭 정보asymmetric information로 인한 것이다. 따라서 경영 관리자는 어느 정도 자신의 이익을 추구할 수 있다. 전통적 경영관리 모형에서는 일반적으로 경영 관리자가 이익을 최대화하는 대신 임의의 주어진 이익을 달성한 다음에는 급여, 특전, 보안, 지배력, 명성과 같은 다른 효용을 극대화한다는 것을 의미한다.

(1) 행동이론(behavioural approach)

리차드 씨어트Richard Cyert와 제임스 마치James G. March에 의해 개발된 행동 이론적 접근법은 기업내 의사결정을 설명하고 있다.[8)] 이는 불확실한 상황situations of uncertainty에서의 행동에 관한 1950년대 허버트 사이몬Herbert A. Simon의 연구에 의존하고 있다.[9)] 여기서 인간은 제한된 인지능력을 가지고 있으므로 복잡하고 불확실한 상황에서의 의사결정에서는 제한된 합리성bounded rationality만을 발휘할 수 있다고 했다.

따라서 개인과 그룹은 효용이나 이윤의 극대화보다는 현실적 목표 달성의 시도에 만족하는 경향이 있다. 리차드 씨어트와 제임스 마치는 기업이 하나의 단일체로 간주될 수 없다고 했는데, 이는 기업 내 다른 개인과 그룹은 자신만의 열망을 가지고 있어서 서로 상충되는 이해관계에 직면하게 되고, 또 기업의 행동은 이러한 갈등관계의 가중평균으로 나타난다고 할 수 있기 때문이다. 합의와 연속적인 의사결정과 같은 조직 운영 메커니즘은 수용할 수 없을 정도로 해롭지 않은 수준에서 갈등을 유지하기 위해 존재한다. 생산에서의 효율성 개념으로 설명한다면 이는 조직 운영에서의 슬랙slack이

---

7) Michael Spence and Richard Zeckhauser (1971), "Insurance, Information, and Individual Action," *American Economic Review*, Vol.61, No.2, pp.380-387.; Stephen A. Ross (1973), "The Economic Theory of Agency: The Principal's Problem," *American Economic Review*, Vol.63, No.2, pp.134-139.

8) Richard Cyert and James March (1963), *Behavioral Theory of the Firm*, Oxford, Blackwell.

9) Herbert A. Simon (1957), *Models of Man*, John Wiley.

존재한다는 것을 의미하는 것으로 라이벤슈타인Leibenstein의 X－비효율성X-inefficiency과 같은 개념이라고 할 수 있다.[10]

(2) 팀 생산(team production)

알만 알치안Armen Alchian과 해롤드 뎀세츠Harold Demsetz가 개발한 팀 생산 이론은 로널드 코오스의 초기 연구를 확장하고 이를 보다 분명하게 한 것이다.[11] 이들에 따르면 추가 산출물이 팀 생산team production에 의해 공급되지만 성공여부는 팀team을 제대로 관리하여 보상기준으로서 팀원의 한계 생산물을 측정해야 하는 측정문제metering problems가 해결되고, 팀원의 한계 생산물을 제대로 측정함으로서 참가자의 속임수(도적적 해이 attendant shirking) 여부가 제대로 파악될 수 있을 때에 기업이 출현하게 된다. 따라서 필요한 감시monitoring는 감시자가 이런 활동으로 잔여 수입을 얻을 수 있을 때 효과적으로 이루어질 수 있지만 그렇지 않을 경우 감시자 자신이 무한대의 감시를 받는 상태가 될 것이다.

알만 알치안과 해롤드 뎀세츠에게 기업이란 감시를 위한 정보의 문제로 인해 시장을 통한 거래보다는 생산적인 활동를 할 수 있는 팀을 구성한 것이라고 할 수 있다. 따라서 사실상 이것은 알만 알치안과 해롤드 뎀세츠가 강조한 기업내 비대칭 정보의 문제인 주인－대리인 이론이다. 젠센과 멕클링(Jensen and Meckling, 1976)에 근거한 요람 바젤(Yoram Barzel, 1982)의 기업이론에서 기업은 감시를 중앙 집중화하여 중복 비용을 회피하기 위한 수단으로 출현하게 된다고 했다.[12]

올리버 윌리엄슨Oliver E. Williamson에 따르면, 알만 알치안과 해롤드 뎀세츠의 주장은 팀 생산의 개념이 생산과 개별 투입요소 간의 관계를 규정하고 있지 않기 때문에 적용 범위가 협소하다는 단점이 있다고 했다. 실제 기업 내의 대부분 산출물은 분리가능seperable하므로 개별 투입물은 산출물에 근거하여 보상을 받을 수 있기 때문에 이

---

10) Harvey Leibenstein (1966), "Allocative Efficiency vs. X-Efficiency," *American Economic Review*, Vol.LVI.

11) Armen A. Alchian and Harold Demsetz (1972), "Production, Information Costs, and Economic Organization," *American Economic Review*, Vol.62, No.5, pp.777-795.

12) Jensen, M. C. and Meckling, W. H. (1976), "Theory of the Firm: Managerial Behavior, Agency Costs and Ownership Structure," *Journal of Financial Economics* 3, pp.305-360.; Yoram Barzel (1982), "Measurement Cost and the Organization of Markets," *Journal of Law and Economics*, Vol.25, No.1, pp.27-48.

개념을 제한적으로 적용할 수 있다. 따라서 팀 생산은 기업, 특히 다수의 대규모 공장과 다수의 산출물을 생산하는 기업이 존재하는 이유를 설명할 수 없다.

경제학자 소개 14

올리버 윌리엄슨(Oliver Eaton Williamson)

올리버 윌리엄슨(Oliver Eaton Williamson)은 1932년 미국 위스콘신에서 태어났다. 1955년 MIT 슬론 경영대학원(Sloan School of Management)을 졸업한 후 GE, CIA에서 프로젝트 엔지니어로 근무했다. 이후 1960년 스탠포드 대학에서 MBA를 마치고 1963년 카네기 멜론 대학에서 로널드 코오스, 헐버트 사이먼(Hebert Simon)의 지도로 박사학위를 받았다. 이후 버클리 대학, 펜실베이나 대학, 예일대학에서 강의했다. 경제학과 공학이라는 완전히 다른 두 학문 분야가 놀랍도록 유사한 분석 방법론을 사용한다는 사실을 발견하고 여러 학문분야를 통합하였다.

윌리엄슨은 4명의 거물 경제학자인 프리드리히 하이에크(Friedrich Hayek), 로널드 코오스, 헐버트 사이먼, 캐네스 애로우(Kenneth J. Arrow)로부터 많은 영향을 받았으며, 결국 이 거물들의 어깨 위에 우뚝 선 경제학자로 평가받는다. 윌리엄슨은 1975년 이후 20년간 『시장과 위계(Markets and Hierarchies: Analysis and Antitrust Implications, 1975)』, 『자본주의의 경제제도(The Economic Institutions of Capitalism, 1985)』, 『반독점 경제학(Antitrust Economics, 1989)』, 『기업의 본질(The Nature of the Firm, 1991)』, 『지배구조의 메커니즘(The Mechanisms of Governance, 1996)』, 『산업조직론(Industrial Organization, 1996)』과 같은 명작들을 집필했다.

2009년 윌리엄슨과 엘리노어 오스트롬(Elinor Ostrom)이란 비전통적 경제학자인 신제도경제학자가 노벨경제학상을 수상할 당시는 공교롭게도 세계 금융위기로 인한 시장붕괴가 규제감독의 부재로 인해 발생했다는 점에서 제도의 중요성이 부각되던 시점이었다. 폴 크루그먼은 "윌리엄슨의 업적은 엄청난 양의 현대 경제사상의 기초를 이루었다"고 한 바 있다.

윌리엄슨은 거래비용의 경제학(Transaction Cost Economics: TCE), 기업이론(Theory of Firm), 신제도경제학(New Institutionalism)이란 경제학의 신천지를 개척했다고 요약할 수 있지만 그의 업적을 한두 페이지로 요약하는 것은 불가능한 일이다. 윌리엄슨의 업적은 경제학 이외의 다른 학문분야에도 커다란 영향을 주었다. 그래서 월 스트리트 저널은 그를 "비경제학자들에게서 가장 많이 인용되는 학자"로 평가하였다.

5. 자산 전속성(asset specificity)

올리버 윌리엄슨Oliver E. Williamson은 생산에서 자산 전속성 때문에 기업이 존재하게 된다고 했다.[13] 여기서 자산은 차선의 용도에서 그 가치가 훨씬 낮아지는 특수성을 갖는 자산으로서 현재의 용도에서 다른 용도로 사용하는 것이 쉽지 않은 자산을 말한다. 서로 다른 기업(가령, 구매기업, 공급기업)이 전속성을 가진 자산을 소유하고 있을 때 문제가 생긴다. 두 기업은 전체 시장에서 많은 수의 기업들과 더 이상 경쟁을 하지 않는 상태에 안주할 것이므로 거래를 통한 이익의 배분에 있어서 장기간의 거래를 하게 된다. 따라서 자신들의 위상을 정확하게 나타낼 유인이 더 이상 존재하지 않게 되므로 다수의 교섭이 이루어지기보다는 소수의 교섭이 이루어지게 된다.

거래가 반복적이거나 장기거래라면 거래를 통한 이익의 배분을 놓고 지속적인 힘겨루기가 발생하면서 거래비용이 증가하게 되면 재협상이 필요할 수 있다. 더욱이 구매기업은 자신의 기업에 꼭 필요한 자산을 공급업체에게 투자하게 하여 두 기업 모두에게 이익이 되는 상황이 있을 수 있다. 하지만 일단 투자가 이루어진 후에는 매몰비용sunk cost이 되므로 구매기업이 계약을 재협상하는 과정에서 공급기업에게 투자손실을 입힐 수도 있다. 이것은 불완전한 계약으로 인해 이익이나 손해를 지불하기 이전 거래 당사자가 비대칭적으로 이익이나 손해를 입게 되는 보류문제hold-up problem 혹은 commitment problem라고 할 수 있다. 이런 상황에서 두 당사자 간의 지속적인 이해 충돌 문제를 해소하는 가장 효율적인 방법은 인수 또는 합병을 통해 하나의 기업이 되는 것일 수 있다.

자산 전속성은 물적 자본과 인적 자본 모두에게도 적용될 수 있으므로 근로계약에서도 보류문제가 발생할 수 있다. 가령 특별한 기술을 가진 근로자는 다른 우수한 대체 인력을 구할 수 없을 것이란 판단하에 파업이란 위협을 할 수 있지만, 반대로 기업은 자신의 기업에서만 활용될 수 있는 인적 자본이란 사실로 해고의 위협을 가할 수도 있다.

윌리엄슨은 기업규모는 기업규모가 커짐에 따른 위계구조에서 오는 관료주의의 폐단으로 인한 비용, 즉 위임비용delegation cost, 또는 감시비용monitoring cost이 커지거나, 기업규모가 커짐에 따라 대기업은 기업소유자의 잔여소득residual income에 대한 강력한 인센티브를 재생산할 수 없기 때문에 그 한계에 이른다고 했다. 이는 부분적으로 대기업의 존

13) Williamson, Oliver E. (1991), *The Nature of the Firm*, New York: Oxford University Press.

재가 더 안전하고, 한 개인의 행동에 덜 의존하기 때문이기도 하다. 또한 기업의 중심부서는 지시간섭의 권리를 확보하는 대신 책임회피에 대한 보상으로서 금전적 소득을 보장해주는 경향이 있기 때문에 기업규모 확대의 유인이 약화된다.

밀그롬과 로버츠(Milgrom and Roberts, 1990)는 직원들이 자신에게 유익한 거짓 정보를 제공하려는 유인이 있기 때문에 관리자는 이를 필터링filtering해야 하고 때로는 완전한 정보없이 의사결정을 내려야 하므로 관리비용이 증가한다고 했다.[14] 이런 비용은 기업의 규모가 커지거나, 기업의 위계구조가 보다 복잡해질수록 더욱 증가하게 된다고 하였다.

6. 아웃소싱 이론

로널드 코오스(Ronald Coase, 1937)가 "왜 모든 생산이 하나의 대규모 기업에서 이루어지지 않는가?Why is not all production carried on by one big firm?"라는 질문을 던진 후 경제이론에서는 아웃소싱의 장단점이 논의되었다. 이에 대해 올리버 윌리엄슨(Oliver Williamson, 1979)은 기업내, 기업간 거래비용 차이의 중요성을 강조했다.[15] 이와 관련하여 올리버 하트(Oliver Hart, 1995)도 기업 내에서 일어나는 거래와 다른 기업간 거래, 즉 시장거래의 차이를 나타내는 것을 "기업의 경계boundaries of the firm"로 정의하였다.[16]

불완전 계약에 기반한 기업이론에 대한 재산권 접근법에 의하면, 기업의 소유구조(통합 또는 비통합)에 의해 계약없는 투자non-contractible investments에 대한 수익이 향후 협상에서 어떻게 분배될 것인지가 결정된다. 따라서 다른 기업의 활동을 아웃소싱하는 것의 적정성 여부는 거래기업이 수행하는 투자의 상대적 중요성에 따라 결정된다. 가령, 한 기업만이 중요한 계약없는 투자결정을 내려야 한다면 이 기업이 소유자가 된다. 불완전 계약이론의 요점은 협상안의 내용과 비대칭 정보의 존재 여부에 결정적으로 의존한다는 것이다.

---

14) Milgrom, P. I., and Roberts, J. (1990), "Bargaining Costs, Influence Costs, and the Organization of Economic Activity," In J. Alt and K. Shepsle (Eds.), *Perspectives on Positive Political Economy*, Cambridge University Press, pp.143-155.

15) Oliver Williamson (1979), "Transaction-Cost Economics: The Governance of Contractual Relations," *Journal of Law & Economics*, Vol.22, No.2, pp.233-261.

16) Oliver Hart (1995), *Firms, Contracts, and Financial Structure*, Oxford University Press.

7. 그로스먼-하트-무어(Grossman-Hart-Moore) 이론

현대 계약이론에서 기업이론은 종종 샌포드 그로스먼Sanford J. Grossman, 올리버 하트Oliver D. Hart와 존 무어John H. Moore가 개발한 재산권 접근법property rights approach과 동일시된다. 기업이론에 대한 재산권 접근은 그로스먼-하트-무어Grossman-Hart-Moore이론으로 알려져 있다. 이들은 계약이 가능한 모든 우발상황에 대한 내용을 포함할 수 없는 불완전 계약 가능성하에서 재산권(기업의 경계)이 중요시 된다고 하였다.[17)]

가령 중간재의 판매자와 구매자를 생각해보자. 이때 판매자가 상품생산에 필요한 물적 자산을 소유해야 하는지(비통합), 아니면 구매자가 이를 소유해야(통합) 하는지가 중요하다. 기업들 간의 관계에 의해 투자가 이루어진 후 판매자와 구매자가 교섭을 하게 되는데 만약 이들이 동일한 정보를 얻을 수 있다면(대칭적 정보), 이들은 항상 협력할 것이다. 그러나 사후적인 잉여의 배분에서는 사후합의에 도달하지 못한다면 소유구조가 이를 결정하게 된다. 따라서 소유구조가 투자유인에 영향을 미치게 된다. 이 이론의 핵심 내용은 보다 중요한 투자결정을 내리는 당사자가 소유자가 된다는 것이다. 또 다른 결론은 인적 자본에 대한 투자의 경우 공동소유가 차선책이라는 것이다.

---

17) Grossman, S. J. and Hart, O. D. (1986), "The costs and benefits of ownership: A theory of vertical and lateral integration," *Journal of Political Economy* 94, pp.691-719.; Hart, O. D. and Moore, J. (1990), "Property rights and the nature of the firm," *Journal of Political Economy* 98, pp.1119-1158.

CHAPTER 10.

기업이론과 기업 지배구조 전략

1. 거래비용과 지배구조

글로벌 가치사슬 분석은 생산에서의 지배구조governance of production를 다루기 때문에 종종 거래비용transaction cost과 기업의 자산 전속성asset specificity을 통해 기업을 정의하는 기업의 거래비용 이론transaction cost theory of firm과 밀접히 관련되어 있다. 거래비용 이론에 의하면 기업은 갈등해소를 통해 거래비용의 최소화를 달성하고, 그럼으로써 이익실현을 하려는 계약관계의 지배구조governance structure of contractual relation이다. 기업 자체의 존재는 시장관계에 의존한 결과가 아니라 효율성을 추구한 결과로 나타난 것이다.[1]

따라서 기업의 본질에 대한 거래비용 접근법은 기업을 본질적으로 생산기능과 이윤 극대화의 목적에 의해 정의하는 신고전파 경제학의 기업개념과 다르다. 로널드 코오스(Ronald Coase, 1937)에 따르면, 기업을 설립하는 것이 수익성이 있는 이유는 가격 메커니즘을 사용하는 데 비용이 들기 때문이다. 가격 메커니즘을 통해 생산을 조직화하는 데 필요한 비용은 관련된 가격이 무엇인지를 발견하는 비용이다.

거래비용은 상품과 서비스를 교환하는 거래 당사자에게 발생하는 모든 희생과 불이익을 말한다. 여기에는 사전적으로 기업의 출범(예: 여행, 통신 및 컨설팅 비용), 협약(예: 계약체결 비용, 법률자문 비용), 거래(예: 리더십 및 조정을 위한 관리비용)와 사후적으로 거래 당사자가 공정한 것으로 인정하는 교환에서의 통제(예: 품질 및 납기 통제)와 조정(추가적인 교환과 납기와 같은 후속 조치에 필요한 추가비용)과 관련된 모든 정보비용, 통신비용이 포함된다.

윌리엄슨(Williamson, 1985, 1996, 2002)은 글로벌 생산의 연구에 도움이 되도록 로

1) Milberg, W. and D. Winkler (2013), *Outsourcing Economics: Global Value Chains in Capitalist Development*, Cambridge, U.K.: Cambridge University Press, pp.135-148.

널드 코오스의 방법론을 몇 가지 방법으로 확장했다.[2] 첫째, 왜 기업을 설립하는 것이 시장거래에 의존하는 것보다 효율적인지를 설명했다. 기업 내에서 생산(수직통합)하기로 한 기업의 의사결정은 특히 상품시장이나 자본시장에서의 시장실패때문이라고 했다. 기업은 시장거래보다 거래비용을 더 절약할 수 있기 때문에 존재한다. 따라서 기업간 경쟁은 비효율적인 기업을 퇴출시킴으로써 상품 및 자본시장에서 효율성을 높인다는 신고전파 경제학의 기업이론과 다르다.

기업은 시장보다 정보수집에서 이점이 있으므로 기업의 경영총괄부서는 산하의 각 개별부서가 각각 독립된 회사로 존재할 때의 자본시장에서 보다 더 효율적으로 회사의 각 부서를 조정할 수 있다. 시장에서는 불완전한 계약incomplete contracts이 존재하기 때문에 기업의 계층구조는 외부시장에 의존하는 것보다 효율적일 수 있다. 모든 복잡한 계약은 불가피하게 불완전하다. 이런 이유로 계약 당사자들은 초기 계약의 공백, 오류 및 누락으로 인해 발생하는 예상치 못한 혼란에 적응해야 할 필요가 있다. 거래가 발생하는 환경이 불확실하고 관련 경제주체들이 제한적인 합리성bounded rationality을 가지고 있기 때문에 완전한 계약complete contracts을 달성하는 것이 불가능하다.

둘째, 기업의 내부화를 선호하는 또 다른 이유로서 자산 전속성을 강조하고 있다. 여기서는 특화된 물리적 자산, 특화된 인적 자산, 특화된 위치, 자산 전속성 및 브랜드 자본을 구분하고 있다. 따라서 기업거래는 입지에 특화된 시설, 특수 기계와 기술, 전문화된 자격을 갖춘 직원, 또는 구매자에 특화된 투자에 따라 다른 형태를 가지게 된다. 특정 생산공정에 있어서 자산 전속성이 높을수록 시장에 기반하는 조직보다 계층구조를 갖는 조직의 효율성이 높아진다. 이런 자산 전속성의 특성 때문에 하이브리드hybrid 형태의 지배구조가 출현할 수 있다.

하이브리드 형태의 지배구조는 특히 글로벌 가치사슬 연구와 관련이 있다. 선도기업은 소유권 지분이 없고, 확실한 통제 권한이 없는 상태에서 공급업체에 협력, 교육 및 지원을 제공한다. 앞서 설명한 바와 같이 저레피 등(Gereffi et al., 2005)은 글로벌 가치사슬의 지배구조에는 세 가지 복합 형태가 있다고 했다.[3] 즉, ① "모듈식modular"

---

2) Williamson, Oliver E. (1985), *The Economic Institutions of Capitalism,* New York, Macmillan.; Williamson, Oliver E. (1996), *The Mechanisms of Governance,* New York, Oxford University Press.; Williamson, Oliver E. (2002), "The Theory of the Firm as Governance Structure: From Choice to Contract," *Journal of Economic Perspectives,* Vol.16, No.3, pp.171-195.

3) Gereffi, G., J. Humphrey, and T. Sturgeon (2005), "The Governance of Global Value Chains," *Review of International Political Economy* 12(1), pp.78-104.

지배구조에는 부품과 재료를 선도기업에 공급하는 수많은 공급업체와 대규모 턴키 조립업체가 포함된다. ② "관계형relational" 지배구조에서는 선도기업과 1차 공급업체 간에 상당한 상호작용과 기술공유를 한다. ③ "포획형captive" 재배구조에서 선도기업은 훨씬 더 작은 공급업체와 직접 계약한다.

다음 [그림 10-1]에서는 시장과 계층구조에 따른 자산 전속성과 지배구조의 비용 간의 관계를 보여주고 있다. 자산 전속성이 낮거나 심지어 0일 때, 계층구조를 가진 지배구조의 비용은 다른 시장과 비교하여 관료제에 따른 비용이 다른 특별한 이점으로 상쇄되지 않기 때문에 보다 높다. 즉, $H(AS) > M(AS)$이다. 자산 전속성이 증가하면서 시장에서 초기에 누렸던 비용상 이점이 하락하고, 어떤 수준 이상일 때에는 계층구조가 시장에 의존하는 것보다 거래비용을 절감할 수 있기 때문에 보다 많은 이점을 갖게 된다. 즉, $0 < AS < AS_1$구간에서는 시장이 다른 두 형태보다 낫고, $A_1 < AS < A_2$에서는 복합 형태가 낫다. 만약 $A_2 < AS$라면 계층구조가 최상의 선택이 된다.

거래비용 접근방식은 최근 글로벌 생산이 보편화 되는 현상에 대해 많은 시사점을 제공한다. 운송 및 정보통신 기술이 발전하면서 시장에 기반한 기업조직의 비용이 크게 절감되었다. 저레피 등(Gereffi et al., 2005)에 의해 설명된 글로벌 가치사슬의 핵심요소는 하이브리드 형태로 설명할 수 있다. 또한 고객을 위한 투자가 가격 또는 배송시간의 관점에서 구매자에 대한 공급자의 협상력을 크게 하락시키기 때문에 공급자는 모듈식 생산 플랫폼으로 이동하는 경향이 있다. 하청업체는 이미 이런 상황을 예상할 수 있기 때문에 모듈식을 보다 광범위하게 사용하나(예: 낮은 자산 전속성) 최적의 투

〈그림 10-1〉 자산 전속성과 지배구조의 비용

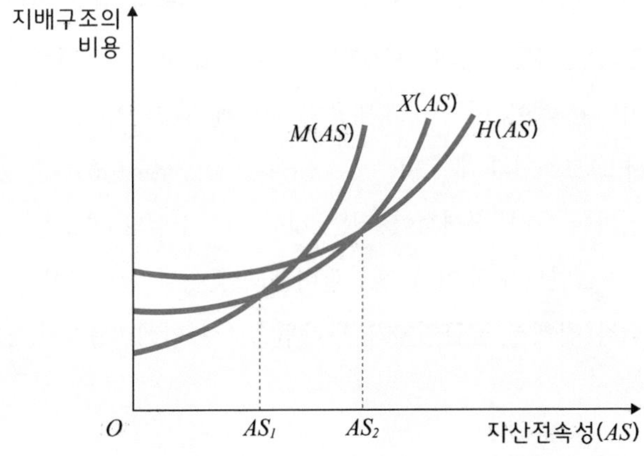

자료: Williamson (2002), p.181.

자보다는 효율성이 떨어지는 일반적인 투자를 하려고 한다. 따라서 [그림 10-1]은 기술변화가 시장기반 지배구조로 이어질 것이라는 기본개념을 설명할 수 있다.

로널드 코오스(Ronald Coase, 1937)에 이어 랑로이스(Langlois, 2003)는 원거리 국제거래가 증가한 것은 기술변화와 생산과정에서의 다양한 작업의 자산 전속성 감소로부터 초래되는 시장거래에서의 거래비용 감소에 의한 것으로 보고 있다.4) 이는 시장기능이 개선된 결과로 수직 통합된 기업의 효율성이 감소하였기 때문이다.

거래비용 접근방식은 아웃소싱 분석을 위한 정교한 수학모델의 출현을 가져왔다. 불완전 계약의 논리는 여러 모형에서 기업의 "직접 제조 또는 시장구매make or buy"라는 의사결정을 설명하기 위해 사용되었다.

그로스먼과 헬프먼(Grossman and Helpman, 2002, 2005)은 공급자를 찾는 데 필요한 탐색비용search costs과 구매자와 공급자간 계약의 불완전성 정도를 강조했다. 국내 또는 국제 아웃소싱은 "전문화된 투입물 생산자"에게서 구매함으로 인한 선도기업의 비용절감 효과가 탐색 및 불완전한 계약으로 인한 비용을 초과할 때 발생한다. 여기서 불완전한 계약이라 함은 계약보류 가능성(즉, 계약위반)이나 혹은 공급기업이 구매기업의 요구에 맞게 상품을 고객 맞춤화하고 수용 가능한 품질의 투입물을 제공하지 못함으로 인해 발생한다.

기업의 "직접 제조할 것인가 시장에서 구매할 것이냐"에 관한 의사결정은, 탐색 및 불완전한 계약으로 인해 발생하는 거래비용과 수직적 통합과 관련된 추가적인 지배구조 비용 간에 생기는 상충관계를 나타낸다. 상품시장에서 경쟁이 매우 치열하다면 아웃소싱이 일어나기 위해서는 통합된 기업에 비해 전문화된 투입물 생산자에게 단위당 비용상의 이점이 있어야 한다. 이런 이점은 탐색의 어려움과 보류의 문제로 생기는 가격상의 불이익을 극복할 수 있을 만큼 충분히 커야 한다. 반대로 시장경쟁이 치열하지 않다면 아웃소싱의 가능성은 주로 통합기업이 부담해야 하는 고정비용과 전문 생산자가 지불해야 하는 고정비용의 차이에 달려 있다.

따라서 그로스먼과 헬프먼(Grossman and Helpman, 2002)은 공급업체 시장에 많은 기업이 진입하여 보다 경쟁적이 되는 것이 아웃소싱의 가능성을 높이는 것으로 보고 있다. 이는 공급업체가 추가적 생산설비를 만들어서 선도기업의 비용절감을 가져오기 때문이 아니라 잠재적 공급업자가 추가됨으로서 탐색비용을 줄일 수 있기 때문이다.

---

4) Langlois Richard (2003), "The Vanishing Hand: The Changing Dynamics of Industrial Capitalism," *Industrial and Corporate Change* 12(2), pp.351-358.

2. 핵심역량과 지배구조

글로벌 가치사슬 분석은 기업의 지배구조에 대한 거래비용 접근방식과 양립할 수 있지만, 이런 자체 제조 또는 시장 구매의 결정을 넘어서, 사슬 내 및 사슬 간 전반적인 부가가치 배분 문제나, 특히 공급업체가 가치사슬 내에서 자신의 역할을 고도화할 수 있는 능력에까지 확대 적용할 수 있다. 전 범위에 걸친 가치사슬 분석을 위해서는 기업의 개념을 보다 광의로 정의하는 것이 필요하다. 따라서 기업전략에 초점을 맞춘 펜로즈Penrose와 챈들러Chandler의 연구 방법론이 적절하다.

펜로즈(Penrose, 1959)는 『기업 성장의 이론Theory of the Growth of the Firm』에서 기업을 서비스를 생산할 수 있는 능력을 가진 생산자원의 집합으로 설명한다.[5] 생산자원은 이런 서비스의 양과 유형을 결정할 수 있는 행정관리 조직 내에서 관리된다. 생산자원은 기업수익의 원천인 기업이 제공하는 생산적 서비스의 기초가 된다. 기업은 더 나은 자원을 가지고 있기 때문이 아니라 자원을 더 잘 사용할 수 있는 기업 역량 때문에 수익을 얻는다.

펜로즈Penrose는 기술적 우월성, 강력한 마케팅 능력 및 운영에서 규모의 경제 효과를 포함하여 경쟁기업에 대하여 지속적으로 경쟁우위를 창출해야 하는 기업의 욕망을 강조했다. 아울러 대량 고객 맞춤화mass customization와 핵심역량core competence의 이점을 언급했다. 고객 맞춤화는 "다양화diversification"의 한 측면이다. 기업은 이미 존재하는 중간재 및 최종재의 상품 범위에 추가하여 다른 새로운 상품을 제공할 때 더욱 다각화된다. 생산활동의 다각화는 최종상품의 다양성, 수직적 통합 및 기본적 비즈니스 영역의 수를 증가시킨다.

상품 다양성이 높을수록 급격한 수요변화로부터 기업이 안전하므로 강한 다각화와 통합은 대기업에서만 가능하다. 주어진 상품 다양성하에서 효율적인 생산은 독점력이나 기술발전만으로는 할 수 있는 것이 아니다. 따라서 생산자원을 다양한 상품에 배분하면 더 많은 수익을 올릴 수 있다. 더 중요한 것은 다각화가 기존 생산라인을 유지하거나 확장하면서 새로운 영역으로 생산과 투자의 가능성을 높인다는 사실이다.

펜로즈 관점에서 기업의 핵심역량은 수익을 발생시키지 않거나 상대적으로 적게 발생시키는 과잉자원을 처분할 수 있는 경영자원의 부족인데, 경영자원이 풍부한 대기업은 슘페터Schumpeter의 용어로 "창조적 파괴creative destruction"과정에서 파괴되기보다

5) Penrose, E. T. (1959), *The Theory of the Growth of the Firm*, John Wiley & Sons, New York.

는 오히려 "창조적creative"이 되었다고 한다.

만약 오프쇼어링이 공급업체 간의 경쟁을 유발하고, 비용을 절감하고, 기업내부 운영을 통해 달성할 수 있는 것보다 유연성을 높일 수 있다면 세계화된 생산은 기업 내보다 기업 외부에서 이루어진다. 따라서 글로벌 경쟁이 심화 됨에 따라 기업의 범위는 축소된다. 기업성장에서 "핵심역량"이 더욱 강조된다. 파라할라드와 하멜(Prahalad and Hamel, 1990)에 의하면 핵심역량은, 첫째, 다양한 시장에 접근할 수 있을 것, 둘째, 최종상품에 대한 고객의 인지도 향상에 기여할 것, 셋째, 경쟁자가 모방하기 어려워야 한다고 했다.

핵심역량은 수익을 창출하는 기업고유의 자산과 같은 것이다. 선도기업은 시장경쟁이 심화되면 생산과정의 여러 단계에서 수익을 창출하지 못하는 부분을 아웃소싱하게 된다. 이 과정에서 공급업체 간의 경쟁을 유도하여 구매할 투입물의 가격을 낮출 수 있게 된다. 글로벌 공급업체에 아웃소싱하는 외부화를 통해 시장구조의 비대칭성이 증가하게 된다.

그로스먼과 헬프먼(Grossman and Helpman, 2002, 2005)과 앤트라스(Antras, 2003)는 거래비용 관점에서 아웃소싱을 설명하면서, 해외직접투자FDI는 지식기반 자산의 소유권에 근거한 기업의 시장 지배력에 바탕을 둔 것으로 정보, 컴퓨터 기술, 개발도상국의 생산능력과 기술이 발전함에 따라 일부 거래비용이 감소하면서 선도기업들은 자신의 지위를 위협하는 다른 기업의 고도화 가능성을 제한하여 공급업체 간의 경쟁을 성공적으로 이끌어왔다고 했다.[6]

반면 공급업체 간의 지속적 경쟁압력, 핵심역량에 대한 집중이 증가하면서 수직통합보다는 외부화가 더욱 진전되기도 하였다. 공급업체가 독점적 역할을 할 수 있는 경우 구매자는 공급품의 생산을 내부화하려는 유인이 커진다. 하지만 공급업체 간의 경쟁이 심할 경우 구매자와 공급업체 간의 대등한 관계가 이루어질 수도 있다.

---

6) Grossman, Gene M. and Elhanan Helpman (2002), "Integration versus Outsourcing in Industry Equilibrium," *Quarterly Journal of Economics* 117(1), pp.85-120.; Grossman, Gene M. and Elhanan Helpman (2005), "Outsourcing in a Global Economy," *Review of Economic Studies* 72(1), pp.135-159.; Antràs, Pol. (2003), "Firms, Contracts, and Trade Structure," *Quarterly Journal of Economics* 118(4), pp.1375-1418.

경제학자 소개 15

엘하난 헬프먼(Elhanan Helpman)

헬프먼은 소련에서 태어났지만 1946년 이스라엘로 이주했다. 친구가 가지고 있는 새뮤얼슨의 경제학 책을 읽고 경제학을 공부하기로 했다고 한다. 1971년 텔아비브 대학에서 경제학 석사를 마친후 하버드 대학에서 리처드 케이브스(Richard E. Caves)와 헨드릭 호태커(Hendrik S. Houthakker)의 지도하에 경제학 박사학위를 받았다. 텔아비브 대학에서 30년 가까이 교수생활을 한 후 하버드 대학 교수로 옮겼다.

헬프먼은 국제수지, 환율제도, 안정화 정책, 해외부채와 같은 다양한 분야를 연구했지만 특히 국제무역과 경제성장, 정치경제 분야에서 커다란 공헌을 하였다. 혼자서는 『경제성장의 비밀(The Mystery of Economic Growth)』, 『글로벌 무역의 이해(Understanding Global Trade)』를 집필했다. 폴 크루그먼과는 『시장구조와 해외무역(Market Structure and Foreign Trade)』, 『무역정책과 시장구조(Trade Policy and Market Structure)』를, 그로스먼과는 『글로벌 경제에서 혁신과 성장(Innovation and Growth in the Global Economy)』, 『특별한 이익집단의 정치(Special Interest Politics)』, 『이익집단과 무역정책(Interest Groups and Trade Policy)』을 집필하였다.

헬프먼은 또한 이스라엘 경제에 대해 많은 연구를 하였고 정책자문을 하기도 했다. 또한 세계 유명 경제저널의 편집인으로서, 또는 다양한 관련단체에서 커다란 활동을 한 바 있다.

3. 글로벌 가치사슬 지배구조 전략

(1) 거래비용이론에서의 지배구조 전략

오프쇼어링을 통한 기업활동의 외부화가 일반화된 것은 여러 기업이론으로 설명된다. 따라서 [그림 10−1]에서 설명한 바와 같이 단순히 거래비용의 감소 때문으로 해석할 수만은 없다. 글로벌 가치사슬에서 선도기업은 자신의 힘을 이용하여 글로벌 가치사슬의 구축과정에서 공급업체와 함께 거래비용 절감을 추진한다.

거래비용 이론은 글로벌 가치사슬의 지배구조에 대한 의미를 찾는 데 매우 유용하다. 그러나 거래비용만 고려하는 것은 기술, 투입물 가격 및 시장가격이 주어졌을 때 거래비용의 최소화를 추구한다는 관점이다. 따라서 기업규모, 시장 점유율, 이익의 확대와 같은 성장전략을 고려하지 못한다. 심지어 거래비용 이론에서는 자산 전속성도 주어진 것으로 가정한다.

거래비용 이론에서는 거래비용의 구조가 전략을 주도한다. 이런 관점에서 거래비용의 구조는 서로 다른 거래비용 구조와의 상대적 효율성을 차이를 나타내므로 수직 통합 여부를 결정한다. 따라서 거래비용 이론에서의 지배구조는 정의상 효율적이며 최적이라고 할 수 있다.

(2) 전략적 기업의 지배구조 전략

기업에 대한 또 다른 관점은, 기업성장을 위한 기업전략은 상품 또는 공정혁신, 자산 전속성을 위한 투자, 생산요소, 투입물 가격, 심지어 시장에서의 제약조건을 극복하는 데 목표가 있다는 점이다. 전략적인 기업은 새로운 비용구조를 창출하려고 노력한다.[7] 핵심역량core competence을 구축하는 것은 기업의 자산 전속성의 강도를 높이기 위한 전략적 행동이기도 하다.

기업전략은 기업구조의 형성에 결정적 역할을 한다.[8] 오늘날에는 기업의 여러 사업부문과 관련된 구조가 아니라 글로벌 가치사슬에 대한 구조가 기업전략의 주 대상이다. 이는 다양한 형태로 수직적 분화가 가능한 기술, 운송, 통신 및 글로벌 생산능력 부문에서 주주가치를 강조하는 지배구조 전략에 의해 형성된다. 챈들러(Chandler, 1962) 용어로 표현하면 "전략이 구조를 주도한다"는 것이다.

글로벌 가치사슬 관점에서 선도기업의 기업전략과 전략이 개발되는 제도적 환경이 글로벌 가치사슬의 구조를 결정한다. 기업은 이익 지향적이지만, 주주가치의 극대화와 장기적 기업성장이란 목표가 글로벌 가치사슬의 구조를 형성한다. 전략적 측면에서 특정한 글로벌 가치사슬 구조가 파레토 최적Pareto's optimal일 필요는 없다.

기업의 전략적 관점에서 지배구조 전략은 세계경제에서 원거리 오프쇼어링의 출현을 이해하는 데 도움이 된다. 기업전략의 개념은 단순히 이익을 방어하기 위한 것이 아니라 기업성장을 위한 혁신과 시장상황을 변화시키려는 의미로 사용된다. 오프쇼어링은 이런 기업전략과 다국적 기업에 의한 원거리 무역거래가 지속되면서 추진되었다.

거래비용 최소화 기업과 전략적 기업 모두 합리적인 존재이지만 이윤 극대화 문제에는 다르게 접근한다. 거래비용 이론에서 기업은 거래비용 최소화를 추구하지만 전략적 기업 이론에서 기업은 오프쇼어링을 통한 비용절감, 유연성 향상, 타 기업의

7) Lazonick (1991), *Business Organization and the Myth of the Market Economy*, Cambridge University Press, p.288.

8) Chandler A. (1962), *Strategy and Structure: Chapters in the History of American Enterprise*, MIT Press.

시장진입 억제를 추구한다. 동시에 핵심역량을 강화하고 주주가치를 중시하는 보다 광범위한 전략을 추구한다. 또한 전략적 기업은 오프쇼어링을 통해 국내 노동에 대한 의무조치를 줄일 뿐 아니라 노동력의 해외 조달 가능성을 통해 현재의 국내 노동자에 대해 위협을 가할 수 있다.

전략적 기업은 공급업체를 단순히 생산을 위한 수단의 하나로 선택하는 것이 아니라 중간재 공급에서의 신뢰성과 정확성을 높이기 위한 목적과 함께 공급업체 간의 경쟁을 강화하기 위한 수단으로 육성하기도 한다. 이런 전략들이 효과적이라면 오프쇼어링을 통한 무역거래는 선도기업의 보다 합리적인 전략이 될 수 있다.

(3) 다국적 기업 전략

다국적 기업 이론에 의하면 수익rent을 창출하는 과점기업의 독자적인 자산을 보존하기 위한 수단으로서 내부화를 추진하는 것으로 본다.[9] 마찬가지 논리로 공급업체를 직접 운영하는 것이 수익을 창출하지 않는다면 외부화한다는 것을 의미한다. 선도기업들에게 전략적으로 중요한 것은 소유권 자체가 아니라 통제력이다. 선도기업은 공급업체 간의 치열한 경쟁을 유도할 수 있다. 또한 공급업체와 공급과 물류의 품질, 설계 및 신뢰성을 향상시키기 위해 광범위하게 협력할 수 있다. 브랜드 독자성을 유지하고 자신 만의 핵심역량을 보호할 진입장벽을 만들려고 노력한다. 보다 세분화된 노동시장을 활용하여 유연성을 더욱 높이고 생산비용을 줄이려고 노력한다.

기업의 이해를 위한 전략적 접근 방법에서 기업은 제약조건을 주어진 것으로 받아들이기보다는 이런 제약조건을 극복하고 새로운 비용구조를 생성하려 노력한다고 해도 기업이 선택할 수 있는 전략이 무한하다는 것은 아니다. 전략적 관점에서 기업의 사업운영은 한정된 선택지를 가진다. 그 이유 중 하나는 다양한 생산기술의 효과를 파악하는 데 엄청난 비용이 들기 때문이다.[10] 또 다른 이유는 비즈니스 문화는 그저 문화로서 특정 전략은 유지되고 모방되기 때문이다. 루베리 등(Rubery et al., 2009)은 회사가 다른 기업의 행동을 따라하는 오프쇼어링의 “유행”에 뒤처지지 않으려 한다고 했다. 또한 선택옵션은 경로 의존적이며 전략이 구현됨에 따라 새로 나타날 수도 있다

9) Hymer S. (1972), “The Multinational Corporation and the Law of Uneven Development,” In *Economics and World Order,* (eds) J. N. Bhagwati, pp.113-140.

10) Rosenberg, N. (1982), *Inside ihe Black Box: Technology and Economics,* Cambridge University Press.

고 했다.

거래비용 접근법과 기업전략 접근법은 양립할 수 없는 것은 아니지만 후자는 기업행동의 동적인 측면을 강조하고 오프쇼어링 결정에 내재된 다양한 형태의 사회적 갈등의 효과를 중요시 한다. 거래비용 접근법과 기업전략 접근법은 모두 중간재의 원거리 무역거래 확대의 이유를 설명할 수 있지만 기업전략 접근법은 기업의 디지털화와 제조 및 서비스 생산능력의 확장으로 인한 거래비용 감소, 그리고 수익창출 자산을 사내에 보유하거나 공급업체 간의 경쟁을 유도할 수 있는 선도기업의 지속적인 힘과 같은 요인들을 강조한다. 거래비용 접근법에서 나타나는 지배구조는 정의상 효율적이며 따라서 최적이다. 기업 전략적 접근방식에서는 글로벌 가치사슬 구조가 파레토 최적이라는 이유는 없다. 거래비용과 기업전략 기반 이론 모두 글로벌 생산의 확대를 설명하는 데 도움이 되며, 또한 해외직접투자FDI의 동기를 설명할 수 있다.

기업은 기업 내에서 해외사업을 유지하기로 하는 경우가 많다. 이것은 기업이 자산(종종 무형 또는 지식기반 자산)을 통제하려고 자신이 직접 운영하는 내부화 과정이다. 이때 보유한 자산은 다른 기업을 통해 다운스트림, 업스트림 혹은 수평으로부터 상품과 서비스를 공급받을 때보다 높은 정상이윤을 가져다 준다. 기업은 생산공정의 모든 측면에서 시장보다 더 낮은 비용으로 생산을 조직할 수 있기 때문에 정확하게 시장과 구별되는 조직이다. 코오스(Coase, 1937)는 낮은 거래비용을 시장기반 생산조직보다 기업의 이점으로 보았다. 기업의 존재에 대한 이런 근거 때문에 기업은 시장을 확장하고 기업조직의 이익을 유지하려고 해외직접투자를 하게 된다.

로널드 코오스의 통찰력은 지난 30년간 다국적 기업이론의 기초를 형성했다. 많은 사람들은 다국적 기업을 로널드 코오스의 통찰력에 기초하여 비시장적인 제도로 설명했다.11) 기업이 국제적 확장을 시도하는 것은 시장에 의존하는 것보다 거래비용이 저렴하기 때문에 기업조직의 우위를 반영한다. 다국적 기업을 통한 비용절감과 수익창출은 기술, 생산공정, 상품설계, 경영관리, 노사관계, 마케팅, 서비스 또는 상품이나 서비스의 생산 또는 공급과 관련된 여러가지 기업의 무형자산으로부터 발생하는 것이다. 해외투자를 통한 해외사업의 내부화는 시장의 상대적인 비효율성에 기인한 것이지만, 그러한 지식자산을 기업내부에 보유하여 전략적으로 보호하는 것이 수출 혹은 라이센스 또는 하청계약을 통해 해외시장을 이용하는 것보다 기업의 해외투자

11) Hymer, S. (1976), *The International Corporation of National Firm: A Study of Direct Foreign Investment*, MIT Press.

이유로 인식되고 있다. 기업의 내부화 전략의 장점은 여전히 해외직접투자의 중요한 이유가 되고 있다.

(4) 내부화와 외부화 전략

수직계열화의 해체로 인한 상대적인 이득의 증가는 20세기 성공적인 기업의 특징이었던 수직계열화 조직의 한계를 분명히 보여준다. 수직계열화 기업은 세 가지 약점을 가지고 있다. 국제시장의 경쟁력 변화에 신속하게 대응할 수 없고, 생산공정의 여러 단계의 관계를 변경하는 공정혁신에 대한 저항, 그리고 신상품 도입에 대한 체계적인 저항이 있을 수 있다는 것이다.[12)]

무역패턴은 기업의 글로벌 생산위치 전략에 따라 변할 수 있지만 글로벌 생산 시스템 내의 소유구조에 따라 변할 수 있다. 기업의 소유구조는 부분적으로 국제경쟁 과정에서 결정된다. 특히 기업내 거래가 기업 내부화 전략의 결과라면 현재의 원거리 하도급 거래의 증가를 설명할 외부화 역시 이론이 필요하다. 기업은 해당 기업이 가진 고유의 자산(지식기반 자산)에서 발생하는 수익을 보호하기 위해 국제적인 생산공정을 내부화하게 된다. 이런 수익은 규모의 경제 효과와 시장 지배력 때문에 이런 자산의 개발을 촉진하여 지속적으로 수익을 가져올 수 있는 과점산업에서만 가능하다.

반대로 기업은 외부화로 예상되는 비용 절감액이 내부화로 예상되는 수익 발생액을 초과하면 이런 일부 생산공정은 외부화 하게 된다. 이는 상품시장이 경쟁적인 상황에서 가능성이 더 높다. 즉 기업전략은 다운스트림 시장이 경쟁적일 때 외부화하는 것이다. 만약 외부화 자체가 다운스트림 시장의 경쟁을 촉진한다면 글로벌 공급망에 의한 시장구조의 비대칭성 정도는 선도기업의 경쟁전략에 의해 결정될 것이다.

선도기업에 의해 시장구조의 비대칭성이 결정될 수 있기 때문에 외부화 가능성이 증가하고 있다. 공급업체 간의 경쟁은 단지 비용 측면에서 선도기업에서 유리한 것만이 아니라 선도기업의 공급조건에서 유연성을 증가시킬 수도 있다. 선도기업은 상대적으로 단기적인 하도급 계약을 체결함으로써 최종재 수요조건의 변화, 상품 디자인의 변화, 임금, 환율 또는 공급국가의 정책변화 등 다양한 문제에 신속히 대응할 수 있다.

스트레인지와 뉴튼(Strange and Newton, 2006)에 따르면, 원자재 또는 중간재 부문에서 경쟁적인 공급업체가 많으면, 기업은 ① 자원투입과 관련된 위험을 줄이고, ②

---

12) Powell, W. (1990), "Neither Market nor Hierarchy: Network Forms of Organization," *Research in Organization Behavior* 12, pp.318-319.

다른 기업활동을 위해 필요한 자본을 절약하기 위해 생산을 외부화하는 것이 좋다고 한다. 또한 수요독점monopsony 기업은 공급가격을 한계비용까지 낮출 수 있고, 따라서 더 적은 자본으로 최종상품 판매에서 최대한의 이익을 확보할 수 있다. 반대로 공급업체가 아주 소수라면 쌍방독점, 또는 과점상황에 있게 되어 내부화를 통한 수직적 통합이 합리적이라고 할 수 있다.13)

외부화는 또한 기업이 핵심역량에 집중하거나, 오프쇼어링에 의존하는 경향에서 비롯된다. 이런 과정을 통해 기업은 필요한 기술 때문에 다른 기업의 진입이 어려운 생산공정에 집중할 수 있다. 기업은 자신들이 가장 잘 할 수 있고, 수익을 창출하고 지속적으로 이를 유지할 가능성이 있는 생산공정을 구축하여 핵심역량에 집중한다. 따라서 핵심역량은 곧 시장 지배력을 갖게 한다.

이런 외부화를 촉진하는 또 다른 요인은 선진국과 개도국 모두에서, 상품이 면세로 수입되고 대부분 상품이 여기로부터 수출되는 수출자유지역Export Processing Zone: EPZ에서의 정책 때문이다. 수출자유지역은 동아시아와 라틴 아메리카에서 가장 일반적이며 주로 의류 및 전자제품의 두 부문에 집중되어 있다. 전자제품은 의류보다 훨씬 더 자본 집약적이다. 수출자유지역에 있는 기업의 외국인 지분은 지역마다 다른데 동아시아보다 라틴 아메리카에서 훨씬 높다.

13) Strange, R. and J. Newton (2006), "Stephen Hymer and the Externalization of Production," *International Business Review* 15(2), pp.180-193.

PART 4.

국제 산업연관표와 부가가치 무역의 측정

글로벌 가치사슬 분석에서 부가가치 무역, 무역의 부가가치, 글로벌 가치사슬 참가율, 수출의 부가가치 분해, 양자 간 무역의 분해와 같은 다양한 실증분석 방법론은 글로벌 가치사슬의 이해와 글로벌 가치사슬의 경제적 영향 분석에 꼭 필요하다. 제4부에서는 복잡한 행렬연산을 이용해야만 가능했던 분석 방법론을 Stata를 이용하여 누구나 쉽게 접근할 수 있게 하였다. 글로벌 가치사슬 연구에 필요한 지표들이지만 계산상의 어려움으로 인해 이 분야의 연구에 걸림돌이 되었던 것을 완전히 해소해줄 수 있는 내용들이다. 1965년 이후 현재까지 장기간에 걸친 대표적인 분석지표들을 제공할 것이며, 이를 독자들이 직접 계산할 수 있게 하였다.

CHAPTER 11.

글로벌 가치사슬과 국제 산업연관표의 활용

많은 경제학자들이 세계적인 "생산의 분절화" 현상을 반영한 무역통계를 어떻게 측정할 것인가를 고민해왔다. 지금 작성되고 있는 무역통계의 보완통계로서 새로운 무역통계의 개발이 필요하다고 인식하였기 때문이다. 광범위하게 인정되고 있는 공식 통계에 기반을 둔 새로운 방법론을 구축하기 위해 세계 여러 기관에서도 국제 산업연관표 작성을 위한 프로젝트를 수행해 왔다.

1. 국제 산업연관표

글로벌 가치사슬의 분석에서 자주 활용되고 있는 세계투입산출데이터베이스The World Input-Output Database: WIOD는 비교적 다양한 국가, 세분된 산업 수준에서 여러 국가의 산업연관표와 무역통계를 결합한 것이다. 여기에서는 특정 국가에서의 어떤 상품생산을 위한 중간재로서의 다른 상품을 사용하는 자세한 내역이 상품의 원산지별로 작성되고, 각 국가에서의 중간재와 최종재에 대한 상품의 흐름이 국내에서 생산된 부분과 수입된 부분으로 나누어져 파악된다.

글로벌 가치사슬의 정확한 분석을 위해서는 생산, 요소투입, 산업별 중간재 투입의 국내, 또는 해외조달에 대한 자료가 필요하다. 바로 이런 자료를 통합적으로 제시할 수 있는 것이 국제 산업연관표이다.[1)]

국제 산업연관표를 이용한 글로벌 가치사슬 분석을 통해 통관기준 무역총량이

1) Timmer, M., A. A. Erumban, J. Francois, A. Genty, R. Gouma, B. Los, F. Neuwahl, O. Pindyuk, J. Poeschl, J. M. Rueda-Cantuche, R. Stehrer, G. Streicher, U. Temurshoev, A. Villanueva, and G. J. D. Vries (2012), *The World Input-Output Database (WIOD): Contents, sources and methods,* WIOD.

《 표 11-1 》 국제 산업연관표의 구조

		중간수요			최종수요			총계
		A국 중간재 산업	B국 중간재 산업	기타국 중간재 산업	A국 최종수요 국내	B국 최종수요 국내	기타국 최종수요 국내	
A국	산업	국내 생산물 중간재 사용	A국 수출재의 B국 중간재 사용	A국 수출재의 기타국 중간재 사용	국내 생산물 최종수요	A국 수출품의 B국 최종수요	A국 수출품의 기타국 최종수요	A국 총수요
B국	산업	B국 수출재의 A국 중간재 사용	국내 생산물 중간재 사용	B국 수출재의 기타국 중간재 사용	B국 수출품의 A국 최종수요	국내 생산물 최종수요	B국 수출품의 기타국 최종수요	B국 총수요
기타국	산업	기타국수출재의 A국 중간재 사용	기타국수출재의 B국 중간재 사용	국내 생산물 중간재 사용	기타국수출품의 A국 최종수요	기타국수출품의 B국 최종수요	국내 생산물 최종수요	기타국 총수요
		부가가치	부가가치	부가가치				
		A국 총산출	B국 총산출	기타국 총산출				

아닌 개별국가가 창출한 순수한 부가가치를 계산할 수 있다. 또 이를 통해 부가가치 무역, 무역 경쟁력 현황, 산업 내 무역, 무역수지 등도 재평가할 수 있다.

현재 글로벌 가치사슬 분석에 활용될 수 있는 국제 산업연관표는 세계의 여러 기관에서 작성 발표하고 있는데 다음 장에서 설명할 Stata의 명령어 icio_load를 이용하면 WIOD(Timmer et al. 2015), TIVA(OECD), EORA(Lenzen et al. 2013), ADB MRIO(아시아개발은행 MRIO 데이터베이스)와 같은 유명한 국제 산업연관표를 이용할 수 있다. 이 중 보다 최근에 작성 발표되고 있는 ADB MRIO자료는 최근 자료가 매우 신속히 갱신되기 때문에 그 활용도가 높다. 그동안 많은 연구자들이 사용해왔던 WIOD자료의 경우 1960년대부터 최근까지의 장기 시계열 분석이 가능한 자료를 작성하고 있다. 비교적 편리하게 사용할 수 있는 국제 산업연관표에서의 분석대상 국가수, 산업부분에 대한 정보 등은 제4부에서 살펴볼 Stata 명령어인 icio, info를 이용하여 쉽게 확인할 수 있다.

제4부에서 살펴볼 국제 산업연관표는 WIOD 장기버전(1965~2000년), WIOD 최근버전(2000~2014년)과 ADB MRIO(2005~2021년)자료를 중심으로 살펴본다. 비교적 장

기간에 걸친 글로벌 가치사슬 통계를 작성하여 다른 경제 사회지표와 연결하여 글로벌 가치사슬과 관련된 다양한 연구에 활용할 수 있게 하기 위함이다. 이상의 3가지 국제 산업연관표를 이용한다면 연도별로는 1965~2021년의 56개년도의 장기시계열을 작성할 수 있기 때문이다. 물론 각 국제 산업연관표에서 작성되고 있는 국가와 산업수에는 차이가 있다. WIOD 장기자료는 26개국 23개 산업에 대한 자료로서 Stata의 사용자 작성명령어 icio에서 직접 사용할 수 없고 웹사이트에서 다운로드한 자료를 사용해야 한다. WIOD 최근버전은 44개국의 56개 산업부문, ADB MRIO는 63개국 35개 산업부문에 대한 자료이다. 이들 2개 산업연관표는 icio에서 직접 접근할 수 있다. 하지만 최근 자료를 활용하기 위해서는 해당 웹사이트에서 다운로드한 자료를 활용해야 한다.

제4부의 글로벌 가치사슬관련 다양한 지표의 계산방법의 이해를 위해서는 Stata에서 직접 접근 가능한 ADB MRIO자료를 주로 이용한다. 다만 1965년부터 최근까지 장기 WIOD 자료, WIOD최근버전, ADB MRIO를 이용하여 글로벌 가치사슬관련 자료를 계산할 때에는 모두 직접 다운로드한 자료를 사용할 것이다. 기초자료, 다양한 지표계산을 위한 Stata 프로그램은 본서를 위해 구축된 웹사이트를 통해 독자들에게 제공된다.

우선 다음 프로그램을 실행한다면 Stata에서 직접 접근 가능한 국제 산업연관표와 각 자료에서의 국가와 산업부분에 대한 정보를 쉽게 확인할 수 있다. 1965~2000년간 장기 WIOD자료는 현재로서는 Stata에서 직접 접근할 수 없기 때문에 원시자료

《 표 11-2 》 icio에서 사용가능한 세계투입산출표의 종류와 국가 및 산업수 확인

```
* icio에서 제공되는 국제 산업연관표
icio_load, info

* icio에서 제공되는 adb자료의 국가(63개국), 산업부문(35부문)
icio_load, iciot(adb) year(2019)
icio, info

* icio에서 제공되는 wiodn자료의 국가(44개국), 산업부문(56부문)
icio_load, iciot(wiodn) year(2014)
icio, info

* icio에서 제공되는 wiodn자료의 국가(40개국), 산업부문(35부문)
icio_load, iciot(wiodo) year(2011)
icio, info
```

를 다운로드 하여 사용해야 한다. 이 자료를 사용할 때 주의할 점은 WIOD신버전과 자료의 구성이 틀리다는 것이다. 즉 [표 11-1]에서 제공되는 국제 산업연관표와 최종수요의 구조가 상이하다는 점이다. 이는 관련 Stata 프로그램에서 언급할 것이다.

2. 부가가치 무역의 측정

국제 산업연관표를 이용한 초기의 글로벌 가치사슬의 분석에서는 특정 국가의 소비에 포함된 다른 나라의 부가가치의 양을 의미하는 부가가치 무역, 어떤 한 나라의 총수출과 수입에 포함되어 있는 국별 부가가치의 구성을 나타내는 수출의 부가가치, 그리고 글로벌 가치사슬에의 참가정도를 나타내는 지표를 계산하는 것이었다.

이런 지표들은 글로벌 가치사슬과 관련된 가장 기본적인 지표들로서 글로벌 가치사슬의 개념을 이해하는 데 꼭 필요한 것들이다. 따라서 여기에서는 이와 관련된 지표들이 어떻게 계산되는지를 행렬수식을 이용하여 설명하고자 한다. 기본적인 이런 지표의 계산방법뿐만 아니라 다른 많은 지표들도 불가피하게 복잡한 행렬표기를 사용할 수밖에 없는데 이런 것들이 글로벌 가치사슬 분석의 저변을 확대하는 데 하나의 어려움이 되고 있다.

하지만 복잡한 행렬표기의 이해가 어렵다고 해도 직관적인 개념들만 이해하고 제4부에서 설명하는 내용과 관련 Stata프로그램을 사용하면 연구에 어려움이 없을 것이다. 또한 본서에서 설명하는 주요 Stata 프로그램을 포함한 계산결과를 보관하여 독자들이 직접 필요한 자료를 다운로드할 수 있도록 구축한 웹사이트에서 필요한 자료를 활용한다면 글로벌 가치사슬의 연구에 많은 도움이 될 것이다. 따라서 본서를 접한 독자들은 글로벌 가치사슬관련 다양한 지표의 직관적 개념만 이해한다면 국제 산업연관표를 이용한 글로벌 가치사슬 연구에 동참할 수 있을 것이다.

(1) 부가가치의 무역과 무역의 부가가치

글로벌 가치사슬의 분석을 위해 국제 산업연관분석법을 활용하고자 한다면 두 가지 개념을 분명히 이해해야 한다. 첫째, "부가가치의 무역Trade in Value Added: TiVA"이란 개념이다. 이는 특정 국가의 최종소비final consumption에 포함된 다른 나라 부가가치의 양을 의미한다. 이때 다른 나라는 특정 국가에 부가가치를 수출한 것이 된다. 둘째, "무역의 부가가치Value Added in Trade: VAiT"란 개념이다. 어떤 나라의 총수출에 포함된 다른 나라 부가가치의 양을 의미한다.[2] 따라서 부가가치 무역의 개념으로는 분석대상 국가 간 교역현황과 수출 경쟁력을 파악할 수 있다. 무역의 부가가치 개념으로는 글로벌 가치사슬의 분석이 가능하다.

(2) 분석 방법론

많은 연구들에서 세계적인 생산의 분절화 현상을 반영한 무역통계의 측정 문제를 다루고 있다. 왜냐하면 이는 현실 타당성이 있고 매우 중요하며, 또 지금 작성되고 있는 무역통계의 보완통계로서 새로운 무역통계의 개발이 필요하다는 데 인식을 같이하기 때문이다. 그런 점에서 광범위하게 인정되고 있는 공식통계에 기반을 둔 새로운 방법론을 구축하기 위한 다양한 접근방법이 필요했기 때문이라고 할 수 있다. 이런 시도의 하나로 세계 여러 기관에서 국제 산업연관표를 작성하기 위한 프로젝트가 시행되어 왔다.[3]

본서에 주로 활용하게 될 세계투입산출데이터베이스The World Input-Output Database: WIOD와 아시아 개발은행의 MRIO는 비교적 다양한 국가의 세분화된 산업수준에서 작성된 자료로서 여러 국가의 산업연관표와 무역통계를 결합한 것으로 작성기간, 분석대상 국가와 산업부문의 수에서 비교적 장기간에 걸친 분석을 가능하게 해준다.

국제 산업연관표는 각 국가의 산업연관표와 무역거래를 이용하여 작성된 행렬 형태의 자료로서, 특정 국가에서의 어떤 상품생산을 위한 중간재의 양이 상품의 원산지에 따라 나누어져 작성되고, 각 국가에서의 중간재와 최종재에 대한 상품의 흐름이 국내에서 생산된 부분과 수입된 부분으로 나누어져 작성된다. 분석대상 국가의 GDP규모는 전 세계 GDP의 약 85% 이상을 포함할 것으로 짐작된다.

---

2) Robert Stehrer (2012), *Trade in Value Added and the Valued Added in Trade,* the Vienna Institute for International Economic Studies(wiiw), Working Paper 81, pp.1-19.; Timmer, M. P., Dietzenbacher, E., Los, B., Stehrer, R. and De Vries, G. J. (2015), "An Illustrated User Guide to the World Input-Output Database: the Case of Global Automotive Production," *Review of International Economics* 23, pp.575-605.

3) 대표적으로 시드니 대학의 AISHA 프로젝트, 일본개발경제연구소(IDE-JETRO)의 아세안 투입-산출표, 18개 대학 유럽, 중국, 인도지역 연구소의 EXIOPOL프로젝트, 퍼듀대학, 27개기관 컨소시엄의 GTAP 프로젝트, OECD의 OECD 국가 간 투입산출 데이터베이스 프로젝트, 그로닝겐 대학, 11개기관 컨소시엄의 세계투입산출 데이터베이스(WIOD), 아시아개발은행의 MRIO가 있음.

1) 부가가치 무역의 분석모형

전술한 바와 같이 글로벌 가치사슬 분석을 위해 산업연관 분석법을 이용하려면 두 가지 개념, 즉 "부가가치의 무역"과 "무역의 부가가치"을 이해할 필요가 있다. 다소 혼동스런 이 두 개념은 아래 수식을 통해 보다 자세히 이해할 수 있다. 이런 이론적 차이에도 불구하고 실제 두 개념이 서로 혼용되어 사용되기도 한다. 무역 총량으로는 두 개의 측정치가 같은 숫자를 나타내기 때문이다.

우선 부가가치의 무역을 계산하기 위한 방법론을 살펴보자. 가장 일반적인 경우로 C개 국가, G개 산업으로 구성된 산업연관모형을 살펴보자. 기본적인 산업연관표 상의 균형식은 다음과 같이 나타낼 수 있다.

$$x = Ax + f = Lf$$

여기서 x는 $CG\times 1$의 총산출 벡터, A는 어떤 한 나라에서 특정 산업 총생산물 1단위를 생산하는 데 필요한 각 중간 투입물의 양을 나타내는 $CG\times CG$ 차원의 투입산출 계수를 나타낸다. 그리고 f는 $CG\times 1$ 차원의 최종수요 벡터를 나타낸다. 이 방정식의 두 번째 항의 L은 레온티에프 역행렬Leontief inverse matrix로서 $(I-A)^{-1}$를 나타낸다.

이 식에서 부가가치 무역의 개념을 보다 쉽게 이해하기 위해 일반화된 모형의 특징을 손상시키지 않으면서 단순화하여, r, s, t의 3개 국가가 있다고 가정하고 부분 행렬식partitioned matrix로 다시 표기하면 다음과 같다.

$$\begin{pmatrix} X^r \\ X^s \\ X^t \end{pmatrix} = \begin{pmatrix} A^{rr} & A^{rs} & A^{rt} \\ A^{sr} & A^{ss} & A^{st} \\ A^{tr} & A^{ts} & A^{tt} \end{pmatrix} \begin{pmatrix} X^r \\ X^s \\ X^t \end{pmatrix} + \begin{pmatrix} f^r \\ f^s \\ f^t \end{pmatrix} = \begin{pmatrix} L^{rr} & L^{rs} & L^{rt} \\ L^{sr} & L^{ss} & L^{st} \\ L^{tr} & L^{ts} & L^{tt} \end{pmatrix} \begin{pmatrix} f^{rr} + f^{rs} + f^{rt} \\ f^{sr} + f^{ss} + f^{st} \\ f^{tr} + f^{ts} + f^{tt} \end{pmatrix}$$

여기에서 X^c, $(c = r, s, t)$는 c국가 $G\times 1$의 총산출 벡터, L^{cd}은 레온티에프Leontief 역행렬의 c와 d국간 $G\times G$ 부분행렬, f^{cd}는 c국가에 대한 d국가의 $G\times 1$ 최종수요 벡터를 나타낸다. 최종수요 벡터에서는 c국에서 생산된 상품의 최종수요(국내소비와 수출) 즉, $f^c = f^{cr} + f^{cs} + f^{ct}$와 c국의 최종수요(국내소비와 수입) 즉, $f^{*c} = (f^{rc\prime}, f^{sc\prime}, f^{tc\prime})^\prime$를 구분하는 것이 이해에 도움이 된다. 전자는 f^{cd}벡터에서 첫 번째 원소를 나타내고, 후자는 각 원소의 순차별 항으로 구성된 벡터를 말한다.

이상의 식에 부가가치 계수value added coefficient로 구성된 대각행렬 A_v를 곱하면 최종수요의 부가가치 창출액이 계산된다. 즉,

$$VA = \begin{pmatrix} v^{rr} & 0 & 0 \\ 0 & v^{ss} & 0 \\ 0 & 0 & v^{tt} \end{pmatrix} \begin{pmatrix} L^{rr} & L^{rs} & L^{rt} \\ L^{sr} & L^{ss} & L^{st} \\ L^{tr} & L^{ts} & L^{tt} \end{pmatrix} \begin{pmatrix} f^{rr} + f^{rs} + f^{rt} \\ f^{sr} + f^{ss} + f^{st} \\ f^{tr} + f^{ts} + f^{tt} \end{pmatrix}$$

이 식에서 부가가치기준 무역의 개념을 보다 쉽게 이해하기 위해 다음과 같이 r국의 부가가치 수출을 정의해보자.

$$TVA_X^r = \begin{pmatrix} v^{rr} & 0 & 0 \\ 0 & 0 & 0 \\ 0 & 0 & 0 \end{pmatrix} \begin{pmatrix} L^{rr} & L^{rs} & L^{rt} \\ L^{sr} & L^{ss} & L^{st} \\ L^{tr} & L^{ts} & L^{tt} \end{pmatrix} \begin{pmatrix} 0 + f^{rs} + f^{rt} \\ 0 + f^{ss} + f^{st} \\ 0 + f^{ts} + f^{tt} \end{pmatrix}$$

즉, r국의 다른 나라에 대한 부가가치 수출은 s국과 t국의 최종수요를 충족하기 위해 r국에서 창출된 부가가치를 말한다.

마찬가지로 r국의 부가가치 수입을 정의하면 다음 식과 같아진다.

$$TVA_M^r = \begin{pmatrix} 0 & 0 & 0 \\ 0 & v^{ss} & 0 \\ 0 & 0 & v^{tt} \end{pmatrix} \begin{pmatrix} L^{rr} & L^{rs} & L^{rt} \\ L^{sr} & L^{ss} & L^{st} \\ L^{tr} & L^{ts} & L^{tt} \end{pmatrix} \begin{pmatrix} f^{rr} + 0 + 0 \\ f^{sr} + 0 + 0 \\ f^{tr} + 0 + 0 \end{pmatrix}$$

즉, r국의 다른 나라로부터의 부가가치 수입액은 r국의 최종수요를 충족하기 위해 s국과 t국에서 창출된 부가가치를 말한다.

이처럼 부가가치 수출과 수입이 정의되면 특정국 가령 r국의 부가가치 무역수지는 다음과 같이 정의된다.

$$TVA_N^r = TVA_X^r - TVA_M^r$$

2) 수출의 국별 부가가치(Value Added in Trade) 구성

두 번째 개념인 수출의 부가가치는 어떤 한 나라의 총수출과 총수입에 포함되어 있는 국별 부가가치의 구성을 측정하기 위해 사용된다. 따라서 어떤 한 나라의 총수출과 총수입에 포함된 국내 또는 해외 부문의 부가가치를 구분하는 것이 가능하다.

우선 r국의 관점에서 무역의 부가가치 구성을 파악하기 위한 방법론을 살펴보자.[4] 총무역은 다음과 같은 행렬로 나타낼 수 있다.

4) Trefler, D. and S. Zhu (2010), "The structure of factor content predictions," *The Journal of International Economics* 82, pp.195-207.

$$t^{rc} = \begin{pmatrix} f^{rs} + f^{rt} \\ -f^{sr} \\ -f^{tr} \end{pmatrix}$$

여기서 t^{rc}는 r국의 c국에 대한 수출과 c국의 r국으로부터 수입을 나타낸다. r국의 수입에는 부(−)의 값을 부여하였다. 주의해야 할 것은 무역 벡터는 최종재에 대한 무역과 중간재에 대한 무역 모두를 포함하고 있다는 것이다.

이때 무역의 부가가치는 다음 식으로 구해질 수 있다. 즉,

$$t^{r}_{VAi\,T} = \begin{pmatrix} v^{rr} & 0 & 0 \\ 0 & v^{ss} & 0 \\ 0 & 0 & v^{tt} \end{pmatrix} \begin{pmatrix} L^{rr} & L^{rs} & L^{rt} \\ L^{sr} & L^{ss} & L^{st} \\ L^{tr} & L^{ts} & L^{tt} \end{pmatrix} \begin{pmatrix} f^{rs} + f^{rt} \\ -f^{sr} \\ -f^{tr} \end{pmatrix}$$

3) 최종재 수출의 글로벌 가치사슬 분석

무역의 부가가치 계산식을 보다 단순화 하여 최종재 수출로 국한하여 그 효과를 구하면 각 국에서 유발된 부가가치를 측정할 수 있다. 가령 r국의 최종재 수출로 인해 각 국가에 유발되는 부가가치는 다음과 같이 구할 수 있다.[5] 즉,

$$vc_r = \begin{pmatrix} v^{rr} & 0 & 0 \\ 0 & v^{ss} & 0 \\ 0 & 0 & v^{tt} \end{pmatrix} \begin{pmatrix} L^{rr} & L^{rs} & L^{rt} \\ L^{sr} & L^{ss} & L^{st} \\ L^{tr} & L^{ts} & L^{tt} \end{pmatrix} \begin{pmatrix} f^{rs} + f^{rt} \\ 0 \\ 0 \end{pmatrix} = \begin{pmatrix} vc^{r}_{r} \\ vc^{s}_{r} \\ vc^{t}_{r} \end{pmatrix}$$

만약 r국의 특정 상품의 최종수출로 인해 각 국가에 유발되는 부가가치를 구하려면 해당 품목(산업)의 수출액 이외에 다른 품목(산업)의 수출액을 영(0)으로 하면 된다.

3. 글로벌 가치사슬 참가지수

(1) 글로벌 가치사슬 참가지수

글로벌 가치사슬이 관심을 끌면서 여기에 참가하는 정도를 측정하는 지표가 개발되었다. 수직적으로 분절화된 생산과정에서, ① 특정국의 수출로 인해 창출된 부가가치 가운데 타국이 해당국에 수출한 부가가치 비중과, ② 특정국의 수출로 인해 창

5) Marcel P. Timmer, Abdul Azeez Erumbana, Bart Losa, Robert Stehrerb and Gaaitzen de Vries (2012)의 논문에서는 이를 "글로벌 가치사슬의 분할(Slicing-up Global Value Chains)"이라고 함.

출된 부가가치 가운데 해당국이 타국에 수출한 부가가치의 비중을 살펴보는 것이다.6)

전자는 한 나라의 수출에서 부가가치 사슬상 후방에서 투입된 수입 중간재의 중요성을 측정한다는 의미에서 후방 참가지수backward participation index라고 한다. 후자는 부가가치 사슬 상 전방으로의 수출로 인해 제3국에서 중간 투입물로 사용되는 정도를 측정한다는 의미에서 전방 참가지수forward participation index라고 한다.7) 따라서 해당국의 전방 또는 후방 부가가치 사슬 참가지수를 통해 글로벌 가치사슬에 대한 참가 정도를 평가할 수 있다.8)

전방 참가지수가 높다는 것은 자기 나라에서 생산된 재화가 다른 나라로 이동하여 많은 부가가치를 유발한다는 것이고, 후방 참가지수가 높다는 것은 타국이 자기 나라의 부가가치 창출에 많은 기여를 한다는 의미이다. 따라서 분석대상 국가의 전방 또는 후방 부가가치 참가지수를 통해 해당 국가 내, 또는 기타 국가에 대한 영향력의 강도를 평가할 수 있게 된다.

총부가가치 참가지수는 해당 국가와 다른 국가의 물량이동에 따른 부가가치 창출 효과를 계산한 다음, 이로부터 해당국에서 창출된 산업별 부가가치가 차지하는 비중과 다른 국가에서 창출한 부가가치의 비중을 구하여 합산하게 된다. 즉

$$P_{ik} = \frac{VS_{ik}}{E_i} + \frac{VS1_{ik}}{E_i}$$

여기서 VS_{ik}는 i국가 내의 k산업 부분에 대한 부가가치 창출액을, $VS1_{ik}$는 i국가의 물량을 이용하여 다른 국가의 k산업 부분에서 창출된 부가가치액을 나타낸다.

따라서 전방 참가지수가 높다는 것은 특정 국가에서 생산된 재화가 타 국가로 이동함에 따라 타 국가 내의 여러 산업에 많은 부가가치를 유발한다는 것이고, 후방 참가지수가 높다는 것은 다른 나라가 자국산업에 많은 부가가치를 창출한다는 의미가 된다.

6) Hummels, D., J. Ishii and K. M. Yi (2001), "The nature and growth of vertical specialization in world trade," *Journal of International Economics*, Vol.54, No.1, pp.75-96.

7) Koen De Backer and Sébastien Miroudot (2013), *Mapping global value chains*, Trade Policy Papers 156, OECD.

8) Koopman, R., W. Powers, Z. Wang and S. J. Wei (2010), *Give credit to where credit is due: tracing value added in global production chains*, NBER Working Papers Series 16426.

(2) 부가가치 사슬상에서 길이

국가 내의 특정 산업부문의 생산과정에서 최종 소비재에 이르기까지 여러 단계를 거치게 될 경우, 해당 산업부문에 대한 투자가 해당 국가 여러 산업의 생산에 영향을 미치게 된다.

이처럼 최종재에 이르기까지의 생산단계의 수는 다음과 같은 부가가치 사슬의 길이length라는 지표를 통해 파악할 수 있다.

$$N = u(I - A^d)^{-1}$$

여기서 N은 모든 국가 i와 산업 k에 대한 국가 부가가치 사슬의 길이를 나타내는 지수의 행 벡터를 나타내며, u는 모든 원소가 1인 행 벡터, 나머지는 전술한 바와 같다.

하지만 이 지표는 해당 산업이 최종재에 이르는 과정에서 특정 단계의 산업에 지나치게 많이 의존할 경우, 여러 생산단계를 거치지 않더라도 부가가치 사슬의 길이는 크게 나타날 수 있다는 단점이 있다.

(3) 부가가치 사슬상에서 거리(distance)

또 다른 지표는 부가가치 사슬 상에서의 거리distance라는 것으로 최종수요에 도달하기까지의 거리를 나타내는 지표로서 다음과 같이 정의된다.

$$D = u(I - G)^{-1}$$

여기서 D은 모든 국가 i와 산업 k에 대한 국가 부가가치 사슬의 거리를 나타내는 지수의 행벡터를 나타내며, G는 산출계수 행렬matrix of output coefficient, $(I - G)^{-1}$는 고쉬 역행렬Ghosh inverse matrix, 나머지는 전술한 바와 같다. 따라서 이 지수의 값이 클수록 해당 산업부문은 최종수요에서 멀리 위치하므로 상류부문에의 위치정도upstreamness를 나타낸다고 할 수 있다.

4. 총수출의 부가가치 분해

(1) 총수출의 부가가치 분해(KMM방법)

이상의 초기 글로벌 가치사슬 분석 방법론을 보다 발전시킨 것은 쿠프먼, 왕과 웨이(Koopman, Wang and Wei, 2014)의 방법이다. 여기서는 종래의 글로벌 가치사슬관련 측정지표의 결함을 수정하고, 통합하여 매우 획기적인 총수출의 부가가치 분해 방법을 제시하였다.9)

KWW방법은 아래 [그림 11－1]과 같이 총수출을 9개의 요인으로 분해하여, 수출에 포함된 국내 부가가치와 해외 부가가치 및 이중 계산된 부분을 분리하고 있다. 여기서 KWW방법의 복잡한 수식설명은 생략한다.

《 그림 11-1 》 KWW방법에 의한 총수출의 부가가치 분해

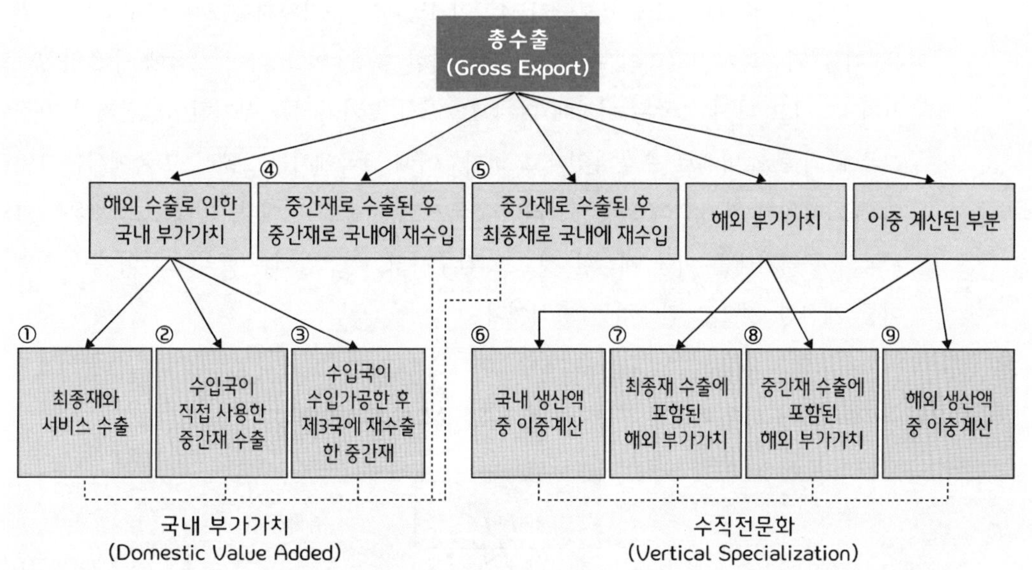

자료: Koopman, R., Z. Wang and S. Wei (2014).

9) Koopman, R., Z. Wang and S. Wei (2014), "Tracing Value-Added and Double Counting in Gross Exports," *American Economic Review* 104(2), pp.459-494.

(2) 양자 간 무역에서 총수출의 부가가치 분해(BM방법)

전술한 KWW방법에 의해 총수출을 9개 항목으로 구분하는 방법은 매우 획기적인 방법이지만 국가 전체의 총수출 만을 분해하고 있기 때문에 국가 간, 산업 간 부가가치 무역흐름을 측정할 수 없으므로 국제 생산 네트워크 내에서 국가와 산업부문 간의 모든 직 간접적 연결고리를 파악할 수 없다.

보린과 맨치니(Borin and Mancini, 2017)는 KWW방법의 이런 문제점을 해결하고자 양자 간 무역bilateral trade에서의 총수출의 부가가치 분해 방법(BM방법)을 개발하였다. 이들은 KWW방법에 의한 총수출의 부가가치 분해 방법은 총수출 가운데 국내 부가가치는 정확하게 측정하지만, 해외 부가가치 측정치와 총수출에서 이중 계산된 부분의 계산에는 약간의 오류가 있음을 지적하면서 총수출을 싱크방식sink-based method과 소스방식source-based method으로 구분하여 총수출을 보다 세분화된 17개, 또는 19개 원천별 부가가치로 분해하고 있다.[10)]

다음 [그림 11－2]에서 보듯이 *A*국이 1달러의 부가가치를 *B*국에 수출하고, *B*국은 이를 가공하여 1달러의 부가가치를 추가한 다음 이를 다시 *A*국에 수출하였다고 하자. 그리고 다시 *A*국은 여기에 다시 1달러의 부가가치를 부가하여 3달러의 가격에 *C*국에 최종 소비재로 수출하였다고 하자. 이때 *A*국에서는 2달러, *B*국에서는 1달러의 부가가치가 부가되어 최종 3달러에 *C*국으로 수출된 것이다. 이때 소스방식은 *A*와 *C*국의 무역거래를 이중 계산한 것으로 간주하고, 싱크방식은 *A*와 *B*국의 무역거래를 이중 계산한 것으로 간주하는 방식이다.

《 그림 11-2 》 무역거래에서 이중 계산된 부분 산정을 위한 소스방식과 싱크방식

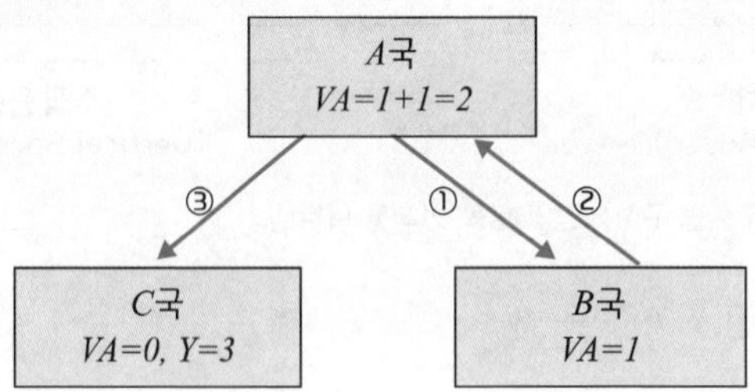

10) Borin, A., and M. Mancini (2017), *Follow the value-added: tracking bilateral relations in Global Value Chains*, MPRA Working Paper, No.82692.

BM방식에서 총수출은 소스방식에 의할 때, 다음 [그림 11−3]에서 보는 것과 같이 총수출을 17개의 원천별 부가가치로 분해한다. 보린과 맨치니(Borin and Mancini, 2017)에서 제시되고 있는 수식은 너무 복잡하고 이해하기 힘들기 때문에 본 장에서는 이를 도표화한 형태를 제시하고자 한다. 싱크방식에 의한 이런 도표의 형태는 생략한다.

〈그림 11-3〉 BM방법론에 의한 총수출의 부가가치 분해결과의 구성항목과 거래형태

구분	거래형태	구분	거래형태
1	*A*국 *VA*=4 ④ ④ *B*국 *Y*=4	3a	*A*국 *VA*=1 ① ④ *C*국 *Y*=4 ← ④ ← *B*국 *VA*=3
2a	*A*국 *VA*=1 ① ④ *B*국 *VA*=3, *Y*=4	3b	*D*국 *Y*=4	*A*국 *VA*=1 ④ ① ④ *C*국 *VA*=1 ←②← / →③→ *B*국 *VA*=1+1=2
2b	*A*국 *VA*=1 ① ④ *C*국 *VA*=1 ←②← / →③→ *B*국 *VA*=1+1=2, *Y*=4	3c	*A*국 *VA*=1 ① ④ *C*국 *VA*=2 ←②← / →④→ *B*국 *VA*=1, *Y*=4
2c	*A*국 *VA*=1 ① ④ *C*국 *VA*=2, *Y*=4 ← ② ← *B*국 *VA*=1	3d	*D*국 *Y*=4	*A*국 *VA*=1 ④ ↑ ① ④ *C*국 *VA*=2 ← ② ← *B*국 *VA*=1

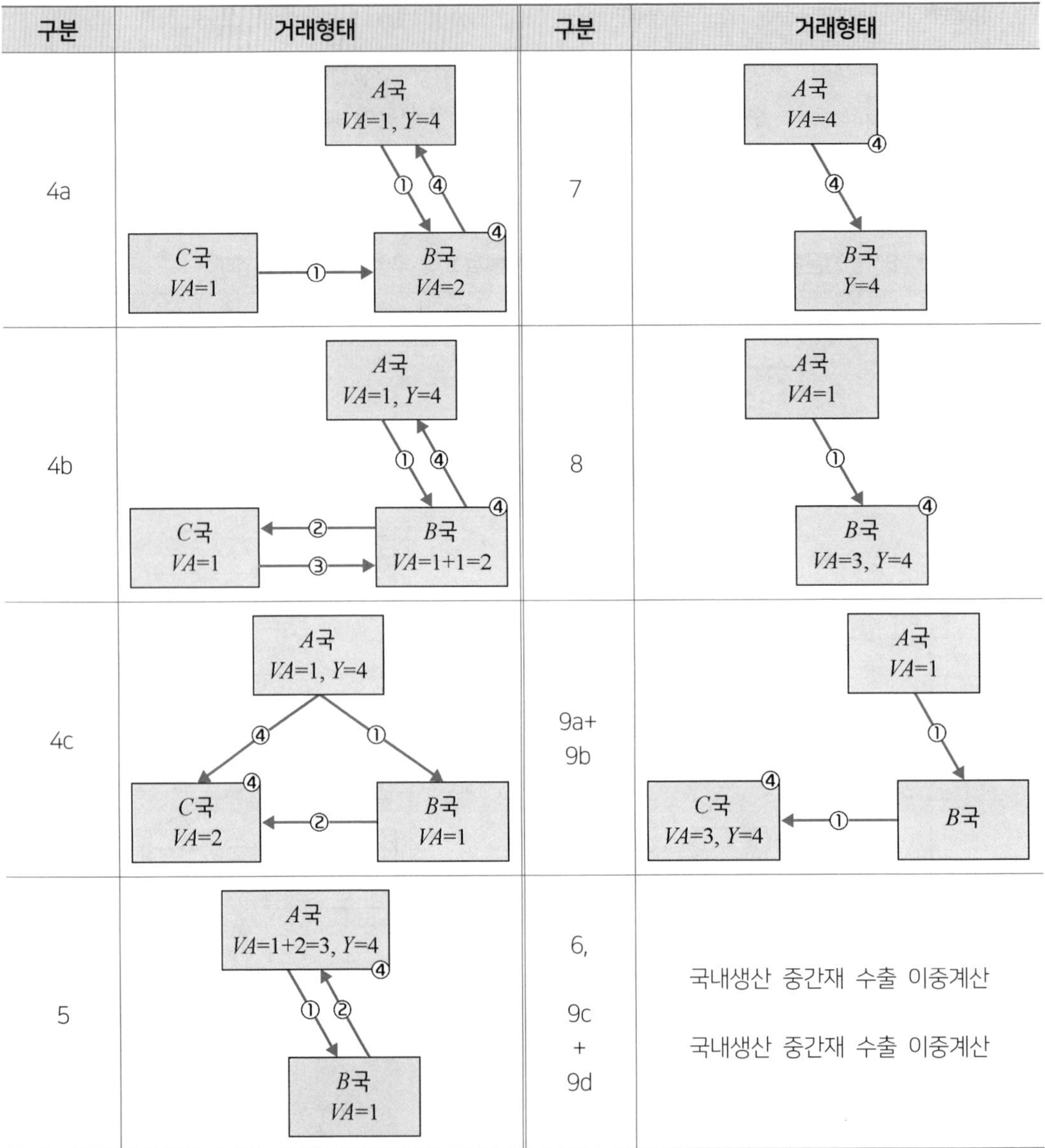

구분	거래형태	구분	거래형태
4a	A국 VA=1, Y=4 ① ④ C국 VA=1 —①→ B국 VA=2 ④	7	A국 VA=4 ④ ④ B국 Y=4
4b	A국 VA=1, Y=4 ① ④ C국 VA=1 ←②— / —③→ B국 VA=1+1=2 ④	8	A국 VA=1 ① B국 VA=3, Y=4 ④
4c	A국 VA=1, Y=4 ④ ① C국 VA=2 ④ ←②— B국 VA=1	9a+ 9b	A국 VA=1 ① C국 VA=3, Y=4 ④ ←①— B국
5	A국 VA=1+2=3, Y=4 ④ ① ② B국 VA=1	6, 9c + 9d	국내생산 중간재 수출 이중계산 국내생산 중간재 수출 이중계산

자료: Borin, A., and M. Mancini (2017).

BM방법에 의한 초기 icio명령어에서는 총수출을 이처럼 세분화하는 명령어를 제공하였지만, 최근에는 이런 총수출 세분화로부터 큰 의미를 찾을 수 없기 때문인지 세부항목의 하나 하나를 측정할 수 있는 다양한 옵션을 제공하고 있다. 이는 결국 BM 방법의 복잡한 수식 이해 없이도 직관적으로 자신이 필요한 다양한 지표를 계산할 수 있다는 의미이다. 이에 대해서는 다음 장에서 보다 자세히 살펴보게 될 것이다.

여기서 화살표(→)는 무역의 흐름을 나타낸다. 화살표 위의 숫자는 거래액을 나타낸다. 국가를 나타내는 사각형에서 *VA*는 해당국에서 부가된 부가가치 창출액을 나타낸다. *Y*는 최종 소비국에서 소비된 양을 나타낸다. 국가를 나타내는 사각형 우하단의 숫자는 최종재가 완성된 국가의 최종재 생산량을 나타낸다.

CHAPTER 12.

Stata를 이용한 글로벌 가치사슬 분석의 기초

글로벌 가치사슬에서 국제 산업연관표를 이용하여 부가가치 무역, 무역의 부가가치, 글로벌 가치사슬 참가율 등을 측정하려면 아주 복잡한 계산과정을 거쳐야 하고, 이를 위해서는 컴퓨터를 이용한 행렬처리에 익숙해야 하지만 많은 연구자들은 그렇지 못하다. 이런 점들이 글로벌 가치사슬 연구의 저변 확대에 있어서 어려움으로 작용해 왔다.

여기에서 설명하려는 Stata 사용자 작성 프로그램인 icio는 국가 간 투입산출표ICIO를 활용하여 국가 및 산업부문의 부가가치 거래나 글로벌 가치사슬 참가율, 기타 다양한 지표들을 계산하는데 누구나 쉽게 접근할 수 있게 해준다. 국가 간 무역 거래에서 부가가치를 만든 나라와 무역을 통해 도달한 나라, 총량기준, 산업 부문별, 무역 당사국 간 부가가치 수출입 내역을 자세히 분해할 수 있게 해준다.

Stata에서 이처럼 글로벌 가치사슬의 분석을 매우 쉽게 할 수 있도록 한 사용자 작성 프로그램은 보린과 맨치니(Borin and Mancini, 2019)의 연구와 이를 Stata에서 처리할 수 있게 한 페데리코 벨로티Federico Belotti의 공로라고 할 수 있다. 물론 icio라는 명령어가 개발되기 전에는 Stata의 행렬처리 언어인 MATA를 이용하여 국가 간 부가가치 무역이나 다양한 글로벌 가치사슬관련 지표를 계산하여야 했다. MATA나 다른 행렬처리 언어에 익숙한 연구자들에게는 큰 문제가 없었겠지만 글로벌 가치사슬 연구에 관심이 있었던 많은 연구자들에게 있어서 이런 방법은 쉽게 접근할 수 있는 것이 아니었다.

Stata에서 글로벌 가치사슬을 처리할 수 있는 명령어는 icio인데 여기에 다양한 옵션을 부가한다면 매우 다양한 지표의 계산이 가능하다. 글로벌 가치사슬의 분석과 관련된 대부분 선행연구들의 분석법을 망라하고 있으며, 아울러 보린과 맨치니(Borin and Mancini, 2019)의 보다 발전된 분석 방법론도 동시에 처리 가능하다.

개괄적으로 보면, 부가가치 무역의 측정, 글로벌 가치사슬 참가 정도, 총수출의 부가가치 분해, 양자 간 무역에서의 부가가치 분해를 포함한 다양한 분석이 가능하다.

특히 보린과 맨치니(Borin and Mancini, 2019)의 양자 간 무역에 대한 분석 방법론은 글로벌 가치사슬 분석의 차원을 한 단계 고도화 했다고 할 수 있다. 아울러 icio라는 명령어를 실제 활용함에 있어서 세계 여러 국제기관에서 작성 발표하고 있는 대부분의 국제 산업연관표를 자체 명령어를 이용하여 불러올 수도 있다. 다운로드된 엑셀 파일이나 CSV형태의 자료를 불러와서 icio명령어를 이용한 분석도 가능하며, 분석자 자신만의 산업연관표를 이용한 분석도 가능하다.

현재 글로벌 가치사슬 연구에 활용될 수 있는 국제 산업연관표는 세계의 여러 기관에서 작성 발표하고 있는데 Stata의 명령어 icio_load를 이용하면 WIOD(Timmer et al. 2015), TIVA(OECD), EORA(Lenzen et al. 2013), ADB MRIO(아시아 개발 은행 MRIO 데이터베이스)와 같은 유명한 국제 산업연관표를 이용하여 필요한 작업을 할 수 있다. 물론 자신만의 투입산출표를 이용하여 필요한 작업을 할 수도 있다(icio_load의 user() 옵션 사용). 뿐만 아니라 분석자가 임의로 정의한 국가 그룹(가령, 유로지역, 아세안 지역, 북미지역, 환태평양 지역)에 대해서, 또는 다양한 산업의 집계 수준에서도 필요한 작업을 할 수 있다.

이런 편리한 작업을 가능하게 한 것은 전술한 보린과 맨치니(Borin and Mancini, 2019)에 의해 제시된 방법론에 의한 것인데, 그 이전의 국제 산업연관표를 이용한 다양한 분석방법론을 모두 포괄하고 있기 때문에 매우 편리하게 사용할 수 있다.[1]

국제 산업연관표의 분석을 위한 Stata 명령어, icio를 사용할 때에는 기본적으로 3가지를 선택하게 된다. 첫째는 무역흐름의 형태를 지정해야 한다. 총수출/총수입, 산업부문별 수출/수입, 양국 간 총수출/총수입, 양국 간 산업별 수출/수입을 선택한다. 둘째는 분석방법론을 지정하는 것이다. 동일한 국제 산업연관표를 이용하는 다양한 연구자들의 방법론을 지정함으로써 필요한 지표를 계산할 수 있다. 이런 다양한 방법론은 국제 간 무역흐름에서 이중 계산된 부분을 계산하는 방법에서 약간의 차이가 있다. 중간재의 수출입을 통해 국경을 여러 번 통과하면서 무역통계 작성과정에서 여러 차례 중복 집계되는 부분을 계산하는 방법에서의 차이를 나타낸다. 셋째는 측정하려는 지표를 선택하는 것이다. 다양한 연구자들이 제시한 다양한 지표 가운데 필요한 지표를 선택하는 것이다. 이런 3가지 범주에서 선택한 다양한 조합을 통해 필요한 지표를 구하게 된다.

---

1) 대표적으로 Johnson and Noguera (2012), Wang et al. (2013), Koopman et al. (2014), Borin and Mancini (2015), Los et al. (2016), Nagengast and Stehrer (2016), Johnson (2018), Miroudot and Ye (2018), Los and Timmer (2018)가 개발한 방법론임.

이를 위해 보린과 맨치니(Borin and Mancini, 2019)의 논문을 이해하는 것이 필요하지만 복잡한 행렬 표기의 의미를 제대로 이해하는 것은 쉽지 않다. Stata 사용자 작성프로그램인 icio 매뉴얼 역시 쉽게 이해하기 힘들다.

따라서 여기에서는 icio가 처리 가능한 전반적인 내용을 실습 위주로 살펴보면서 icio가 제공해줄 수 있는 다양한 내용을 이해할 수 있도록 하였다. 실습파일의 명령어를 하나씩 실행하며 그 결과물의 내용을 확인하면 전반적 내용을 이해하는 데 도움이 될 것이다. 이런 과정을 통해 역으로 보린과 맨치니(Borin and Mancini, 2019)의 논문과 icio 명령어 매뉴얼, 그리고 다른 선행 연구자들의 방법론을 보다 잘 이해하면서 글로벌 가치사슬 분석에서의 국제 산업연관표 활용의 깊이를 더할 수 있을 것이다.

1. 기본 예제

다음 [예제 12-1]은 글로벌 가치사슬 분석을 위한 icio기본 프로그램 예제이다. Stata에 icio명령어를 설치한 후에 접근(help icio)할 수 있는 매뉴얼의 예제부분을 활용한 것이다. 이를 기초로 하여 전반적인 분석과정과 분석가능 범위를 개괄적으로 살펴보자. 이 기본 예제의 실행결과(results 혹은 output)는 다음 단원에서 간단한 설명과 함께 살펴볼 것이다. 직접 아래의 예제를 한 줄, 한 줄 실행하면서 그 결과물을 주의 깊게 관찰하고, 해당 명령어가 어떤 역할을 하는지를 이해하는 것이 중요하다.

[예제 12-1] 글로벌 가치사슬 분석을 위한 기본 예제

```
* ************************************************************************
* [예제 12-1] 글로벌 가치사슬 분석을 위한 기본 예제                    ***
* Stata Economic Analysis with Inter-Country Input-Output tables ***
* ************************************************************************

cd "J:₩Economics of GVC₩Basic Example"

* icio에서 제공하는 국제 산업연관표 정보
icio_load, info

* ADB 데이터 2019년도 자료 불러오기
icio_load, iciot(adb) year(2019)
```

```
* ADB 데이터 2019년도 자료의 정보(국가, 산업부문)
icio, info

* ******************************************************
* 공급(Supply, GDP), 최종수요(final demand)
* 공급과 최종수요의 연계(supply-final demand linkages)
* ******************************************************

* 1. Gross Domestic Product
icio, origin(kor)
icio, origin(kor,14)
icio, origin(all,14)
icio, origin(kor,all)

*2. 최종수요(Final demand)
icio, destination(kor)
icio, destination(kor,14)
icio, destination(all,14)
icio, destination(kor,all)

* 3. 부가가치의 창출과 소비(Value-added by origin and final destination)
icio, origin(all)
icio, origin(all,14)
icio, destination(all)

icio, origin(kor) destination(all)
icio, origin(kor) destination(usa)
icio, origin(all) destination(kor)
icio, origin(kor,14) destination(all)
icio, origin(kor,14) destination(prc,14)
icio, origin(kor,all) destination(prc,all)
 matrix list r(vby)
icio, origin(all) destination(all) save("TradeinVA.xls")
 matrix list r(vby)

* ******************************************************************************
* 무역의 부가가치 분해와 GVC참가율
* (Value-added decomposition of trade flows and GVC participation in exports)
* ******************************************************************************
* 1. 무역흐름의 선택
* 한국의 총수출 분해
icio, exporter(kor)
* 한국의 전자산업 수출 분해
icio, exporter(kor,14)
```

```
* 한국의 미국에 대한 총수출 분해
icio, exporter(kor) importer(usa)
* 한국의 미국에 대한 전자산업 수출 분해
icio, exporter(kor,14) importer(usa)
* 한국의 종수입
icio, importer(kor)
* 한국의 자동차 수입
icio, importer(kor,15)

* 2. 부가가치 무역과 GVC참가도
* 한국의 총수출 가운데 국내에서 생산된 부가가치(domestic GDP)
icio, exporter(kor) output(dva)
* 한국의 총수출 가운데 해외에서 생산된 총부가가치(foreign GDP)
icio, exporter(kor) output(fva)
* 한국의 수출 가운데 해외에서 생산된 국별 부가가치
icio, origin(all) exporter(kor) output(fva)
* 한국이 중국에 수출하고 중국에 의해 전세계로 재수출된 한국만의 부가가치 (한국—>중국—>전
세계)
icio, exporter(kor) importer(prc) destination(all) output(dva)
* 한국이 중국에 수출하고 중국에 의해 전 세계로 재수출된 한국 및 다른 나라의 부가가치 (한국
—>중국—>전세계)
icio, exporter(kor) importer(prc) destination(all) output(va) save("KORtoCHN.xls")
 matrix list r(va)
* GVC관련 수출 및 참가도(전방참가, 후방참가)
icio, exporter(kor) output(gvc)
icio, exporter(kor) output(gvcf)
icio, exporter(kor) output(gvcb)

* 3. 총수출을 국내부가가치, 해외부가가치, 이중계산, GVC관련 무역으로 구분
* 한국의 총수출 분해
icio, exporter(kor)
* 한국의 중국에 대한 총수출 분해
icio, exporter(kor) importer(prc)
* 한국 전자산업의 중국에 대한 수출 분해
icio, exporter(kor,14) importer(prc)
* Koopman et al. (2014) decomposition 방법에 의한 한국의 총수출 분해
icio, exporter(kor) perspective(world) approach(sink)
icio, exporter(kor) perspective(world) approach(source)

* 4. 무역정책 분석을 위한 양자간, 산업간 부가가치 무역
*  - 양국간 무역거래에서 관세에 노출된 무역액 구하는 방법-

* 사례 1) 미국의 중국으로 부터 수입에서 관세에 노출된 중국의 부가가치
icio, exporter(prc) importer(usa) perspective(bilat) output(dva)
```

```
* 사례 2) 미국의 모든 수입에서 관세에 노출된 중국 부가가치
icio, origin(prc) importer(usa) persp(importer) output(va)

* 사례 3) 미국의 중국 전자산업 수입에서 관세에 노출된 중국 부가가치
icio, origin(prc) importer(usa, 14) perspective(sectimp) output(va)

* 사례 4) 중국의 미국 17번 산업의 대중국 수출에서 관세에 노출된 미국 부가가치
icio, exporter(usa,17) importer(chn) perspective(sectbil) output(dva)


* ***************************************************************************
* *** 방법론 개관 (methods_1a, methods_1b, methods_2a, methods_2b) ***
* ****                  methods_2a, methods_2b                    ***
* ****   (응용) origin, return 옵션을 추가하면 더 다양한 분석 가능     ***
* ***************************************************************************

* 총수출(전체: methods_1a)
icio, exporter(kor) perspective(exporter)
icio, exporter(kor) perspective(world) approach(source)
icio, exporter(kor) perspective(world) approach(sink)

* 총수출(산업부문: methods_1b)
icio, exporter(kor, 20) perspective(sectexp)
icio, exporter(kor, 20) perspective(exporter) approach(source)
icio, exporter(kor, 20) perspective(exporter) approach(sink)

* 양자간 무역(전체: methods_2a)
icio, exporter(kor) importer(usa) perspective(bilateral)
icio, exporter(kor) importer(usa) perspective(exporter) approach(source)
icio, exporter(kor) importer(usa) perspective(exporter) approach(sink)

* 양자간 무역(전체: methods_2b)
icio, exporter(kor, 20) importer(usa) perspective(sectbil)
icio, exporter(kor) importer(usa) perspective(exporter) approach(source)
icio, exporter(kor) importer(usa) perspective(exporter) approach(sink)

* 총수입(전체: methods_3a)
icio, importer(kor) perspective(importer) return(va)

* 총수입(산업부문: methods_3b)
icio, importer(kor, 20) perspective(sectimp) return(va)
* ************************************************************
```

```
* ********************************
* 계산결과의 엑셀파일로 저장 방법
* ********************************
* 부가가치 무역
icio, origin(all) destination(all) save("TradeinVA.xls", replace)
matrix list r(vby)

* 무역의 부가가치
icio, origin(all) destination(kor,all) save("VAinTrade.xls")
matrix list r(vby)

* 한국이 중국에 수출하고 중국에 의해 전세계로 수출된 한국의 부가가치 (한국—>중국—>전세계)
icio, exporter(kor) importer(prc) destination(all) output(va) save("KORtoCHNtoALL.xls")
matrix list r(va)

* ****************
* 국가 그룹 분석
* ****************
* 한국 전자산업의 NAFTA에 대한 부가가치 수출
icio, origin(kor) destination(NAFTA,14) groups(usa, mex, can, "NAFTA")

* **************************
* 반복수행결과의 정리 보관
* **************************
* 여러 국가에 대한 분석자료 정리
local countries "kor usa jpn prc"
foreach i of local countries {
        quietly icio, exporter(`i')
        mata st_matrix("value", st_matrix("r(detailed)")[.,1])
        mat texport = nullmat(texport), value
        mata st_matrix("share", st_matrix("r(detailed)")[.,2])
        mat tshares = nullmat(tshares), share
                                }
matlist texport
matlist tshares

* ******************************
* 엑셀자료, CSV자료의 불러오기
* ******************************
* 엑셀파일 불러오기
import excel using "ADB-MRIO-2021.xlsx", cellrange(E8:CSB2212)
export delimited using "adb2021.csv",  novarnames replace

* 텍스트 파일로 불러와서 분석하기
```

```
icio_load, iciotable(user, userpath("J:₩Economics of GVC₩data₩")
tablename("adb2021.csv") countrylistname("adb_countrylist.csv") )

* 데이터 제대로 읽었는지 확인(엑셀자료에서 미국의 부가가치를 다음과 같이 계산해서
=sum(CSC1478:CSC1512)- sum(BDS2213:BFA2213) 그값이 일치해야 함)
icio, origin(usa)
```

2. 국제 산업연관표에 접근

Stata의 사용자 작성 명령어 icio에서 접근 가능한 국제 산업연관표는 WIOD, TIVA, EORA, ADB MRIO 등이다. 제공되는 국제 산업연관표를 확인하기 위해서는 "icio_load, info"를 사용한다. 데이터베이스의 종류와 제공되는 데이터의 시계열 정보가 다음과 같이 출력된다.

원래 데이터 작성기관에서 발표되는 자료는 이보다 1~2년 정도 앞선다. 따라서 보다 최근의 자료를 이용하기 위해서는 엑셀, 또는 CSV형태의 자료를 직접 다운로드하여 분석에 활용하는 것이 필요할 것이다.

icio개발자들은 정기적으로 이상의 국제 산업연관표를 MATA의 행렬형태로 만들어 직접 Stata에서 접근 가능하게 한다. 이 자료에 접근하기 위한 icio_load 명령어가 실행되는 과정에서 해당 국제 산업연관표의 MATA 행렬형태의 자료가 다운로드되어 PC의 ado 디렉터리에 보관된다. 국제 산업연관표 개발자들이 최근 자료를 갱신하는 데에는 시간이 걸리고, 또 최근 국제 산업연관표 자료들이 수정되는 경우가 있기 때문에 이를 보완하는 데에도 시간이 걸린다. 따라서 국제 산업연관표 작성기관에서 직접 자료를 다운로드한 후 CSV형태의 자료를 직접 읽어 들여서 필요한 작업을 하는 것이 오히려 편리하다.

```
. * icio에서 제공하는 국제 산업연관표 정보
. icio_load, info

+---------------------------------------------+
| table    |  version |     from |         to |
|----------+----------+----------+------------|
| wiodn    |     2016 |     2000 |       2014 |
```

```
| tivan    |    2021 |    1995 |    2018 |
|  eora    |  199.82 |    1990 |    2015 |
|   adb    |    2021 |    2000 |    2019 |
| wiodo    |    2013 |    1995 |    2011 |
| tivao    |    2018 |    2005 |    2015 |
+------------------------------------------+
```

이상의 자료 가운데 아시아개발은행ADB의 2019년 국제 산업연관표를 불러와서 그 정보를 확인해보자. 다음 출력물을 통해 자료가 제대로 로드되었으며, 로드된 자료는 63개 국가의 35개 산업 부문으로 구성되어 있음을 알 수 있다.

```
. * ADB 데이터 2019년도 자료 불러오기
. icio_load, iciot(adb) year(2019)
Loading table adb 2019...  loaded
For the available list of countries and sectors type icio, info
For details about the icio syntax, help icio

. * ADB 데이터 2019년도 자료의 정보(국가, 산업부문)
. icio, info

ADB country list:

 AUS AUT BEL BGR
 BRA CAN SWI PRC
 CYP CZE GER DEN
 SPA EST FIN FRA
 UKG GRC HRV HUN
 INO IND IRE ITA
 JPN KOR LTU LUX
 LVA MEX MLT NET
 NOR POL POR ROM
 RUS SVK SVN SWE
 TUR TAP USA BAN
 MAL PHI THA VIE
 KAZ MON SRI PAK
 FIJ LAO BRU BHU
 KGZ CAM MLD NEP
 SIN HKG ROW

ADB sector list:
```

```
Sector code   Sector description
1             Agriculture, hunting, forestry, and fishing
2             Mining and quarrying
3             Food, beverages, and tobacco
4             Textiles and textile products
5             Leather, leather products, and footwear
6             Wood and products of wood and cork
7             Pulp, paper, paper products, printing, and publishing
8             Coke, refined petroleum, and nuclear fuel
9             Chemicals and chemical products
10            Rubber and plastics
11            Other nonmetallic minerals
12            Basic metals and fabricated metal
13            Machinery, nec
14            Electrical and optical equipment
15            Transport equipment
16            Manufacturing, nec, recycling
17            Electricity, gas, and water supply
18            Construction
19            Sale, maintenance, and repair of motor vehicles
20            Wholesale trade and commission trade
21            Retail trade, except of motor vehicles and motorcycles
22            Hotels and restaurants
23            Inland transport
24            Water transport
25            Air transport
26            Other supporting and auxiliary transport activities
27            Post and telecommunications
28            Financial intermediation
29            Real estate activities
30            Renting of M&Eq and other business activities
31            Public administration and defense, compulsory social security
32            Education
33            Health and social work
34            Other community, social, and personal services
35            Private households with employed persons

Summary:
----------------------------------------
ICIO table:            adb
Version:               jan2021
Year:                  2019
Number of countries:   63
Number of sectors:     35
```

3. 공급, 최종수요, 공급과 최종수요의 연계

국제 산업연관표는 개별 국가의 산업연관표와 이들 국가 간 교역자료를 이용하여 만든 방대한 자료이다. 이 자료로부터 국가별, 산업별 GDP, 최종수요를 확인할 수 있고, 부가가치 창출 정도와 그 부가가치의 소비에 대한 분석이 가능하다.

(1) 공급 또는 GDP

먼저 국가 또는 산업별 부가가치를 계산해보자 icio명령어에 origin과 destination이라는 옵션을 개별적으로 사용한다. 다음의 출력물에 첨부된 간단한 설명을 통해 그 사용법을 이해해 보자. origin 옵션을 사용하면 GDP를 출력한다. 간단한 설명과 이 결과를 얻기 위한 icio명령어의 사용법, 그 결과물을 확인해보자.

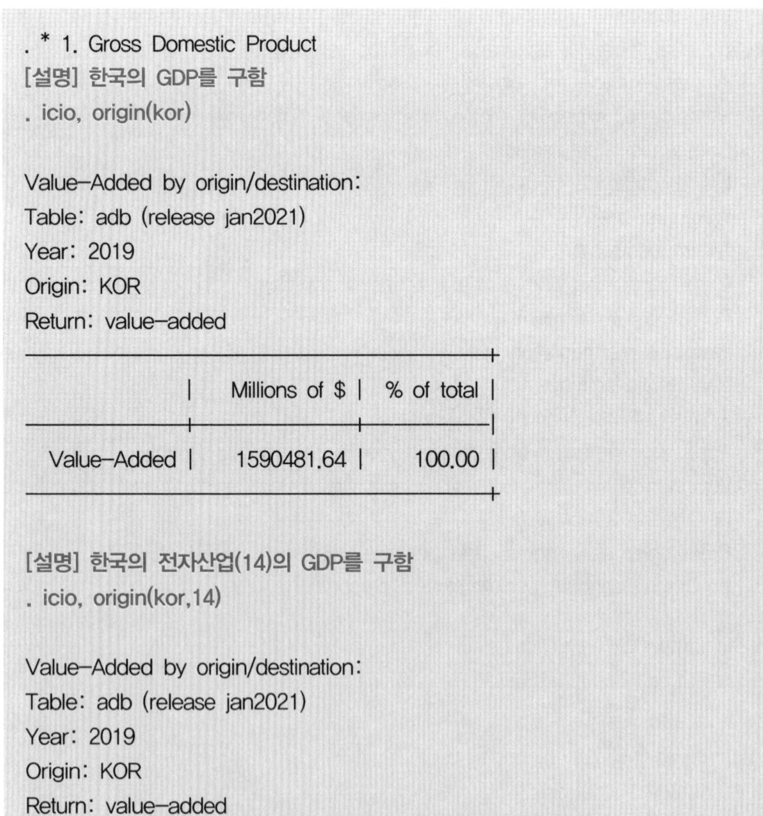

```
. * 1. Gross Domestic Product
[설명] 한국의 GDP를 구함
. icio, origin(kor)

Value-Added by origin/destination:
Table: adb (release jan2021)
Year: 2019
Origin: KOR
Return: value-added
----------------------------------------------+
                | Millions of $ |  % of total |
----------------+---------------+-------------|
    Value-Added |    1590481.64 |      100.00 |
----------------------------------------------+

[설명] 한국의 전자산업(14)의 GDP를 구함
. icio, origin(kor,14)

Value-Added by origin/destination:
Table: adb (release jan2021)
Year: 2019
Origin: KOR
Return: value-added
Sector of origin: 14
```

	Millions of $	% of total
Value-Added	142008.88	100.00

[설명] 세계 모든 나라의 전자산업(14) GDP를 구함

```
. icio, origin(all,14)

Value-Added by origin/destination:
Table: adb (release jan2021)
Year: 2019
Origin: ALL
Return: value-added
Sector of origin: 14
```

	Millions of $	% of total
AUS	5127.02	0.27
AUT	10836.53	0.57
BAN	317.19	0.02
BEL	2750.45	0.14
BGR	652.87	0.03
생략		
THA	3657.12	0.19
TUR	7067.58	0.37
UKG	23232.40	1.21
USA	384784.00	20.12
VIE	10100.31	0.53

[설명] 한국의 모든 산업의 GDP를 구함

```
. icio, origin(kor,all)

Value-Added by origin/destination:
Table: adb (release jan2021)
Year: 2019
Origin: KOR
Return: value-added
Sector of origin: All sectors
```

	Millions of $	% of total
sector1	29016.02	1.82
sector2	1970.78	0.12

```
  sector3 |     24284.39 |          1.53 |
  sector4 |     14867.20 |          0.93 |
  sector5 |      1912.09 |          0.12 |
생략
 sector31 |    106399.39 |          6.69 |
 sector32 |     81839.14 |          5.15 |
 sector33 |     77359.98 |          4.86 |
 sector34 |     96141.13 |          6.04 |
 sector35 |         0.00 |          0.00 |
-----------------------------------------+
```

(2) 최종수요

국가 또는 산업별 최종수요를 계산한다. icio명령어에 destination이라는 옵션을 사용한다. 다음의 출력물에 첨부된 간단한 설명과 이 결과를 얻기 위한 icio명령어의 사용법과 그 결과물을 확인해 보자.

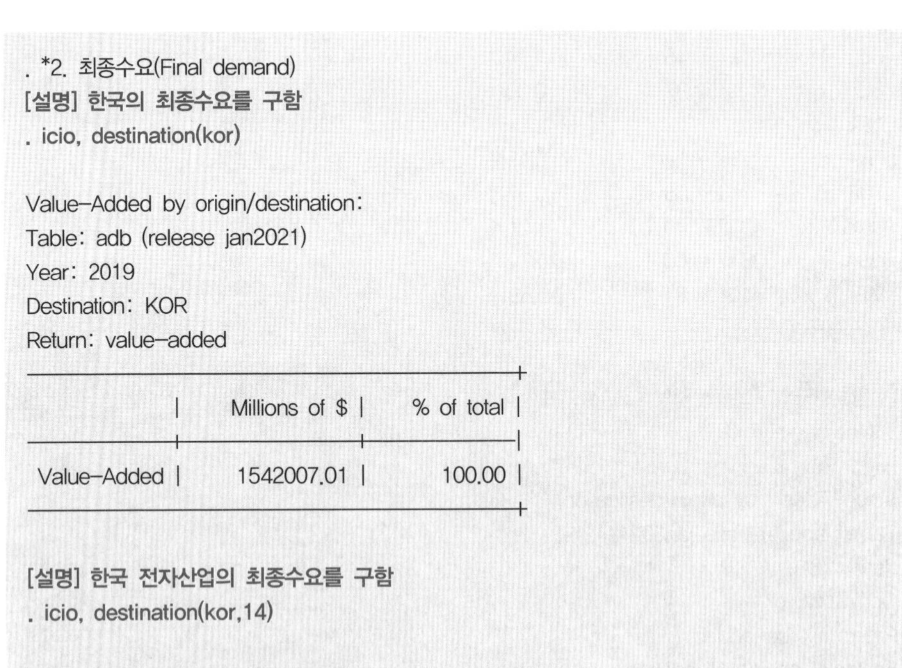

```
. *2. 최종수요(Final demand)
[설명] 한국의 최종수요를 구함
. icio, destination(kor)

Value-Added by origin/destination:
Table: adb (release jan2021)
Year: 2019
Destination: KOR
Return: value-added
---------------------------------------------+
              |  Millions of $ |  % of total |
--------------+----------------+-------------|
  Value-Added |     1542007.01 |      100.00 |
---------------------------------------------+

[설명] 한국 전자산업의 최종수요를 구함
. icio, destination(kor,14)

Value-Added by origin/destination:
Table: adb (release jan2021)
Year: 2019
Destination: KOR
Return: value-added
```

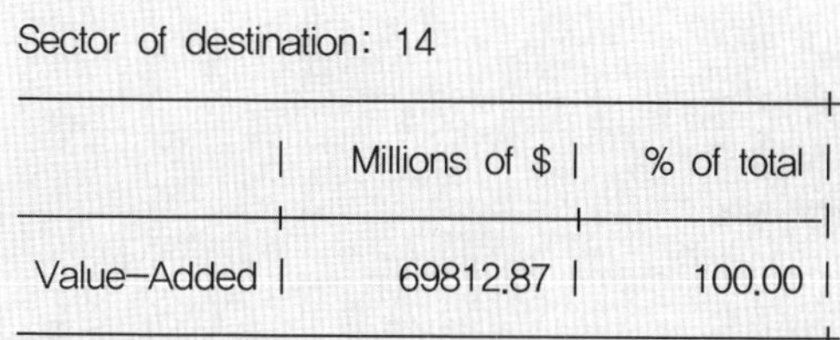

```
Sector of destination: 14
-------------------------------------------
              | Millions of $ |  % of total |
--------------+---------------+-------------|
  Value-Added |      69812.87 |      100.00 |
-------------------------------------------
```

[설명] 모든 나라의 전자산업의 최종수요

```
. icio, destination(all,14)

Value-Added by origin/destination:
Table: adb (release jan2021)
Year: 2019
Destination: ALL
Return: value-added
Sector of destination: 14
---------------------------------------
      | Millions of $ |  % of total |
------+---------------+-------------|
 AUS  |      27581.11 |        1.27 |
 AUT  |      10706.79 |        0.49 |
 BAN  |       1003.62 |        0.05 |
 BEL  |      11696.33 |        0.54 |
 BGR  |       2549.30 |        0.12 |
 생략
 THA  |       3460.96 |        0.16 |
 TUR  |      19748.62 |        0.91 |
 UKG  |      51868.91 |        2.38 |
 USA  |     425412.91 |       19.54 |
 VIE  |       7911.58 |        0.36 |
---------------------------------------
```

[설명] 한국의 모든 산업의 최종수요를 구함

```
. icio, destination(kor,all)

Value-Added by origin/destination:
Table: adb (release jan2021)
Year: 2019
Destination: KOR
Return: value-added
Sector of destination: All sectors--------------------------------
           | Millions of $ |  % of total |
-----------+---------------+-------------|
  sector1  |      13519.36 |        0.88 |
```

```
  sector2  |        296.43 |        0.02 |
  sector3  |      70161.38 |        4.55 |
  sector4  |      24021.22 |        1.56 |
  sector5  |       6083.38 |        0.39 |
생략
 sector31  |     146326.72 |        9.49 |
 sector32  |     113480.13 |        7.36 |
 sector33  |     127580.62 |        8.27 |
 sector34  |     112110.69 |        7.27 |
 sector35  |          0.17 |        0.00 |
-----------------------------------------+
```

(3) 부가가치의 창출과 소비

국가 또는 산업별 부가가치 창출과 최종수요를 계산하거나, 또는 연계정도를 계산한다. icio명령어에 origin과 destination이라는 옵션을 단독 또는 동시에 사용한다. 이들 옵션을 단독으로 사용할 때에는 앞 단원의 사례와 동일한 사용법이다. 동시에 사용할 때 어떤 결과를 가져오며 그 의미가 무엇인가를 살펴보자.

```
. * 3. 부가가치의 창출과 소비(Value-added by origin and final destination)
[설명] 모든 나라의 GDP를 출력
. icio, origin(all)

Value-Added by origin/destination:
Table: adb (release jan2021)
Year: 2019
Origin: ALL
Return: value-added
-----------------------------------------+
      |  Millions of $ |    % of total |
------+----------------+---------------|
  AUS |     1343417.30 |          1.57 |
  AUT |      409010.02 |          0.48 |
  BAN |      292505.03 |          0.34 |
  BEL |      487523.64 |          0.57 |
  BGR |       61896.51 |          0.07 |
 생략
  THA |      579120.52 |          0.68 |
  TUR |      700119.23 |          0.82 |
```

```
  UKG |    2634824.48 |          3.09 |
  USA |   21729124.00 |         25.47 |
  VIE |     251028.69 |          0.29 |
--------------------------------------+
```

[설명] 모든 나라 전자산업의 부가가치를 구함

```
. icio, origin(all,14)

Value-Added by origin/destination:
Table: adb (release jan2021)
Year: 2019
Origin: ALL
Return: value-added
Sector of origin: 14
--------------------------------------+
      |  Millions of $ |   % of total |
------+----------------+--------------|
  AUS |        5127.02 |          0.27 |
  AUT |       10836.53 |          0.57 |
  BAN |         317.19 |          0.02 |
  BEL |        2750.45 |          0.14 |
  BGR |         652.87 |          0.03 |
생략
  THA |        3657.12 |          0.19 |
  TUR |        7067.58 |          0.37 |
  UKG |       23232.40 |          1.21 |
  USA |      384784.00 |         20.12 |
  VIE |       10100.31 |          0.53 |
--------------------------------------+
```

[설명] 모든 나라의 최종수요를 구함

```
. icio, destination(all)
Value-Added by origin/destination:
Table: adb (release jan2021)
Year: 2019
Destination: ALL
Return: value-added
--------------------------------------+
      |  Millions of $ |   % of total |
------+----------------+--------------|
  AUS |     1270828.15 |          1.49 |
  AUT |      393134.98 |          0.46 |
  BAN |      310908.47 |          0.36 |
```

```
BEL  |     487504.28 |          0.57 |
BGR  |      59570.23 |          0.07 |
생략
THA  |     506177.52 |          0.59 |
TUR  |     686283.56 |          0.80 |
UKG  |    2672214.46 |          3.13 |
USA  |   22306990.00 |         26.14 |
VIE  |     242788.68 |          0.28 |
-----------------------------------+
```

[설명] 세계 모든 나라의 최종수요에서 한국에서 온 부가가치

```
. icio, origin(kor) destination(all)

Value-Added by origin/destination:
Table: adb (release jan2021)
Year: 2019
Origin: KOR
Destination: ALL
Return: value-added
-----------------------------------+
     |  Millions of $ |  % of total |
-----+----------------+-------------|
AUS  |        6335.25 |        0.40 |
AUT  |        1271.76 |        0.08 |
BAN  |        1246.64 |        0.08 |
BEL  |        1699.85 |        0.11 |
BGR  |         206.29 |        0.01 |
생략
THA  |        3123.92 |        0.20 |
TUR  |        4925.21 |        0.31 |
UKG  |        8994.15 |        0.57 |
USA  |       82017.80 |        5.16 |
VIE  |        9961.77 |        0.63 |
-----------------------------------+
```

[설명] 미국 최종수요에서 한국에서 온 부가가치

```
. icio, origin(kor) destination(usa)

Value-Added by origin/destination:
Table: adb (release jan2021)
Year: 2019
Origin: KOR
Destination: USA
```

Return: value-added

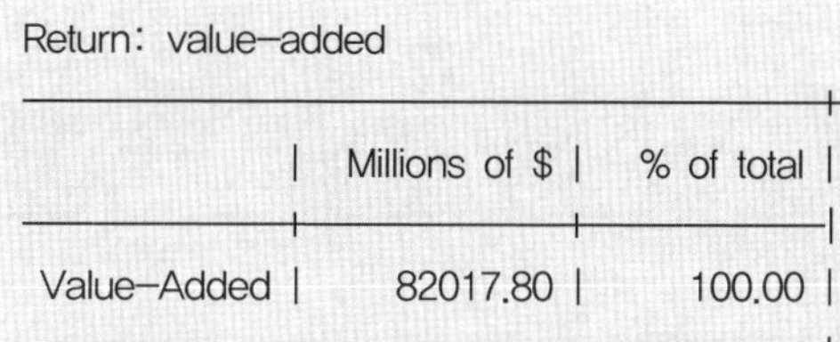

	Millions of $	% of total
Value-Added	82017.80	100.00

[설명] 한국 최종수요에서 다른 모든 나라에서 온 부가가치

. icio, origin(all) destination(kor)

Value-Added by origin/destination:
Table: adb (release jan2021)
Year: 2019
Origin: ALL
Destination: KOR
Return: value-added

	Millions of $	% of total
AUS	11982.21	0.78
AUT	1513.92	0.10
BAN	228.47	0.01
BEL	1701.16	0.11
BGR	237.39	0.02
생략		
THA	4360.07	0.28
TUR	1224.93	0.08
UKG	8773.24	0.57
USA	45524.13	2.95
VIE	6764.88	0.44

[설명] 세계 모든 나라의 최종수요에서 한국 전자산업에서 온 부가가치

. icio, origin(kor,14) destination(all)

Value-Added by origin/destination:
Table: adb (release jan2021)
Year: 2019
Origin: KOR
Destination: ALL
Return: value-added
Sector of origin: 14

	Millions of $	% of total
AUS	951.11	0.67
AUT	409.94	0.29
BAN	63.69	0.04
BEL	272.88	0.19
BGR	53.06	0.04
생략		
THA	260.06	0.18
TUR	1042.43	0.73
UKG	1683.24	1.19
USA	18344.13	12.92
VIE	2154.48	1.52

[설명] 중국 전자산업 최종수요에서 한국 전자산업에서 온 부가가치

```
. icio, origin(kor,14) destination(prc,14)
```

Value-Added by origin/destination:
Table: adb (release jan2021)
Year: 2019
Origin: KOR
Destination: PRC
Return: value-added
Sector of origin: 14
Sector of destination: 14

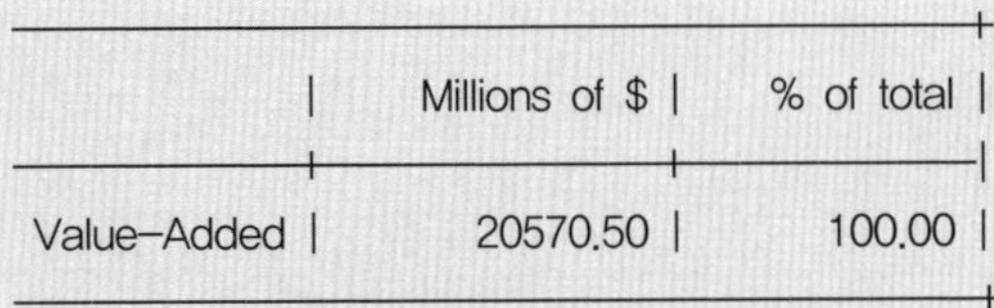

	Millions of $	% of total
Value-Added	20570.50	100.00

[설명] 한국과 중국 모든 산업의 최종수요에서 상호 부가가치 연계

```
. icio, origin(kor,all) destination(prc,all)
```

Value-Added by origin/destination:
Table: adb (release jan2021)
Year: 2019
Origin: KOR
Destination: PRC
Return: value-added
Sector of origin: All sectorsSector of destination: All sectors

```
Output is not displayed but saved in r(vby).

. matrix list r(vby)

r(vby)[35,35]
             sector1     sector2     sector3     sector4     sector5
 sector1   56.036135   .36757451   539.35454   27.357747   27.068039
 sector2   3.4736995   3.3114294    8.714719   3.9524711   1.5308281
 sector3   9.7637602   .28734814   705.14424   11.754173   31.712485
생략


[설명] 세계 모든 나라들 간의 부가가치 무역
. icio, origin(all) destination(all) save("TradeinVA.xls", replace)

Value-Added by origin/destination:
Table: adb (release jan2021)
Year: 2019
Origin: ALL
Destination: ALL
Return: value-added

Output is not displayed but saved in r(vby).
Warning: .xlsx extension is imposed...
Output saved as: TradeinVA.xlsx into the current working directory
Sheet: icio_out

. matrix list r(vby)

r(vby)[63,63]
            AUS        AUT        BAN        BEL        BGR        BHU
AUS   1022123.6  659.85269   839.9404  1206.4641  157.88321  9.5809925
AUT   1115.7455  252952.33  104.78924  1605.2066  586.65423  9.3991162
BAN   258.54364  123.67557  257875.16  595.40893  9.1892233  1.4821383
BEL   2292.8218  1560.0703  173.68079   274725.4  367.45288  3.2944382
```

4. 부가가치의 분해와 글로벌 가치사슬 참가율

총수출의 부가가치의 분해와 글로벌 가치사슬 참가율 계산은 국제 산업연관표를 이용한 글로벌 가치사슬의 본격적인 분석절차를 보여주는 내용이다. 아래의 출력물을 이용하여 그 방법을 이해해 보자. 명령어 하나 하나를 실행하면서 그 출력물의 의미를 이해하는 것이 필요하다.

(1) 무역흐름

```
. * ********************************************************************
. * 무역의 부가가치 분해와 GVC참가율
. * (Value-added decomposition and GVC participation in e> xports)
. * ********************************************************************
. * 1. 무역흐름의 선택
. * 한국의 총수출 분해
. icio, exporter(kor)

Decomposition of gross exports:
Table: adb (release jan2021)
Year: 2019
Perspective: exporter
Exporter: KOR
Importer: total KOR exports
Return: detailed
```

	Millions of $	% of export
Gross exports (GEXP)	654395.96	100.00
Domestic content (DC)	444386.36	67.91
Domestic Value-Added (DVA)	442260.12	67.58
VAX -> DVA absorbed abroad	439363.75	67.14
Reflection	2896.36	0.44
Domestic double counting	2126.24	0.32
Foreign content (FC)	210009.60	32.09
Foreign Value-Added (FVA)	208975.07	31.93
Foreign double counting	1034.53	0.16
GVC-related trade (GVC)	331579.49	50.67
GVC-backward (GVCB)	212135.84	32.42
GVC-forward (GVCF)	119443.64	18.25

```
. * 한국의 전자산업 수출 분해
. icio, exporter(kor,14)

Decomposition of gross exports:
Table: adb (release jan2021)
Year: 2019
Perspective: exporter
Approach: source
Exporter: KOR
Importer: total KOR exports
Return: detailed
Sector of export: 14
---------------------------------------------------------------+
                                  |  Millions of $ | % of export |
----------------------------------+----------------+-------------|
 Gross exports (GEXP)             |      206587.02 |      100.00 |
   Domestic content (DC)          |      147156.68 |       71.23 |
     Domestic Value-Added (DVA)   |      146038.27 |       70.69 |
       VAX -> DVA absorbed abroad |      144828.27 |       70.11 |
         DAVAX                    |       99313.93 |       48.07 |
       Reflection                 |        1210.00 |        0.59 |
     Domestic double counting     |        1118.41 |        0.54 |
   Foreign content (FC)           |       59430.34 |       28.77 |
     Foreign Value-Added (FVA)    |       58928.37 |       28.52 |
     Foreign double counting      |         501.97 |        0.24 |
----------------------------------+----------------+-------------|
 GVC-related trade (GVC)          |      107273.09 |       51.93 |
   GVC-backward (GVCB)            |       60548.75 |       29.31 |
   GVC-forward (GVCF)             |       46724.34 |       22.62 |
---------------------------------------------------------------+
DAVAX: Value-Added directly absorbed by the importer

. * 한국의 미국에 대한 총수출 분해
. icio, exporter(kor) importer(usa)

Decomposition of gross exports:
Table: adb (release jan2021)
Year: 2019
Perspective: exporter
Approach: source
Exporter: KOR
Importer: USA
Return: detailed
```

```
-----------------------------------------------------------------------+
                                     |  Millions of $ |    % of export |
-------------------------------------+----------------+----------------|
 Gross exports (GEXP)                |       95703.25 |         100.00 |
   Domestic content (DC)             |       65927.46 |          68.89 |
     Domestic Value-Added (DVA)      |       65612.75 |          68.56 |
       VAX -> DVA absorbed abroad    |       65476.88 |          68.42 |
         DAVAX                       |       58505.97 |          61.13 |
       Reflection                    |         135.87 |           0.14 |
     Domestic double counting        |         314.72 |           0.33 |
   Foreign content (FC)              |       29775.79 |          31.11 |
     Foreign Value-Added (FVA)       |       29624.21 |          30.95 |
     Foreign double counting         |         151.57 |           0.16 |
-------------------------------------+----------------+----------------|
 GVC-related trade (GVC)             |       37197.28 |          38.87 |
   GVC-backward (GVCB)               |       30090.50 |          31.44 |
   GVC-forward (GVCF)                |        7106.77 |           7.43 |
-----------------------------------------------------------------------+
DAVAX: Value-Added directly absorbed by the importer

. * 한국의 미국에 대한 전자산업 수출 분해
. icio, exporter(kor,14) importer(usa)

Decomposition of gross exports:
Table: adb (release jan2021)
Year: 2019
Perspective: exporter
Approach: source
Exporter: KOR
Importer: USA
Return: detailed
Sector of export: 14
-----------------------------------------------------------------------+
                                     |  Millions of $ |    % of export |
-------------------------------------+----------------+----------------|
 Gross exports (GEXP)                |       25296.18 |         100.00 |
   Domestic content (DC)             |       18019.05 |          71.23 |
     Domestic Value-Added (DVA)      |       17882.10 |          70.69 |
       VAX -> DVA absorbed abroad    |       17845.08 |          70.54 |
         DAVAX                       |       15962.81 |          63.10 |
       Reflection                    |          37.02 |           0.15 |
     Domestic double counting        |         136.95 |           0.54 |
   Foreign content (FC)              |        7277.13 |          28.77 |
```

```
    Foreign Value-Added (FVA)           |          7215.66 |          28.52 |
    Foreign double counting             |            61.47 |           0.24 |
----------------------------------------+------------------+----------------|
 GVC-related trade (GVC)                |          9333.36 |          36.90 |
   GVC-backward (GVCB)                  |          7414.08 |          29.31 |
   GVC-forward (GVCF)                   |          1919.29 |           7.59 |
---------------------------------------------------------------------------+
DAVAX: Value-Added directly absorbed by the importer

. * 한국의 총수입
. icio, importer(kor)

Decomposition of gross imports:
Table: adb (release jan2021)
Year: 2019
Perspective: importer
Importer: KOR
Output: Gross imports
Exporter: total KOR imports
----------------------------------------------------+
                 |   Millions of $ |   % of import |
-----------------+-----------------+---------------|
 Gross imports   |       605921.34 |        100.00 |
----------------------------------------------------+

. * 한국의 자동차 수입
. icio, importer(kor,15)

Decomposition of gross imports:
Table: adb (release jan2021)
Year: 2019
Perspective: sectimp
Importer: KOR
Output: Gross imports
Exporter: total KOR imports
Sector of import: 15
----------------------------------------------------+
                 |   Millions of $ |   % of import |
-----------------+-----------------+---------------|
 Gross imports   |        29171.48 |        100.00 |
----------------------------------------------------+
```

(2) 부가가치 무역과 GVC참가율

.
. * 2. 부가가치 무역과 GVC참가도
. * 한국의 총수출 가운데 국내에서 생산된 부가가치(domestic GDP)
. icio, exporter(kor) output(dva)

Decomposition of gross exports:
Table: adb (release jan2021)
Year: 2019
Perspective: exporter
Origin: KOR
Exporter: KOR
Importer: total KOR exports
Return: domestic value-added

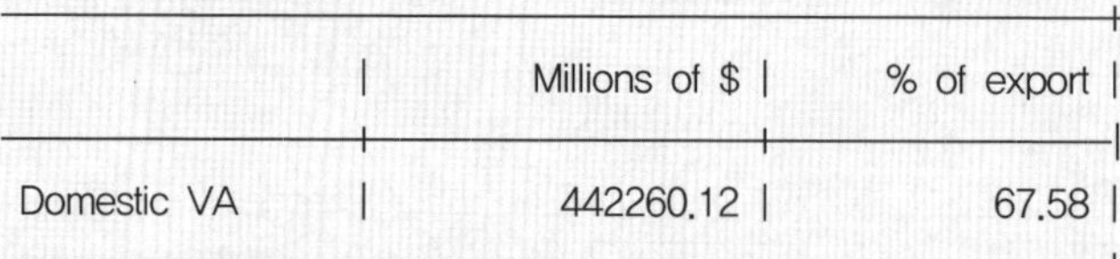

	Millions of $	% of export
Domestic VA	442260.12	67.58

. * 한국의 총수출 가운데 해외에서 생산된 총부가가치(foreign GDP)
. icio, exporter(kor) output(fva)

Decomposition of gross exports:
Table: adb (release jan2021)
Year: 2019
Perspective: exporter
Exporter: KOR
Importer: total KOR exports
Return: foreign value-added

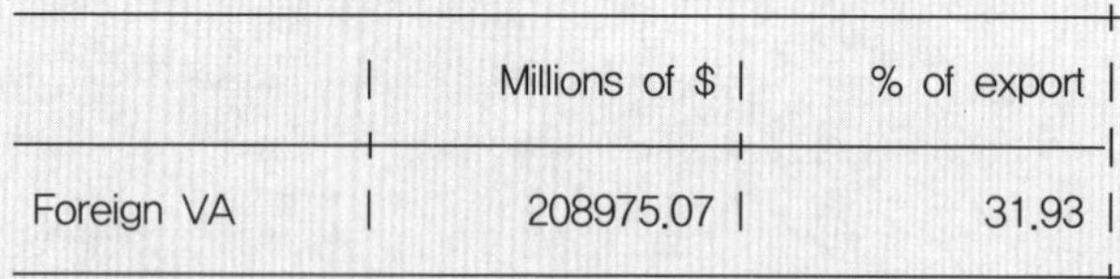

	Millions of $	% of export
Foreign VA	208975.07	31.93

. * 한국의 수출 가운데 해외에서 생산된 국별 부가가치
. icio, origin(all) exporter(kor) output(fva)

Decomposition of gross exports:
Table: adb (release jan2021)
Year: 2019

```
Perspective: exporter
Origin: ALL
Exporter: KOR
Importer: total KOR exports
Return: foreign value-added
---------------------------------------+
      | Millions of $ |  % of export |
------+---------------+--------------|
 AUS  |      9621.13  |        1.47  |
 AUT  |       611.19  |        0.09  |
 BAN  |       114.28  |        0.02  |
 BEL  |       747.29  |        0.11  |
 BGR  |        87.77  |        0.01  |
 생략
 THA  |      1638.03  |        0.25  |
 TUR  |       579.12  |        0.09  |
 UKG  |      4157.65  |        0.64  |
 USA  |     17441.53  |        2.67  |
 VIE  |      2617.14  |        0.40  |
---------------------------------------+

. * 한국이 중국에 수출하고 중국에 의해 전세계로 재수출된 한국만의 부가가
> 치 (한국-->중국-->전세계)
. icio, exporter(kor) importer(prc) destination(all) output(dva)

Decomposition of gross exports:
Table: adb (release jan2021)
Year: 2019
Perspective: exporter
Approach: source
Origin: KOR
Exporter: KOR
Importer: PRC
Destination: ALL
Return: domestic value-added
---------------------------------------+
      | Millions of $ |  % of export |
------+---------------+--------------|
 AUS  |       429.15  |        0.24  |
 AUT  |        70.10  |        0.04  |
 BAN  |        46.57  |        0.03  |
 BEL  |       118.28  |        0.07  |
 BGR  |        16.96  |        0.01  |
```

```
생략
 THA    |         144.62 |           0.08 |
 TUR    |         199.80 |           0.11 |
 UKG    |         719.55 |           0.41 |
 USA    |        5572.36 |           3.15 |
 VIE    |         252.81 |           0.14 |
--------------------------------------------+

. * 한국이 중국에 수출하고 중국에 의해 전세계로 재수출된 한국 및 다른 나
> 라의 부가가치 (한국-->중국-->전세계)
. icio, exporter(kor) importer(prc) destination(all) output(va) save("KO
> RtoCHN.xls")

Decomposition of gross exports:
Table: adb (release jan2021)
Year: 2019
Perspective: exporter
Approach: source
Exporter: KOR
Importer: PRC
Destination: ALL
Return: value-Added
--------------------------------------------+
        | Millions of $ |  % of export |
--------+---------------+--------------|
 AUS    |         615.69 |           0.35 |
 AUT    |         100.34 |           0.06 |
 BAN    |          69.65 |           0.04 |
 BEL    |         169.89 |           0.10 |
 BGR    |          24.31 |           0.01 |
 생략
 THA    |         213.99 |           0.12 |
 TUR    |         287.06 |           0.16 |
 UKG    |        1028.44 |           0.58 |
 USA    |        7957.58 |           4.50 |
 VIE    |         373.24 |           0.21 |
--------------------------------------------+
Warning: .xlsx extension is imposed...
Output saved as: KORtoCHN.xlsx into the current working directory
Sheet: icio_out

.  matrix list r(va)
```

```
r(va)[63,2]
          Millions o~$   % of export
AUS         615.69381     .34823363
AUT         100.34199     .05675297
BAN         69.651917     .03939481
BEL         169.88839      .0960881
BGR         24.308357      .0137487
생략
THA         213.99163      .1210327
TUR         287.05949     .16235954
UKG          1028.436     .58167875
USA         7957.5842     4.5007736
VIE         373.24217     .21110408

. * GVC관련 수출 및 참가도(전방참가, 후방참가)
. icio, exporter(kor) output(gvc)

Decomposition of gross exports:
Table: adb (release jan2021)
Year: 2019
Perspective: exporter
Exporter: KOR
Importer: total KOR exports
Return: GVC-related trade

-------------------------------------------------+
                |    Millions of $ |  % of export |
----------------+------------------+-------------|
 GVC            |        331579.49 |        50.67 |
-------------------------------------------------+

. icio, exporter(kor) output(gvcf)

Decomposition of gross exports:
Table: adb (release jan2021)
Year: 2019
Perspective: exporter
Exporter: KOR
Importer: total KOR exports
Return: GVC-forward related trade

-------------------------------------------------+
                |    Millions of $ |  % of export |
----------------+------------------+-------------|
 GVC forward    |        119443.64 |        18.25 |
-------------------------------------------------+
```

```
. icio, exporter(kor) output(gvcb)

Decomposition of gross exports:
Table: adb (release jan2021)
Year: 2019
Perspective: exporter
Exporter: KOR
Importer: total KOR exports
Return: GVC-backward related trade
```

	Millions of $	% of export
GVC backward	212135.84	32.42

(3) 총수출의 분해

```
.
. * 3. 총수출을 국내부가가치, 해외부가가치, 이중계산, GVC관련 무역으로 구분
. * 한국의 총수출 분해
. icio, exporter(kor)

Decomposition of gross exports:
Table: adb (release jan2021)
Year: 2019
Perspective: exporter
Exporter: KOR
Importer: total KOR exports
Return: detailed
```

	Millions of $	% of export
Gross exports (GEXP)	654395.96	100.00
Domestic content (DC)	444386.36	67.91
Domestic Value-Added (DVA)	442260.12	67.58
VAX -> DVA absorbed abroad	439363.75	67.14
Reflection	2896.36	0.44
Domestic double counting	2126.24	0.32
Foreign content (FC)	210009.60	32.09
Foreign Value-Added (FVA)	208975.07	31.93
Foreign double counting	1034.53	0.16

```
----------------------------------------------+--------------------+-----------------|
 GVC-related trade (GVC)                      |        331579.49 |          50.67 |
   GVC-backward (GVCB)                        |        212135.84 |          32.42 |
   GVC-forward (GVCF)                         |        119443.64 |          18.25 |
--------------------------------------------------------------------------------------+

. * 한국의 중국에 대한 총수출 분해
. icio, exporter(kor) importer(prc)

Decomposition of gross exports:
Table: adb (release jan2021)
Year: 2019
Perspective: exporter
Approach: source
Exporter: KOR
Importer: PRC
Return: detailed
--------------------------------------------------------------------------------------+
                                              |   Millions of $ |    % of export |
----------------------------------------------+--------------------+-----------------|
 Gross exports (GEXP)                         |        176804.81 |         100.00 |
   Domestic content (DC)                      |        121280.06 |          68.60 |
     Domestic Value-Added (DVA)               |        120626.34 |          68.23 |
       VAX -> DVA absorbed abroad             |        119956.88 |          67.85 |
         DAVAX                                |         97919.11 |          55.38 |
       Reflection                             |           669.46 |           0.38 |
     Domestic double counting                 |           653.73 |           0.37 |
   Foreign content (FC)                       |         55524.75 |          31.40 |
     Foreign Value-Added (FVA)                |         55212.15 |          31.23 |
     Foreign double counting                  |           312.60 |           0.18 |
----------------------------------------------+--------------------+-----------------|
 GVC-related trade (GVC)                      |         78885.70 |          44.62 |
   GVC-backward (GVCB)                        |         56178.48 |          31.77 |
   GVC-forward (GVCF)                         |         22707.22 |          12.84 |
--------------------------------------------------------------------------------------+
DAVAX: Value-Added directly absorbed by the importer

. * 한국 전자산업의 중국에 대한 수출 분해
. icio, exporter(kor,14) importer(prc)

Decomposition of gross exports:
Table: adb (release jan2021)
Year: 2019
```

```
Perspective: exporter
Approach: source
Exporter: KOR
Importer: PRC
Return: detailed
Sector of export: 14
------------------------------------------------------------------------+
                                        |  Millions of $ |  % of export |
----------------------------------------+----------------+--------------|
 Gross exports (GEXP)                   |       84881.94 |       100.00 |
   Domestic content (DC)                |       60463.35 |        71.23 |
     Domestic Value-Added (DVA)         |       60003.83 |        70.69 |
       VAX -> DVA absorbed abroad       |       59664.41 |        70.29 |
         DAVAX                          |       47486.73 |        55.94 |
       Reflection                       |         339.41 |         0.40 |
     Domestic double counting           |         459.53 |         0.54 |
   Foreign content (FC)                 |       24418.58 |        28.77 |
     Foreign Value-Added (FVA)          |       24212.33 |        28.52 |
     Foreign double counting            |         206.25 |         0.24 |
----------------------------------------+----------------+--------------|
 GVC-related trade (GVC)                |       37395.21 |        44.06 |
   GVC-backward (GVCB)                  |       24878.11 |        29.31 |
   GVC-forward (GVCF)                   |       12517.09 |        14.75 |
------------------------------------------------------------------------+
DAVAX: Value-Added directly absorbed by the importer

. * Koopman et al. (2014) decomposition 방법에 의한 한국의 총수출 분해
. icio, exporter(kor) perspective(world) approach(sink)

Decomposition of gross exports:
Table: adb (release jan2021)
Year: 2019
Perspective: world
Approach: sink
Exporter: KOR
Importer: total KOR exports
Return: detailed
------------------------------------------------------------------------+
                                        |  Millions of $ |  % of export |
----------------------------------------+----------------+--------------|
 Gross exports (GEXP)                   |      654395.96 |       100.00 |
   Domestic content (DC)                |      444386.36 |        67.91 |
     Domestic Value-Added (DVA)         |      442260.12 |        67.58 |
```

```
        VAX -> DVA absorbed abroad        |        439363.75 |          67.14 |
        Reflection                        |          2896.36 |           0.44 |
      Domestic double counting            |          2126.24 |           0.32 |
    Foreign content (FC)                  |        210009.60 |          32.09 |
      Foreign Value-Added (FVA)           |        155055.38 |          23.69 |
      Foreign double counting             |         54954.22 |           8.40 |
--------------------------------------------------------------------------------+

. icio, exporter(kor) perspective(world) approach(source)

Decomposition of gross exports:
Table: adb (release jan2021)
Year: 2019
Perspective: world
Approach: source
Exporter: KOR
Importer: total KOR exports
Return: detailed
--------------------------------------------------------------------------------+
                                          |   Millions of $ |    % of export |
------------------------------------------+-----------------+----------------|
  Gross exports (GEXP)                    |        654395.96 |         100.00 |
    Domestic content (DC)                 |        444386.36 |          67.91 |
      Domestic Value-Added (DVA)          |        442260.12 |          67.58 |
        VAX -> DVA absorbed abroad        |        439363.75 |          67.14 |
        Reflection                        |          2896.36 |           0.44 |
      Domestic double counting            |          2126.24 |           0.32 |
    Foreign content (FC)                  |        210009.60 |          32.09 |
      Foreign Value-Added (FVA)           |        159745.85 |          24.41 |
      Foreign double counting             |         50263.75 |           7.68 |
--------------------------------------------------------------------------------+
```

5. 무역흐름의 형태와 범위에 대한 개념적 프레임워크

여기에서는 icio로 분석할 수 있는 다양한 유형의 무역거래의 흐름과 이를 측정하기 위한 회계적 관점에서의 부가가치 측정을 위한 개념적 프레임워크를 살펴본다. Stata 명령어 icio를 제대로 이해하기 위한 제일 중요한 부분이다. 잘 활용하면 관세 부과와 같은 정책효과 분석에 효과적으로 사용할 수 있다. 이는 결국 보린과 맨치니(Borin and Mancini, 2017)의 총수출의 분해를 나타내는 [그림 11−3]에서 세부 부가가치 흐름을 측정하는 것이다.

(1) 한 국가의 총 수출액

1) 총수출

한 국가의 총수출을 부가가치 원천별로 분해할 때에 무역흐름의 범위를 어떻게 정의할 것이냐에 따라 "관점perspective"을 정의해 주어야 한다. 이는 perspective란 옵션을 지정하는 방법에 따라 무역흐름을 측정하기 위한 회계방법이 달리 적용된다.

무역흐름은 "수출국 관점exporting-country perspective", "세계적 관점world perspective"에서 정의할 수 있다. 세계적 관점은 어떤 한나라의 총수출을 국내에서 형성된 부가가치와 해외에서 형성된 부가가치, 이중 계산된 부가가치로 분해하는 데 특정 수출부문이 세계 무역 흐름에서 한 번만 해외 부가가치로 계상되는 반면, 수출국 관점에서는 어떤 한 국가의 모든 수출에서 한 번만 해외 부가가치로 간주된다. 이때 이중 계산된 부분을 소스source 방식으로 정의할 때에는 특정 부분의 수출이 처음 국경을 넘을 때만 부가가치로 정의되지만, 싱크sink방식으로 정의할 때에는 마지막으로 국경을 넘을 때만 부가가치로 간주한다.

세계적 관점에서 한 나라의 총수출을 부가가치 원천별로 분해한다면 각 국가의 총수출을 분해한 결과를 합산하면 전세계의 부가가치와 정확히 일치하게 되므로 국가별 비중을 구할 수 있다. 또한 어떤 나라의 수출에 포함된 국별 GDP를 구할 수도 있다. 하지만 수출국 관점에서 총수출을 부가가치 원천별로 분해한다면 각 국가의 총수출을 분해한 결과를 합산하면 전 세계의 부가가치와 차이가 나게 된다. 이는 아래 양자 간 수출에서도 그대로 적용된다.

수출국 관점에서 어떤 한 나라의 총수출을 분해할 때에는 perspective(exporter)라는 옵션을 사용한다. 하지만 세계관점에서 총수출을 분해할 때에는 perspective (world)라는 옵션을 사용한다. 이때 이중계산된 부분을 정의하는 방법에 따라 소스방식을 적용한다면 approach(source), 싱크방식을 적용한다면 approach(sink)옵션 중 하나를 함께 사용해야 한다.

2) 산업부문별 총수출

한 국가의 특정 산업부문의 무역흐름에 포함된 부가가치를 계산하기 위한 "산업부문의 수출국 관점sctoral-exporter perspective"과 "수출국 관점exporting country perspective"으로 나눌 수 있다.

첫째, 산업부문의 수출 관점에서는 한 국가의 주어진 산업부문의 수출에 포함된 부가가치를 계산하는 것이다. 가령 어떤 경제적 충격 또는 정책개입이 특정 산업부문의 수출에 영향을 미치고, 이런 충격이 다른 국가로 파급되는 것을 측정하고자 하는 것이다.

둘째, 수출국 관점에서는 한 국가의 산업부문에 대한 수출에 포함된 부가가치를 계산하는데 이는 모든 산업에 대한 부가가치를 합산할 때 전체 부가가치와 일치하는 측정치를 제공한다. 이때에도 역시 관심대상이 생산에 있을 때 소스방식, 최종 수요에 있을 때에는 싱크 방식이 사용된다.

따라서 산업부문의 수출국 관점에서는 perspective(sectexp)가 사용된다. 수출국 관점에서는 perspective(exporter)와 함께 이중계산된 부분을 정의하는 방법에 따라 소스방식을 적용한다면 approach(source), 싱크방식을 적용한다면 approach(sink)옵션 중 하나가 함께 사용된다.

(2) 양자 간 수출

1) 양자 간 총수출

양자 간 수출은 두 국가 간 수출을 양자 간 총수출이나 양자 간 산업부문별로 나누어 수출액을 부가가치 원천별로 분해하는 것이다. 양자 간 총수출의 분해에는 양자 간 관점bilateral perspective, 수출국 관점exporting-country perspective으로 나누어 측정된다.

따라서 양자 간 관점에서는 perspective(bilateral) 옵션이 사용된다. 수출국 관점에서는 perspective(exporter)와 함께 이중 계산된 부분을 정의하는 방법에 따라 소스방식을 적용한다면 approach(source), 싱크방식을 적용한다면 approach(sink)옵션 중 하나가 함께 사용된다.

2) 양자 간 산업 부문별 수출

양자 간 산업부문별 수출에서는 산업부문별 양자 간 관점sectoral-bilateral perspective과 수출국 관점exporting country perspective으로 나누어 측정된다. 산업부문별 양자 간 관점에서의 수출의 분해에서는 특정국 s의 특정 산업부문 n의 무역상대국 r국에 대한 수출에 포함되어 있는 부가가치를 측정하는 것이다. 가령 특성 산업부문에서 특정 무역 파트너 국가에 의한 관세부과에 노출되는 부가가치를 측정하는 데 사용될 수 있다. 양자 간 산업부문별 수출에서 수출국 관점은 산업부문별 양자 간 총수출의 부각가치를 분해하는 것이다.

따라서 산업부문 양자 간 관점에서는 perspective(sectbil) 옵션이 사용된다. 수출국 관점에서는 perspective(exporter)와 함께 이중계산된 부분을 정의하는 방법에 따라 소스방식을 적용한다면 approach(source), 싱크방식을 적용한다면 approach(sink)옵션 중 하나가 함께 사용된다.

(3) 한 국가의 총수입

1) 총수입액

총수입액의 부가가치 분해에서는 수입국 관점importing country perspective만이 사용된다. 이는 특정국 r의 총수입에 직 간접적으로 포함되어 있는 j국의 부가가치를 측정한다. 가령 어떤 국가가 수입에 대해 무역보호 조치를 취할 경우 이 나라에 수출하는 다른 모든 수출국에서 타깃이 되는 부가가치를 측정하는 것이다.

2) 산업부문별 수입

산업부문별 수입액의 부가가치 분해에서는 산업부문 수입자 관점sectoral-importer perspective에서 측정된다. 이는 어떤 경제충격이 특정 산업부문의 수출국에 영향을 미칠 때 이를 살펴보기 위한 것이다.

이상에서 설명한 무역흐름의 형태와 범위, 생산과 수요측면에 따라 선택 가능한 Stata 옵션은 다음과 같이 요약할 수 있다. 여기에서는 총 14가지의 조합이 가능하다. 특히 양자 간 무역흐름, 산업부문별 양자 간 무역흐름에서 관점들을 활용할 경우 관세부과 등 정책효과의 분석에 활용할 수 있다는 점이 특징적이다.

[표 12-2]는 이런 방법을 종합적으로 보여주고 있는 사례들이다. 각 명령어가

제시하는 출력물을 주의깊게 관찰한다면 일견 복잡해 보이는 개념들을 잘 이해할 수 있을 것이다. 여기에 origin이나, return 옵션을 추가적으로 활용한다면 보다 다양하고 정교한 분석이 가능할 것이다.

〈 표 12-1 〉 무역흐름의 형태와 범위에 대한 개념과 Stata 활용

무역흐름 형태	A. 무역흐름 범위(관점, perspective)	Stata 옵션	B. 통합된 무역흐름 관점과 이중계산 방식(perspective)	Stata 옵션
1. 총추출(total exports)				
전체 (aggregate)	수출국 전체	perspective(exporter)	전세계 (source/sink)	perspective(world) approach(source/sink)
부문별 (sectoral)	부문별 수출	perspective(sectexp)	수출국 (source/sink)	perspective(exporter) approach(source/sink)
2. 양자 간 수출				
전체 (aggregate)	양자 간 총수출	perspective(bilateral)	수출국 (source/sink)	perspective(exporter) approach(source/sink)
부문별 (sectoral)	부문별-양자 간	perspective(sectbil)	수출국 (source/sink)	perspective(exporter) approach(source/sink)
3. 총수입(total import)				
전체 (aggregate)	수입국	perspective(importer)	n.a.	
부문별 (sectoral)	부문별 수입국	perspective(sectimp)	n.a.	

〈 표 12-2 〉 무역흐름의 형태와 범위에 대한 개념의 이해([예제 12-1] 중간부분)

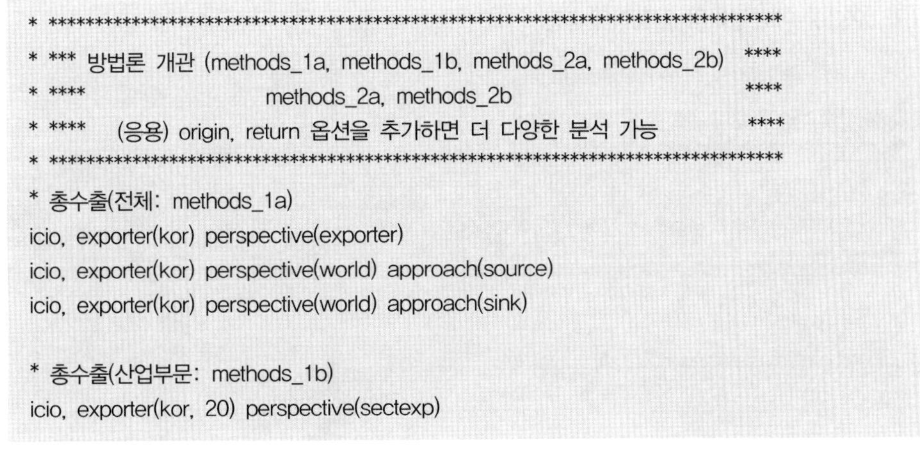
```
* ****************************************************************************
* *** 방법론 개관 (methods_1a, methods_1b, methods_2a, methods_2b)        ****
* ****                    methods_2a, methods_2b                          ****
* ****   (응용) origin, return 옵션을 추가하면 더 다양한 분석 가능           ****
* ****************************************************************************
* 총수출(전체: methods_1a)
icio, exporter(kor) perspective(exporter)
icio, exporter(kor) perspective(world) approach(source)
icio, exporter(kor) perspective(world) approach(sink)

* 총수출(산업부문: methods_1b)
icio, exporter(kor, 20) perspective(sectexp)
```

```
icio, exporter(kor, 20) perspective(exporter) approach(source)
icio, exporter(kor, 20) perspective(exporter) approach(sink)

* 양자간 무역(전체: methods_2a)
icio, exporter(kor) importer(usa) perspective(bilateral)
icio, exporter(kor) importer(usa) perspective(exporter) approach(source)
icio, exporter(kor) importer(usa) perspective(exporter) approach(sink)

* 양자간 무역(전체: methods_2b)
icio, exporter(kor, 20) importer(usa) perspective(sectbil)
icio, exporter(kor) importer(usa) perspective(exporter) approach(source)
icio, exporter(kor) importer(usa) perspective(exporter) approach(sink)

* 총수입(전체: methods_3a)
icio, importer(kor) perspective(importer) return(va)

* 총수입(산업부문: methods_3b)
icio, importer(kor, 20) perspective(sectimp) return(va)
* ************************************************************
```

6. 분석결과의 엑셀 파일 저장

국제 산업연관표를 이용한 국별, 산업별 부가가치 무역과 같은 분석결과는 데이터의 양이 매우 많다. 이때에는 행렬형태의 자료를 엑셀파일로 저장하는 것이 편리하다. 이를 위해 save()옵션을 사용한다.

〈표 12-3〉 계산결과의 엑셀파일 저장

```
* ************************************
* 계산결과의 엑셀파일로 저장 방법
* ************************************
* 부가가치 무역
icio, origin(all) destination(all) save("TradeinVA.xls", replace)
matrix list r(vby)

* 무역의 부가가치
icio, origin(all) destination(kor,all) save("VAinTrade.xls")
matrix list r(vby)
```

```
* 한국이 중국에 수출하고 중국에 의해 전세계로 수출된 한국의 부가가치 (한국—>중국—>전세계)
icio, exporter(kor) importer(prc) destination(all) output(va) save("KORtoCHNtoALL.xls")
matrix list r(va)
```

7. 국가그룹 분석

국제 산업연관표를 이용한 분석에서는 간혹 아세안(ASEAN), 유로(Euro), 나프타(NAFTA) 등과 같이 지역그룹에 대한 분석이 필요할 때가 있다. 또는 몇 개의 산업을 하나로 묶어서 분석할 필요가 있다. 이때에는 groups()란 옵션을 사용한다.

〈표 12-4〉 국가그룹에 대한 분석

```
* ***********************
* 몇 개 국가의 그룹분석
* ***********************
* 한국 전자산업의 NAFTA에 대한 부가가치 수출
icio, origin(kor) destination(NAFTA,14) groups(usa, mex, can, "NAFTA")
```

8. 반복처리 방법

국제 산업연관표를 이용한 다양한 분석과정에서는 여러 국가에 대한 분석결과를 체계적으로 정리할 필요가 있다. 간혹 여러 연도에 대한 시계열로부터 구한 분석 결과를 체계적으로 정리할 필요도 있다. 이때에는 Stata에서 제공하는 반복문을 사용할 필요가 있고, 행렬 처리언어인 MATA 언어를 부분적으로 사용해야 한다.

이런 방식에 익숙하지 않은 독자들을 위해 본서의 다양한 예제에서 기본적인 방법을 제공할 것이다. 특히 MATA언어 가운데 실행결과를 행렬로 만들기 위한 st_matrix와 반복 실행하면서 수평 또는 수직으로 실행결과를 합치기 위한 nullmat()의 이해가 필요하다. 일견 복잡해 보이지만 아주 단순한 내용들로서 본서에서 제공하는 다양한 예제에서 항상 동일한 목적을 위해 사용된다.

〈표 12-5〉 반복 실행결과의 정리 보관

```
* ****************************
* 반복수행결과의 정리 보관
* ****************************
* 여러 국가에 대한 분석자료 정리
local countries "kor usa jpn prc"
foreach i of local countries {
      quietly icio, exporter(`i')
      mata st_matrix("value", st_matrix("r(detailed)")[.,1])
      mat texport = nullmat(texport), value
      mata st_matrix("share", st_matrix("r(detailed)")[.,2])
      mat tshares = nullmat(tshares), share
                                }
matlist texport
matlist tshares
```

9. 엑셀, CSV자료 불러오기

보다 최근의 국제 산업연관표를 이용하거나, 사용자 고유의 자료를 이용하기 위해서는 엑셀파일, CSV파일을 불러와서 작업하는 것이 필요하다. 보통 엑셀 자료를 이용할 때에는 이를 CSV파일로 변환하여 사용한다. 이때 국가 코드를 기록한 별도의 파일이 필요하다. 이때 입력되는 자료의 행렬이 가진 차수((국가수*산업수) * (국가수*산업수+국가수*수요처의 수))를 주의깊게 관찰해야 한다. 국가코드에서 기록된 국가의 수로부터 산업의 수는 자동으로 계산된다.

또한 자료가 제대로 입력되었는지를 확인하기 위해 원자료에서 특정국의 GDP를 직접 계산해본 후 icio에서 계산된 GDP와 차이가 없는지를 미리 확인한 다음 후속 작업을 수행해야 한다. 원자료의 구성이 정해진 포맷과 일치하는지를 확인해야 할 뿐만 아니라 제대로 입력되었는지를 확인해야 한다. 매우 중요한 작업이다.

〈 표 12-6 〉 엑셀자료, CSV자료의 국제 산업연관표 불러오기

```
* ******************************
* 엑셀자료, CSV자료의 불러오기
* ******************************
* 엑셀파일 불러오기
import excel using "ADB-MRIO-2021.xlsx", cellrange(E8:CSB2212)
export delimited using "adb2021.csv",  novarnames replace

* 텍스트 파일로 불러와서 분석하기
icio_load, iciotable(user, userpath("J:₩Economics of GVC₩data₩")
tablename("adb2021.csv") countrylistname("adb_countrylist.csv") )

* 데이터 제대로 읽었는지 확인(엑셀자료에서 미국의 부가가치를 다음과 같이
계산해서 =sum(CSC1478:CSC1512)- sum(BDS2213:BFA2213) 그 값이 다음의
계산결과와 일치해야 함)
icio, origin(usa)
```

CHAPTER 13.

Stata를 이용한 글로벌 가치사슬 분석 사례

제13장에서는 글로벌 가치사슬 분석에서 자주 사용되는 사례를 통해 독자들의 글로벌 가치사슬에 대한 실증분석 방법의 이해를 돕고자 한다. 글로벌 가치사슬관련 연구에서 많이 활용되는 사례들이 될 것이다. 각 단원별로 사례의 목표, Stata를 이용한 프로그래밍 방법, 분석결과의 요약, 분석과정에서 유의할 점 등의 순서로 살펴보고자 한다.

1. 소스자료 다운로드와 CSV자료 만들기

여기에서는 1965년 이후 가장 최근 2021년까지 글로벌 가치사슬관련 다양한 지표를 계산하기 위하여 장기 WIOD(1965~2000년), WIOD 신버전(2000~2014년), ADB MRIO(2000, 2007~2021년)자료를 직접 다운로드 하여 Stata 사용자 작성프로그램인 icio를 활용하기 위해 CSV자료를 만드는 과정을 설명한다.

원시자료로는 아래 WIOD와 ADB MRIO 웹사이트에서 엑셀파일 형식의 자료를 다운로드 하여 준비한다. 장기 WIOD자료는 전체 연도의 자료가 하나의 파일로, 나머지는 연도별 파일로 다운로드 된다. 이렇게 다운로드한 원시자료의 사용에서는 주의할 점이 있다. 첫째는 각 자료에서의 국가 수와 산업부문의 수가 상이하다는 점이다. 장기 WIOD 자료는 26개국 23개 산업, WIOD 최근 버전은 44개국 56개 산업부문, ADB MRIO는 63개국 35개 산업부문에 대한 자료이다.

둘째는 산업연관표의 구조가 서로 다르다는 점이다. 장기 WIOD자료는 [표 11-1]에서와 같은 구조가 아니라 각 국가의 최종수요 부문이 각 국가의 중간투입부문 다음에 위치한다. 하지만 나머지 2개의 자료는 [표 11-1]의 구조와 같다. 따라서 장기 WIOD자료를 연도별 CSV자료로 만들 때에는 자료를 재배열해야 한다.

셋째는 국가코드가 서로 상이하다는 점이다. WIOD자료의 국가코드는 ISO 국가코드를 사용하고 있으나, ADB MRIO자료는 별도의 국가코드를 사용한다. 따라서 국가별 시계열 자료를 구성하고자 할 때에는 ADB MRIO자료의 국가코드를 WIOD기준으로 바꿔 주어야 한다. ADB기준 국가코드와 WIOD기준 국가코드를 ISO국가코드로 매칭시킨 자료를 이용하여 쉽게 분석할 수 있도록 했다. 즉 ADB의 CSV자료를 읽어올 때 adb_countrylist라는 국가코드 파일을 이용하면 ADB기준 국가코드를 사용하는 것이고, adb_countrylist_wiod.csv를 사용하면 ADB기준 국가코드를 ISO국가코드와 매칭시킨 국가코드를 사용하게 된다. 이 파일들은 data 디렉터리에 보관되어 있다.

〈 그림 13-1 〉 세계투입산출표(WIOD) 웹사이트

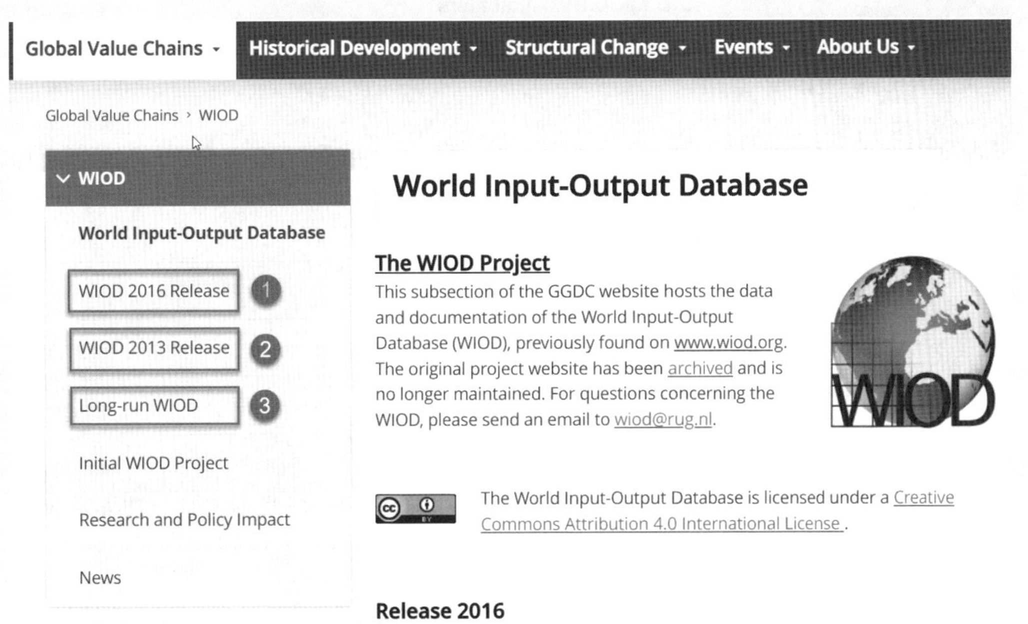

자료: https://www.rug.nl/ggdc/valuechain/wiod/.

〈 그림 13-2 〉 아시아 개발은행 MRIO 웹사이트

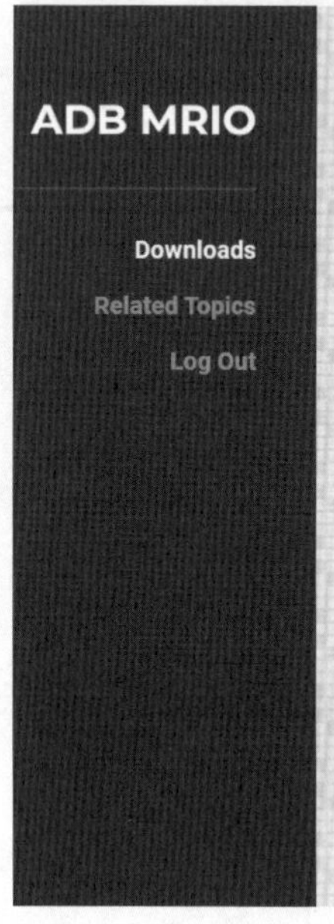

자료: https://mrio.adbx.online/.

[예제 13-1] **국가코드 매칭 작업**

```
* ****************************
* *** 국가코드 매칭 작업 ***
* ****************************


* 주의: ISO, WDI, WIOD, Penn World Table는 ISO기준 국가코드를 사용하고 있어서 매칭에 문
제없으나
* ADB통계는 25개 CountryCode 명이 ISO와 상이함

cd "J:₩Economics of GVC₩Country Code"

clear
import excel "J:₩Economics of GVC₩Country Code₩국가코드 통합.xlsx", sheet("ISO") firstrow
sort CountryCode3
save iso, replace

clear
import excel "J:₩Economics of GVC₩Country Code₩국가코드 통합.xlsx", sheet("WDI") firstrow
sort CountryCode3
save wdi, replace
```

```
clear
import excel "J:₩Economics of GVC₩Country Code₩국가코드 통합.xlsx", sheet("Penn World Table") firstrow
sort CountryCode3
save penn, replace

clear
import excel "J:₩Economics of GVC₩Country Code₩국가코드 통합.xlsx", sheet("ADB") firstrow
generate CountryCode3=CountryCode3ADB
replace CountryCode3="BGD" if CountryCode3ADB=="BAN"
replace CountryCode3="BTN" if CountryCode3ADB=="BHU"
replace CountryCode3="BRN" if CountryCode3ADB=="BRU"
replace CountryCode3="KHM" if CountryCode3ADB=="CAM"
replace CountryCode3="DNK" if CountryCode3ADB=="DEN"
replace CountryCode3="FJI" if CountryCode3ADB=="FIJ"
replace CountryCode3="DEU" if CountryCode3ADB=="GER"
replace CountryCode3="IDN" if CountryCode3ADB=="INO"
replace CountryCode3="IRL" if CountryCode3ADB=="IRE"
replace CountryCode3="MYS" if CountryCode3ADB=="MAL"
replace CountryCode3="MDV" if CountryCode3ADB=="MLD"
replace CountryCode3="MNG" if CountryCode3ADB=="MON"
replace CountryCode3="NPL" if CountryCode3ADB=="NEP"
replace CountryCode3="NLD" if CountryCode3ADB=="NET"
replace CountryCode3="PHL" if CountryCode3ADB=="PHI"
replace CountryCode3="PRT" if CountryCode3ADB=="POR"
replace CountryCode3="CHN" if CountryCode3ADB=="PRC"
replace CountryCode3="ROU" if CountryCode3ADB=="ROM"
replace CountryCode3="SGP" if CountryCode3ADB=="SIN"
replace CountryCode3="ESP" if CountryCode3ADB=="SPA"
replace CountryCode3="LKA" if CountryCode3ADB=="SRI"
replace CountryCode3="CHE" if CountryCode3ADB=="SWI"
replace CountryCode3="TWN" if CountryCode3ADB=="TAP"
replace CountryCode3="GBR" if CountryCode3ADB=="UKG"
replace CountryCode3="VNM" if CountryCode3ADB=="VIE"
order CountryCode3 CountryNameADB CountryCode3ADB
sort CountryCode3
save adb, replace

clear
import excel "J:₩Economics of GVC₩Country Code₩국가코드 통합.xlsx", sheet("WIOD Long") firstrow
sort CountryCode3
save wiodlong, replace
```

```
clear
import excel "J:₩Economics of GVC₩Country Code₩국가코드 통합.xlsx", sheet("WIOD New")
firstrow
sort CountryCode3
save wiodnew, replace

use iso, clear
merge m:m CountryCode3 using wdi, nogen
merge m:m CountryCode3 using penn, nogen
merge m:m CountryCode3 using adb, nogen
merge m:m CountryCode3 using wiodlong, nogen
merge m:m CountryCode3 using wiodnew, nogen

drop if CountryNo==.

save countrycode_matching, replace

export excel using countrycode_matching, sheet("data", replace) firstrow(variable)  keepcellfmt
```

다운로드한 자료는 “Source Data”라는 디렉터리 내에 일괄 보관한다. Stata를 시작한 후 Working Directory를 Source Data 디렉터리로 바꾼 다음, [예제 13−2]를 실행한다.

여기서 연도별 반복은 forvalues라는 명령어를 사용하였다. 엑셀자료를 불러올 때에는 엑셀 시트의 숫자만 불러온다(ADB자료의 경우 E8:CSB2212에 위치한 숫자). 자료를 불러올 때는 명령어 import를, 내보낼 때는 export명령어를 사용한다. 새로 만든 CSV 자료는 “Data”라는 디렉터리에 일괄 보관하여 나중에 다른 분석을 위한 프로그램 작성에는 data 디렉터리에서 자료를 불러오게 될 것이다.

[예제 13-2] 소스자료 불러와서 연도별 텍스트 자료 출력하기

```
* ************************************************************************
* *** [예제 13-1] 소스자료 불러와서 연도별 텍스트 자료 출력하기 ***
* ************************************************************************


cd "J:₩Economics of GVC₩Source Data"

* *** WIOD Long Data 직접 읽어오기 (1965-2000) ***
```

```
* WIOD Long Data(Excel 자료) 직접 읽어와서 Stata dataset만들기
import excel "J:₩Economics of GVC₩Source Data₩lr_wiod_wiot_wide", sheet("data") firstrow
save wiod1965-2000, replace

*산업연관표의의 최종수요 부분의 위치가 다른 자료와 상이하기 때문에 행을 재배열해야 함!

forvalues year=1965(1)2000 {

use wiod1965-2000, clear
keep if year==`year'
save wiod`year'source, replace

* 최종수요부분 삭제하고 산업부문만 선택
use wiod`year'source, clear
drop *_xCONS_h  *_xCONS_g  *_xGFCF  *_xINV  xTOT_*
save wiod`year'sector, replace

* 산업부문 삭제하고 최종수요부문만 선택
use wiod`year'source, clear
keep row_country row_isic3 *_xCONS_h  *_xCONS_g  *_xGFCF  *_xINV  xTOT_*
save wiod`year'final, replace

* 산업부문 우측에 최종수요부문 결합
use wiod`year'sector, clear
merge 1:1 row_country row_isic3 using wiod`year'final, nogen
drop if row_country=="xTOT"
drop xTOT_* year row_country row_isic3

* 변수명 없이 scv형태의 자료로 보관후 icio_load에서 활용
export delimited using "wiod`year'.csv",  novarnames replace

erase wiod`year'source.dta
erase wiod`year'sector.dta
erase wiod`year'final.dta
                              }

* *** WIOD 새로운 연도별 텍스트 자료 (2000-2014) ***
* Stata dataset으로 다운로드 받은 자료를 텍스트 파일로 변환

forvalues year=2000(1)2014 {
clear
use WIOT`year'_October16_ROW, clear
export delimited using "WIOT`year'.csv",  novarnames replace
```

```
                              }

* *** ADB MRIO 데이터  텍스트 자료 (2007-2021) ****

forvalue year=2007(1)2021 {
clear
import excel using "ADB-MRIO-`year'.xlsx", cellrange(E8:CSB2212)

export delimited using "adb`year'.csv",  novarnames replace
                              }
```

다운로드한 엑셀파일 자료를 직접 이용하지 않고 이렇게 CSV형태의 자료로 변환하여 사용하는 이유는 Stata 명령어 icio에서 장기 WIOD 자료를 제공해주지 않고 있으며, 가장 최근 자료의 갱신이 원시자료 발표시점보다 2~3년 늦으므로 CSV자료를 활용한다면 보다 최근의 자료를 이용할 수 있기 때문이다. 또한 자신만의 산업연관표(가령, 우리나라의 지역 산업연관표)를 이용한 분석이 가능하기 때문이기도 하다.

2. 중간재 무역거래

글로벌 가치사슬에서 항상 언급되는 것은 중간재의 무역에 대한 것이다. 세계무역이 크게 증가한 것은 중간재의 국제거래 때문이며, 이는 곧 전 세계적으로 글로벌 가치사슬이 구축된 원인으로 지적되기 때문이다. 중간재의 국제거래 증가는 최종재의 거래만을 다루던 전통적 국제무역 이론을 탈피하여 신무역 이론이 대두되는 원인이 되기도 하였다.

여기서는 전 세계, 또는 특정 국가의 중간재 거래에 대한 자료를 작성하는 방법에 대해 설명한다. 국가 간 거래되는 상품에는 고유의 상품코드가 부여되는데 이를 무역분류기준이라고 한다. 무역분류기준에는 SITC, HS, BEC 등이 있다. 이 중 UN에서 정의한 "광범위 경제범주Broad Economic Category: BEC" 분류는 중간재, 자본재, 소비재, 원자재로의 구분이 가능한 분류기준이다.

(1) 중간재 무역통계를 위한 웹사이트

1) UN 무역통계(UN Comtrade)

무역통계를 원자재, 자본재, 소비재로 구분이 가능한 BEC기준 무역통계는 UN Comtrade 데이터베이스에서 검색, 다운로드 하여 사용할 수 있다. 하지만 양이 많지 않은 자료는 무료로 다운로드 가능하나, 다소 양이 많은 자료를 다운로드하여 사용하려면 사용료를 지불해야 한다. 연간 사용료가 개인이 지불하기에는 비싼 편이다. 무료로 사용하는 방법에 대해서는 후술한다.

BEC기준으로 원자재, 자본재, 소비재의 무역량을 구할 수가 있다고는 하지만 하위품목 수준에서 구분이 불가능한 품목도 존재한다. 따라서 원자재, 자본재, 소비재의 무역량 계산에서는 이런 점을 고려하여야 한다.

〈 그림 13-3 〉 UN Comtrade 웹사이트

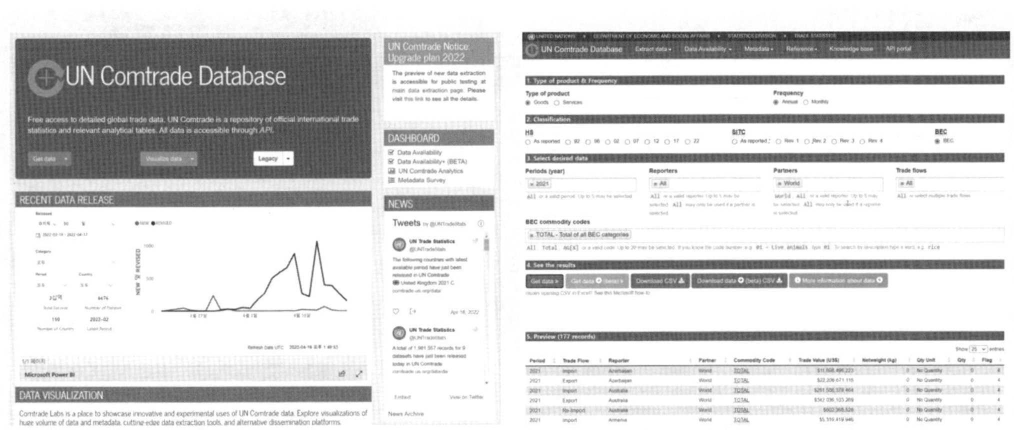

자료: https://comtrade.un.org/data/.

2) WITS 데이터베이스

중간재 무역액을 구할 수 있는 또 다른 방법은 WITS 웹사이트를 이용하는 것이다. 초기 화면 우측 상단의 "Exports by Product Groups"에서 수출국, 수입국, 수출/수입, 기간을 지정하여 검색한 후 다운로드 할 수 있다. WITS에서 제공하는 자료는 HS 6-digit 기준 무역통계로부터 원자재, 중간재, 자본재, 소비재의 가공단계별로 집계한 것이다. 1980년대 말부터 최근까지 아주 쉽게 세계전체, 한국의 대중국 수출, 중국의 세계로 부터의 수입 등을 가공단계별 자료로 구할 수 있다. HS 6-digit 기준 무역분류기준을 가공단계별로 매칭할 수 있는 테이블 역시 쉽게 접근 가능하다.

이처럼 가공단계별로 수출입관련 자료를 구하는 것은 UN Comtrade에서도 구할 수 있지만 전술한 바와 같이 정확히 구분할 수 없는 품목이 있으며, 또 사용료가 상당하다는 점에서 WITS자료 사용을 적극 추천한다.

WITS 웹사이트에서는 이상의 자본재, 중간재, 소비재 무역통계를 직접 검색하여 다운로드 할 수도 있지만, 다양한 무역통계의 원시 데이터를 직접 다운로드 할 수도 있다. BEC기준 UN무역통계, SITC기준 무역통계, CCCN기준 무역통계 등 다양한 분류기준의 무역통계자료를 CSV형태, Stata dataset 형태로 다운로드 할 수 있다. 여기에서 고액의 사용료를 지불해야 사용할 수 있는 UN Comtrade 자료의 소스자료를 무료로 구할 수 있다.

〈그림 13-4〉 WITS 웹사이트

자료: https://wits.worldbank.org/Default.aspx?lang=en.

3) 세계무역에서 중간재 무역비중과 한미일중의 중간재 무역

WITS 웹사이트에서 자본재, 중간재, 소비재로 구분된 전 세계 수출액 자료를 다운로드 하여 세계무역에서 총무역, 중간재 등의 무역추이를 살펴보았다. 국별로 자본재, 중간재, 소비재로 구분된 무역자료를 구할 수도 있다. 가령, 글로벌 가치사슬에서 중요한 역할을 하고 있는 한국, 미국, 일본, 중국의 자본재, 중간재, 소비재의 수출입 현황, 그리고 한국과 중국의 중간재 수출입도 구할 수 있다. 다음 [그림 13−5]는 세계

〈그림 13-5〉 전 세계 자본재, 소비재, 중간재, 원자재 수입액

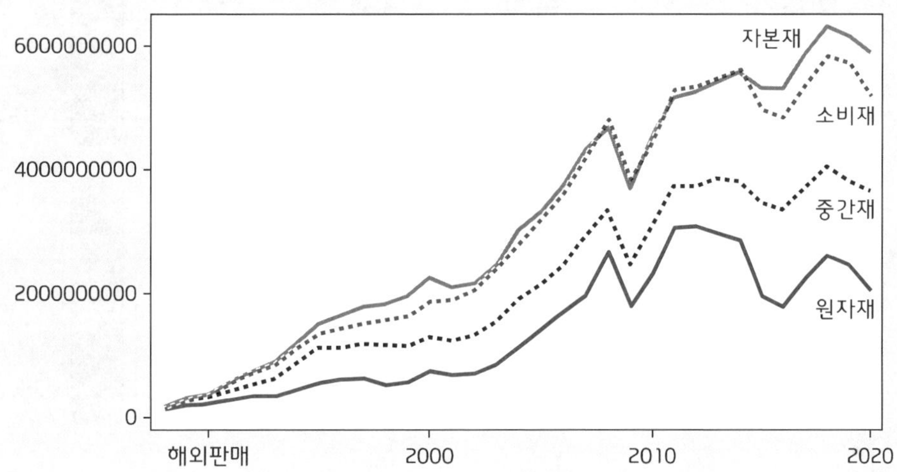

〈그림 13-6〉 전 세계 자본재, 소비재, 중간재, 원자재 수입액 비중

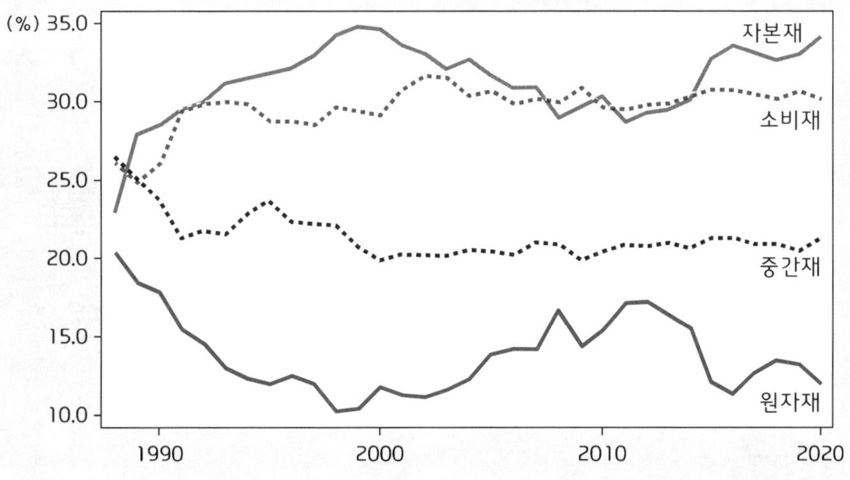

자본재, 소비재, 중간재, 원자재의 수입액 추이를, [그림 13-6]은 그 비중의 추이를 보여주고 있다. 전 세계, 한국, 미국, 일본, 중국의 상호간 중간재 거래자료를 취합하여 도표화 하는 작업은 다음 [예제 13-3]에서 보여주고 있다. 글로벌 가치사슬에서 중요한 역할을 하는 중국의 모습은 제17장에서 좀 더 자세히 살펴보게 된다.

《 그림 13-7 》 한미일중 자본재, 소비재, 중간재, 원자재 거래비중(2020년, 단위: %)

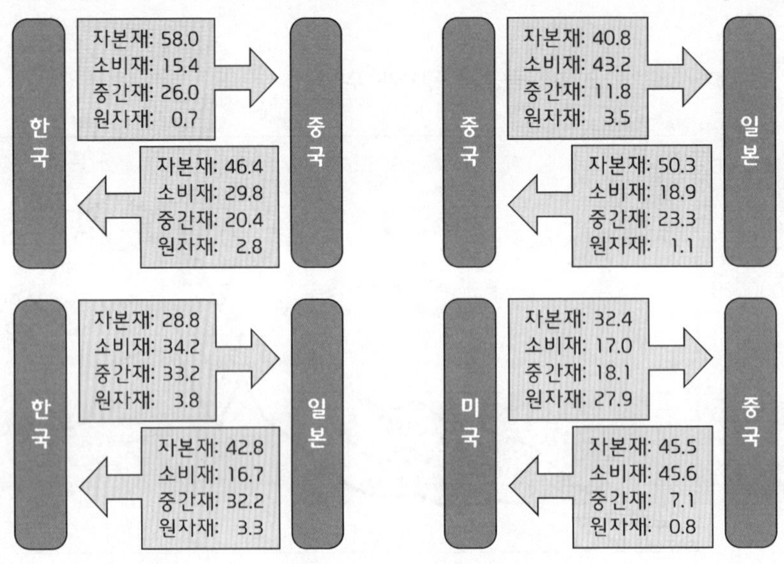

자료: WITS.

[예제 13-3] WITS 데이터베이스를 이용한 전세계, 국별 자본재, 소비재, 중간재 무역

```
cd "J:₩Economics of GVC₩KUJC-Process₩"
use KUJC_Process, clear

local direct "cmw cxj cxk cxu cxw jxc jxk kxc kxj uxc wmw wxw"

foreach i in cmw cxj cxk cxu cxw jxc jxk kxc kxj uxc wmw wxw {
 generate `i'_ratio_capital=`i'_capital / `i'_tot *100
 generate `i'_ratio_consumer=`i'_consumer / `i'_tot *100
 generate `i'_ratio_interm=`i'_interm / `i'_tot *100
 generate `i'_ratio_raw=`i'_raw / `i'_tot *100
                                                   }
format *ratio* %12.1f

tsset year
```

```
set scheme s1mono
tsline wmw_capital wmw_consumer wmw_interm wmw_raw,          ///
     title("세계 자본재 소비재 중간재 원자재 수입액")             ///
     subtitle("(1988~2020년)")                              ///
     xtitle("연도")  ytitle("백만달러")                        ///
     legend(label(1 "자본재") label(2 "소비재")                ///
            label(3 "중간재") label(4 "원자재")               ///
             cols(1) position(11) ring(0))                  ///
     note("자료: WITS")

list wmw_ratio_capital wmw_ratio_consumer wmw_ratio_interm wmw_ratio_raw
tsline wmw_ratio_capital wmw_ratio_consumer wmw_ratio_interm  ///
       wmw_ratio_raw,                                        ///
     title("세계 자본재 소비재 중간재 원자재 수입액 비중")          ///
     subtitle("(1988~2020년)")                              ///
     xtitle("연도")  ytitle("%")                             ///
     legend(label(1 "자본재") label(2 "소비재")                ///
            label(3 "중간재") label(4 "원자재")               ///
             cols(1) position(11) ring(0))                  ///
     note("자료: WITS")
```

(2) 무료로 UN Comtrade의 BEC 무역통계 사용하기

WITS 웹사이트 초기 화면에서 "Bulk Download"메뉴를 이용하여 BEC분류기준 연도별 자료(1989년 이후 최근)를 다운로드 하되, Stata data 포맷으로 압축된 자료를 다운로드한 다음, Stata 프로그램 내에서 압축된 파일을 풀고, 변수명을 바꾸고, 수출액과 수입액을 추출하고, 같은 품목이라도 측정단위에 따라 구분된 항목을 합치는 등의 작업을 하게 되면 BEC 품목별, 200여 개 국가 상호간 수출입 무역통계 자료를 만들 수 있다.

[예제 13-4]를 사용한다면 자신의 PC에 1,000만 개의 관측치로 구성된 자신만의 BEC기준 무역통계 데이터베이스를 무료로 구축할 수 있게 된다. 이제 Stata를 활용하여 수백에서 수천만원의 사용료가 필요한 UN Comtrade 데이터베이스를 무료로 사용할 수 있게 되었다.

마지막 부분에서는 수입액을 중간재, 소비재, 자본재, 기타로 합산한 다음 가공단계별 수입 비중을 구하고 이를 도표로 그리기 위한 절차를 설명하고 있다.[1] 상품을

1) BEC기준 무역분류를 중간재, 소비재, 자본재로 매칭하는 것은 Milberg, W. and D. Winkler (2013),

가공 단계별로 집계하기 위한 목적이라면 구태여 이 예제를 활용할 필요없이 전술한 WITS 웹사이트에서 쉽게 필요한 자료를 다운로드하여 활용할 수 있을 것이다.

[예제 13-4] UN Comtrade의 BEC 무역통계 무료로 사용하기

```
* ***************************************************
* *** UN Comtrade Database (무료로 사용하기) ***
* ***************************************************
cd "J:₩Economics of GVC₩BEC Trade"

* ZIP파일에서 자료추출후 파일명 일괄치환
* 2000년 전후 파일명이 틀려서 2부분으로 나누어 unzip함(앞은 Jan17, 뒷부분은 Jul10)
forvalues year=1989(1)1999     {
unzipfile __data_bulkdownload_concordance_Trade_BEH0_`year'_Export_2020Jan17_stata.zip
unzipfile __data_bulkdownload_concordance_Trade_BEH0_`year'_Import_2020Jan17_stata.zip
                                }
forvalues year=2000(1)2019     {
unzipfile __data_bulkdownload_concordance_Trade_BEH0_`year'_Export_2020Jul10_stata.zip
unzipfile __data_bulkdownload_concordance_Trade_BEH0_`year'_Import_2020Jul10_stata.zip
                                }
* unzip된 파일이름이 Trade로 시작하는데 이름 중 t_2020Jan17, t_2020Jul10은 t로 바꾸고
* _BEH0_는 공백으로 파일명을 변경함(사용자 프로그램 renfile설치 필요)
renfiles , match("Trade*") insign("t_2020Jan17") outsign("t") erase
renfiles , match("Trade*") insign("t_2020Jul10") outsign("t") erase
renfiles , match("Trade*") insign("_BEH0_") outsign("_") erase

* 모든 연도의 자료를 수직으로 쌓기
use Trade_1989_Export, clear
forvalues year=1990(1)2019     {
 append using Trade_`year'_Export
                                }
save Export, replace

use Trade_1989_Import, clear
forvalues year=1990(1)2019     {
 append using Trade_`year'_Import
                                }
save Import, replace
```

Outsourcing Economics: Global Value Chains in Capitalist Development, Cambridge, U.K., Cambridge University Press, p.58 참조.

```
* UN Comtrade 수출, 수입자료 1989-2019년
* 총 약 1천6백만개(16,974,161개)의 관측치
use Export, clear
append using Import
keep ReporterISO3 TradeFlow ProductCode TradeValue Quantity QuantityToken NetWeight
PartnerISO3 Year
order TradeFlow Year ProductCode ReporterISO3 PartnerISO3 TradeValue Quantity
NetWeight QuantityToken
save bec_trade, replace

* 사용한 데이터세트 지우기
forvalue year= 1989(1)2019 {
   erase Trade_`year'_Export.dta
   erase Trade_`year'_Import.dta
                                }
erase Export.dta
erase Import.dta

use bec_trade, clear
sort TradeFlow Year ProductCode

/* Check UN Comtrade dataset
keep if Year==1995
keep if ReporterISO3=="KOR"
keep if PartnerISO3=="USA"
*/

* 데이터세트 완성
* TradeValue Quantity를 ProductToken(측정단위 코드)에 대해 합산
collapse (sum) TradeValue Quantity NetWeight, by(Year ReporterISO3 PartnerISO3 ProductCode
TradeFlow)
sort TradeFlow Year ReporterISO3 PartnerISO3 ProductCode
table TradeFlow
table ReporterISO3
table PartnerISO3
table ProductCode
save final, replace

* ProductCode의 이름, ProductName 불러와서 합치기
import excel "http://wits.worldbank.org/data/public/BroadEconomicCategories.xls", cellrange
(C2:D31) clear
rename (C D) (ProductCode ProductName)
save ProductName, replace
```

```
use final, clear
merge m:1 ProductCode using ProductName
order Year TradeFlow ReporterISO3 PartnerISO3 ProductCode ProductName TradeValue
Quantity
sort TradeFlow Year ReporterISO3 PartnerISO3 ProductCode
drop if Year==.
save final, replace

erase bec_trade.dta
erase ProductName.dta

* ************************************************
* *** 이하에서는 final을 불러와서 필요한 작업 ***
* ************************************************

* final을 불러와서 중간재, 자본재, 소비재로 합산하여 그래프와 그 비중 그리기
* Type of Process Code(참조: Milberg et. al., 2013 p.58)
* BEC코드를 이용하여 중간재 소비재, 자본재, 기타로 구분
use final, clear
generate process=real(ProductCode)

recode process (111 121 21 22 31 321 322 42 53 = 1 "1intermediate")  ///
               (112 122 51 522 61 62 63 = 2         "2consumption")   ///
               (41 521 = 3                          "3capital")       ///
               (7 = 4                               "4nes"), pre(new)
save bec_trade, replace

use bec_trade, clear
* 가공단계별 전세계 총수입 계산하여 비중계산
keep if TradeFlow == "1"
collapse (sum) TradeValue, by(Year newprocess)
reshape wide TradeValue, i(Year) j(newprocess)
egen total=rowtotal(Trade*)
gen shinterm      =TradeValue1/total*100
gen shconsum=TradeValue2/total*100
gen shcapital     =TradeValue3/total*100
gen shnes         =TradeValue4/total*100

tsset Year
tsline shcapital shconsum shinterm shnes
```

〈 그림 13-8 〉 세계 무역에서 중간재, 자본재, 소비재 수출액 비중

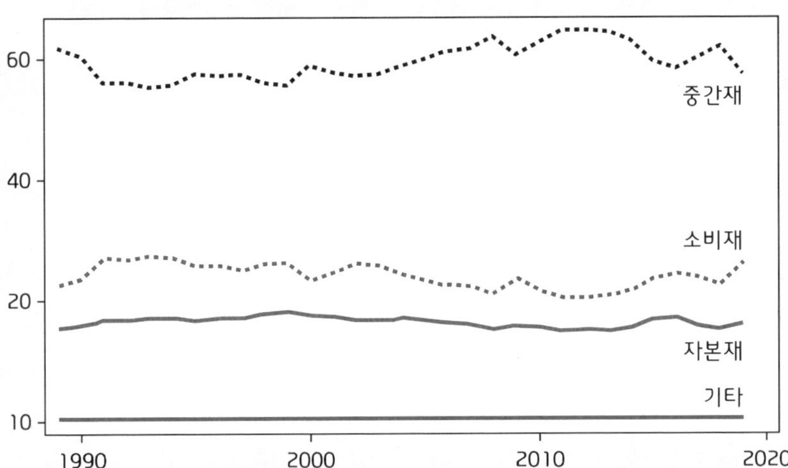

3. 부가가치 무역

글로벌 가치사슬 연구에서 사용되는 가장 기본적이고 오래된 지표는 부가가치 무역 통계자료이다. 글로벌 가치사슬이 확대되면서 중간재 거래가 더욱 활발해지고, 이런 교역 과정에서 여러 차례 국경을 통과하면서 이중, 삼중으로 무역통계에 반영되기 때문에 전통적인 통관기준 무역통계는 실제 교역량을 왜곡할 수 있다.

ADB MRIO 자료를 이용하여 2007~2021년간 부가가치 무역을 계산하는 방법은 아래와 같다. icio명령어에 origin(all)과 destination(all)을 함께 사용하였다. 여기서 all이란 옵션은 모든 국가들 간의 무역거래를 행렬형태로 계산하라는 것이다. 이렇게 구한 부가가치 무역행렬은 save옵션을 통해 엑셀파일 형태로 보관된다. ADB MRIO 자료는 63개국에 대한 자료이기 때문에 부가가치 무역행렬은 63*63의 차원을 갖게 된다.

[예제 13-5] **국가별 부가가치 무역 행렬 구하기**

```
* 3) ADB Yearly data
forvalues year=2007(1)2021 {
icio_load, iciotable(user, userpath("J:₩Economics of GVC₩data₩")
tablename("adb`year'.csv") countrylistname("adb_countrylist.csv"))
icio, origin(all) destination(all) save(Matrix_VA_Trade_ADB_`year')
                              }
```

다음 [표 13-1]는 2021년 ADB MRIO 자료로부터 계산된 부가가치 무역행렬 가운데 한국과 교역량이 비교적 많은 호주, 독일, 일본, 중국, 미국 간의 부가가치 무역행렬을 발췌한 것이다. 국제 산업연관표의 구조를 생각하면서 이 행렬의 의미를 살펴보자.

우선 한국에 대해 살펴보면 수평 방향으로는 수출액을 나타낸다. 한국은 호주에 8,155백만 달러, 독일에 18,789백만 달러, 일본에 25,228백만 달러 중국에 134,071백만 달러, 미국에 94,889백만 달러를 수출하였다. 반면 수직방향으로는 수입을 나타내므로, 한국은 호주로부터 12,695백만 달러, 독일로부터 22,516백만 달러 일본으로부터 32,295백만 달러, 중국으로부터 101,190백만 달러, 미국으로부터 76,563백만 달러를 수입하였다. 따라서 한국은 호주에 약 45억 달러, 독일에 37억 달러, 일본에 71억 달러의 부가가치 무역적자를 보고 있으며, 중국에 대해서는 329억 달러, 미국에 대해서는 183억 달러의 부가가치 무역흑자를 보고 있다.

다른 나라의 경우에도 마찬가지로 해석할 수 있다. 한국과 무역관계에서 중요한 미국, 일본, 중국과의 부가가치 무역과 부가가치 무역수지에 대해서는 다음 단원에서 시계열로 살펴보게 될 것이다.

〈 표 13-1 〉 한국의 주요국과의 부가가치 무역(단위: 백만 달러)

	호주	독일	일본	한국	중국	미국
호주	1,163,428	5,337	36,551	12,695	99,433	29,763
독일	10,002	2,502,950	22,253	22,516	121,480	149,469
일본	14,742	41,636	4,205,855	32,295	175,727	152,769
한국	8,155	18,789	25,228	1,224,688	134,071	94,889
중국	57,491	142,735	164,240	101,190	14,931,826	536,903
미국	32,127	100,443	113,249	76,563	271,049	20,982,193

4. 총수출, 산업별 수출의 국별 부가가치

총수출의 국별 부가가치란 어떤 나라의 총수출에 포함된 다른 나라 부가가치의 양을 의미한다. 산업별 수출의 국별 부가가치는 어떤 나라의 특정 산업의 수출에 포함된 다른 나라의 부가가치의 양을 의미한다. 따라서 어떤 상품의 수출을 위해 다른 여러 나라로부터 조달된 중간재의 양을 살펴볼 수 있는 글로벌 가치사슬의 분석이 가능하게 된다.

(1) 총수출의 국별 부가가치

먼저 명령어 icio, origin(all) exporter(kor) return(va)를 실행하면 한국의 총수출에서 각국이 기여한 부가가치액과 비중을 구할 수 있다. [표 13−2]에서 보듯이 한국의 총수출에 비교적 큰 기여를 하고 있는 나라는 중국, 미국, 일본, 호주 등임을 알 수 있다. 연도별 반복실행 후 그 결과들을 하나의 파일에 보관하여 이들 국가의 기여율 변화를 확인할 수도 있다. 반복 실행하면서 그 결과를 하나의 파일로 만드는 과정에서 MATA언어를 활용하여야 한다. 제12장의 [표 12−6]를 이용하는 방법으로 앞으로 다양한 예제에서 많이 사용하게 될 것이다.

[예제 13−6]은 2007~2021년간 ADB MRIO 자료를 이용하여 한국의 총수출의 국별 부가가치를 계산하는 방법에 대해 설명하고 있다.

〈 표 13-2 〉 한국의 총수출에서의 국별 부가가치 기여율(단위: %)

연도	한국	중국	미국	일본	호주	독일	대만	러시아
2007	69.5	3.6	2.9	3.9	1.4	1.1	0.7	1.1
2008	61.9	5.0	2.9	4.3	2.0	1.2	0.7	1.4
2009	65.6	4.1	2.8	4.5	1.6	1.2	0.8	1.2
2010	64.4	4.6	2.8	4.5	1.9	1.1	0.8	1.5
2011	59.6	5.7	2.9	4.6	2.2	1.2	0.9	1.7
2012	60.4	5.4	3.0	4.2	1.7	1.2	0.8	1.7
2013	62.9	5.7	2.7	3.5	1.5	1.2	0.7	1.6
2014	65.0	5.7	2.5	3.1	1.2	1.1	0.7	1.1
2015	63.7	6.0	2.7	3.3	1.2	1.1	0.8	0.9
2016	65.7	5.8	2.6	3.6	1.4	1.2	0.8	0.8
2017	65.6	5.7	2.4	3.3	1.5	1.1	0.7	1.0
2018	69.3	4.7	4.5	2.1	1.3	1.0	0.6	1.1
2019	69.2	5.5	5.0	2.7	1.3	1.0	0.7	1.0
2020	71.5	5.5	4.5	2.7	1.3	1.0	0.9	0.8
2021	68.8	5.9	4.5	2.3	1.5	0.9	0.7	1.1

[예제 13-6] **한국 총수출의 해외 부가가치와 그 비중 구하기**

```
cd "J:₩Economics of GVC₩VAIT Sum "

* 3) ADB Yearly data
matrix drop _all
clear

forvalues year=2007(1)2021 {
icio_load, iciotable(user, userpath("J:₩Economics of GVC₩data₩")
tablename("adb`year'.csv") countrylistname("adb_countrylist.csv") )

icio, origin(all) exporter(kor) return(va)
* matlist r(va)
mata st_matrix("value", st_matrix("r(va)")[.,1])
matrix colnames value = wiodold`year'
mata st_matrix("value_ratio", st_matrix("r(va)")[.,2])
matrix colnames value_ratio = wiodold`year'

matrix value_total      = nullmat(value_total ), value
matrix valueratio_total = nullmat(valueratio_total), value_ratio
                                 }

* 각 행렬의 열이름을 rownames라는 로컬매크로로 기록
local rownames : rowfullnames r(va)
matrix rownames value_total      = `rownames'
matrix rownames valueratio_total = `rownames'
matlist value_total
matlist valueratio_total

clear
xsvmat value_total, names(col) rownames(partner) norestore
save Korea_Sum_VAiT_ADB, replace
export excel using Korea_Sum_VAiT_ADB, sheet("data", replace) firstrow(variable)

clear
xsvmat valueratio_total, names(col) rownames(partner) norestore
save Korea_SumRatio_VAiT_ADB, replace
export excel using Korea_SumRatio_VAiT_ADB, sheet("data", replace) firstrow(variable)

matrix drop _all
```

중국 총수출의 국별 부가가치를 구하기 위해서는 한국의 예제에서 국가명을 중국(prc)로 바꾸어 icio, origin(all) exporter(prc) return(va)를 실행하면 된다. [표 13-3]에서 보듯이 중국의 총수출에 큰 기여를 하고 있는 나라는 미국, 한국, 일본임을 알 수 있다.

〈 표 13-3 〉 중국의 총수출에서의 국별 부가가치 기여율(단위: %)

연도	중국	미국	한국	일본	대만	호주	독일	러시아
2007	**76.9**	1.7	1.9	2.7	1.6	0.7	1.1	0.6
2008	**78.7**	1.5	1.5	2.3	1.3	0.8	1.0	0.6
2009	**82.5**	1.3	1.3	1.9	1.1	0.7	0.8	0.5
2010	**80.5**	1.4	1.3	2.0	1.0	1.0	0.8	0.6
2011	**80.6**	1.2	1.2	1.6	0.9	1.0	0.8	0.7
2012	**81.9**	1.1	1.1	1.3	0.8	0.8	0.6	0.7
2013	**82.1**	1.1	1.2	1.1	0.9	0.9	0.7	0.6
2014	**83.9**	1.0	1.2	1.1	0.9	0.7	0.7	0.5
2015	**86.0**	0.9	1.1	1.0	0.8	0.6	0.6	0.4
2016	**86.3**	0.9	1.2	1.1	1.0	0.7	0.6	0.3
2017	**85.8**	0.9	1.3	1.1	0.9	0.7	0.6	0.4
2018	**82.7**	1.7	1.3	1.1	1.0	0.7	0.7	0.6
2019	**82.9**	1.8	1.4	1.3	1.1	0.8	0.6	0.5
2020	**84.2**	1.6	1.3	1.3	1.2	0.8	0.6	0.5
2021	**81.7**	1.7	1.3	1.3	0.9	0.8	0.7	0.6

(2) 한국 산업별 수출의 국별 부가가치

이미 사용한 바 있는 이상의 명령어를 약간 수정하여 수출국 지정하는 부분에 산업을 추가로 지정하면, 즉 icio, origin(all) exporter(kor, 14) return(va)를 실행하면 한국의 특정 산업의 수출에 대한 국별 부가가치 기여 정도를 측정할 수 있다. 다음 Stata 프로그램은 ADB MRIO 자료를 이용하여 연도별 산업별 수출의 국별 부가가치를 반복 실행한 다음 하나의 데이터세트로 정리하는 사례이다.

icio명령어 다음의 명령어들은 Stata matrix 또는 MATA 언어들인데 일견 복잡해 보이지만 연도별, 산업별로 반복 실행하면서 수평 혹은 수직으로 계산결과를 정렬하기 위한 것에 불과하다. 자주 사용되고, 규칙성이 있으므로 쉽게 이해할 수 있을 것이다. 본서의 많은 사례에서 자주 사용하는 명령어 모음이라고 할 수 있다.

[예제 13-7] 한국 산업별 수출의 해외 부가가치와 그 비중 구하기

```
* 3) ADB Yearly data

forvalues year=2007(1)2020 {
icio_load, iciotable(user, userpath("J:₩Economics of GVC₩data₩")
tablename("adb`year'.csv") countrylistname("adb_countrylist.csv") )

forvalues sector=1(1)35{
icio, origin(all) exporter(kor, `sector') return(va)
*matlist r(va)
 mata st_matrix("value", st_matrix("r(va)")[.,1])
 matrix colnames value          = adb`sector'
 mata st_matrix("value_ratio", st_matrix("r(va)")[.,2])
 matrix colnames value_ratio    = adb`sector'
 matrix value_total             = nullmat(value_total ), value
 matrix valueratio_total        = nullmat(valueratio_total ), value_ratio
                    }

local rownames : rowfullnames r(va)
matrix rownames value_total       = `rownames'
matrix rownames valueratio_total = `rownames'
matlist value_total
matlist valueratio_total

clear
xsvmat value_total, names(col) rownames(partner) norestore
save Korea_VAiT_ADB_`year', replace
export excel using Korea_VAiT_ADB_`year', sheet("data", replace) firstrow(variable)

clear
xsvmat valueratio_total, names(col) rownames(partner) norestore
save Korea_VAiT_RATIO_ADB_`year', replace
export excel using Korea_Korea_VAiT_RATIO_ADB_`year', sheet("data", replace) firstrow(variable)

matrix drop _all
clear
                    }
```

다음 [표 13-4]는 한국의 산업별 수출에 대한 국가별 부가가치 기여율을 구한 후, 이중 중요한 화학, 철강, 기계, 전기전자, 자동차 산업에 대해 중국이 기여한 정도를 살펴본 것이다. 비슷한 방법으로 중국의 주요 산업에서 한국이 기여한 정도도 쉽게 구할 수 있을 것이다.

〈 표 13-4 〉 한국의 주요산업 총수출에서의 중국의 부가가치 기여율(단위: %)

연도	화학	철강	기계	전기전자	자동차
2007	3.1	5.2	4.2	4.3	4.4
2008	3.9	7.2	5.9	5.9	6.2
2009	3.2	4.3	4.4	5.3	4.6
2010	3.5	4.3	4.8	6.6	4.9
2011	4.2	5.2	5.8	8.0	6.2
2012	4.1	5.2	6.0	7.9	6.2
2013	4.1	5.2	6.1	8.6	6.4
2014	4.1	5.3	6.0	8.8	6.3
2015	4.5	5.7	6.4	9.4	6.7
2016	4.6	5.6	5.9	8.9	6.4
2017	4.6	5.6	5.7	8.2	6.6
2018	4.5	4.2	4.5	5.7	5.4
2019	4.6	6.1	5.7	6.1	8.4
2020	4.6	5.9	5.7	6.2	8.4
2021	5.2	5.7	5.8	7.3	7.6

5. 총수출의 분해

글로벌 가치사슬의 실증적 연구에서 부가가치 무역과 GVC참가율 지표의 측정이후 또 다른 중요한 발전은 한 나라 전체 수출을 국내 부분Domestic Content: DC과 해외 부분Foreign Content: FC으로 나누고, 이를 각각 국내 부가가치 부분Domestic Value-Added: DVA과 국내 이중 계산된 부분Domestic double counting, 해외 부가가치 부분Foreign Value-Added: FVA과 해외 이중 계산된 부분Foreign double counting으로 나누는 것이었다.

무역흐름의 형태와 범위에 대한 개념의 이해를 위해 살펴본 [표 12-3], 또는

[예제 12-1] 중간부분을 이용하면 총수출에 대한 KWW분해법, 다양한 BM분해법에서 다루는 내용들을 이해할 수 있을 것이다, 아래에서는 각 방법의 결과물을 살펴보고자 한다.

(1) 총수출의 KWW분해법

이런 시도 가운데 획기적인 발전은 전술한 바와 같이 쿠프먼, 왕과 웨이(Koopman, Wang and Wei, 2014)의 방법(KWW)에 의한 것인데 여기에서는 한 나라의 총수출을 아래 Stata 결과물에서 확인할 수 있는 바와 같이 국내부문, 국내 부가가치, 국내 이중계산, 해외부문, 해외 부가가치, 해외 이중계산된 부분으로 분해한다. 총수출의 KWW분해를 위해서는 icio, exporter(kor) perspective(world) approach(sink)를 실행하면 된다. 전술한 바와 같이 세계적인 관점(perspective(world))에서 싱크방식(approach(sink))을 적용해야만 한다.

하지만 다음 단원에서 설명하듯이, 총수출 분해를 위한 KWW방법은 초기 연구로서 획기적인 방법이었음에도 불구하고 BM방법에서 지적하는 바와 같이 해외부문의 계산에서 오류가 있다. Stata 명령어 icio를 이용한 총수출의 KWW분해법에서는 이런 오류 역시 수정되었다.

〈표 13-5〉 KWW 분해법에 의한 총수출의 분해 결과

```
* KMM 방법
icio, exporter(kor) perspective(world) approach(sink)

Decomposition of gross exports:
Table: user provided
Perspective: world
Approach: sink
Exporter: KOR
Importer: total KOR exports
Return: detailed
-------------------------------------------------------------------------+
                                     |  Millions of $ |     % of export |
-------------------------------------+----------------+-----------------|
 Gross exports (GEXP)                |      750439.11 |          100.00 |
   Domestic content (DC)             |      518158.40 |           69.05 |
     Domestic Value-Added (DVA)      |      516049.07 |           68.77 |
       VAX -> DVA absorbed abroad    |      511794.64 |           68.20 |
```

```
      Reflection                          |        4254.44 |        0.57 |
    Domestic double counting              |        2109.32 |        0.28 |
  Foreign content (FC)                    |      232280.72 |       30.95 |
    Foreign Value-Added (FVA)             |      171115.81 |       22.80 |
    Foreign double counting               |       61164.91 |        8.15 |
--------------------------------------------------------------------------+
```

(2) 총수출의 BM분해법

KWW방법의 해외부문 측정에서의 이런 문제는 2019년 총수출의 BM분해법이 개발되면서 보다 개선되고, 새로운 측정치를 구하는 방법이 추가되었다.[2] KWW방법에서와 같이 한 나라의 총수출을 국내부문과 해외부문으로 나누는 것뿐만 아니라, 구체적인 산업부문의 수출, 양국 간 수출, 양국 간 산업별 수출을 동일한 양식으로 분해할 수 있다.

먼저 BM분해법에 의한 총수출의 분해 결과를 보고 이를 KWW분해법의 결과와 비교해보자. 총수출의 BM분해는 icio, exporter(kor)의 실행을 통해 구할 수 있다. KWW분해 결과와 비교해보면 국내 부문은 동일한 결과를 보여주지만, 해외부문의 계산 결과가 다름을 알 수 있다. 이는 KWW방법이 부가가치 측정의 범위를 세계적 관점을 나타내는 perspective(world)라는 옵션을 사용하였고, BM방법은 수출국 관점을 나타내는 perspective(exporter)라는 옵션을 사용하였기 때문이다. 이는 결국 총수출을 국내와 해외 부가가치로 분해하면서 이중 계산되는 범위를 정하는 방법의 차이에 기인한 것이라고 할 수 있다. 따라서 BM분해법을 이용할 때에는 출력결과로부터 무역흐름의 범위를 보여주는 perspective 부분을 잘 관찰할 필요가 있다.

BM분해법을 이용하면 총수출의 분해결과뿐만 아니라 GVC 참가율 계산 결과도 얻을 수 있다. 후방 GVC참가율, 전방 GVC참가율 그리고 전체 GVC참가율이 계산된다. 이런 지표들 역시 BM분해법에서 초기 개발자들의 방식을 보다 발전시킨 것이다.

이런 계산 결과는 r(detailed)란 행렬값으로 보관되는데 이로부터 총수출, 부가가치 수출, GVC참가율 자료를 추출하여 후속 분석에 사용할 수 있다. 물론 이들 항목

---

2) Borin, A., and M. Mancini (2019), *Measuring what matters in global value chains and value-added trade,* Policy Research Working Paper WPS 8804, WDR 2020 Background Paper, World Bank Group, Washington, DC.; Belotti, F., A. Borin, and M. Mancini (2021), "icio: Economic analysis with intercountry input-output tables," Stata Journal 21, pp.708-755.

가운데 일부만 계산하기 위해서는 return(gtrade), return(va), return(dva), return(gvc) 등과 같이 return( )옵션을 사용하면 된다. 후속하는 다른 부분에서 이런 사용법을 보게 될 것이다.

《 표 13-6 》 BM 분해법에 의한 총수출의 분해 결과

```
* BM 방법
icio, exporter(kor)

Decomposition of gross exports:
Table: user provided
Perspective: exporter
Exporter: KOR
Importer: total KOR exports
Return: detailed
```

	Millions of $	% of export
Gross exports (GEXP)	750439.11	100.00
Domestic content (DC)	518158.40	69.05
Domestic Value-Added (DVA)	516049.07	68.77
VAX -> DVA absorbed abroad	511794.64	68.20
Reflection	4254.44	0.57
Domestic double counting	2109.32	0.28
Foreign content (FC)	232280.72	30.95
Foreign Value-Added (FVA)	231314.79	30.82
Foreign double counting	965.93	0.13
GVC-related trade (GVC)	384038.46	51.18
GVC-backward (GVCB)	234390.04	31.23
GVC-forward (GVCF)	149648.42	19.94

(3) 산업별 수출의 BM분해법

BM분해법을 이용하여 특정 산업 수출을 앞에서와 동일한 방법으로 국내 부문과 해외 부문으로 분해할 수 있다. 다음 사례는 한국의 전기 전자산업(14부문) 수출을 국내부문과 해외부문으로 분해한 것이다. 한국 전기전자산업 수출액의 약 74.0%가 국내부가가치이며, 이 부문의 글로벌 가치사슬 참가율은 후방 26.0%, 전방 27.4%, 전체

53.4%임을 확인할 수 있다.

BM분해법에 의한 국가별, 산업별 수출액과 부가가치 수출액은 다음 단원에서 국별, 산업별 현시비교우위지수Revealed Comparative Advantage Index: RCA 계산에 활용될 예정이다. 통상적인 무역통계를 이용해서는 무역통계 작성에서의 이중 계산 문제 때문에 제대로 국별, 산업별 수출 경쟁력을 평가할 수 없기 때문에 부가가치 수출액을 통해 경쟁력을 평가할 필요성이 있다는 것은 이미 지적한 바 있다.

〈 표 13-7 〉 BM 분해법에 의한 특정산업 수출의 분해 결과

```
icio, exporter(kor, 14)

Decomposition of gross exports:
Table: user provided
Perspective: exporter
Approach: source
Exporter: KOR
Importer: total KOR exports
Return: detailed
Sector of export: 14
-----------------------------------------------------------------+
                                 |   Millions of $ |   % of export |
---------------------------------+-----------------+-------------|
 Gross exports (GEXP)            |       238404.98 |        100.00 |
   Domestic content (DC)         |       177525.01 |         74.46 |
     Domestic Value-Added (DVA)  |       176516.33 |         74.04 |
       VAX -> DVA absorbed abroad|       174510.77 |         73.20 |
         DAVAX                   |       111194.30 |         46.64 |
       Reflection                |         2005.56 |          0.84 |
     Domestic double counting    |         1008.68 |          0.42 |
   Foreign content (FC)          |        60879.97 |         25.54 |
     Foreign Value-Added (FVA)   |        60469.31 |         25.36 |
     Foreign double counting     |          410.65 |          0.17 |
---------------------------------+-----------------+-------------|
 GVC-related trade (GVC)         |       127210.68 |         53.36 |
   GVC-backward (GVCB)           |        61888.65 |         25.96 |
   GVC-forward (GVCF)            |        65322.03 |         27.40 |
-----------------------------------------------------------------+
DAVAX: Value-Added directly absorbed by the importer
```

(4) 양국 간 총수출의 BM분해법

BM분해법의 장점은 양국 간 수출이나 양국 간 산업별 수출에 대해서도 적용할 수 있다는 것이다. 아래 사례는 한국의 대중국 수출을 국내부문과 해외부문으로 구분한 것이다. 한국의 대중국 수출에서 순수한 국내 부가가치는 총수출의 70.3%이며, 이를 위한 글로벌 가치사슬 참가율은 47.4%임을 확인할 수 있다.

〈 표 13-8 〉 BM 분해법에 의한 양국 간 총수출의 분해 결과

```
icio, exporter(kor) importer(prc)

Decomposition of gross exports:
Table: user provided
Perspective: exporter
Approach: source
Exporter: KOR
Importer: PRC
Return: detailed
```

	Millions of $	% of export
Gross exports (GEXP)	211740.99	100.00
Domestic content (DC)	149562.35	70.63
Domestic Value-Added (DVA)	148910.46	70.33
VAX -> DVA absorbed abroad	147541.50	69.68
DAVAX	111380.29	52.60
Reflection	1368.97	0.65
Domestic double counting	651.89	0.31
Foreign content (FC)	62178.63	29.37
Foreign Value-Added (FVA)	61889.25	29.23
Foreign double counting	289.38	0.14
GVC-related trade (GVC)	100360.70	47.40
GVC-backward (GVCB)	62830.52	29.67
GVC-forward (GVCF)	37530.17	17.72

DAVAX: Value-Added directly absorbed by the importer

6. 부가가치 수출기준 경쟁력(RCA지수)

(1) 국별, 산업별 총수출, 부가가치 수출

부가가치 수출 기준으로 현시비교우위지수를 계산하기 위해서는 먼저 국별, 산업별 부가가치 수출액을 구해야만 한다. 아래 사례에서는 ADB MRIO 자료(2007~2021년간)를 이용하여 부가가치 수출액을 이용해 수출경쟁력을 평가하고자 한다. 여기에서는 통상적인 수출액을 이용한 현시비교우위지수와 비교하기 위해 국별 산업별 수출액과 부가가치 수출액을 동시에 구해서 두 지표를 이용한 RCA지수를 구하고 경쟁력 평가에서 의미있는 차이가 있는지를 살펴보고자 한다.

[예제 13-8] **국가별 산업별 총수출 부가가치 수출 구하기**

```
cd "J:₩Economics of GVC₩Sectoral Trade "

* 3) ADB MRIO 자료(2007-2021년간)
* 연도별 반복
forvalues year=2007(1)2021 {
clear

* 자료 읽어 들임
icio_load, iciotable(user, userpath("J:₩Economics of GVC₩data₩")
tablename("adb`year'.csv") countrylistname("adb_countrylist.csv") )

* 국가별 반복(마지막 RoW는 제외)
local countries "AUS AUT BEL BGR BRA CAN SWI PRC CYP CZE GER DEN SPA EST FIN
FRA UKG GRC HRV HUN  INO IND IRE ITA JPN KOR LTU LUX LVA MEX MLT NET NOR
POL POR ROM RUS SVK SVN SWE  TUR TAP USA BAN MAL PHI THA VIE  KAZ MON
SRI PAK FIJ LAO BRU BHU KGZ CAM MLD NEP SIN HKG"

foreach i of local countries {
 quietly icio, exporter(`i', all)
 matrix G=r(detailed)'
* matlist G
 mata st_matrix("gexp", st_matrix("G")[.,1])
 mata st_matrix("dva", st_matrix("G")[.,3])

 matrix gross_export = nullmat(gross_export), gexp
 matrix value_export = nullmat(value_export), dva
                          }
* 이상 국가반복 완료
```

```
matrix colnames gross_export = `countries'
matrix colnames value_export = `countries'

*matlist gross_export
*matlist value_export

clear
xsvmat gross_export, names(col) rownames(sector) norestore
generate year=`year'
order year sector
save gross_export_`year', replace

clear
xsvmat value_export, names(col) rownames(sector) norestore
generate year=`year'
order year sector
save value_export_`year', replace

* 연도별 반복시 전년 계산결과 삭제
matrix drop _all
                    }
* 이상 연도반복 완료
* **************************************************

* 연도별 자료 합쳐서 저장
use gross_export_2007, clear
forvalues year=2008(1)2021 {
      append using gross_export_`year'
                              }
save Sectoral_gross_export_ADB, replace
export excel using Sectoral_gross_export_ADB, sheet("data", replace) firstrow(variable)

use value_export_2007, clear
forvalues year= 2008(1)2021 {
      append using value_export_`year'
                              }
save Sectoral_value_export_ADB, replace
export excel using Sectoral_value_export_ADB, sheet("data", replace) firstrow(variable)

forvalues year= 2007(1)2021 {
      erase gross_export_`year'.dta
      erase value_export_`year'.dta
                              }
```

(2) 부가가치 기준 현시비교우위지수(RCA) 계산하기

여기서는 [예제 13-8]에서 계산한 국가별 산업별 총수출 자료와 부가가치 수출 자료를 이용하여 현시비교우위RCA 지수를 구하는 방법에 대해 설명한다. RCA지수를 구하기 위해 Stata의 사용자 작성프로그램인 rca라는 명령어를 사용하였다. 이 명령어를 사용하기 위한 자료는 반드시 패널형태(long form)의 자료여야 한다. 여기에는 국별, 산업별 합산자료가 포함되어서는 안된다. 또 국가별, 산업별 수출액 계산과정에서 나타날 수 있는 아주 작은 규모의 부(-)의 값을 0으로 처리해 주어야 한다.

아래에서는 2007~2021년간 ADB MRIO자료로부터 구한 국별 산업별 수출, 부가가치 수출로 구성된 패널형태의 자료를 이용하여 RCA지수를 계산한 후 이를 wide form형태로 변환한 다음 엑셀자료 형태로 저장하였다. 연도별, 국별, 산업별 RCA지수를 쉽게 확인할 수 있다.

[예제 13-9] 총수출, 부가가치 수출 기준 RCA지수 구하기

```
cd "J:₩Economics of GVC₩Sectoral Trade "

* 총수출 기준 RCA지수 계산
use Sectoral_gross_export_ADB, clear
rename _all export=
rename (exportyear exportsector) (year sector)
reshape long export, i(year sector) j(country) str
sort year
replace export=0 if export<=0
rca export, j(country) m(sector) index(BRCA) by(year)
reshape wide export export_brca, i(year sector) j(country) str
export excel using RCA_Export_ADB, sheet("data", replace) firstrow(variable)

* 부가가치 수출 기준 RCA지수 계산
use Sectoral_value_export_ADB, clear
rename _all value=
rename (valueyear valuesector) (year sector)
reshape long value, i(year sector) j(country) str
sort year
replace value=0 if value<=0
rca value, j(country) m(sector) index(BRCA) by(year)
reshape wide value value_brca, i(year sector) j(country) str
export excel using RCA_Value_ADB, sheet("data", replace) firstrow(variable)
```

한국 주요 산업의 총수출, 부가가치 수출기준 RCA지수를 살펴보면, 총수출 기준보다 부가가치 기준 RCA지수가 약간 높다는 것을 알 수 있다. 부가가치 기준으로 수출 경쟁력을 평가할 때 한국의 수출경쟁력 수준이 소폭 증가한다는 것을 의미한다.

흥미로운 것은 전기전자 산업에서 한국과 중국의 비교우위지수를 비교해보는 것이다. 총수출 기준 RCA지수를 보면 여러 연도에 걸쳐 중국이 한국보다 경쟁력이 높았다는 것을 알 수 있다. 하지만 부가가치 수출기준 RCA를 보면 한국이 중국에 비해 경쟁력이 크게 높다는 것을 알 수 있다. 수출경쟁력을 평가할 때 통관기준 수출과 부가가치 수출를 통한 결과가 극적으로 바뀔 수 있음을 보여준다.

〈 표 13-9 〉 한국의 주요산업 총수출, 부가가치 수출기준 RCA지수

연도	화학		철강		전기전자		수송기계	
	총수출	부가가치 수출	총수출	부가가치 수출	총수출	부가가치 수출	총수출	부가가치 수출
2007	1.1	1.1	1.0	1.0	2.3	2.6	1.6	1.9
2008	1.2	1.2	1.1	1.1	2.2	2.6	1.8	2.1
2009	1.2	1.2	1.3	1.3	2.5	2.8	2.1	2.4
2010	1.2	1.3	1.2	1.2	2.3	2.7	2.0	2.4
2011	1.2	1.3	1.1	1.1	2.6	3.0	2.0	2.4
2012	1.3	1.3	1.1	1.2	2.3	2.6	1.9	2.3
2013	1.3	1.4	1.1	1.1	2.3	2.7	1.9	2.3
2014	1.3	1.3	1.2	1.2	2.2	2.5	1.8	2.2
2015	1.4	1.4	1.2	1.2	2.2	2.4	1.7	2.0
2016	1.4	1.4	1.1	1.2	2.2	2.4	1.7	2.0
2017	1.4	1.4	1.1	1.1	2.5	2.8	1.5	1.8
2018	1.0	1.0	1.1	1.1	2.4	2.8	1.5	1.7
2019	1.5	1.6	1.4	1.3	2.2	2.6	1.1	1.2
2020	1.5	1.7	1.5	1.4	2.2	2.5	1.1	1.2
2021	1.7	2.0	1.2	1.2	2.5	2.9	1.1	1.3

〈표 13-10〉 한국과 중국의 전기전자 산업에서의 총수출, 부가가치 수출기준 RCA지수

연도	한국		중국	
	총수출	부가가치 수출	총수출	부가가치 수출
2007	2.3	2.6	2.4	2.3
2008	2.2	2.6	2.4	2.4
2009	2.5	2.8	2.4	2.4
2010	2.3	2.7	2.4	2.4
2011	2.6	3.0	2.4	2.4
2012	2.3	2.6	2.4	2.5
2013	2.3	2.7	2.5	2.5
2014	2.2	2.5	2.5	2.5
2015	2.2	2.4	2.4	2.4
2016	2.2	2.4	2.4	2.4
2017	2.5	2.8	2.4	2.4
2018	2.4	2.8	2.6	2.6
2019	2.2	2.6	2.3	2.3
2020	2.2	2.5	2.2	2.1
2021	2.5	2.9	2.3	2.3

7. 글로벌 가치사슬 참가율

글로벌 가치사슬에 참가하는 정도를 나타내는 참가율은 후방backward, 전방forward, 그리고 이들의 합인 총total 참가율이 있음을 이미 살펴보았다. BM분해법을 이용하여 총수출을 분해한다면 그 출력물에서 이를 확인할 수 있다. 글로벌 가치사슬 참가율은 국가 전체와 산업부문 수준에서 계산할 수 있다.

(1) 국가 전체 수준에서 글로벌 가치사슬 참가율

여기서는 분석 대상국가의 총수출 분해결과로 구할 수 있는 글로벌 가치사슬 참가율을 살펴본다. icio, exporter('country') 명령어를 이용한다. 이는 BM분해법을 사용하여 총수출을 분해하는 명령어로서 관점으로 perspective(exporter)가 적용된 것이다.

아래 [예제 13-10]은 ADB자료를 사용한 글로벌 가치사슬 참가율을 구하는 사례이다. 계산결과, 즉 출력물에서 확인할 수 있는 모든 자료를 보관하고 있는 r(detailed) 행렬의 2번째 행, 10, 11, 12열에 있는 전체, 후방, 전방 글로벌 가치사슬 참가율 자료를 MATA 명령어를 이용하여 국별, 연도별로 반복, 정리하면서 하나의 파일형태로 만들고, 이를 저장하는 과정을 보여준다.

[예제 13-10] 국별 글로벌 가치사슬 참가율 계산하기

```
cd "J:₩Economics of GVC₩GVC Participation "

*3) ADB 자료(2007-2021년 )
forvalues year=2007(1)2021 {
icio_load, iciotable(user, userpath("J:₩Economics of GVC₩data₩")
tablename("adb`year'.csv") countrylistname("adb_countrylist.csv") )

* 국가별 반복(마지막 RoW는 제외)
local countries "AUS AUT BEL BGR BRA CAN SWI PRC CYP CZE GER DEN SPA EST FIN
FRA UKG GRC HRV HUN  INO IND IRE ITA JPN KOR LTU LUX LVA MEX MLT NET NOR
POL POR ROM RUS SVK SVN SWE  TUR TAP USA BAN MAL PHI THA VIE  KAZ MON
SRI PAK FIJ LAO BRU BHU KGZ CAM MLD NEP SIN HKG"

foreach i of local countries {


quietly icio, exporter(`i')
mata st_matrix("gvc",   st_matrix("r(detailed)")[10,2])
mata st_matrix("gvcb",  st_matrix("r(detailed)")[11,2])
mata st_matrix("gvcf",  st_matrix("r(detailed)")[12,2])

matrix gvc_total       = nullmat(gvc_total ), gvc
matrix gvc_backward = nullmat(gvc_backward), gvcb
matrix gvc_forward    = nullmat(gvc_forward), gvcf
                              }
* 이상 국가별 반복 종료

scalar year=`year'

* GVC 참가율
matrix gvc_total=year, gvc_total
matrix rownames gvc_total = gvc_total
* GVC 후방 참가율
matrix gvc_backward=year, gvc_backward
```

```
matrix rownames gvc_backward = gvc_backward
* GVC 전방 참가율
matrix gvc_forward=year, gvc_forward
matrix rownames gvc_forward = gvc_forward

* 연도별 계산결과 합치기
matrix Gvc_total        = nullmat(Gvc_total)₩ gvc_total
matrix Gvc_backward = nullmat(Gvc_backward) ₩ gvc_backward
matrix Gvc_forward    = nullmat(Gvc_forward) ₩ gvc_forward

* 연도별 반복시 전년 계산결과 삭제
matrix drop gvc_total gvc_forward gvc_backward
                                        }
* 이상 연도 반복 종료

/* 계산결과 확인
matlist Gvc_total
matlist Gvc_backward
matlist Gvc_forward
*/

* 전체 계산결과를 하나의 행렬로 만들기
matrix GVC_Participation = Gvc_total ₩ Gvc_backward ₩ Gvc_forward

* 합쳐진 행렬에 국가 변수명 부여
local colname "year AUS AUT BEL BGR BRA CAN SWI PRC CYP CZE GER DEN SPA EST
FIN FRA UKG GRC HRV HUN  INO IND IRE ITA JPN KOR LTU LUX LVA MEX MLT NET
NOR POL POR ROM RUS SVK SVN SWE  TUR TAP USA BAN MAL PHI THA VIE  KAZ
MON SRI PAK FIJ LAO BRU BHU KGZ CAM MLD NEP SIN HKG"
matrix colnames GVC_Participation = `colname'

* 전체 계산결과 확인
matlist GVC_Participation

* Stata 데이터 세트로 만들고 내보내기
*(svmat의 확장, row name를 변수화 할 수 있음)
* ssc install "http://fmwww.bc.edu/RePEc/bocode/x/xsvmat.pkg"
xsvmat matlist GVC_Participation, names(col) rownames(type) norestore
save GVC_Participation_ADB, replace
export excel using GVC_Participation_ADB, sheet("data", replace) firstrow(variable)

matrix drop _all
clea
```

다음 [그림 13-9]는 1965~2020년간의 한국, 미국, 일본, 독일, 중국과 같이 글로벌 가치사슬에서 큰 역할을 하고 있는 나라의 GVC 참가율 추이를 보여주고 있다. 3가지 서로 다른 국제 산업연관표를 사용하였기 때문에 2000년, 2007년에 일관성에 약간의 단절이 있지만 글로벌 가치사슬이 크게 확대되는 전반적인 추세를 관찰할 수 있다.

〈 그림 13-9 〉 주요국의 글로벌 가치사슬 참가도

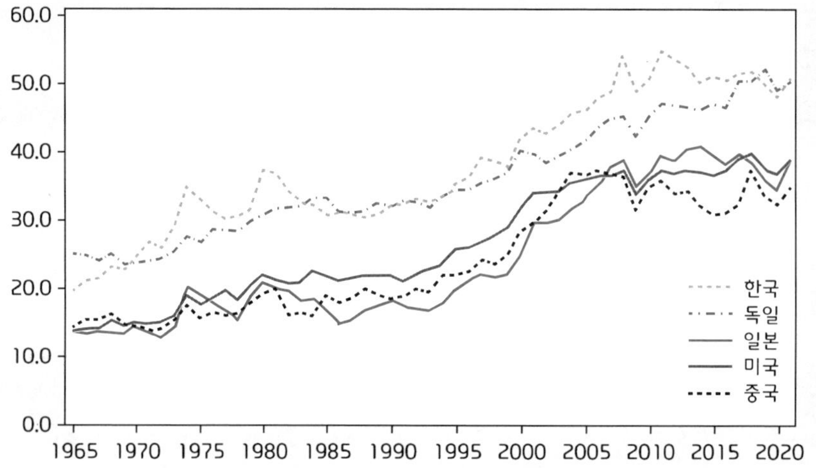

(2) 산업부문 수준에서 글로벌 가치사슬 참가율

국가 전체의 총수출을 통해 글로벌 가치사슬 참가율을 계산할 수도 있지만 특정국의 산업 수준에서의 글로벌 가치사슬 참가율 계산도 가능하다. [예제 13-11]에서는 한국의 산업부문 수준에서 글로벌 가치사슬 참가율을 살펴보고 있다. 기본적으로 [예제 13-10]과 거의 동일하다.

다만 여기서는 BM분해법을 적용한 후 출력물에서 확인할 수 있는 모든 자료를 보관하고 있는 r(detailed)로부터 가치사슬 참가율을 추출하는 것이 아니라 return(gvc), return(gvcb), return(gvcf) 옵션을 사용하여 전체, 후방, 전방 글로벌 가치사슬 참가율을 추출하고 있다. 연도별로 반복하면서 그 결과를 정리하는 과정은 다른 예제와 동일하다.

[예제 13-11] **한국의 산업별 수출에서의 GVC 참가율 계산하기**

```
cd "J:₩Economics of GVC₩GVC Participation "

*3) ADB 자료(2007-2021년 )
forvalues year=2007(1)2021 {

icio_load, iciotable(user, userpath("J:₩Economics of GVC₩data₩")
tablename("adb`year'.csv") countrylistname("adb_countrylist.csv") )

quietly icio, exporter(kor, all) return(gvc)
mata st_matrix("gvc",    st_matrix("r(gvc)")[.,2])
quietly icio, exporter(kor, all) return(gvcb)
mata st_matrix("gvcb",    st_matrix("r(gvcb)")[.,2])
quietly icio, exporter(kor, all) return(gvcf)
mata st_matrix("gvcf",    st_matrix("r(gvcf)")[.,2])

matrix gvc_total        = nullmat(gvc_total ), gvc
matrix gvc_backward = nullmat(gvc_backward), gvcb
matrix gvc_forward    = nullmat(gvc_forward), gvcf

* GVC 참가율
matrix Gvc_total        = nullmat(Gvc_total), gvc_total
matrix Gvc_backward = nullmat(Gvc_backward), gvc_backward
matrix Gvc_forward    = nullmat(Gvc_forward), gvc_forward

matrix drop gvc_total gvc_forward gvc_backward
                              }
* 이상 연도 반복 종료

matrix GVC_total        =Gvc_total'
matrix GVC_backward=Gvc_backward'
matrix GVC_forward    =Gvc_forward'

* 총 GVC참가율 보관
clear
svmat GVC_total, names(col)
generate year=2006+_n
order year
rename r* sector*

save Korea_Sectoral_GVC_total_ADB, replace
export excel using Korea_Sectoral_GVC_total_ADB, sheet("data", replace) firstrow(variable)

* 후방 GVC참가율 보관
```

```
clear
svmat GVC_backward, names(col)
generate year=2006+_n
order year
rename r* sector*

save Korea_Sectoral_GVC_backward_ADB, replace
export excel using Korea_Sectoral_GVC_backward_ADB, sheet("data", replace) firstrow(variable)

* 전방 GVC참가율 보관
clear
svmat GVC_forward, names(col)
generate year=2006+_n
order year
rename r* sector*

save Korea_Sectoral_GVC_forward_ADB, replace
export excel using Korea_Sectoral_GVC_forward_ADB, sheet("data", replace) firstrow(variable)

matrix drop _all
clear
```

8. 글로벌 가치사슬과 사회 네트워크 분석(중심성)

경제학 분야에서도 사회 네트워크 분석Social Network Analysis: SNA이 다양하게 활용되기 시작했다. 경제학 분야에서는 특히 국가 간 무역 거래의 구조와 특성 분석에 활용되는 연구사례가 증가하고 있다.

사회 네트워크 분석에 사용되는 용어들을 국제무역에 적용한다면 국제거래를 하는 국가는 "노드node"가 된다. 국제 거래를 나타내는 수출과 수입은 "에지edge"가 된다. 국가 간 무역 거래를 행렬로 나타내면 이는 "인접행렬adjacency matrix"이 된다. 국제 거래의 존재 여부만 고려하면 "이분형binary"되며, 무역 규모를 감안한다면 "가중형weighted"이 된다. 국제거래의 방향을 고려한다면 "방향성이 있는directed" 형태가 되는데 수출처럼 외부로 연결되는 것을 "외향out"이라고 하며, 수입처럼 내부로 연결되는 것을 "내향in"이라고 한다.[3]

---

3) 우종필 (2022), 『구조방정식모델 개념과 이해』, 한나래아카데미.; 이기종 (2012), 『구조방정식모형: 인

(1) 네트워크의 시각화(visualization)

네트워크 구조를 "시각화visualization"하여 그 특성을 파악하는 것은 네트워크 분석의 가장 기본적인 절차의 하나이다. 사회 네트워크 분석을 지원하는 대부분 소프트웨어에서는 시각화를 위한 다양한 그래프 작성기능이 있다. 본서에서 활용하고 있는 Stata에서도 사용자 작성 프로그램으로서 nwcommand 명령어와 netsis 명령어가 제공되고 있다. 그 외에도 독립적인 소프트웨어로서 노드엑셀NodeXL, 게피Gephi, 유시넷UCINET 등이 사용된다. 좀 더 범용언어로는 알R, 파이젝Pajek, 파이선(Python) 등이 사용된다. 이 단원에서의 Stata 예제에서는 netsis, netsummarize라는 명령어를 이용하고 있다.[4)]

(2) 네트워크의 전체 구조적 특성

복잡한 네트워크 분석에 대한 연구가 진전되면서 주요한 구조적 특성을 나타내는 여러 가지 지표들이 개발되었다. 네트워크 구조를 시각화하고, 이를 다양한 지표들과 함께 시계열로 추적하면 네트워크 형태가 어떻게 변화하고 있는지를 알 수 있다.

먼저 네트워크의 전체의 구조적 특성을 나타내는 통계지표는 다음과 같다. 첫째, 가장 간단한 지표로서 평균적인 연결성 정도를 측정하는 "네트워크의 평균 연결정도average degree of the network"이다. 국제무역에서 더 많은 국가들 간 무역거래가 이루어진다면 글로벌 가치사슬을 구성하는 네트워크의 평균 연결 정도가 증가하게 된다.

둘째, 두 노드 사이의 "최단 경로의 길이geodesic distance"의 평균인 "평균 최단거리, 또는 경로길이average geodesic distance or path length"이다. 이는 네트워크에서 노드가 서로 얼마나 가까이 있느냐를 나타내는 척도인데 국가 간 경제관계에 대해 적용한다면 경제적 통합 정도를 나타내는 것으로 해석할 수 있다.

(3) 네트워크 개별 노드의 특성

네트워크 전체가 아니라 각 노드(글로벌 가치사슬에서는 개별 국가)와 관련된 노드

과성 통계분석 및 추론』, 국민대학교출판부.

4) 사회 네트워크 분석에 필요한 다양한 기능을 제공해주는 Stata 명령어로 nwcommand라는 사용자 작성 명령어가 있지만, 동일한 자료를 이용한 분석에서도 인접행렬의 미미한 숫자를 포함시킬 때와 0으로 치환하여 분석할 때의 계산결과가 너무 상이하고, 때로는 계산이 불가능하기도 함. nwcommand 명령어 개발자와 수차례 접촉하였으나 불가능하였고, 해당 명령어도 더 이상 수정, 보완 등 관리가 되는 것 같지 않아 netsis라는 명령어를 활용하였음.

고유의 특성을 나타내는 지표가 있다. 대표적인 것은 네트워크에서 특정의 한 노드가 어느 정도 중요한 역할을 하는지를 측정하는 "중심성 지표centrality measures"이다.

각 노드의 중요성을 어떤 의미로 볼 것이냐에 따라 중심성을 측정하기 위한 4가지 지표가 개발되었다. 첫째는 각 노드가 어떻게 연결되어 있느냐 하는 "연결정도degree", 둘째는 해당 노드가 다른 노드에 얼마나 쉽게 도달할 수 있는지를 나타내는 "근접성closeness", 셋째는 해당 노드가 다른 노드를 서로 연결해 주는 데 얼마나 중요한 역할을 하느냐 하는 "매개성betweeness", 넷째는 해당 노드가 네트워크에서 중요한 역할을 하는 다른 노드와의 연결정도를 나타내는 "위세성eigenvector centrality"이 그것이다.

본 단원에서의 사례는 네트워크 개별 노드(국가)의 특성을 나타내는 지표의 계산 방법에 대한 사례만 살펴본다. 다른 단원들에서 언급하고 글로벌 가치사슬 지표들이 대부분 개별국가에 대한 지표들이기 때문이다.

(4) 네트워크의 연결패턴

전체 네트워크의 특성, 네트워크에서 개별 노드의 특성 외에도 네트워크에서 노드 간 연결패턴에 대한 지표도 개발되었다. 첫째, "상호성 측정치measure of reciprocity"이다. 네트워크에서 노드를 연결하는 에지가 방향성을 가지고 있을 때 이런 상호성의 정도는 위계 구조에서 비대칭 정도를 측정하는 지표가 된다. 또한 내향, 외향의 에지를 가진 노드의 비율을 측정함으로써 "네트워크의 밀도density of the network"를 파악할 수 있다. 국가 간 외향, 내향의 두 방향에서의 부가가치 흐름이 증가한다는 것은 국제 간 글로벌 가치사슬이 심화되어 수요자로서, 또는 공급자로서의 역할이 중요해진다는 것을 의미한다.

둘째, 노드 간 연결정도가 변화하는 연결성의 패턴 변화는 네트워크에서 상호작용의 동적인 변화를 보여준다. 만약 높은 연결성을 가진 노드가 역시 높은 연결성을 가진 노드와 연결되는 경향이 있다면 이런 네트워크는 "동류성assortative"을 가진다고 한다. "동류성의 정도degree assortativity"는 네트워크에서 노드가 비슷한 노드들과 연결되는 정도, 즉 인접노드와의 연결성의 상관관계 정도를 측정한다. 실증분석에 의하면, 국제무역 네트워크에서는 동류성의 정도가 낮은데 이는 국제무역에서 허브hub역할을 하는 소수의 거대한, 중심적인 국가가 존재한다는 것을 의미한다. 즉 국제무역에서 "중심부–주변부 관계core-periphery relationships"가 존재한다는 것이다.

셋째는 네트워크의 각 노드가 얼마나 밀접하게 집적되어 있느냐를 측정하는 "집적 계수clustering coefficient"이다. 그 값이 높을수록 글로벌 가치사슬에서 위계 구조가 존재하거나, 소수의 영향력있는 국가를 중심으로 집적되는 경향이 있다는 것을 의미한다.

(5) 중심성의 측정 사례

다음 [예제 13-12]는 Stata를 이용하여 국제 간 부가가치 무역에서 각 국가의 중앙성을 평가하기 위한 연결정도degree, 근접성closeness, 매개성betweenness, 위세성eigenvector centrality측정하는 사례이다. Stata에서 제공되는 사용자 작성 프로그램인 netsis와 netsummarize를 사용하였다.

먼저 icio, origin(all) destination(all)를 이용하여 국가 간 부가가치 무역액 행렬을 구한 다음, 이로부터 분석대상 국가 간 부가가치 수출과 부가가치 수입 변수를 생성하고, 자국 간 거래를 나타내는 관측치는 삭제한다. 수출액을 전체 평균으로 나눈 표준화된 지표와 그 역수를 취한 역수 지표를 만든 다음, 근접성 측정을 위한 지표의 계산을 위해서는 역수지표를 사용하고, 다른 지표는 표준화된 지표를 사용한다. 각 지표는 수출(외향), 수입(내향) 기준으로 각각 계산한다. 그 다음 수출국 기준으로 평균을 구한 다음 국가별 순위를 계산한다. 2007~2021년간 ADB MRIO자료를 이용하여 이런 중심성, 연결 중앙성, 위세 중앙성을 측정해보자.

[예제 13-12] 부가가치 무역행렬을 이용한 네크워크 분석(netsis활용)

```
cd "J:₩Economics of GVC₩Network"

* 3) ADB MRIO 자료(2007-2021년간)
* 연도별 반복
forvalues year=2007(1)2021 {
clear

* 자료 읽어 들임
icio_load, iciotable(user, userpath("J:₩Economics of GVC₩data₩")
tablename("adb`year'.csv") countrylistname("adb_countrylist.csv") )

* 부가가치 무역 메트릭스 계산
icio, origin(all) destination(all)
matlist r(vby)

* 부가가치 무역매트릭스를 전치하여 열이 수출액이 되게 한 후 행렬을 벡터로 만듬
```

```
matrix trade= r(vby)
matrix ex=vec(trade')
matlist ex

* 수출액 벡터에서 수출국(reporter)과 수입국(partner)변수를 만듬
xsvmat ex, names(export) roweqnames(reppart) norestore
split reppart, parse(:) generate(country)
drop reppart
rename (country1 country2) (reporter partner)
order reporter partner export

* 자국내 거래를 나타내는 관측치는 삭제
drop if reporter==partner
drop if reporter=="RoW"
drop if partner=="RoW "

* 수출액을 전체 평균으로 나눈 다음 역수를 취하여 수출액이 클수록 작은 변수로 변환(closeness
centrality 계산시 사용), 나머지는 표준화된 자료)
summarize export
generate export_normal = export/r(mean)
generate weight = 1/export_normal

* 이하 각종 중심성 관련 지표 계산
*  Generate degree centrality-OUT Degree.
netsis reporter partner, measure(adjacency) name(A,replace) directed weight(export_normal)
netsummarize A/(rows(A)-1), generate(outdegree) statistic(rowsum)

*  Generate degree centrality-IN Degree.
netsis partner reporter , measure(adjacency) name(A,replace) directed weight(export_normal)
netsummarize A/(rows(A)-1), generate(indegree) statistic(rowsum)

* Generate closeness centrality-OUT closeness
netsis reporter partner, measure(distance) name(D,replace) directed weight(weight)
netsummarize (rows(D)-1):/rowsum(D), generate(outcloseness) statistic(rowsum)

* Generate closeness centrality-IN closeness
netsis partner  reporter, measure(distance) name(D,replace) directed weight(weight)
netsummarize (rows(D)-1):/rowsum(D), generate(incloseness) statistic(rowsum)

* Generate betweenness centrality.
netsis reporter partner, measure(betweenness) name(b,replace) directed weight(weight)
netsummarize b/((rows(b)-1)*(rows(b)-2)), generate(betweenness) statistic(rowsum)
```

```
* Generate eigenvector centrality–OUT
netsis reporter partner, measure(eigenvector) name(e,replace) directed weight(export_normal)
netsummarize e, generate(outeigenvector) statistic(rowsum)

* Generate eigenvector centrality–IN
netsis partner reporter, measure(eigenvector) name(e,replace) directed weight(export_normal)
netsummarize e, generate(ineigenvector) statistic(rowsum)

* 국별 지표
preserve
collapse (sum) export1 (mean) outdegree_source outcloseness_source betweenness_source
outeigenvector_source, by(reporter)
sort reporter
save index_out, replace

restore
collapse (sum) export1 (mean) indegree_source incloseness_source ineigenvector_source,
by(partner)
sort partner
save index_in, replace
merge 1:1 _n using index_out, nogen
drop partner

* 국별 순위
egen outdegree_rank=rank(outdegree_source), field
egen indegree_rank=rank(indegree_source), field
egen outcloseness_rank=rank(outcloseness_source), field
egen incloseness_rank=rank(incloseness_source), field
egen betweenness_rank=rank(betweenness_source), field
egen outeigenvector_rank=rank(outeigenvector_source), field
egen ineigenvector_rank=rank(ineigenvector_source), field

generate year=`year'
order year reporter export1 outdegree_source outdegree_rank indegree_source
indegree_rank outcloseness_source outcloseness_rank incloseness_source
incloseness_rank betweenness_source betweenness_rank  outeigenvector_source
outeigenvector_rank ineigenvector_source ineigenvector_rank

save centrality_`year', replace

erase index_in.dta
erase index_out.dta
                        }
```

```
use centrality_2007, clear
forvalues year= 2008(1)2021 {
  append using centrality_`year'
                             }
save Centrality_ADB, replace
export excel using Centrality_ADB, sheet("data", replace) firstrow(variable) keepcellfmt

forvalues year= 2007(1)2021 {
          erase centrality_`year'.dta
                             }
```

연결 중앙성에서는 전통적으로 미국, 독일, 일본이 중요한 역할을 해왔음을 알 수 있다. 그리고 대외개방이후 중국의 연결 중앙성이 급격히 증가해왔음을 알 수 있다. 위세 중앙성에서는 주요국 모두 점차 증가하고 있음을 알 수 있다. 특히 미국, 일본, 중국과의 무역거래가 빈번한 한국의 위세 중심성이 높다는 것이 특징적이다.

필자의 경험에 의하면, 분석대상이 되는 네트워크가 복잡하지 않을 때에는 네트워크 분석을 위한 다양한 소프트웨어들이 동일한 분석결과를 보여주지만 수십개 국가로 구성된 무역 매트릭스를 분석할 때에는 일관된 결과를 얻기 힘들다는 점을 주의해야 한다. Stata 이외의 다양한 소프트웨어들이 상이한 계산 결과를 제공해 준다.

간혹 무역 거래의 중요한 특징만을 파악하기 위해 무역거래액 가운데 미미한 숫자를 제외하고 이상의 지표를 측정해서 그렇지 않을 경우와 비교해 보면 분석 결과에 큰 차이가 나기도 한다. 작은 규모의 거래까지 포함할 때에는 이상에서 설명한 중심성 지표를 계산할 수 없는 경우도 자주 일어난다.

〈 그림 13-10 〉 주요국 수출에서 연결 중앙성(degree centrality)

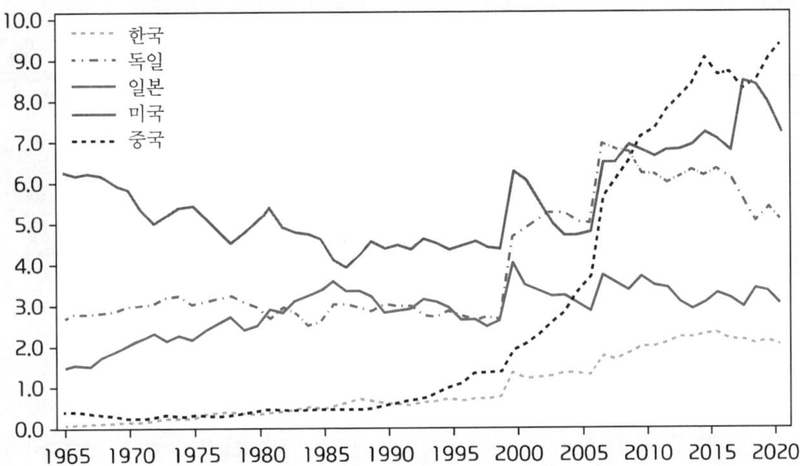

〈 그림 13-11 〉 주요국 수출에서 위세 중앙성(eigenvector centrality)

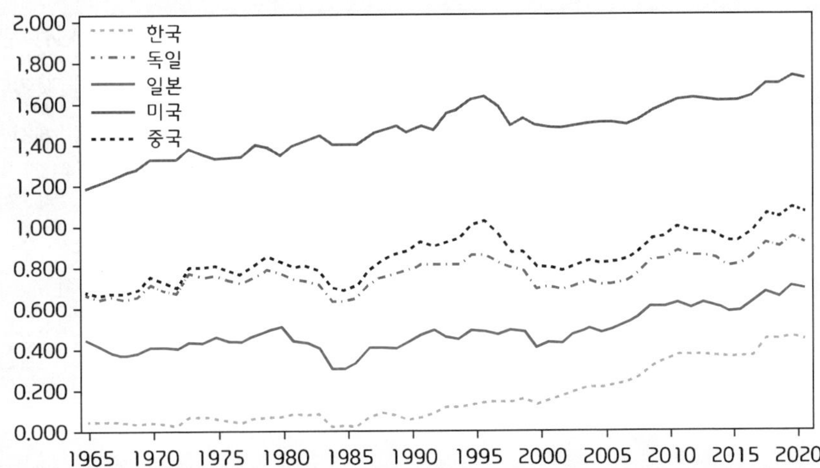

9. 한·미·일·중 무역관계

글로벌 가치사슬 분석에서 부가가치 무역을 측정하려는 노력은 통상적인 무역통계가 이중 계산의 문제 때문에 국가 간 정확한 거래액을 파악할 수 없다는 문제를 해결하기 위해 부가가치 측면에서 무역 거래액을 파악하기 위함이다. 전술한 바와 같이 과거 미국의 아이팟iPod, PC 등이 중국에서 조립 생산될 때 중국이 해당 상품조립을 위해 미국, 일본, 한국 등에서 수입한 중간재가 중국의 대미수출 무역흑자의 원인으로 작용한 것이 이를 나타내는 대표적인 사례이다.

글로벌 가치사슬의 중심에 있는 미국, 중국, 일본, 독일 등과 역시 가공무역이 발달한 한국의 무역 거래에서도 이런 문제의 존재가 많은 연구자들 관심대상이 되어 왔다. 특히 중국에 대해 많은 무역흑자를 보고 있는 한국의 대중 무역수지 흑자 규모를 제대로 파악하려면 순수하게 한국이 창출한 부가가치 무역기준으로 그 진면목을 파악해야 한다. 이런 점은 한일간, 미중간 무역수지의 실태를 파악하는 데에도 적용될 수 있다.

아래 [예제 13-13]은 ADB무역통계를 이용하여 2007~2021년간 한국과 중국의 통관기준 무역과 부가가치 무역을 계산한 후 이를 비교하기 위한 것이다. 이를 통해 한중간뿐만 아니라 한일, 미중, 일중 간의 부가가치 무역수지를 계산해 볼 수도 있다.

[예제 13-13] 한국 미국 일본 중국간 총수출입, 부가가치 수출입 및 무역수지

```
* ***********************************************
* 한국과 중국의 무역, 부가가치 무역과 수지 ***
* ***********************************************

cd "J:₩Economics of GVC₩Korea_China USA Japan "

*3) ADB 자료(2007-2021년 )
forvalues year=2007(1)2021 {
icio_load, iciotable(user, userpath("J:₩Economics of GVC₩data₩")
tablename("adb`year'.csv") countrylistname("adb_countrylist.csv") )

     quietly icio, exporter(kor) importer(prc)
     mata st_matrix("gexp", st_matrix("r(detailed)")[1,1])
     mat gexport = nullmat(gexport) ₩ gexp
```

```
        mata st_matrix("vexp", st_matrix("r(detailed)")[3,1])
        mat vexport = nullmat(vexport) ₩ vexp

        quietly icio, exporter(prc) importer(kor)
              mata st_matrix("gimp", st_matrix("r(detailed)")[1,1])
        mat gimport = nullmat(gimport) ₩ gimp

        mata st_matrix("vimp", st_matrix("r(detailed)")[3,1])
        mat vimport = nullmat(vimport) ₩ vimp
                                        }
matrix korea_china = gexport, vexport, gimport, vimport

local type "gross_export value_export gross_import value_import"
matrix colnames korea_china = `type'
matlist korea_china

clear
svmat korea_china, names(col)

generate gross_balance=gross_export-gross_import
generate value_balance=value_export-value_import

generate year=_n+2006

save Korea_China_Trade_ADB, replace
export excel using Korea_China_Trade_ADB, sheet("data", replace) firstrow(variable)
matrix drop _all

* 그래프 그리기
tsset year
tsline gross_balance value_balance
```

대표적으로 한국과 중국의 무역수지를 살펴보면 다음 [표 13-1]과 같다. 2021년 기준 통상적인 무역수지는 559억 달러이지만, 부가가치 무역수지는 228억 달러로 순수하게 한국에서 창출된 부가가치 수출 기준 무역수지는 통관기준 무역수지의 41%에 불과하다. 2007년 이후에도 절반 수준에 그치고 있다는 것을 알 수 있다. 이는 한국 역시 다른 나라로부터 많은 중간재를 수입하고 역시 많은 중간재를 중국에 수출하는 과정에서 다른 나라의 한국에 대한 수출이 제외되었기 때문이다.

〈 표 13-11 〉 한국과 중국간 총수출, 부가가치 수출과 그 무역수지 추이

연도	총수출	총수입	무역수지 (A)	부가가치 수출	부가가치 수입	부가가치 무역수지(B)	B/A(%)
2007	83,154	54,300	28,853	56,013	42,026	13,987	48.5
2008	102,202	71,134	31,068	61,232	55,378	5,854	18.8
2009	96,507	50,917	45,589	62,084	41,202	20,882	45.8
2010	122,584	67,709	54,875	77,049	53,307	23,742	43.3
2011	153,192	94,857	58,335	89,115	74,430	14,685	25.2
2012	153,881	92,056	61,825	91,582	73,629	17,953	29.0
2013	163,019	99,542	63,477	102,049	79,546	22,504	35.5
2014	168,395	102,069	66,326	109,545	83,685	25,860	39.0
2015	156,277	99,416	56,861	99,543	83,815	15,728	27.7
2016	154,968	91,631	63,337	101,971	77,827	24,144	38.1
2017	168,798	102,432	66,366	112,667	86,286	26,381	39.8
2018	169,795	105,779	64,016	120,549	86,885	33,664	52.6
2019	198,203	121,373	76,829	141,203	100,829	40,374	52.6
2020	180,506	112,118	68,388	132,788	94,352	38,436	56.2
2021	211,741	155,802	55,939	148,910	126,116	22,794	40.7

〈 그림 13-12 〉 한국과 중국간 총수출, 부가가치 수출기준 무역수지 추이

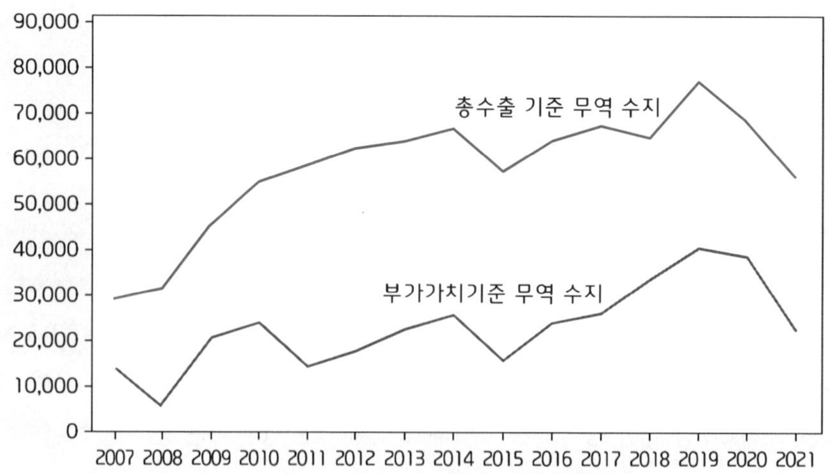

10. 한국 최종수요의 해외 의존도

글로벌 가치사슬 분석에서 자주 사용되는 것은 최종수요를 내수 부분과 수입된 부분으로 나누어 부가가치 수입이 어느 국가에서 왔는가를 파악하는 것이다. 초기 글로벌 가치사슬 분석(가령, KWW분해법)에서는 총수출의 해외 부가가치 의존도와 최종수요의 부가가치 의존도가 동일하다는 문제, 즉 내수용 상품과 수출용 상품의 해외 부가가치 의존도가 동일하다는 가정하에 측정되었으나 BM방법에서 이런 문제가 해결되었다.

아래 [예제 13-14]는 한국의 최종수요가 다른 국가에 얼마나 의존하고 있는지, 이를 보다 세분화하여 한국의 산업별 최종수요가 산업별로 어떤 나라에 얼마나 의존하고 있는지를 측정하는 방법에 대한 것이다.

(1) 한국 최종수요의 해외 의존도

최종수요의 국내와 해외의존 정도를 계산하는 사례를 보자. 간단하게 icio, origin(all) destination(kor)처럼 origin과 destination옵션을 사용하면 된다. 해외 모든 나라로부터 오게 되는 수요란 측면에서 origin(all), 한국의 최종수요란 점에서 destination(kor)이 사용되었다. 이하 MATA 행렬언어는 계산된 연도별 지표를 취합하여 파일로 저장하기 위한 것이다.

[예제 13-14] 한국 최종수요의 해외국 의존도

```
* ***************************************************
* *** 3) 한국의 최종수요에서 해외국가들의 비중 ***
* ***************************************************

cd "J:₩Economics of GVC₩Final Demand Sum Matrix "

* 3) ADB Yearly data
matrix drop _all
clear

forvalues year=2007(1)2021 {
icio_load, iciotable(user, userpath("J:₩Economics of GVC₩data₩")
tablename("adb`year'.csv") countrylistname("adb_countrylist.csv") )

icio, origin(all) destination(kor)
```

```
*    matlist r(va)
     mata st_matrix("value",           st_matrix("r(va)")[.,1])
     matrix colnames value         = wiodold`year'
     mata st_matrix("value_ratio",      st_matrix("r(va)")[.,2])
     matrix colnames value_ratio  = wiodold`year'

     matrix value_total             = nullmat(value_total ),        value
     matrix valueratio_total        = nullmat(valueratio_total ), value_ratio
                              }

* 각 행렬의 열이름을 rownames라는 로컬매크로로 기록
local rownames : rowfullnames r(va)
matrix rownames value_total       = `rownames'
matrix rownames valueratio_total  = `rownames'
matlist value_total
matlist valueratio_total

clear
xsvmat value_total, names(col) rownames(partner) norestore
save Korea_Sum_Final_Demand_ADB, replace
export excel using Korea_Sum_Final_Demand_ADB, sheet("data", replace) firstrow(variable)

clear
xsvmat valueratio_total, names(col) rownames(partner) norestore
save Korea_SumRatio_Final_Demand_ADB, replace
export excel using Korea_SumRatio_Final_Demand_ADB, sheet("data", replace) firstrow(variable)

matrix drop _all
```

한국의 최종수요의 연도별, 국별 구성을 보면 다음 [표 13-12]와 같다. 2021년 기준 한국의 최종수요에는 내수가 73.3%, 해외로 부터의 수입수요가 중국 6.1%, 미국 4.6%, 일본 1.9%를 차지한다. 한국의 최종수요 가운데 73.3%를 내수가 차지하는데 전술한 [표 13-2]에서 보듯이 한국의 총수출 가운데 68.8%가 국내 부문이 차지한다는 사실과 대비된다.

〈 표 13-12 〉 한국 최종수요의 연도별 국별 구성(%)

연도	한국	호주	독일	일본	중국	미국
2007	76.8	0.8	1.1	2.8	3.3	3.1
2008	72.9	1.0	1.3	3.1	4.2	2.9
2009	75.9	0.9	1.2	2.8	3.8	2.7
2010	74.0	1.0	1.2	3.0	3.9	2.9
2011	71.5	1.2	1.3	3.1	4.6	2.8
2012	71.9	1.0	1.4	2.8	4.6	3.0
2013	73.4	0.9	1.4	2.2	4.7	2.8
2014	74.0	0.7	1.4	2.0	4.7	2.7
2015	74.9	0.7	1.4	2.1	4.9	2.8
2016	76.0	0.8	1.4	2.1	4.5	2.6
2017	74.8	0.9	1.4	2.1	4.6	2.5
2018	73.7	0.7	1.4	1.8	4.3	4.4
2019	73.8	0.8	1.3	2.3	5.0	4.8
2020	75.8	0.8	1.3	2.1	5.0	4.3
2021	73.3	0.8	1.3	1.9	6.1	4.6

(2) 한국 산업별 최종수요의 해외의존도

이상에서 설명한 국가별 최종수요의 해외 의존도를 구하는 방법을 응용하면 특정 국가의 산업별 최종수요의 해외 의존도를 측정하는 것도 가능하다. 가령 한국의 산업별 최종수요의 해외 의존도를 구하려면 destination(kor, all)이란 옵션을 사용하면 된다. 한국의 개별 산업 최종수요에서 내수 부분과 다른 해외국가로부터 수입된 부가가치 구성 내역을 계산하는 것이 가능하다.

아래 [예제 13-15]에서 보듯이 icio, origin(all) destination(kor,all)명령어에 의해 한국의 개별 산업별로 세계 모든 국가에 근원을 가진 부가가치가 계산된다. 따라서 산업별, 국별 자료이므로 행렬형태의 계산 결과를 얻을 수 있다.

[예제 13-15] **한국과 중국 산업별 최종수요의 해외국 의존도**

```
* ******************************************************
* *** 한국의 각 산업 최종수요에서 해외국가들의 비중 ***
* ******************************************************

cd "J:₩Economics of GVC₩Final Demand Matrix "

* 3) ADB Yearly data

forvalues year=2007(1)2021 {
icio_load, iciotable(user, userpath("J:₩Economics of GVC₩data₩")
tablename("adb`year'.csv") countrylistname("adb_countrylist.csv") )

icio, origin(all) destination(kor,all) save(Korea_Matrix_Final_Demand_ADB_`year')
                    }
```

한국의 주요 산업인 화학, 철강, 기계, 전기전자, 수송기계 산업부문 최종수요의 국별 구성에서 한국이 많은 수입을 하는 교역 대상국인 호주, 독일, 일본, 중국과 미국이 차지하는 비중을 보면 다음 [표 13-13]과 같다.

〈 표 13-13 〉 한국 주요산업 최종수요의 국별 구성(2021년, %)

국가	화학	철강	기계	전기전자	수송기계
호주	1.5	2.1	0.9	0.7	0.9
독일	3.4	3.0	4.4	2.4	9.2
일본	9.2	10.4	8.0	6.2	4.4
한국	25.7	25.5	36.7	32.8	40.7
중국	7.0	21.7	14.1	27.3	10.2
미국	17.4	8.3	10.2	7.9	11.5

11. 부가가치의 조달국과 최종수요의 완전분해

이상에서 분석한 다양한 사례들을 종합적으로 분석할 수 있는 사례를 살펴보도록 하자. 글로벌 가치사슬 내에서 두 국가 간에 무역거래가 일어난다고 하자. 이때 수출국, 가령 한국이 수출상품(중간재) 생산을 위해 세계 여러 나라로 부터 기본적인 중간재를 수입하였다. 그리고 수입국, 가령 중국은 한국으로부터 중간재를 수입하여 최종재를 생산하였으며 이 최종재를 세계 여러 나라에 수출하였다고 하자. 여기서 규명하고자 하는 것은 수출국과 수입국 양자 간 무역과 관련된 부가가치 근원과 최종재의 자세한 귀착지를 동시에 파악하고자 하는 것이다.

이런 일련의 과정을 동시에 파악하기 위해 [그림 13-13]을 살펴보자. 한국은 중국에 수출하기 위해 세계 여러 나라로부터 중간재를 도입하여 수출품을 생산할 것이다. 이를 중국에 수출하면, 중국은 이를 이용하여 최종재를 생산하면서 자신의 부가가치를 부가한 후 미국 등 세계 여러 나라에 수출할 것이다.

《 그림 13-13 》 미중간 무역에서 조달과 수요

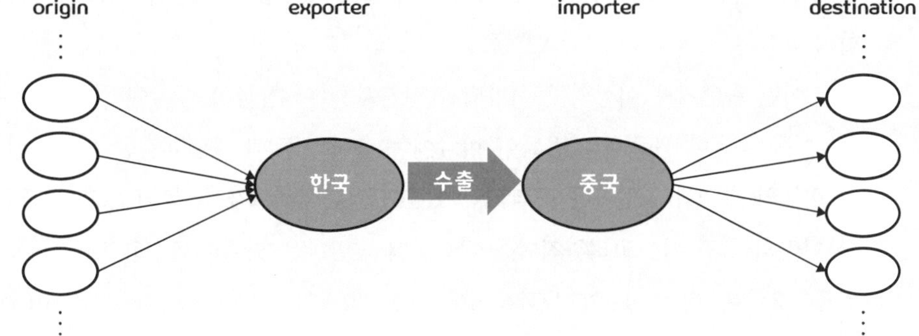

(1) 한중 교역에서 한국의 중간재 수출국과 중국 최종재 수요국

이런 부가가치 창출과 수요의 흡수과정을 분석하기 위해서는 icio origin(all) exporter(kor) importer(prc) destination(all)을 사용한다. 중간재 조달국과 최종 수요국 모두를 고려하기 위해 origin(all)과 destination(all)이란 옵션을 사용하였다. 수출국은 한국(kor)이므로 exporter(kor), 수입국은 중국(prc)이므로 importer(prc)옵션을 사용하였다. 측정결과는 국가수*국가수 차원의 행렬이므로 save 옵션을 사용하여 엑셀

파일로 저장하였다.

[예제 13-16] **중국의 대미수출에 포함된 한국의 대중국 부가가치 수출액(1)**

```
4. 중국의 전세계 수출에 포함된 한국에서의 수입을 통해 들어온 세계 각국의 부가가치

cd "J:₩Economics of GVC₩Trilateral Trade"

* 3) ADB Yearly data
forvalues year=2007(1)2021 {
icio_load, iciotable(user, userpath("J:₩Economics of GVC₩data₩")
tablename("adb`year'.csv") countrylistname("adb_countrylist.csv") )
icio, origin(all) export(kor) import(prc) destination(all) output(va)
save(All_Korea_China_All_`year'_ADB)
                                    }
```

(2) 중국의 대미 수출에 포함된 한국의 부가가치

하지만 이상에서 분석한 방대한 양의 전체 결과물을 이용하여 후속작업을 하는 것보다는 이런 구조를 이해하고, 이 중에서 필요한 내용을 부분적으로 활용하는 것이 합리적이다.

이런 측면에서 이상의 분석방법을 단순화 하여 한국이 중국에 중간재로 수출하고, 이를 중국이 최종재로 만들어 미국에 수출하였을 때 과연 이 중국의 대미수출에서 한국의 수출액이 얼마나 포함되어 있을까를 분석해보자. 한국의 수출에 포함된 다른 나라의 중간재는 고려하지 않는다. 이때 수출국은 한국(kor), 수입국은 중국(prc), 최종수요국은 미국(usa)이 된다. 이를 위한 명령어는 icio, export(kor) import(prc) destination(usa) output(dva)가 된다. 이때 output(dva)의 dva 옵션으로 인해 부가가치 기준으로 측정한다.

추정결과는 [표 13-14]에서와 같다. 2020년 기준 중국의 대미수출에 포함된 한국의 부가가치는 약 60억 달러인데 이는 한국의 대중국 수출에서 3.3%를 차지한다. 시계열로 보면, 2007년 5.5%에서 지속적으로 감소하는 추세이다. 만약 중국의 대미수출에서 차지하는 비중을 본다면 더욱 많이 하락하는 추세를 볼 수 있을 것이다. 이는 한국의 대중국 수출이 중국의 수출에서 기여하는 정도가 높지 않고 지속적으로 감소하고 있다는 것을 의미한다.

이상의 방법론은 유사한 분석에 활용될 수 있다. 가령 한국의 대중국 수출에 포함된 일본의 부가가치, 중국의 대미국 수출에 포함된 일본의 부가가치도 쉽게 측정할 수 있다.

[예제 13-17] **중국의 대미수출에 포함된 한국의 대중국 부가가치 수출액(2)**

```
* 1. 중국의 대미국 수출에 포함된 한국의 부가가치와
*    이것이  한국의 대중국 수출에서 차지하는 비중

cd "J:₩Economics of GVC₩Trilateral Trade"

* 3) ADB Yearly data
matrix drop _all
clear

forvalues year=2007(1)2021 {
icio_load, iciotable(user, userpath("J:₩Economics of GVC₩data₩")
tablename("adb`year'.csv") countrylistname("adb_countrylist.csv") )

icio, export(kor) import(prc) destination(usa) output(dva)
mata st_matrix("value",             st_matrix("r(dva)")[1,1])
mata st_matrix("value_ratio",       st_matrix("r(dva)")[1,2])

matrix value_total                  = nullmat(value_total )₩ value
matrix colnames value_total         = value

matrix valueratio_total             = nullmat(valueratio_total)₩ value_ratio
matrix colnames valueratio_total    = ratio
                                    }
matrix Korea_China_USA = value_total, valueratio_total

matlist Korea_China_USA

clear
svmat Korea_China_USA, names(col)
generate year = 2006+_n
order year

save Korea_China_USA_ADB, replace
export excel using Korea_China_USA_ADB, sheet("data", replace) firstrow(variable)

matrix drop _all
clear
```

《 표 13-14 》 중국의 대미수출에 포함된 한국의 대중국 부가가치 수출액

연도	중국의 대미수출에 포함된 한국의 대중 부가가치 수출액(백만 달러)	한국의 대중국 수출비중(%)
2007	4,583	5.5
2008	4,197	4.1
2009	2,982	3.1
2010	3,637	3.0
2011	3,700	2.4
2012	3,859	2.5
2013	4,012	2.5
2014	4,749	2.8
2015	4,431	2.8
2016	4,861	3.1
2017	5,348	3.2
2018	5,888	3.5
2019	6,914	3.5
2020	6,034	3.3
2021	7,302	3.4

하지만 이상의 방법에 의한 계산결과는 중국의 대미 최종수요를 위한 수출에 포함된 한국의 대중 부가가치 수출액으로 한국의 수출액에서 차지하는 비중을 나타낸다. 그런데 보다 현실적인 지표는 중국의 미국과의 양자 간 수출에 포함된 한국 부가가치가 중국의 수출에서 차지하는 비중을 보는 것이다. 중국의 대미 수출에 포함된 한국 부가가치의 중국수출에서 차지하는 비중의 크기와 추세변화를 보는 것이 한국이 중국에 중간재를 지속적으로 수출할 가능성, 한국과 중국과의 글로벌 가치사슬의 지속성을 보다 정확하게 파악하는 방법이다.

다음 [예제 13−18]은 [예제 13−17]에서와 달리 수출국을 중국, 수입국을 미국으로 하였고, 관점을 양자 간 무역으로 한 것이다. 즉, export(prc) import(usa) perspective(bilat)으로 계산방법을 바꾼 것이다. 이런 계산방법의 활용방법은 이미 제12장의 단원 5에서 자세히 살펴보았다. 다음 제17장의 [예제 17−3]에서 그 계산 결과를 살펴볼 것이다. 중국의 미국과의 양자 간 수출에서 한국이 기여한 부가가치는 그 추세가 점차 감소하여 2021년 기준 중국 수출의 1.33%를 차지한다.

[예제 13-18] **중국의 대미수출에서 주요국의 부가가치 기여도([예제 17-3] 참조)**

```
* ****************************************************************
* *** [예제 13-18] 중국의 대미수출에 대한 주요국의 기여도 ***
* ****************************************************************
cd "J:₩Economics of GVC₩Korea China"

clear
matrix drop _all

forvalues year=2007(1)2021 {
icio_load, iciotable(user, userpath("J:₩Economics of GVC₩data₩")
tablename("adb`year'.csv") countrylistname("adb_countrylist.csv") )
icio, origin(all) export(prc) import(usa) perspective(bilat) output(va)

mata st_matrix("value",         st_matrix("r(va)")[.,1])
mata st_matrix("value_ratio",   st_matrix("r(va)")[.,2])

matrix value_total              = nullmat(value_total ), value
matrix valueratio_total         = nullmat(valueratio_total), value_ratio
                                 }

numlist "2007(1)2021"
local Year `r(numlist)'
matrix colnames value_total= `Year'
matrix colnames valueratio_total= `Year'

* 부가가치
clear
svmat value_total
merge 1:1 _n using countrynameADB
save value_total, replace
* export excel using value_total, sheet("data", replace) firstrow(variable)

* 부가가치 비율
clear
svmat valueratio_total
merge 1:1 _n using countrynameADB
save valueratio_total, replace
* export excel using valueratio_total, sheet("data", replace) firstrow(variable)
```

12. 글로벌 가치사슬의 취약성: 국별 품목별 수입의존도 심화 정도 분석

글로벌 가치사슬이 확대되면서 국제교역이 증가했고, 이는 세계 경제성장에 크게 기여하였다. 하지만 국제관계가 글로벌 가치사슬로 밀접하게 연결될수록 한 국가의 정치, 경제적인 충격, 특히 글로벌 가치사슬의 중심에 있는 국가에서의 충격은 다른 나라로 강하게 파급될 가능성이 있게 된다.

최근 COVID-19의 세계적인 대유행이나, 미국과 중국 간의 패권 경쟁에서 경험하고 있는 있는 것처럼 특정 국가에 의존하고 있는 정도가 심할수록 경제충격이 심할 것이기 때문에 글로벌 가치사슬의 취약성을 파악하는 것이 필요하다. 그 하나의 방법으로 어떤 한 국가가 특정국가에 지나치게 의존하고 있는 수입품목 현황을 살펴보는 것이 도움이 될 것이다.

[예제 13-19]에서는 비교적 세분화된 무역분류기준HS 6Digit에서 특정국가에 대한 수입 의존도가 50%가 넘는 품목수를 살펴보기로 한다. 가능한 한 세분화된 무역분류기준의 무역통계를 이용하는 것이 필요하지만 여기서는 무료로 접근할 수 있는 세계 무역통계를 이용하고자 한다. 물론 더욱 세분화된 무역분류기준의 유료 무역통계를 구할 수 있다면 이 예제를 쉽게 적용할 수 있을 것이다.

(1) 무료로 내명 무역통계 데이터 베이스 만들기

여기서는 먼저 과거 25년간(1995~2020년), 전 세계 238개국의 HS 6-digit기준 5,000여 개 품목의 수출입 자료에 대한 무역통계 데이터베이스를 자신의 PC에 직접 만들고 이를 활용하는 방법에 대해 살펴본다.5)

국내에서는 한국무역협회의 무역통계, 해외에서는 UN Comtrade통계가 국제경제관련 연구목적에 사용될 수 있으나 양이 많은 데이터는 무료로 사용할 수 없다. 적게는 수백만원, 많게는 천만원이 넘는 사용료를 지불해야 해당 통계에 무제한 접근할 수 있다.

우리는 이미 앞에서 무료로 UN Comtrade의 BEC 분류기준 무역통계를 사용법을 살펴보았다. 자신의 PC에 약 1,000만개 관측치로 구성된 데이터 베이스를 구축하

5) Gaulier, G. and Zignago, S. (2010), *BACI: International Trade Database at the Product-Level. The 1994~2007 Version*. CEPII Working Paper, No.2010-23. BibTex.

는 것으로서 비교적 데이터의 양이 적은 것이었다. 하지만 아래 CEPII의 BACI에서 제공하는 HS 6−Digit기준 무역통계는 상품수가 5,000여 개로 비교적 많기 때문에 전 세계 238개국 간의 상호무역 거래를 1995~2020년까지 통합하게 되면 전체 관측치 수는 약 3억개 정도가 된다.

먼저 BACI데이터를 다운로드한 후 아래 [예제 13−19]를 이용하면 쉽게 해당 무역통계자료에 대한 전체 데이터베이스를 자신의 PC에 구축할 수 있다. 이후 독자의 필요에 따라 개별국가의 총수출, 품목별 수출, 양국 간 무역통계의 추출이 가능하다. 또 이를 이용하여 현시비교우위지수, 산업내 무역지수 등 국제무역 이론에서 제시하는 다양한 지표의 계산에도 활용할 수 있다.

〈 그림 13-14 〉 CEPII의 BACI 데이터베이스

자료: http://www.cepii.fr/CEPII/en/bdd_modele/bdd_modele_item.asp?id=37.

[예제 13-19] 무료로 대형 무역통계 데이터베이스 만들기

```
* ****************************************************
* *** 무료로 세계무역통계 데이터 베이스 만들기 ***
* ****************************************************

cd "J:₩Economics of GVC₩BACI"

* 국가코드(238개국) 만들기
import delimited "J:₩Economics of GVC₩BACI₩country_codes_V202201.csv", varnames(1)
clear
* 변수명: country_code country_name_abbreviation country_name_full iso_2digit_alpha
iso_3digit_alpha이 있음

generate i=country_code
keep i  iso_3digit_alpha country_name_abbreviation
order  i  iso_3digit_alpha  country_name_abbreviation
save countrycode, replace

* 상품코드(HS6 digit 5000여개 품목) 만들기
import delimited "J:₩Economics of GVC₩BACI₩product_codes_HS92_V202201.csv", varnames(1)
clear
* 변수명: code description이 있음
destring code, generate(prodcode)  ignore("NA")
save productcode, replace

* 연도별 자료 읽어들여 국가코드, 상품코드 합치기
forvalues year=1995(1)2020     {
import delimited "J:₩Economics of GVC₩BACI₩BACI_HS92_Y`year'_V202201.csv", encoding
(ISO-8859-2) clear

destring q, replace ignore("NA")
merge m:1 i using countrycode, nogen
drop i
rename (t k v q iso_3digit_alpha country_name_abbreviation j) (year prodcode value quantity
reporter reporterfull i)

merge m:1 i using countrycode, nogen
rename (iso_3digit_alpha country_name_abbreviation) (partner partnerfull)
drop i

merge m:1 prodcode using productcode, nogen
order year reporter reporterfull partner partnerfull code prodcode description value quantity
sort year reporter code
```

```
drop if value==.
save baci`year', replace
                                        }

* 모든 연도의 자료를 수직으로 쌓아 최종데이터 베이스 만들기(약 3억개 obs')
use baci1995, clear
forvalues year=1996(1)2020     {
 append using baci`year'
                                        }
save BACI, replace

* 사용한 데이터세트 삭제
forvalues year=1996(1)2020 {
          erase baci`year'.dta
                                     }
```

(2) 해외 과대 수입의존 품목의 분석

다음 [예제 13-20]에서는 1995~2020년간, 전 세계 238개국 간의 HS 6 Digit 기준 5,000여 개 품목의 무역통계를 이용하여 연도별로 글로벌 가치사슬에 중요한 역할을 하고 있는 한국, 중국, 일본, 미국 4개국이 특정 수입국에 대해 50% 이상의 수입 의존도를 가진 품목수를 계산하고자 한다.

순서에 따라 자신의 PC에 저장된 BACI 데이터세트를 불러온 뒤, 분석하고자 하는 국가에 대한 자료만 남기고, 이로부터 50% 이상의 수입의존도를 가진 품목만 추출한 후, 이를 집계하는 과정을 살펴보자.

[예제 13-20] 국별 품목별 수입의존도 심화 품목

```
* ********************************************
* *** 국가별 품목별 수입의존도 심화 품목 ***
* ********************************************

cd "J:₩Economics of GVC₩Vulnerability"

* 한국의 수입상대국을 대상으로 수입의존도 50%이상 추출

use "J:₩Economics of GVC₩BACI₩BACI", clear
keep if  partner=="KOR"
```

```
egen sumbyprod = total(value), by(year prodcode)
generate share=value/sumbyprod*100
format share %10.2f

keep if share >= 50
tabulate reporter year, matcell(vulnerability_table)

tab2xl reporter year using "Korea_vulnerability_table", col(1) row(1) replace

* 중국의 수입상대국을 대상으로 수입의존도 50%이상 추출
use BACI, clear
keep if  partner=="CHN"
egen sumbyprod = total(value), by(year prodcode)
generate share=value/sumbyprod*100
format share %10.2f

keep if share >= 50
tabulate reporter year, matcell(vulnerability_table)

tab2xl reporter year using "China_vulnerability_table", col(1) row(1) replace

* 일본의 수입상대국을 대상으로 수입의존도 50%이상 추출
use BACI, clear
keep if  partner=="JPN"
egen sumbyprod = total(value), by(year prodcode)
generate share=value/sumbyprod*100
format share %10.2f

keep if share >= 50
tabulate reporter year, matcell(vulnerability_table)

tab2xl reporter year using "Japan_vulnerability_table", col(1) row(1) replace

* 미국의 수입상대국을 대상으로 수입의존도 50%이상 추출
use BACI, clear
keep if  partner=="USA"
egen sumbyprod = total(value), by(year prodcode)
generate share=value/sumbyprod*100
format share %10.2f

keep if share >= 50
tabulate reporter year, matcell(vulnerability_table)

tab2xl reporter year using "USA_vulnerability_table", col(1) row(1) replace
```

이를 통해 한국과 중국의 특정국 50% 이상 수입의존도를 가진 품목을 집계한 결과는 다음 [표 13-15], [그림 13-15]와 같다. 한국의 경우를 살펴보면, 1995년 5,000여 개 품목 가운데 2,794개 품목의 수입이 특정국에 50% 이상 의존하고 있었으나 2020년에는 2,556개로 줄어들었다. 그런데 같은 기간 일본에 대해서는 800개에서 252개로, 미국에 대해서는 634개에서 249개로 크게 하락하였지만, 중국에 대해서는 519개에서 1,288개로 크게 증가하였다. 한국이 중국에서의 수입에 크게 의존하고 있는 모습을 보여주고 있는 것이다.

〈 표 13-15 〉 한국의 특정국 수입의존도 50% 이상 품목수(HS 6digit 5,000여 개 대상)

	전체	중국	일본	미국	베트남	이탈리아	독일
1995	2,794	519	800	634	4	129	86
1996	2,652	479	704	624	3	125	91
1997	2,670	535	693	593	4	102	82
1998	2,797	578	688	612	9	94	107
1999	2,713	609	724	547	11	74	83
2000	2,734	662	728	563	23	73	76
2001	2,672	709	614	555	32	72	85
2002	2,609	782	584	464	24	55	89
2003	2,629	842	551	463	27	68	86
2004	2,652	953	530	379	17	59	87
2005	2,667	1,081	468	385	21	63	80
2006	2,725	1,166	464	364	23	59	74
2007	2,731	1,147	420	324	32	53	63
2008	2,687	1,153	397	312	20	59	60
2009	2,604	1,085	392	325	28	71	75
2010	2,619	1,160	395	359	30	59	67
2011	2,582	1,172	361	300	32	58	67
2012	2,532	1,148	339	289	35	52	51
2013	2,515	1,168	279	301	30	68	64
2014	2,529	1,175	298	293	51	66	54
2015	2,559	1,214	286	280	54	63	66
2016	2,545	1,211	313	248	51	77	58
2017	2,537	1,189	302	246	81	82	55
2018	2,514	1,192	279	255	73	71	51
2019	2,506	1,232	263	254	72	66	62
2020	2,556	1,288	252	249	90	80	59

반면 중국은 아래 [표 13-16]에서 보듯히 1995년 5,000여 개 품목 가운데 2,254개의 품목의 수입이 특정국에 50% 이상 의존하고 있었으나 2020년에는 1,751개로 줄어들었다. 같은 기간 일본에 대해서는 432개에서 225개로, 미국에 대해서는 261개에서 181개로 줄어들었으나 독일에 대해서는 83개에서 181개로 증가하였다. 한국에 대해서는 1995년 143개에서 2020년 75개로 줄어들었다.

특정품목의 수입의존도에 대한 한국과 중국 간의 이런 모습들은 한국의 지나친 중국 의존도를 반영한다고 볼 수 있다. 구체적 품목을 살펴보면 한국은 중국에 광산물, 식료품, 의류 부문에서 크게 의존하고 있다.

이때 분석결과의 해석에 주의할 필요가 있다. 한국의 중국에 의존도는 매우 높게 나타나지만, 중국의 한국에 대한 의존도는 전기전자 등에 크게 의존하고 있으면서도 높게 나타나지 않는다. 다른 나라에 대해서도 동일하겠지만 한국은 해외직접투자를 통해 중국 현지에서 많은 중간재를 공급하고 있기 때문이다.

〈 그림 13-15 〉 한국의 특정국 수입의존도 50% 이상 품목수

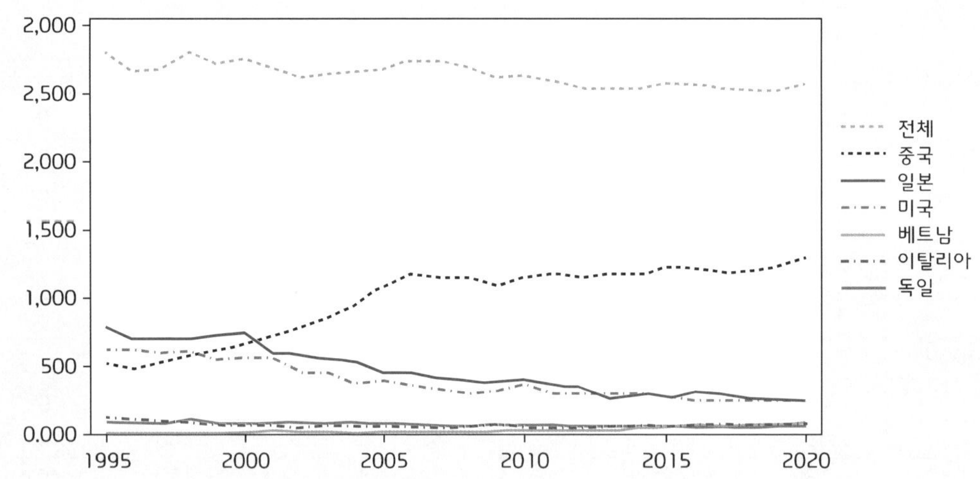

〈 표 13-16 〉 중국의 특정국 수입의존도 50% 이상 품목수(HS 6digit 5,000여 개 대상)

연도	전체	일본	미국	독일	베트남	홍콩	한국	이탈리아
1995	2,254	432	261	83	7	531	143	35
1996	2,252	407	292	59	5	445	164	35
1997	2,228	428	299	80	2	475	198	34
1998	2,248	409	300	88	4	458	204	38

연도	전체	일본	미국	독일	베트남	홍콩	한국	이탈리아
1999	2,146	421	302	82	5	391	195	35
2000	2,186	414	322	90	36	382	197	35
2001	2,108	358	327	97	58	349	182	34
2002	2,076	319	300	100	39	297	199	38
2003	2,008	336	282	113	37	238	184	32
2004	1,933	344	274	112	29	200	167	39
2005	1,915	337	289	92	30	163	158	41
2006	1,876	312	301	87	27	157	139	40
2007	1,892	284	284	87	34	123	115	46
2008	1,879	287	265	90	27	113	113	46
2009	1,858	283	281	97	24	110	122	60
2010	1,770	281	271	100	34	95	101	57
2011	1,770	278	233	119	27	97	106	58
2012	1,792	240	242	117	31	110	108	54
2013	1,764	209	251	144	37	80	101	50
2014	1,714	183	236	139	31	78	97	64
2015	1,691	205	213	131	39	80	105	57
2016	1,720	212	219	120	58	88	98	63
2017	1,703	211	184	135	78	84	90	68
2018	1,683	208	180	142	73	68	85	75
2019	1,698	221	170	143	74	67	89	74
2020	1,751	225	181	154	81	75	75	70

13. 글로벌 가치사슬과 히트맵(Heatmap)

국제무역 통계와 같은 세계 여러 나라의 통계를 쉽게 이해하는 방법은 세계지도 위에 국별로 해당 통계량의 크기를 색깔로 나타내는 것이다. 국제무역을 다루는 많은 웹사이트나 교과서, 보고서 등에서도 이런 히트맵이 다양하게 사용된다.

여기에서는 국별 무역통계, 국별 부가가치 통계를 이런 히트맵으로 그리는 방법에 대해 살펴본다. 다음의 [예제 13-21]에서는 글로벌 가치사슬에서 다루는 국별 부가가치 수출액을 계산하고, 이를 Stata 시스템 내의 지도자료와 결합하여 히트맵을 그려본다.

예제 프로그램의 전반부에 국가코드를 변경하는 부분이 있는데 이는 ADB MRIO 통계에서 채택한 국가코드가 Stata의 국가코드와 다르기 때문에 이를 통일시키기 위한 것이다. 중간부분의 world-c와 world-c는 Stata에서 제공되는 국별 위도, 경도 자료이다. 이러한 국별 위도, 경도자료와 국별 부가가치 통계를 결합하여 히트맵을 그리게 되는데 Stata 사용자 작성 프로그램인 spmap을 사용하였다.

여기서 주의할 것은 대부분의 국별자료에서 채택하는 국가코드는 ISO분류기준을 따르기 때문에 서로 일치하게 된다. 하지만 ADB자료는 약 25개국의 국가코드가 ISO 국가코드와 상이하기 때문에 이를 통일해줄 필요가 있다.

본서의 많은 사례들은 모두 CSV형태의 자료를 이용하면서 사전적으로 국가코드를 부여하고 있다. 따라서 ADB자료가 ISO기준과 다른 것을 통일하기 위해 ADB자료를 읽어올 때 국가코드를 ISO기준으로 통일하여 입력한다면 오히려 편리할 것이다. 여기에서는 icio에서 직접 로드하는 ADB자료와의 국가코드를 동일하게 하기 위해 이를 반영하지 않았다.

[예제 13-21] **부가가치 무역의 히트 맵(Heat Map) 그리기**

```
cd "J:₩Economics of GVC₩Heat Map "

* 부가가치 무역
icio_load, iciot(adb) year(2019)
icio, origin(all)
matrix TiVA= r(vby)

local colname "value ratio"
matrix colnames TiVA = `colname'
matlist TiVA

xsvmat TiVA, names(col) rownames(countrycode) norestore
replace countrycode="BGD" if countrycode=="BAN"
replace countrycode="BTN" if countrycode=="BHU"
replace countrycode="BRN" if countrycode=="BRU"
replace countrycode="KHM" if countrycode=="CAM"
replace countrycode="DNK" if countrycode=="DEN"
replace countrycode="FJI" if countrycode=="FIJ"
replace countrycode="DEU" if countrycode=="GER"
replace countrycode="IDN" if countrycode=="INO"
replace countrycode="IRL" if countrycode=="IRE"
replace countrycode="MYS" if countrycode=="MAL"
replace countrycode="MDV" if countrycode=="MLI"
replace countrycode="MNG" if countrycode=="MON"
replace countrycode="NPL" if countrycode=="NEP"
```

```
replace countrycode="NLD" if countrycode=="NET"
replace countrycode="PHL" if countrycode=="PHI"
replace countrycode="PRT" if countrycode=="POR"
replace countrycode="CHN" if countrycode=="PRC"
replace countrycode="ROU" if countrycode=="ROM"
replace countrycode="SGP" if countrycode=="SIN"
replace countrycode="ESP" if countrycode=="SPA"
replace countrycode="LKA" if countrycode=="SRI"
replace countrycode="TWN" if countrycode=="TAP"
replace countrycode="GBR" if countrycode=="UKG"
replace countrycode="VNM" if countrycode=="VIE"
save TiVA, replace

sysuse world-c, clear
save worldc, replace

sysuse world-d, clear
quietly merge m:m countrycode using TiVA, nogen

spmap  value using worldc, id(_ID)                                    ///
       clnumber(20) fcolor(Rainbow) ocolor(none ..)                   ///
       title("World Trade in Value Added", size(*1.2)) legstyle(3)    ///
       legend(ring(1) position(3))                                    ///
       note("자료: ADB MRIO Database")
```

《 그림 13-16 》 세계 부가가치 무역의 히트맵

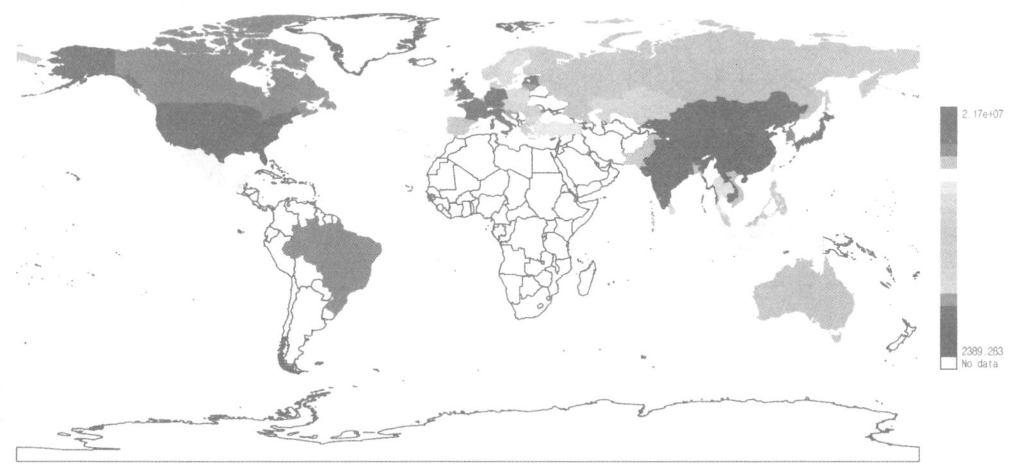

자료: ADB MRIO Database.

14. World Development Indicator 데이터베이스

세계은행의 World Development Indicators 데이터베이스는 전 세계 270개 국가, 또는 지역의 지역개발, 국제원조, 경제성장, 교육, 환경, 재정, 사회간접자본, 빈곤, 과학기술, 사회발전, 기후변화, 대외부채, 무역 등 21개 분류기준에서 약 6,800여 개 항목에 대해 1960~현재까지의 자료를 제공해주고 있다. 다양한 통계의 국제비교를 위한 자료로서 그 활용도가 매우 높다. 또한 개별 국가들의 소속지역, 국가코드, 소득그룹(고소득국, 중위소득국, 하위소득국)에 대한 유용한 정보를 제공하고 있다.[6)]

이 자료는 앞서 살펴본 글로벌 가치사슬에 관한 다양한 지표들과 결합하여 다양한 연구에 사용될 수 있는 패널자료를 만드는 데 사용할 수 있으므로 제5부에서 살펴보게 될 글로벌 가치사슬 분석의 응용 부분에서 유용하게 활용될 수 있다.

여기에서는 세계은행의 World Development Indicators 데이터베이스에 편리하게 접근하여 자신만의 데이터세트를 작성하는 데 도움이 될 방법을 설명하고자 한다.

먼저 이 데이터베이스에 처음 접근하게 되는 초보자라면 첫째, 아래 웹사이트에서 어떤 자료가 제공되는지를 파악할 필요가 있다. 광범위한 21개 카테고리에서 다양한 자료들이 제공된다는 사실을 먼저 파악할 수 있을 것이다. 그 다음에는 국민소득GDP과 같은 자료를 선택하고, 이를 엑셀형태의 자료로 다운로드 하여 해당 자료를 살펴볼 필요가 있다. 국가와 지역, 제공되는 자료의 시점(1960~현재), 수평 방향으로 연도, 수직 방향으로 국가가 배열되어 있음도 확인할 수 있다. 다운로드 받은 엑셀파일의 다른 시트에는 국가별 소득수준 구분, 국가코드와 같은 정보가 있다는 것도 파악할 필요가 있다. 만약 이 자료를 Stata에서 활용하기 위해서는 읽어들이는 방법에 대해 생각해보는 것도 도움이 될 것이다. 이 방법은 다음 사례에서 제공하는 마지막 세 번째 방법이 된다.

둘째, 이상의 방법에 익숙해졌다면 해당 자료를 다운로드할 때 클릭했던 부분에 커서cursor를 가져다 놓고 우측 마우스를 클릭하여 해당 자료에 접근할 수 있는 url을 복사한 다음 Stata에서 읽어 들여오도록 하면 된다. 이 방법은 다음 사례에서 제공하는 두 번째 방법이 된다.

셋째, World Development Indicators 데이터베이스에 쉽게 접근할 수 있도록 만든 사용자 작성 프로그램인 wbopendata를 이용하는 방법이다. 매우 편리한 방법

6) https://data.worldbank.org/indicator.

〈그림 13-17〉 World Development Indicators 웹사이트

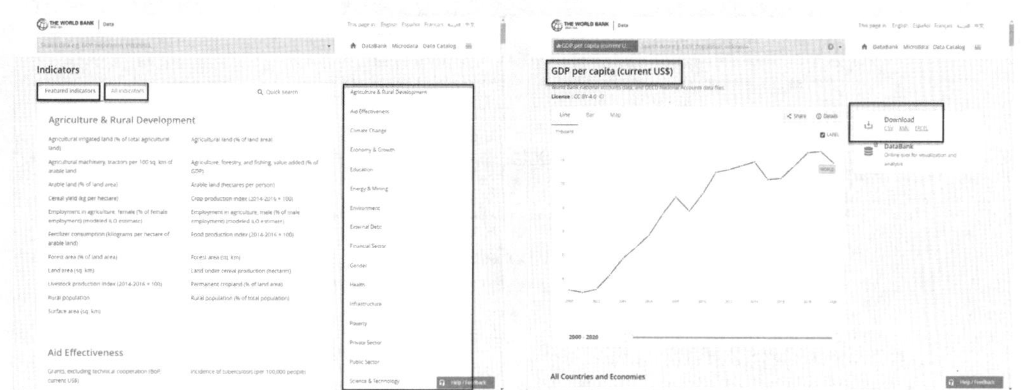

으로 아주 쉽게 여러 자료를 패널형태의 자료로 만들 수 있는 기능도 제공해준다. 여기에서 접근하고자 하는 변수의 코드명은 이상 두 번째 방법에서 복사한 url의 일부분임을 알 수 있다. wbopendata를 실행하면 해당 코드를 확인할 수 있다. 또 본서에서 제공하는 예제파일, 계산결과, 기초 데이터가 포함된 파일모음 자료의 "WDI Data"디렉터리에서 해당 파일을 찾을 수 있다.

이상에서 설명한 대로 아래 [예제 13-22]에서는 wbopendata명령어를 이용하여 아주 쉽게 필요한 자료를 불러와서 패널자료를 만드는 방법, 해당 자료의 url을 복사해서 자료를 불러오고 이를 추가적인 작업을 통해 패널자료로 만드는 방법, 마지막으로는 해당 자료를 다운로드한 후 이를 불러오는 방법을 설명하고 있다. 능숙한 사용자가 되면 첫 번째 방법을 사용하게 될 것이다.

여기서는 GDP, 구매력PPP기준 GDP, 수출, 수입, 해외직접투자FDI자료를 불러와서 패널자료를 만드는 과정을 설명하고 있지만, 글로벌 가치사슬 연구의 응용에서 자주 언급되는 사회적, 경제적 고도화 관련 지표들도 쉽게 불러올 수 있다. 다만 사회적, 경제적 고도화 관련 지표로 어떤 것을 사용할 것이냐에 따라 World Development Indicators자료는 매우 제한적으로 사용될 수밖에 없다. 이런 점에서 다음에 설명할 펜 월드 테이블Pen world Table 자료가 보완적으로 사용될 수 있을 것이다.

[예제 13-22] **World Bank의 World Development Data 사용법**

```
* ******************************************************
* *** World Bank의 World Development Data 사용법 ***
* ******************************************************

cd "J:\Economics of GVC\WDI Data"

* ******************************************************
* 1) Stata의 사용자 작성 프로그램 wbopendata 사용하기
* ******************************************************

* 사용자 작성 프로그램 설치
ssc install wbopendata

* 직접 화면에서 작업하기
db wbopendata

* Stata 명령어 wbopendata사용하기
* 가장 편리한 방법
* long 옵션을 사용하면 long form형태로 Import함
wbopendata, language(en - English) country() topics()        ///
            indicator(NY.GDP.MKTP.CD;                          ///
                    NY.GDP.MKTP.PP.CD;                         ///
                    TX.VAL.MRCH.CD.WT;                         ///
                    TM.VAL.MRCH.CD.WT;                         ///
                    TG.VAL.TOTL.GD.ZS;                         ///
                    BX.KLT.DINV.CD.WD                          ///
                    ) long clear

rename (ny_gdp_mktp_cd ny_gdp_mktp_pp_cd tx_val_mrch_cd_wt tm_val_mrch_cd_wt
tg_val_totl_gd_zs bx_klt_dinv_cd_wd)(gdp gdpppp export import manutrade fdi)
save interecon2021, replace
export excel using "interecon2021", firstrow(variables) replace

tab regionname
tab countryname

* ********************************************
* 2) WDI에서 링크를 복사하여 직접 읽어오기
* ********************************************
* 링크복사는 WDI 웹사이트에서 해당 데이터 클릭 후—>데이터세트 다운로드—> excel위에서
우측마우스 클릭 후 복사
import excel "https://api.worldbank.org/v2/en/indicator/NY.GDP.MKTP.CD?downloadformat
=excel", cellrange(A4) firstrow clear
```

```
rename (E-BM) gdp#, addnumber(1960)
save gdp, replace

import excel "https://api.worldbank.org/v2/en/indicator/NY.GDP.MKTP.PP.CD?downloadformat
=excel", cellrange(A4) firstrow clear
rename (E-BM) gdpppp#, addnumber(1960)
save gdpppp, replace

import excel "https://api.worldbank.org/v2/en/indicator/TX.VAL.MRCH.CD.WT?downloadformat
=excel", cellrange(A4) firstrow clear
rename (E-BM) export#, addnumber(1960)
save export, replace

import excel "https://api.worldbank.org/v2/en/indicator/TM.VAL.MRCH.CD.WT?downloadformat
=excel", cellrange(A4) firstrow clear
rename (E-BM) import#, addnumber(1960)
save import, replace

import excel "https://api.worldbank.org/v2/en/indicator/TG.VAL.TOTL.GD.ZS?downloadformat
=excel", cellrange(A4) firstrow clear
rename (E-BM) manutrade#, addnumber(1960)
save manutrade, replace

import excel "https://api.worldbank.org/v2/en/indicator/BX.KLT.DINV.CD.WD?downloadformat
=excel", cellrange(A4) firstrow clear
rename (E-BM) fdi#, addnumber(1960)
save fdi, replace

* Wide Form Dataset 만들기
use gdp, clear
merge 1:1 CountryCode using gdpppp, nogen
merge 1:1 CountryCode using export, nogen
merge 1:1 CountryCode using import, nogen
merge 1:1 CountryCode using manutrade, nogen
merge 1:1 CountryCode using fdi, nogen
save final, replace

* Long Form Dataset 만들기
drop IndicatorName IndicatorCode
reshape long gdp gdpppp export import manutrade fdi, i(CountryName CountryCode) j(year)
save finallong, replace

* 불필요한 데이터세트 삭제
erase gdp.dta
erase gdpppp.dta
```

```
erase export.dta
erase import.dta
erase manutrade.dta
erase fdi.dta

* *************************************
* 3) 다운로드한 엑셀 파일을 읽어오기
* *************************************
import excel using "API_NY.GDP.MKTP.CD_DS2_en_excel_v2_2763979", cellrange(A4)  firstrow
clear
rename (E-BM) gdp#, addnumber(1960)
save gdp, replace

import excel "API_NY.GDP.PCAP.PP.CD_DS2_en_excel_v2_2765043", cellrange(A4) firstrow
clear
rename (E-BM) gdpppp#, addnumber(1960)
save gdpppp, replace

import excel "API_TX.VAL.MRCH.CD.WT_DS2_en_excel_v2_2765087", cellrange(A4) firstrow
clear
rename (E-BM) export#, addnumber(1960)
save export, replace

import excel "API_TM.VAL.MRCH.CD.WT_DS2_en_excel_v2_2766285", cellrange(A4) firstrow
clear
rename (E-BM) import#, addnumber(1960)
save import, replace

import excel "API_TG.VAL.TOTL.GD.ZS_DS2_en_excel_v2_2767156", cellrange(A4) firstrow
clear
rename (E-BM) manutrade#, addnumber(1960)
save manutrade, replace

import excel "API_BX.KLT.DINV.CD.WD_DS2_en_excel_v2_2764626.xls", cellrange(A4)
firstrow clear
rename (E-BM) fdi#, addnumber(1960)
save fdi, replace

* Wide Form Dataset 만들기
use gdp, clear
merge 1:1 CountryCode using gdpppp, nogen
merge 1:1 CountryCode using export, nogen
merge 1:1 CountryCode using import, nogen
merge 1:1 CountryCode using manutrade, nogen
merge 1:1 CountryCode using fdi, nogen
```

```
save final, replace

* Long Form Dataset 만들기
drop IndicatorName IndicatorCode
reshape long gdp gdpppp export import manutrade fdi, i(CountryName CountryCode) j(year)
save finallong, replace

* 불필요한 데이터세트 삭제
erase gdp.dta
erase gdpppp.dta
erase export.dta
erase import.dta
erase manutrade.dta
erase fdi.dta
```

15. 펜 월드 테이블(Penn World Table) 자료

앞서 살펴본 세계은행의 World Development Indicators[WDI] 데이터베이스에서 제공되는 다양한 경제지표에서 글로벌 가치사슬의 응용연구에서 필요한 자료는 의외로 부족하다. 글로벌 가치사슬 연구에서는 글로벌 가치사슬의 진전에 따른 경제의 성장과 발전, 사회적 고도화와 관련된 지표들을 필요로 하는데 이에 대한 자료들이 부족하다는 것이다.

하지만 이런 문제점은 펜 월드 테이블을 이용함으로써 해결될 수 있다. 펜 월드 테이블에서는 세계 약 90여 개 국가의 국민소득, 노동투입, 인적자본, 자본투입, 노동분배율, 자본분배율과 같은 자료를 이용하여 총요소생산성 증가율, 미국대비 총요소생산성 수준과 같은 풍부한 자료를 제공해준다. 그 외에도 근로임금, 고용율, 교역조건, 대외 개방도와 같은 자료들을 구할 수 있다. 따라서 글로벌 가치사슬의 확대에 따른 경제성장과 발전, 사회적 고도화와의 인과관계를 파악하려는 연구목적에 유용하게 사용할 수 있다.

아래 [예제 13-23]은 그로닝겐 성장과 발전 센터[Groningen Growth and Development Centre]의 웹사이트에서 Stata dataset형태로 제공해주는 파일을 이용하여 이상에서 설명한 자료들을 추출하는 방법을 설명하고 있다. 일부 자료는 미리 계산되어 있는 자료이며, 일부 자료는 간단한 수식을 이용하여 계산한 자료들이다.

특히 펜 월드 테이블은 정기적으로 갱신된 자료를 Stata dataset형태로 제공해준

〈그림 13-18〉 펜 월드 테이블 제공 웹사이트(그로닝겐 성장 발전센터)

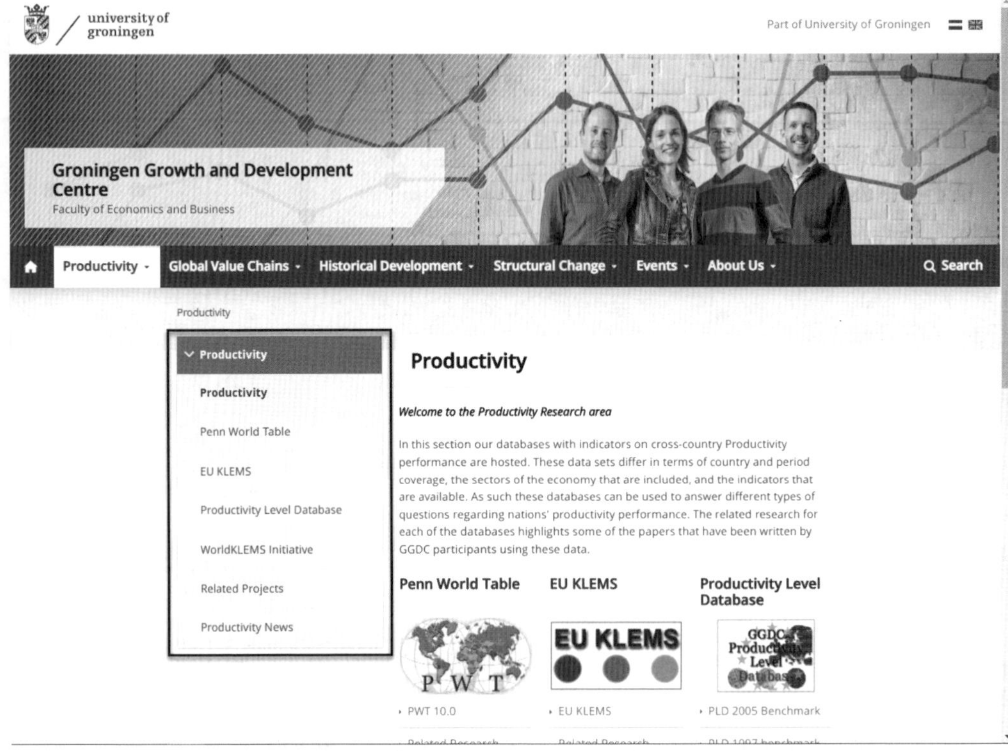

자료: https://www.rug.nl/ggdc/productivity/pwt/?lang=en.

다면 점에서 연구자들을 배려하고 있다는 점이 인상적이다. 여기에서의 국가코드는 지금까지 살펴본 무역통계, WIOD나 WDI에서의 국가코드와 동일하다. 하지만 ADB MRIO자료에서의 국가코드는 약 25개 국가코드가 다르기 정의되고 있기 때문에 패널 자료의 작성과정에서 주의할 필요가 있다.

[예제 13-23] 펜 월드 테이블(Penn World Table)에서 GVC관련 연구지표

```
* **************************************************
* *** 펜 월드 테이블에서 GVC관련 연구지표  ***
* **************************************************

cd "J:₩Economics of GVC₩data₩Penn World Table"

use pwt100, clear
```

```
graph set window fontface "굴림체"
encode countrycode, gen(countrycoden)
xtset countrycoden year, yearly

* 필요한 자료만으로 균형패널 작성
*ssc install http://fmwww.bc.edu/RePEc/bocode/x/xtbalance.pkg
xtbalance , range(1964 2019) miss(rgdpe pop emp)

keep country countrycode year rgdpo pop emp avh hc cgdpo ctfp rgdpna rtfpna labsh xr
pl_x pl_m csh_x csh_m

* 일인당 국민소득
gen per_rgdpo=rgdpo/pop

* 근로자일인당 소득
gen emp_rgdpo=rgdpo/emp

* 고용율
gen emprate=emp/pop*100

* 소득 증가율(1965-2019년간)
sort countrycode
by countrycode: gen growthrate=(ln(rgdpo)-ln(rgdpo[_n-1]))*100

* 일인당 임금수준
gen perwage=(rgdpo*labsh)/emp/pop*100

* 교역조건(수출가격지수/수입가격지수)
gen termsoftrade=pl_x / pl_m

* 대외개방도 (수입비중 마이너스로 입력되어 있음)
gen openess = (csh_x - csh_m)*100

* 노동분배율(%)
gen laborshare=labsh*100

* TFP 지수 및 수준 (%)
gen tfplevel = ctfp*100
gen tfpindex = rtfpna*100

* GVC관련 연구에 필요한 데이터 (92개국)
* 일인당 국민소득, 근로자 일인당 소득, 근로자 임금수준, 고용률, 국민소득증가율
* 인적자본지수, TFP수준, TFP지수, 노동분배율, 교역조건, 대외개방도
```

```
keep country countrycode year per_rgdpo emp_rgdpo emprate growthrate perwage
termsoftrade laborshare openess hc tfplevel tfpindex
drop if year==1964
* keep if countrycode=="KOR"
format year per_rgdpo emp_rgdpo perwage %10.0f
format emprate growthrate termsoftrade laborshare openess hc tfplevel tfpindex %10.1f

save pwt_gvcrelated, replace
export excel using pwt_gvcrelated, sheet("data") firstrow(variable) replace
```

16. 한국생산성본부의 생산성 분석자료

지금까지 설명한 자료들의 작성과정에서 글로벌 가치사슬관련 지표들은 국별, 또는 산업별로 만들어지지만 세계은행 WDI자료나 펜 월드 테이블 자료는 국별로 작성된 자료들이다. 그래서 글로벌 가치사슬에서 국별, 산업별로 만들어진 자료와 이와 연관된 국별, 산업별 경제성장 및 발전 또는 사회적 고도화의 지표를 작성하기 위해서는 국별, 산업별로 다양한 지표를 작성하는 방법에 대해 이해할 필요가 있다.

이를 위한 하나의 사례를 본다면, 한국의 산업별 총요소 생산성 측정을 위한 기초자료를 이용하여 펜 월드 테이블에서 구할 수 있는 사회적, 경제적 고도화 지표를 산업별로 구하는 것이다. 한국의 산업별 생산성 측정관련 자료는 한국생산성본부 웹사이트에서 원시자료를 구할 수 있고, 이를 이용하여 다양한 지표를 계산할 수 있다.

원래 국별 산업별 생산성 자료는 EU KLEMS 데이터베이스에서 세계 주요국에 대해 동일한 산업분류기준에 의해 작성된 바 있었으나, 최근에는 Asian KLEMS자료가 별도로 작성되기 시작함으로써 전체적인 통일성을 갖추지 못하고 있다. 또한 글로벌 가치사슬에서 중요한 역할을 하고 있는 중국 자료가 최근에는 작성되지 않고 있기 때문에 활용도가 다소 떨어지게 되었다.

하지만 EU KLEMS와 Asian KLEMS자료를 결합하고, 본서에서 구한 국별, 산업별 글로벌 가치사슬 자료와 패널자료를 구성한다면 다양한 연구목적에 사용될 수 있을 것이다. 다음 [예제 13-24]는 한국생산성본부에서 제공되는 기초자료를 이용하여 글로벌 가치사슬 연구에 활용할 수 있는 총요소생산성 지표를 계산하기 위한 것이다. 생산성 본부에서 이미 계산된 지수, 본 예제에서 디비지아 지수divisia index와 퉁크비스트 지수Tornqvist index 방식에 의해 구한 생산성 지표이다. 그 외에도 사회적, 경제적 고도화 지표로 활용할 수 있는 지표 가령, 소득분배율, 임금수준, 경제성장률, 근로자수 등에 대한 자료를 구할 수 있을 것이다.

[예제 13-24] 한국의 산업별 총요소생산성과 GVC에서의 활용

```
* ***********************************
* *** 한국의 산업별 총요소생산성 ***
* ***********************************

cd "J:₩Economics of GVC₩Korea TFP"

clear
* 1995-2019
import excel "J:₩Economics of GVC₩Korea TFP₩명목 총산출.xlsx", sheet("Test Sheet")
cellrange(A2:C951)
rename (A-C) (year industry currentgrossoutput)
save currentgrossoutput, replace

clear
* 명목 총산출 (백만원) 1995-2019
import excel "J:₩Economics of GVC₩Korea TFP₩실질 총산출.xlsx", sheet("Test Sheet")
cellrange(A2:C951)
rename (A-C) (year industry realgrossoutput)
save realgrossoutput, replace

clear
* 명목 부가가치 (백만원) 1995-2020
import excel "J:₩Economics of GVC₩Korea TFP₩명목 부가가치.xlsx", sheet("Test Sheet")
cellrange(A2:C989)
rename (A-C) (year industry currentvalueadded)
save currentvalueadded, replace

clear
* 실질 부가가치 (2015년 기준, 백만원) 1995-2020
import excel "J:₩Economics of GVC₩Korea TFP₩실질 부가가치.xlsx", sheet("Test Sheet")
cellrange(A2:C989)
rename (A-C) (year industry realvalueadded)
save realvalueadded, replace


clear
* 노동투입의 양 (총근로시간, 백만시간) 1995-2020
```

```
import excel "J:₩Economics of GVC₩Korea TFP₩노동투입량.xlsx", sheet("Test Sheet")
cellrange(A2:C989)
rename (A-C) (year industry labor)
save labor, replace

clear
* 노동의 질 (증가율, %) 1996-2020
import excel "J:₩Economics of GVC₩Korea TFP₩노동의 질.xlsx", sheet("Test Sheet")
cellrange(A2:C951)
rename (A-C) (year industry laborquality)
save laborquality, replace

clear
* 총노동투입 (노동서비스 증가율, %) 1996-2020
import excel "J:₩Economics of GVC₩Korea TFP₩노동 총투입량.xlsx", sheet("Test Sheet")
cellrange(A2:C951)
rename (A-C) (year industry labortotal)
save labortotal, replace

clear
* 노동분배율 1995-2019
import excel "J:₩Economics of GVC₩Korea TFP₩노동분배율.xlsx", sheet("Test Sheet")
cellrange(A2:C951)
rename (A-C) (year industry laborshare)
save laborshare, replace

clear
* 실실자본스톡 (2015년 기순, 백만원) 1995-2020
import excel "J:₩Economics of GVC₩Korea TFP₩실질 자본투입.xlsx", sheet("Test Sheet")
cellrange(A2:C989)
rename (A-C) (year industry realcapital)
save realcapital, replace

clear
* 자본분배율 1995-2019
import excel "J:₩Economics of GVC₩Korea TFP₩자본분배율.xlsx", sheet("Test Sheet")
cellrange(A2:C951)
rename (A-C) (year industry capitalshare)
save capitalshare, replace

clear
* 명목 중간재투입 (백만원) 1995-2019
import excel "J:₩Economics of GVC₩Korea TFP₩명목 중간재투입.xlsx", sheet("Test Sheet")
cellrange(A2:C951)
```

```
rename (A–C) (year industry currentinterm)
save currentinterm, replace

clear
* 실질 중간재투입 (2015년 기준, 백만원) 1995–2019
import excel "J:₩Economics of GVC₩Korea TFP₩실질 중간재투입.xlsx", sheet("Test Sheet")
cellrange(A2:C951)
rename (A–C) (year industry realinterm)
save realinterm, replace

clear
* 중간재투입 분배율 1995–2019
import excel "J:₩Economics of GVC₩Korea TFP₩중간재 분배율.xlsx", sheet("Test Sheet")
cellrange(A2:C951)
rename (A–C) (year industry intermshare)
save intermshare, replace

clear
* 총요소생산성 (총산출 기준 성장회계, %) 1996–2019
import excel "J:₩Economics of GVC₩Korea TFP₩총요소생산성.xlsx", sheet("Test Sheet")
cellrange(A2:C913)
rename (A–C) (year industry tfp)
save tfp, replace


* 산업섹터 번호 만들기
keep if year==2019
generate sector=_n
keep sector industry
save sector, replace
* ****************

* 개별 자료를 하나의 데이터세트로 만들기
clear
use currentgrossoutput, clear
local item "realgrossoutput currentvalueadded realvalueadded labor laborquality labortotal
laborshare realcapital capitalshare currentinterm realinterm intermshare tfp"
foreach i of local item {
merge m:m year industry using `i', nogen
                        }
save KoreaTFP, replace

merge m:1 industry using sector, nogen
sort sector year
```

```
order year sector industry
save KoreaTFP, replace

* 총요소생산성 증가율 계산
use KoreaTFP, clear
* 투입물 증가율
gen gr_L=(ln(labor)-ln(labor[_n-1]))*100
generate Gr_Y=(ln(realgrossoutput)-ln(realgrossoutput[_n-1]))*100
generate Gr_L=gr_L+laborqualit
generate Gr_K=(ln(realcapital)-ln(realcapital[_n-1]) )*100
generate Gr_M=(ln(realinterm)-ln(realinterm[_n-1]) )*100

* 디비지아 지수(divisia index) 방식
generate Divisia_TFP=Gr_Y-laborshare*Gr_L-capitalshare*Gr_K-intermshare*Gr_M

* 통크비스트(Tonqvist index) 방식
generate Tonqvist_TFP=Gr_Y-(laborshare+laborshare[_n-1])/2*Gr_L        ///
                      -(capitalshare+capitalshare[_n-1])/2*Gr_K    ///
                      -(intermshare+capitalshare[_n-1])/2*Gr_M

format Divisia_TFP Tonqvist_TFP Gr* %5.2f

save KoreaTFP_Final, replace

* 산업별 생산 증가율, 부가가치 증가율, 노동분배율, 인적자본 증가율,
* 총요소생산성 증가율 등이 GVC관련 연구에 활용 가능
```

PART 5.
글로벌 가치사슬 분석의 응용

제5부에서는 글로벌 가치사슬의 개념 이해, 글로벌 가치사슬의 국제무역 이론상 의미, 글로벌 가치사슬에서의 지배구조 그리고 글로벌 가치사슬관련 실증분석을 위한 부가가치 무역, 글로벌 가치사슬 참가도, 총수출의 분해를 통해 얻을 수 있는 자료들이 경제성장과 발전, 경제적, 사회적 고도화, 경제불안의 증대 등 다양한 분야의 실증연구에 활용될 수 있음을 살펴본다. 이와 함께 여기서는 한국과 중국의 글로벌 가치사슬, 글로벌 교역감소와 글로벌 가치사슬에 대한 필자의 선행연구를 소개한다.

CHAPTER 14.

글로벌 가치사슬과 경제성장 및 고도화

1. 신성장 이론

로버트 솔로우(Robert Solow, 1957)는 성장 회계식growth accounting formula을 이용하여 경제성장의 원천을 노동과 자본 및 기술변화로 분해해본 결과 기술변화가 경제성장에서 제일 중요한 역할을 한다는 당시로는 많은 논란을 가져온 주장을 하였다. 솔로우의 이런 표준적인 신고전파 경제성장 모형에서 기술변화가 경제성장에서 가장 중요한 요인이라고는 하였지만, 이는 경제 시스템에 외생적으로 주어진 것으로 간주했다. 즉, 기술변화라는 것이 "하늘에서 떨어진 만나manna from heaven"와 같다는 것으로 경제성장에서 제일 중요한 요인인 기술변화의 원인을 설명할 수 없었다. 이런 문제점을 해결하기 위해 기술변화를 경제성장 모형 내에서 설명할 필요가 생겼으며 이후 신성장 이론이 대두된다.

신성장 이론에서는 일반균형 모형에서 기술변화를 내생화할 수 있는 두 가지 방법을 제시했는데 이는 이미 살펴본 신무역 이론에 기초하고 있다.[1)]

첫 번째 접근방식은 기술변화를 다른 경제활동의 부산물로서 생기는 외부효과, 또는 시행착오에 의한 학습효과로 설명한다. 외부 규모의 경제 효과external scale economies가 바로 이런 외부효과를 모형화 하기 위해 도입된다.

두 번째 접근법은 기술변화는 의도적 경제활동의 결과로서 기업이 기술변화를 얻기 위해서는 지식창출에 투자를 해야 한다고 한다. 직접적인 생산활동 이외의 분야에 자원이 투자되어야 한다. 신무역 이론 가운데 내부 규모의 경제 효과internal scale economies 접근법은 이런 과정을 모형화 한다. 지식에 대한 투자는 일종의 고정비용으로 볼 수 있으므로 독점적 경쟁은 이러한 고정비용을 충당할 수 있게 해 준다. 이런 접근법을

1) 신성장 이론에 대한 개요는, 박승록 (2018), 『생산성의 경제학』, 박영사.

사용하는 대부분의 연구도 지식 역시 일정 부분 외부성을 가져오므로 두 가지 접근법이 혼합된다고 볼 수 있다.

신성장 이론에 의해 국제무역 이론은 정적static인 무역모형에서 동적dynamic 모형으로 변화하게 된다. 따라서 신성장 이론은 전통적 비교 우위론을 동적으로 변화시키고, 글로벌 기술경쟁이 무역에 미치는 영향을 설명할 수 있다.[2] 먼저 신성장 이론의 동적인 무역이론에 대한 의미를 살펴보자.

(1) 외부 규모의 경제 효과: 경제활동의 부산물로서 지식

경제활동의 부산물로 지식이 얻어진다는 "부산물로서의 지식"이 경제성장을 가져온다는 접근법은 다음과 같은 특성을 가진다.

첫째, 기업이 상품을 생산하는 활동을 하거나, 투자행위를 하는 기업활동 과정에서 부산물로서 지식이 창출된다는 것이다. 즉, 시행착오를 통한 학습learning by doing이 외부 규모의 경제 효과를 가져온다는 것이다. 케네스 애로우Kenneth Arrow에 따르면 지식의 습득(학습)은 경험experience과 정(+)의 관계에 있다고 한다. 새로 생산된 기계를 이용한 생산활동은 제조환경을 바꾸기 때문에 투자가 학습을 측정하는 좋은 지표가 된다고 했다.[3]

둘째, 어떤 한 기업이 새로 창출한 지식은 다른 모든 기업들에게로 직접 유출되어 확산되면서 다른 기업들은 이 기술을 아무런 대가지불 없이 사용할 수 있다는 것이다. 즉, 지식에는 확산효과spillover effects가 존재한다는 것이다.

셋째, 새롭게 생성된 지식은 축적될 수 있는 생산요소, 가령 자본의 생산성 수준productivity level을 증가시킨다는 것이다.

경제성장에서 이런 3가지 요소의 역할을 이해하기 위해서는 먼저 신고전파 경제성장 모형을 이해하는 것이 필요하다. 여기에서 기술변화(진보)는 외생적으로 주어지는 것이기 때문에 기술진보가 없다면 경제성장이 멈추게 된다. 또한 여기서는 축적될 수 있는 생산요소 즉, 자본에 대한 한계 생산물이 감소한다고 가정한다. 즉, 주어진 토지에 자본을 점점 더 추가적으로 투입하면 자본의 한계 생산물이 감소한다고 가정한다. 따라서 신고전파 경제성장 모형에서는 자본에 투자하려는 유인이 점차 사라짐

2) Grossman, G. M. and E. Helpman (1991), *Innovation and Growth in the Global Economy*, Cambridge Mass, MIT Press.

3) Arrow, K J. (1962), "The Economic Implications of Learning by Doing," *Review of Economic Studies*, Vol.29, pp.155-173.

으로써 경제성장이 멈추게 된다.

경제활동의 "부산물로서의 지식"이 축적된다는 사실에 근거하는 신성장 모형에서는 자본의 축적과 연계되어 새로운 지식이 축적되고, 이런 지식이 모든 기업에서 자본의 생산성을 증가시키게 되므로 경제성장이 멈추지 않게 된다. 즉, 지식의 확산이 생산성을 증가시킴으로써 축적될 수 있는 생산요소, 즉 자본의 체감하는 생산량인 한계생산물 감소분을 상쇄할 수 있게 한다. 따라서 축적될 수 있는 생산요소에 대한 투자유인이 감소하지 않으므로 정(+)의 경제성장이 가능하게 된다.

이 접근법에서는 기술변화가 외생적으로 주어지는 것이 아니라 내생적으로 결정된다는 내생적 성장모형을 만들기 위해 기술변화가 외부 규모의 경제 효과에 의해 결정된다고 했다. 기업은 자신뿐 아니라 기술확산에 통해 다른 기업의 자본 생산성을 증가시킬 수 있는 지식을 창출할 새로운 장비에 투자한다.

자신의 투자로 인한 기술확산 효과는 고려하지 않기 때문에 수익증가는 기업 수준에서 완전경쟁 상태에 있는 기업에게는 외생적으로 주어지는 것이다. 하지만 이런 외부성이 존재할 때 한 나라 전체에 대한 집계생산함수aggregate production function에서는 규모의 경제 효과가 발생한다. 이것은 어떤 한 기업이 요소투입을 두 배로 늘리면 다른 기업의 요소투입도 증가하게 되고, 따라서 총생산은 요소투입에 비례적으로 증가하는 것이 아니라 그 이상 증가하게 된다는 것을 의미한다. 이는 경제가 정(+)의 성장률로 내생적 성장을 하게 된다는 것이다. 즉, 정(+)의 확산효과가 충분히 클 때 경제는 정(+)의 성장률로 성장한다는 것이다.[4)]

이때 직접 투자활동을 하는 개별 생산자는 자신의 투자행위로 인해 지식이 다른 생산자에게 확산된다는 사실을 투자를 위한 의사결정 과정에서 고려하지 않으므로 경쟁상태의 경제에서 사회적으로 최적 상태의 성장률보다 낮은 성장률을 보이게 된다. 이런 접근법은 지식이 비경합적non-rivalry인 상품의 특성이 있다는 것을 의미한다. 그러나 기술발전 혹은 지식 스톡의 증가는 직접 지식을 창출하려는 의도적이 아닌 경제활동의 부수적인 부산물로 나타난 것이다.

신성장 모형이 무역에 대해 설명하려는 이런 의미는 2가지 모형을 통해 설명될 수 있다. 즉 루카스 모형Lucas's model에서는 초기 요소 부존량이 무역에서 전문화의 패턴을 결정한다고 하며, 영의 모형Young's model에서는 수출상품의 종류와 전문화 패턴이

---

4) Romer, P. M. (1986), "Increasing Returns and Long Run Growth," *Journal of Political Economy*, Vol.94, No.5, pp.1002-1037.

초기 기술역량(지식총량)에 의해 결정된다는 것이다.

1) 루카스 모형: 초기 요소 부존량이 무역패턴을 결정

로버트 루카스Robert Lucas는 1988년 자신의 논문에서 모든 인적 자본의 축적은 시행착오를 통한 학습learning by doing에 의해 이루어진다고 하면서도, 인적 자본의 수준을 높이기 위해 특별히 자원을 투자할 필요는 없다고 했다.[5] 기술수준은 국가별로 동일하다고 가정하고 있으며, 상품마다 고유의 생산공정에서 시행착오를 통한 무한한 학습효과에 의해 효율성이 높아짐으로써 내생적 기술변화가 가능하다고 했다. 루카스는 다른 상품보다 학습속도가 빠른 첨단기술 상품을 구분하여 일반상품과 첨단기술 상품에 특화된 두 가지 종류의 인적 자본이 있다고 했다.

이 모형에서 무역패턴은 초기의 상대적 인적 자본 부존량 차이에 의해 결정된다. 모든 인적 자본의 축적은 시행착오에 따른 학습을 통해 오는 것이므로 국가는 이미 비교우위가 있는 재화에 대한 기술을 축적하고, 초기의 비교우위를 강화시키려 한다고 했다.

무역에서 어떤 전문화 패턴이 만족스러운 것인가를 결정하는 동적인 후생효과는 두 가지 효과에 의해 결정된다. 첫째, 학습효과는 첨단기술 상품에서 높기 때문에 첨단기술 상품의 생산이 빨리 증가한다. 둘째, 첨단기술 상품의 빠른 생산증가는 교역조건의 악화를 가져올 가능성이 있다. 교역조건의 악화 여부는 두 상품 사이의 대체 가능성substitutability 정도에 따라 달라진다. 대체 가능성이 낮으면 교역조건은 크게 악화되지만, 두 상품 사이의 대체 탄력성이 탄력적이라면 교역조건이 개선되어 첨단기술 상품의 전문화가 국가의 실질 성장률을 증가시킬 수 있다. 이 모형이 시사하는 것은 실질 경제 성장률이 내생적으로 결정되고, 국가마다 차이가 날 수 있다는 것이다.

2) 영(Young)의 모형: 초기 기술역량이 무역패턴을 좌우

알윈 영(Alwyn Young, 1991)은 초기 높은 지식수준을 가진 선진국과 그렇지 못한 개발도상국으로 구성된 세계에서 국제무역의 동적인 효과를 분석했다.[6] 보다 발전된 상품을 생산하기 위해서 더 많은 경험과 지식을 필요로 하는, 기술적으로 정교한 일련

---

5) Robert Lucas (1988), "On the Mechanics of Economic Development," *Journal of Monetary Economics*, Vol.22, No.1, pp.3-42.

6) Young, Alwyn (1991), "Learning by Doing and the Dynamic Effects of International Trade," *Quarterly Journal of Economics*, Vol.106, pp.369-405.

의 상품이 존재한다고 하자. 기술변화는 각 재화에 한정된 시행착오의 학습효과, 즉 생산량이 증가하면서 특정 범위에 걸쳐 단위당 필요한 노동량이 감소하는 효과에 의해 나타난다.

각 시점에는 시행착오를 통한 학습이 멈춘 상태에 있는 상품과 시행착오를 통한 학습이 계속되는 상품의 두 가지 형태가 있다. 정적 측면에서 이는 전술한 루카스 모형과 비슷하지만, 동적인 측면에서는 유치산업 부문을 보다 성숙된 다른 산업부문으로 이동시킴으로써 시행착오를 통해 생산되는 상품이 내생적으로 변화할 수 있다는 점에서 차이가 있다. 보다 발전된 상품이 보다 오래된 상품을 몰아내면서 노동 생산성이 증가하게 된다.

시간의 경과에 따라, 경제성장을 통해 소비되는 상품의 양과 다양성이 증가하면서 생산되는 상품들의 종류가 변화한다. 이는 독점적 경쟁시장의 가정없이도 상품 다양성이 증가하면서 이득을 얻을 수 있다는 것을 의미한다. 무역패턴은 일정하게 유지되지 않고 계속 변화한다. 무역과 함께 개발도상국은 시행착오에 의한 학습이 끝나버린 성숙된 산업의 상품생산에 전문화하게 되고, 선진국은 시행착오에 의한 학습이 계속되는 미성숙 산업의 상품생산에 전문화한다.

개발도상국은 폐쇄경제하에서 보다 더 낮은 기술 진보율, 경제 성장률을 보일 것이지만, 선진국은 폐쇄경제하에서 보다 높은 기술 진보율, 경제 성장률을 보일 것이다. 만약 선진국의 인구가 개발도상국의 인구보다 크고 초기의 기술격차 역시 크다면, 개발도상국과 선진국의 기술격차는 한없이 커질 것이다. 만약 초기의 기술격차가 크지 않고, 개발도상국의 인구가 많다면 기술추격catching up이나 기술도약leap frogging의 가능성이 있다.

마지막으로 영Young 모형의 동태적인 후생효과에 대해 살펴보자. 동태적인 측면에서 후생효과는 초기의 기술격차와 국가의 인구규모에 의존하기 때문에 모호하다. 만약 선진국이 기술에 있어서 주도권을 계속 유지한다면 선진국 소비자는 높은 기술진보에 의한 무역의 동적인 이득과 함께 무역을 통한 통상적인 정적 이득을 얻게 된다.

비록 개발도상국은 기술 진보율이 감소하겠지만 선진국의 기술진보에 따라 무역으로부터 통상적인 정적 이득을 얻게 되고 소비자 후생이 증가할 수 있다. 일반적으로 개발도상국의 인규규모가 선진국보다 작다면 개발도상국의 후생수준이 향상되고, 개발도상국의 인구가 선진국보다 훨씬 많아서 기술추격이 불가능할 때에는 후생수준이 감소하게 된다. 만약 개발도상국이 선진국을 추격할 수 있다면 후생수준은 증가할 수도 있고 감소할 수도 있다. 기술적으로 보다 정교한 상품에서 상대적으로 빠르게 교역조건이 악화된다면 후생수준이 감소할 수 있다.

3) 주요 무역 메커니즘

원칙적으로 전문화와 무역패턴은 루카스Lucas에 의하면 초기 요소 부존량과 같은 비교우위 요인, 영Young에 의하면 기술역량과 국가 규모와 같은 초기 지식의 축적량에 따라 결정된다. 외부 규모의 경제 효과에 의존하는 이런 성장이론의 동적인 의미로 볼 때, 일반적으로 한 나라는 비록 도약의 가능성, 비교우위의 역전 가능성에도 불구하고 전문화 하는 상품에 대한 지식이나 전문지식을 쌓아서 자신의 비교우위를 강화한다. 상품마다 기술적 기회가 다르기 때문에 전문화 패턴이 국가의 후생수준과 장기적 경제성장을 결정하게 된다.

4) 정책적 의미

외부 규모의 경제 효과를 모형화한 신성장 이론의 정책적 의미는 산업정책과 무역정책 측면에서 살펴볼 수 있다. 첫째, 정(+)의 외부효과(학습효과 또는 지식확산 효과)는 시장실패를 가져오기 때문에 이를 교정하기 위한 산업정책이 필요하다고 할 수 있다. 루카스Lucas와 영Young의 모형에서 학습효과는 외부적인 것으로 가정되므로 경제주체들은 이를 고려하지 않는다. 만약 경제주체들이 이를 고려할 수 있다면 현재의 바람직하지 않은 상품조합 대신 보다 높은 성장 잠재력을 가진 상품생산에 더 많은 노동력을 배분할 것이다.

산업정책은 학습 잠재력이 보다 높은 상품생산에 보조금 지급하는, 일명 "우승자 선정picking winner"이라고 할 수 있는데 이는 올바른 정책이다. 루카스Lucas도 현실적으로 우승자를 선정해야 한다면 이는 쉬운 일이라고 하였다.

둘째, 전문화 패턴을 반전시키기 위한 산업정책 또는 무역정책을 들 수 있다. 산업 또는 무역정책은 장기적으로 가장 바람직한 전문화 패턴을 얻기 위해 사용될 수 있다. 보조금 지급이나 산업 보호조치는 전문화 패턴을 뒤바꿀 수 있다. 하지만 이 모형에서 올바른 정책이 무엇인지 추론하는 것은 각 나라의 다른 상품의 기술적 가능성에 대한 정보가 필요하므로 어려운 일이다.

(2) 내부 규모의 경제 효과와 독점적 경쟁: 투자를 통한 지식 창출

신성장 이론에서 외부 규모의 경제 효과 접근법의 커다란 단점은 기술진보가 다른 경제활동의 부수적 산물로서 얻어진다는 가정이다. 하지만 지식창출을 위한 투자를 통해 기술이 발전한다는 접근법은 기술진보가 의도적인 경제활동의 산물이라는 것이다. 이 접근법에서는 경제 내의 다른 부문과 R&D 부문을 별도로 구분하여 설명한다. R&D 부문은 신상품의 상세한 설계도를 만들면서 부수적으로 일반 기술지식을 생산한다. 이때 상세 설계도는 어떤 "독특한" 상품을 생산하기 위한 가이드 라인을 제공한다. R&D 부문은 이러한 상세 설계도를 생산부문에 판매한다. 생산부문은 불완전경쟁상태에서 이런 독특한 상품을 생산하여 한계비용 이상의 가격으로 판매함으로써 상품 설계도 구입에 사용된 고정비용을 회수할 수 있다.

일반적인 기술지식은 상품생산에 직접 적용할 수 없는 일반적인 특성을 가진다. 이것은 상세 설계도의 제작에 사용할 수 있는 일반지식의 풀pool에 추가된다. 결과적으로 더 큰 일반 지식의 풀은 설계도 제작비용을 감소시키고, 따라서 연구부문에 있는 모든 기업의 새로운 설계도 개발에 도움을 줄 수 있다. 이런 지속적인 신상품 개발 동기는 내생적 성장을 유발하게 된다.

내생적인 성장을 유발하는 데 중요한 것은 연구개발 투자에 대한 유인이 감소하지 않아야 한다는 것이다. 여러 모형에서 R&D 투자의 부산물로서 지식이 축적되는 것은 연구개발 투자의 유인이 된다고 가정한다. 여기에는 R&D 기업이 상품 다양성을 확장하는 데 초점을 맞추는 모형과 일정한 상품 다양성하에서 상품의 질을 높이는 데 초점을 맞추는 모형이 있다.

첫째, 연구개발이 한 종류의 상품 내에서 다양성을 확대하는 형태의 모형에서는, 차별화된 소비재 상품은 소비자의 만족을 얻을 것이며, 차별화된 중간재는 최종재 생산에서 생산성을 높여 생산자를 만족시키게 된다고 가정한다.[7] 개별기업은 R&D 투자액을 결정할 때, 자신이 창출하는 지식이 다른 기업의 지식 수준을 증가시킨다는 점을 감안하지 않는다. 만약 혁신자가 이런 지식의 증가에 대해 다른 기업들로부터 보상을 받을 수 있다면, 더 많은 투자를 했을 것이다. 이런 효과를 이 모형에서는 "시간간 유출 효과intertemporal spillover effect"라고 한다. 따라서 R&D투자에 대한 보조금 지급은 기업에 적절한 유인을 줄 수 있다. 따라서 외부 규모의 경제 효과 접근법에서와 마찬가지로 시장기능에 의존할 경우 연구개발 투자는 사회적 최적 수준에 미치지 못하게 된다. 이는 외부성이 있을 때 시장실패가 일어나고 이를 교정하기 위해 정부가 산업정

7) Grossman, G. M. and E. Helpman (1991b), *Innovation and Growth in the Global Economy*, Cambridge Mass, MIT Press.

책을 통해 개입하게 된다는 논리이다.

둘째, R&D 투자가 상품의 품질을 향상시키는 데 초점을 맞추는 모형에서는 기업이 수행하는 R&D 투자가 모든 기업이 사용할 수 있는 일반 지식 스톡을 증가시킨다고 가정한다. 이것 역시 R&D에 대한 과소투자를 가져오는 시간간 유출효과이다. 하지만 이런 품질개선 모형에서는 혁신기업이 전체 시장을 차지하게 되어 종전 혁신자의 이익을 침해하게 된다. 개별기업은 이런 상대기업의 이익침해 효과를 고려하지 않기 때문에 사회적으로 최적인 R&D 투자 수준보다 많은 과잉투자를 하게 된다. 따라서 이 모형에서 시장왜곡은 지식유출 효과와 이익침해 효과라는 두 가지 형태로 존재하므로 R&D 투자유인은 사회적 최적 수준보다 낮을 수도 있고, 높을 수도 있다. 이때 시장왜곡을 시정하기 위한 최적의 정책은 세금 또는 보조금이 될 수 있다.[8)]

1) 동적인 무역의 의미

이런 이론들에서는 보통 노동시장을 비숙련 노동과 인적 자본 시장으로 나눈다. 기술진보는 대부분 자신의 기술개발에 많은 투자를 한 숙련 노동에 의해 이루어진다고 가정한다. 일반적으로 비숙련 노동자는 숙련 노동자로의 대체가 쉽지 않다. 상대적 요소 부존량은 국가마다 다르며 고정되어 있다고 가정한다.

또한 다양한 제조활동에서 요소 투입물의 집약도와 이들의 혁신과 생산성 증가에 대한 잠재력은 차이가 있다고 가정한다. 일반적으로 이런 이론은 전통적 상품은 비숙련 노동 집약적이고, 차별화된 첨단기술이 내재된 상품은 인적 자본 집약적이다. 차별화된 첨단기술 상품의 상세 설계도를 생산하는 R&D 분야 역시 인적 자본 집약적이라고 가정한다.

기술변화의 가능성은 전통적 상품에서는 낮고, 첨단기술 상품에서는 매우 높다. 전통적 상품은 완전경쟁시장 구조에서 규모에 대한 수확 불변 상태에서 생산되고, 첨단기술 상품은 독점적 시장구조의 규모에 대한 수확 체증 상태에서 생산된다. 대부분 생산기술은 국가 간에 동일하며, 어떤 경우에는 한 국가가 더 많은 지식 축적량을 가지고 있으므로 R&D 부문 인적 자본의 생산성이 더 높다.

이런 접근법에서 동적인 무역 및 후생효과는 다음에서와 같이 지식확산이 국제

---

8) Grossman, G. M. and E. Helpman (1991a), "Quality Ladders in the Theory of Growth," *Review of Economic Studies*, Vol.58, pp.43-61.; Aghion, P. and P. Howitt (1992), "A Model of Growth Through Creative Destruction," *Econometrica*, Vol.60, pp.323-351.

적으로 일어나는가, 국가 내에서 일어나는가에 대한 가정에 따라 달라진다.

첫째, 국제적 지식 유출 가능성이 일어날 때의 후생효과를 보자. 이 모형에서는 인적 자본과 비숙련 노동력의 2개의 생산요소, 전통적 상품과 첨단기술을 내재한 차별화된 2개의 상품과 2개의 국가를 가정한다. 두 상품은 생산에서의 요소 집약도와 기술발전에 대한 기여도에서 서로 다르고, 국가마다 상대적 요소 부존량 역시 다르다고 가정한다. 또 상품은 먼저 상품이 발명된 국가에서 생산되어야 한다고 가정한다.

헥셔-올린 정리가 의미하는 바와 같이, 인적 자본이 풍부한 나라는 인적 자본 집약적인, 차별화된 상품을 순수출net export한다. 차별화된 상품은 산업 내 무역에 의해 국가 간 교역이 있을 수 있기 때문에 순수출이 이루어진다고 하는 것이다. 각 나라의 각 기업은 자신이 독자적으로 개발한 브랜드의 상품을 수출한다. 상대적으로 노동이 풍부한 국가는 전통적인 노동 집약적 상품을 수출한다. 여기까지는 신무역 이론과 비교할 때 새로운 것은 없다.[9] 하지만 이런 신성장 이론은 정적인 모형에서의 생산량과 GDP의 장기 성장률이 자원 부존량과 관련되어 있다는 것이다.

장기적으로 불완전한 전문화를 하고 있다면, 두 나라 첨단기술 분야의 정상상태steady state에서의 혁신율은 같다. 이는 두 나라가 모두 연구개발R&D 부문을 유지하고 있기 때문이다. 그러나 인적 자본이 풍부한 나라에서는 R&D와 첨단기술 부문의 부가가치가 보다 많다. 노동이 풍부한 국가는 상대적으로 기술진보의 기회가 적은 전통적 상품의 생산에 전문화한다. 따라서 인적 자본이 풍부한 나라는 생산량 증가의 속도가 더 빠르다. 그럼에도 불구하고 두 나라는 장기 금리가 서로 동일하고, 무역을 통해 혁신적인 전체상품을 소비할 수 있기 때문에 동일한 실질소비 증가를 누릴 수 있다.

국제 간 지식확산 가능성 때문에 바로 이런 결과가 초래된다. 왜냐하면 모든 혁신자들이 동일한 지식을 가지고 있으므로 R&D에서 국가 우위는 요소 부존량의 차이에 따른 상대적 요소가격의 차이에서 발생하기 때문이다. 국가의 규모와 과거 생산의 역사와 같은 요인들은 장기적인 무역패턴에서 아무런 역할을 하지 못한다. 단지 중요한 것은 요소 부존량이다.

둘째, 국가내 지식 유출 가능성이 있을 때의 후생효과이다. 생산요소가 노동 하나뿐이고 국가 간에는 국가 규모와 사전 연구 경험에서만 차이가 나는 두 나라가 있다고

9) Krugman, P. R. (1981), "Intra-Industry Specialization and the Gains from Trade," *Journal of Political Economy*, Vol.89, pp.959-973.; Dixit, A.. and V. Norman (1980), Theory of international Trade, Cambridge.; Ethier, W. (1979) "Internationally Decreasing Costs and World Trade," *Journal of International Economics*, Vol.9, pp.1-24.

하자. 국가내에서 지식확산만 있다면 초기 조건이 장기적 결과를 좌우한다. 많은 경우 초기에 많은 지식 축적량을 가진 나라가 R&D에서 유리하고 교역 상대국보다 더 빨리 지식을 축적할 수 있다. 이것이 생산성에서의 우위를 유지하고 강화한다. 역사가 장기적인 무역 패턴과 성장률을 결정한다. 국가의 규모가 크게 다를 때에 큰 나라는 전통적 상품의 소비지출 비중이 상대적으로 작아야 적절한 지식의 시차를 극복할 수 있다.

한 나라의 후생에 대한 의미는 전문화 패턴과 관련 임금율에 따라 크게 달라진다. 세계적 R&D를 하는 나라도 장기적으로 더 높은 임금을 받을 때, 그 분야를 전문화 하는 나라가 된다. 한 나라의 후생효과는 전문화 패턴과 관련 임금율에 크게 의존한다. 세계적인 연구개발R&D을 하는 나라는 장기적으로 보다 높은 임금을 누리게 되지만 국가 내 지식확산이 없는 분야에 전문화 하는 나라는 무역에서 손해를 보게 된다. 다른 분야를 전문화 한다면 후생을 향상시킬 수 있다.

이때 후발국에서의 R&D 정책은 정당화될 수 있다. R&D 부문에 대한 충분한 보조금 지급은 초기 생산성의 열위를 극복하는 데 사용될 수 있고, 이를 통해 전문화의 패턴을 반전시킬 수 있다. 이는 일시적인 정책이 영구적인 영향을 가져다 준다는 의미의 "정책이력효과policy hysteresis"라고 한다.[10)]

2) 주요 무역 메커니즘

기업이 혁신을 통해 수평적으로 차별화된 신상품을 개발할 때 무역패턴은 각국 기업이 가진 상세 설계도를 가진 상품의 수에 따라 결정된다. 무역 패턴은 시간이 지남에 따라 각 나라의 기업가들이 새로 발명한 상품의 수에 따라 변화한다. 새로 발명한 상품의 수는 각국에서 이루어진 R&D 투자에 따라 달라진다.

혁신가들이 기존 상품의 품질을 개선하는 데 성공한다면 세계시장을 지배할 수 있다. 따라서 특정 상품의 무역방향은 시간이 지남에 따라 역전될 수도 있다. 요약하면 무역패턴은 한 국가가 선도하는 상품의 수에 따라 결정되며, 이는 R&D 투자 규모에 달려있다.

두 경우 모두 R&D투자는 비교우위(요소 부존량), 역사, 초기의 지식 축적량, 국가 규모 및 수요구조에 의해 결정되는 전문화 패턴에 의존한다. 이런 요인들이 연구개발R&D 부문, 첨단기술high technology 부문, 저기술low technology 부문에서 종사자 수를 결정한다.

---

10) Grossman, G. M. and E. Helpman (1991), *Innovation and Growth in the Global Economy*, Cambridge Mass, MIT Press.

후생과 성장에 대한 의미는 전문화 패턴과 지식확산이 국가 내에서 일어나느냐 국제적으로 일어나느냐에 따라 다르다. 국제적으로 지식확산이 가능하고 완전한 전문화가 이루어지지 않는 상황이라면 모든 국가는 무역을 통해 이득을 얻을 수 있으며, 어떤 전문화 패턴도 특별히 선호될 필요가 없다.

그러나 국가 내에서 지식확산에 이루어진다면 특정 전문화 패턴의 후생에 미치는 영향은 아주 다르게 나타나며 심지어 부정적 영향을 미칠 수도 있다. 이런 상황이라면 특정 전문화 패턴이 다른 유형의 전문화 패턴보다 선호될 수 있다.

3) 정책적 의미

산업정책(최선)과 무역정책(차선)은 다음과 같은 상황에서 효과가 있을 수 있다. 첫째, R&D 투자가 상품의 다양성을 증대시키는 모형에서는 시간의 경과에 따라 지식확산이 이루어질 것이기 때문에 R&D 투자가 사회적으로 바람직한 수준보다 적게 이루어진다. 따라서 R&D에 대한 보조금 지급은 올바른 정책이 된다.

둘째, R&D가 상품의 품질을 높이는 모형에서는 R&D는 사회적으로 바람직한 수준보다 과소 또는 과잉 투자될 수 있다. 이때에는 R&D 보조금 지급 또는 세금부과가 올바른 정책이 된다.

셋째, 지식확산의 규모가 국내적이고 첨단기술 상품생산에 종사하는 근로자들의 임금이 더 높은 모형에서 일시적 보호정책은 전문화와 무역패턴을 변화시킬 수 있는 정책이력효과를 가질 수 있다.

4) 실증분석 사례

신성장 이론은 경제성장 요인으로서 기술변화를 내생화하는 유용한 방법을 발전시켰다. 그러나 불완전 경쟁이나 규모의 경제 효과를 다루는 신무역 이론과 마찬가지로 이를 실증적으로 검증하는 것은 어렵다. 특정 효과를 정량화하고 그 중요성을 추정하는 것이 매우 어렵기 때문에 어떤 정책의 효과를 평가하는 것도 어렵다.

점차 신성장 이론의 기본 가정과 시사점의 타당성에 대한 실증분석 연구가 축적되고 있다. 조운즈(Jones, 1995a)는 R&D 지출의 변화와 경제 성장률의 관계를 검증했다.[11] 지식을 투자의 결과로 간주하는 대부분 R&D 모형에서 과거의 지식은 결코 새로운 혁

11) Jones, C. I. (1995a), "Time Series Tests of Endogonous Growth Models," *Quarterly Journal of Economics*, Vol.110, Issue 2, pp.495-525.

신에 의해 진부화 되는 것이 아니므로 R&D 투자는 규모에 대해 수확 불변이라고 가정하였다. 즉, 일인당 소득증가에 대해 다음과 같은 의미가 있다는 것이다. 가령 R&D에 종사하는 과학자의 수로 측정한 R&D투자자원의 수준이 2배가 된다면 적어도 정상 상태에서는 일인당 생산량 역시 2배가 된다는 것을 의미한다.

조운즈Jones의 이런 실증분석 결과는 현실 설명력이 부족하다. 왜냐하면 지난 수십년간 선진국에서 연구개발R&D에 종사하는 과학자의 수가 급격히 증가했지만 경제성장률은 평균치를 보이거나 심지어 감소하였기 때문이다.

또한 조운즈(Jones, 1995b)는 R&D에 대한 규모에 대한 수확 불변의 가정을 완화한다면 R&D에 대한 보조금 지급과 같은 정책은 장기 성장률에 영향을 미치지 않는다고 했다.[12] 하지만 여기서 장기long-run라는 것의 의미는 불분명하다. 정책은 여전히 새로운 정상상태로의 이행경로를 따라 경제성장에 영향을 미칠 수 있다. 정책의 효과 여부는 이행경로의 길이와 해당 정책이 이런 이행경로를 단축시킬 수 있는 정도에 달려있다.

국가 내에서만 기술확산이 일어난다고 가정한 모형에서는 정부 정책이 장기간 지속적인 효과를 가져올 수 있다고 했기 때문에, 몇몇 연구자들은 기술유출이 국가 내에서 이루어지는지, 국제적으로 이루어지는지 여부를 조사했다. 코우와 헬프먼(Coe and Helpman, 1993)과 번스타인과 모넨(Bernstein and Mohnen, 1994)은 국제적인 기술확산이 일어나고 있다는 몇 가지 증거를 발견했다.[13]

하지만 브랜스테터(Branstetter, 1996)는 국가 내 기술확산과 국제 간 기술확산 여부를 모두 조사한 결과 국가 내 유출이 국제 간 유출보다 더 강하게 일어난다고 하였다.[14] 제피(Jaffe, 1986)와 애크 등(Acs et al., 1992)에서는 기술확산이 지리적으로 볼 때 지역 내에서만 일어난다는 증거를 찾았다.[15]

---

12) Jones, C. I. (1995b), "R&D-Based Models of Economic Growth," *Journal of Political Economy*, Vol.103, No.4, pp.759-784.

13) Coe, D. T. and E. Helpman (1993), *International R&D Spillovers,* NBER Working Paper, No.4444.; Bernstein, J. I. and P. Mohnen (1994), *International R&D Spillovers between U.S. and Japanese R&D Intensive Sectors,* NBER Working Paper, No.4682.

14) Branstetter, L. (1996), *Are Knowledge Spillovers International or Intranational in Scope? Micro-Economic Evidence from the US and Japan,* paper presented at the International Conference on Economics and Econometrics of Innovation, Strassbourg, 3-5 June.

15) Jaffe, A. B. (1986), "Technological Opportunity and Spillovers of R&D: Evidence from Firms' Patents, Profits and Market Value," *American Economic Review*, Vol.76, No.5, pp.984-1001.; Acs, Zoltan J., D. Audretsch and M. Feldman (1992), "Real Effects of Academic Research:

전반적으로 일부 기술확산은 본질적으로 국제적인 것이라는 증거가 있지만, 국가 내 지식확산도 분명히 존재한다. 이것은 정부정책의 효과가 오래 지속될 수 있다는 모형의 타당성을 보여주는 것이다.

경제학자 소개 16

로버트 루카스 주니어(Robert Lucas Jr.)

로버트 루카스(Robert Lucas(1937~)는 1937년 워싱턴에서 태어났다. 1959년 시카고 대학에서 역사학을 전공했다. 1964년 시카고대학에서 그레그 루이스(H. Gregg Lewis)와 데일 졸겐슨(Dale Jorgenson)의 지도로 "미국 제조업에서 노동과 자본의 대체"에 대한 논문으로 박사학위를 받았다. 합리적 기대이론(rational expectations theory), 화폐의 장기중립성(long-run neutrality of money), 루카스 비평(Lucas critique), 신성장이론(new growth theory) 등으로 잘 알려진 20세기 후반 가장 영향력 있는 거시경제학자의 한 명으로 평가받고 있다. 1995년 루카스는 합리적 기대가설의 개발과 적용을 통해 거시경제학 분석방법의 발전과 경제정책의 이해에 공헌한 점을 인정받아 노벨경제학상을 받았다. 그의 공헌은 다음 3가지로 요약할 수 있다.

첫째, 합리적 기대가설이란 가계나 기업 등 경제 구성원들이 합리적이라면 정부의 재량적 금융/재정 정책은 효과가 없게 될 것이라는 이론이다. 가령 예상치 못한 화폐공급의 변화만이 생산과 고용에 영향을 미치게 된다. 왜냐하면 경제의 구성원들은 통화정책이 발표되자마자 미래 인플레이션에 대한 기대에 따라 임금과 가격 수준을 합리적으로 설정할 것이므로 금융정책은 물가와 인플레이션율에만 영향을 미치게 된다.

둘째, 루카스는 이전 케인즈 경제학에 의해 지배되던 거시경제이론에 미시경제적 기초가 필요함을 지적하였다. 경제정책실행과 관련해서 "루카스 비평"이란 개념을 개발했는데 이는 경제 시스템에서 유지되고 있는 것 같아 보이는 인과관계, 가령 인플레이션과 실업의 분명해 보이는 관계는 경제정책의 변화에 따라 변화한다는 사실을 지적했다.

셋째, 루카스는 후진국 경제에 적용되는 경제개발론과 선진국 경제에 적용되는 경제성장론을 통합하였다. 또한 내생적 성장 이론을 개발하여 장기적인 경제성장이 인적 자본 축적에 의해 이루어진다고 하였다. 이는 신고전파 경제성장론, 특히 기술변화가 외생적으로 주어진다고 보는 로버트 솔로우의 성장모형에서 훨씬 진보한 성장이론이라고 할 수 있다.

합리적 기대가설의 개발자로서 루카스의 명성은 노벨상 수상과 더불어 심각한 도전을 받게 된다. 1988년 부인 리타(Rita)와 이혼을 하면서 만약 루카스가 7년 뒤인 1995년 10월 31일 이내에 노벨상을 받게 되다면 상금을 반으로 나누기로 합의했다. 불행하게도 데드라인 20일 전인 1995년 10월 10일 노벨상을 받게 된다. 합리적 기대가설 창시자의 합리적 기대가 무참하게 무너지는 순간이었다.

Comment," *American Economic Review*, Vol.82, No.1, pp.363-367.

경제학자 소개 17

폴 마이클 로머(Paul Michael Romer)

폴 마이클 로머(Paul Michael Romer)는 1955년 미국에서 태어났다. 뉴햄프셔주의 필립스 엑서터 아카데미를 졸업한 뒤 시카고 대학교에 입학하여 1977년에 수학 학사, 1978년에 경제학 석사 학위를 받았고, MIT 대학원에서 공부한 뒤 1983년에 시카고 대학교에서 루카스 교수의 지도 하에 경제학 박사학위를 받았다.

시카고 대학교, 캘리포니아 대학교 버클리, 스탠퍼드 대학교 경영대학원, 로체스터 대학교에서 경제학을 강의한 바 있으며 현재는 뉴욕 대학교 경영대학원 교수로 있다. 또한 후버 연구소와 스탠퍼드 대학교의 국제개발연구소와 경제정책연구소, 세계개발연구소에 근무했으며, 세계은행의 수석 이코노미스트를 역임하기도 했다. 2001년에는 학계를 잠시 떠나 대학생들의 문제 풀이를 도와주는 소프트웨어를 제공하는 회사인 애플리아(Aplia, Inc.)를 세웠으나 2007년 센게이지에 매각했다.

로머는 내생적 성장이론을 설명한 “내생적 기술변화(endogenous technological change)” 등 많은 학술 논문을 저술했다. 이런 내생적 경제성장 이론의 선구자로, 기술혁신이 장기 거시경제에 미치는 영향을 연구한 공로로 2018년에 윌리엄 노드하우스(William Nordhaus)와 함께 노벨 경제학상을 수상했다.

2. 진화 성장이론

경제학에서는 일반적으로 기술이 경제활동에서 매우 중요한 역할을 한다고 가정한다. 진화 성장이론에서는 신무역 이론이나 신성장 이론과는 달리 기술변화의 과정을 동적 진화과정dynamic evolutionary process으로 본다. 진화과정은 기업고유firm specific의 누적적cumulative, 불가역적irreversible 과정으로 본다.[16] 따라서 기술은 자유롭게 이용 가능한 정보를 감소시킬 수 없다. 더 나아가 균형이 이루어지는 동적 과정이나 제한적 합리성의 가정을 인정하지 않는다. 따라서 이런 기술이론은 기술변수를 경제활동 과정에서 외생적인 것으로 간주했던 전통적인 무역모형과 상당히 다르다.

하지만 진화 성장이론은 표준적인 신고전학파의 많은 가정을 부정하고 있기 때문에 정형화되지 못하고 다양하다. 여기서는 이런 다양한 특성을 감안하여 진화 성장

16) Dosi, G. (1988), “Sources, Procedures and Microeconomic Effects of Innovation,” *Journal of Economic Literature,* Vol.26, pp.1120-1171.

이론의 몇 가지 내용을 살펴본다.

(1) 가정

진화 성장이론에서 중요한 가정은 혁신과정이 기업고유의, 누적적, 불가역적인 과정이라는 것이다. 각 산업부문은 국가의 절대적 경쟁력에 대해 상이한 역할을 한다. 각 국가는 기술수준과 혁신역량에서 차이가 있다고 가정한다.

(2) 혁신과정과 기술거래

기술발전은 누적적이고 기업고유한 것이다. 기술변화는 종종 시행착오를 통한 학습learning by doing, 또는 사용을 통한 학습learning by using에 의해 이루어지므로 기술은 종종 기업 고유의, 혹은 지역 고유의 것이 되어 일반적으로 사람과 조직에 체화되어 있다.[17] 이런 가정은 지식은 일반 지식 스톡으로 축적되어 국 내외의 모든 기업들이 이를 활용할 수 있다고 가정하는 신성장 이론과 차별화된다.

기술 패러다임(technological paradigms, Dosi, 1988)과 기술궤적(technological trajectories, Nelson and Winter, 1977)의 모형에 따르면, 기술진보는 자원을 특정 방향으로 보내고, 상대적으로 질서정연하고, 누적적이며, 불가역적인 패턴을 따라 발생한다고 한다. 따라서 기업의 기술획득 기회는 과거의 활동에 의해 영향을 받는다. 혁신을 추구함으로써 지식을 더욱 축적할 수도 있고, 자신의 고유한specific 지식에 의해 제약을 받을 수도 있다.

지식은 이처럼 사적이고 기업 고유한 측면을 가지고도 있지만, 지식이 갖는 약간의 공공재로서의 특성은 기술변화 과정에서 영향을 미칠 수 있다. 첫째, 출판물과 같이 자유롭게 이용할 수 있는 정보는 공공재적 특성을 갖는다. 둘째, 산업부문이나 기업과 기술 간에는 "거래되지 않지만 상호 의존성untraded interdependency"을 가질 수 있기 때문에 기술의 보완성, 시너지 효과, 확산효과라는 공공재로서의 특성을 갖는다. 이런 기술의 외부성은 산업부문마다 다르게 나타난다.

시장경제에서 기술변화의 방향과 속도는 산업부문마다 다르게 나타나는데 기술적 기회의 원천과 특성, 실제 또는 잠재적 시장의 특성, 성공적인 혁신가들이 자신의

---

17) Dosi, G., K. Pavitt and L. Soete (1990), *The Economics of Technical Change and International Trade,* Harvester Wheatsheaf, New York.

연구 노력으로부터 충분한 보상을 받을 수 있는지 여부와 같은 요인들에 의존한다. 각 산업부문은 이런 특성에서 서로 차이가 많으므로 국가의 혁신역량에 대한 기여도 역시 다르다.

지금까지의 언급한 내용에서 중요한 의미는 기술역량에서 기업과 국가 사이에 비대칭적인 차이가 있다는 것이다. 기업과 국가 간에는 절대적인 비용 차이가 있기 때문에 이런 이론들은 국가 간 생산기술이 동일하다고 가정하는 이론과 차별화된다.

(3) 무역 메커니즘

도시, 파빗과 소티(Dosi, Pavitt and Soete, 1990)는 국가 간 절대적 기술우위(기술격차)가 중요한 역할을 하는 무역모형을 개발했다. 이러한 절대우위/절대열위가 모든 산업부문의 경쟁력과 세계시장에서의 위상을 결정하며, 따라서 한 국가의 소득 및 고용에 큰 영향을 미친다. 국가 내의 산업부문 간 상대적 기술격차의 무역에 대한 영향은 크지 않은데 이런 상대적 기술격차는 비교우위 메커니즘에 따라 산업 부문간 전문화의 패턴을 결정한다.

거의 모든 산업부문의 생산에 영향을 미치며, 때로는 엄청난 정(+)의 외부성을 가진 아주 특별한 기술은 한 나라의 절대우위에 매우 중요한 영향을 미친다.[18)]

(4) 진화 성장론의 의미

진화성장 이론이 시사하는 바는 다음과 같다. 첫째, 한 국가의 미래 성장과 기술발전은 현재의 산업과 경제활동의 구성이나, 기술을 개발하고 활용하는 방법에 의해 영향을 받는다.[19)]

둘째, 전통적인 비교우위 메커니즘에 따른 전문화 패턴은 성장과 기술발전의 기회가 가장 적은 산업 분야에 전문화하도록 할 가능성이 있다. 따라서 한 나라의 현재 전문화 패턴은 기술이 축적될 수 있는 산업 분야, 혁신의 가능성이 있는 분야, 규모의 경제 실현이 가능한 분야를 결정하게 될 동적인 효과를 가진다. 각 산업부문은 이런 기회의 포착에 있어서 커다란 차이를 가지므로, 현재의 전문화 패턴은 미래 한 나라의

---

18) MacDonald, B. N. and J. R. Markusen (1985), "A Rehabilitation of Absolute Advantage," *Journal of Political Economy*, Vol.93, pp.277-297.

19) Patel and K. Pavitt (1988), "The International distribution of technological activities," *Oxford Review of economic Policy*, Vol.4, Issue 4, pp.35-55.

경제적 성과를 결정하는 매우 중요한 요소가 된다. 이런 점에서 리카르도의 비교우위론에 따른 정적 측면에서의 효율적인 전문화 패턴은 동적 효율성 측면에서는 비효율적일 수 있다.

셋째, 기술적 선도국과의 차이가 커질수록 특정 국가의 정적인 효율성 추구는 보다 큰 동적 효율성의 손실을 가져오게 된다.[20)]

넷째, 지속적으로 새로운 기술발전이 일어나는 상태에서 공장의 크기에 따른 규모의 경제 효과는 더 이상 중요하지 않다. 오늘날 중요한 의미를 갖는 규모의 경제 효과에는 두 가지 유형이 있다.[21)] 첫째 유형은 연구, 설계, 생산 및 전 세계 마케팅 네트워크에서의 규모의 경제와 범위의 경제이다. 새로운 상품과 서비스의 설계, 개발, 검사에 필요한 비용은 매우 큰 시장을 대상으로 할 때 상업적으로 성공할 수 있다. 둘째 유형은 R&D, 디자인, 생산 및 마케팅으로부터 기업 내에 축적되는 지식과 관련된 동적 측면의 규모의 경제 효과이다.[22)]

다섯째, 기업 간 경쟁은 혁신과정에서 매우 중요한 요소이다. 경쟁환경은 기업들로 하여금 혁신에 전념하게 한다. 따라서 한 산업부문이 경쟁력을 갖게 되면 이 시장에는 상대적으로 많은 수의 대기업이 존재하게 된다. 따라서 국가의 상대적인 기술 경쟁력은 대기업 간의 경쟁과 밀접한 상관관계가 있고, 거대규모 기업의 존재 자체와는 상관이 없다.[23)]

3. 글로벌 가치사슬과 고도화(upgrading)

세계 경제가 점점 깊게 상호 연결되면서 경제학 분야에서 글로벌 가치사슬 연구의 필요성이 크게 증대했음은 이미 살펴본 바 있다. 세계 경제가 비핵심적 기업활동을 국내외에서 아웃소싱하는 기업들에 의해 주도되면서 기존의 생산방식이 붕괴되고 무

---

20) Dosi, G., K. Pavitt and L. Soete (1990), *The Economics of Technical Change and International Trade*, Harvester Wheatsheaf, New York.

21) Freeman, C., M. Sharp and W. Walker (1991), *Technology and the Future of Europe: Global Competition and the Envronment in the 1990s,* Cengage Learning EMEA.

22) Pavitt, K. (1984), "Sectoral Patterns of Technical Change: towards a Taxonomy and a Theory," *Research Policy*, Vol.13, Issue 6, pp.343-373.

23) Patel and K. Pavitt (1988), "The International distribution of technological activities," *Oxford Review of economic Policy*, Vol.4, Issue 4, pp.35-55.

역을 통해 세계 경제가 더욱 통합되었다. 글로벌 가치사슬은 전례없는 이런 생산 과정의 분절화를 설명해 줄 뿐만 아니라, 기업과 국가의 가치 창출, 가치 향상 및 가치 포착 과정에 참가하는 방식을 이해할 수 있게 해준다. 글로벌 가치사슬은 또한 자원의 효율적 배분에 필요한 정책환경을 이해할 수 있게도 해준다.

세계 무역의 새로운 패턴을 분석하기 위한 글로벌 가치사슬 접근방식은 세계의 산업을 하향식과 상향식이라는 두 가지 관점에서 바라본다. 하향식 관점은 "지배구조governance"에 대한 것인데 이는 주로 가치사슬을 구성하는 다른 기업에 대한 영향력을 설정하는 기업 간의 권력 또는 지배력 관계를 다룬다. 반면 상향식 관점은 "고도화upgrading이다. 국가, 지역 또는 기업이 세계 경제에서 현재의 위상을 유지하거나, 아니면 이를 보다 개선하기 위한 전략을 중요시한다.

"고부가가치 단계로의 이동"을 의미하는 고도화는 경제적 고도화, 사회적 고도화 등으로 구분된다. 특히 경제적 고도화의 관점에 따르면 글로벌 가치사슬의 확대는 기술발전 및 생산성 향상에 긍정적 효과를 가져온다. 따라서 글로벌 가치사슬에의 참가 과정에서 생산성 향상을 가져오는 경제학적 메커니즘을 파악하는 것이 중요하다.

경제적 및 사회적 고도화의 정도는 국가, 산업, 기업과 같은 여러 단계의 통합수준에서 서로 다른 지표를 사용하여 평가할 수 있다. 많은 연구들이 글로벌 가치사슬 참가의 효과를 다양한 지표들을 이용하여 분석, 평가하고 있다. 글로벌 가치사슬의 경제학이란 주제에 체계적, 이론적 분석틀이 없음을 감안할 때 글로벌 가치사슬의 다양한 지표와 경제적, 사회적 고도화 지표를 실증적으로 연관시키는 것은 불가피하다.

제4부 제12장, 제13장에서 설명하고 있는 글로벌 가치사슬 관련 다양한 지표와 경제적, 사회적 고도화 지표를 구하는 분석사례들은 바로 이런 분석목적에 활용하기 위함이었다. 글로벌 가치사슬의 효과분석에 대한 선행연구들에서 사용하고 있는 경제적, 사회적 고도화관련 측정지표들을 살펴보자.[24]

글로벌 가치사슬을 정량적으로 측정하기 위한 지표, 경제적 고도화, 사회적 고도화 지표들에서는 세계 경제의 글로벌 가치사슬로 인한 통합관련 이점과 위험을 평가하기 위한 단일 측정지표가 없음에 유의할 필요가 있다. 또한 글로벌 가치사슬에의 참가 결과가 기업, 산업, 국가 간에 동일하지도 않으며, 경제적 고도화가 자동적으로 사회적 고도화로 이어지지 않는다는 사실도 주의할 필요가 있다.

---

24) William Milberg and Deborah Winkler (2013), *Outsourcing Economics: Global Value Chains in Capitalist Development,* Cambridge University Press, pp.238-283.

(1) 경제적 고도화(Economic upgrading)

글로벌 가치사슬 분석은 가계, 기업, 산업, 지역 또는 국가 수준에서 누가 여기에 참가하고 있는지, 글로벌 가치사슬 참가 증가의 결과가 무엇인지 분석하는 것이 중요하다. 글로벌 가치사슬에의 참가를 확대하는 기업 또는 국가 전략이 글로벌 시장에의 접근을 통해 경쟁력을 강화하는 기회가 될 수 있다. 글로벌 가치사슬에 참가하여 얻을 수 있는 경제적 이득의 평가는 글로벌 가치사슬 참가를 통한 경제적 고도화economic upgrading라는 주제로 다루어지고 있다.

1) 개념

보통 "산업 고도화", 또는 "경제적 고도화"로 불리는 고도화라는 것은 경제주체(국가, 기업, 근로자)가 글로벌 생산 네트워크 상에서 낮은 부가가치를 창출하는 경제활동에서 보다 높은 부가가치를 창출하는 경제활동으로 이동하는 과정이라고 정의할 수 있다. 또한 이는 가치사슬 내에서 생산의 어떤 한 단계에서 다른 단계로 이동하면서 이익증가를 도모하는 동적인 움직임이라고 할 수 있다.

이때 글로벌 가치사슬 참가에 따른 혜택은 모든 생산단계에 균등하게 배분되지 않고, 고부가가치 활동과 관련된 단계(위치)에서 높은 소득, 고임금, 기술파급 효과와 같은 보다 큰 경제적 혜택이 창출된다고 볼 수 있다. 따라서 국가와 기업이 글로벌 가치사슬에 통합되면 가치사슬에서 자신의 위상을 높여야 많은 이익을 누릴 수 있다고 보고 이를 위한 장기적 전략을 모색하게 된다. 이런 점에서 해당 글로벌 가치사슬의 특성과 여기에서 생산자 위치에 따른 글로벌 가치사슬 참가의 위험요인과 기회요인을 파악하는 것이 중요하다.

하지만 고도화가 항상 "가치사슬에서 위로 이동"하는 것만을 의미하는 것은 아니다. 글로벌 가치사슬 내의 현재 위치에서 보다 양질의 상품을 생산하거나, 같은 상품을 보다 효율적으로 생산하거나, 보다 숙련된 기술로 생산활동을 수행하는 것도 역시 고도화라고 할 수 있다.

경제적 고도화는 고부가가치를 창출하는 상품, 작업 및 산업 부문에서의 경쟁력 향상과 관련이 있어서 부가가치 창출 과정에서의 경쟁력 향상이나 생산성 증대, 노동의 질 향상과 같은 국가목표나 국가이익과 밀접히 관련되어 있다. 따라서 경제적 고도화는 글로벌 가치사슬에 참가할 수 있도록 기술역량과 경영역량의 향상을 통해 기업의 생산성과 경쟁력을 향상시키는 것도 포함될 수 있다.

글로벌 가치사슬에 관한 선행연구들에서는 지식 집약적 활동에 참가할 수 있는 생산자의 역량이나 신상품 개발, 생산공정의 개선과 같은 기술 역량의 학습 능력을 강조하고 있다. 이런 의미에서 경제적 고도화는 상품 및 생산공정의 부가가치를 증가시킬 수 있는 혁신 능력으로도 이해할 수 있다.

하지만 경제적 고도화 자체를 혁신의 개념으로 사용하면 논리적 모순이 있으므로 혁신과정의 결과로서 경제적 고도화를 이해할 필요가 있다. 또한 혁신능력은 생산자의 부가가치 증대 능력과 관련이 있지만 그 결과로서 부가가치와 시장 점유율이 모두 높아져야 하므로 경쟁기업의 혁신 능력과 비교할 필요도 있다. 만약 혁신 속도가 경쟁사 상품보다 낮다면 부가가치와 시장 점유율이 감소할 수도 있기 때문이다.

경제적 고도화는 전통적인 국제무역 및 개발이론이 제시하는 것처럼 농업경제에서 서비스 경제로의 전환에만 국한되지 않는다. 고도화는 기술과 노하우knowhow, 자본과 기술, 생산공정의 개선을 통해 더 높은 부가가치 생산을 달성하는 것이다. 이는 종래의 최종재 중심의 산업기반 패러다임에서 중간재 중심의 새로운 패러다임으로 변화하는 것을 의미한다. 개발도상국의 관점에서 볼 때, 경제적 고도화는 저렴한 노동비용에 기반한 비교우위론의 기존 패러다임을 벗어나 기술 및 부가가치를 기반으로 경제개발을 추구하는 것이라고 할 수 있다.

2) 경제적 고도화의 방법

기업이 경제적 고도화를 위해 취할 수 있는 방법에는 다음의 4가지가 있을 수 있다.[25)]

첫째, 공정의 고도화process upgrading이다. 경쟁기업보다 내부 생산공정을 더 잘 조직하거나 새로운 기술을 도입하여 더 복잡한 작업을 처리함으로써 효율성을 높이고 단위당 비용을 절감하여 현재의 글로벌 가치사슬 내에서 부가가치의 비중을 높이는 것이다. 즉 현재의 생산활동에서의 생산성 증대를 달성하는 것이다.

둘째, 상품 고도화product upgrading이다. 일반적으로 기업은 더 정교한 상품 생산 라인, 보다 숙련된 일자리, 또는 보다 높은 기술역량을 획득하는 과정에서 기존 가치사슬에서 고부가가치의 신상품을 생산하거나 경쟁사보다 빨리 기존 상품을 개량하려는 목표를 가지고 있다. 이는 생산 단위당 부가가치로 측정할 수 있다.

25) Humphrey John, and Hubert Schmitz (2002), "How Does Insertion in Global Value Chains Affect Upgrading in Industrial Clusters?" *Regional Studies* 36(9): pp.1017-1027.

셋째, 기능적 고도화functional upgrading이다. 기업이 생산활동 전반의 기술함량을 높이는 것이다. 기업이 수행하는 생산활동을 바꾸거나 더 높은 부가가치를 창출할 수 있는 글로벌 가치사슬의 새로운 부문으로 이동함으로써 부가가치를 증대시키는 것이다. 이는 최종재 생산에서 보다 높은 부가가치율을 달성했는지 여부로 측정할 수 있다.

넷째, 산업부문 내에서 가치사슬의 고도화value chain upgrading이다. 생산량 단위당 더 높은 부가가치를 창출할 수 있고, 유사한 지식과 기술을 필요로 하는 새로운 글로벌 가치사슬에 참가하거나 가치사슬 내에서 수평적으로 이동하는 것이다.

글로벌 가치사슬에 대한 많은 선행연구들은 기능적 고도화를 강조하고 있다. 기능적 고도화의 궤적을 동적으로 살펴보면, 수출가공 지역에서의 전형적인 조립 형태에서 주문자상표부착 생산Original Equipment Manufacturing: OEM, 자체상표 생산Original Brand Name Manufacturing: OBM 및 제조자개발 생산Original Design Manufacturing: ODM에 이르는 단계를 거친다. 기업이 조립단계에서 ODM 단계로 자신의 역량을 발전시키는 고도화 과정에는 계층구조가 있다. 즉, 기능적 고도화, 최종적으로 가치사슬의 고도화를 통해, 생산공정 고도화로부터 상품 고도화로의 궤적을 따르면서 기업 내에 체화되지 않은 활동의 정도를 점차 증가시키는 것이다.

이상에서 언급한 4가지 고도화 경로에 다음의 5가지의 경로를 추가할 수도 있다. 다섯째, 조직의 고도화organizational upgrading이다. 사업 단위에서 협동조합 또는 공동사업과 같은 생산자 조직에서의 고도화이다. 여섯째, 지역 고도화territorial upgrading이다. 이는 특정 지역에서의 고도화에 대한 것이다. 일곱째, 구조적 고도화structural upgrading이다. 이는 기업규모나 사업구조와 관련된 구조 고도화이다. 여덟째, 글로벌 가치사슬에 새로운 기업이 진입하는 것도 고도화의 한 형태가 될 수 있다. 아홉째, 최종 마케팅 고도화end-marketing upgrading이다. 이는 보다 엄격한 표준을 가진 정교한 시장으로 이동하거나, 매우 저렴한 가격에 의무적으로 생산을 해야만 하는 대규모 시장으로 움직이는 고도화를 의미한다.

3) 스마일 커브

이상에서 설명한 기능적 고도화는 적어도 수직적 통합vertical integration과 전문화specialization의 두 가지 다른 방법을 통해 일어날 수 있다. 이런 유형의 고도화를 감안하면 단순히 상품가치 가운데 보다 많은 부가가치를 가진 생산단계를 지향하는 고도화는 잘못된 것일 수도 있다. 이는 스마일 커브smile curve 가설이 제시하는 것처럼 글로벌 가치사슬에서 부가가치 비중이 낮은 조립단계를 벗어나는 것이 고도화라는 잘못된 해석을 내릴 수 있기 때문이다.

스마일 커브는 가치사슬의 각 단계에서의 부가가치 잠재력을 잘 보여주는 그림이다. 이 개념은 대만의 컴퓨터 기업, 에이서Acer의 설립자인 스탠 시施振榮: Stan Shih가 1992년경에 처음으로 소개했는데, 컴퓨터의 가치사슬에서 조립단계로부터 더 높은 부가가치 활동으로 고도화해 가는 에이서Acer의 기업전략을 나타낸 것이다. 스탠 시는 개인용 컴퓨터 산업에서 조립 전 단계를 나타내는 상품의 개념화, R&D, 디자인, 브랜딩 단계와 조립 후 단계를 나타내는 마케팅, 유통, 판매 및 AS 단계에서 조립단계보다 부가가치 비중이 높다는 사실을 발견했다. 이 아이디어는 가치사슬의 각 단계를 *X*축에 각 단계별 부가가치를 *Y*축에 그래프로 나타내면 그 형태가 미소를 짓는 모습이 되기 때문이다. 여기서 만약 가치사슬의 단계를 보다 세분화 하게 되면 스마일 커브가 깊어져 가치사슬 각 단계의 부가가치 차이가 증가하는 것처럼 보이게 된다.

하지만 고도화를 "가치사슬에서 위로의 이동"으로 단순하게 평가하면 상품에서의 부가가치 점유율, 또는 그 이상 중요한 경제활동의 양을 고려하지 않게 된다. 가령 의류 가치사슬에서 제조단계는 최종상품의 총 가치에서 차지하는 비중이 상대적으로 낮은 노동 집약적인 생산공정으로 간주되지만 이런 제조활동을 담당하는 중소기업은 전문화와 대량생산으로부터 많은 이익을 얻을 가능성이 있다.

또 다른 재미있는 현상은 스마일 커브가 모든 나라와 산업에서 기대할 수 있는 형태가 아니라는 것이다. 중국의 전기 광학장비 제조 가치사슬이나, 독일의 자동차 가치사슬에서는 제조단계에서 보다 높은 노동소득, 상류 또는 하류부문에서는 보다 낮은 노동소득을 보여주기 때문에 역 스마일 커브, 즉, 앵그리 커브angry curve의 모습이 관찰된다는 것이다.[26)]

4) 하이 로드와 로우 로드

일부 연구에서는 기업이 글로벌 가치사슬에 참가하는 궤적을 관찰하여 2가지 범주, 즉 로우 로드low road와 하이 로드high road로 구분하기도 한다.[27)] 생산비용에 근거하

26) Dcgain Christophe, Bo Meng and Zhi Wang (2017), "Recent Trends in Global Trade and Global Value Chains," In *Measuring and Analyzing the Impact of GVCs on Economic Development*. Washington, DC: World Bank.

27) Kaplinsky, Raphael and Morris Michael (2003), "Governance matters in value chains," *Developing Alternatives*, 9, pp.11-18.; Kaplinsky, R. and Readman, J. (2001), *Integrating SMEs in Global Value Chains: Towards Partnership for Development*, UNIDO, Vienna.

〈그림 14-1〉 경제적 고도화와 사회적 고도화와, 성장과 쇠퇴

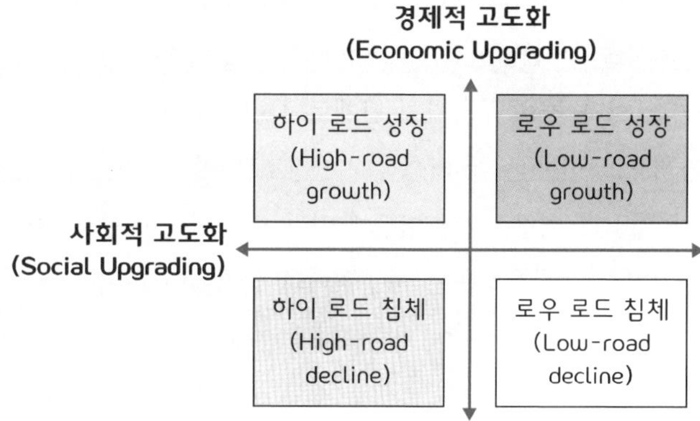

자료: Milberg and Winkler (2013), p.250.

여 국제 경쟁력을 높이는 2가지의 길(로드)에 관한 것인데 로우 로드는 저 임금과 저 이윤을 감내하며 경쟁력을 유지하려는 기업의 궤적이다.

일반적으로 개발 도상국의 기업들은 저부가가치 경제활동에 사로잡혀 "바닥을 향한 경쟁race to the bottom"에 빠지게 되어 궁핍화 성장immiserizing growth에 직면하게 된다. 저임금 수준에 기반한 로우 로드는 흔히 "사회적 고도화social upgrading"의 반대 개념인 "사회적 강등social downgrading"이라고 할 수 있다.[28)]

한편, 하이 로드는 글로벌 가치사슬에서 다른 회사로부터 얻은 지식을 이용한 혁신을 통해 생산성과 부가가치를 높이는 것이다. 하이 로드는 개발도상국이 취하게 되는 저렴한 노동비용의 비교우위를 바탕으로 하는 경로보다 더 높은 기술발전과 부가가치 증대를 가져오므로 경제적 업그레이드를 달성할 수 있다. 즉 글로벌 가치사슬에의 참가를 통해 선순환virtuous circle에 진입하여 지속적인 경제성장이 가능하게 된다는 것이다.

5) 고도화에 따른 생산성 향상 및 기술확산

로우 로드, 하이 로드로 구분할 수 있는 경쟁력의 차이는 결국 고도화할 수 있는 기업의 학습 능력에 달려있다. 따라서 글로벌 가치사슬에 참가함으로써 생산성 증대

28) Bernhardt and Milberg (2011), *Economic and Social Upgrading in Global Value Chains: Analysis of Horticulture, Apparel, Tourism and Mobile Telephones,* Capturing the Gains Working Paper No.2011/06에서는 경제적 업그레이드를 수출시장 점유율의 변화와 수출단가 변화의 조합으로 정의했으며, 사회적 업그레이드는 고용의 변화와 실질임금의 변화로 정의함.

효과를 높이기 위한 혁신역량과 학습역량이 중요하게 된다.

글로벌 가치사슬에의 참가와 관련하여 가장 논란이 되는 것 중 하나는 기술이다. 글로벌 가치사슬 참가를 통한 기술이나 지식의 이전은 생산성 증가나 경제성장을 가능하게 한다. 보다 높은 부가가치 단계로의 이동은 기술, 생산성의 고도화란 긍정적인 효과를 가져오고 이는 결국 내생적 기술창조로 이어진다. 다양한 고도화의 경로는 학습, 국가나 기업의 역량, 혁신 여부에 따라 다르게 나타난다. 따라서 성공적인 고도화 경로는 부가가치를 창출하는 국제무역에의 참가, 더 나아가 국내 부가가치 증가에만 의존하는 것이 아니라 정교한 기술습득을 가능케 하는 글로벌 가치사슬에 참가하는 것이다.

글로벌 가치사슬 참가가 생산성 증가를 가져오는 경제적 메커니즘을 이해할 필요가 있다. 일반적으로 세계화를 통해서 해외의 지식과 기술에 접근할 수 있고, 전문화로 인한 범위의 경제와 규모의 경제 효과, 국제경쟁을 통한 효율성 증대 효과를 누릴 수 있다고 한다. 하지만 글로벌 가치사슬에의 참가는 추가적인 효과를 가져온다. 즉, 보다 저렴한, 양질의 중간재를 활용할 수 있으므로 생산성을 증가시킬 수 있다.

따라서 중간재 수입 비중이 높은 국가일수록 평균적으로 보다 높은 생산성 증가를 보이는데 이는 다음의 3가지 효과 때문이다. ① 가격효과price effect 때문이다. 중간재 생산자들 간의 경쟁이 심화되어 중간재 가격이 하락하는 효과가 있다. ② 공급효과supply effect 때문이다. 보다 다양한 중간재를 이용할 수 있다. ③ 생산성 효과productivity effect 때문이다. 중간재 수입의 증가는 외국의 지식에 대한 접근을 가능하게 함으로써 혁신을 촉진할 수 있다. 기업들이 글로벌 가치사슬에 보다 많이 접근함으로써 학습 및 생산성 증대를 위한 잠재력이 커지게 된다.

글로벌 가치사슬에의 통합은 정적 측면에서 노동 생산성 증가가 고용창출에 부정적 영향을 미칠 가능성이 있지만 동적 측면에서는 몇 개의 채널을 통해 생산성을 향상시킬 수 있다고 한다.

태그리오니와 윙클러Taglioni and Winkler는 글로벌 가치사슬에의 참가를 통한 경제적, 사회적 고도화에는 다음과 같은 채널이 있다고 한다.29) ① 전방연계forward links로서 글로벌 가치사슬과 연계된 중간재를 지역경제에 판매함으로써 하류 부문에서의 생산, 생산성 증대를 가져오는 것이다. ② 후방 연계backward links로서 해당 지역경제에서 글로

29) Taglioni Daria, and Deborah Winkler (2016), "Making Global Value Chains Work for Development," *Trade and Development series*. Washington, DC: World Bank.

벌 가치사슬에 연계된 투입물을 구매함으로써 상류 부문의 생산, 생산성을 증대시키는 것이다. ③ 기술확산 효과technology spillovers로서 글로벌 가치사슬을 통한 생산의 결과로 동일 또는 상/하류 부문에 있는 지역 기업의 생산성이 증대하는 것이다. ④ 기술수요와 고도화skill demand and upgrading로서 앞의 기술확산 효과와 비슷하지만 기술 노동력에 대한 훈련과 수요와 연계된 것이다. ⑤ 최소규모의 달성minimum scale achievements으로서 글로벌 가치사슬 참가를 통해 수익성이 없지만 사회간접자본 투자를 유도할 수 있거나 다른 산업부문의 지역생산을 증가시키는 것이다.

〈 그림 14-2 〉 글로벌 가치사슬 참가의 국내 파급효과 형태

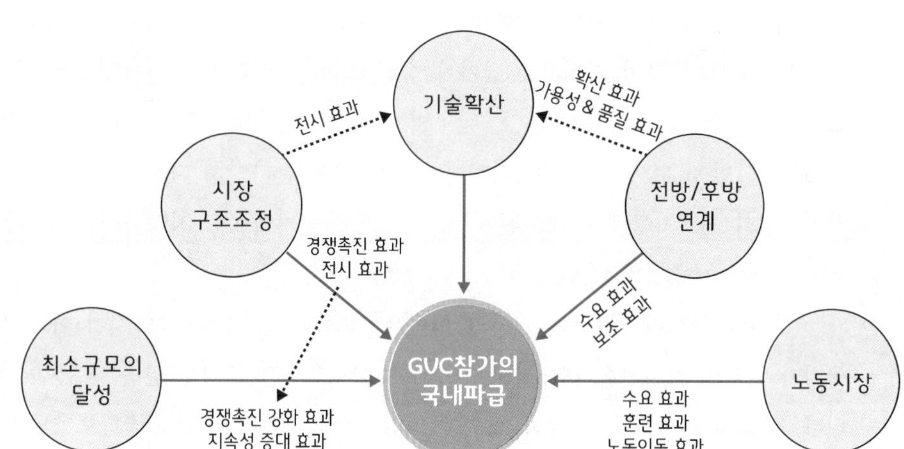

자료: Taglioniand Winkler (2016), p.28.

여기서 전/후방 연계 채널은 중심 국가에서 수요효과demand effect와 보조효과assistance effect를 발생시킨다. 즉, 선도기업이 현지 공급업자로부터 보다 많은 양질의 투입물을 요구하게 되고, 심지어 지식과 기술 공유, 선지급 등 여러 형태의 도움을 줄 수 있다. 전/후방 연계 채널은 또한 지식과 기술의 확산효과diffusion effect와 가용성, 또는 글로벌 가치사슬 참가가 구매자가 속한 산업에서 투입물의 가용성과 품질을 증가시키는 품질효과availability and quality effects를 가져와 기술확산을 가져오고, 지역 기업의 생산성을 증가시킨다.

또한 글로벌 가치사슬 참가는 시장을 친경쟁적으로 구조조정하여 여기에 참가하지 않은 기업에게도 경쟁효과pro-competition effect를 확산시킨다. 즉 글로벌 가치사슬 참가가 국가의 제한된 자원의 활용을 위한 경쟁을 심화시켜 전반적인 생산성을 증대시

키는 경쟁 친화적 효과가 발생하게 된다. 지역 참가기업이나 비참가 기업에 의한 직접적 모방이나 역설계를 통해 지식과 기술의 파급효과가 일어나는 것은 일종의 전시효과demonstration effect라고 할 수 있다.

최소규모의 달성은 글로벌 가치사슬 참가로 인해 경제 규모가 증대하지 않았다면 일어나지 않았을 사회간접자본 및 지원 서비스 부문에 대한 투자를 유발함으로써 더욱 경쟁 친화적인 시장을 만드는 채널이다. 이렇게 구축된 사회간접자본 시설은 다른 산업부문의 현지생산을 증가시키는 효과amplification effect를 가져온다. 또한 최소규모의 달성으로 인한 성과는 지속적으로 글로벌 가치사슬 참가를 유지할 수 있는 국가의 능력인 지속능력 효과sustainability effect를 가져온다.

마지막은 글로벌 가치사슬에의 참가는 노동시장에도 3가지 효과를 통해 영향을 미친다. 즉 ① 글로벌 가치사슬 참가가 숙련 노동을 더 많이 사용하게 되는 수요증대효과demand effect를 발생시킨다. ② 글로벌 가치사슬에 참가하는 현지 기업이 보다 많은 교육을 받을 수 있는 훈련효과training effect를 가져온다. ③ 다음은 글로벌 가치사슬 참가기업의 근로자들에게 체화된 지식이 다른 지역기업으로 전달되는 노동이동 효과labor turnover effect를 가져온다.

하지만 글로벌 가치사슬에서의 학습은 자동적으로 일어나는 것이 아니며, 모든 국가가 글로벌 가치사슬 내에서의 기술과 지식으로부터 혜택을 받을 수 있는 것도 아니다. 글로벌 가치사슬은 극히 소수의 기업에게만 학습기회를 제공함으로써 많은 지역 기업에게는 장벽으로 작용할 수도 있으며, 이들 기업을 저기술, 저부가가치 활동에 가두어 놓을 수도 있다.

기술 고도화 과정은 학습, 국가 및 기업 차원에서의 역량 증대, 혁신에 이르는 일련의 과정이라고 볼 수만은 없다. 개발도상국에서는 글로벌 가치사슬 참가가 사회구조, 정책환경 또는 법치 및 계약을 지키는 국내 지배구조와 같은 여러 가지 요인에 따라 적절한 상황에서만 기술 고도화가 일어날 수 있다. 글로벌 가치사슬 참가를 통해 기술습득과 혁신에 성공하는 것은 기업의 국내 역량과 글로벌 가치사슬을 특징짓는 지배구조의 형태나 권력관계에 달려 있다고도 볼 수 있다.

공급업자로서 개발도상국 기업의 역할은 기술을 이전받고 이를 사용하는 방법을 배우는 데에만 국한되지 않는다. 지식의 변화 가능성 때문에 이렇게 지식을 사용하는 것 외에도 역설계, 혁신을 통한 추격이 가능하다. 이런 가능성은 기업 또는 산업 수준의 능력뿐만 아니라 국가의 과학 및 혁신 능력과 인센티브 제도에 의해 결정된다. 따라서 기술에 대한 충분한 투자 없이 기술발전이 일어날 수 없으며, 글로벌 가치사슬 참가가 반드시 생산성 증가로 이어지지는 않는다.

마지막으로, 글로벌 가치사슬과 국가혁신 시스템National Innovation System: NIS과의 관계도 중요하다. 지역혁신 시스템을 구축함으로써 경제적 고도화를 달성할 수 있다. 다국적 기업은 개발도상국 공급업자들의 기술 추격을 방해할 수도 있다. 개발도상국에 소속된 성공적인 고도화 경험을 가진 기업들은 시장 지향적이거나 다른 개발도상국에 자국 상품을 수출하여 더 큰 시장을 차지하고, 브랜드 가치를 높이기 위해 저렴한 상품을 생산하기도 한다. 전반적으로 볼 때 개발도상국의 글로벌 가치사슬 참가는 산업의 현대화에 매우 제한적으로 도움을 준다.

6) 경제적 고도화의 측정지표

일반적으로 글로벌 가치사슬 참가로 기대되는 이익과 위험 요인을 측정하기 위한 유일한 지표는 없다. 따라서 글로벌 가치사슬 참가 수준에 따라 경제적 고도화의 개념을 각각 다른 지표를 이용하여 측정하는 것이 일반적이다. 이러한 다양한 경제적 고도화 측정지표는 여러 실증분석 연구에 적용되어 글로벌 가치사슬 참가와 경제적 고도화와의 관계를 파악하는 데 사용되고 있다. 여기서는 글로벌 가치사슬 참가가 생산자의 경제적 성과, 즉 경제적 고도화에 미치는 영향을 평가할 다양한 지표를 검토해 본다.

밀버그와 윙클러(Milberg and Winkler, 2011)에 따르면, 경제적 고도화는 주로 생산성 증가, 국제 경쟁력, 단위가격의 개념을 통해 측정할 수 있다고 했다.[30] 이는 경제적 고도화는 생산공정의 효율성과 생산자가 개발한 상품과 업무의 특성에 의해 측정될 수 있다는 것을 의미한다. 경제적 고도화를 측정하는 대용변수proxy variable로 생산성(근로자 1인당 생산량 또는 부가가치)을 택한다면 국가 차원에서는 총산출량과 부가가치를 사용하게 된다. 여기서 국제 경쟁력은 일반적으로 상대적인 단위 노동비용으로 측정되며, 단위 노동비용이 낮을수록 경쟁력이 높다고 했다.

카플린스키와 리드먼(Kaplinsky and Readman, 2005)은 생산자의 학습능력을 강조하면서 시장 점유율과 함께 단위당 가격을 경제적 고도화의 지표, 또는 상대적 혁신성과로 간주했다. 여기서는 혁신능력(신상품 생산, 효율성 제고 능력)과 고도화 능력, 즉 경쟁자보다 더 빠르고 우월한 혁신능력을 구별하였다. 고도화의 지표로는 단위당 가격

30) Milberg, William, and Deborah Winkler (2011), "Economic and Social Upgrading in Global Production Networks: Problems of Theory and Measurement," *International Labour Review* 150 (3-4), pp.341-365.

과 시장 점유율을 경쟁력 지표로 사용하였는데 이는 생산공정이나 투입물 자체보다는 그 결과를 강조한 것이다.[31)]

요약하면, 생산자는 ① 산업 평균에 비해 수출단가를 높일 수 있을 때, ② 세계 수출시장 점유율이 증가했을 때 경제적 고도화를 달성했다고 할 수 있다. 반대로 각 글로벌 가치사슬 내에서 수출단가 하락과 시장 점유율 하락을 경험하고 있다면 경제적 강등downgrading을 겪었다고 할 수 있다.

번하트와 폴락(Bernhardt and Pollak, 2015)은 한 국가의 단위 수출가격과 세계 산업평균 단위 수출가격의 증가율 차이를 세계 수출시장 점유율의 변화와 함께 분석하였다.[32)] 약 35개국, 다양한 수준의 기술적 정교함과 다양한 기업 지배구조를 가진 4개의 제조업(의류, 목재가구, 자동차 및 휴대전화)을 대상으로 했는데 산업별로 글로벌 가치사슬에서 현저한 차이를 보이고 있으며, 경제적 고도화는 고도의 기술적 정교함을 지닌 산업부문에서 더 일반적으로 나타나고, 낮은 기술부문에서는 경제적 강등 현상이 나타났음을 발견했다. 또한 생산자 및 수출국으로서 중요성이 높아지고 있는 개발도상국이 경제 고도화를 경험할 가능성이 더 높다고 했다. 이 연구에서는 표본의 4분의 1만이 경제적 고도화를 경험했기 때문에 글로벌 가치사슬 참가를 통한 경제적 고도화가 항상 실현되는 것은 아니라는 점도 지적하고 있다.

번하트와 밀버그(Bernhardt and Milberg, 2011)는 세계 수출시장 점유율의 증가와 수출 단위가격의 조합으로 경제적 고도화를 정의했다.[33)] 이 지표는 개별적으로 보면, 세계 수출시장 점유율의 증가는 한 국가의 수출에서 국제 경쟁력이 증가했음을 나타내고, 수출 단위가격 증가는 고부가가치 상품의 생산이 가능해졌다는 의미이다. 하지만 수출 단위가격의 증가는 또한 생산비용의 증가에 의한 것일 수도 있기 때문에 국제 경쟁력이 하락했다는 것을 의미할 수도 있다.

따라서 주어진 산업부문에서 고도화는 두 지표가 동시에 증가했을 때 일어난다고 할 수 있다. 여기서는 1990~2009년간 8~10개 개발도상국의 다양한 기술 집약도

---

31) Raphael Kaplinsky and Jeff Readman (2005), "Globalization and upgrading: what can (and cannot) be learnt from international trade statistics in the wood furniture sector?" *Industrial and Corporate Change,* Oxford University Press, Vol.14(4), pp.679-703.

32) Thomas Bernhardt and Ruth Pollak (2015), *Economic and Social Upgrading Dynamics in Global Manufacturing Value Chains: A Comparative Analysis,* FIW Working Paper No.150.

33) Bernhardt and Milberg (2011), *Economic and Social Upgrading in Global Value Chains: Analysis of Horticulture, Apparel, Tourism and Mobile Telephones*, Capturing the Gains Working Paper No.2011/06.

를 가진 4개 산업부문(의류, 원예, 휴대전화, 관광)을 분석했는데, 경제 고도화와 관련하여 첫째, 경제 고도화는 의류산업을 제외한 모든 산업부문에서 세계 수출시장 점유율 증가와 관련이 있으며, 둘째, 수출시장 점유율 상승은 일반적으로 수출 단위가격의 하락과 관련이 있다는 것이다. 또한 경제적 강등 현상이 발생하기도 하지만, 사회적 강등 현상이 더 일반적으로 나타난다는 것을 발견했다.

살리도와 벨하우스(Salido and Bellhouse, 2016)는 번하트와 밀버그(Bernhardt and Milberg, 2011)가 사용한 접근방식에 추가적으로 국가 전체의 생산성 지표를 사용하였다. 멕시코의 4개 산업부문(농업, 제조, 광업 및 관광)을 대상으로 노동과 생산에 대한 정보를 얻기 위해 국가 전체 생산성 추정치를 사용하여 멕시코 경제의 고도화를 분석했다.[34)]

태그리오니와 윙클러(Taglioni and Winkler, 2016)는 경제 고도화의 또 다른 측정지표를 사용했다. ① 총수출에 체화된 국내 부가가치 증가, ② 국내 부가가치 수준, ③ 생산성(노동 생산성 또는 총요소생산성)이 그것이다. 첫째 변수는 산업 수준에서 구할 수 있지만 다른 변수는 기업 수준에서도 측정가능하다. 세 가지 경제적 고도화 척도는 모두 종속변수로 사용되었으며 산업 수준에서 글로벌 가치사슬 참가를 나타내는 여러 변수들과 관련지워졌다. 계량경제학 분석법을 통해 글로벌 가치사슬 참가의 효과를 분석하여, ① 글로벌 가치사슬 연결의 강도와 특성이 수출되는 국내 부가가치 증가의 중요한 측면인지 여부, ② 구매자 또는 판매자로서의 글로벌 가치사슬 통합이 국내 부가가치에 미치는 영향, ③ 기업의 생산성에 대한 글로벌 가치사슬 참가의 효과를 살펴보았다.

한편 코발스키 등(Kowalski et al., 2015)은 단순히 상품의 국내 부가가치 점유율을 높이는 것으로 고도화를 정의하였다. 따라서 글로벌 가치사슬 참가가 국가의 경제적 성과에 미치는 영향을 분석하면서 글로벌 가치사슬 참가의 효과를 측정하기 위한 세 가지 개념, 즉 ① 국가의 수출에 포함된 일인당 국내 부가가치, ② 수출품 구성의 세련화 정도, ③ 수출품의 다양성을 사용했다.[35)]

여기서 첫째 지표는 수출로 인해 국내 노동 및 자본으로 확대되는 편익을 측정하

34) Salido Marcos, Joaquín & Bellhouse, Tom (2016), "Economic and Social Upgrading: Definitions, connections and exploring means of measurement," *Sede Subregional de la CEPAL* en México.

35) Kowalski P. et al. (2015), *Participation of Developing Countries in Global Value Chains: Implications for Trade and Trade-Related Policies*, Paris, OECD Publishing, OECD Trade Policy Papers, No.179.

기 위한 것이다. 즉, 글로벌 가치사슬 참가와 관련된 생산성 변화(공정의 고도화)를 부가가치로 측정한 것이다. 국내 부가가치와 수입된 원자재에 포함된 해외 부가가치의 보완/대체 관계를 계량적으로 검증하기 위하여, 그리고 중간 투입물의 사용과 글로벌 가치사슬 참가의 성과와의 관계를 살펴보기 위해 수출에 포함된 해외 부가가치의 변화와 제조업의 수입 중간재, 제1차 중간재의 정교화 정도 변화와의 상관관계를 구해 보았다. 해외 부가가치는 수출에 포함된 일인당 부가가가치 증가와 정(+)의 관계 즉, 수입 중간재의 수준의 정교함은 일인당 GDP증가에 긍정적 효과를 미치는 것을 발견했다.

둘째 지표는 하우스만 등(Hausman et al., 2007)의 방법론을 기반으로 하여 상품 고도화를 위한 대리변수를 정의하여 그 변화정도를 측정함으로써 수출품의 고도화(또는 강등)경로를 파악하는 것이다.[36] 실증분석에 의하면 보다 세련된 중간재를 사용하는 후방참가의 증가(수출에서 해외 부가가치 비중이 높음)와 일인당 GDP는 정(+)의 관계에 있지만 FDI 유입의 증가와는 그렇지 않다고 했다.

셋째 지표는 수출집중도가 낮을수록 수출구조의 다변화가 이루어지고 있다는 가정에 기초한 것으로 기능적 고도화의 대리변수로 볼 수 있다. 수출상품의 다양화를 측정함으로써 국가의 경쟁력과 국제시장과의 통합 정도를 평가할 수 있다. 실증연구에 의하면 수출상품의 다양화는 후방참가 및 보다 정교한 비제1차 수입 중간재 사용과 상관관계가 있다고 했다.

또한 코발스키 등(Kowalski et al., 2015)는 각각 소득 그룹에 따라 공정 고도화, 상품 고도화 및 기능적 고도화가 각각 다른 궤적을 보인다는 사실을 발견했다. ① 고소득 국가의 수출에 포함된 일인당 국내 부가가치의 대부분은 보다 정교한 제1차 중간재와 다른 중간재의 사용증가에 의해 이루어지는 반면, 저소득국가에서는 비1차 중간재의 정교화, 중진국의 경우에는 FDI의 증가에 의해 이루어진다고 했다. ② 고소득, 중소득 국가에서 고도화는 상품 고도화의 기본이 되는 분절화의 증가에 의해서 이루어진다고 했다. ③ 보다 정교한 비1차 중간재를 수입하는 고소득 국가는 보다 다양성 있는 상품을 수출을 하는 반면, 중하위 국가는 후방참가에 더 폭넓게 참가한다고 했다.

이런 결과는 가치사슬에서의 거래와 관련된 이익의 배분과 관련하여 뚜렷한 규

---

36) Hausman, R. J. Hwang and D. Rodric (2006), *What You Export Matters*, Mimeo, Harvard University Kennedy School of Government.

칙성이 없음을 보여주는 것이다. 하지만 외국산이 많이 포함된 중간재나 더 정교한 중간재를 수입함으로써 더 광범위한 글로벌 가치사슬에 참가하는 것은 긍정적인 결과를 가져온다. 따라서 글로벌 가치사슬 참가를 통한 이익의 가능성은 전문화의 구조, 개발 단계와 많은 관련이 있다.

다음 [표 14-1]은 다양한 분석수준(국가, 부문 또는 기업차원)에서 언급되고 있는 경제적 고도화와 사회적 고도화 측정지표를 보여준다. 모든 측면을 포괄하는 경제적 고도화의 정량적 측정지표는 없다. 이 표는 글로벌 가치사슬 관련 많은 실증연구에서 사용하고 있는 경제적 고도화의 주요 측정지표를 살펴본 것이지만 이런 지표에도 문제가 있을 수 있다.

특히 부가가치 창출에 초점을 맞춘 고도화의 분석은 이익, 임금, 세금, 심지어 다른 유형의 노동력 사이에 부가가치 분배 문제를 다루지 않고 있다. 특히 기업 수준에서의 경쟁력으로 고도화를 정의하면 고도화로 얻은 이익이 근로자에게 어떻게 분배되고 근로조건이 어떻게 개선되는가를 도외시할 수 있다. 이런 점에서 글로벌 가치사슬 연구자들은 고도화의 개념을 경제적 고도화와 사회적 고도화로 구분하였다.

최근의 많은 연구에서는 경제적 고도화와 사회적 고도화의 관련성을 중요시하고 있다. 이는 지속 가능한 개발목표에 부합하는 보다 적합한 산업정책 방향 결정에 중요하다. 경제적 고도화가 지속 가능한 개발로 이해되기 위해서 정책 입안자들이 사회의 모든 부문에서 글로벌 가치사슬 참가를 위한 기회와 결과의 분배에 관심을 가져야 한다. 이는 사회적 결속으로 이어지는 균형된 이득분배를 달성하기 위한 사회정책을 구사해야 한다는 것을 의미한다. 경제적 고도화가 사회적 고도화로 자연스럽게 이어지는 것이 아니란 점을 고려하면 글로벌 가치사슬 연구에서 사회적 고도화를 촉진하는 정책 입안자의 역할을 파악하는 것도 중요하다.

〈 표 14-1 〉 다양한 경제적 고도화 측정지표

분석수준	경제적 고도화 측정지표	사회적 고도화 측정지표
국가 수준	생산성증가(노동생산성,총요소생산성)	임금증가
	부가가치(GDP) 증가	고용/인구증가
	이윤증가(자본분배율 증가, 1-노동분배율)	노동소득증가
	자본집약도(K/L)	정규직 증가
	수출증가	청년실업 감소
	수출시장 점유율 증가	양성 평등(고용, 임금)

분석수준	경제적 고도화 측정지표	사회적 고도화 측정지표
	총산출물 단위가격 증가	빈곤해소
	수출단위가격 증가	노동표준 개선
	노동의 단위비용 증가	감시활동의 규제
	수출에 포함된 일인당 국내 부가가치	정치권리 개선
	수출품 구성의 고급화	인적개발지수
	수출품의 다양화	
	생산성 증가(노동생산성, 총요소생산성)	임금증가
	부가가치(GDP) 증가	고용증가
	이윤증가(자본분배율 증가, 1-노동분배율)	노동표준 개선
	수출증가	
	수출시장 점유율 증가	
	수출에 포함된 일인당 국내 부가가치	
산업 수준	총산출물 단위가격 증가	
	수출단위가격 증가	
	자본집약도(K/L)	
	기능의 기술집약도 증가(조립/OEM/ODM/OBM/풀 패키지)	
	고용의 기술집약도 증가	
	수출의 기술집약도 증가	
	국내 부가가치 수준	
	기능의 기술집약도 증가(조립/OEM/ODM/OBM/풀 패키지)	공장 감시활동의 개선된 표준
	공급사슬 관리기술의 발전	일자리당 근로자의 수
기업 수준	일자리의 구성	
	자본집약도 증가/기계화	
	상품, 공정, 기능적 가치사슬 고도화	
	국내 부가가치 수준	
	생산성 증가(노동생산성, 총요소생산성)	

자료: Milberg and Winkler (2013), p.251.

(2) 사회적 고도화

경제 및 사회생활 측면에서 임금, 근로조건, 경제적 권리, 양성평등, 경제적 안정을 포함한 생활수준에서의 고도화를 사회적 고도화social upgrading라고 한다. 사회적 고도화의 측정지표는 전술한 [표 14－1]에서와 같다.

많은 실증분석에서 국가 수준 또는 산업 수준에서의 많이 사용하는 지표는 고용과 임금이다. 이때 중요한 것은 경제적 고도화와 사회적 고도화 사이의 연관성이다. 글로벌 가치사슬에의 참가와 경제성장의 관계에 대해서는 많은 실증분석이 성공적으로 이루어졌지만, 경제적 고도화의 사회적 고도화 간의 관계에 대한 이론과 실증분석은 크게 발전되지 못했다.

경제 고도화와 사회적 고도화 사이의 연관성은 임금증가가 생산성 증가와 밀접하게 연관되어 있다는 경제이론에 바탕을 두고 있다. 생산성 증가(근로자 일인당 생산량의 증가)를 경제적 고도화, 임금증가를 사회적 고도화를 나타내는 대리변수라고 하면 경제적, 사회적 고도화의 관계에 대한 경제 이론적 설명이 가능하다. 여기에서는 신고전파 경제이론적인 관점과 제도주의적인 관점에서 설명해보자.

1) 신고전파 경제이론적 관점

신고전파 경제이론에 바탕을 둔 완전경쟁시장에서 임금은 노동의 한계생산물 가치로서 노동의 한계생산물과 생산물의 시장가격의 곱으로 정의된다. 이때 생산된 상품의 가격이 일정하다고 가정하면 임금수준은 노동의 한계 생산물이 증가함에 따라 상승하게 된다. 이는 결국 다른 조건이 일정할 때 사회적 고도화는 경제적 고도화의 결과로 나타난다.

플래나갠(Flanagan, 2005)은 1995년부터 1999년간 45개국의 의류 및 신발산업에서 임금과 생산성 증가는 매우 높은 상관관계가 있다는 것을 발견했다. 이것은 개별 산업부문에서 경제적 고도화가 사회적 고도화를 가져온다는 것을 입증하는 것이다.[37)]

번하트와 밀버그(Bernhardt and Milberg, 2011)는 10~20개 국가의 의류, 원예, 휴대전화, 관광산업의 글로벌 가치사슬 연구에서 경제적 고도화가 일어난 사례의 절반에서 사회적 고도화가 있었다는 사실을 발견했지만, 사회 고도화가 발생하면 경제적

37) Flanagan, R. J. (2005), *Globalization and Labor Conditions: Working Conditions and Worker Rights in a Global Economy*, New York, Oxford University Press.

고도화가 동반한다는 것도 발견했다.[38] 따라서 경제적 고도화는 사회적 고도화를 위한 필요조건이지만 충분조건은 아니라고 했다. 따라서 경제적 고도화와 사회적 고도화의 연결고리를 찾기 위해 정책과 제도 연구가 필요하다고 했다.

2) 제도주의적 관점

제도주의적 관점에서 임금은 노동자와 관리자의 상대적인 힘에 의해 결정된다. 또한 노동시장에 대한 규제와 규제의 집행이 임금을 결정하는 데 중요한 역할을 한다. 노동조합에의 가입 강도, 교섭권, 최저임금, 적극적인 노동시장 정책은 선진국과 개발도상국에서 노동시장의 성과를 결정하는 중요한 요인이 된다.

따라서 생산성 증가와 임금수준 간의 밀접한 관계는 없다. 임금수준은 노사 양측의 상대적인 힘에 의해 결정되고, 노동시장의 제도가 양측의 상대적 위상을 결정한다. 이런 점에서 사회적 고도화는 당연히 생산성 증가와 관련되는 것이 아니라 사회제도와 관련된다.

(3) 현대적 종속이론: 신 프레비쉬-싱어 함정

글로벌 가치사슬이 보편화됨에 따라 경제발전economic development의 개념이 변화되었다. 종전의 수출지향적 산업화Export Oriented Industrialization: EOI의 개념은 최종재 분야에서 비용 경쟁력을 바탕으로 국제경쟁을 하는 것이었다. 하지만 오늘날 글로벌 생산 네트워크GPN가 보편화 된 상황에서, 경제발전이란 이런 글로벌 생산 네트워크에 성공적으로 진입하여 국제적인 공급망에서 공급업체가 되거나, 이런 공급망 내에서 더 높은 부가가치를 창출할 수 있는 경제활동으로 이동하는 국가의 산업역량과 관련된다. 따라서 이제 국제 공급망 내에서 "산업의 업그레이드Industrial upgrading"는 수출 지향적 산업화의 거의 동의어가 되었다고 할 수 있다.

제조업의 수출확대 만으로는 전반적인 경제적 고도화가 불가능하다. 첫째, 글로벌 가치사슬이 보다 복잡해짐에 따라 수출품 생산에는 이전보다 많은 수입 중간재가 포함되기 때문이다. 즉 최종재가 만들어지는 생산단계가 보다 세분화 되어 전문화됨에 따라 높은 수준의 수직 전문화vertical specialization가 이루어지기 때문이다. 그 결과 총

38) Bernhardt, T. and Milberg, W. (2011), *Economic and social upgrading in global value chains: analysis of horticulture, apparel, tourism and mobile telephones*, New York, Working paper No.6.

수출액에는 단계별로 다른 양의 국내 부가가치가 포함되어 있다. 가령 애플Apple사의 아이폰iPhone이나 아이 팟iPod 사례연구를 보면, 미국으로 수출된 최종 조립품 수출액에는 중국산 부가가치가 겨우 5% 미만을 차지할 뿐이었다.[39)]

둘째, 글로벌 가치사슬에 따른 세계화 과정에서 개발도상국 수출품의 교역조건terms of trade이 악화되었기 때문이다. 해당 품목의 글로벌 가치사슬을 처음으로 구축한 과점적 선도기업은 자신들에게 중간재를 공급하는 공급업체 간의 경쟁을 유도하고, 위험을 전가시키는 기업전략을 구사하기 때문에 글로벌 가치사슬 내에는 시장구조의 비대칭성asymmetry of market structures이 존재한다. 따라서 선도기업은 중간 공급업체가 제시하는 가격을 낮추려는 압력을 행사하게 되므로 글로벌 가치사슬에 기반한 수출증대가 경제적 고도화를 방해할 수 있다.

따라서 글로벌 가치사슬 내의 중간재 공급기업은 원가를 절감해야 하고, 양질의 중간재를 지속 공급해야 하며, 정해진 일정대로 구매자에게 이를 배송해야 하고, 계약해지의 위험을 부담하는 등 다른 공급업체와 경쟁해야 하는 심각한 경쟁압력에 직면하게 된다.

또한 공급기업은 수요의 급격한 변동에 직면하여 재고관리의 위험까지 부담해야 한다. 또한 이들은 자신들의 중간재 생산에 적용할 수 있는 기술의 한계에 직면할 수도 있다. 아울러 공급업체는 공급사슬에서의 보다 높은 위치로 이동하는 것이 선도기업의 비싸고 성공적인 상표전략 때문에 봉쇄당할 수도 있다. 공급업체의 부가가치 증대에 있어서 이런 많은 제약조건들은 기업의 이윤마진(마크업)을 통제할 수 있는 가격설정 능력을 제한함으로써 임금을 통제할 수밖에 없는 상황을 초래할 수 있다.

밀버그와 윙클러Milberg and Winkler의 30개국을 대상으로 한 연구에 의하면, 경제적 고도화를 달성한 국가가 거의 없다고 한다. 특정 산업에서 수출국의 지위를 달성한 것이 한 국가에 유리할 수 있지만 많은 국가가 동일한 행동을 하게 되면 세계적인 공급확대에 따른 가격하락으로 모든 국가가 같은 이익을 얻을 수 없게 되며, 그 결과 부가가치가 경제적 고도화를 달성한 것에 비해 소폭 증가하는 데 그칠 수 있다고 했다.[40)]

---

39) Linden, G., Kraemer, K. L. and Dedrick, J. (2007), *Who captures value in a global innovation system: the case of Apple's iPod*, Irvine CA: Personal Computing Industry Center.; Xing, Y., and N. Detert (2010), *How the iPhone Widens the United States Trade Deficit with the People's Republic of China*, Asian Development Bank Institute (ADBI) Working Paper Series No.257, ADBI, Tokyo.

40) Milberg, William, and Deborah Winkler (2011), "Economic and Social Upgrading in Global Production Networks: Problems of Theory and Measurement," *International Labour Review* 150

미국의 소비자물가대비 수입가격을 보면 업종별로 상승, 하락이 엇갈린다. 중국, 멕시코, 인도네시아 및 인도를 포함하여 글로벌 가치사슬에 크게 관여하는 개발도상국 중 일부에서는 교역조건의 개선이 없었다고 한다. 이런 상황은 종속이론이라 불리는 프레비쉬-싱어 함정Prebisch-Singer Trap이 지금도 존재할 가능성을 보여준다.

종속이론dependency theory은 1949년 영국의 한스 싱어Hans Singer와 아르헨티나의 라울 프레비쉬Raúl Prebisch의 연구 보고서에서 언급되었기 때문에 프레비쉬-싱어 함정이라 하기도 한다.[41] 남아메리카 국가들을 포함한 많은 제3세계 국가들이 근대화에 성공하지 못한 것은 제3세계 국가들이 선진국 경제에 종속되었기 때문이란 것이다. 가령, 제1차 산업 생산물의 가격은 제조업 상품의 가격에 비하여 장기 간에 걸쳐 지속적으로 하락하기 때문에 제3세계 국가들은 선진국으로부터 같은 양의 공산품을 구매하기 위해서는 점점 더 많은 원자재를 수출해야 한다는 것이다. 즉, 정부주도의 제1차산업 생산물을 수출하는 수출 지향적 근대화는 선진국과의 경제적 종속을 심화시키게 된다는 것이다. 따라서 종속 상태에서 벗어나기 위해서는 보호무역을 실시하여 수입대체 공업화를 해야 한다는 것이다.

또한 폴 바랜Paul Baran은 제3세계 국가들이 선진국 경제에 종속적이 되는 또 다른 이유로 자본주의가 독점 자본주의로 변질되면서 독점 자본가들의 출현하게 되고, 이는 선진국의 저소비를 가져오므로 제3세계에서 소비시장을 찾게 된다는 것이다. 이로 인해 제3세계 국가들은 원료 공급처, 선진국 최종상품의 소비처로 전락하면서 국부유출이 일어나고, 공업화가 지연되면서 경제발전에 제약을 받게 된다는 것이다.[42]

종속이론은 상품의 특성에 대한 것이지만 개발도상국의 이런 문제는 글로벌 가치사슬 내의 지배구조 때문이라고 할 수 있다. 글로벌 생산 네트워크 내의 많은 선도기업들은 점차 과점화되는 생산요소 시장에 진출하여 이윤마진을 유지한다. 선도기업의 구매관행은 공급업체의 이윤율을 낮추고 비용절감을 강요함으로써 임금이나 노동기준의 개선을 방해하고 혁신을 저해할 수도 있다.

글로벌 가치사슬에서 시장구조가 비대칭적이라는 것은 글로벌 가치사슬 내에서 대등한 거래가 중요하다는 것을 의미한다. 비대칭적 시장구조하에서 공급업체는 경제

(3-4), pp.341-365.

41) Singer, Hans W. (1950), "The Distribution of Gains between Investing and Borrowing Countries," *American Economic Review* 40(2), pp.473-485.; Prebish, R. (1949), *Economic Survey of Latin America 1948*, UN.

42) Paul A. Baran (1957), *The Political Economy of Growth*, Monthly Review Press.

적 수익을 거의 얻을 수 없다. 선도기업에게 있어서 외부화 전략은 거래비용 최소화 자체가 아닌 교섭력 증대가 목적이다. 현재 자신만의 시장 지배력을 보유한 대규모 제1차 공급업체의 교섭력이 커지고 있지만 중국의 사례에서 보면 대규모 계약 제조업체의 가격 결정력은 매우 낮다. 따라서 규모만으로는 근로자 일인당 부가가치를 높일 수 있는 것은 아닌 것 같다.

〈 표 14-2 〉 경제/성장 이론의 무역에 대한 의미(요약)

	부산물로서 지식 Lucas(1988)	부산물로서 지식 Young(1991)	투자결과로서 지식: 국제 간 지식유출 가능	투자결과로서 지식: 국내 지식유출 가능	진화성장 이론
가정 - 생산 요소	• 2종류의 인적자본 (축적가능, 상품특유) • 국가 간 초기 부존량 차이	• 노동 • 국가 간 초기 노동량 (국가규모) 차이 가능	• 비숙련 노동과 인적자본 (산업부문 간 이동 가능) • 국가 간 초기 상대적 부존량 차이 가능	• 노동 • 국가 간 초기 상대적 부존량 차이	• 이질적 노동 • 기업고유의 지식보유로 산업 간 이동 불가
- 산업 부문/ 상품	• 동질적 고기술 상품과 저기술 상품	• 일련의 상품	• 고기술 상품생산을 위한 설계도를 생산할 수 있는 R&D 부문 • 저기술 동질적 상품 • 차별화된 고기술 상품	• 고기술 상품생산을 위한 설계도를 생산할 수 있는 R&D 부문 • 저기술 동질적 상품 • 차별화된 고기술 상품	• 정형화된 모형 없음
- 규모의 경제 효과	• 외부 규모의 경제효과	• 외부 규모의 경제효과	• 저기술 &고기술 상품: CRTS • 설계도면: 동적인 IRTS	• 저기술 & 고기술 상품: CRTS • 설계도면: 동적인 IRTS	• 공장 규모와 관련된 정적 규모의 경제는 중요하지 않음 • 혁신비용의 분산과 동적 규모의 경제 효과 중요
- 생산 기술	• 기술기회는 상품간 상이하나 국가 간 동일 • 공정혁신(무제한 시행착오로 인한 학습 가능	• 기술 정교함 수준에서 상품간 차이 • 국가 간 초기 지식수준의 차이 • 공정혁신(제한된 시행착오로 인한 학습)	• 기술기회와 요소집약도는 상품 간에는 차이, 국가 간에는 동일 • 공정혁신, 상품혁신에 의한 내생적 기술변화 (상품의 다양성과 품질개선)	• 기술기회는 상품간 차이 • 국가 간 초기기술 수준에서 차이 • 상품혁신에 의한 내생적 기술변화	• 각 산업은 국가의 절대우위에 상이한 기여 • 국가 간 기술수준과 혁신 역량에서 차이 • 혁신은 누적적, 구체적, 불가역적 과정
- 기술 유출	• 국가, 상품 고유의 지식확산, 학습효과	• 국가 비상품 고유의 지식 확산 혹은 학습 효과	• 국제 간 상품 고유의 지식 확산	• 국가 내 상품 고유의 지식확산	• 일부 지식은 기업고유 • 일부 지식은 공공재적 특성 보유
- 소비자 선호	• 동조적, 동일한 선호	• 동조적, 동일한 선호 체계	• 동조적, 국가 간 동일한 선호체계	• 동조적, 국가 간 동일한 선호체계	• 국가 간, 소득수준간 차이

	부산물로서 지식 Lucas(1988)	부산물로서 지식 Young(1991)	투자결과로서 지식: 국제 간 지식유출 가능	투자결과로서 지식: 국내 지식유출 가능	진화성장 이론
성장 메커니즘	• 생산과정에서 부산물로서 외부성 • 무제한적 시행착오를 통한 학습	• 생산과정에서 부산물로서 외부성 • 지식 유출 혹은 제한적 시행착오를 통한 학습	• 연구개발 부문의 생산성을 증가시키는 일반 지식스톡을 증가시키는 지식 유출		• 혁신 • 기술은 누적적 기업 고유 • 시행착오, 사용착오를 통한 학습
무역 메커니즘	• 초기 요소 부존량에 의한 비교우위 • 시행착오를 통한 학습은 장기적 비교우위 강화	• 초기기술수준이 전문화 패턴결정 • 외부 규모의 경제효과로 전문화 강화 • 기술격차가 작을 때 역전 가능성	• 초기 요소 부존량이 초기 전문화 패턴 결정	• 초기 기술수준이 전문화 패턴 결정 • 지식투자의 확대에 따라 강화	• 절대적 기술 격차가 모든 산업 세계시장에서 위치 결정 • 산업 간 상대적 기술 격차가 비교우위 메커니즘에 따른 산업 간 전문화 패턴 결정
의미 - 무역 이익의 근원	• 전문화에 의한 동적 규모의 경제 효과	• 전문화에 의한 동적 규모의 경제 효과 • 상품 다양성의 증가	• 전문화에 의한 동적 규모의 경제 효과 • 상품 다양성 증가 • 상품의 질 향상	• 전문화에 의한 동적 규모의 경제 효과 • 상품 다양성의 증가	• 전문화에 의한 동적 규모의 경제 효과 • 상품 다양성 증가 • 상품의 질 향상
- 추가적 의미	• 외부성으로 인해 균형성장률이 적정 성장률 하회 • 무역으로부터 손실 가능		• 상품 다양성: 균형 혁신율 저조 • 상품의 질: 균형 혁신율 과소 또는 과다 • 무역으로부터 이익	• 상품 다양성: 균형 혁신율 저조 • 무역으로부터 손실 가능	• 현재 전문화 패턴에 따라 미래 성장률과 기술발전 결정 • 무역으로부터 손실 가능
정책적 의미 - 정책 논쟁	• 외부성과 적정 성장률 달성 • 전문화 패턴의 변경	• 외부성과 적정 성장률 달성 • 전문화 패턴의 변경	• 적정 성장률 달성 • 양국 모두 동일한 실질 소비 증가로 인해 특정 전문화 패턴 불필요	• 적정 성장률 달성 • 전문화 패턴의 변경	• 정적 측면에서 전문화 패턴은 동적 측면에서 비효율 가능성
- 가능 정책	• 산업정책, 무역정책	• 산업정책, 무역정책	• 산업정책	• 산업정책, 무역정책	• 산업정책, 무역정책
- 정책의 효과	• 특정 상황에서 후생 증가	• 특정 상황에서 후생 증가	• 산업정책 총후생 증대 효과 • 무역정책 총후생 감소 효과	• 특정 상황에서 후생 증가	• 전문화 패턴, 국가의 미래 변화 가능성
실증분석			• 본질적으로 약간의 국가 내 기술확산 가능 • 범위에서 약간의 국제적 기술확산 가능		• 기술변화의 역할 존재

자료: Siemen van Berkum and Hans van Meijl (1998), pp.95-99.

CHAPTER 15.

글로벌 가치사슬 참가와 경제적, 사회적 고도화 패널자료의 작성과 갱신

본 장에서는 제5부 제14장에서 설명하고 있는 경제적, 사회적 고도화 지표와 제4부 제13장에서 직접 계산한 글로벌 가치사슬 참가와 관련된 지표를 결합하여 패널자료를 작성하고 이로부터 글로벌 가치사슬 연구와 관련되어 제기된 일부 선행연구들의 시사점을 직접 확인해보고자 한다.

1. 글로벌 가치사슬 연구를 위한 패널 데이터세트의 작성

(1) 지표선정

본 장에서의 글로벌 가치사슬 연구를 위한 패널자료의 작성에서는 국가수준에서 정의된 글로벌 가치사슬 참가율, 경제적, 사회적 고도화와 관련된 자료들을 취합하여 글로벌 가치사슬 참가의 경제 사회적 영향에 대한 이해를 돕고자 한다.

글로벌 가치사슬 참가와 관련된 지표로는 총 글로벌 가치사슬 참가율과 전후방 글로벌 가치사슬 참가율, 그리고 글로벌 가치사슬 참가에 따른 국제거래의 네트워크에서 중심성 등의 지표, 또한 간접적으로 국가 간 경제관계를 보여주는 해외직접투자(GDP대비 비중)나 개방도를 선택하였다. 경제적 고도화를 나타내는 지표로는 경제성장률, 일인당 GDP, 총요소생산성 지수, 인적자본 증가율, 부가가치 세계시장 점유율, 부가가치 수출 비중, 총수출 시장 점유율, 교역조건(수출가격/수입가격)을 선택하였다. 사회적 고도화 지표로는 근로소득, 고용율, 일인당 임금, 노동분배율을 선택하였다.

글로벌 가치사슬 참가와 관련된 지표는 제13장에서 측정한 지표를 사용하였으며, 경제적, 사회적 고도화와 관련된 지표들은 펜 월드 테이블 자료로부터 계산된 자료를 사용하였다. 글로벌 가치사슬 참가와 관련된 해외직접투자는 WDI를 사용하였고, 국가별 상대적 빈곤이나 양극화를 나타내는 지표들은 검토하였으나 1965년부터 결측치 없이 조사된 자료를 찾기 힘들어서 단기간 패널자료에서만 매우 제한적으로 사용될 수밖에 없었다.

(2) 패널자료의 작성과 상관관계 검토

이상의 자료를 결합하여 패널자료를 만드는 과정은 "[종합패널작성] 계산결과 결합하여 패널 데이터세트 만들기"에서 확인할 수 있다. 전반부에는 해당 자료를 불러와서 필요한 연도만 선택한 후 해당 자료를 저장한다. WIOD Long자료는 1965~1999년을, WIOD New자료는 2000~2006년을, ADB자료는 2007~2021년을 선택하여 이를 결합하였다. 따라서 2000년과 2007년에 약간의 통계적 일관성에 문제가 있을 수 있지만 몇 가지 지표를 관찰한 결과 큰 문제가 되지 않는 것으로 평가되었다.

이렇게 통합된 자료는 final.dta파일로 저장되었다. 이를 불러와서 필요에 따라 적절한 패널자료를 형성하면 된다. 패널자료에서는 연도의 선택이 고려되어야 한다. 1965~2021년의 56년간의 장기에 걸친 패널, 2000~2021년의 21년간의 중기 패널, 2007~2021년의 15년간의 단기 패널이 작성될 수 있다. 장기에서 단기로 올수록 패널에 포함되어 있는 국가수가 26개, 44개, 63개 국가로 증가하게 되며, 그에 반비례하여 연도는 56개, 21개, 15개 연도로 줄어든다. 연구목적에 따라 적절하다고 판단되는 것을 선택할 수 있다.

또한 해당 패널 데이터세트는 균형 패널balanced panel과 불균형 패널unbalanced panel로 작성될 수도 있다. 역시 연구목적이나 방법에 따라 적절하다고 판단되는 형태를 선택할 수 있다. 패널자료를 이용한 모형의 추정과 관련해서는 균형패널, 불균형 패널의 구분이 중요하지 않은 다양한 추정방법이 개발되어 있기 때문에 큰 문제가 되지 않는다.[1)]

---

1) 패널 추정법에 대해서는 박승록 (2021), 『Stataa를 이용한 응용계량경제학』, 박영사, 제5부 패널자료의 회귀분석 참조.

[종합 패널작성] 계산결과 결합하여 패널 데이터세트 만들기(1)

```
* ****************************************
* *** 필요한 자료만으로 균형패널 작성 ***
* ****************************************
cd "J:₩Economics of GVC₩Summarize₩ "

*ssc install http://fmwww.bc.edu/RePEc/bocode/x/xtbalance.pkg

* 여러 형태의 패널자료 작성 가능(사용변수에 따라, 또는
* 사용연도(1965부터, 2000부터, 2007부터 사용하느냐에 따라 국가수가 상이) )
use final, clear
encode CountryCode, generate(countrycode)

tsset countrycode year

* 1965-2021 불균형 패널
save Unbalanced_panel1965_2021, replace
export excel using Unbalanced_panel1965_2021, sheet("data", replace) firstrow(variable)

* 1965-2021 균형 패널
xtbalance , range(1965 2021) miss(gvc_total growthrate)
table CountryCode
save Balanced_panel1965_2021, replace
export excel using Balanced_panel1965_2021, sheet("data", replace) firstrow(variable)

* 2000-2021 균형 패널
use final, clear
encode CountryCode, generate(countrycode)

tsset countrycode year
drop if year <=1999
xtbalance , range(2000 2021) miss(gvc_total growthrate)
table CountryCode
save Balanced_panel2000_2021, replace
export excel using Balanced_panel2000_2021, sheet("data", replace) firstrow(variable)

* 2007-2021 균형패널
use final, clear
encode CountryCode, generate(countrycode)

tsset countrycode year
xtbalance , range(2007 2021) miss(gvc_total growthrate)
table CountryCode
save Balanced_panel2007_2021, replace
export excel using Balanced_panel2007_2021, sheet("data", replace) firstrow(variable)
```

이상에서 작성된 1965~2021년간 비균형 패널자료를 이용하여 글로벌 가치사슬 참가, 경제적 또는 사회적 고도화 관련 지표의 상관계수를 계산해보면 이들변수들 간의 개략적인 관계를 파악할 수 있다. 다음 [표 15-1], [표 15-2]는 전 세계와 한국에서 이들 변수들 간의 상관계수pairwise correlation coefficients를 보여준다. 몇 가지 특징적인 것을 살펴보자.

첫째, 전세계적으로 총 글로벌 가치사슬 참가율과 후방 참가율의 상관관계는 0.9이다. 전방 참가율과는 0.3이다. 한국에서 총 글로벌 가치사슬 참가율과 전후방 참가율은 0.9 이상의 높은 상관관계를 보이고 있다. 총 글로벌 가치사슬 참가율은 전후방 글로벌 가치사슬 참가율의 합이기 때문에 전세계적으로 총 참가율은 가치사슬의 후방 참가와 크게 관련되어 있다. 총 글로벌 가치사슬 참가율은 후방 참가율과 더 높은 상관관계를 가질 수도 있고, 반대로 전방 참가율과 높은 상관관계를 가질 수도 있다. 글로벌 가치사슬 참가의 형태에 따라 결정된다.

둘째, 글로벌 가치사슬 참가율과 국제 간 무역 네트워크에서 중심성 지표와는 약한 부(−)의 관계에 있다. 글로벌 가치사슬에 참가도가 높아지면서 네트워크에서의 중심성centrality이 낮아지는 경향이 있다는 것이다. 하지만 한국에서는 오히려 강한 정(+)의 관계를 보인다. 글로벌 가치사슬에서 큰 역할을 하는 나라에 있어서는 글로벌 가치사슬 참가가 증가함에 따라 중심성이 높아진다고 볼 수 있다.

셋째, 글로벌 가치사슬에의 참가는 중간재 거래를 통해 일어나기도 하지만 해외직접투자를 통해서도 이루어진다. 따라서 글로벌 가치사슬 참가율과 해외직접투자의 GDP대비 비율은 정(+)의 관계에 있다. 중간재 거래란 무역거래가 해외직접투자를 대체할 수도 있지만 오히려 글로벌 가치사슬 참가가 해외직접투자를 촉진할 수도 있다는 것을 보여준다. 세계 전체로 볼 때와 달리 한국에서는 아주 강한 정(+)의 관계를 보여주고 있다.

넷째, 글로벌 가치사슬에의 참가율이 높아질수록 총수출에서 국내 부가가치가 차지하는 비율은 낮아진다. 글로벌 가치사슬에의 참가가 여러 나라에서 생산의 분절화를 가져오기 때문에 참가국 모두가 창출된 부가가치를 나누어 갖게 된다는 의미로 해석할 수 있다.

다섯째, 전 세계적으로 볼 때 글로벌 가치사슬에 참가가 증가함으로써 부가가치 수출액이 전 세계 부가가치 수출액에서 차지하는 시장 점유율은 오히려 낮아진다. 많은 나라들이 글로벌 가치사슬에 참가함에도 불구하고 부가가치 시장 점유율을 확대시키지 못하는 것을 보여준다. 하지만 한국은 글로벌 가치사슬 참가율이 증가함에 따라 부가기치 시장 점유율을 크게 확대하고 있는 것으로 나타나고 있다.

여섯째, 전 세계적으로 글로벌 가치사슬 참가는 일인당 GDP, 총요소생산성 지수, 인적자본 증가율, 교역조건과 같은 대부분 경제적 고도화 지표와 정(+)의 관계를 보여주고 있다. 한국에서는 오히려 이들 지표들 간에 더욱 강한 정(+)의 관계를 관찰할 수 있다.

일곱째, 글로벌 가치사슬 참가의 증가와 경제성장률은 부(−)의 관계를 보인다. 국민소득이 높아질수록 경제성장률 수치 자체는 점차 줄어드는 현상을 볼 수 있다. 따라서 경제성장 초기에는 정(+)의 관계를 보일 수 있지만 경제규모가 커지게 되면 경제성장률 자체가 하락하기 때문에 글로벌 가치사슬 참가와 경제성장률의 부(−)의 관계는 경제논리에 어긋나는 현상이 아니다.

여덟째, 글로벌 가치사슬 참가의 증가는 노동소득, 취업률, 일인당 임금과 같은 사회적 고도화 지표와도 정(+)의 관계를 보인다. 글로벌 가치사슬 참가로 인해 노동자들에게도 많은 혜택이 돌아가고 있음을 보여주고 있다.

아홉째, 글로벌 가치사슬 참가의 증가와 노동분배율과의 관계는 부(−)의 관계를 보인다. 이는 전 세계적인 현상이다. 글로벌 가치사슬 참가가 상대적으로 소득분배 문제를 악화시키는 모습이다. 다른 사회적 고도화 지표와 다른 상관관계를 보인다는 점에서 사회적 고도화를 검토함에 있어서 주의해야 한다.

열째, 경제적 고도화 지표와 사회적 고도화 지표들 간에는 정(+)의 관계와 부(−)의 관계가 혼재하고 있다. 하지만 주요지표들 간의 관계는 경제논리와 부합되는 경우가 많다. 특히 한국에서는 일인당 GDP, 세계 부가가치 수출시장 점유율, 인적자본 증가율과 같은 경제적 고도화 지표와 노동소득, 취업률, 일인당 임금과 같은 사회적 고도화 지표와 정(+)의 관계를 보여주고 있다. 다만 노동분배율과는 부(−)의 관계를 나타내고 있다.

〈표 15-1〉 글로벌 가치사슬 참가, 경제적, 사회적 고도화 지표들간의 상관관계(전 세계)

	총GVC 참가율	전방GVC 참가율	후방GVC 참가율	외향 중심성	해외직접 투자/GDP	개방도	경제 성장률	일인당 GDP	세계수출 시장 점유율
총GVC참가율	1.00								
전방GVC참가율	0.37	1.00							
후방GVC참가율	0.90	-0.08	1.00						
외향 중심성	-0.17	0.17	-0.26	1.00					
해외직접투자/GDP	0.18	0.08	0.15	-0.04	1.00				
개방도	0.64	0.03	0.67	-0.11	0.20	1.00			
경제성장률	-0.13	-0.18	-0.06	-0.10	-0.03	-0.12	1.00		
일인당 GDP	0.62	0.47	0.46	0.24	0.15	0.56	-0.20	1.00	
세계수출시장 점유율	-0.32	-0.03	-0.32	0.87	-0.06	-0.15	-0.07	0.13	1.00
세계부가가치 수출시장 점유율	-0.34	0.00	-0.36	0.88	-0.06	-0.19	-0.06	0.13	0.99
총수출에서 국내 부가가치 비중	-0.90	0.08	-1.00	0.26	-0.15	-0.67	0.06	-0.46	0.32
총요소생산성 지수	0.16	0.34	0.03	0.04	0.06	0.04	-0.12	0.29	-0.10
인적자본 증가율	0.50	0.49	0.33	0.40	0.07	0.38	-0.24	0.79	0.33
교역조건	0.14	-0.16	0.22	-0.18	0.09	0.09	-0.07	-0.07	-0.10
노동소득	0.61	0.48	0.45	0.25	0.16	0.54	-0.21	0.97	0.15
취업률	0.36	0.25	0.28	0.27	0.05	0.36	-0.12	0.60	0.18
일인당 임금	0.51	-0.05	0.57	-0.19	0.30	0.30	-0.02	0.34	-0.21
노동분배율	-0.21	-0.15	-0.17	0.12	-0.02	-0.08	-0.10	-0.03	0.24

	세계부가 가치 수출 시장 점유율	총수출에서 국내부가 가치 비중	총요소 생산성 지주	인적자본 증가율	교역조건	노동소득	취업률	일인당 임금	노동분 배율
세계부가가치 수출시장 점유율	1.00								
총수출에서 국내부가가치 비중	0.36	1.00							
총요소생산성 지수	-0.08	-0.03	1.00						
인적자본 증가율	0.32	-0.33	0.13	1.00					
교역조건	-0.11	-0.22	0.04	0.00	1.00				
노동소득	0.14	-0.45	0.33	0.78	-0.05	1.00			
취업률	0.18	-0.28	0.00	0.59	-0.08	0.42	1.00		
일인당 임금	-0.20	-0.57	0.09	0.15	0.20	0.26	0.29	1.00	
노동분배율	0.21	0.17	-0.43	0.03	-0.01	-0.06	0.14	-0.08	1.00

〈표 15-2〉 글로벌 가치사슬 참가, 경제적, 사회적 고도화 지표들간의 상관관계(한국)

한국	총GVC 참가율	전방GVC 참가율	후방GVC 참가율	외향 중심성	해외직접 투자/GDP	개방도	경제성장률	일인당 GDP	세계수출 시장 점유율
총GVC참가율	1.00								
전방GVC참가율	0.90	1.00							
후방GVC참가율	0.94	0.70	1.00						
외향 중심성	0.94	0.91	0.84	1.00					
해외직접투자/GDP	0.90	0.82	0.81	0.94	1.00				
개방도	0.95	0.80	0.93	0.92	0.90	1.00			
경제성장률	-0.56	-0.55	-0.50	-0.52	-0.53	-0.56	1.00		
일인당 GDP	0.93	0.97	0.78	0.97	0.90	0.87	-0.52	1.00	
세계수출시장 점유율	0.87	0.87	0.76	0.89	0.82	0.85	-0.48	0.94	1.00
세계부가가치 수출시장 점유율	0.86	0.88	0.72	0.88	0.79	0.82	-0.46	0.93	1.00
총수출에서 국내부가가치 비중	-0.94	-0.70	-1.00	-0.84	-0.81	-0.93	0.50	-0.78	-0.76
총요소생산성 지수	0.94	0.93	0.82	0.96	0.91	0.90	-0.49	0.98	0.96
인적자본 증가율	0.92	0.92	0.80	0.93	0.88	0.89	-0.51	0.97	0.98
교역조건	0.25	0.34	0.15	0.42	0.53	0.37	-0.41	0.39	0.40
노동소득	0.93	0.96	0.78	0.95	0.89	0.86	-0.52	1.00	0.95
취업률	0.91	0.91	0.78	0.91	0.85	0.87	-0.49	0.96	0.98
일인당 임금	0.91	0.95	0.76	0.93	0.86	0.84	-0.49	0.99	0.96
노동분배율	-0.88	-0.86	-0.78	-0.85	-0.78	-0.82	0.49	-0.89	-0.95

	세계부가 가치 수출 시장 점유율	총수출에서 국내부가 가치 비중	총요소 생산성 지주	인적자본 증가율	교역조건	노동소득	취업률	일인당 임금	노동분배율
세계부가가치 수출시장 점유율	1.00								
총수출에서 국내부가가치 비중	-0.72	1.00							
총요소생산성 지수	0.96	-0.82	1.00						
인적자본 증가율	0.98	-0.80	0.99	1.00					
교역조건	0.38	-0.15	0.37	0.36	1.00				
노동소득	0.95	-0.78	0.99	0.98	0.38	1.00			
취업률	0.98	-0.78	0.98	0.99	0.36	0.97	1.00		
일인당 임금	0.96	-0.76	0.98	0.98	0.37	0.99	0.98	1.00	
노동분배율	-0.94	0.78	-0.92	-0.95	-0.25	-0.91	-0.92	-0.90	1.00

2. 주요국의 글로벌 가치사슬 참가와 경제적, 사회적 고도화

여기에서는 이상에서 살펴본 글로벌 가치사슬 참가정도와 경제적, 사회적 고도화를 나타내는 주요 지표들간의 상관관계를 보다 구체적, 시각적으로 살펴보기 위해 도표를 그려보도록 한다. 주요 관심대상이 되는 한국, 중국, 미국의 글로벌 가치사슬 참가관련 4가지 지표, 경제적 고도화 6개 지표, 사회적 고도화 4개 지표를 그래프로 그려본다.

아래 [종합 패널작성]의 후반부에 제시되고 있는 Stata 명령어를 실행하면 된다. 만약 살펴보고자 하는 국가를 선택하려고 하면 3번째 명령어인 "keep if Country Code = = "KOR""에서 국가명을 바꾸면 된다. 한국에 대한 것이라면 KOR, 중국에 대한 것이라면 CHN, 미국에 대한 것이라면 USA로 바꿔주면 된다.

[종합 패널작성] **계산결과 결합하여 패널 데이터세트 만들기(2)**

```
* **************************************************
* *** 한국의 GVC와 경제 사회적 고도화 그래프    ***
* **************************************************


use Unbalanced_panel1965_2021, clear
drop if year >= 2020
keep if CountryCode=="KOR"

set scheme s1mono

corr gvc_total gvc_forward gvc_backward outdegree_source gtraderatio dva_ratio dvaratio
per_rgdpo emp_rgdpo emprate growthrate per_rgdpo perwage termsoftrade laborshare
tfpindex hc

pwcorr gvc_total gvc_forward gvc_backward outdegree_source gtraderatio dva_ratio dvaratio
per_rgdpo emp_rgdpo emprate growthrate per_rgdpo perwage termsoftrade laborshare
tfpindex hc, sig


* graph matrix gvc_total gvc_forward gvc_backward outdegree_source dva_ratio dvaratio
per_rgdpo emp_rgdpo emprate growthrate per_rgdpo perwage termsoftrade laborshare
tfpindex

* GVC 참가율과 경제사회적 고도화 지표
* - GVC참가 관련)
tsset year
```

```
tsline (gvc_total gvc_backward gvc_forward),                    ///
        subtitle("전체, 후방, 전방 GVC 참가율") xtitle("")   ///
           legend(label(1 "총GVC참가율") label(2 "후방GVC참가율") ///
                label(3 "전방GVC참가율") ///
           cols(1) position(11) ring(0))  name(g1, replace)

tsline (outdegree_source outcloseness_source outeigenvector_source), ///
        subtitle("중심성, 근접성, 위세성") xtitle("")                ///
           legend(label(1 "중심성") label(2 "근접성")  label(3 "위세성")    ///
           cols(1) position(11) ring(0))  name(g2, replace)

twoway (scatter fdipergdp gvc_total) (lfit fdipergdp gvc_total), ///
        legend(off) ///
        subtitle("GVC 참가율과 GDP대비 해외직접투자") ///
        xtitle("GVC 참가율") name(g3, replace)

twoway (scatter openess gvc_total) (lfit openess gvc_total), legend(off) ///
        subtitle("GVC 참가율과 대외 개방도") xtitle("GVC 참가율") ///
           name(g4, replace)

graph combine g1 g2 g3 g4, col(2)

* - GVC참가와 경제적 고도화
twoway (scatter per_rgdpo gvc_total) (lfit per_rgdpo gvc_total), ///
        legend(off) ///
        subtitle("GVC 참가율과 일인당 GDP") xtitle("GVC 참가율") ///
        name(g5, replace)

twoway (scatter tfpindex gvc_total) (lfit tfpindex gvc_total),    ///
        legend(off) ///
        subtitle("GVC 참가율과 총요소생산성 지수") ///
        xtitle("GVC 참가율") name(g6, replace)

twoway (scatter hc gvc_total) (lfit hc gvc_total), legend(off) ///
        subtitle("GVC 참가율과 인적자본 증가율") ///
        xtitle("GVC 참가율") name(g7, replace)

twoway (scatter growthrate gvc_total) (lfit growthrate gvc_total),
        legend(off) ///
        subtitle("GVC 참가율과 경제성장율") xtitle("GVC 참가율") ///
        name(g8, replace)

twoway (scatter termsoftrade gvc_total) (lfit termsoftrade gvc_total), ///
```

```
        legend(off) ///
        subtitle("GVC 참가율과 교역조건") xtitle("GVC 참가율") ///
        name(g9, replace)

twoway (scatter dvaratio gvc_total) (lfit dvaratio gvc_total), ///
        legend(off) ///
        subtitle("GVC 참가율과 부가가치 수출시장 점유율") ///
        xtitle("GVC 참가율") name(g10, replace)

twoway (scatter outdegree_source gvc_total) ///
        (lfit outdegree_source gvc_total), legend(off) ///
        subtitle("GVC 참가율과 외향 중심성") xtitle("GVC 참가율") ///
        name(g11, replace)

graph combine g5 g6 g7 g8 g9 g10, col(2) xsize(2) ysize(3)


* - GVC참가와 사회적 고도화
twoway (scatter emp_rgdpo gvc_total) (lfit emp_rgdpo gvc_total), ///
        legend(off) ///
        subtitle("GVC 참가율과 피용자 소득") xtitle("GVC 참가율") ///
        name(g12, replace)

twoway (scatter emprate gvc_total) (lfit emprate gvc_total), legend(off) ///
        subtitle("GVC 참가율과 취업율") xtitle("GVC 참가율")  ///
        name(g13, replace)

twoway (scatter perwage gvc_total) (lfit perwage gvc_total), legend(off) ///
        subtitle("GVC 참가율과 일인당 임금") xtitle("GVC 참가율") ///
        name(g14, replace)

twoway (scatter laborshare gvc_total) (lfit laborshare gvc_total), ///
        legend(off) ///
        subtitle("GVC 참가율과 노동분배율") xtitle("GVC 참가율") ///
        name(g15, replace)

graph combine g12 g13 g14 g15, col(2)
```

(1) 한국

한국에 있어서 글로벌 가치사슬 참가를 나타내는 지표로 총 글로벌 가치사슬 참가율, 전방 또는 후방 글로벌 가치사슬 참가율, 글로벌 가치사슬 참가율과 해외직접투자, 대외 개방도, 일인당 GDP, 총요소생산성 지수, 인적자본증가율, 경제성장률, 교역조건, 세계 부가가치 시장 점유율, 피용자 소득, 취업률, 일인당 임금, 노동분배율과의 관계를 살펴볼 수 있는 그래프는 다음 [그림 15-1]과 같다.

《 그림 15-1 》 한국의 글로벌 가치사슬 참가율과 경제적, 사회적 고도화 지표의 관계

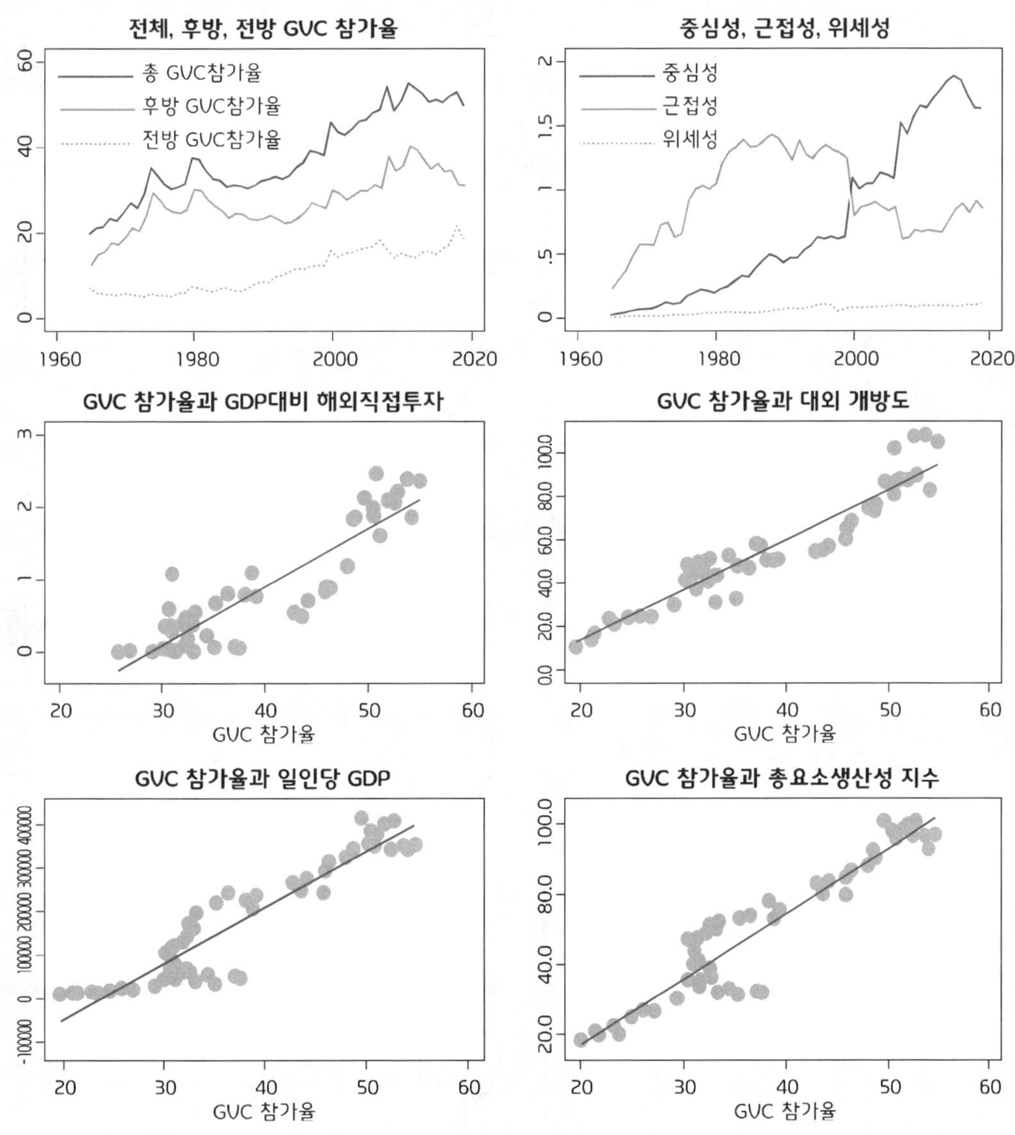

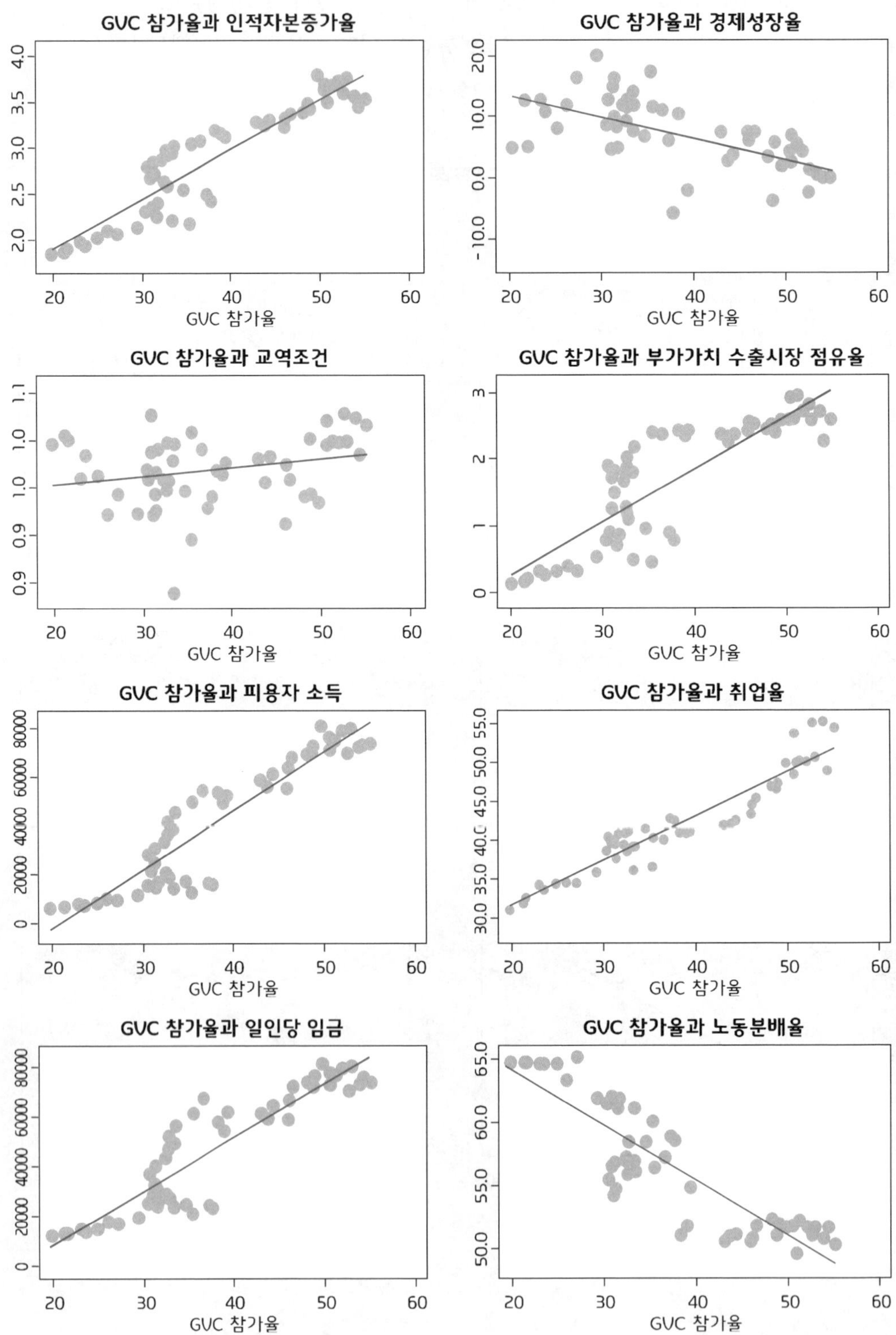
GVC 참가율과 인적자본증가율
GVC 참가율과 경제성장율
GVC 참가율과 교역조건
GVC 참가율과 부가가치 수출시장 점유율
GVC 참가율과 피용자 소득
GVC 참가율과 취업율
GVC 참가율과 일인당 임금
GVC 참가율과 노동분배율
GVC 참가율

(2) 중국

글로벌 가치사슬에 있어서 중요한 역할을 해온 중국의 글로벌 가치사슬 참가를 나타내는 지표로서 총 글로벌 가치사슬 참가율, 전방 또는 후방 글로벌 가치사슬 참가율, 글로벌 가치사슬 참가율과 해외직접투자, 대외 개방도 등의 관계를 살펴볼 수 있는 그래프는 다음 [그림 15−2]와 같다.

〈 그림 15-2 〉 중국의 글로벌 가치사슬 참가율과 경제적, 사회적 고도화 지표의 관계

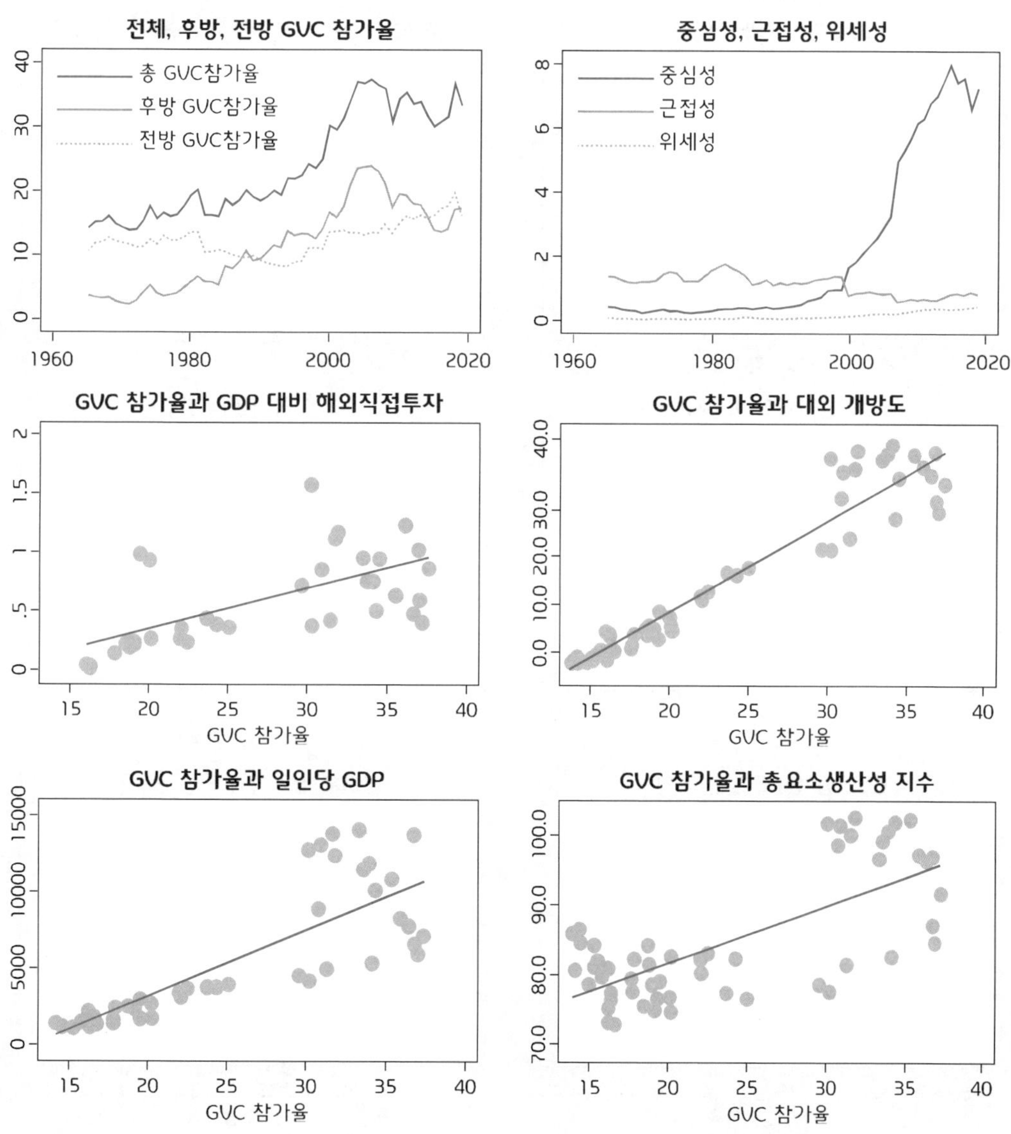

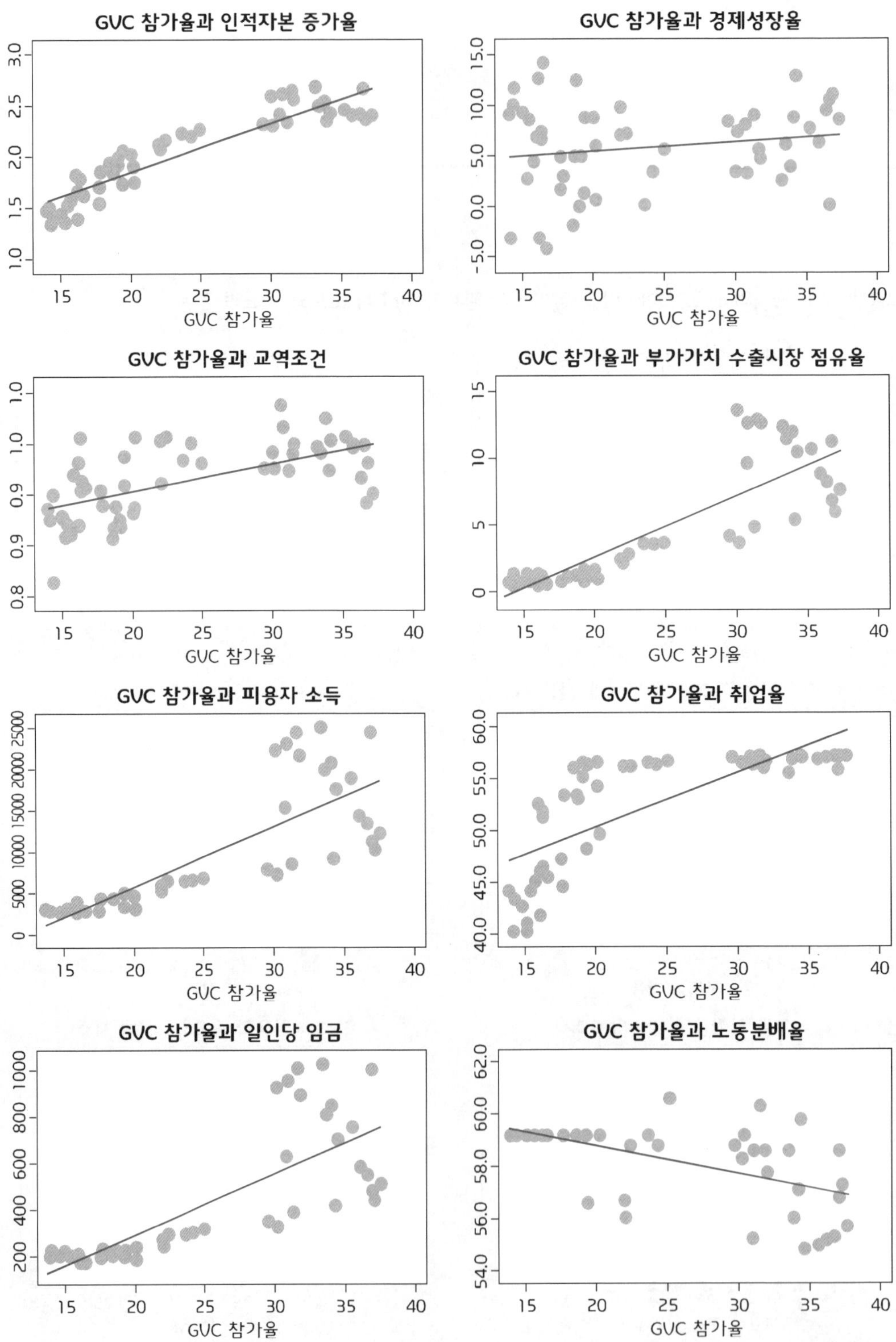

GVC 참가율과 인적자본 증가율
GVC 참가율과 경제성장율
GVC 참가율과 교역조건
GVC 참가율과 부가가치 수출시장 점유율
GVC 참가율과 피용자 소득
GVC 참가율과 취업율
GVC 참가율과 일인당 임금
GVC 참가율과 노동분배율
GVC 참가율

(3) 미국

글로벌 가치사슬에 있어서 최종 수요처로 중요한 역할을 하고 있는 미국의 글로벌 가치사슬 참가를 나타내는 지표로서 총 글로벌 가치사슬 참가율, 전방 또는 후방 글로벌 가치사슬 참가율, 글로벌 가치사슬 참가율과 해외직접투자, 대외 개방도 등의 관계를 살펴볼 수 있는 그래프는 다음 [그림 15-3]과 같다.

〈 그림 15-3 〉 미국의 글로벌 가치사슬 참가율과 경제적, 사회적 고도화 지표의 관계

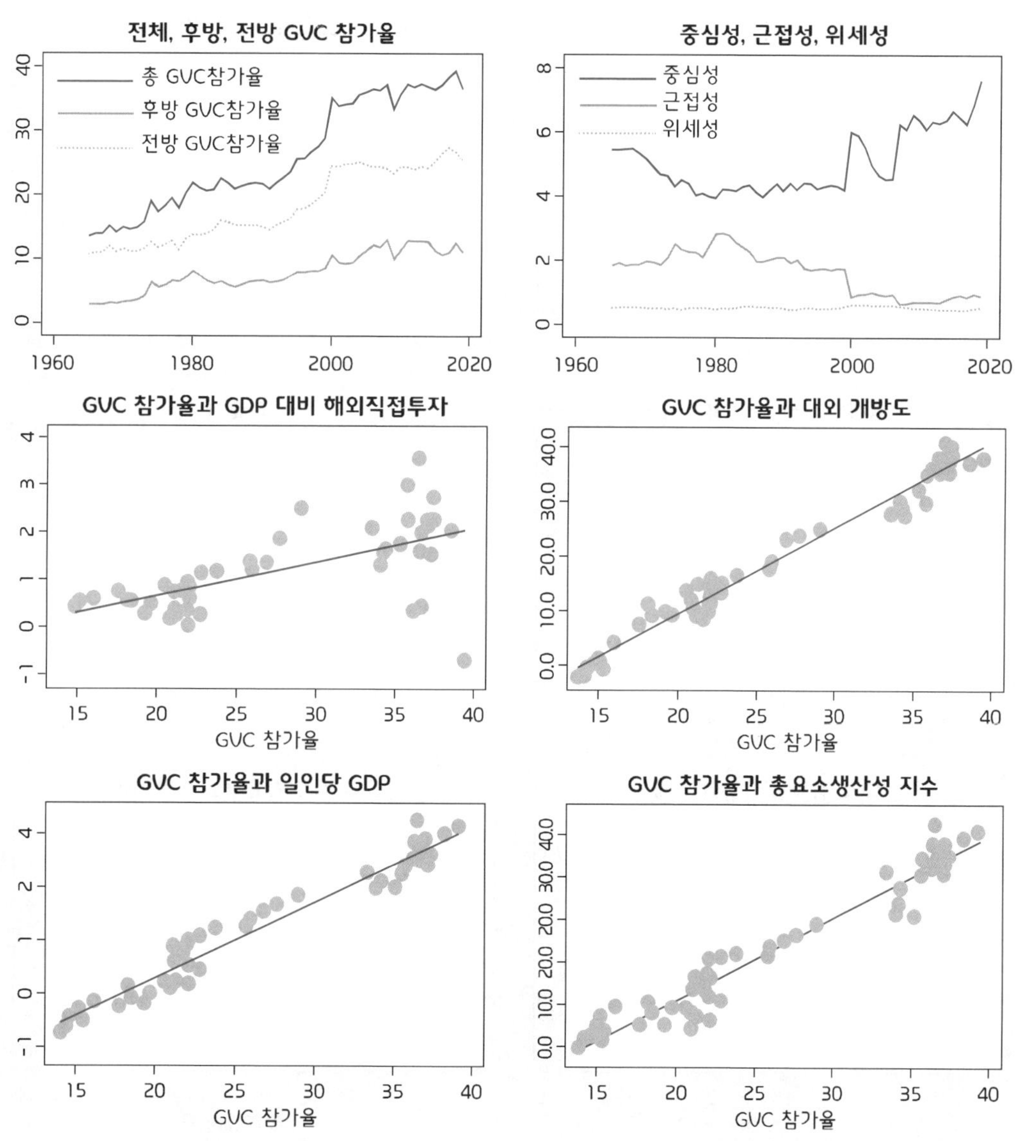

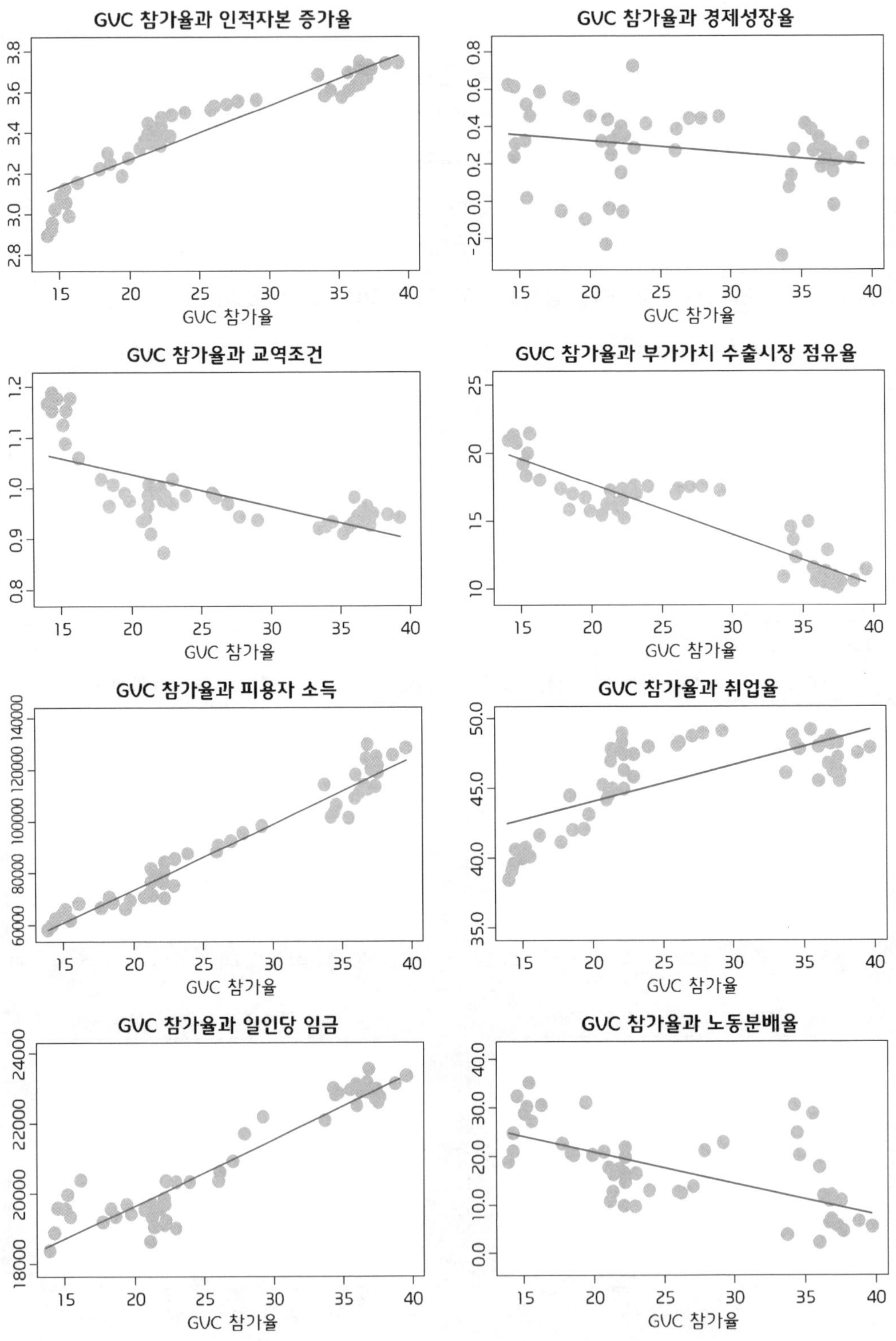
GVC 참가율과 인적자본 증가율
2.8
3.0
3.2
3.4
3.6
3.8
15 20 25 30 35 40
GVC 참가율
GVC 참가율과 경제성장율
-2.0
0.0
0.2
0.4
0.6
0.8
15 20 25 30 35 40
GVC 참가율
GVC 참가율과 교역조건
0.8
0.9
1.0
1.1
1.2
15 20 25 30 35 40
GVC 참가율
GVC 참가율과 부가가치 수출시장 점유율
10
15
20
25
15 20 25 30 35 40
GVC 참가율
GVC 참가율과 피용자 소득
60000
80000
100000
120000
140000
15 20 25 30 35 40
GVC 참가율
GVC 참가율과 취업율
35.0
40.0
45.0
50.0
15 20 25 30 35 40
GVC 참가율
GVC 참가율과 일인당 임금
18000
20000
22000
24000
15 20 25 30 35 40
GVC 참가율
GVC 참가율과 노동분배율
0.0
10.0
20.0
30.0
40.0
15 20 25 30 35 40
GVC 참가율

3. 경제적 고도화와 사회적 고도화에 대한 시사점

이번에는 경제적 고도화, 사회적 고도화를 나타내는 지표들, 즉 경제적 고도화 지표로서 연평균 경제성장률, 일인당 소득증가율, 총요소생산성 증가율, 인적자본 증가율, 부가가치 수출시장 점유율, 교역조건과 사회적 고도화 지표로서 취업률 증가, 노동분배율 변화, 일인당 임금 증가율, 노동소득 증가율 변수의 국가별 분포를 살펴봄으로써 제14장 [그림 14-1]에서 살펴본 바 있는 로우 로드low road와 하이 로드high road의 2가지의 길(로드)에 대한 의미를 살펴보자.

전술한 25개국으로 구성된 1965~2021년간의 균형패널 자료로부터 1965~2019년의 55년간의 변화정도와 연평균 증가율 개념의 변수를 만들고 이로부터 국가별 분포를 살펴봄으로써 지난 50년 이상의 비교적 장기간에 걸친 국가 간 경제적, 사회적 성장궤적을 살펴보았다. 모든 그림의 *X*축은 경제적 고도화 지표를, *Y*축은 사회적 고도화를 나타내는 지표를 위치시켰다.

먼저 연평균 경제성장률과 사회적 고도화 지표들 간의 도표들을 보면 노동분배율을 제외한 모든 지표에서 한국이 최고의 경제적, 사회적 고도화를 달성한 것을 확인할 수 있다.

둘째, 일인당 소득증가율과 사회적 고도화 지표들 간의 도표들을 보면 역시 노동분배율을 제외한 모든 지표에서 한국이 최고의 고도화를 달성하고 있다.

셋째, 총요소생산성 증가율, 인적자본 증가율과 사회적 고도화 지표들 간의 국별 분포에서도 노동분배율을 제외한 모든 지표에서 한국이 최고의 고도화를 달성하고 있다.

넷째, 부가가치 수출시장 점유율 증가와 사회적 고도화 지표들간의 국별 분포에서도 한국은 최고의 고도화를 달성하고 있다. 다만 부가가치 수출시장 점유율 증가에서 중국이 괄목할 만한 성장을 한 것이 특별하다.

다섯째, 한국은 높은 경제적 고도화 달성에도 불구하고 노동분배율이 다른 나라에 비해 많이 줄어들고 있다는 점에서 다른 사회적 고도화 지표에서의 양호한 실적과 대비된다. 하지만 대부분 국가에서 노동분배율이 하락하고 있다는 점에서 볼 때 사회적 고도화 평가지표로서의 절대적 가치는 높지 않다고 볼 수 있다.

〈그림 15-4〉 경제적 고도화와 사회적 고도화의 국별 분포

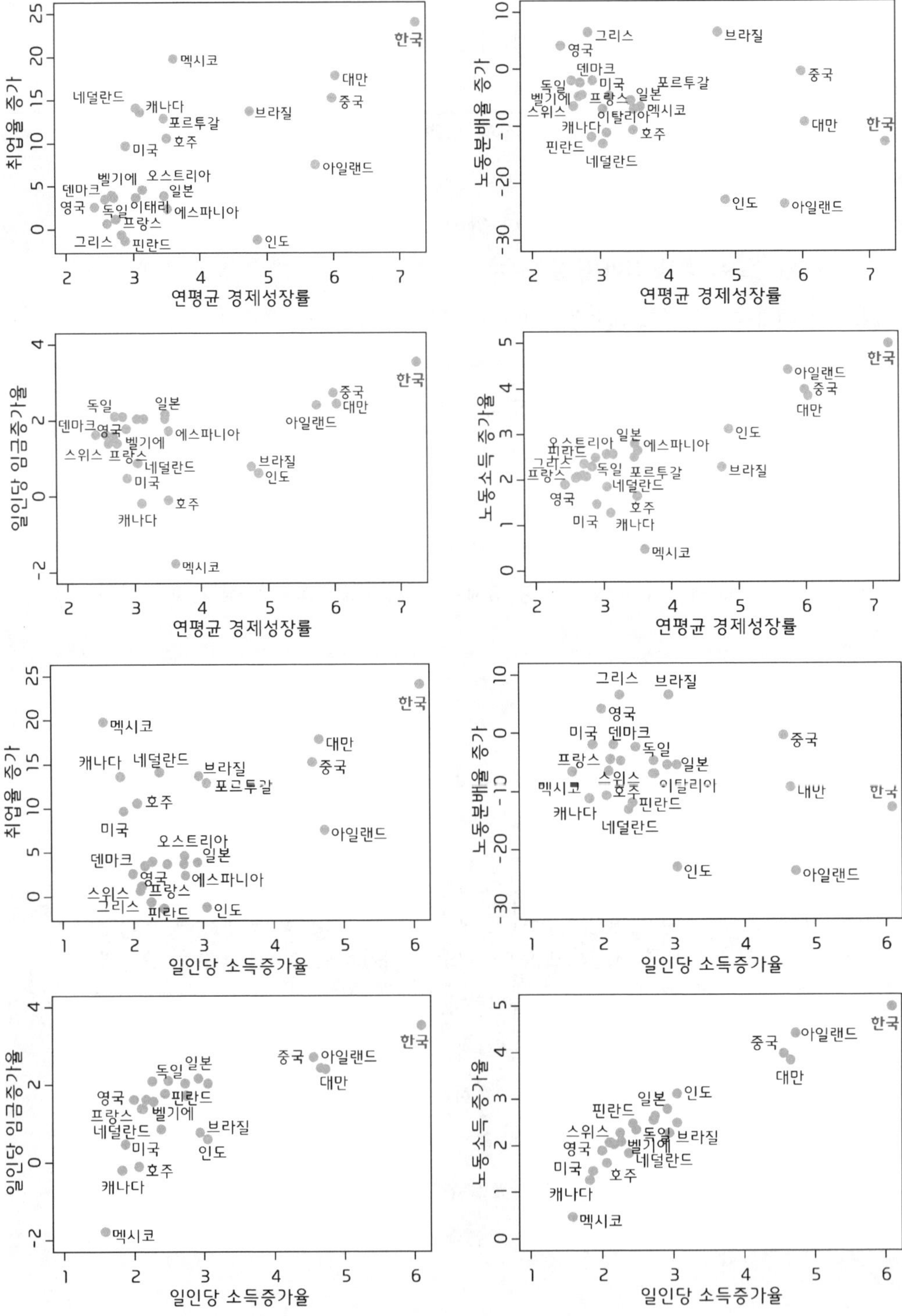

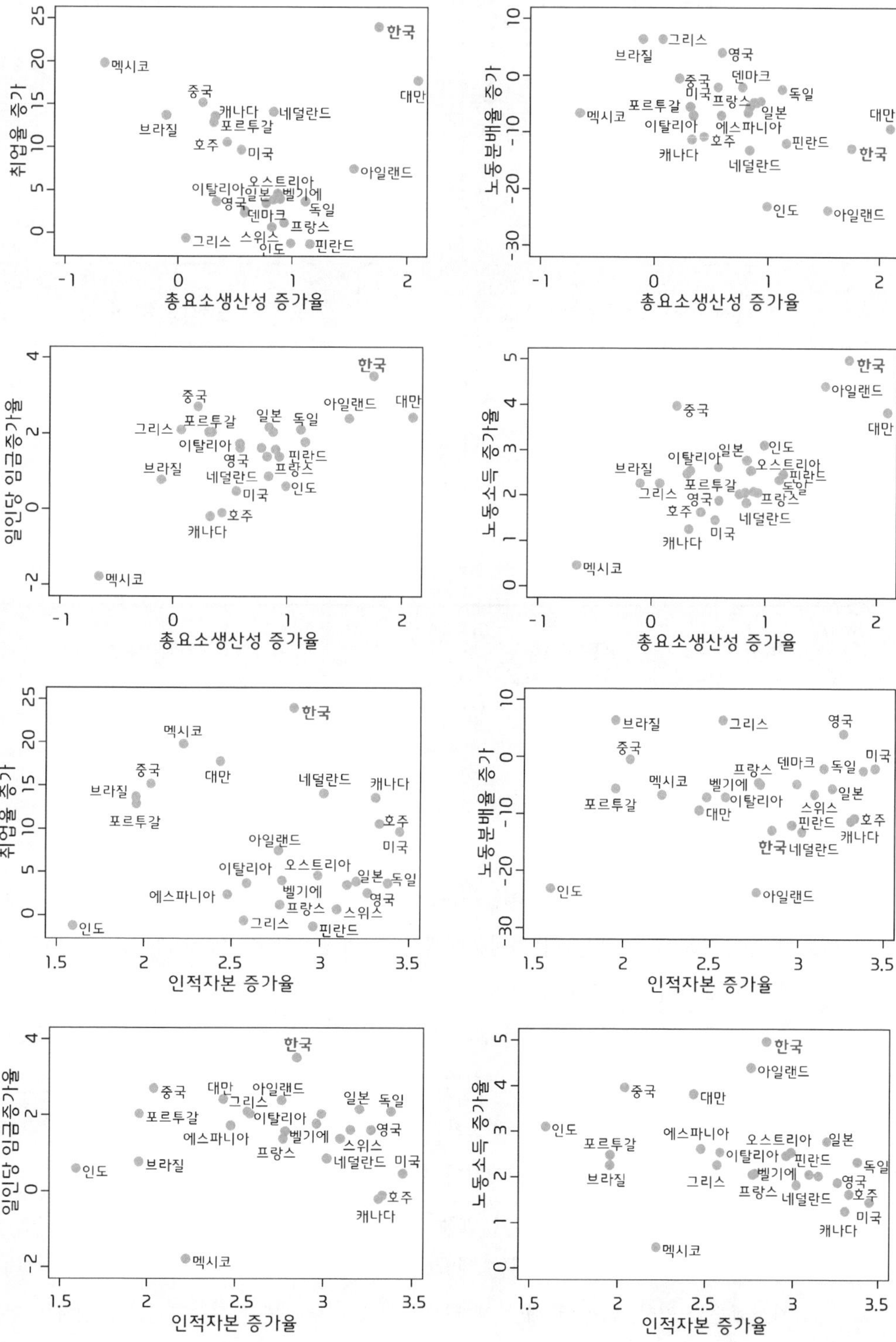

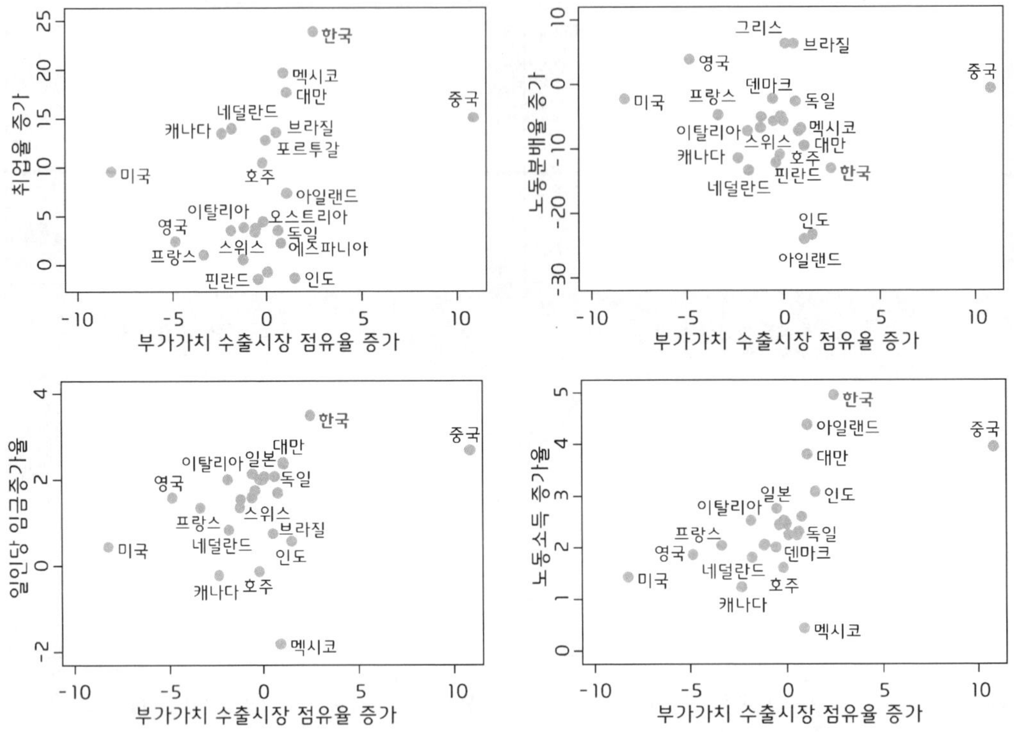

4. 예제 구조의 설명

이 책에서는 다양한 예제들을 독자들이 직접 실행해볼 수 있도록 매우 구체적으로 설명하고 있다. 따라서 독자들에게 이를 재생산할 수 있는 과정을 설명하는 것이 매우 중요하다고 판단된다.

우선 이 책에서의 예제들과 예제들이 측정하고 있는 다양한 지표들이 별도의 디렉터리에 보관되어 있다. 다음 [그림 15－4]는 이 책의 예제에서 사용하고 있는 Stata 프로그램과 이 프로그램들이 생성한 측정결과들이 보관된 디렉터리를 보여주고 있다. 이와 관련하여 독자들이 이해해야만 할 내용들을 살펴보도록 한다.

첫째, 이 책에서의 다양한 예제들은 "Stata do"디렉터리에 보관되어 있다. 해당 예제들의 첫 번째 명령어에서는 해당 예제들에서 계산된 결과들이 보관될 디렉터리를 지정해주고 있다. 따라서 해당 예제들의 처음 명령어에서 디렉터리를 지정하는 부분을 인지하고 해당 프로그램의 계산결과가 여기에 보관된다는 것을 이해해야 한다. 다음

[그림 15-6]에서 해당 파일을 확인할 수 있다.

둘째, 이 책에서 설명하는 다양한 예제들에서 사용되는 기초 데이터, 즉 국제 산업연관표, 중간재 거래 기초자료, 무료로 사용하기 위한 UN Comtrade자료, 아주 세분화된 HS 6 Digit 기준 국별 BACI 무역통계자료들이 어디에 보관되어 있는지를 이해할 필요가 있다.

다양한 국제 산업연관표의 소스 자료는 "Source Data"에 보관되어 있다. WIOD Long, WIOD New, ADB MRIO자료가 해당 웹사이트에서 직접 다운로드된 상태로 보관되어 있다. [예제 13-2]를 이용하여 이 소스 자료를 연도별 CSV자료로 보관하는데 이는 "data"디렉터리에 위치하게 된다. 국제 산업연관표 외에 중간재 거래 기초자료는 "KUJC-Process"디렉터리에, UN Comtrade자료는 "BEC Trade" 디렉터리에, BACI 무역통계자료들은 "BACI" 디렉터리에 보관된다.

다음 [그림 15-7]은 "Source Data"디렉터리에 보관된 파일들을 보여주고 있다. WIOD Long, WIOD New(WIOT로 시작되는 파일명), ADB MRIO자료를 확인할 수 있다.

〈그림 15-5〉 Economics of GVC 자료의 디렉터리 구조

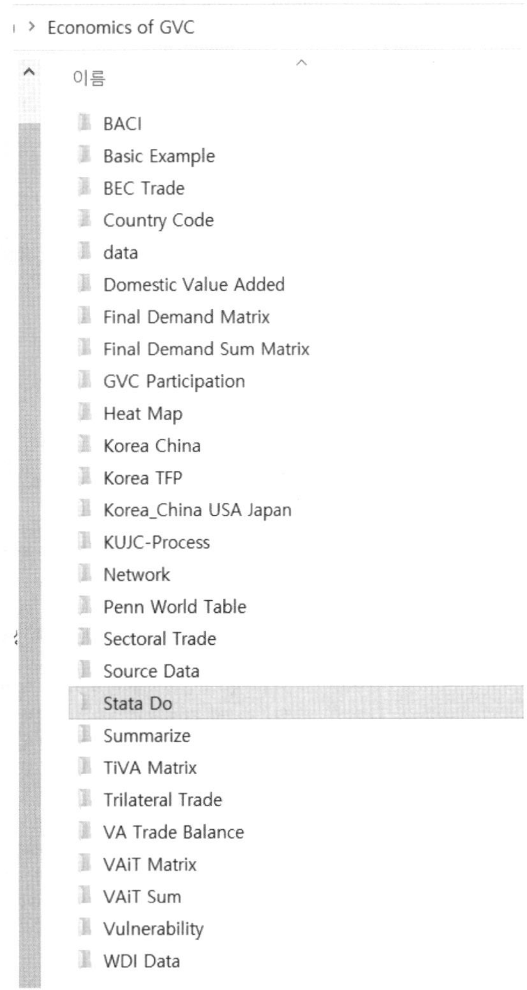

[그림 15-8]은 소스자료로부터 연도별 국제 산업연관표를 CSV 형태의 파일로 변환하여 보관하고 있는 파일명을 보여준다. 아울러 각 산업연관표에서 다루고 있는 국가명을 나타내는 국가코드 파일이 있다. 국가코드 파일은 wiod_countrylist, wiod_countrylistnew, adb_countrylist가 있는데 이는 각각 이상에서 언급한 산업연관표의 국가명을 나타내는 파일이다.

그 외 adb_countrylist_wiod라는 국가코드 파일이 있는데 이는 이 책의 예제에서는 사용하지 않았지만 ADB MRIO 자료의 국가코드 중 25개 국가코드가 WIOD자료와 상이한 것을 매칭한 파일이다. 만약 독자들이 ADB MRIO자료를 읽어올 때 이 국가코드를 사용한다면 후속하는 다른 Stata 프로그램 작성에서 국가코드를 매칭시키

는 과정을 생략할 수 있을 것이다.

셋째, [그림 15-9]는 세계, 한미일중 중간재 거래 파일 리스트를 보여준다. 이는 WITS웹사이트에서 다운로드된 소스파일이다. [그림 15-10]은 WITS웹사이트에서 다운로드한 BEC 기준 UN Comtrade 데이터 파일을 보여준다. [그림 15-11]은 BACI 무역통계 데이터이다. HS 6 Digit기준 세분화된 국가별 무역통계이다. 데이터의 양이 매우 많다. 따라서 독자들에게 제공되는 "Economics of GVC"압축파일에는 이 부분이 제외된다. 필요한 독자들은 웹사이트에서 직접 원시자료를 이 디렉터리로 다운로드하면 된다.

〈 그림 15-6 〉 Stata do 디렉터리내 예제파일

› Economics of GVC › Stata Do

이름

[예제 12-1] 글로벌 가치사슬 분석을 위한 기본 예제
[예제 13-1] 국가코드 매칭 작업
[예제 13-2] 소스자료 불러와서 연도별 텍스트 자료 출력하기
[예제 13-3] 한국 미국 일본 중국의 공정별 상품 수출입
[예제 13-4] UN Comtrade의 BEC 무역통계 무료로 사용을 위한 Stata 프로그램
[예제 13-5] 국가별 부가가치 무역 행렬 구하기
[예제 13-6] 한국 총수출의 해외 부가가치와 그 비중 구하기
[예제 13-7] 한국의 산업별 수출의 해외 부가가치와 그 비중 구하기
[예제 13-8] 국가별 산업별 총수출, 부가가치 수출 구하기
[예제 13-9] 총수출, 부가가치 수출 기준 RCA지수 구하기
[예제 13-10] 총수출에서의 GVC 참가율 계산하기
[예제 13-10-1] 총수출에서의 국내부가가치(DVA) 비중
[예제 13-10-2] 국가별 부가가치 수출, 수입, 무역수지
[예제 13-11] 한국의 산업별 수출에서의 GVC 참가율 계산하기
[예제 13-12] 부가가치 무역행렬을 이용한 네크워크 분석(netsis활용)
[예제 13-13] 한국 미국 일본 중국간 총수출입, 부가가치 수출입 및 무역수지
[예제 13-14] 한국과 중국 최종수요의 해외국 의존도
[예제 13-15] 한국과 중국 산업별 최종수요의 해외국 의존도
[예제 13-16] 다국간(한미일중) 총수출에서의 해외 부가가치
[예제 13-17] 중국의 대미수출에서 주요국의 부가가치 기여
[예제 13-18] 무료로 대형 무역통계(BACI) 데이터 베이스 만들기
[예제 13-19] 국가별 품목별 수입의존도 심화 품목
[예제 13-20] 부가가치 무역의 히트맵(Heat Map) 그리기
[예제 13-21] World Bank의 World Development Data 사용법
[예제 13-22] 펜월드 테이블(Pennworld Table)에서 GVC관련 연구지표
[예제 13-23] 한국의 산업별 종요소생산성과 GVC에서의 활용
[예제 17-1] 한중 무역수지, 부가가치 무역수지
[예제 17-2] 중국 주요산업에서 한국 중간재의 기여도 추이
[예제 17-3] 중국의 대미수출에 포함된 국별 부가가치
[예제 17-4] 한국 주요산업에서 중국 중간재의 기여도 추이
[예제 17-5] 국별 부가가치 수출입, 무역수지
[예제 17-6] 대중국의존 심화품목 상세분석
[종합 업데이트] runcontinue
[종합 패널작성] 계산결과 결합하여 패널 데이터세트 만들기

〈그림 15-7〉 Source Data 디렉터리 내 다운로드된 파일 리스트

〈그림 15-8〉 data 디렉터리 내 CSV파일과 국가코드 파일 리스트

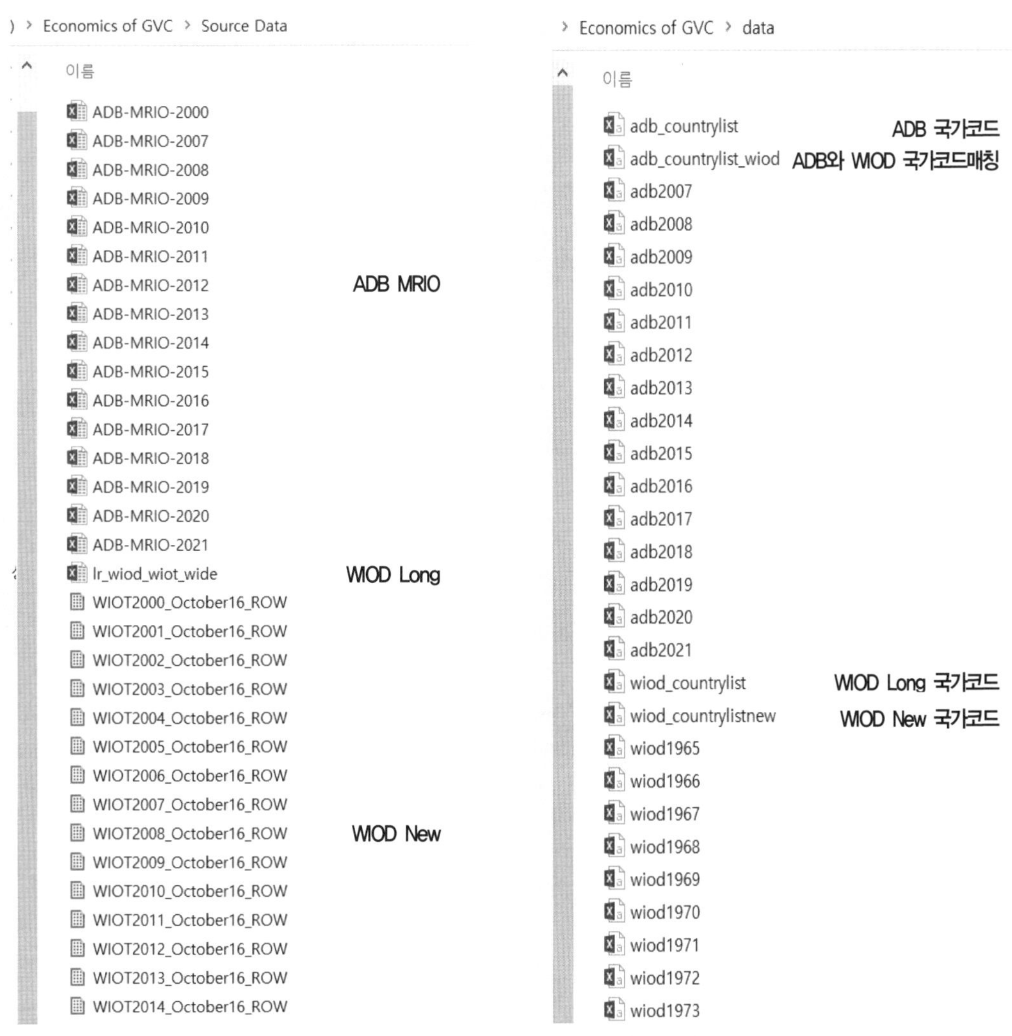

〈 그림 15-9 〉 KUJC-Process 디렉터리(세계, 한미일중 중간재 거래 파일 리스트)

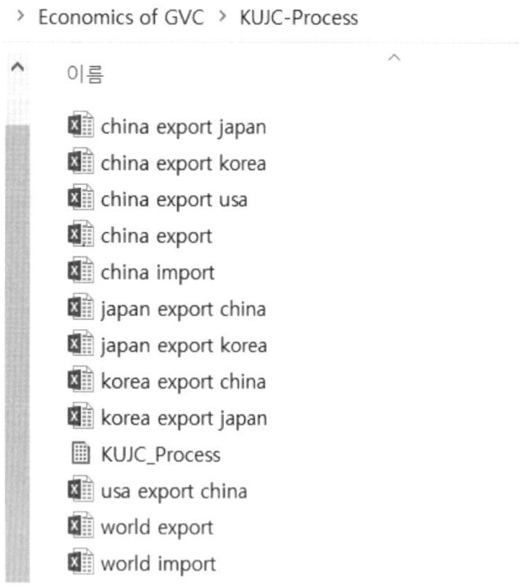

› Economics of GVC › KUJC-Process

이름

china export japan
china export korea
china export usa
china export
china import
japan export china
japan export korea
korea export china
korea export japan
KUJC_Process
usa export china
world export
world import

〈 그림 15-10 〉 BEC Trade 디렉터리 내 다운로드된 파일 리스트

〈 그림 15-11 〉 BACI 디렉터리 내 다운로드된 파일 리스트

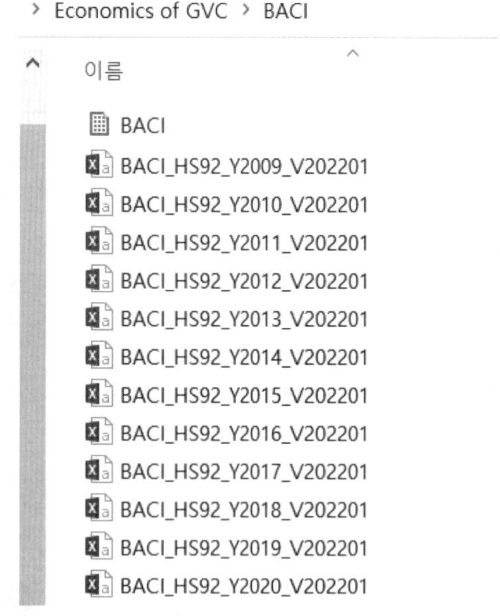

5. 전체 데이터의 갱신 방법

만약 이상에서 언급된 원시자료 가운데 새로운 연도의 자료가 추가되거나, 이미 발표된 자료의 수정된 자료가 해당 웹사이트에 게시될 경우에는 이를 반영하여 모든 자료를 갱신할 필요가 있을 것이다.

이 책에서 언급되는 자료 가운데 우선적으로 갱신이 필요한 자료는 세계 산업연관표 자료의 갱신이 될 것이다. 이를 위해서는 다음 "[종합 업데이트] 전체 자료의 일괄 갱신"을 실행하면 된다. 당연히 새로 추가되거나 수정된 산업연관표 자료를 Source Data 디렉터리에 다운로드 한 후 실행해야 한다. 또한 많은 Stata 사용자가 만든 프로그램이 설치되어 있어야 한다. 전체 프로그램의 실행을 완료하는 데에는 보통 성능을 가진 PC에서 약 2일 정도의 작업시간을 필요로 할 것이다.

[종합 업데이트] **전체 자료의 일괄 갱신**

```
* ***************************************************************************************
* *** 국제 산업연관표(WIOD Long, WIOD New, ADB MRIO) 갱신을 위한 do 파일 ***
* ***************************************************************************************

do "J:₩Economics of GVC₩Stata Do₩[예제 13-2] 소스자료 불러와서 연도별 텍스트 자료 출력하기".do

do "J:₩Economics of GVC₩Stata Do₩[예제 13-5] 국가별 부가가치 무역 행렬 구하기".do

do "J:₩Economics of GVC₩Stata Do₩[예제 13-6] 한국 총수출의 해외 부가가치와 그 비중 구하기".do

do "J:₩Economics of GVC₩Stata Do₩[예제 13-7] 한국의 산업별 수출의 해외 부가가치와 그 비중 구하기".do

do "J:₩Economics of GVC₩Stata Do₩[예제 13-8] 국가별 산업별 총수출, 부가가치 수출 구하기".do

do "J:₩Economics of GVC₩Stata Do₩[예제 13-9] 총수출, 부가가치 수출 기준 RCA지수 구하기".do

do "J:₩Economics of GVC₩Stata Do₩[예제 13-10] 총수출에서의 GVC 참가율 계산하기".do

do "J:₩Economics of GVC₩Stata Do₩[예제 13-11] 한국의 산업별 수출에서의 GVC 참가율
```

계산하기

do "J:₩Economics of GVC₩Stata Do₩[예제 13-12] 부가가치 무역행렬을 이용한 네크워크 분석(netsis활용)".do

do "J:₩Economics of GVC₩Stata Do₩[예제 13-13] 한국 미국 일본 중국간 총수출입, 부가가치 수출입 및 무역수지".do

do "J:₩Economics of GVC₩Stata Do₩[예제 13-14] 한국과 중국 최종수요의 해외국 의존도 ".do

do "J:₩Economics of GVC₩Stata Do₩[예제 13-15] 한국과 중국 산업별 최종수요의 해외국 의존도".do

do "J:₩Economics of GVC₩Stata Do₩[예제 13-16] 다국간(한미일중) 총수출에서의 해외 부가가치".do

do "J:₩Economics of GVC₩Stata Do₩[예제 13-17] 중국의 대미수출에서 주요국의 부가가치 기여".do

그 외 세계, 한미일중 중간재 거래자료의 갱신을 위해서는 KUJC-Process 디렉터리에, UN Comtrade의 BEC기준 무역통계의 갱신을 위해서는 BEC Process 디렉터리에, BACI 무역통계의 갱신을 위해서는 BACI 디렉터리에 추가 또는 수정된 원시 데이터를 다운로드 한 후 해당 Stata 프로그램을 실행하면 된다. 원시 자료의 다운로드에 있어서는 해당 디렉터리에 이미 보관된 엑셀 또는 Stata 포맷 파일형태와 동일한 형태로 다운로드할 필요가 있다.

CHAPTER 16.

글로벌 가치사슬과 경제 불안정

제16장에서는 글로벌 가치사슬의 확대에 따라 선진국에서 증가하고 있는 경제의 불안정성 문제에 대해 살펴보고자 한다. 경제의 불안정성은 경제의 취약성과 다른 것으로 경제적 취약성으로는 가계소득에 대한 부정적인 충격이나 실직의 위험성이 대표적 사례인데 경제의 불안정성은 경제의 취약성으로 인한 결과이다. 글로벌 가치사슬의 확대에 따라 비슷한 정도의 경제적 취약성을 가진 국가들도 국가가 제공하는 사회적 보호조치, 또는 가계가 스스로 가입해 놓은 보험 등으로 인해 서로 다른 수준의 경제 불안정을 경험하게 된다.

2000년대 후반에서 세계 금융위기 이전 많은 국가들은 가계소득의 커다란 변동성, 임금증가의 둔화, 소득 불평등 증가, 실업 증가, 장기 실업 증가, 국민소득에서 차지하는 노동 분배율의 하락 등과 같은 경제의 불안정을 경험했다. 이런 경제의 불안정은 지난 수십년간, 특히 선진국의 저숙련 근로자에게 절대적, 상대적인 임금과 고용 측면에서 부정적인 영향을 미쳤다. 심지어 공급망이 고기술 상품 및 고급 서비스 산업으로 확장됨에 따라 고숙련 근로자에게도 부정적 영향을 미치게 되었다.

이런 경제의 불안정성 증가에는 글로벌 가치사슬의 확대에 따른 세계화의 진전이 가속화 되었기 때문이다. 이미 살펴본 바와 같이 다양한 국제무역 이론들은 무역으로 인한 고용문제, 소득분배의 악화 문제를 이론의 타당성 기준으로 삼고 있다. 비슷한 맥락에서 글로벌 가치사슬의 확대에 따른 이런 경제의 불안정성 확대 문제는 국제무역 이론의 하나로서 글로벌 가치사슬의 무역 이론에서 당연히 제기되는 주제이다.

먼저 글로벌 가치사슬 확대에 따른 세계화와 경제 불안정의 관계를 살펴보고, 글로벌 가치사슬에 의한 외부조달 확대와 고용, 노동 분배율에 대한 영향을 살펴보도록 한다. 물론 고용 및 노동 분배율에 대한 영향은 글로벌 가치사슬뿐만 아니라 노동시장 제도의 차이 등 다양한 요인들이 영향을 미치기 때문에 글로벌 가치사슬 확대의 효과를 독립적으로 규명하기 위해서는 보다 세련된 실증분석 절차가 필요하다.

1. 기술 편향적 노동수요의 이동

무역과 경제 불안정의 연관성에 관한 경제학적 연구는 일반적으로 무역 자유화로 인한 임금 불평등과 노동수요의 기술 편향성을 중시하고 있다. 지난 20~30년간 노동 경제학자들은 선진국에서 증가하는 소득 불평등의 원인으로 기술변화를 지적했다. 정보통신 기술ICT의 발전과 이를 이용한 업무수행 과정에서 노동수요에 대한 기술 편향적 변화가 있었다는 것이다. 이에 따라 고숙련 근로자에 대한 노동수요는 저숙련 근로자 수요보다 더 빨리 증가했다. 이런 기술편향적 노동수요의 변화로 인해 고임금 근로자는 보다 많은 이익을 얻게 되고, 저임금 근로자는 더 적은 이익을 얻거나, 오히려 이익이 감소하여 소득 불평등이 확대되기도 했다.

스톨퍼-새뮤얼슨 정리Stolper-Samuelson theorem에 의하면 무역 자유화는 경제의 희소한 생산요소 소유자보다 풍부한 생산요소의 소유자에게 보다 많은 이득을 가져다 준다. 고숙련 노동과 저숙련 노동이 존재하는 세계에서 선진국은 숙련노동을 상대적으로 풍부하게 보유하고 있기 때문에 상대적으로 기술에 대한 수익이 증가할 것으로 예상할 수 있다. 요약하면 무역 자유화와 기술변화는 모두 선진국의 임금 불평등 증가에 기여했을 것이다. 따라서 소득 불평등 증가의 원인으로서 무역과 기술 편향성 가운데 어떤 요인이 크게 작용했느냐를 파악하는 것이 중요하다.

많은 계량경제학 연구에서는 글로벌 가치사슬 확대에 따른 외부조달 증가가 경제적 불평등을 심화시킨다는 것을 보여준다. 상대적인 노동수요의 변화를 보면 1980년대 후반 이후 생산성이 낮은 부분이 해외로 이전함으로써 고용이 감소한 반면 고부가가치 부문은 유지된 것으로 보인다.

글로벌 가치사슬에 따른 외부조달이 더 이상 노동수요에 대해 기술편향적 영향을 미치지 않는다는 연구도 있다. 게이쉐커Geishecker의 독일 사례연구에 의하면 모든 기술 수준에서 고용의 지속성과 경제안정은 글로벌 가치사슬에 따른 외부조달에 의해 부정적인 영향을 받는다고 했다.[1] 반면 윙클러Winkler는 1995년부터 2004년까지 독일 서비스 부문에서의 외부조달이 고숙련 노동의 상대적 수요를 감소시켰다고 했다.[2]

---

1) Geishecker, I. (2008), "The Impact of International Outsourcing on Individual Employment Security: A Micro-Level Analysis," *Labour Economics* 15(3), pp.291-314.

2) Winkler, D. (2009), "Service Offshoring and its Impact on the Labor Market-Theoretical Insights," *Empirical Evidence and Economic Policy Recommendations for Germany*, Heidelberg Physica-Verlag.; Winkler, D. (2013), "Service Offshoring and the Relative Demand for White-Collar in German Manufacturing," In *The Oxford Handbook of Offshoring and Global Employment*, edited

아웃톨Autor은 1980년대 이후 미국에서의 일자리는 중위 임금, 중위 기술에서 하락하였지만, 고기술, 고임금 및 저숙련, 저임금 고용에서는 확대되었다고 했다.[3] 이는 글로벌 가치사슬에 따른 외부조달이 일어나기 전 주로 적당한 수준의 교육을 받은 노동자들에 의해 행해지던 중급수준의 루틴한routine 업무가 외부조달되었기 때문이라고 했다.

2. 전체 노동수요

글로벌 가치사슬 확대에 따른 외부조달의 규모가 커지고, 또 사회의 관심이 높아지면서 노동을 동질적인 것으로 간주한 전체 노동수요에 대한 실증적 연구도 활발하게 이루어졌다. 이는 스톨퍼-새뮤얼슨 정리의 현실 설명력을 실증적으로 검증하는 데 있어서 어려움을 벗어나 보다 일반적인 의문에 대한 답을 찾기 위함이었다. 많은 연구 결과들은 OECD국가들에 있어서 글로벌 가치사슬 확대에 따른 외부조달이 전체 고용수준을 감소시켰다는 결론을 내리고 있다.

OECD는 12개 OECD 국가에 대한 글로벌 가치사슬에 따른 외부조달의 효과를 측정했다. 1995~2000년간의 6년 동안 26개의 제조업 및 서비스 산업에 대한 분석에서 중간재 및 서비스 외부조달이 고용에 상당히 부정적인 영향을 미쳤다고 했다.[4]

애미티와 웨이Amiti and Wei는 1992~2001년간 미국의 서비스 부문에서의 외부조달이 제조업 고용을 연간 0.4~0.7% 감소시켰다고 했다. 하위 산업수준(96개 산업)에서는 이런 부(-)의 효과가 사라졌다. 중간재 외부조달은 집계된 상위수준에서 정(+)의 관계를 보여주지만 450개 하위산업 수준에서는 그 유의성이 없어진다고 했다.[5]

애미티와 웨이Amiti and Wei는 또한 1995~2001년간 영국의 국내 고용에 대한 중간재와 서비스 외부조달의 영향을 검정했다.[6] 69개의 제조업에서 서비스 외부조달이 고

---

by A. Bardhan, D. Jaffee and C. Kroll, Chapter 4. New York, Oxford University Press.

3) Autor, D. (2010), *Polarization of Job Opportunities in the U.S. Labor Market: Implications for Employment and Earnings*, The Center for American Progress and The Hamilton Project/Brookings Institution, April.

4) OECD (2007), *Offshoring and Employment: Trends and Impact,* Paris: Organisation for Economic Cooperation and Development.

5) Amiti, M. and S. J. Wei (2006), *Service Offshoring, Productivity and Employment: Evidence from the US*, CEPR Discussion Paper, No.5475, February.

6) Amiti, M. and S. J. Wei (2005), "Fear of Service Outsourcing: Is it Justified?" *Economic Policy*

용에 상당한 정(+)의 효과를 가져왔다는 것을 발견했다. 따라서 서비스 외부조달의 1% 증가는 최소한 0.085%의 고용증가를 가져왔다고 한다. 하지만 중간재의 외부조달이 고용에 미치는 영향은 유의성이 없다고 했다. 이 연구에서는 또한 같은 기간 동안 9개의 서비스 산업에 미치는 영향을 분석했는데 중간재 및 서비스 외부조달은 고용에 부(−)의 효과를 나타냈다.

윙클러Winkler는 1991~2000년간 36개 독일 제조업에 대한 서비스와 중간재의 외부조달이 고용에 미치는 영향을 분석하여 고용증가에 부정적인 영향을 미친다고 했다. 1995~2006년간의 연구에서는 서비스 외부조달이 독일 제조업 고용을 감소시켰다고 했다.[7)]

3. 노동 분배율

노동 분배율은 경제의 불안정을 나타내는 합리적인 요약지표로서 글로벌 가치사슬 확대에 따른 아웃소싱 등 다양한 요인과 더불어 고용 및 임금효과를 모두 포착할 수 있는 지표가 될 수 있다. 해리슨Harrison은 일반적으로 많은 국가에서 무역개방은 국민소득에서 노동소득이 차지하는 비율인 노동 분배율에 영향을 미치고 있음을 발견했다. 헥셔−올린Heckcher-Ohlin 이론이 예측하는 방향과는 반대로 해리슨은 무역비중의 상승과 환율위기는 노동 분배율을 하락시키는 반면 자본의 통제와 정부지출은 노동 분배율을 증가시킨다고 했다.[8)]

거씨나Guscina는 세계경제의 글로벌화는 가격, 아웃소싱 및 이민이라는 요인들과 결합되어 1960~2000년간 OECD 6개 국가 그룹의 노동 분배율 감소에 큰 역할을 했다고 했다.[9)] 국제통화기금IMF은 1982~2002년간 유럽에서는 아웃소싱과 이민으로 인해 노동 분배율이 감소했는데, 앵글로색슨 국가에서는 아웃소싱의 노동 분배율 감소 효과가 더

20(4) pp.305-347.

7) Winkler, D. (2009), *Service Offshoring and its Impact on the Labor Market-Theoretical Insights, Empirical Evidence and Economic Policy Recommendations for Germany*, Heidelberg Physica-Verlag.

8) Harrison, A. (2002). *Has Globalization Eroded Labor's Share? Some Cross-Country Evidence*, Mimeo, Department of Agricultural and Resource Economics, University of California, Berkeley.

9) Guscina, A. (2006), *Effects of Globalization on Labor's Share in National Income*, No.2006/294, IMF Working Papers.

적었다고 했다. 이런 연구들은 무역과 수입가격을 모두 포함하기 때문에 아웃소싱의 영향을 과소평가할 수 있다. IMF의 연구에 따르면 아웃소싱은 OECD국가 그룹의 소득에서 노동 분배율에 부(-)의 효과를 주는 의미있는 요소라고 했다.[10)]

엘리스와 스미스Ellis and Smith는 신흥국 시장에서의 수입과 이윤율(또는 노동 분배율) 사이의 연관성을 찾지 못했지만, 1960~1995년간 OECD 19개국의 이윤율과 노동시장에 대한 영향을 분석하여 노동시장에서 기업의 교섭력이 강화되었고, 요소소득의 비율이 높아졌다고 했다.[11)] 이는 기술변화에 의한 것이라고 하였지만 기술변화와 기업의 의사결정에 따른 아웃소싱 효과를 구분하는 것은 매우 어렵다고 했다.

4. 무역으로 인한 고용전환

무역의 경제 불안정에 미치는 영향을 측정하는 또 다른 방법은 수입 경쟁으로 인해 실직한 사람들의 소득대체replacement of earning를 살펴보는 것이다. 클레쳐Kletzer는 대외무역의 결과로 전환한 노동자들의 재취업률과 대체임금에 대해 분석했다.[12)] 1979~1999년간 미국에 대한 연구에서 직업전환displacement으로 인한 소득손실이 크고, 지속적이라는 것을 발견했다. 구체적으로, 1979~1999년간 제조업 노동자의 64.8%가 재취업했는데 이 중 4분의 1이 30% 이상의 소득감소를 겪었다고 한다. 비제조업 부문에서 이직한 노동자들은 69%가 재취업하였고, 21%는 30% 이상의 임금삭감을 겪었다고 한다.

OECD는 1994~2001년간 14개 유럽국가에 대한 연구에서, 유럽의 재고용률은 미국보다 낮았지만, 소수가 재취업하고, 30% 이상의 소득손실을 보았으며, 다수는 소득손실이 없었거나 이직 전보다 더 많은 수입을 올렸다고 한다. 노동시장 제도와 정책은 동일한 취약성을 가진 국가 간에 유사한 충격에도 불구하고 경제 불안정 측면에서 다른 결과를 초래한다. 이런 국가 간 비교는 무역의 노동 분배율에 미치는 영향을 보는 것이 유용하다는 것을 보여준다.

---

10) IMF (2005), *World Economic Survey,* Washington, DC, International Monetary Fund.

11) Elis L. and K. Smith (2007), *The Global Upward Trend in the Profit Share,* BIS Working Paper No.231, Bank for International Settlements.

12) Kletzer, L. (2001), *Job Loss from Imports: Measuring the Costs,* Washington, DC, Peterson Institute for International Economics.

5. 노동수요의 탄력성과 위협 효과

글로벌 가치사슬의 확대는 노동수요의 이동과 일자리 전환 외에도 국내 또는 해외 임금의 변화에 대한 노동수요의 민감도, 즉 노동수요의 임금 탄력성elasticity of labor demand을 높일 수 있다. 글로벌 공급망이 더욱 발전하여 아웃소싱이 증가함에 따라 국내외 임금변화에 대한 고용의 민감도가 더욱 높아질 가능성이 있다.

앤더슨과 개스콘Anderson and Gascon에 따르면, 글로벌 가치사슬의 세분화는 미국기업을 저렴한 외국 노동력으로 대체할 수 있게 하였고, 기업의 노동수요에 대한 임금 탄력성을 증가시키고, 임금과 고용의 변동성을 높임으로써 고용불안을 증가시켰다고 한다.[13)]

무역개방과 노동수요의 임금 탄력성 사이의 관계를 추정한 사례는 많지 않다. 슬로터Slaughter는 1960~1991년간 미국 제조업체를 대상으로 한 연구에서 미국의 생산직 근로자(저숙련 근로자)의 노동수요 탄력성은 증가했으나 비생산직 근로자의 노동수요 탄력성은 증가하지 않았음을 발견했다.[14)] 생산직 노동자에 대한 수요는 아웃소싱이 많이 증가한 부문과, 더 많은 컴퓨터 관련 투자로 기술변화가 많은 부문에서 보다 많이 증가했다.

쉬브와 슬로터Scheve and Slaughter는 세계화로 인한 해외직접투자FDI가 노동수요의 탄력성을 높였다고 했다. 영국 기업의 해외직접투자에 대한 연구에서 더 많은 외국인 투자가 노동수요 탄력성 증가, 임금 및 고용의 변동성 증가와 관련이 있음을 발견했다.[15)]

센시스Senses는 1972~2001년간 미국 제조업에서의 외부조달이 장단기 노동수요의 탄력성을 증가시켰음을 확인했다. 이런 관계는 기술편향 노동수요를 통제할 때에도 변화되지 않았다.[16)]

높은 노동수요의 탄력성은 임금결정에 간접적인 영향을 미칠 수 있다. 이는 위협

---

13) Anderson, R. and C. Gascon (2007), *The Perils of Globalization: Offshorine and Economic Security of the American Worker*, Working Paper 2007-004A, Federal Reserve Bank of St. Louis.

14) Slaughter, M. (2001), "International Trade and Labor Demand Elasticities," *Journal of International Economics* 54(1), pp.27-56.

15) Sheve, K. and Slaughter, M. (2003), *Economic Insecurity and the Globalization of Production*, Mimeo, Yale University.

16) Senses, M. Z. (2010), "The effects of Offshoring on the Elasticity of Labour Demand," *Journal of International Economics* 81(1), pp.89-98.

효과threat effect를 높이는데 기업이 해외로 생산기지를 옮기겠다는 위협만으로 임금 수요가 영향을 받기 때문이다. 미국 장난감 산업의 무역개방에 대해서 프리먼Freeman,은 다음과 같이 언급했다. "선진국은 장난감을 수입할 필요조차 없을 수 있다. 장난감을 수입하거나 이를 생산하기 위해 저개발국으로 공장을 옮기겠다는 위협만으로도 저숙련 서구인들이 고용을 유지하기 위해 임금을 삭감하도록 강요하기에 충분할 수 있다. 이러한 상황에서 개방경제는 무역 없이도 저숙련 서구인에게 낮은 임금을 지불할 수 있게 한다.[17)]"

몇몇 연구자들은 교섭력과 노동수요에 따라 생산기지를 해외로 옮기려는 기업들에게서 위협의 중요성을 조사했다. 피오리Piore에 따르면, 수입경쟁에 대응하여 생산기지를 해외로 옮기겠다는 경영진의 신뢰할 수 있는 위협은 취약한 근로자, 또는 노조로 하여금 임금삭감, 혜택 축소에 안주하도록 유도할 수 있다고 했다. 경영진은 이런 결과를 얻기 위해 노동자들의 임금인상 요구가 실직으로 이어진 몇 가지 설득력있는 사례만 지적하면 된다고 했다.[18)]

이런 문제들은 이론가들에 의해 상당한 관심을 받았지만 실증분석은 거의 이루어지지 않았다. 최민식Minsik Choi은 미국 제조업체의 해외직접투자에 대한 세부부문별 데이터를 분석하여 1983~1996년간 해외직접투자의 증가가 노동 조합원의 임금 프리미엄 감소와 관련이 있음을 발견했다.[19)] 브론펜브레너와 루스Bronfenbrenner and Luce는 1993~1999년간 미국에 대한 연구에서 임금보다는 노조화 캠페인을 분석했는데 기업의 이동성이 생산기지를 해외로 옮기는 위협의 신뢰도를 높였고, 이것이 노조 선거에 영향을 미쳤다고 했다. 또한 쉽게 이동할 수 없는 기업보다 기업의 이동성 위협이 가능한 기업에서 노조설립이 훨씬 낮은 성공률을 보였다고 했다.

---

17) Richard B. Freeman (1995), "Are Your Wages Set in Beijing?" *Journal of Economic Perspectives*, Vol.9, No.3, pp.15-32.

18) Piore, M. (1998), "Trade and Social Structure of Economic Activity," In *Imports, Exports, and the American Worker*, edited by S. M. Collins, Brookings Institutions Press, pp.257-286.

19) Choi, Minsik (2001), *Threat Effect of Foreign Direct Investment on Labor Union Wage Premium*, PERI Working Paper 27, University of Massachusetts.

CHAPTER 17.

COVID-19 대유행과 글로벌 가치사슬

COVID－19의 대유행 이후 글로벌 가치사슬에서 특히 많은 변화가 있을 것으로 전망된다. 글로벌 가치사슬 참가 주체인 기업의 행태와 정부 정책에서 많은 변화가 있을 것이다. 또한 무역정책에서의 국제협력이나 COVID－19 대유행과 같은 위기 상황에서 세계무역기구WTO와 같은 국제기구의 역할에서도 큰 변화가 있을 것이다. 여기에서는 그동안 확대일로에 있던 글로벌 가치사슬의 근본적인 변화 가능성을 살펴보고, 경제안정을 위한 정부정책 개입의 문제에 대해서 살펴보고자 한다.[1)]

1. COVID-19 대유행으로 제기되는 문제

COVID－19 대유행으로 전 세계적으로 의료장비와 의약품의 수요가 급증하면서 초기에는 기존의 공급능력이 부족했었다. 세계의 많은 나라들은 마스크와 같은 개인 보호장비와 일반 의약품을 불과 몇 개의 나라에 의존하고 있었다. 세계무역기구WTO, 2021에 의하면 독일, 미국, 스위스가 의료용품의 35%, 중국, 독일, 미국이 개인 보호용품의 40%를 수출했었다고 한다.[2)]

전 세계 생산능력이 수요급등을 감당하지 못하면서 국가 간 입찰경쟁과 생산국의 수출제한은 전염병 퇴치에 필수적인 몇몇 의료용품의 가격을 크게 인상시켰다. 또한 필요한 중간재의 운송이 지연되거나, 국가별로 국경폐쇄 시점의 차이로 인해 중간재의 공급차질이 발생하면서 복잡한 글로벌 가치사슬에서 생산이 중단되는 일이 일어났다.

1) World Trade Organization (2021), *Covid-19 and Global Value Chains: a Discussion of Arguments on Value Chain Organization and the Role of the WTO,* Geneva: WTO.

2) World Trade Organization (2021), *Trade in Medical Goods in The Context of Tackling Covid-19: Developments in the First Half of 2021,* Geneva: WTO.

따라서 많은 사람들은 COVID-19 대유행으로 인해 전 지구적으로 관리되고 있는 글로벌 가치사슬에 내재된 위험성을 크게 인식하게 되었다. 그에 따라 많은 정책결정자들과 연구자들은 필수재화에 대한 수입 의존도를 낮추고, 글로벌 가치사슬의 복원력을 높이기 위해 이를 재구축할 필요가 있다고 주장하기 시작했다.

동시에 많은 경제학자들은 전염병의 대유행으로 새롭게 제기된 문제에 대한 최선의 정책대응으로서 글로벌 가치사슬에 직접 개입하거나 가치사슬을 재구축해야 된다는 주장은 경제논리에 어긋나며, 자급자족 경제가 글로벌 가치사슬의 안정성을 더욱 견고하게 한다고 볼 수 없다고 주장하기도 한다.

또한 전염병의 대유행에 대한 개별국가의 정책대응을 보면 국제적인 협력이 부족했다는 것을 알 수 있다. 일부 국가들은 의약품의 공급부족에 대응하여 필수 의료품의 수출제한 조치를 취하기도 하였고, 많은 국가들이 이런 물품들을 확보하기 위한 입찰전쟁에 참가하였다. 이로 인해 필수 의약품의 세계가격이 크게 상승하였으며, 수입의존도가 높은 저소득 국가들은 필수 의약품 확보에 큰 어려움을 겪었다. 이런 상황에 대처하여 국제기구는 필수 의약품의 가용성을 보다 높일 수 있는 국가 간 정책조정의 필요성을 제기하였다.

〈표 17-1〉 COVID-19관련 필수품 10대 수출 수입국

수출	2020 1/2	점유율	2020 2/2	점유율	2021 1/2	점유율
중국	54,552	28.7	50,860	24.8	35,051	17.7
미국	23,076	12.1	23,175	11.3	25,206	12.7
독일	17,281	9.1	19,938	9.7	20,655	10.4
네덜란드	11,018	5.8	13,441	6.6	13,811	7.0
말레이지아	4,440	2.3	7,574	3.7	10,934	5.5
일본	5,776	3.0	6,509	3.2	6,782	3.4
멕시코	6,259	3.3	6,904	3.4	6,686	3.4
프랑스	5,278	2.8	6,083	3.0	6,394	3.2
벨기에	5,614	3.0	6,289	3.1	6,149	3.1
아일랜드	4,234	2.2	4,709	2.3	5,406	2.7
상위 10개국 수출점유율		72.3		71.0		69.2
수입						
미국	36,363	18.8	42,152	20.3	39,699	20.1
독일	17,130	8.8	15,711	7.6	15,947	8.1

중국	11,877	6.1	12,849	6.2	14,736	7.5
네덜란드	8,717	4.5	9,528	4.6	10,408	5.3
일본	9,958	5.1	9,212	4.4	8,953	4.5
프랑스	10,242	5.3	9,412	4.5	8,441	4.3
영국	7,268	3.8	2,002	5.8	6,181	3.1
멕시코	5,227	2.7	5,442	2.6	5,668	2.9
캐나다	5,528	2.9	6,485	3.1	5,657	2.9
벨기에	5,455	2.8	5,556	2.7	5,461	2.8
상위 10개국 수입점유율		60.8		62.0		61.3

자료: WTO (2021), Secretariat.

2. 글로벌 가치사슬의 재구축의 실체적 증거

COVID－19 대유행 이후 글로벌 가치사슬의 재편성이 필요하다는 주장이 제기되었는데 이는 2008년 세계 금융위기 이후 글로벌 가치사슬의 확대가 정체되고 있던 상황에서 더 큰 영향을 미치게 된 것이다. 여기서는 COVID－19가 기업활동, 기업조직의 변화, 기업의 가치사슬 재편성을 초래할 가능성이 있는지를 살펴보기로 한다.

(1) 글로벌 가치사슬의 재구축과 COVID-19

COVID－19 대유행은 높아진 무역비용에 대응하고, 글로벌 공급망의 취약성을 극복하고, 또 그 복원력과 견고성을 높이기 위한 다각화의 필요성을 제기함으로써 글로벌 가치사슬에서 기업활동과 기업조직의 변화를 초래할 것이다.

1) 높은 무역비용

글로벌 생산의 분절화는 운송 및 통신비용 하락, 안정적으로 구축된 무역정책 환경을 기반으로 증가해왔다. 운송비용이 낮아져서 장거리 운송의 경제성이 확보되었고, 통신비용의 절감은 여러 국가에 흩어진 생산활동을 조정하고 관리할 수 있게 함으로써 각 생산단계의 지리적 분산을 가능하게 하였다.

무역정책으로 인해 무역장벽이 낮아지고, 국제협정에 의해 확보된 안정적 무역환경이 여러 번 국경을 넘나드는 부가가치 이동의 비용을 낮추고 예측 가능하게 했다.

〈 그림 17-1 〉 무역비용의 구성

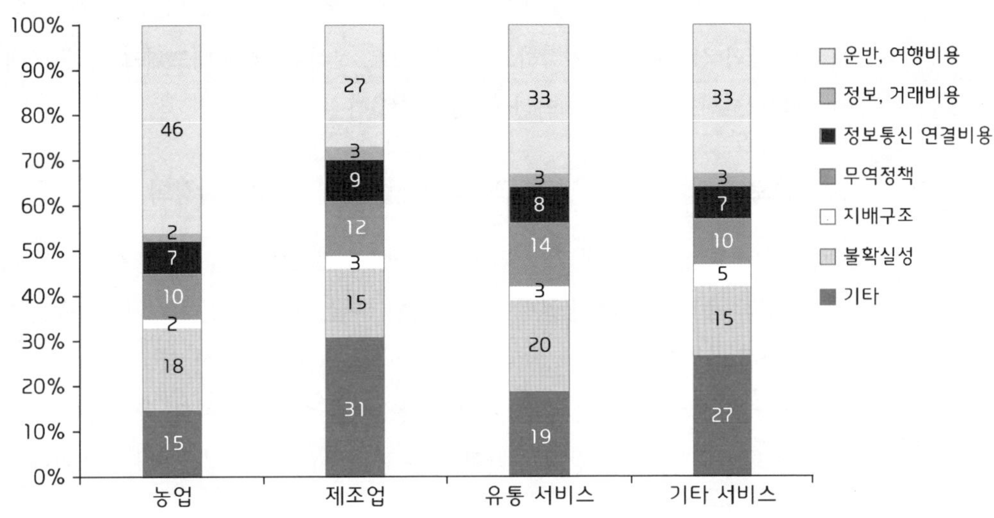

자료: WTO (2020), Trade Costs In The Time of Global Pandemic.

하지만 COVID-19 대유행은 이상의 다양한 부분에서 무역비용을 다시 증가시켰다. 따라서 무역비용이 상승할 것으로 기대하는 만큼 기업은 자체 생산에 더 집중하거나, 아니면 불확실성이 낮은 지역으로 다변화하여 무역비용의 상승에 대응할 것이다.

2) 글로벌 공급망의 취약성

무역이 특정 국가에서 발생한 충격의 영향을 오히려 완화시킬 수 있다는 주장도 있을 수 있지만, 이는 국내조달과 수입이 서로 대체 가능할 때 가능한 일이다. 만약 국내생산이 중단되거나, 가령 COVID-19 대유행 기간 동안과 같이 의료용품에 대한 내수가 크게 증가한다면 국제무역은 다른 공급처에서 필요한 상품을 조달할 수 있기 때문에 공급부족 문제를 해결하는 데 도움이 된다. 그러나 글로벌 가치사슬에서의 생산에는 서로 다른 생산단계가 상호 보완적으로 구성되어 있으며, 생산기지가 서로 다른 국가에 분산된 상태이므로 특정 국가 또는 지역에서 충격이 발생한다면 생산이 중단될 수밖에 없다.

볼드윈Baldwin은 공급망의 붕괴로 인해 COVID-19 대유행 시기의 무역붕괴가 대형 금융위기 때보다 더 커질 수 있을 것이라고 했다.[3] 노동공급에 있어서 부정적인

3) Baldwin, R. (2020b), *The Greater Trade Collapse of 2020: Learnings from the 2008-09 Great*

충격이 각기 다른 장소와 시기에 발생하기 때문이다. 글로벌 생산 네트워크가 상호 보완적 특성을 가진다면 특정한 곳에서 생산 차질은 전체 공급망을 마비시키게 된다. 중간 투입물 간의 상호보완성이 강하고 지리적으로 분산된 생산 네크워크는 한 곳에 집중된 생산 네트워크보다 더 취약한 것이 당연하다.

3) 글로벌 가치사슬의 견고성과 복원력을 높이기 위한 다각화

생산이 순차적으로 조직되고 중간 투입물이 서로 보완적일 때, 경제에 혼란을 초래하는 부정적 충격은 전체 공급망에 부정적인 파급효과를 미친다. "가치사슬은 가장 약한 고리만큼만 강하다a chain is only as strong as its weakest link"는 말이 있듯이 약한 사슬고리의 문제는 전체 사슬의 생산량을 급격히 감소시킬 수 있다. 주요 공급업체 중 하나에 대한 부정적 충격은 공급망에 심각한 영향을 미치고, 다른 생산자와 소비자에게 영향을 미칠 수 있다.

반대로 기업이 다양한 공급업체 네트워크에서 아웃소싱할 수 있다면 회사는 특정 공급업체의 생산중단으로 인한 피해를 다른 공급업체의 투입물로 대체하여 회피할 수 있으므로 한 공장의 중단이 전체 공급망에 큰 영향을 미치지 않는다. 부정적 충격이 전 세계적으로 동시에 발생하지 않는 한 기업이 공급업체를 다양화했을 때 공급망 붕괴의 위험을 크게 줄일 수 있다.

공급사슬 생산의 다른 위험은 하나 또는 소수의 지배적 공급자나 고객에 의존하는 것인데 이때 기업은 해당국 정책변화의 위험에 노출된다. COVID-19 전염병 유행기간 많은 국가에서 수출을 제한하거나 국내 의료용품 부족문제를 해결하기 위해 정부의 강제구매와 같은 조치를 취했다. 따라서 다각화의 부족은 기업과 국가를 정책변화의 위험에 노출시켜 더 높은 무역비용 증가 또는 공급망 혼란을 야기할 수 있다.

이런 공급망의 위험을 관리하는 방법으로 견고성robustness과 복원력resilience을 고려할 필요가 있다. 견고성은 위기 동안 기업운영을 유지할 수 있는 능력이고, 복원력은 일정기간 이후 정상적인 기업운영을 재개할 수 있는 기업의 능력이다. 현재의 산업조직은 부정적 충격이 있을 때의 단기적 견고성과 평상시 높은 효율성 추구를 선택해야 하는 상반관계에 직면해 있다. 회복력이 있는 기업은 위험을 줄이려 하지만 모든 유형의 혼란을 예상하고 이를 회피하기 위한 대규모 투자는 하지 않는다. 미로우닷Miroudot은 견고성이 필수품(예, 전염병 대유행 중 안면 마스크) 공급에 중요한데 이는 추가적인 공

Trade Collapse, VoxEU, 07 April.

급업체, 대체생산 위치 및 실시간 정보를 제공하는 정보 시스템의 구축을 통해 달성할 수 있다고 한다.4)

다각화는 부정적인 생산충격 및 정책변화의 위험성을 줄일 수 있지만 이를 추진하는 데 많은 비용이 들어간다. 다각화와 관련된 비용에는 다음 3가지를 지적할 수 있다.

첫째, 일부 제조 부문은 상당한 규모의 경제 효과를 특징으로 하는 매우 자본집약적 산업이다. 어떤 공급망에서는 신상품과 생산공정 개발, 기계구매, 전문직원의 채용과 교육에 필요한 많은 선행투자가 필요하다. 초기 투자는 매몰비용sunk cost이기 때문에 생산량이 일정 수준에 도달해야 회수할 수 있다. 또한 생산규모가 큰 기업은 대량 구매 시 더 낮은 단위당 비용으로 중간 투입물을 구매할 수 있다. 결과적으로 복잡한 공급망에서 공급업체를 다양화하는 것은 매우 어렵다.

둘째, 공급망에서 기업 관계는 복잡하고 다양한 관계의 특성에 맞춘 투자가 필요하다. 글로벌 가치사슬에의 참가자는 종종 특수장비 구매 또는 상품 맞춤화와 같은 수많은 관계의 특성에 맞는 투자를 해야 한다. 특히 공급자와 구매자가 계약을 강제할 수단이 없을 때 반복적인 상호거래를 통해 생산을 구현하기 위한 특별한 관계를 형성해야 한다. 새로운 공급업체를 찾아서 생산과정을 관리하는 데에는 많은 비용과 시간이 필요하므로 공급망 관계에서는 특별한 "고정성stickiness"이 발생할 수 있다.

셋째, 생산의 다각화를 위해서는 무형자산이 필요하다. 생산공정을 구축하는 데 상당한 지적 재산과 노하우를 필요로 하는 관련 분야에서 공급자를 다양화하고 생산공정 기술과 노하우를 이전하기 위해서는 많은 시간과 노력이 필요하다. 지적 재산의 탈취나 모방을 염려하는 무형자산 보유회사는 광범위한 공급업체와 관계를 맺으려 하지 않을 수 있다. 이때에는 오히려 공급업체를 직접 소유하거나 통제하려고 한다.

4) 기타 가치사슬의 견고성과 복원력을 높이기 위한 전략

일부 가치사슬에서는 다각화를 추구하는 것에 비용이 너무 많이 들기 때문에 공급망 복원력을 키우기 위한 다른 전략이 필요하다. 미로우닷Miroudot은 완충 역할을 할 수 있는 재고 물량의 확보, 대체하기 쉬운 표준화된 투입물, 복원력의 모니터링 및 위치 확인, 위험에 덜 노출된 위치와 공급자 선택과 같은 다양한 접근방식을 통해 복원

4) Miroudot, S. (2020), "Resilience versus robustness in global value chains: Some policy implications," In Baldwin, R. E. and Evenett, S. J. (eds.), *COVID-19 and Trade Policy: Why Turning Inward Won't Work*, Geneva: VoxEU & CEPR.

력을 높일 수 있다고 했다. 그 외에도 COVID-19 대유행 기간 동안 공급망의 단기 복원력을 개선하기 위한 방법으로 공급망의 투명성 확보, 생산을 지속하기 위한 가용 재고의 추정, 소비자 수요 평가 및 예측, 생산 및 유통 역량의 최적화, 물류 역량의 확인과 강화, 유동성 확보와 운영자본의 관리와 같은 전략이 제시되었다.

(2) 글로벌 가치사슬 재편의 다른 요인

글로벌 가치사슬 재편을 위한 해외투자 기업의 본국 회귀(리쇼어링re-shoring)나 공급업체의 다각화에 대한 논의는 COVID-19 발생 이전부터 시작되었다. 글로벌 가치사슬 재편에 영향을 미치는 요인들에는 국가 간 요소가격의 차이(임금격차의 완화), 요소가격의 중요성을 감소시키는 기술진보(로봇화), 무역비용과 정책 불확실성을 증가시키는 무역정책 환경의 변화, 세계 경제의 구조적 변화(소비자 선호 및 소득 변화) 등이 있다.

1) 신흥국에서의 요소비용 상승

글로벌 가치사슬 증가의 중요한 요인 중 하나는 글로벌 생산성 차이로 인해 국가 간 요소 가격에 상당한 차이가 생기는 것이다. 글로벌 가치사슬을 통해 선진국 기업들은 선진 생산기술과 개발도상국의 저임금을 결합하여 생산효율을 최적화할 수 있었다. 그러나 글로벌 가치사슬에서 생산을 조직화하는 것은 국내와 공급업자 소속 국가 간의 생산요소의 비용 차이가 글로벌 가치사슬에 수반되는 무역 비용과 조정 비용을 보상하기에 충분할 때 가능하다.

글로벌 가치사슬을 통해 선진국에서 개발도상국으로 많은 기술이전과 기술확산이 이루어졌다. 글로벌 가치사슬에의 참가를 통해 개발도상국의 생산성과 생산량이 증가하였다. 이는 요소비용, 특히 임금상승으로 이어졌다. 이에 따라 글로벌 가치사슬에서의 거래 파트너와 선진국의 기업 간에 요소비용의 차이가 줄어들면서 글로벌 가치사슬 내에서 생산을 조직할 유인이 점점 낮아졌다.

물론 글로벌 가치사슬 내의 주요 국가 간 생산요소 가격의 차이가 줄어들게 되면 기업은 생산을 다른 지역으로 이전하거나, 생산에서의 자본집약도를 높이는 방법으로 대응할 수 있다. 상대적으로 임금이 낮은 많은 나라들이 아직 글로벌 가치사슬에 광범위하게 통합되지 않았기 때문에 선진국 기업들에게 또 다른 가능성이 있다. 요소가격 수렴화로 인해 리쇼어링보다는 가치사슬의 지리적 위치를 재설정할 수도 있다.

2) 기술발전 및 생산 자동화

요소가격 수렴화는 글로벌 가치사슬에서 기술발전과 생산 자동화와 밀접하게 관련되어 있다. 신흥국에서의 높은 요소가격은 선진국들의 해외생산 유인을 감소시킨다. 기술발전과 금융환경 변화로 국내 생산비용이 저렴해지면 해외생산 유인은 더욱 감소한다. 지난 수십 년간 고소득 국가에서도 임금이 상승했지만 자동화와 기술혁신에 힘입어 로봇 사용이 증가했다. 더욱이 세계 금융위기로 인해 저금리의 뉴노멀 시대를 만들었다. 이것 역시 비용을 낮추기 때문에 자본에 대한 투자를 더욱 매력적으로 만들었다.

반대로 WTO(2018)에 의하면, 기술진보와 자동화는 무역비용과 조정비용 절감으로 이어지기 때문에 무역과 글로벌 가치사슬을 확대할 가능성도 있다.[5] 블록체인이나 모바일 결제 시스템과 같은 신기술은 글로벌 가치사슬 내에서 문서화 및 규정 준수 요건을 촉진하고, 효과적인 무역금융에 대한 접근성을 높일 수 있다. 전자상거래 플랫폼이나 비디오 및 번역 기술과 같은 또 다른 혁신은 국제 간 조정 및 지배구조 비용을 절감하고 직접 대면의 필요성을 줄일 것이다.

3) 무역정책의 변화와 불확실성 증가

정책환경의 변화와 미래 정책 불확실성은 무역비용을 높여 글로벌 가치사슬 형성과 발전에 영향을 미친다. 최근 미국과 중국의 무역 갈등에 따라 비관세 장벽의 강화와 더불어 관세가 크게 증가했다. 국가별로 산업정책이 부활하거나 고용회복을 위한 정책 등으로 인해 역시 글로벌 가치사슬 참가국에 대한 무역비용이나 유인이 영향을 받고 있다. 영국의 유럽연합EU 탈퇴와 함께 무역정책의 불확실성이 증가하여 무역비용 증가에 영향을 미쳤다.

앞으로 기후변화에 대한 대응 과정에서 운송을 포함한 생산과정에서 배출되는 탄소가격의 상승도 무역비용에 영향을 미치는 또 다른 불확실성이 될 것이다. 이미 전술한 글로벌 가치사슬 확대에서 경제적 고도화, 사회적 고도화에 이어 환경 고도화란 주제가 연구주제가 되기 시작했다.

정책 불확실성의 증가는 기업들의 투자에 대한 의사결정을 지연시킴으로써 글로벌 가치사슬의 핵심인 해외직접투자FDI에 악영향을 미칠 수도 있다. 또한 공급망의 복

5) World Trade Organization (2018), *World Trade Report 2018: The future of world trade: How digital technologies are transforming global commerce*, Geneva: WTO.

원력을 증가시키는 역할을 하는 글로벌 가치사슬 내 공급업체 간의 장기적 관계를 손상시킬 수도 있다.

과거에도 경제위기 때 무역제한 조치가 증가했었다. COVID-19로 인한 심각한 경기침체를 감안한다면 무역제한 조치의 증가를 기대할 수 있고, 이는 향후 무역비용에 대한 불확실성을 높일 것이다. 킬릭과 매린(Kilic and Marin, 2020)에 의하면 COVID-19는 이미 경제정책의 불확실성을 3배 이상 증가시켰다고 한다.[6)]

3. 글로벌 가치사슬에서 정부개입의 효과

COVID-19 전염병과 관련하여 가치사슬의 조직화에 대해 정부가 개입하게 될 가능성이 높아졌다. 시장실패, 생활 필수품의 조달, 기타 사회 환경, 지정학적 요인으로 글로벌 가치사슬에 대한 정부개입의 근거가 많아졌기 때문이다.

(1) 시장실패의 존재

시장실패market failures의 존재는 정부개입에 대한 경제적 합리성을 제공한다. COVID-19 전염병은 글로벌 가치사슬의 조직화에서 다양한 시장실패의 사례를 부각시켰다. COVID-19 전염병과 관련된 글로벌 가치사슬 조직의 잠재적 시장실패 이유는 제한된 합리성bounded rationality, 불완전한 정보imperfect information, 외부효과externality와 같은 전형적인 정부개입의 근거가 되는 경제논리이다.

1) 제한된 합리성

시장실패는 위험을 정확히 파악할 수 없다는 제한적인 합리성에 온다. 기업은 극단적인 사건의 위험을 제대로 평가하지 못하고 가치사슬 붕괴의 위험을 완화하기 위한 전략에도 적게 투자한다. COVID-19는 한 세대 내에 발생하기 어려운 매우 극단적인 사건이기 때문에 개인과 기업은 이런 사건의 가능성을 과소평가하는 경향이 있다. 위험에 대한 인식은 기업의 다각화, 잉여 생산능력, 재고 확보와 같은 위험을 완화하기 위한 전략에 대한 투자 결정으로 나타난다. 순차적 가치사슬에서 이런 위험은

6) Kilic, K and D Marin (2020), *New Era of World Trade: Global Value Chains and Robots*, TUM School of Management, Technische Universität München, Mimeo.

전체 생산의 중단으로 이어질 수 있다.

홍, 양과 왕Hong, Wang, Yang에 의하면 극단적 사건이 발생하면 경제주체는 자신의 믿음을 갱신하는 데 과잉 반응하여 비관적이 되면서 위험을 과대평가하는 제한된 합리성을 갖게 된다고 한다. 만약 그런 일이 일어나지 않고 시간이 지나게 되면 그들의 믿음은 점점 더 낙관적이 되어 위험을 더욱 과소평가하게 된다고 한다.[7)]

메런, 모리슨과 샤피로Mehran, Morrison and Shapiro에 의하면, 가치사슬 중단에 대한 위험을 낮추려는 투자는 전체 위험을 줄임으로써 경제 구성원에게 이익이 되는 외부성을 가지므로 민간부문이 충분히 제공하지 못하는 공공재의 특성을 갖게 된다.[8)] 글로벌 가치사슬 중단의 위험을 완화하기 위한 전략에 대한 투자를 촉진하는 것이 정부의 잠재적 역할이 될 수 있다

2) 불완전한 정보

기업은 보통 글로벌 가치사슬의 복잡성과 충격으로 인한 비용을 제대로 파악할 수 없는 불완전 정보의 상태에 있다. 효율적인 위험 완화 전략을 준비하기 위해서는 글로벌 가치사슬의 구조에 대한 전체 정보를 파악하는 것도 중요하다. 기업은 다른 공급업체로 대체하여 재해로 인한 피해를 완화할 수 있지만 이를 위해서는 자신들이 취할 수 있는 선택지를 제대로 알아야 한다. 공급업체를 찾는 것은 비용이 많이 들기 때문에 잠재적 공급업체 현황을 파악하는 것도 쉽지 않다. 정보문제와 관련된 시장실패는 투명성을 높여서 해결될 수 있다.

3) 외부효과

글로벌 가치사슬 조직화에서의 시장실패는 가치사슬을 따라 존재하는 외부성이다. 다각화 정도, 재고 보유량 결정시 기업들은 자신들의 결정이 상 하류부문 기업들에 미치는 영향을 고려하지 않기 때문에 시장실패가 존재하게 되고, 그 결과 적정수준의 투자가 이루어지지 않는다.

하지만 이상의 시장실패 요인들이 정부개입을 정당화한다고 평가하기도 어렵다. 시장실패를 교정하기 위한 정부개입 역시 실패할 수 있는 정부실패government failure의

---

7) Hong, H., Wang, N. and Yang, J. (2020), *Mitigating Disaster Risks to Sustain Growth*, NBER.

8) Mehran, H., Morrison, A. and Shapiro, J. (2012), "Corporate governance and banks: Have we learned from the crisis," *The crisis aftermath: new regulatory paradigms,* Centre for Economic Policy Research.

문제가 있을 수 있기 때문이다. 정부개입이 시장실패를 치유하는 가장 효과적인 방법도 아니다. 글로벌 가치사슬에 큰 충격을 줄 수 있는 극단적 사건이 발생했을 때 정부가 기업보다 더 많은 정보를 가지고 있다고 보기도 힘들다. COVID－19 대유행에도 불구하고 여러 국가의 정부당국이 효과적인 방역, 의료장비의 부족에 잘 대응하지 못한 것이 단적인 예이다.

(2) 위기발생시 필수품 조달

생활 필수품은 위기 상황에서 없어서는 안 되는 물건이다. 소비를 다른 재화나 미래 소비로 대체할 수 없다. 필수재화를 적시에, 적절히 공급하는 것은 국민들의 후생에 매우 중요하다. 따라서 정부는 비상시 필수재화를 제대로 공급할 수 있는 역량을 가져야 한다. 현재의 COVID－19 유행병의 예방과 치료에서 필요한 의료용품에는 의료장비, 의료용품, 의약품 및 개인 보호제품(안면 마스크, 손 소독제, 손 비누 등) 등이다.

필수재화의 공급확보를 위해서는 필수품을 적절히 정의하고, 정부가 필수품의 공급을 보장할 수 있는 최선의 방법을 찾는 것이다. 필수재화의 목록을 지정하기 위해서는 위기 상황을 정의하고 상품의 소비를 줄일 수 있는 용이성을 판단하는 것이다. 현재 세계 각국 정부는 위기 상황에 대비하기 위해 중요하고 필수적인 물품의 자급률을 높이기 위한 계획을 세우고 있다. 많은 계획에서는 위기 상황에서 즉각적인 수요를 해결하기 위해 필요한 것뿐만 아니라 국가안보에 대한 우려를 해소하고, 전략적으로 가치가 있는 상품과 산업을 정의하고 있다. 레이보비치와 산타크레우Leibovici and Santacreu는 필수물품으로 식품, 국방용품, 의료용품 등의 목록을 제시하고 있다. 세계관세기구WCO와 세계보건기구WHO는 COVID－19 대유행 기간 동안 COVID－19 퇴치에 중요한 상품 유형에 대한 지침을 제시한 바 있다.[9)]

생활 필수품의 공급을 보장하기 위한 정책에는 다음 4가지를 지적할 수 있다. (1) 국내 생산능력의 확립, (2) 전략적 필수품의 재고 비축, (3) 공급원의 다양화, 그리고 (4) 필수품 생산에 신속하게 확대할 수 있는 유연한 제조방법을 채택하는 것이다. 이런 정책대안에는 각각 장단점이 있을 수 있다.

---

9) Leibovici, F. and Santacreu, A. M. (2020), *International Trade of Essential Goods During a Pandemic*, Working Paper 2020-010E, Federal Reserve Bank of St. Louis.

1) 국내 생산능력의 확립

생활 필수품의 안정적 공급을 위해서는 국내 생산능력의 확보가 필요하지만 쉬운 일이 아니다. 선진화된 대국만이 자급자족할 수 있는 제조 능력을 가지고 있어서 특수기계와 중간 투입물에 접근할 수 있다. 생산능력이 부족하거나 중간 투입물에 대한 접근성이 제한된 국가는 국내 생산에 의존해야 한다. 특히 다른 유형의 상품에 전문화 하고 있는 국가가 의약품과 같은 필수품의 국내 생산능력을 갖추는 것은 쉽지 않고, 비용이 많이 든다.

비록 국가가 필수적인 재화를 생산할 능력이 있다 하더라도 위기 동안 요구되는 모든 범위의 필수재화를 생산할 수 없다. 또한 무역은 가장 효율적인 생산위치를 찾을 수 있게 하여 합리적 가격으로 더 많은 물품에 대한 접근성을 증가시키므로 국내 생산에만 의존하는 것도 비효율적이다.

필수품의 국내 생산을 보장하기 위한 정부 정책은 보조금과 수입보호를 동시에 취해야 하므로 정부수입과 소비자 가격상승 측면에서 비용이 많이 들 수 있다. 더욱이 자급자족 그 자체가 더 큰 안전을 보장하는 것도 아니다.

해외 생산과 투입물에 대한 의존도를 낮춘다는 것은 국내 생산 의존도를 높이는 것인데 이 역시 충격으로부터 악영향을 받을 수 있다. 기업은 공급원을 전환함으로써 충격을 흡수할 수 있으므로 위기 상황에서 필수품의 공급을 가능하게 할 수 있다.

2) 전략적 필수품 재고 비축

필수재화의 안정적 공급을 위해서는 필수품의 재고 확대와 추가적인 생산역량을 구비하는 것이 중요하다. 최근 수십 년간, "린lean생산", "적시just in time 생산방식"이 많은 분야에서 적용되어 비용측면에서 효율적 생산이 가능해졌다. 하지만 위기에 직면해서는 필수재화의 가용성이 중요한 관심사가 된다. 이로 인해 원자재, 중간 투입물 및 완제품의 잉여 재고를 유지하기 위한 신속한 공급망 관리가 필요하다.

국가 및 지역 차원에서, 정부는 위기 상황에서 필수품의 비축량을 유지하고 이를 분배하는 데 주요한 역할을 할 수 있다. 또한 재고 보유와 관련된 비용을 충당하기 위한 최소 재고 요구사항, 세금감면 또는 보조금과 같은 정책조치를 통해 기업이 필수재화를 제조하는 데 필요한 원자재 및 중간 투입물 재고량을 보유하도록 장려할 수 있다. 효율적이고 투명한 정보관리 시스템과 함께, 비축은 필수품의 가용성과 접근성을 보장할 수 있다. 재고 보유 및 비축의 잠재적 비용은 창고비용과 정보관리 비용을 포함한다. 게다가 식품이나 의약품 등 부패하기 쉬운 물품의 비축물량을 유통 기한동안 유지하기 위해서는 비축물량을 자주 교체해야 하므로 더 많은 비용이 들 수 있다.

3) 공급원의 다각화

정부는 정부조달 수준에서의 다각화와 소수의 국가에 대한 의존도를 제한하기 위해 기업들이 다각화하도록 유인을 제공할 수 있다. 글로벌 가치사슬의 다양한 수준에서 공급원의 다양화는 한 지역에서 일어난 부정적 충격을 다른 곳에서 대체 생산함으로써 상쇄될 수 있기 때문에 그 견고성과 복원력을 높여준다. 하지만 높은 초기 투자와 복잡한 공급망을 특징으로 하는 산업에서는 다각화에 많은 비용이 들 수 있다. 공공조달 측면에서 정부는 광범위한 지리적 위치에 대한 관심을 기울이고, 공급업체 수준에서 다양화에 대한 투명성을 보장하기 위한 조치를 취할 수 있다.

정부정책은 대안적인 공급업자와의 관계를 구축하는 비용을 부분적으로 충당할 수 있는 보조금을 제공함으로써 생산자들에게 공급원을 다양화 하도록 장려할 수 있다. 또한 정부는 정보를 제공하고 여러 국가의 잠재적 공급업체와의 연결을 쉽게 함으로써 정보격차를 해소할 수 있다.

4) 필수품 생산을 신속 확대할 수 있는 유연제조 방식 채택

생활필수품의 안정적 공급을 위해서는 갑작스레 수요가 발생할 때 생산라인을 필수재 생산으로 신속하게 전환하기 위한 방법을 찾을 필요가 있다. COVID-19 대유행 기간 동안 기업들은 개인 보호장비 및 의료용품을 공급하기 위해 생산공장을 재건설하고 이를 위해 유휴 생산능력의 용도를 변경한 바 있다. 제조설비를 필수재의 생산으로 신속하게 전환할 수 있는 가능성은 다른 정책대안들보다 비용 측면에서 효과적이다. 정부는 기업이 유연한 생산설비에 더 많은 투자를 할 수 있도록 유인을 제공할 수 있다.

4. 수출제한 조치와 국제협력

COVID-19 대유행이란 위기 상황에서 특정국의 수출제한이란 상황에 직면하여 필수품을 시의적절하게 공급하기 위해서는 국제협력이 필요하다는 사실을 확인했다. 수출제한 조치는 의약품 수요의 급격한 증가에 직면하여 특정 필수품의 공급 확보를 위해 여러 정부에 의해 도입되었다. 동시에 각국 정부들이 해외투자 기업의 본국 회귀를 포함한 공급망 재편을 필수재화의 안정적 공급확보를 위한 대책으로 보기 시작했다.

COVID-19 위기 동안 필수품에 대한 수출제한의 조치가 취해진 현황을 보면, WTO 회원국 72개국과 비WTO 회원국 8개국을 포함하여 86개 국가가 수출금지 또는 수출제한 조치를 내렸다고 한다. 이는 심각한 필수품 부족상황에서 글로벌 공급망을 통한 생산방식의 취약성을 보여주는 것으로 필수품 생산을 위해서는 해외투자 기업의 본국 회귀가 필요함을 상기시켰다.

비록 정부가 필수품의 심각한 부족을 피하고 낮은 국내 가격을 유지하기 위해 수출제한 조치를 도입할 수 있지만, 전염병의 대유행 앞에서 수출제한 조치가 좋은 대응방법이 되지 못했다. 첫째 문제는 수출제한 조치가 "근린 궁핍화 정책beggar-thy-neighbour policies"이 될 수 있으며, 교역 상대국에 부정적 영향을 줄 수 있기 때문이다. 수출제한 조치는 필수 의약품, 보호장비 등의 공급을 줄임으로써 세계가격을 상승시켰다. 이로 인해 수입국들, 특히 제한된 생산능력을 가진 가난한 나라들이 피해를 보았다.

글로벌 위기로 인한 수출제한 조치는 수입국에 악영향을 미친다. 일부 의약품의 수출이 소수의 국가에 집중되어 있기 때문에, 이들 상품의 수출제한 조치는 해당 상품을 생산하지 않는 국가의 국민들로 하여금 필수 의약품과 의료장비의 도움을 받을 수 없게 했다.

보다 장기적으로 수출제한은 다른 나라들로 하여금 국내생산을 장려하는 조치를 취하도록 유도함으로써 비교우위의 변화를 초래할 것으로 보인다. 또한 수출제한으로 교역 상대국들의 맞대응 보복이 발생하고 무역전쟁이 촉발될 수 있다. 무역 파트너로부터의 투입물 공급에 보복을 받는 의료장비 수출업체들은 자체 생산사슬에 차질이 생길 수 있다. 위기가 세계적일 때 이러한 도미노 효과는 수출제한이 세계가격에 미치는 영향을 확대할 수 있다. 물가가 급등해 수출국이 처음 도입한 동기 자체를 훼손할 수 있다. 수출제한은 다른 시장에서도 제한을 유발할 수 있다. 예를 들어, COVID-19 위기 동안 식량부족을 우려한 일부 국가는 농산물 수출제한 조치를 취했다.

수출제한 조치의 사용에 국제적 조율이 필요하다는 것이 이번 COVID-19 유행에서 분명히 나타났다. 수출제한 조치가 급증하자 G20 통상장관, 국제기구, WTO 일부 공동정부 이니셔티브는 필수품에 대한 수출제한을 조속히 철폐하는 등 필수품의 교역을 지속해 줄 것을 호소했다.

2020년 5월 14일 G20 성명에서 통상장관들은 COVID-19에 대한 대응으로 세계무역과 투자를 지원하기 위한 여러 조치를 제시했다. 이러한 조치 중 일부는 수출제한을 대상으로 했다. IMF와 WTO 정상들은 공동성명에서 각국 정부에 의료품과 식품에 대한 무역 규제를 해제할 것을 촉구했으며 무역금융의 공급감소에 대한 우려를 표명했다. 세계보건기구WHO, UN 식량농업기구FAO, 세계관세기구WCO는 다른 국제기구와의 여러 이니셔티브에서 정책조치가 의료용품과 식품의 흐름에 미치는 영향을 최소화하기 위해 협력할 것을 약속했다. 국제사회는 앞으로 세계가 미래의 위기에 대비할 수 있도록 정책과 국제규칙이 어떻게 설계되어야 하는지 논의할 필요성을 확인했다.

CHAPTER 18.

한국과 중국의 글로벌 가치사슬

글로벌 가치사슬 측면에서 한국과 중국의 경제 관계를 살펴보는 것은 매우 흥미롭다. 글로벌 가치사슬이란 용어가 사용되지 않았던 시기에도 한국은 외국으로부터 원자재, 중간재를 수입 가공하여 수출하는 소위, 가공무역improvement trade을 통해서 성공적으로 경제성장을 달성하였다. 중국도 개혁개방 이후 가공무역의 대열에 합류하면서 한국과의 호혜적인 경제 관계를 구축하고 이를 통해 공동 성장의 기회를 이용할 수 있었다. 결국 한국과 중국, 그리고 최종재의 최종 수요처가 되는 미국, 중국에 많은 중간재를 공급하는 일본이나 독일과 같은 나라가 글로벌 가치사슬에서 중요한 위치를 차지하게 되었다. 따라서 글로벌 가치사슬 측면에서 한국과 중국의 경제 관계를 살펴보는 것은 글로벌 가치사슬 연구에서 매우 중요한 의미를 가질 수 있다.[1)]

1. 한중 교역관계의 변화

1992년 8월 24일 한국과 중국이 「대한민국과 중화인민공화국간의 외교관계수립에 관한 공동성명」을 발표한 이후 여러 분야에서 한중교류는 비약적으로 증가했다. 특히 교역규모는 1992년 64억 달러에서 2021년 3,015억 달러로 47배 가까이 증가했다. 이 중 수출은 27억 달러에서 1,629억 달러로 61배, 수입은 37억 달러에서 1,386억 달러로 37배 증가했다. 교역규모가 이렇게 증가하면서 한국의 수출입에서 중국 의존도가 크게 증가했다. 1992년 당시 한국은 중국에 전체 수출의 3.5%, 전체 수입의 4.6%를 의존하였지만 2020년에는 수출의 25.8%, 수입의 21.2%를 중국에 의존하게 되었다.

1) 니어재단 편저 (2021), 『극중지계 2: 경제편』, 김영사의 기초 원고인 필자의 "미래지향적 한중 무역구조의 발전을 위한 과제" 참조.

최근 한중 관계에 커다란 변화가 일어나고 있다. 전통적으로 한국은 미국과 군사, 안보, 경제에서 아주 긴밀한 동맹관계를 유지하여 왔다. 따라서 한중 관계는 미중 관계에 큰 영향을 받는다. 미국과 중국 간의 갈등이 고조됨에 따라 한반도의 지정학적 요인들이 한중 관계의 근본을 변화시킬 가능성이 있다.

근래 한중 무역관계에 큰 영향을 가져온 계기는 세 가지 사건에서 찾을 수 있다. 첫째, 2016년 고고도미사일방어체계(사드THAAD) 배치를 둘러싼 한중간 외교·군사·통상 갈등이다. 둘째, 2018년부터 본격화되고 있는 미중 무역전쟁이다. 셋째, 2020년 1월부터 전 세계로 확산되고 있는 COVID-19의 세계적 대유행pandemic이다.

(1) 한국 사드배치와 한중교역

2016년 북한의 핵과 미사일 위협에 대한 자위권적 조치로 시작된 한국의 사드 배치는 중국의 일방적 보복조치를 불러 왔다.[2] 롯데그룹의 성주 골프장이 어쩔 수 없이 사드부지로 정부에 수용된 이후 중국 내 롯데마트 매장 절반 이상이 영업정지 처분을 받았고 이로 인해 나중에 모두 철수하게 되었다. 롯데홈쇼핑, 현대홈쇼핑, CJ오쇼핑, LG생활건강, 삼성물산 패션부문, 이랜드 그룹 등도 중국내 생산시설 또는 판매시설 등을 포기했다.

또한 중국내 한국 상품 불매운동에 따른 현대-기아자동차의 자동차 판매나 한국산 소비재의 판매가 급감했다. 삼성전자의 스마트 폰은 중국내 점유율 1위에서 존재감이 사라졌고, LG전자는 오프라인 판매를 중단했다. 아울러 중국 소비자들의 인기가 많았던 화장품, 주방용품, 식품 등 다수의 한국산 상품에 대해 포장 형태, 부착된 설명서, 중금속 또는 대장균 검출 등을 트집 잡아 한국 상품의 수입을 의도적으로 막은 바도 있다.

당시 한국을 찾은 외국인 관광객 1,700만 명중 중국인 관광객의 수가 806만 명으로 47%를 차지하는 상황이었다. 그러나 사드 사태 발생 직후 중국 정부가 한국 항공사의 모객행위를 중단시킴으로써 중국 관광객의 수가 급감하였는데 COVID-19 대유행 직전까지도 회복되지 못했다.

---

2) 중국이 공식적으로 내세우는 "평화공존 5원칙"은, ① 주권과 영토의 상호존중, ② 상호불가침, ③ 상호내정 불간섭, ④ 평등호혜, ⑤ 평화공존이다. 1953년 인도와 티베트 지역의 통상과 교통문제를 협의하면서 제기한 원칙임. 한국의 사드 배치에 대한 중국의 보복조치는 중국의 이런 원칙에 어긋난다고 볼 수 있음.

심지어 한국 드라마의 방송금지, 연예인 활동금지 등이 이어지기도 했다. 오스카상을 거머쥔 한국영화, 기생충은 중국에서 빈부격차를 조장한다는 이유로 상영조차 되지 못했다. 말 그대로 '한한령限韓令'이란 비민주적, 초법적, 감정적 조치였다.3)

이런 과정을 통해 노골화된 중국인들의 민족주의적 정서는 더욱 비이성적이 되어가고 있다. 최근 방탄소년단BTS이 한미 관계 발전에 기여한 공로로 '밴 플리트 상'을 수상했다. 수상식 소감에서 방탄소년단은 "올해는 한국전쟁 70주년으로 우리는 양국(한미)이 함께 겪었던 고난의 역사와 많은 남성과 여성의 희생을 영원히 기억해야 한다"고 말했다. 즉시 중국 네티즌들로부터 엄청난 공격을 받았다. 심지어 한국의 세계적 아이돌 그룹, 블랙핑크Blackpink가 삼성에버랜드에서 태어난 판다를 맨손으로 만진 것을 비난하기도 했다.

중국의 소비재 수입품 시장의 비중이 낮은 상황 속에서도 한국은 주로 자본재를 포함한 중간재들을 수출하고 있다. 이들 품목들은 중국기업들의 생산 활동에 꼭 필요한 것들이어서 중국의 보복조치는 전혀 없었다. 한국을 향한 '안미경중安美經中: 안보는 미국에, 경제는 중국에 의존한다'이라는 말이 무색할 정도로 중국이 한국에 핵심 중간재를 크게 의존하고 있다는 것을 보여준 것이었다.

(2) 미중 패권전쟁과 글로벌 가치사슬

미중 패권전쟁의 과정에서 한중 무역구조에도 변화가 나타나고 있다. 미중 무역전쟁으로 인한 중국의 대미수출 감소, 또 이로 인한 성장의 둔화는 한중간 교역을 둔화시키고, 더 나아가 글로벌 가치사슬의 재편 가능성을 증대시키고 있다.

그동안 글로벌 가치사슬에 있어서 한국과 중국 간의 관계는 매우 밀접하였지만 이런 관계에서 변화 조짐이 나타나고 있다. 첫째는 중국경제가 지속적으로 성장하면서 한국 등으로부터 수입된 중간재의 역할이 감소하기 시작했다. 이는 2007년 이후 두드러지게 나타나고 있다. 중국이 해외에 의존하던 중간재 생산을 국산화함으로써 글로벌 교역량 감소의 주된 원인이 되고 있다. 이런 추세라면 한국의 중국에 대한 중간재의 수출도 감소할 수밖에 없다.

이런 와중에 미중 패권 경쟁과 COVID-19의 세계적 대유행은 전 세계 공급기

3) 2017년 3월 6-7일, 시진핑(习近平) 주석이 트럼프 대통령과의 "마라라고(Mar-a-Lago) 회담"에서 "한국은 사실상 중국의 일부였다"라 한 것으로 알려져(트럼프의 WSJ과의 인터뷰, 2017.3.12) 중국 지도부의 한국에 대한 인식이 반영된 것으로 볼 수 있음.

지로서의 중국의 역할을 크게 변화시키고 있다. 지금까지 중국은 미국을 비롯한 서방 세계의 도움으로 고도성장에 성공하였지만, 자본주의 시장경제와 민주주의의 가치를 공유하지 못하고, 지적 재산권의 무시, 해외투자 기업의 재산권 침해, 기술탈취, 국제법의 무시, 부채함정 외교를 통한 인접국에 대한 횡포 등으로 국제사회의 공적이 된 바 있다.

아울러 COVID-19의 대유행 과정에서 중국의 관련 정보의 미공개, 책임회피와 더불어 세계 상품공급 기지로서 이런 불투명한 국가에 지나치게 의존하는 것이 매우 위험하다는 것을 사실을 국제사회에 알리게 되었다. 따라서 미국, 일본 등 선진국들은 자국 내에서 필요 불가결한 상품 생산의 필요성을 절감하게 되었으며, 해외에 의존하더라도 중국이 아닌 인도, 베트남 등 아세안 국가나, 그동안 글로벌 가치사슬에서 중요한 역할을 하였던 한국, 독일, 일본 등 미국과 동맹관계에 있는 국가들 중심의 글로벌 가치사슬을 새로 구축할 필요성을 느끼게 된 것이다.

이런 변화 조짐은 당장 한국에게 불리하게 작용할 수 있겠지만 이미 하향세에 접어들고 있는 중국과의 글로벌 가치사슬을 탈피하여 한국에 더 유리한 새로운 글로벌 가치사슬을 구축할 수 있는 좋은 기회가 될 수도 있을 것이다.

(3) COVID-19 이후 글로벌 가치사슬 다극화

2020년 COVID-19의 세계적인 대유행으로 말미암아 중국과의 교역에서 많은 변화가 초래될 것으로 예상되었다. 당장은 관광산업 등 서비스업의 위축으로 시작되었지만 전반적인 세계경제 위축과 미중 무역분쟁에 따라 중국의 산업생산이 하락한다면 한국의 중간재, 자본재 수출 역시 크게 하락할 것으로 예상되었기 때문이었다. COVID-19의 대유행은 글로벌 교역 감소의 추세 가운데 일어난 커다란 충격이지만 교역 감소에 대한 중장기적 효과는 상당할 것이다. 국제기구의 예측에 의하면 상품교역보다는 서비스 교역에서 보다 큰 감소 효과가 있을 것이다.

COVID-19 발생 시점인 2020년 1월 전후의 한국과 중국의 월별 교역량을 살펴보면 상품수출입에서는 일단 큰 충격이 발생하지 않았다. 매년 반복되는 1월의 교역량 감소 시점에서 COVID-19가 발생하여 시기적으로 겹치는 측면이 있었고, 그 이후의 수출입 추세나 상품수지의 추세에서도 큰 변화를 찾아보기 힘들다. 따라서 사람의 국제 간 이동과 관련된 서비스 부문의 교역 감소보다 상품교역의 변화는 장기적으로 나타날 개연성이 있다. 실제 여러 요인들에 기인했을 수 있지만 2022년 일부 월에는 대중국 적자를 보이고 있기도 하다.

여기에서는 이상에서 개괄적으로 언급하고 있는 사드 문제, 미중 무역분쟁, COVID-19의 대유행 때문에 2000년대 중반부터 시작된 글로벌 무역의 감소 추세 속에서 크게 변화하고 있는 한중 무역구조의 변화와 한국의 나아갈 방향을 찾는 데 목적이 있다.

〈그림 18-1〉 COVID-19 발생전후 한국의 대중국 월별 수출입 현황(2017년 1월~2022년 7월)

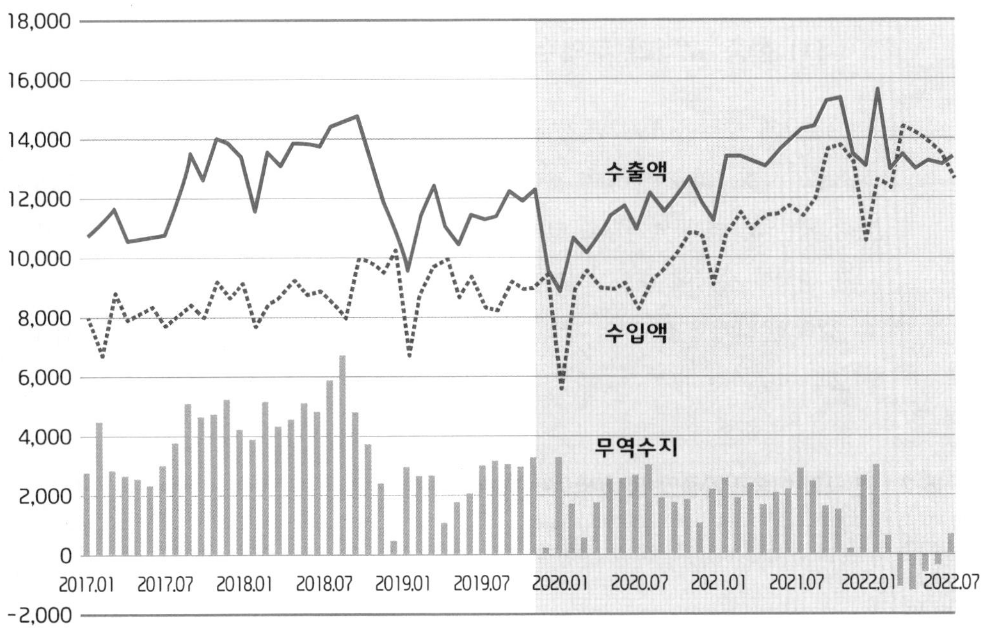

자료: 관세청, 수출입 무역통계.

한중 교역 관계에서 한국경제의 지속발전을 위한 방법은 현재 경쟁력을 가진 산업 내에서 고부가가치화를 달성하고, 산업구조를 획기적으로 바꾸어 일본과 독일 등 선진 제조업 강국이 강점을 가진 산업분야로 재도약을 해야 하는 것이다. 아울러 이를 통해 인접한 중국의 소비재 시장을 보다 적극적으로 활용하는 것이다. 하지만 보다 중요한 것은 미중 패권전쟁과 COVID-19 이후 글로벌 가치사슬의 재편 움직임을 적극적으로 활용하는 것이다. 중국을 대체하여 한국을 글로벌 가치사슬의 상품공급 중심국가로 만드는 것도 가능하다. 아울러 미국의 경제번영 네트워크에 적극 참가하여 미국과 협력하는 국가들 만의 글로벌 공급망 구축 움직임에 적극적으로 동참하는 것이다.

2. 한중 무역구조의 변화

한국과 중국은 지리적으로 인접해있고 또한 경제 규모가 큰 나라이다. 그런 만큼 양국 간의 무역은 활발하였고, 특히 글로벌 가치사슬을 통해 세계 어느 무역 파트너들보다도 교역을 통한 상호이익을 누릴 수 있었다. 먼저 한중간 무역구조를 통관기준 수출입 측면에 살펴봄과 동시에, 양국 간 부가가치 무역, 산업생산에서의 글로벌 가치사슬 현황을 통해 한중 무역구조의 본질을 파악해 보자.

(1) 한중 교역과 무역수지

한국과 중국은 1992년 수교 이후 본격적 교류를 시작했다. 1992년 중국이 공식적으로 "사회주의 시장경제 체제"를 선언한 이후 서방 자유 진영과의 무역거래뿐만 아니라 한국과의 무역거래도 크게 증가했다. 아래 [그림 18-2]에 의하면 1992~2021년간 한국의 중국에 대한 수출은 27억 달러에서 1,629억 달러로 연평균 14.2%, 수입은 37억 달러에서 1,386억 달러로 연평균 12.5% 증가했는데, 배율로는 각각 61.4배, 37.2배나 증가했다.

〈 그림 18-2 〉 한국의 대중국 수출입 및 무역수지 추이(1990~2021년)

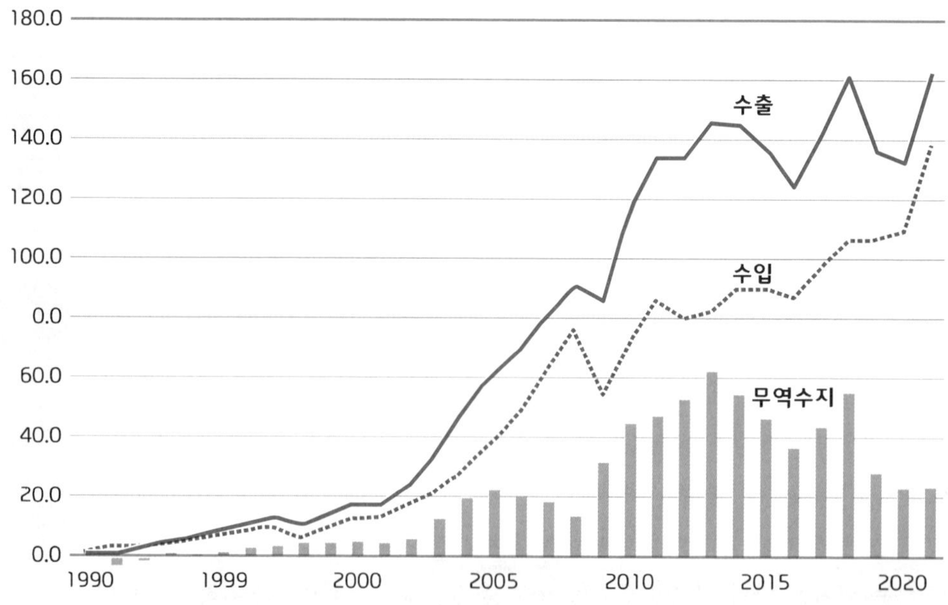

자료: 관세청, 수출입 무역통계.

(2) 한국의 무역수지

중국과의 교역이 이렇게 급증하면서 한국의 대중국 무역(상품)수지 흑자도 크게 증가했다. 다음 [그림 18-3]에서 보듯이 1992~2021년간 누적 무역수지 흑자액은 7,064억 달러로서 한국의 전체 무역수지 흑자 누적액 8,221억 달러의 85.9%에 이른다. 만약 홍콩에 대한 무역수지 흑자까지 합산한다면 1조 2,719억 달러로서 전체 누적 무역수지 흑자액의 1.5배에 해당한다.

1992~2021년간 연도별로 보면, 1998~1999년, 2015~2017년을 제외하고 한국의 전체 무역수지 흑자액은 중국과 홍콩에서 달성한 무역수지 흑자액보다 적다. 그만큼 한중 교역이 한국의 경제성장에 큰 역할을 하였음을 보여준다. 하지만 이런 무역흑자의 상당 부분은 대일 무역적자, 5,949억 달러를 보전하는 데 사용되었다. 따라서 한중 교역구조는 한중일 3국간 글로벌 가치사슬 구도에서 파악하는 것이 필요하다.

〈그림 18-3〉 한국의 주요국과의 무역수지 추이(1990~2021년)

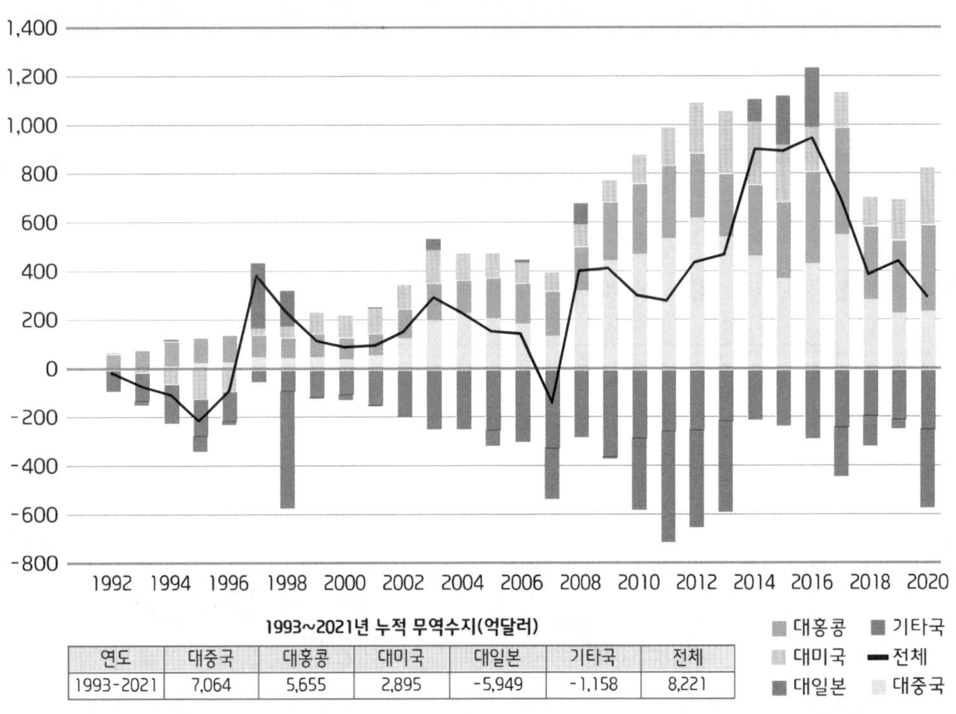

1993~2021년 누적 무역수지(억달러)

연도	대중국	대홍콩	대미국	대일본	기타국	전체
1993-2021	7,064	5,655	2,895	-5,949	-1,158	8,221

자료: UN Comtrade.

(3) 한국의 대중국 수출의존도

한국의 대중국 수출이 크게 증가하면서 한국의 전체 수출에서 대중국 수출이 차지하는 비중 역시 크게 증가했다. 다음 [그림 18-4]에서 보듯이 1990년 한국은 전체 수출의 절반을 미국(29.9%)과 일본(19.4%)에 수출했다. 하지만 2021년 기준 한국의 중국에 대한 수출 의존도는 25.3%로 크게 증가한 반면 미국과 일본에 대한 수출비중은 각각 14.9%, 4.7%로 크게 하락했다.

한국의 수출이 이처럼 중국에 크게 의존하고 있다는 것은 수출 다변화를 하지 못했다는 측면에서 한국 무역구조의 취약성으로 이해되기도 한다. 하지만 이런 무역구조는 오히려 중국이 필요로 하는 중간재를 한국이 공급한다는 것을 의미로 해석할 수 있다. 중국 입장에서는 한국산을 수입하지 않고서는 글로벌 공급망의 안정성을 확보할 수 없기 때문이다.

만약 한국의 대중국 전략물자의 수출에 제동이 걸린다면 한국 수출기업도 피해를 보겠지만 중국의 많은 공장도 멈추게 될 것이다. 따라서 한국이 안보는 미국에, 경제는 중국에 의존(안미경중安美經中)이 아니라 오히려 중국이 안보는 몰라도 경제는 한국에 의존하고 있다고 볼 수 있다.

한국뿐만 아니라 많은 나라들이 중국시장에 크게 의존하고 있다. 다음 [그림 18-5]에서 보듯이 몽고, 콩고, 호주, 칠레 미얀마, 페루, 브라질 등 많은 나라들은 주

〈 그림 18-4 〉 한국의 미국, 일본, 중국에 대한 수출비중 추이(1990~2020년)

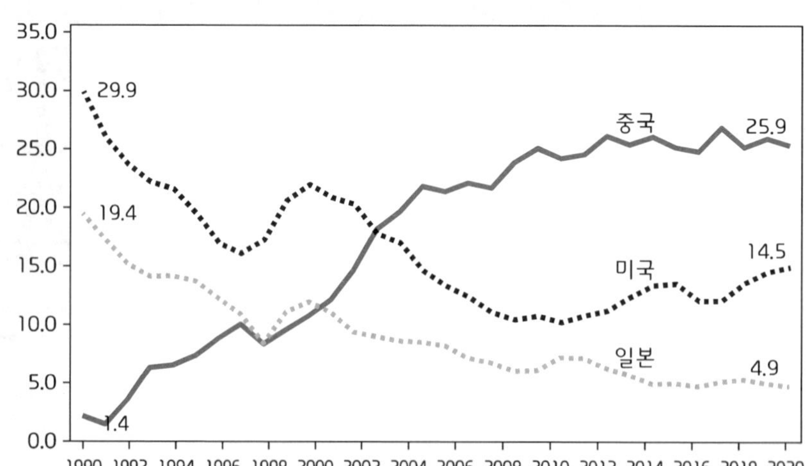

자료: 관세청, 수출입 무역통계.

로 광물, 원유 등 기초 원자재를 수출한다. 일본도 전체 수출의 22.2%를 중국에 수출하고 있다. 일본의 주요 수출품 역시 중국의 필요에 의해 수입한다. 중국과의 불화로 중국의 경제보복을 당했던 호주는 전체 수출의 무려 40.8%를 중국에 의존한다. 이런 상황을 이해한다면 한국의 중국시장에 대한 높은 수출 의존성은 오히려 한국의 중간재(원자재와 자본재) 생산에서의 경쟁력 우위를 보여주는 것이라고 할 수 있다.

〈 그림 18-5 〉 주요국의 대중국 수출의존도(2020년, 상위 25개국)

국가	값
몽고	72.5
콩고	63.8
앙골라	62.4
홍콩	55.2
콩고민주	41.0
호주	40.8
칠레	38.7
나미비아	34.1
모리셔스	33.9
브라질	32.4
미얀마	31.8
라오스	28.8
페루	28.3
뉴질랜드	27.8
한국	25.9
일본	22.0
우르과이	20.3
인도네시아	19.5
카자흐스탄	19.2
잠비아	18.7

자료: UN Comtrade.

(4) 중국의 주요 교역국

중국의 대외 교역에 있어서 한국시장 역시 매우 중요하다. 중국의 주요 수출 대상국은 미국, 홍콩, 일본, 한국의 순서이다. 중국의 주요 수입국은 한국, 일본, 미국, 호주의 순이다. 중국이 미국에 많은 수출을 하는 것은 미국이 소비재 시장으로서의 큰 역할을 하기 때문이다. 글로벌 가치사슬에서 미국 시장은 중국이 생산한 최종재의 소비시장으로 최종점final destination에 있는 것이다.

중국의 주요 수입국이 한국, 일본, 미국, 호주라는 것은 중간재 조달 시장으로서의 역할 때문이다. 중국의 4위의 수출국으로서 한국의 위상은 1999년 이후 크게 변하지 않고 있다. 중국의 1위 수입국은 한국인데 2013년 이후 같은 지위를 유지하고 있다. 그 이전에는 일본이 중국의 제1위 수입국이었다. 중국이 필요한 한국산 중간재를 많이 수입해 가서 세계의 공장으로서의 역할을 하는 것을 보여주는 것이다.

중국의 교역에 있어서 한국의 역할은 중국의 주요 무역 흑자국과 무역 적자국을 통해서도 알 수 있다. 다음 [표 18-2]에서 보듯이 중국이 많은 적자를 보고 있는 나라는 호주, 한국, 브라질, 일본, 스위스, 사우디이다. 주로 원자재 조달 때문에 적자를

〈 표 18-1 〉 중국의 10대 수출국, 수입국(2021년)

10대 수출국	수출액 (10억$)	비중	10대 수입국	수입액 (10억$)	비중
미국	577.1	17.2	한국	213.4	8.0
홍콩	349.4	10.4	일본	205.5	7.7
일본	165.8	4.9	미국	181.0	6.7
한국	148.8	4.4	호주	163.7	6.1
베트남	137.9	4.1	독일	119.9	4.5
독일	115.2	3.4	브라질	109.9	4.1
네덜란드	102.4	3.0	말레이시아	98.2	3.7
인도	97.5	2.9	베트남	92.3	3.4
영국	87.0	2.6	러시아	79.0	2.9
말레이시아	78.7	2.3	인도네시아	63.9	2.4
총 수출	3,362.3	100.0	총 수입	2684.4	100.0

자료: UN, Comtrade.

〈 표 18-2 〉 중국의 10대 무역 적자국과 흑자국(2021년)

10대흑자국	흑자규모(10억$)	10대 적자국	적자규모(10억$)
미국	396.2	호주	97.3
홍콩	339.7	한국	64.6
네덜란드	88.4	브라질	56.3
인도	69.4	일본	39.7
영국	61.4	스위스	31.8
멕시코	48.3	사우디	26.6
베트남	45.6	오만	25.0
필리핀	32.5	말레이시아	19.5
폴란드	31.0	앙골라	18.4
터키	24.1	이라크	16.0

자료: UN Comtrade.

보고 있는 나라들이다. 반면 중국이 많은 흑자를 보고 있는 나라는 미국, 홍콩, 네덜란드 등인데 소비재 시장으로서의 역할을 하는 나라들이다.

(5) 한중간 중간재 교역

한중 교역의 본질은 글로벌 가치사슬 측면에서 살펴보는 것이 정확하다. 한국은 중국에 많은 원자재와 자본재를 수출한다. 일본, 중국 등 다른 나라의 원자재와 자본재를 이용하여 한국에서 부가가치가 추가된 중간재들이다. 다음 [그림 18−6]을 보면 2021년 기준 한국의 대중국 수출에서 자본재와 원자재가 차지하는 비중은 각각 61.4%, 32.9%, 합계 94.3%이다. 소비재는 불과 5.7%밖에 되지 않는다.

반면 한국 역시 다른 소비재나 중간재를 생산하기 위해 중국산 중간재를 많이 사용하고 있다. 다음 [그림 18−7]은 한국의 대중국 수입에서는 자본재가 56.1%, 원자재가 27.0%를 차지한다는 것을 보여준다. 두 나라 모두 글로벌 가치사슬로 밀접하게 연관되어 있다는 것을 의미한다. 점차 한국이 중국의 자본재에 의존하는 정도가 커지는 것을 관찰할 수 있다.

한국과 중국은 이처럼 밀접한 글로벌 가치사슬으로 연결되어 세계 여러 나라의 값싼 양질의 중간재를 이용하여 새로운 중간재 또는 최종재를 생산한다. 따라서 세관을 통해 집계되는 수출, 수입은 자국에서 부가된 부가가치뿐만 아니라 외국에서 수입된 중

〈 그림 18-6 〉 한국의 대중국 소비재, 원자재 및 자본재 수출비중(2002~2021년)

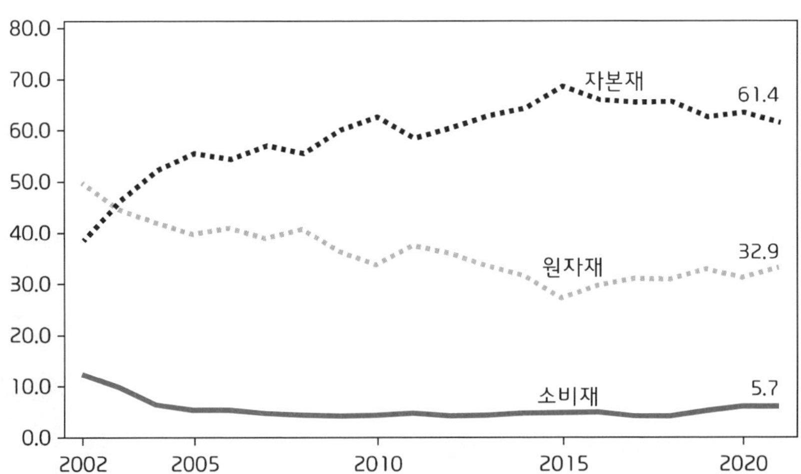

자료: 관세청, 수출입무역통계, 신성질별수출입실적.

간재의 부가가치를 포함하게 된다. 당연히 2중, 3중으로 중복계산되는 문제가 있다.[4] 따라서 이런 글로벌 가치사슬의 특성을 고려해야 한국과 중국 무역구조의 본질을 제대로 볼 수가 있다.

〈그림 18-7〉 한국의 대중국 소비재, 원자재, 자본재 수입비중(2002~2021년)

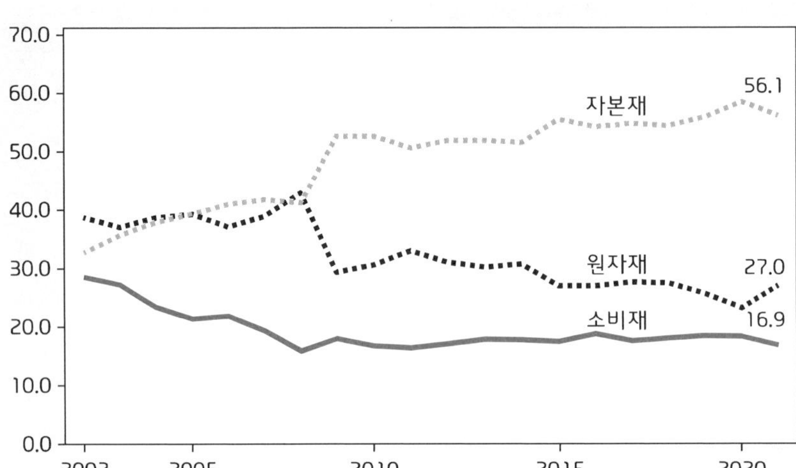

자료: 관세청, 수출입무역통계, 신성질별수출입실적.

(6) 한국의 대중국 부가가치 무역수지

한국과 중국 간의 교역에서 통관기준 수출입과 그 차이인 상품(무역)수지는 양국에서 순수하게 창출한 부가가치를 정확하게 반영하지 못한다. 가령 한국이 일본과 중국에서 30, 20의 중간재를 수입하여 새로운 부가가치 50을 추가한 후 중국에 100을 수출했다고 하자. 한국의 대중국 수출은 100, 수입은 20이므로 한국은 중국에 대해 80의 무역흑자를 달성한 것으로 집계된다. 하지만 이 중 30은 한국이 일본상품을 대신 수출해준 것이다.

전술한 바와 같이 글로벌 가치사슬로 복잡하게 얽혀있는 여러 나라의 이런 교역관계를 각국이 순수하게 생산한 부가가치만의 거래로 집계해 보려는 노력이 여러 국제기관에서 시도되었다. 여러 국가, 여러 산업으로 구성된 투입−산출구조를 반영한 국제 산업연관표international input-output table를 작성하여 국별 부가가치 수출입을 측정하려

4) Koopman, R., Z. Wang, and S. Wei (2014), "Tracing Value-Added and Double Counting in Gross Exports," *American Economic Review* 104(2), pp.259-294.

는 시도였다.

아래 [그림 18-8]은 비교적 최근까지의 국제 산업연관표를 작성하고 있는 아시아 개발은행ADB의 MRIO데이터를 이용하여 추정한 2007~2021년간 한국과 중국의 통관기준, 부가가치 기준 수출입과 그 차이인 무역수지를 보여준다. 한국의 대중국 부가가치 상품 서비스 수지 흑자의 전반적 추세는 통관기준 또는 경상수지의 추세와 비슷하지만 그 규모는 절반 수준이다. 2020년 부가가치 무역수지흑자는 통관기준 무역수지 흑자의 56.2%, 2021년에는 40.7% 수준에 불과하다.

《 그림 18-8 》 한국의 대중국 무역수지 추이(2007~2021년)

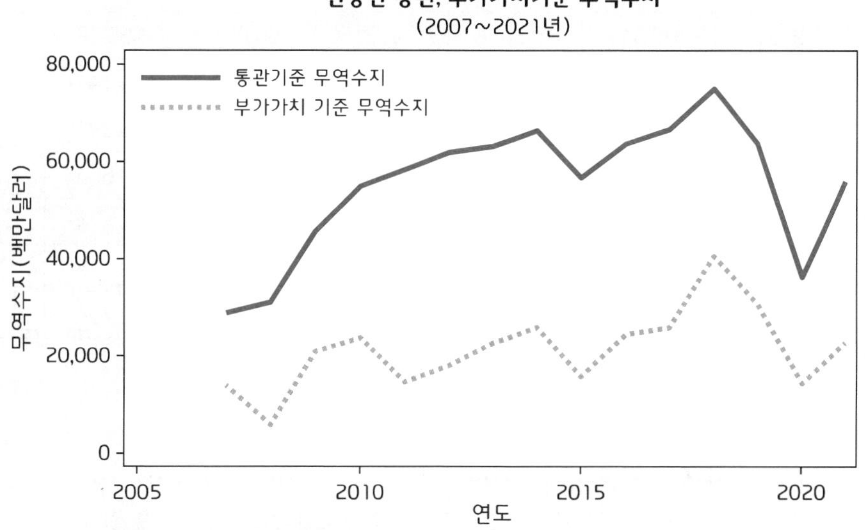

자료: ADB의 MRIO자료(2007~2021년)를 이용하여 계산.

다른 국제 산업연관표 자료, 가령 WIOD의 자료를 이용하여 추정한 한중간 부가가치 무역수지는 이보다 더 낮아지고, 특히 한국의 외환위기 당시에는 중국산 생활용품의 수입이 급증함으로써 한국이 오히려 무역적자를 본 것으로 계산된 바 있었다.[5] 그만큼 한국의 대중국 수출에는 한국이 다른 나라로부터 수입한 원자재가 많이 포함되어 있다는 것을 의미한다. 한국의 중국에 대해 일방적으로 많은 무역수지 흑자를 달성하고 있다는 것은 부가가치 무역으로 볼 때 다소 과장된 것이다.

5) 박승록 (2014), 『부가가치 기준 통계를 활용한 통상정책 추진방안』, 산업통상자원부.

《 표 18-3 》 한중간 총수출입, 부가가치 수출입 및 무역수지(2007~2021년, 단위: 백만$, %)

연도	총수출	부가가치 수출	총수입	부가가치 수입	통관기준 무역수지(A)	부가가치 무역수지(B)	비율 (B/A)
2007	83,154	56,013	54,300	42,026	28,853	13,987	48.5
2008	102,202	61,232	71,134	55,378	31,068	5,854	18.8
2009	96,507	62,084	50,917	41,202	45,589	20,882	45.8
2010	122,584	77,049	67,709	53,307	54,875	23,742	43.3
2011	153,192	89,115	94,857	74,430	58,335	14,685	25.2
2012	153,881	91,582	92,056	73,629	61,825	17,953	29.0
2013	163,019	102,049	99,542	79,546	63,477	22,504	35.5
2014	168,395	109,545	102,069	83,685	66,326	25,860	39.0
2015	156,277	99,543	99,416	83,815	56,861	15,728	27.7
2016	154,968	101,971	91,631	77,827	63,337	24,144	38.1
2017	168,798	112,667	102,432	86,286	66,366	26,381	39.8
2018	169,795	120,549	105,779	86,885	64,016	33,664	52.6
2019	198,203	141,203	121,373	100,829	76,829	40,374	52.6
2020	180,506	132,788	112,118	94,352	68,388	38,436	56.2
2021	211,741	148,910	155,802	126,116	55,939	22,794	40.7

[예제 18-1] **한중 무역수지, 부가가치 무역수지**

```
* ***************************************************************************
* [예제 18-1] 한중 무역수지, 부가가치 무역수지(ADB 2007-2021년 활용) ***
* ***************************************************************************

cd "J:\Economics of GVC\Korea China"

forvalues year=2007(1)2021 {
icio_load, iciotable(user, userpath("J:\Economics of GVC\data\") tablename("adb`year'.csv")
countrylistname("adb_countrylist.csv") )

     icio, exporter(kor) importer(prc)
     mata st_matrix("gexp", st_matrix("r(detailed)")[1,1])
     mat gexport = nullmat(gexport) \ gexp

     mata st_matrix("vexp", st_matrix("r(detailed)")[3,1])
     mat vexport = nullmat(vexport) \ vexp
```

```
    icio, exporter(prc) importer(kor)
      mata st_matrix("gimp", st_matrix("r(detailed)")[1,1])
    mat gimport = nullmat(gimport) ₩ gimp

    mata st_matrix("vimp", st_matrix("r(detailed)")[3,1])
    mat vimport = nullmat(vimport) ₩ vimp
                              }

* 총수출입, 부가가치 수출입 합치기
matrix korea_china = gexport, vexport, gimport, vimport

local type "gross_export value_export gross_import value_import"
matrix colnames korea_china = `type'

matlist korea_china

* 행렬을 변수로 변환
clear
svmat korea_china, names(col)

generate gross_balance=gross_export-gross_import
generate value_balance=value_export-value_import
generate rario=value_balance/gross_balance*100
generate year=_n+2006
order year

* 계산결과 출력, 보관
list year gross_export value_export gross_import value_import gross_balance value_balance
rario
save Korea_China_Trade_ADB, replace
export excel using Korea_China_Trade_ADB, sheet("data", replace) firstrow(variable)
matrix drop _all

* 그래프 그리기
set scheme s1mono
tsset year
tsline gross_balance value_balance,                              ///
    title("한중간 통관, 부가가치기준 무역수지")                      ///
    subtitle("(2007~2021년)")                                    ///
    xtitle("연도") ytitle("무역수지(백만달러)")                      ///
    legend(label(1 "통관기준무역수지") label(2 "부가가치기준무역수지") ///
    cols(1) position(11) ring(0))                                ///
    note("자료: ADB MRIO 국제 산업연관표 2007-2021년")
```

(7) 한국의 중국 산업에 대한 기여

한국에서 중국의 중간재가, 반대로 중국에서 한국의 중간재가 사용되는 정도를 몇 개 주요 산업에 대해 살펴보면 매우 흥미로운 사실이 발견된다. 다음 [그림 18-9]는 주요 산업별로 한국의 중간재가 중국의 각 산업에 기여한 정도를 나타낸 것이다.

2000년 초반부터 한국산 중간재의 중국 제조업 생산에서의 역할이 크게 증가하면서 한국과 중국의 글로벌 가치사슬는 크게 확대되었었다. 하지만 이런 가치사슬은 2000년 중반부터 서서히 감소하고 있다. 중국이 점차 한국 등 외국에 의존하던 원자재나 자본재의 자급률이 높이고, 또 많은 기업들이 이런 중국 내수시장을 활용하기 위해 현지 공장을 세우는 등 해외직접투자FDI가 크게 증가했기 때문이다.

중국은 한국, 일본 등 다른 나라에서 많은 중간재를 수입하여 최종재를 생산한 다음 많은 부분을 미국시장에 판매한다. 당연히 중국의 대미 수출액에는 한국과 일본에서 만들어진 중간재가 포함되어 있다. 미중관계가 악화될 때 중국에 많은 중간재를 수출하는 한국에 큰 충격이 있을 것으로 예상되는 이유이다.

〈그림 18-9〉 중국 주요산업에서 한국 중간재의 기여도 추이(2007~2019년)

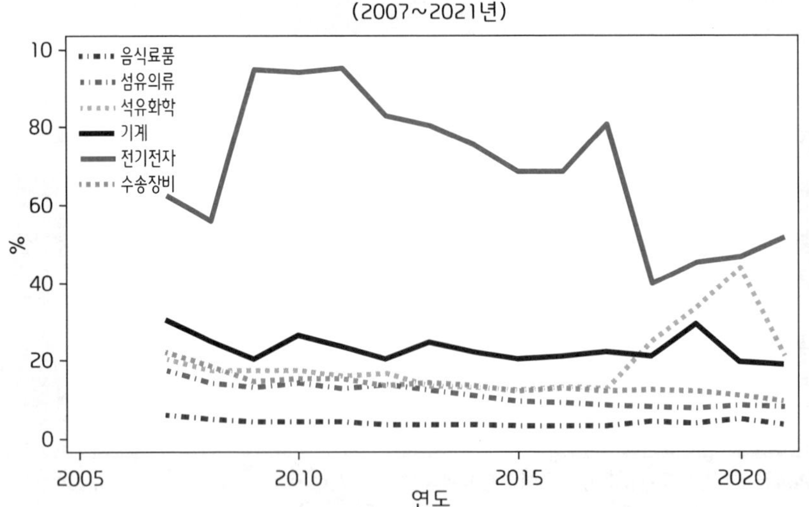

자료: ADB MRIO 국제 산업연관표 2007~2021년.

〈 표 18-4 〉 한국의 중국 주요 산업에 대한 기여(단위: %)

연도	음식료품	섬유의류	석유화학	기계	전기전자	수송장비
2007	0.6	1.8	2.1	3.1	6.2	2.2
2008	0.5	1.4	1.7	2.5	5.6	1.9
2009	0.4	1.3	1.8	2.0	9.5	1.5
2010	0.4	1.5	1.8	2.6	9.4	1.5
2011	0.4	1.3	1.6	2.4	9.5	1.5
2012	0.4	1.4	1.7	2.1	8.3	1.4
2013	0.4	1.3	1.4	2.5	8.1	1.4
2014	0.4	1.1	1.3	2.2	7.6	1.4
2015	0.3	1.0	1.3	2.1	6.9	1.2
2016	0.3	0.9	1.3	2.1	6.9	1.3
2017	0.3	0.9	1.3	2.2	8.1	1.2
2018	0.4	0.8	2.5	2.1	4.0	1.3
2019	0.4	0.8	3.4	3.0	4.5	1.2
2020	0.5	0.9	4.4	2.0	4.7	1.1
2021	0.4	0.8	2.1	1.9	5.2	1.0

[예제 18-2] **중국 주요 산업에서 한국 중간재의 기여도**

```
* ******************************************************
* [예제 18-2] 중국 주요산업에서 한국 중간재의 기여도 ***
* ******************************************************
cd "J:₩Economics of GVC₩Korea China"

forvalues year=2007(1)2021 {
icio_load, iciotable(user, userpath("J:₩Economics of GVC₩data₩") tablename("adb`year'.csv")
countrylistname("adb_countrylist.csv") )

* 중국 산업별 최종수요에서 한국의 부가가치

icio, origin(kor) destination(prc,all)
      matrix krvby=r(vby)'
      mata st_matrix("korea",  st_matrix("krvby")[1,.])
      matrix rownames korea  = `year'
      matrix korea_total     = nullmat(korea_total)₩  korea

* 중국의 산업별 최종수요
icio, destination(prc,all)
      matrix crvby=r(vby)'
```

```
        mata st_matrix("china",   st_matrix("r(vby)")'[1,.])
        matrix rownames china  = `year'
        matrix china_total          = nullmat(china_total)₩   china
                    }

* 행렬을 변수로 변환
xsvmat korea_total, names(col)   norestore
rename (c*) (kor*)
save korea, replace

xsvmat china_total, names(col)   norestore
rename (c*) (chn*)
save china, replace

merge 1:1 _n using korea
generate year=_n+2006

* 35개 산업부문에서 중국 최종수요에서 한국 부가가치 비중
forvalues sector=1(1)35 {
            generate ratio`sector'=kor`sector'/chn`sector'*100
                            }
keep ratio* year

* 최종 자료 저장
save Korea_China_GVC, replace
export excel using Korea_China_GVC, sheet("data", replace) firstrow(variable)

* 주요산업 그래프 그리기
tsset year

list ratio3 ratio4 ratio9 ratio13 ratio14 ratio15

tsline ratio3 ratio4 ratio9 ratio13 ratio14 ratio15,          ///
      title("중국 주요 제조업에서 한국 부가가치 기여")          ///
      subtitle("(2007~2021년)")                                 ///
      xtitle("연도")  ytitle("%")                               ///
      legend(label(1 "음식료품") label(2 "섬유의류")            ///
      label(3 "석유화학") label(4 "기계")                       ///
      label(5 "전기전자") label(6 "수송장비")                   ///
      cols(1) position(9) ring(0))                              ///
      note("자료: ADB MRIO 국제 산업연관표 2007-2021년")

* 불필요한 데이터세트 지우기
erase korea.dta
erase china.dta
```

(8) 중국의 대미수출에서 국별 부가가치 기여

다음 [그림 18－10]은 중국의 대미 수출액에서 한국과 일본이 기여한 정도를 보여주고 있다. 2000년대 중반 이후 점차 그 정도가 점차 감소하고 있는 것을 확인할 수 있다.[6] 분석대상 기간인 2000년대 중반 이후부터 하락추세에 있다. [그림 18－11]은 2020년 기준 중국의 대미수출에 기여한 여러 나라들의 부가가치가 중국 수출에서 차지하는 비중을 보여주고 있다. 미국 1.79%, 일본 1.39%, 한국 1.33%, 대만 0.97% 등으로 그 비중이 크게 높지 않다고 할 수 있다.[7] 하지만 대미 수출이 많은 중국의 수출에서 차지하는 비중이 높지 않은 것이지 해당국 수출에서 차지하는 비중은 이보다 높을 수 있다는 점을 감안해야 한다.

미중 무역분쟁이 악화된다면 한국의 대중국 수출 의존도가 높기 때문에 한국에 매우 큰 피해가 발생할 것이라는 것은 분명하다. 하지만 한국보다 중국에 대한 수출

〈 그림 18-10 〉 중국 대미수출에서 한국과 일본의 수출비중(2001~2019년)

자료: ADB MRIO 국제 산업연관표, 2007~2021년.

6) Borin, A., and Mancini, M. (2019), *Measuring What Matters in Global Value Chains and Value-Added Trade*, Policy Research Working Paper; No.8804, World Bank.

7) World Bank (2019), *World Development Report 2020, Trading for Development in the Age of Global Value Chains,* World Bank Group에 의하면 2015년 기준 일본 2.0%, 한국 1.8%, 미국 1.4%, 독일 1.2% 정도로 추정하고 있음.

의존도가 더 큰 나라도 있다는 점, 여러 국가들 간 복잡한 글로벌 가치사슬, 중국의 대미 수출에 포함된 한국의 부가가치 비중을 본다면 한국의 대중국 수출의존도가 25%내외로 크다는 사실만으로 최대의 피해를 입을 것으로는 판단되지 않는다.

실제 국가 간의 복잡한 부가가치 무역관계를 반영한 글로벌 벡터자기회귀Global Vector Autogression: GVAR모형을 이용하여 어떤 계기로 인해 중국의 경제 성장률이 크게 하락(하드랜딩)한다고 가정했을 때의 파급효과를 계산해 보면, 중국경제에서의 충격은 우선 사우디아라비아, 싱가폴, 인도네시아, 태국, 말레이시아, 호주 등 원자재 수출국과 ASEAN지역에 큰 영향을 미치고, 그 다음 유로, 미국, 일본경제에 비교적 큰 부정적 영향을 미치며, 그 다음 한국에 영향을 미치는 것으로 분석되고 있다.[8)]

〈 그림 18-11 〉 중국의 대미수출에 포함된 주요국의 부가가치 비중(2021년)

8) 박승록·최두열 (2015), "위안화 절하의 세계경제 파급효과 분석-GVAR접근법", 『동북아경제연구』, pp.59-102.

[예제 18-3] 중국의 대미수출에서 주요국의 부가가치 기여도

```
* ************************************************************
* [예제 18-3] 중국의 대미수출에 대한 한국, 일본, 독일의의 기여도 ***
* ************************************************************
cd "J:₩Economics of GVC₩Korea China"
clear
matrix drop _all

forvalues year=2007(1)2021 {
icio_load, iciotable(user, userpath("J:₩Economics of GVC₩data₩") tablename("adb`year'.csv")
countrylistname("adb_countrylist.csv") )

icio, origin(all) export(prc) import(usa) perspective(bilat) output(va)

mata st_matrix("value",          st_matrix("r(va)")[.,1])
mata st_matrix("value_ratio",    st_matrix("r(va)")[.,2])

matrix value_total              = nullmat(value_total ), value
matrix valueratio_total         = nullmat(valueratio_total), value_ratio
                            }

numlist "2007(1)2021"
local Year `r(numlist)'
matrix colnames value_total= `Year'
matrix colnames valueratio_total= `Year'

* 부가가치
clear
svmat value_total
merge 1:1 _n using countrynameADB
save value_total, replace
* export excel using value_total, sheet("data", replace) firstrow(variable)

* 부가가치 비율
clear
svmat valueratio_total
merge 1:1 _n using countrynameADB
save valueratio_total, replace
* export excel using valueratio_total, sheet("data", replace) firstrow(variable)

* 중국의 대미수출에서 한국, 일본, 독일의 부가가치가 차지하는 비율
use valueratio_total, clear
```

```
keep if CountryCode=="KOR" | CountryCode=="JPN" | CountryCode=="GER"
xpose, clear varname format(%5.1f)
drop if _n>15
drop _varname
generate year=_n+2006
rename(v1 v2 v3) (Germany Japan Korea)

order year
list year Germany Japan Korea

tsset year
tsline Germany Japan Korea,          ///
     title("중국 대미수출에서 한국, 일본, 독일의 부가가치 비중")  ///
     subtitle("(2007~2021년)")                               ///
     xtitle("연도")  ytitle("%")                             ///
     legend(label(1 "독일") label(2 "일본") label(3 "한국")  cols(1) position(1) ring(0)) ///
     note("자료: ADB MRIO 국제 산업연관표 2007-2021년")
```

(9) 중국의 한국에서의 글로벌 가치사슬 기여

이번에는 중국에서 생산된 중간재가 한국 제조업의 생산에 기여하는 정도를 보자. 다음 [그림 18-12]에서와 같이 한국의 대부분 산업에서 중국산의 역할이 점차 증가하고 있음을 알 수 있다. 중국과 교역이 본격적으로 시작된 이후 2008년 세계 금융위기 때까지 지속적으로 증가하였으며, 이후 세계 금융위기로 다소 감소하였지만 다시 증가하는 추세를 보여주고 있다.

중국의 중간재가 한국의 주요 산업에 많이 사용되고, 이런 추세가 지속적으로 증가한다는 것은 글로벌 가치사슬에서 한국의 중국에 대한 종속 가능성이 증가하고 있다는 것으로 향후 한국 제조업이 극복해야 할 매우 중요한 과제가 될 것이다. 따라서 한중 교역 관계에서는 중국에 대한 한국의 수출 의존도가 높은 것이 문제가 아니라, 반대로 글로벌 가치사슬에서 한국의 중국 의존도가 높아진다는 것이 더 큰 문제이다.

〈 그림 18-12 〉 한국 주요산업에서 중국 중간재의 기여도 추이

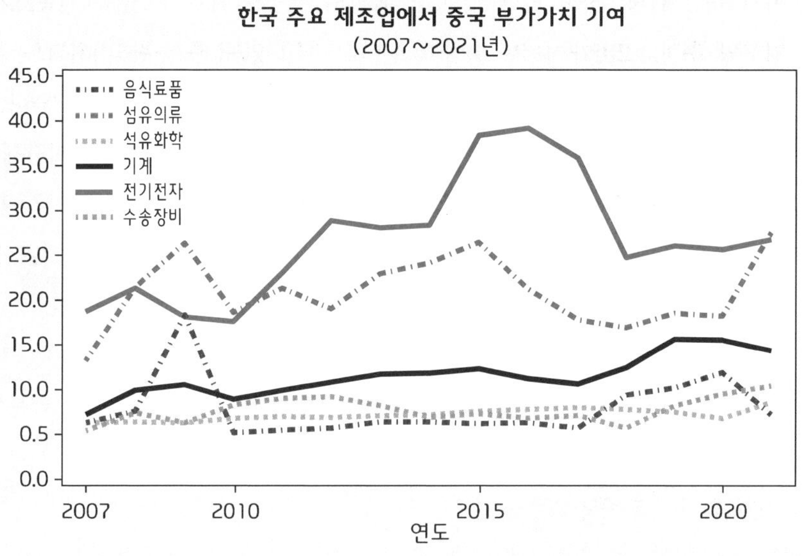

자료: ADB MRIO 국제 산업연관표, 2007~2021년.

〈 표 18-5 〉 중국의 한국 주요 산업에 대한 기여(단위: %)

연도	음식료품	섬유의류	석유화학	기계	전기전자	수송장비
2007	6.1	18.5	6.1	7.0	13.0	5.2
2008	6.2	21.1	7.4	9.7	21.2	7.2
2009	6.1	17.9	18.1	10.3	26.1	6.1
2010	6.6	17.4	5.0	8.7	18.4	8.1
2011	6.8	22.8	5.3	9.7	21.1	8.8
2012	6.7	28.6	5.5	10.6	18.8	9.0
2013	6.9	27.8	6.2	11.5	22.7	8.0
2014	7.0	28.1	6.2	11.6	23.9	6.7
2015	7.4	38.1	6.0	12.1	26.2	7.1
2016	7.6	38.9	6.1	11.0	21.0	6.6
2017	7.8	35.6	5.5	10.4	17.6	6.9
2018	7.6	24.5	9.2	12.2	16.7	5.5
2019	7.3	25.8	10.0	15.4	18.3	8.0
2020	6.6	25.4	11.7	15.3	18.0	9.3
2021	8.4	26.5	7.0	14.1	27.3	10.2

다음 [그림 18-13]은 국제무역분류 기준인 HS 6자리 수준에서 한국이 중국에서의 수입에 의존하고 있는 정도를 나타내는 빈도분포이다. 중국 의존도가 10% 이하인 품목수는 1,205개이지만 90% 이상 의존하고 있는 품목수도 445개나 된다. 중국의존도가 90% 이상인 품목을 HS 2단위 기준에서 빈도수를 보면 [표 18-5]에서와 같이 보일러와 기계류(84), 유기화학(29), 전기기기와 그 부분품(85), 철강제품(73), 무기화학, 희토류금속(28) 등이 많은 빈도수를 보이고 있다. 한국의 대중국 의존도가 아주 높아서 99% 이상을 의존하고 있는 품목을 HS 6단위 기준에서 보면 [표 18-6]과 같다. 많은 품목들이 중국에 절대적으로 의존하고 있다는 것을 확인할 수 있다. 이 중 많은 품목들은 지리적 근접성, 저임금 의존 등의 이유 때문에 대중국 의존도가 높을 수도 있지만 희토류(284910)과 같이 중국의 세계시장 점유율이 높기 때문이기도 하다.

《 그림 18-13 》 한국의 품목별 중국 의존도 분포

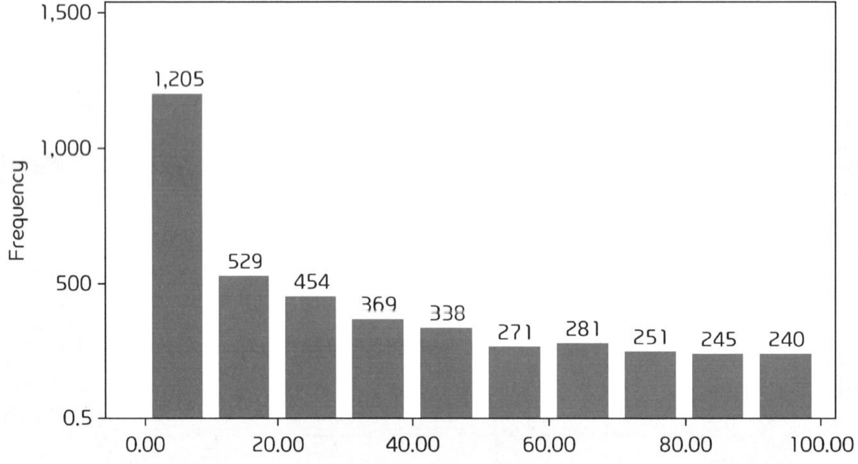

《 표 18-6 》 한국의 대중국 의존도 90% 이상 품목의 빈도와 그 비중

품목명(HS 2 Digit 기준)	품목수(HS 6 digit 기준)	비중
HS84: 원자로, 보일러와 기계류 및 이들의 부분품	110	8.54
HS29: 유기화학품	85	6.60
HS85: 전기기기와 그 부분품	75	5.82
HS73: 철강의 상품	69	5.36
HS28: 무기화학품, 귀금속, 희토류금속, 방사성원소, 동위원소의 유기, 무기화합물	56	4.35
HS55: 인조단섬유	43	3.34
HS52: 면	36	2.80
HS72: 철강	36	2.80
HS62: 의류와 그 부속품 (메리야스 및 뜨게질편물의 것은 제외)	35	2.72
HS63: 기타 방직용섬유상품, 세트, 중고의류, 중고 방직용섬유상품, 넝마	35	2.72
HS39: 플라스틱 및 그 상품	33	2.56
HS54: 인조장섬유	33	2.56
HS61: 메리야스 및 뜨게질편물의 의류와 그 부품	33	2.56
HS94: 가구와 침구, 램프와 조명기구, 조명용 사인, 조립식 건물	29	2.25
HS70: 유리와 유리상품	27	2.10
HS25: 소금, 황, 토석류, 석고, 석회, 시멘트	25	1.94
HS48: 지와 판지, 제지용펄프, 지 또는 판지의 상품	25	1.94
HS07: 식용의 채소, 뿌리, 괴경	24	1.86
HS83: 비금속제의 각종상품	23	1.79
HS96: 잡품	23	1.79
HS58: 특수직물, 더후트한 섬유직물, 레이스, 태피스트리, 트리밍과 자수포	21	1.63
HS91: 시계와 그 부분품	21	1.63

《 표 18-7 》 한국의 대중국 의존도 99% 이상 품목명(HS 6 digit기준)

HS 6 Digit	품목명	대중의존도(%)
860712	철도용 기관차량 및 부품, 철도 또는 궤도용의 장비품 및 부품	100.0
844512	견	100.0
252400	소금, 황, 토석류, 석고, 석회, 시멘트	100.0
520634	채유용 종자, 과실, 각종 종자, 과실, 공업용, 의약용식물, 짚, 사료식물	100.0
681260	면	100.0

HS 6 Digit	품목명	대중의존도(%)
701120	유리와 유리상품	100.0
121291	원자로, 보일러와 기계류 및 이들의 부분품	100.0
030222	석, 플라스터, 시멘트, 석면, 운모 또는 이와 유사한재료의 상품	100.0
500100	어류, 갑각류, 연체동물, 기타 수생무척추동물	100.0
230500	식품공업시 생기는 잔유물과 웨이스트, 조제사료	100.0
270120	광물성연료, 광물유, 이들의 증류물, 역청물질, 광물성왁스	100.0
860610	철도용 기관차량 및 부품, 철도 또는 궤도용의 장비품 및 부품	100.0
080240	식용의 과실과 견과류, 감귤류 또는 멜론의 껍질	100.0
842840	원자로, 보일러와 기계류 및 이들의 부분품	99.9
510540	양모, 섬수모, 조수모, 마모사 및 이들의 직물	99.9
50710	기타 동물성생산품	99.9
251120	소금, 황, 토석류, 석고, 석회, 시멘트	99.8
050210	기타 동물성생산품	99.7
810411	기타 비금속, 서메트, 이들의 상품	99.7
284910	무기화학품, 귀금속, 희토류금속, 방사성원소, 동위원소의 유기, 무기화합물	99.7
670210	조제우모와 솜털 및 그 상품, 조화, 인모제품	99.6
722720	철강	99.5
530921	기타 식물성방직용섬유와 지사 및 지사의 직물	99.5
551321	인조단섬유	99.5
910511	시계와 그 부분품	99.5
660320	산류, 지팡이, 시트스틱, 채찍 및 이들의 부분품	99.5
293213	유기화학품	99.4
680293	석, 플라스터, 시멘트, 석면, 운모 또는 이와 유사한 재료의 상품	99.4
294140	유기화학품	99.4
810419	기타 비금속, 서메트, 이들의 상품	99.3
842310	원자로, 보일러와 기계류 및 이들의 부분품	99.3
292511	유기화학품	99.2
070390	식용의 채소, 뿌리, 괴경	99.2
291461	유기화학품	99.1
722920	철강	99.1
940530	가구와 침구, 램프와 조명기구, 조명용 사인, 조립식 건물	99.0

[예제 18-4] 한국 주요 산업에서 중국 중간재의 기여도(1)

```
* ***********************************************************
* [예제 18-4] 한국 주요산업에서 중국 중간재의 기여 ***
* ***********************************************************
cd "J:₩Economics of GVC₩Korea China"

matrix drop _all

forvalues year=2007(1)2021 {
icio_load, iciotable(user, userpath("J:₩Economics of GVC₩data₩") tablename("adb`year'.csv")
countrylistname("adb_countrylist.csv") )

* 한국 산업별 최종수요에서 중국의 부가가치
icio, origin(prc) destination(kor,all)
      matrix krvby=r(vby)'
      mata st_matrix("china",   st_matrix("krvby")[1,.])
            matrix rownames china  = `year'
            matrix china_total         = nullmat(china_total)₩  china

* 한국의 산업별 최종수요
icio, destination(kor,all)
      matrix crvby=r(vby)'
      mata st_matrix("korea",                st_matrix("r(vby)'")[1,.])
            matrix rownames korea  = `year'
            matrix korea_total         = nullmat(korea_total)₩  korea
                        }

* 행렬을 변수로 변환
xsvmat china_total, names(col)  norestore
rename (c*) (chn*)
save china, replace

xsvmat korea_total, names(col)  norestore
rename (c*) (kor*)
save korea, replace

merge 1:1 _n using china
generate year=_n+2006

* 35개 산업부문에서 한국 최종수요에서 중국 부가가치 비중
forvalues sector=1(1)35 {
          generate ratio`sector'=chn`sector'/kor`sector'*100
                        }
```

```
keep ratio* year

* 최종 자료 저장
save China_Korea_GVC, replace
export excel using China_Korea_GVC, sheet("data", replace) firstrow(variable)

* 주요산업 그래프 그리기
tsset year

list year ratio3 ratio4 ratio9 ratio13 ratio14 ratio15

tsline ratio3 ratio4 ratio9 ratio13 ratio14 ratio15,          ///
        title("한국 주요 제조업에서 중국 부가가치 기여")      ///
        subtitle("(2007~2021년)")                             ///
        xtitle("연도")  ytitle("%")                           ///
        legend(label(1 "음식료품") label(2 "섬유의류")        ///
        label(3 "석유화학") label(4 "기계")                   ///
        label(5 "전기전자") label(6 "수송장비")               ///
        cols(1) position(11) ring(0))                         ///
        note("자료: ADB MRIO 국제 산업연관표 2007-2021년")

* 불필요한 데이터세트 지우기
erase china.dta
erase korea.dta
```

3. 향후 한중 무역구조에 미칠 요인

한중간 무역구조에 상당한 변화가 초래되고 있음은 한국의 대중국 수출의 추세가 글로벌 무역추세와 비슷하다는 점에서 찾을 수 있다. 이런 모습은 글로벌 가치사슬에서 중요한 역할을 하는 한국, 일본, 독일, 미국, 중국의 수출 추세에서도 찾을 수 있다.

한중간 무역구조의 변화는 [그림 18-14]에서 보여주는 것처럼 2008년 세계 금융위기 이후 전 세계적으로 관찰되는 글로벌 무역의 감소 추세와도 큰 관련이 있다. 여기에 한국의 사드배치와 관련된 중국의 보복, 미중간 무역전쟁, COVID-19의 세계적 대유행과 같은 요인들이 이런 글로벌 교역을 더욱 악화시키는 요인으로 작용하였다.

(1) 구조적 문제로 인한 글로벌 교역감소

이처럼 글로벌 교역이 감소되는 원인으로 IMF, 세계은행, OECD 등 국제기구와 많은 연구자들이 구조적 문제로 인한 것으로 보고 있고, 구조적 문제의 가장 큰 원인으로는 중국과의 글로벌 가치사슬 약화를 지적하고 있다. 본서의 제19장에서 이에 대한 보다 자세한 내용과 더불어 글로벌 교역둔화의 원인으로 경기적 요인, 시장요인, 중국의 GVC, 보호주의 등의 효과를 검토하려고 한다. 여기서도 글로벌 교역둔화의 원인 중에서 중국의 글로벌 가치사슬 약화가 세계 교역둔화의 가장 큰 요인으로 파악되고 있음을 보게 될 것이다.9)

〈 그림 18-14 〉 글로벌 수출 및 증가율 추이(1960~2020년)

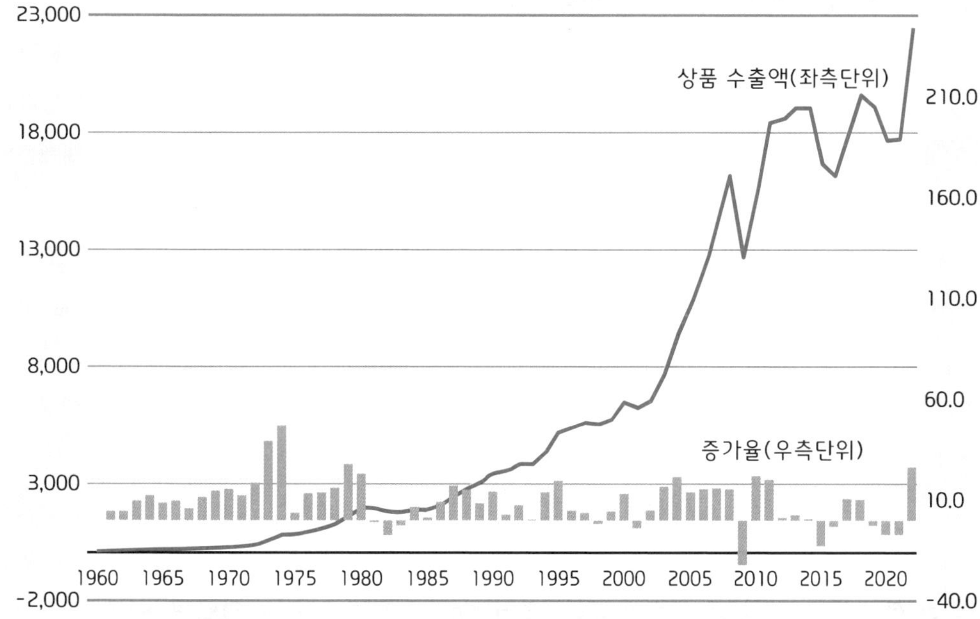

23,000
상품 수출액(좌측단위)
210.0
18,000
160.0
13,000
110.0
8,000
60.0
증가율(우측단위)
3,000
10.0
1960 1965 1970 1975 1980 1985 1990 1995 2000 2005 2010 2015 2020
-2,000
-40.0

자료: World Bank, World Development Indicators.

9) 박승록 (2017), 글로벌 교역둔화와 글로벌 가치사슬, 한국연구재단 연구지원 과제(NRF- 2017S1A5A 2A01023651) 참조.

(2) 중국의 정책과 글로벌 가치사슬

중국은 "국민경제사회발전 제13차 5개년 규획"에서 처음 제기된 "중국제조 2025"라는 산업정책을 통해 제조업 "대국大國"에서 제조업 "강국强國"으로의 변화를 위한 의욕적 목표를 추진하고 있다. 이 정책에서는 중국 공업상품의 품질과 생산 효율성 향상을 위한 3단계 전략목표를 제시하고 있다.

제1단계(2020~2025년)에서는 2020년까지 제조업 대국의 위상을 공고히 하고, 2025년까지 혁신능력 및 전반적인 노동생산성을 향상시킨다는 목표, 제2단계(2025~2035년)에서는 세계 제조업 강국 중 중등 수준을 달성하고, 혁신 능력과 전반적 제조업 경쟁력을 강화하며, 비교우위 산업에서 세계시장을 주도하겠다는 목표, 제3단계(2035~2045년)에서는 신 중국 수립 100주년을 맞아 전 세계 제조업 강국 중 선두적 지위를 차지하고자 하는 목표를 제시하고 있다.

"중국제조 2025"에서 제시되고 있는 주요 산업분야는 현재 한국이 강점을 가진 산업분야뿐만 아니라 앞으로 새로운 산업으로 육성하고자 하는 대부분 산업을 망라하고 있다. 이런 산업분야에서 확보하려는 첨단기술들은 미국을 대신하여 세계제패의 꿈을 실현하려는 "중국몽中國夢" 달성에 필요한 것들이다.[10)]

중국의 이런 정책목표의 성공적 달성은 아직 속단할 수는 없지만 미국의 견제와 이에 동참하는 국가들이 많아지면서 쉽지 않아 보인다. 중국의 역대 산업정책을 살펴보면, 전략산업의 포괄 범위가 대단히 넓다는 것을 알 수 있다. '중국제조 2025'와 같은 장기전략, 5년 단위로 추진되는 5개년 규획, 그리고 특성 산업에 대한 육성정책과 기존 산업의 구조조정 정책 등 정책대상이 되지 않은 업종이 없을 정도이다.[11)]

이런 상황에서 정부의 지나친 시장개입에 따른 다양한 부작용과 자원배분의 왜곡 가능성을 생각하지 않을 수 없다.[12)] 중국에서 부실기업의 퇴출 시스템은 제대로 작동하지 않는 것 같다. 산업정책의 성공여부도 판단하기 어렵다. 이런 과정에서 누적되고

10) "중화민족의 위대한 부흥을 실현하는 것이 바로 중화민족의 근대 이후 가장 위대한 꿈"을 의미하는데 2012년 11월 중국공산당 제18차 당대회에서 시진핑이 총서기에 선출되면서 제시한 통치이념임.

11) 중국에서 본격적인 산업정책은 2000년대 말부터 시행되었음. 산업정책관련 주요규획은 2011년 "중국 제12차 국민경제 및 사회발전 5개년 규획요강"과 비슷한 내용으로 2010년에 발표된 "국무원 전략적 신흥산업 신속육성 및 발전에 관한 결정", 2012년 발표된 "2011~2015년 공업구조 전환 및 업그레이드 규획" 그리고 개별산업에 대한 규획 등 다양함. 여기서 전략적 신흥산업은 신세대 정보기술, 바이오, 첨단장비 제조업, 신에너지 산업, 신소재, 신에너지 자동차, 에너지 절약과 환경보호 산업 등 7개 산업분야로서 "중국제조 2025"와 많은 부분이 중복됨.

12) 박승록·김영한 (2015), 『중국의 산업구조 개혁과 동아시아 분업구조 재편』, 산업자원부, 미래와 세계.

있는 지방정부의 부채문제는 매우 심각하다. 디니 맥마혼(Dinny McMahon, 2018)은 중국 지방정부 부채의 심각성을 중국이 "빚의 만리장성Great Wall of Debt"을 쌓고 있다고 표현하고 있다.13)

민간이 관료와 다투지 못한다는 "민불위관투民不與官鬪", 공산당이 민간부문을 통제한다는 "당진민퇴黨進民退"라는 의미에서 보듯이 민간 경제주체들의 자율성 내지 시장기능이 제대로 작동하는지도 의문이다. 또한 정부의 다양한 정책에 대한 중국 경제주체들의 믿음은 "위에 정책이 있으면 아래는 대책이 있다上有政策 下有對策"라는 말이 있을 정도로 정부정책에 대한 경제주체들의 신뢰도 부족하다.

이런 상황에서 "중국제조 2025"가 시도하는 목표의 달성 가능성은 회의적이다. 이런 점은 한국에게 유리하게 작용할 수도 있다. 중국의 이런 목표가 성공적으로 달성되면 중국이 많은 중간재의 국산화에 성공한다는 것이고 이는 한국을 비롯한 다른 나라로 부터의 중간재 수입을 줄이게 될 것이다.

미국과 중국의 관계는 중국의 "중국제조 2025"에도 많은 영향을 미치고 있다. 첫째, 중국이 미국의 제재로 첨단기술에 대한 접근성이 제한된다면 "중국제조 2025"의 목표달성은 현실적으로 어려울 것이다.

둘째, 미국이 향후에도 여전히 중국의 중요한 최종 수요처가 될 수밖에 없다. 중국이 중국산 상품의 수요처 역할을 대신할 내수시장을 키우겠다는 "쌍순환雙循環"정책의 의욕적인 목표도 달성하기 힘들 것이다.

(3) 미중 무역분쟁은 글로벌 가치사슬 재편의 서곡

중국이 개혁 개방이후 세계 여러 나라들과의 밀접한 글로벌 가치사슬를 구축한 것은 중국경제의 고도성장에 큰 기여를 했다는 것은 의심의 여지가 없다. 미국을 비롯하여 자본주의 시장경제를 추구하는 많은 국가들이 중국의 시장경제 편입을 환영하며 많은 도움을 준 것은 자본주의 시장경제의 틀 안에서 공존하자는 의도였다. 하지만 최근 중국은 관세, 불법 보조금, 쿼터, 환율조작, 지적 재산권 절도, 기술이전 강요, 해킹, 스파이 활동 등 온갖 비정상적 행위를 하면서 세계의 자유무역과 공정한 국제질서를 파괴함으로써 자본주의 국가들의 공적公敵이 되어가고 있다.

중국의 주요 수입국은 한국, 대만, 일본, 미국, 호주, 독일이며, 주요 수출국은 미

13) Dinny McMahon (2018), *China's Great Wall of Debt,* Houghton Mifflin Harcourt(『빚의 만리장성』, 유강은 옮김, 미지북스).

국, 일본, 한국, 베트남, 인도 등이다. 이들 국가 모두 중국의 성장에 도움을 준 중요한 파트너였지만 지금은 이들 나라와 심각한 정치, 경제적 이해충돌 관계에 있다. 더욱이 중국이 "중국제조 2025"나 "일대일로一帶一路"를 통해 "중국몽中國夢"을 달성하겠다는 시도에는 미국을 능가하여 세계 패권을 추구하겠다는 의도가 숨겨져 있다.[14] 점차 중국식 전체주의, 국가중심 모델, 반민주적 시스템의 확산을 통해 민주주의와 평화에 위험을 초래하는 나라로 인식되어 가고 있다.

《 그림 18-15 》 주요국 누적 부가가치 무역수지(2007~2020년)

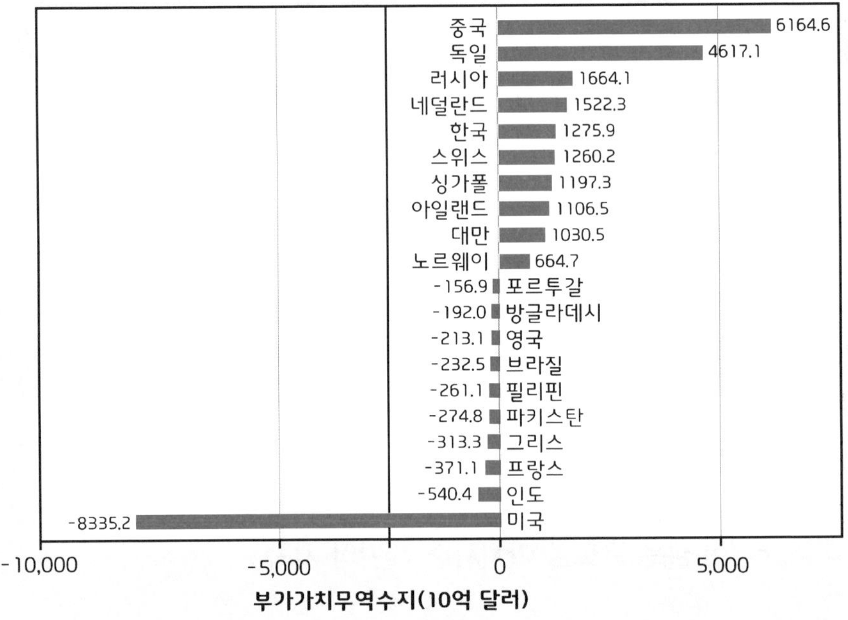

당연한 결과로서 중국의 꿈을 좌절시키기 위한 미국의 전략은 전방위적으로 전개되고 있다. 가장 두드러진 전략은 트럼프 행정부 들어서 아시아-태평양 중심의 전선을 인도양까지 확대했다는 점이다. 국방 전략상 아시아-태평양 전략사령부를 인도-태평양 전략사령부로 명칭을 변경하여 아시아-인도양에 포진한 많은 나라들을 규합 중이다. 특히 중국과 사이가 안 좋은 인도가 중국 견제에 나서기도 했다.

14) 미국 싱크 탱크들의 도움을 받아 작성되고 있는 전략계획들, 즉 『미국의 국가 안보전략』, 『미국의 국가 방위전략』, 『핵태세 검토보고서』, 『대통령 국정연설』, 『대통령의 무역정책 어젠다』, 『중국의 경제침략을 표적으로 하는 대통령 행정명령』과 같은 문건들에서 중국을 패권경쟁에서 제거해야 할 대상으로 언급하고 있음. 이승우(2020), 『중국몽의 추락』, 기파랑, p.83.

2019년 6월 『인도 태평양 전략보고서』를 보면 대만을 국가State로 공식 규정하고 있다. 1979년 중국과의 수교 이후 유지해왔던 "하나의 중국"원칙을 파기한다든지, "대만관계법"에서 대만해협을 미국의 이익과 밀접한 지역으로 규정하여 유사시 대만에 개입 가능하도록 하였으며, "항행의 자유" 작전을 통해 대만해협을 통과하는 횟수를 증가시키고 있는 것 등은 이미 미중 패권전쟁이 심각하게 진행되고 있는 모습이다.

이런 와중에 인도·태평양판 NATO라고 할 수 있는 미국, 일본, 호주, 인도의 "쿼드QUAD"나 여기에 한국, 베트남, 뉴질랜드를 포함하는 "쿼드 플러스QUAD Plus"가 가동될 경우 이들 국가들은 모두 중국의 글로벌 가치사슬에 연계된 전후방 관련국들이기 때문에 이들 국가들이 모두 중국에 등을 돌린다면 중국으로서는 고립될 수밖에 없는 상황이다. 사면초가에 빠진 중국이 돌파구를 찾은 것이 바로 역내 포괄적 경제동반자 협정RCEP의 체결이다. 이후 한중일 FTA 체결에도 적극 관심을 표명했던 것 역시 적어도 일본과 한국을 경제적으로 중국과 동반자(파트너) 관계로 유지하려 했던 전략으로 해석할 수 있다.

한편 중국의 사이버 안보 위협에 대한 미국의 강력한 대응으로 시행 중인 "클린 네트워크Clean Network에는 현재 전 세계 40여 개국이 참가하고 있다. 이 역시 정보통신 기술 분야에 있어서 중국을 고립무원의 상황에 빠뜨리고 있다.[15)]

이처럼 미국과 중국의 패권경쟁 가운데 당장 제기되고 있는 것은 지금까지 세계의 공장으로서 중국의 역할을 대체하려는 움직임이라고 할 수 있다. 중국경제 성장의 동인이었던 글로벌 가치사슬에서 중국을 세계의 공장으로 만들었던 유일한 이유는 저렴한 생산비용 때문이었지만 미중 무역분쟁이 시작된 이후 불공정한 중국의 수입중단, 수출중단의 위협 때문에 많은 기업들은 생산비용뿐만 아니라 공급에서의 안정성을 더욱 중시하게 되었다. 실제 미국은 중국보다 베트남이나 멕시코에서의 수입을 늘리고 있다. 일본은 중국에서 철수하는 기업들에게 보조금을 지급하고 있다.

이런 점에서 볼 때 미중 패권전쟁은 중국을 완전히 배제하지는 못하더라도 자국 중심의 가치사슬을 증가시키거나, 글로벌 가치사슬을 지나치게 특정 국가에 의존하는 위험을 분산시킬 것이다. 이런 과정에서 새로운 사슬로서 베트남, 인도, 멕시코 등을 활용할 가능성이 높다. 또한 미국, 일본, 호주, 인도, 한국, 한국, 베트남, 뉴질랜드 등으로 구성될 쿼드 플러스QUAD Plus를 새로운 글로벌 가치사슬의 중심축으로 할 가능성

15) 폼페이오 국무장관이 미국의 자산 보호를 위해 제시한 Clean Network에는, ① Clean Carrier, ② Clean Apps, ③ Clean Store, ④ Clean Cloud, ⑤ Clean Cable, ⑥ Clean Path의 6가지가 포함되어 있음(US Department of State(https://www.state.gov/ the-clean-network/).

이 있다. 글로벌 가치사슬 측면에서 중국에 대한 영향력이 하락하고, 오히려 중국의 영향력이 점증하는 한국에게 이는 새로운 기회를 제공해 줄 수도 있다.

[예제 18-5] **한국 주요 산업에서 중국 중간재의 기여도(2)**

```
* ************************************************
* [예제 18-5] 국별 부가가치 수출입 무역수지 ***
* ************************************************
* 국별 부가가치 수출입, 부가가치 무역수지

cd "J:₩Economics of GVC₩Korea China"
clear
matrix drop _all

cd "J:₩Economics of GVC₩Korea China"

forvalues year=2007(1)2021 {
icio_load, iciotable(user, userpath("J:₩Economics of GVC₩data₩") tablename("adb`year'.csv")
countrylistname("adb_countrylist.csv") )
icio, origin(all) destination(all)
matrix list r(vby)

* 아래방향으로 수입, 수출을 나타냄
* 수입
matrix import`year'=r(vby)
matlist import`year'

* 수출
matrix export`year'=r(vby)'
matlist export`year'

* 무역수지
matrix tradebalance=export`year'-import`year'
matlist tradebalance

* 부가가치 수출
clear
matrix export=export`year'
svmat export, names(col)
generate year=`year'
merge 1:1 _n using countrynameADB, nogen
order year CountryCode Countryeng Country
save val_export`year', replace
```

```
export excel using val_export`year'.xlsx, sheet("`year'") firstrow(variables) sheetmodify

*부가가치 수입
clear
matrix import=import`year'
svmat import, names(col)
generate year=`year'
merge 1:1 _n using countrynameADB, nogen
order year CountryCode Countryeng Country
save val_import`year', replace
export excel using val_import`year'.xlsx, sheet("`year'") firstrow(variables) sheetmodify

* 부가가치 경상수지
clear
svmat tradebalance, names(col)
generate year=`year'
merge 1:1 _n using countrynameADB, nogen
order year CountryCode Countryeng Country
save tradebalance`year', replace
export excel using tradebalance`year'.xlsx, sheet("`year'") firstrow(variables) sheetmodify
                                  }

* 부가가치 수출 데이터세트 합치기
use val_export2007, clear
forvalue year=2008(1)2021 {
append using val_export`year'
                                  }
generate category="Export"
save val_export, replace

* 부가가치 수입 데이터세트 합치기
use val_import2007, clear
forvalue year=2008(1)2021 {
append using val_import`year'
                                  }
generate category="Import"
save val_import, replace

* 부가가치 무역 데이터세트 합치기
use tradebalance2007, clear
forvalue year=2008(1)2021 {
append using tradebalance`year'
                                  }
generate category="Balance"
```

```
save tradebalance, replace

* 부가가치 수출입, 무역수지 합치기
use val_export, clear
append using val_import
append using tradebalance
order category
save TradeAll, replace

* 사용한 데이터셋 지우기
forvalue year=2007(1)2021 {
erase val_export`year'.dta
erase val_import`year'.dta
erase tradebalance`year'.dta
                                    }
erase val_export.dta
erase val_import.dta
erase tradebalance.dta

* 국별 연도별 수출 수입 무역수지 누계 구하기
use TradeAll, clear

* 국가명을 r(varlist)로 보관하기 위한 명령어
ds category year CountryCode Countryeng Country, not

* category year별로 합계 구하기
collapse (sum) `r(varlist)', by(category year)

* 국별 수출 수입 무역수지 누계(2007-2021년) 구하기
use TradeAll, clear

* 국가명을 r(varlist)로 보관하기 위한 명령어
ds category year CountryCode Countryeng Country, not

* category별로 합계 구하기
collapse (sum) `r(varlist)', by(category)

* 데이터세트를 변수와 관측치 상호변경
xpose, clear varname format(%15.1f)
drop if _n==1
rename(v1 v2 v3 _varname) (tradebalance export import country)
gsort -tradebalance
replace tradebalance=tradebalance/1000
drop if country=="RoW"
```

```
drop if _n >=11 & _n<=52

set scheme s1mono
graph hbar tradebalance, over(country, sort(1) descending) ///
      ytitle("부가가치무역수지(10억달러)") blabel(bar, position(outside) format(%5.1f))
```

(4) COVID-19의 대 유행과 문명의 대전환

COVID-19의 세계적인 대유행은 그 충격이 너무 강해서 역사의 구분을 "COVID-19 이전Before Corona: BC와 COVID-19 이후After Disease: AD"로 구분하는 계기가 될 것이라고 한다. 역사적으로 질병의 팬데믹pandemic은 문명의 전환기와 일치하기 때문이다.[16] 또한 COVID-19 이후의 시대는 "괴물의 시대"로서 세계는 더 이상 위기가 발생하기 전의 모습으로 돌아가지 않을 것이라고도 한다.[17] COVID-19 이후의 시대는 국제관계, 경제, 교육, 노동, 환경, 기술, 의료 등 우리 생활과 관련된 모든 부분들을 크게 변화시킬 것이다.

COVID-19로 인해 한국과 중국의 교역에서 당장 문제시되는 것은 글로벌 공급망의 재편 가능성, 사회의 전반적 변화로 인해 "성장산업"과 "쇠퇴산업"의 명확해진다는 점, 세계적으로 경기회복이 늦어질 가능성이 있다는 점을 들 수 있다.

첫째, COVID-19 사태로 인해 글로벌 가치사슬 참가 정도가 높은 국가와의 교역이 중단되거나 지연으로 인한 커다란 충격이 전 세계로 파급될 수 있다는 점이 인식되었다. COVID-19와 같은 질병의 위협과 개별 국가의 대응 방법에서의 불확실성이 글로벌 가치사슬의 불안정성을 크게 부각시켰다. 여기에 정치적 이유(가령 중국의 한국, 일본, 호주 등 교역국에 대한 비상식적 보복), 군사적 위협(가령 미국과의 패권 경쟁, 남중국해 영토분쟁, 일대일로 국가에 대한 위협) 등 주로 중국과 관련된 문제들 때문에 글로벌 가치사슬의 재편 필요성이 제기되고 있다.

둘째, COVID-19의 대응과정에서 일반 소비자들의 "비대면 시대"가 크게 확대될 것이며, 이로 인해 소비행태와 생활 양식에서 많은 변화가 초래되고, 이를 통해 산업지형이 크게 바뀔 것이다.[18] 항공, 관광 및 여행업, 백화점 등 오프라인 마켓, 영화

---

16) 여시재 (2020), 『코로나 시대 한국의 미래』, 서울셀렉션.

17) 박영순·제롬 글렌 (2020), 『세계미래보고서 2035~2055 포스트 코로나 시대 | 앞당겨진 미래, 당신의 생존 전략을 재점검하라』, 비즈니스북스.

18) 정준화·신용우·권성훈 (2020), 『비대면 경제 활성화를 위한 정보통신기술의 현황과 과제』, NARS

등 서비스 산업이나 석유화학 등 일부 전통산업은 위축될 것이지만 정보통신ICT, 바이오 등 첨단 산업군들은 크게 성장할 것이다. 이와 같은 산업기술 지형의 변화는 새로 재편될 글로벌 가치사슬에서 중국보다 한국에게 유리하게 작용할 것이다. 자본주의 시장경제의 핵심이 될 투명성과 신뢰, 첨단산업과 기반산업 등 모든 산업에서의 높은 경쟁력, 한국 기업들의 세계 최고수준의 연구개발 투자와 풍부한 인적 자원이 뒷받침할 수 있기 때문이다.[19]

셋째, 2023년 이후 세계 경제는 회복세를 보일 가능성이 있다. 특히 백신의 개발로 전염병의 확산세가 잦아들고 있다. 하지만 전 세계적으로 COVID－19에 대한 대처 과정에서 많은 나라들의 부채가 크게 증가하였기 때문에 COVID－19 이후 미국과 같은 나라들이 긴축재정을 취하면서 경기회복의 장애요인이 되고 있다.[20]

4. 바람직한 한중 무역구조

COVID－19 사태 이후 중국의 공장이 신속히 정상화되면서 세계 여러 나라의 중국 상품에 대한 수입 의존도가 오히려 증가한 측면이 있었다. 다른 국가들에서도 제조업 생산이 정상 가동되면 이런 중국 의존도는 다시 감소할 것이다. 만약 중국이 쌍순환 정책을 통해 내수시장 확대에 성공한다면 중국이 소비시장으로서 큰 역할을 할 것으로 기대된다. 하지만 중국은 아직도 GDP에서 차지하는 소비의 비중에 선진국과는 큰 격차를 보이고 있고, 극심한 빈부격차로 인해 소비시장의 확대에 한계가 있다는 측면도 있다. 이런 상황하에서 한국이 우려할 바는 중국이 얼마만큼 빠른 속도로 기술자립도를 높이고 국산화 정책에 성공하는가이다.

2020년 12월 16~18일 국가주석을 포함한 중국의 핵심 지도자들이 모여 당해 연도의 경제 성과를 평가하고 금년도 경제정책의 큰 방향을 결정하는 중앙경제공작회의가 개최되었다. 여기에서 8대 핵심 과제가 제시되었는데, 이는 중국 지도부가 어떤 과

현안분석 178호, 국회예산처.

19) 정은미 (2020), "코로나19 이후 산업기술 지형의 변화와 주요 과제", 『코로나 시대 한국의 미래』, 서울셀렉션.

20) 2021년 1월 10일 국제금융협회(IIF)에 의하면 코로나19 팬데믹으로 인한 경기 하강을 극복하기 위해 각국 정부가 재정 지출을 사상 유례없이 늘림으로써 글로벌 부채는 작년 말 275조 달러로, 한 해 동안 17조 달러(원화 약1경8,560조원) 이상 늘어남. 그로 인해 2019년 90%에 그쳤던 국내총생산(GDP)대비 정부부채는 2020년말 105%정도로 증가함.

제를 중요시하는지를 알 수 있는 단서를 제공해 주었다. 첫째가 과학기술 발전, 둘째가 산업 공급망 개선이다. 셋째가 내수 확대, 넷째가 개방 확대이다. 우선 순위로 볼 때 과학기술 발전을 통한 기술 자립도를 높이고 안정적인 산업 공급망 확보를 중시하고 있다. 쌍순환을 통한 내수확대를 중요시하지만 실상은 기술 자립도를 높이면서 한편으로 안정적인 공급망을 유지할 것을 강조하고 있다.

향후 한중 무역 관계에 영향을 미치는 변수로는 중국의 변화가 매우 중요할 것이라고 평가할 수 있다. 따라서 중국이 어떤 방향으로 변화할 것인지에 대해 주의깊게 관찰해야 한다. 중국의 변화를 가져오는 변수로는 단기적으로 아직도 진행 중인 COVID-19 사태의 종결 시점, 그리고 중기적으로 미중 패권전쟁의 장기화가 중국에 미칠 영향이다. 아울러 이러한 외부적 여건에 대한 중국 정부의 대응 역시 중요하다. 이런 점을 감안해서 한국의 과제를 살펴볼 필요가 있다.

(1) 산업 전반의 부가가치 제고

한국이 대외 교역에서 피할 수 없는 문제는 중국의 중간재 국산화 진전에 따라 글로벌 가치사슬에서 위상이 크게 강화된 반면, 한국은 그 위상이 점차 약화된다는 것이었다. 중국의 주요 산업에서 한국의 중간재가 기여하는 정도가 감소하고 한국의 주요 산업에서 중국산 중간재의 기여하는 정도가 증가하고 있는 것을 통해 향후 한중 교역에서 큰 변화가 있을 것임을 예상할 수 있었다.

한국의 경제발전 과정은 철강, 석유화학, 조선, 자동차, 전기전자 등 일명 전통산업에서 산업의 부가가치를 높이는 노력이었다. 이를 통해 일본이나 독일 등 산업 선진국의 경쟁력을 추격catch-up하는 데 성공하였다. 이런 경쟁력은 결국 중국의 경제성장 과정에서 중간재를 공급할 수 있게 하였다.

하지만 중국이 한국으로부터 수입하던 많은 중간재를 국산화하고, 한국이 경쟁력을 가진 분야를 위협하면서 과거 한국이 일본, 독일을 추격하였던 것처럼 한국 역시 중국에 추격당할 위협에 처해있다. 이는 한국 산업으로 하여금 같은 산업 내에서 보다 기술함량을 높이고 부가가치 창출 능력을 높여야 할 필요성을 제기하고 있다. 동일한 산업 내에서 보다 부가가치가 높은 새로운 분야에로의, 즉 산업 내 고도화intra-industry upgrading를 요구하고 있다. 이것은 결국 과거 한국이 일본과 독일을 추격해왔던 것처럼, 이제 다시 이들 나라가 경쟁력을 가진 부문에 대한 새로운 추격이 필요하다는 것을 의미한다.

(2) 전반적 산업구조 조정

한 산업의 부가가치를 높이려는 노력이 해당 산업의 경쟁력 강화라면, 산업의 구조전환은 부가가치가 높은 새로운 산업으로 산업구조를 변화시키는 산업 간 고도화 inter-industry upgrading를 의미한다. 현재 한국이 경쟁력을 가진 대부분의 수출산업들은 과거 경공업에서 중공업으로, 중공업 내에서도 지속적으로 새로운 고부가가치 산업으로의 구조전환을 통해 구축된 것이다.

이제 중국의 전 방위적인 추격에 직면하여 세계 어떤 나라보다도 한국의 산업위상이 위협을 받게 되었다. 따라서 기존 전통산업에서 첨단산업 또는 신산업으로의 빠른 구조전환이 필요하게 된 것이다. 이런 구조전환 과정은 중국과의 경쟁이라기보다는 일본, 독일과의 경쟁이 될 것이다. 하지만 중국이 전략적 신흥산업이라고 부르는 신산업 분야에서는 중국과도 치열한 경쟁을 해야만 한다.

특히 현재의 산업구조를 제4차 산업혁명의 대상이 되는 새로운 산업으로 구조전환을 해야만 앞으로도 제조업 강국으로서 한국의 세계적 위상을 유지할 수 있을 것이다. 산업구조의 구조전환 과정에서는 COVID-19 이후 새로운 산업기술의 상업화 과정에 신속히 참가하는 것도 중요하다. 이미 언급한 바와 같이 한국은 다양한 첨단산업에서 뿐만 아니라 기존 소재, 부품, 장비 분야에서의 높은 경쟁력과 연구개발 능력을 보유하고 있기 때문에 이런 산업구조의 전환과정을 성공적으로 달성할 수 있을 것이다.

(3) 중국 소비재 시장의 잠재력 활용

중국의 수입 소비재 시장은 독일, 미국, 일본, 영국과 한국이 절반 이상을 차지하고 있는데 원자재나, 자본재 수입시장보다 빠르게 증가하고 있지만 이들 국가의 시장점유율은 크게 증가하지 못하고 있다. 자국의 수출 가운데 소비재의 수출비중이 10%가 넘는 나라는 미국, 일본, 독일, 영국, 프랑스 정도이다. 중국 수입시장이 아직은 협소한 가운데 그나마 이들 선진국들의 소비재 시장이 되고 있을 뿐이다. 한국의 대중 소비재 수출비중이 낮은 상태에서 이를 크게 향상시키는 것은 어려울 것이다. 지속적인 중국의 소비재 시장진출을 위한 기업의 노력이 필요하고, 아울러 비관세장벽의 해소를 위한 정부의 노력이 필요하다.

(4) 중국의 비관세장벽 해소

과거에는 일본의 비관세장벽에 대해 서방세계의 비판이 많았었다. 이제는 중국의 비관세장벽이 많은 비판을 받고 있다. 중국의 가장 대표적인 비관세장벽은 강제성 상품 인증China Compulsory Certificate제도이다. 이는 우리의 대표적 수출상품인 식품, 화장품, 의료기기 등에 대해 중국 식품약품감독관리총국CFDA의 심사 및 허가 취득을 의무화하고 있는 제도이다.[21] 우리 상품이 국내에서 안전하다고 인증을 받아도 다시 중국 관련 당국으로부터 인증을 받아야 수출이 가능하다. 문제는 동 인증 제도를 중국이 악용하고 있다는데 있다. 인증에 필요한 서류가 미비하다고 심사를 지연시킬 뿐만 아니라, 실제로 모든 서류가 완벽하게 구비되어도 심사기간이 너무 길다. 기업 입장에서는 신상품을 출시하면 바로 시장에서 판매하는 타이밍이 너무나도 중요하다. 그러나 중국시장에서는 중국 인증기관으로부터 CCC인증서를 획득한 후 CCC마크를 부착해야 한다. 중국의 경우 대체로 인증에 소요되는 기간이 한국보다 두 배 이상 걸린다. 또한 각종 기술서류를 제출해야 하므로 기술유출의 위험성까지 있다.

각종 기술장벽이 새로운 무역장벽, 즉 비관세장벽으로 인식되면서 선진국들의 경우 상호인정제도Mutual Recognition Arrangement: MRA가 확산되고 있는 추세이다. 대부분의 전기전자상품에 대해서는 적합성평가에 있어 상호인정제도가 적용된다. 한국도 중국과 FTA를 체결하면서 적합성평가에 상호인정제도가 적용되고 있다. 그러나 모든 품목에 적용되는 것은 아니다. 2017년 12월부터 우리나라의 KC 인증 173개 품목과 중국 CCC 안전인증 104개 품목에 대해서만 적용된다. 그리고 화장품, 의약품에 대해서는 아직 적용되지 않고 있다. 중국 정부의 소극적인 대응으로 한국 공산품 수출이 중국시장 진출에 어려움을 겪고 있다는 점을 정부는 확실히 파악하고 대응책을 강구해야 한다.

(5) 중국의 빈부격차는 수입 소비재 접근에 한계

수출시장으로서 중국의 소비재 시장이 협소한 것은 소비재 분야에서 한국을 비롯한 많은 나라들이 중국 현지시장을 활용하기 위해 해외직접투자를 통한 현지 생산방법을 활용하였기 때문이다. 현지 생산된 소비재는 수입통계에 반영되지 않기 때문이다.

---

21) 중국 정부는 2021년 조직개편을 통해 기존 식품의약품감독관리총국(CFDA)를 폐지하고, 식품은 시장감독관리총국(SAMR)이, 의약품, 의료기기, 화장품은 국가약품감독관리국(NMPA)에서 담당하기로 업무분장을 하였음.

또한 중국의 해외생산 소비재 시장이 협소한 것은 소득수준이 낮기 때문이다. 중국의 일인당 국민소득 수준이 1만 달러를 넘어선 것으로 발표되고는 있으나 빈부격차가 너무 커서 수입 소비재에 대한 소비자들의 접근성이 높지 않은 것이다. 중국 국가통계국이 2020년 3월 발표한 2019년 중국의 국민 일인당 국내총생산GDP은 7만 892위안(1만 392달러)이었지만 빈부격차의 정도를 나타내는 공식통계는 알려지지 않고 있다. 다만 2020년 5월 28일 전국인민대표대회 폐막 기자회견에서 리커창李克强총리는 중국의 빈곤과 불평등 문제에 대한 기자의 질문에 대해 "지금 중국 인민중 6억명(중국 전체 인구의 40%)의 월수입은 겨우 1,000위안(약 17만원, 연간 203만원) 밖에 안 되며 그 1,000위안으로는 집세를 내기조차 힘들다"고 말하여 극심한 빈부격차의 문제를 제기했다. 또 베이징사범대의 한 조사에 따르면, 월수입 2000위안 이하 인구가 9억 6,400만명(전체인구의 68.85%)으로 10명 중 7명이 연소득 400만원에 불과하다고 한다.[22] 이처럼 중국의 빈부격차의 문제는 심각하여 수입 소비재의 소비능력에 한계가 있다.

(6) 정부의 적극적 역할이 필요

중국의 소비재 시장 진출을 위해서는 정부의 적극적 역할이 필요하다. 2016년 사드배치와 관련한 중국의 보복조치로 중국에 진출한 한국의 소비, 유통관련 기업들은 거의 전멸하였다. 세계무역기구WTO, 한중 자유무역협정 등 제도적 측면에서 보장되고 있는 무차별주의, 투명성, 호혜주의, 실질적 투자자 보호 등은 전혀 효과를 발휘하지 못했다. 결국 많은 한국 기업들은 중국 시장에서 아무런 소득없이 철수하는 운명을 맞이했다. 하지만 당시 한국 정부는 "침묵"뿐이었다.[23] 일본의 한국에 대한 반도체 생산관련 일부 품목의 수출허가제도에 대해서는 실질적인 피해가 없었음에도 호들갑을 떠는 모습과 너무 대조적이었다.

중국에 진출한 많은 기업들 특히 소비재의 판매와 관련된 많은 기업들은 현지에서 재산권을 보호받지도 못하고, 모국으로부터 이런 부당한 대우에 대해 어떤 도움도 받을 수 없었다.[24] 심지어 어떤 한국의 대기업은 중국에서의 "품위 있는" 철수를 위

22) Why Times, 2020. 11. 23.

23) 그럼에도 불구하고, 2017년 10월에는 중국에 ① 사드 추가 배치, ② 한·미·일 군사동맹, ③ 미국 미사일(MD)방어체계에의 참가라는 소위, "3불(不)약속"이란 굴욕적인 약속을 하기도 했음. 하지만 2020년 11월 21일 중국과의 소위 '3불(不) 합의'를 주도했던 한국의 당사자는 "중국에 당시 언급한 세 가지는 약속도 합의도 아니다"라며 이에 구애받을 필요가 없다는 입장을 밝힌 바 있음.

24) 지해범 (2020), 『중국은 북한을 어떻게 다루나』, 기파랑, p.289.

해 현지 실직 종업원들에게 베푼 호의가 현지에서 많은 칭찬을 받기도 하였다. 추가적으로 많은 비용을 지불하면서 품위 있게 철수할 수밖에 없는 상황을 생각하면 안타까운 일이었다. 중국에 진출한 여러 나라들 가운데 유독 한국처럼 이런 보복을 당한 나라는 지금까지 없었다.

이런 상황은 최근 COVID-19의 원인 규명과 관련하여 중국이 호주에 대해 보복조치에서 재현되고 있다. 중국에 수출의 40.8%를 의존하는 호주도 중국의 석탄 및 각종 원자재 수입금지조치로 어려움을 겪고 있다. 하지만 호주의 의연한 대응은 국제적으로 많은 찬사를 받고 있다. 호주산 석탄 수입을 금지하면서 오히려 중국은 전력난을 겪고 있다. 과거 일본에 대한 희토류 수출금지가 오히려 중국의 희토류 기업과 관련 은행을 망하게 한 전례와 같은 모습이었다.

(7) 한국의 글로벌 공급기지화

미중간 신 냉전 구도가 전개될 가능성이 높고, 이에 따라 무역 분쟁이 더욱 악화될 가능성이 있으므로 중국 중심의 글로벌 공급기지로서의 역할에 큰 변화가 생길 것이다. 따라서 글로벌 공급기지로서의 중국의 역할을 한국이 차지할 수 있는 가능성도 있다. 미중간 무역분쟁과 COVID-19 이후 지나치게 중국에 의존하고 있는 현재의 공급망에 대해 전 세계가 위협을 느끼게 되면서 리쇼어링Reshoring, 니어 쇼어링Near-Shoring 등 공급망 다변화를 모색 중이다. 한국을 글로벌 공급기지로 하는 것이 그 대안이 될 수 있다. 중국은 더 이상 생산비용 측면에서 특별히 유리한 지역도 아니다. 약간의 격차는 생산의 자동화를 통해 줄일 수 있다. 과거에 조성된 풍부한 공단지역을 저렴하게 활용하는 것도 가능하다.

한국의 지정학적 위치, 경쟁력 있는 한국 산업의 발전수준, 중국과는 다른 안전한 정보통신 기술 플랫폼 등을 감안한다면 글로벌 공급기지로서 역할을 할 유리한 환경이 조성되어 있다. 기업규제 환경과 노동시장과 노사관계 등에서 기업하기 좋은 환경을 만들 필요가 있다.

한국은 사드배치에 따른 중국의 보복조치를 통해서 중국과 같은 체제이행국가에서는 자본주의 시장경제 체제의 매우 중요한 보루인 "재산권 보호"가 힘들다는 사실을 경험했다. 세계무역기구WTO가 공정한 국제무역을 관행을 규율하고, 한중 FTA가 체결되어 있는 상황에도 불구하고 한국기업에 각종 트집을 잡아 영업을 못하게 하는 불합리한 조치들로 인해 자본주의 시장경제 발전의 원동력인 재산권이 심각하게 침해되었다.

신 냉전구도하의 글로벌 가치사슬 구도 재편과정에서 정부는 한국이 세계 공급망의 중심이 될 수 있도록 획기적인 발상을 할 필요가 있다. 미국, 일본, 독일 기업들과 협력한다면 한국이 글로벌 공급망에서 중요한 역할을 할 수 있다. 한국은 자유민주주의에 기반을 둔 시장경제 체제에 충실한 국가로서 재산권이 보장되는 나라라는 귀한 교훈을 얻었다.

(8) 미국의 경제번영 네트워크에 적극 참가

중국이 그동안 글로벌 가치사슬의 중심에서 큰 역할을 할 수 있었던 것은 미국의 방대한 소비시장이 있었기 때문이다. 중국에게 미국시장이 없다면 사실상 중국의 이런 역할은 불가능하였을 것이다. 중국 정부는 다양한 방법을 통해 제조업 강국으로서 경제적 패권을 계속 추구할 것이다. 하지만 미국과 서방의 선진기술을 원활히 도입할 수 없기 때문에 힘든 상황이 계속 될 것이다. 미중 관계 악화는 한국이 미주시장을 적극적으로 활용할 수 있는 기회가 될 것이다. 미국과 같은 시장경제 체제를 가진 한국이야말로 미국과 안보동맹을 넘어서 경제동맹을 실현할 수 있는 최적의 국가이다.

향후 미중 관계가 더욱 악화될 때 미국의 소비시장을 활용하기 위해서는 고용창출을 위해 외국인투자를 적극 유치하고 있는 미국시장이나, 저임금을 활용하기 위해 미국에 인접한 멕시코 등을 활용할 필요가 있다. 즉 미주지역에 직접 공급 기지를 건설하고, 중국에 수출하던 중간재를 미주 지역으로 직접 수출하는 것이다. 미주시장을 직접 공략할 수 있고, 국내에서 제조된 중간재를 수출하며, 투자자산에 대한 재산권도 확실히 보장받을 수 있을 것이다. 또한 예상되는 미국의 통상압력을 줄이는 방법도 될 것이다.

시장에 기반을 둔 자유시장경제를 지켜나가기 위해 동맹국들과 함께하는 "경제적 번영을 위한 네크워크Economic Prosperity Network"에 적극 참가한다면 이런 목표는 쉽게 달성될 것이다. 자본주의 시장경제의 가치를 공유하는 나라들과의 연대를 통한 새로운 글로벌 가치사슬의 구축이야말로 한국의 지속적인 성장과 더 나아가 세계경제의 발전에 기여하는 좋은 방법이 될 것이다.

CHAPTER 19.

글로벌 교역둔화와 글로벌 가치사슬: 슬로벌라이제이션(Slowbalisation)

글로벌 가치사슬의 확대로 인해 전 세계적으로 교역이 크게 확대되었었다. 그런데 2008년 세계 금융위기 이후 이렇게 확대되던 글로벌 교역이 크게 둔화되기 시작했다. 본 장에서는 글로벌 교역둔화의 원인을 규명하고자 하는데 특히 글로벌 가치사슬에서 그 원인을 찾고자 하였다.[1] 아울러 본 장에서는 앞에서 살펴본 글로벌 가치사슬 확대를 보여주는 지표(가령, 글로벌 가치사슬 참가율)와 경제적 고도화 또는 사회적 고도화를 나타내는 다양한 지표, 교역증대와 경제성장(총요소생산성)을 서로 연계하여 여러 지표들 간의 인과관계를 파악하고자 하였다.

다양한 지표들의 정보를 취합하여 관심대상의 전체 모습을 개괄할 수 있다는 점에서 구조방정식 모형Structural Equation Model: SEM을 활용하였다. 이런 방법론을 이해한다면 본서에서 설명하고 있는 다양한 지표들을 이용한 독자들의 다른 연구목적에 활용이 기대된다.

1. 글로벌 가치사슬 확대와 글로벌 교역둔화

경제이론에서 국제무역은 기술이전을 통해 신생국의 경제발전에 기여를 할 뿐만 아니라 세계 경제의 통합을 가져와 경제의 효율성 제고에 기여할 수 있다. 이미 살펴본 바와 같이 경제성장 이론에서는 국제무역의 긍정적 역할을 강조하고 있다.[2] 최근에는 글로벌 가치사슬의 확대에 따른 교역증대가 경제성장에 큰 역할을 할 수 있다는

1) 박승록 (2019), 『글로벌 교역둔화와 생산성의 관계에 대한 연구: 글로벌 가치사슬(GVC)의 역할을 중심으로』, 한국연구재단.

2) Jones C. I. and D. Vollrath (2013), *Introduction to Economic Growth,* W. W. Norton & Company; Third edition, pp.15-17.; 박승록 (2018), 『생산성의 경제학』, 박영사, pp.503-518.

점을 신성장 이론의 설명에서도 살펴본 바 있다.

최근 글로벌 교역의 감소는 그 원인 규명의 대상으로 관심을 끄는 것에 그치는 것이 아니라, 그 결과로서 경제성장이나 생산성 증가에 부정적 영향을 미칠 수 있다는 것이다. 특히 글로벌 교역 감소가 중국경제의 글로벌 가치사슬의 변화에서 초래되고 있기 때문에 중국에 많은 중간재, 자본재를 수출하는 한국의 경제성장 또는 생산성 증가에 부정적 영향을 미칠 가능성이 커지게 되었다.

본 장에서는 글로벌 교역의 감소와 그 원인, 이로 인한 생산성 증가에 대한 부정적 영향의 연결고리를 보다 광범위하게 규명하되, 특히 글로벌 가치사슬의 변화에서 초래된 글로벌 교역 위축과 생산성 변화의 중층적인 인과관계를 파악하고자 한다.

여기에서는 글로벌 교역과 총요소생산성(TFP) 변화의 여러 결정요인의 상호관계를 다양한 변수들의 다단계적이고 종합적인 인과관계를 모형화 하는 데 의미가 있다. 글로벌 교역감소의 원인, 총요소생산성 변화의 결정요인을 규명하고자 했던 많은 선행연구들이 각각 해당 부분만을 연구대상으로 하고 있지만, 이들 간의 전반적인 인과관계를 종합적으로 파악한 연구사례는 찾기 힘들다.

본 장에서는 이상의 상호관계에 대한 보다 일반적인 의미도출을 위해 전 세계 국가들을 대상으로 한 패널 데이터를 구축하고, 구조방정식모형Structural Equation Model: SEM을 이용하여 다단계적인 상호관계를 규명하고자 한다. 이런 연구 방법론은 글로벌 교역둔화의 원인을 나타내는 경제변수의 "측정문제measurement error"를 해소할 뿐만 아니라, 글로벌 교역감소의 원인으로 지적되는 경기요인, 시장요인, 보호주의, 글로벌 가치사슬이란 "구성개념construct"들로 정의되는 "잠재변수latent variable"를 측정하며, 이들 변수와의 인과관계를 동시에 파악한다는 점에서 다른 선행연구들과 차별화된다.[3)]

이런 실증분석을 위해서는 상당히 많은 양의 자료를 활용하여 탐색적 연구를 하는 것이 필요하다. 필요한 자료들은 제4부에서 직접 측정하는 방법론을 살펴보면서 설명했던 글로벌 가치사슬에 참가하는 정도(GVC participation index)를 측정할 필요가 있다. 이와 더불어 세계은행의 세계개발지수World Development Indicators의 각종 지표들과, 펜 월드 테이블Penn World Table의 총요소생산성 증가율 자료 등 다양한 자료원을 이용할 필요가 있다.

---

3) 전반적 내용과 용어에 대해서는 이기종 (2012), 『구조방정식 모형』, 국민대 출판부.; 우종필 (2015), 『구조방정식모델: 개념과 이해』, 한내래 출판사.; Kline Rex B. (2005), *Principles and Practice of Structural Equation Modeling*, 2nd ed., Guilford Pub. Inc. 참조.

글로벌 교역 둔화가 시작된지 많은 시간이 경과했고, 그 원인으로서 글로벌 가치사슬의 위축이 지적되고 있는 상황에서 여기에서는 슬로벌라이제이션slowbalization이라는 용어를 사용하였다. 이를 위해 글로벌 교역의 감소 현황과 여기에 큰 영향을 미치는 것으로 파악되고 있는 글로벌 가치사슬에서 중국과 세계 전체의 참가정도를 검토했다. 아울러 글로벌 교역둔화 현상의 원인분석을 시도한 다양한 선행연구들에 대해서도 조사했다.

또한 교역감소에 영향을 미치는 것으로 파악된 경기적 요인과 시장 여건, 보호주의와 글로벌 가치사슬 관련 변수들을 검토했으며, 총요소생산성의 결정요인으로서 다양한 요인들과 글로벌 가치사슬과의 관계에 대해 살펴보았다. 특히 이 과정에서는 글로벌 교역의 결정요인으로서 글로벌 가치사슬, 총요소생산성의 결정요인으로서 글로벌 교역과 글로벌 가치사슬의 가설적인 인과관계 파악에 노력했다. 아울러 글로벌 교역의 결정 요인, 글로벌 교역 추이, 총요소생산성 증가에 이르는 과정을 모형화하고 이런 모형의 추정에 필요한 구성요인으로서 몇 가지 잠재변수를 정의하였으며, 다양한 자료원에서부터 이를 대표할 수 있는 여러 가지 측정변수measured variable들을 살펴보았다.

이와 같이 설정된 모형을 구조방정식모형 분석의 통상적인 절차에 따라 여러 가지 평가 통계량을 검토하면서 최종모형을 확정하고, 이로부터 글로벌 교역의 결정요인, 글로벌 교역 변화와 총요소생산성 변화에 이르는 과정에서의 잠재변수 상호간, 잠재변수와 측정변수의 인과관계로부터 찾을 수 있는 시사점을 분석하였다. 그리고 특히 글로벌 가치사슬의 글로벌 교역과 총요소생산성 증대에 대한 종합적 효과를 분석하였다.[4]

2. 이론적 배경과 선행연구

(1) 글로벌 교역감소, 총요소생산성 하락 현황

세계 금융위기 이후 글로벌 교역은 [그림 17-14]에서 보았듯이 종전의 성장패턴에서 벗어나 크게 감소하고 있다. 다음에 살펴볼 다양한 요인 때문에 이런 추세가

4) 전반적 실증분석 절차에 대해서는 박승록 (2020), 『Stata를 이용한 응용계량경제학』, 박영사, pp.482-508 참조.

지속되고 있다는 점에서 한국경제뿐만 아니라 세계경제의 위축 가능성에 대한 우려를 낳고 있다.

1980년대 중반부터 2000년 중반까지 글로벌 교역이 크게 증가한 것은 지정학적 발전과 경제적 요인이 반영된 결과이다. ① 베를린 장벽의 붕괴와 중유럽, 서유럽 지역의 서구 유럽 경제로의 편입, ② 중국의 세계 경제에 대한 편입과 WTO 가입 등 수출지향 정책, ③ 국별 생산과정을 생산업자와 판매업자들 간에 외부조달outsourcing하는, 소위 글로벌 가치사슬의 발전이 반영된 것으로 볼 수 있다.[5)]

2009년 세계 금융위기 이후 글로벌 교역의 증가추세가 현저히 감소한 것에 대해서는 다양한 이유들이 제시되고 있다. 이를 크게 구분하면, 경기적 요인과 구조적 요인으로 나눌 수 있다. 주요 선행연구들에서는 중국경제가 고도 성장할 때에는 글로벌 교역이 증가하였으나 최근에는 중국의 자본재, 중간재 부문의 자급도 상승에 의해 글로벌 가치사슬에서의 커다란 변화가 일어남으로써 글로벌 교역이 감소하고 있다고 한다. 중국의 총수입에서 원자재와 자본재의 비중이 지속적으로 감소하는 현상이 이를 반영하는 것이라고 할 수 있다.

바로 이런 측면에서의 글로벌 가치사슬에서의 변화가 글로벌 교역변화를 거쳐 궁극적으로 경제성장(총요소생산성 증가)에 어떤 영향을 미치는가를 분석하고자 하는 것이다. 이는 지금까지 살펴본 글로벌 가치사슬관련 지표의 계산과 경제성장관련 변수의 인과관계를 통합된 틀에서 설명하고자 하는 시도이다.

한편 글로벌 교역 감소뿐만 아니라 세계 주요국의 경제성장률과 총요소생산성 수준에서도 비슷한 모습이 관찰된다. 다음 [그림 19-1]은 한국과 미국, 영국, 독일 및 중국의 1950년 이후 2014년까지의 일인당 소득수준과 총요소생산성 수준의 장기적인 추세를 보여주고 있다. 좌측 도표의 Y축은 일인당 소득의 로그 취한 값을 나타내므로 추세선의 기울기는 장기적인 경제성장률을 나타낸다. 이를 볼 때 한국뿐만 아니라 미국, 영국, 독일, 일본 역시 장기적인 추세선을 밑돌고 있다. 일본의 경우 "잃어버린 20년"을 반영하듯 비교적 장기간의 침체국면을 관찰할 수 있다. 중국은 그동안의 고도성장에 힘입어 장기적인 성장추세선 위에 있다고 볼 수 있지만, 본격적인 고도성장이 1990년 초중반이란 점을 고려한다면 장기적인 추세선 아래에 있다고 볼 수 있다.

---

5) Hoekman, Bernard (2015), *Trade and growth-end of an era?" In B Hoekman (ed.), The Global Trade Slowdown: A New Normal?,* CEPR Press, p.4.

《 그림 19-1 》 한국과 미국, 영국, 독일, 일본, 중국의 장기 일인당 소득 및 총요소생산성 추이

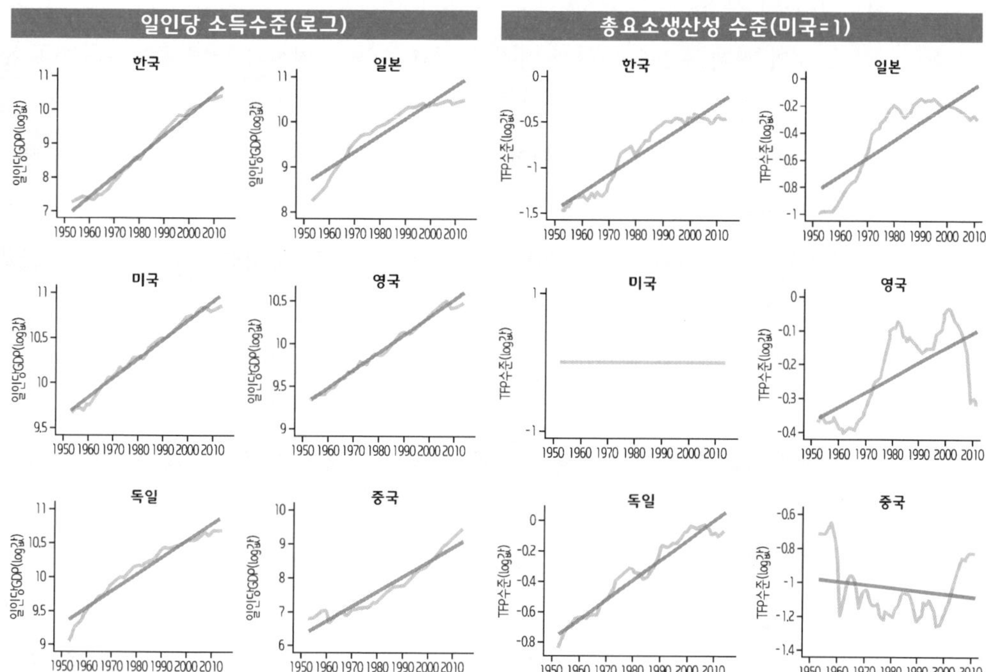

자료: Penn World Table Ver.9.

이런 현상은 총요소생산성 수준의 장기적 추세에서도 발견된다. [그림 19－1]의 우측 그림은 미국의 총요소생산성 수준을 1로 하였을 때 주요국의 총요소생산성 수준의 로그값 추세를 보여주고 있다. 여기에서도 추세선의 기울기는 총요소생산성 수준의 장기적인 증가율을 나타낸다.

이런 경기하강 추세는 2008~2009년 미국의 금융위기 이후에 나타나고 있는 세계적인 현상이다. 따라서 글로벌 교역감소, 총요소생산성 수준 또는 경제성장율 감소는 동일한 원인에서 초래되고 있을 가능성이 있으므로 이를 보다 자세히 살펴볼 필요가 있다.

(2) 글로벌 교역, 총요소생산성의 결정요인

1) 글로벌 교역의 감소원인

세계금융위기 이후 글로벌 교역의 감소와 그 원인에 대한 문제 제기는 처음 세계은행World Bank, 국제통화기금IMF, OECD와 같은 국제기구에 의해 이루어졌다. 그 외 많은 연구들도 경기적 요인cyclical factor이나 구조적 요인structural factor의 두 가지 측면에서 글로벌 교역 감소의 원인을 연구한 바 있다.

IMF의 분석은 1990년대에 장기 무역의 소득 탄력성이 크게 증가하였으나 2000년대에 심지어 금융위기 전부터 급격히 하락하였다는 이유로 글로벌 교역감소는 GDP의 감소뿐만 아니라 GDP와 무역의 관계에 있어서 구조적인 변화 때문이라고 해석하고 있다. 주요 원인으로는 보호무역이나 GDP에서 무역이 차지하는 비중의 변화보다는 국제적으로 수직적 전문화 정도의 하락에 기인하고 있다는 점을 지적하고 있다.[6)]

OECD의 연구 역시 글로벌 교역의 감소 원인을 경기적 요인이나 구조적 요인에 의해 초래되는 것으로 분석하면서 글로벌 가치사슬과 중국 변수에 의한 영향이 절대적인 부분을 차지하는 것으로 보고 있다.[7)] 세계은행 역시 글로벌 교역의 감소를 수요의 약화에 따른 경기적 요인과 소득과 무역 간의 탄력성의 감소라는 구조적 요인에 의해 초래된 것으로 보고 있다. 무역의 소득 탄력성 감소 원인으로 중국과 미국 간의 글로벌 가치사슬의 변화, 수요구성의 변화, 보호주의 증가를 지적하고 있다.[8)]

글로벌 교역의 감소의 원인에 대한 보다 본격적인 연구는 CEPR(2015)에서 발견된다. 19편의 논문을 통해 글로벌 교역감소 현황과 그 원인, 글로벌 가치사슬, 동아시아 지역 또는 중국의 변화, 경제정책적 관점에서 글로벌 교역감소에 대해 연구했다. 여기에서도 글로벌 교역감소의 원인으로 글로벌 가치사슬과 중국변수들이 중요시되고 있다. 글로벌 교역 감소는 세계 금융위기 이후 세계 경제가 처한 가장 대표적인 경제 문제로 대두되었기 때문에 이상에서 언급한 연구들이 가장 대표적이고 다른 많은 연구들이 이를 참조하고 있다.

여러 문헌에서 발견되는 글로벌 교역 감소의 원인은 크게 2가지 경기적 요인과 구조적 요인으로 구분된다.

첫째, 경기적 요인이란 수입 수요의 약화가 전반적인 총수요의 약화weak demand로

---

6) International Monetary Fund (2010), *World Economic Outlook-October: Do Financial Crises Have Lasting Effects on Trade?,* International Monetary Fund, Washington, DC.

7) Ollivaud, Patrice and Cyrille Schwellnus (2015), "Does the Post-Crisis Weakness of Global Trade Solely Reflect Weak Demand?" Bernard Hoekman ed. *The Global Trade Slowdown: A New Normal?*, CEPR Press, pp.71-92.

8) World Bank (2015), "What Lies Behind the Global Trade Slowdown?" Chapter 4 in *Global Economic Prospects*, Washington, DC: World Bank 참조. 여기에서는 오차수정모형(error correction model)을 사용하여 무역량과 실질소득의 관계를 추정하고 장단기 탄력성을 측정하여 장기탄력성은 구조적 요인으로, 단기탄력성은 경기적 요인으로 파악하고 있음.

부터 초래된다는 것이다. 이런 수요 약화는 세계교역의 1/3을 차지하는 유럽지역의 수요위축, 나머지 10%를 차지하는 중국의 경제위축, 중국과 더불어 미국의 수입이 GDP에서 차지하는 비중이 정체상태에 있기 때문이다. 국가에 따라서는 채무 재조정과 공공부문의 적자, 부채축소 노력에 따른 소비와 투자수요의 감소에 따른 수요위축이 있을 수 있다. 그 외에도 세계 경제의 불확실성 증가에 따른 투자의 위축 가능성도 지적할 수 있다.

둘째, 구조적 요인으로서 다양한 요인들에 의해 무역과 소득의 연계성이 약화되었다는 점에서 무역의 소득 탄력성 약화가 지적되고 있다. 무역의 소득 탄력성은 무역과 소득의 관계를 설명해주는 여러 가지 구조적 요인들의 요약지표로 볼 수 있다. 많은 연구에서 글로벌 교역 감소를 구조적 요인으로 보는 이유 중 하나는 세계금융위기 전부터 무역의 소득 탄력성이 감소했다는 점을 지적하고 있다.

이처럼 무역의 소득 탄력성 감소를 초래한 구조적 요인들로는 글로벌 가치사슬의 변화evolution of global value chains와 수요구성의 변화를 들 수 있다. 글로벌 가치사슬의 변화라는 것은 국제적 생산의 분절화에 참가하는 기업의 역량이 한계에 도달에 도달하였다는 것이다. 글로벌 교역 둔화가 글로벌 가치사슬 전략의 변화에서 초래되었는지, 어느 정도 여기에서 초래되었는지에 대한 다양한 의견이 있을 수 있지만, 글로벌 가치사슬의 확대가 1990년대 중반부터 2000년 중반까지 소득증가보다 높은 글로벌 교역 증가를 가져온 원인이었다는 점과 2008년 세계 금융위기의 직접적 영향으로 글로벌 교역이 크게 감소했다는 점에 대해서 많은 연구들이 일치된 견해를 보고 있다.[9)]

자료의 특성상 글로벌 가치사슬이 확대되면 GDP에서 무역이 차지하는 비중이 높아지는 것은 당연하다. 왜냐하면 글로벌 가치사슬이 활발해지면 국가 간 무역은 총액기준으로 집계되고, 이중, 삼중으로 계산되는 반면, GDP는 부가가치 개념으로 측정되기 때문이다. 국가 간 글로벌 가치사슬에 따른 생산의 분절화 현상이 심해질수록 총무역의 흐름은 총부가가치에 비해 빨리 증가하게 되고, 글로벌 가치사슬이 약화된다면 총무역 증가와 총부가가치 증가율의 차이가 줄어들게 된다.

글로벌 교역의 감소를 가져온 또 다른 요인은 수요구성의 변화에서 찾을 수 있다. 제조업에서 서비스업으로 국제무역의 비중이 변화하게 되면 상품교역이 상대적으로 줄어들게 된다. 또한 제조업 내에서도 투자재나 내구재는 소비재보다 무역 의존적

---

9) Bems R, R Johnson and K. M. Yi (2013), "The Great Trade Collapse," *Annual Review of Economics* 5(1), pp.375-400.; Yi, K. M. (2003), "Can vertical specialization explain the growth of world trade?" *Journal of Political Economy* 111(1), pp.52-102.

이기 때문에 이런 재화들은 수요가 확대될 것이란 믿음이 있을 때까지 수입이 연기된다. 따라서 세계적 경기회복에 대한 확실성이 있을 때까지 글로벌 교역은 감소할 수밖에 없다.

그 다음은 세계 경제와 중국, 동유럽의 통합과정이 완결됨으로써 통합과정에서 반영되었던 높은 무역 증가율이 하락하게 되었다고도 볼 수 있다. 특히 중국정부는 쌍순환 정책을 통해 종래의 수출 지향적 성장모형에서 탈피하고자 노력하고 있다. 이것이 최근의 글로벌 교역감소의 원인으로 지적될 수도 있다.

그 외에도 국제적인 무역금융의 약화, 보호주의 무역장벽의 증가(관세, 세이프가드), 각국 정부의 국내산업 보호를 위한 정부지원 강화(보조금, 기업지원)와 같은 정책변수들도 글로벌 교역감소에 영향을 미쳤을 개연성이 있다.

이처럼 많은 연구에서 글로벌 교역감소의 원인으로 다양한 사실들이 지적되고 있지만 이런 다양한 변수들의 인과관계와 그 중요성의 크기에 대한 종합적인 분석결과는 부족하다. 특히 글로벌 교역감소로 인해 초래될 개연성이 있는 생산성 변화와의 관계에 대한 논의는 활발하지 않다. 오히려 글로벌 교역 감소의 구조적 원인으로 소득의 무역 탄력성 추정치가 그 중요한 근거로 제시되면서 인과관계의 방향이 바뀐 논의가 활발하다고 할 수 있다.

2) 총요소생산성 증가의 결정요인

글로벌 교역 감소의 원인에 대한 연구들과 마찬가지로 총요소생산성의 측정과 그 결정요인에 대한 연구도 풍부하다. 총요소생산성 증가의 결정요인에 대한 많은 연구결과를 취합해 볼 때, 연구개발, 교육, 보건, 사회간접자본, 무역(수입), 제도, 개방정도, 경쟁환경, 금융제도의 발전, 지리적 위치, 자본집약도, 기술흡수 능력 등 다양한 요인들이 지적되고 있다.[10]

또한 기업 차원에서는 기업 내부요인으로는 경영자의 능력, 고급 노동력, 정보기술, 연구개발, 시행착오, 상품혁신, 기업구조 등이, 기업 외부요인으로 생산성의 이전, 경쟁환경, 규제, 탄력적 요소시장 등이 지적되기도 한다.[11]

UN 산업개발기구에서는 혁신과 지식의 창조, 기술이전과 관련된 해외직접투자FDI,

10) 박승록 (2018), 『생산성의 경제학』, 박영사, pp.106-119.

11) Chad Syverso (2011), “What Determines Productivity?” *Journal of Economic Literature* 49:2, pp.326-365.

무역trade, 기술흡수 및 흡수능력, 요소투입의 효율적 배분과 관련된 교육 및 훈련, 보건, 사회간접자본, 구조변화와 자원의 재배분, 금융시스템, 제도, 무역통합, 지정학적 위치, 경쟁환경, 사회적 요인과 환경을 지적하기도 한다.[12)]

글로벌 가치사슬이 총요소생산성 증가에 큰 역할을 할 것이란 연구는 글로벌 가치사슬을 측정하는 방법과 관련 자료들이 작성되기 전에는 다국적 기업, 외국인 투자의 총요소생산성 증가에 대한 실증분석의 형태로 이루어졌으나, 글로벌 가치사슬 관련 자료의 측정이 가능해지면서 이와 관련된 연구가 보다 활발해지고 있다.[13)]

(3) 글로벌 교역의 결정요인, 글로벌 교역과 총요소생산성 증가의 인과관계 설정

이상에서 살펴본 글로벌 교역감소의 원인과 총요소생산성 증가의 인과관계를 설정하는 데 개연성 있는 많은 변수들을 모두 모형에 포함시키는 것보다 자료의 제약, 잠재변수의 의미를 대표적인 측정변수와의 타당성있는 관계, 잠재변수들 간의 판별성, 구조방정식모형의 추정 등 여러 요인들을 감안하여 단순화시키는 것이 필요하다. 따라서 여기서는 글로벌 가치사슬과 교역감소, 그리고 이것이 총요소생산성 변화와 연결되는 인과관계를 중요시 하고 나머지 부분은 다소 단순화시켰다.

그래서 글로벌 가치사슬이 글로벌 교역 증가, 글로벌 교역 증가가 총요소생산성 증가로 이어지는 간접적 경로와 더불어 글로벌 가치사슬이 직접 총요소생산성 증가로 이어지는 직접적 경로를 규명하는 것이 주요 목적이 될 것이다.[14)]

많은 선행 연구들을 볼 때 글로벌 교역의 증가는 기술이전 등에 긍정적 역할을 함으로써 경제성장이나 총요소생산성 증가에 큰 역할을 한 것으로 평가되어 왔고, 이를 입증하는 연구도 많이 축적된 상태이다. 또 아래 [그림 19－2]에서와 같이 실제 자료에서도 무역 증가율과 경제성장률 또는 총요소생산성 증가율 간에는 정(+)의 관

---

12) UN Industrial Development Organization (2007), *Determinants of total factor productivity: a literature review*, Staff Working Paper 02/2007.

13) Yoshimichi Murakami andI Keijiro Otsuka (2017), *A Review of the Literature on Productivity Impacts of Global Value Chains and Foreign Direct Investment: Towards an Integrated Approach*, Discussion Paper DP2017-19, RIEB, Kobe University.

14) 이런 인과관계에서 글로벌 무역증가는 글로벌 가치사슬의 변화의 총요소생산성 변화에 대한 매개변수(mediating variable)의 역할을 하게 됨. 만약 매개변수로서의 역할을 무시하고, 글로벌 가치사슬의 변화와 총요소생산성 증가의 관계만을 직접 살펴보게 된다면 인과관계가 없는 것으로 평가할 가능성이 있음.

계가 관찰되고 있다.

이제 교역증가나 글로벌 가치사슬에의 참가와 총요소생산성 증가율의 인과관계 분석에 대한 선행연구와 그 논리를 살펴보자. 국제적 생산 네트워크의 구축, 국제무역, 해외투자가 활발해지면서 각 국가는 전체 생산과정의 한 단계 또는 몇 단계에 대해 전문화하는, 소위 글로벌 가치사슬의 한 축을 형성하게 된다. 이는 그동안 무역장벽, 투자장벽이 완화되어 왔고, 제조업 상품의 국제거래 절반 이상이 중간재이며, 중간재 서비스가 서비스 교역의 70% 이상이 차지하고 있다는 사실에서도 잘 나타난다.[15)]

〈 그림 19-2 〉 글로벌 교역증가율과 경제성장률, 총요소생산성 증가와의 관계

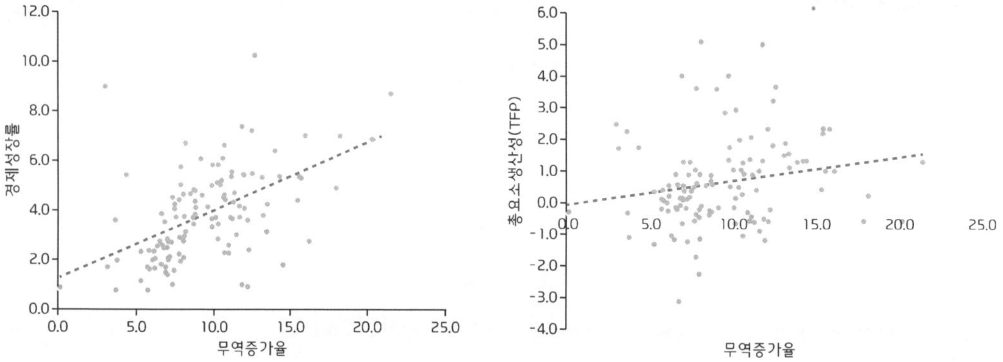

자료: World Bank; UN Comtrade Database.

이런 현상은 결국 기업들이 지역별 비교우위에 따라 기업활동을 해외에서 외부조달outsourcing 함으로써 국제적으로 연구개발, 부품생산, 조립, 마케팅, 유통과 같은 기업활동을 조직화할 수 있다는 것을 의미한다. 따라서 글로벌 가치사슬에 참가한다는 것은 이윤 극대화를 추구하는 기업들로 하여금 저렴한 양질의 중간재와 서비스에 접근할 수 있게 함으로써 더욱 높은 생산성과 경쟁력을 갖게 한다.

거시적인 관점에서 볼 때, 국가 간 생산의 분절화, 즉 글로벌 가치사슬은 한 나라의 전체 생산성이나, 생산량 또는 일자리 창출에 긍정적인 영향과 부정적 영향을 동시에 미친다. 글로벌 가치사슬에 적극적으로 참가하여 외부조달하는 것과 국내에 해당 생산과정을 유지하는 두 경우의 효과는 상품의 질이나 국내에 창출하는 부가가치

15) De Backer, K., and S. Miroudot (2013), *Mapping global value chains,* Trade Policy Papers 156, OECD.

의 창출 정도에 따라 달라질 것이다. 일반적으로 글로벌 가치사슬에의 참가를 통한 외부조달의 긍정적인 효과가 더 큰 것으로 인식되어 왔다.

이런 긍정적인 효과는 단기적으로 생산비용을 낮추고 더욱 좋은 생산요소를 사용할 수 있고, 장기적으로 더욱 효율적인 방법으로 생산요소를 재배분할 수 있기 때문이다. 하지만 그동안 관련 자료의 부족으로 인해서 글로벌 가치사슬에의 참가와 생산성, 경제성장, 일자리 창출과 같은 거시경제 변수와의 인과관계에 관한 연구는 매우 제한적이었다.

하지만 전술한 바와 같이 국제 산업연관표가 작성되면서 부가가치 무역, 글로벌 가치사슬 참가도와 같은 다양한 새로운 지표들이 개발됨으로써 이들 변수와 총요소생산성의 관계를 규명하는 연구가 가능해졌다.

글로벌 가치사슬의 확대에 따라 이에 편승한 국가들의 경제성장률이 많이 증가했다는 것도 의심의 여지가 없다. 경제이론 역시 무역이 경제성장에 미치는 과정에 대해서도 잘 설명하고 있다. 즉, 무역은 자원의 효율적 배분을 가능하게 하고, 무역에 참가하는 국가가 규모의 경제나 범위의 경제 효과를 활용할 수 있다는 것이다. 무역은 기술확산을 더욱 쉽게 하며, 기술 진보를 촉진할 수도 있다. 또한 국내외 시장에서의 경쟁을 촉진함으로써 공정혁신, 신상품 개발을 가져온다는 것이다. 무역과 성장 및 생산성 증대에 대한 선행연구는 많이 축적되어 있다.[16)]

국제무역과 총요소생산성 증가에 미치는 영향에 관해서도 많은 연구가 있다. 다만 일부 연구의 경우 두 변수 간의 반대 방향의 인과관계도 가능하다는 주장이 있지만 이를 고려하더라도 총요소생산성과 무역 간에 중요한 인과관계가 입증되고 있다.[17)]

---

16) Krugman, P. (1979), "A Model of Innovation, Technology Transfer, and the World Distribution of Income," *Journal of Political Economy* 87(2), pp.253-66.; Grossman, G. and E. Helpman (1991), *Innovation and Growth in the Global Economy*, Cambridge, MA: MIT Press.; Young, A. (1991), "Learning by Doing and the Dynamic Effects of International Trade," *Quarterly Journal of Economics* 106(2): pp.369-405.; Lee, J. W. (1993), *International Trade, Distortions, and Long-Run Economic Growth*, IMF Staff Papers 40(2), pp.299-328.; Rodriguez, Francisco, and Dani Rodrik (2001), "Trade Policy and Economic Growth: A Skeptic's Guide to the Cross-National Evidence," in Ben S. Bernanke and Kenneth Rogoff, eds., *NBER Macroeconomics Annual*.; Bernard, A. B. and J. B. Jensen (2004), "Why Some Firms Export," *Review of Economics and Statistics* 86(2), pp.561-569.; Bernard, A. B., J. Eaton, J. B. Jensen and S. Kortum (2003), "Plants and Productivity in International Trade," *American Economic Review* 93(4), pp.1268-1290.; Obstfeld, M. and A. M. Taylor (2003), "Globalization and Capital Markets," *NBER Chapters: Globalization in Historical Perspective*, pp.121-188.

17) Ades, Alberto, and Edward L. Glaeser (1999), "Evidence on Growth, Increasing Returns, and

하지만 무역과 생산성의 관계에 관한 실증연구에서는 제도와 지리적 위치란 변수를 통제할 때 무역의 생산성 증가에 대한 결정적 역할이 약화된다는 연구가 있기도 하다.[18] 이 연구들은 대부분 국제무역을 나타내는 대한 변수로서 무역량(수출과 수입)이 경상 GDP에서 차지하는 비율, 즉 개방정도openness라는 변수를 사용하고 있다.

따라서 국가 간 수직적 전문화를 나타내는 글로벌 가치사슬에 대한 자료, 즉 부가가치 무역, 전후방 글로벌 가치사슬 참가지수에 대한 지표들이 작성될 경우 이들과 경제성장 또는 총요소생산성과의 관계에 대한 인과관계의 분석이 가능할 것이다. 하지만 지금까지 글로벌 가치사슬에 대한 체계적인 자료가 존재하지 않아서 무역과 생산성의 인과관계에 대한 연구만큼 활발하지는 못하였다. 이런 가운데 포매와 카파렐리Formai and Caffarelli는 글로벌 가치사슬을 나타내는 지표로서 후방 글로벌 가치사슬 지표와 노동생산성, 또는 총요소생산성과의 인과관계를 밝히고 있다.[19]

3. 분석자료와 연구방법론

(1) 자료의 작성

1) 글로벌 교역 감소의 원인 변수

글로벌 교역감소의 원인으로서 경기적 요인과 구조적 요인을 언급하고 있는 선행연구들에 대해서는 전술한 바와 같다. 실증분석을 위해서는 이런 요인을 설명할 수 있는 다양한 자료를 수집하는 것이 필요하다. 이를 위해 우선 글로벌 교역감소의 원인을 4개의 큰 카테고리의 개념(구성개념construct)으로 구분하였다. 경기요인, 시장요인, 보호주의, 글로벌 가치사슬의 변화의 4개의 범주를 개념화하고, 이런 구성개념을 나타내는

---

the Extent of the Market," *Quarterly Journal of Economics*, CXIV, pp.1025-1045.; Frankel, Jeffrey, and David Romer (1999), "Does Trade Cause Growth?" *American Economic Review*, LXXXIX, pp.379-399; Alesina, Alberto, Enrico Spolaore, Romain Wacziarg (2000), "Economic Integration and Political Disintegration," *American Economic Review*, XC, pp.1276-1296.

18) Rodrik, Dani (2000), *Comments on Frankel and Rose: Estimating the Effects of Currency Unions on Trade and Output,* Mimeo, Kennedy School of Government, Harvard University.; Irwin, Douglas, and Marko Tervio (2002), "Does Trade Raise Income: Evidence from the Twentieth Century," *Journal of International Economics*, LVIII, pp.1-18.

19) Sara Formai & Filippo Vergara Caffarelli (2016), *Quantifying the productivity effects of global sourcing*, Bank of Italy, Economic Research and International Relations Area.

실제 수집 가능한 측정지표를 정의하여 이를 통계적인 방법으로 분석하기로 한다.

첫째, 글로벌 교역감소의 원인으로서 경기요인은 생각할 수 있다. 자국의 투자증가율, 세계 투자율, 세계 외국인 투자 증가율, 세계 GDP 증가율, 중국의 GDP 증가율, 미국의 GDP 증가율, 원자재(중간재, 원유, 철강재) 가격변화, 국별 정부부채 비율과 같은 변수들이 경기적 요인을 나타내는 것으로 검토되었다.

둘째, 글로벌 교역감소의 원인으로서 시장요인을 살펴보았다. 시장요인으로는 중국경제의 서비스화 정도, 주요 경제권(중국, 유럽, 전 세계 지역)의 개방도(무역액/GDP) 등을 시장요인으로 간주하였다.

셋째, 글로벌 교역감소의 구조적 요인의 하나로 보호주의 무역요인을 살펴보았다. 국별 평균 관세율, 수출 보조금 비중, 무역세, 전 세계 TBT통보건수, 전 세계 비관세장벽 건수 등을 검토하였다.

2) 글로벌 가치사슬의 참가지수

넷째, 글로벌 교역감소의 구조적 요인으로서 글로벌 가치사슬에의 참가정도를 검토하였다. 이를 평가할 수 있는 지표로는 글로벌 가치사슬 후방참가지수, 글로벌 가치사슬 전방참가지수, 중국의 중간재 수입비중, 글로벌 가치사슬 비중과 같은 지표들이 검토되었다.

세계적인 글로벌 가치사슬의 확대 과정에서는 중국의 경제성장이 매우 중요한 역할을 한다는 점에서 중국의 글로벌 가치사슬과 개별국가의 글로벌 가치사슬의 2가지 구성개념으로 구분하였다. 중국의 글로벌 가치사슬 확대가 일부 국가의 글로벌 가치사슬 확대로만 연결되었을 가능성을 검토하기 위함이다.

글로벌 가치사슬에의 참가정도를 나타내는 지표로 총수입에서 중간재나 자본재 수입이 차지하는 비중을 사용할 수도 있다. 하지만 국제무역에서 글로벌 가치사슬의 중요성이 강조되면서 글로벌 가치사슬에의 참가정도를 보다 정교하게 측정하는 방법이 개발음은 이미 살펴본 바 있다. 즉, 수직적으로 분절화된 생산과정에서, ① 특정국의 수출로 인해 창출된 부가가치 가운데 타국이 해당국에 수출한 부가가치 비중(후방참가지수backward participation index)과, ② 특정국의 수출로 인해 창출된 부가가치 가운데 해당국이 타국에 수출한 부가가치의 비중(전방 참가지수forward participation index)을 살펴보는 것이다.[20]

---

20) Hummels, D., J. Ishii and K. M. Yi (2001), “The nature and growth of vertical specialization in world trade,” *Journal of International Economics*, Vol.54, No.1, pp.75-96.

여기에서는 WIOD의 2000~2014년간 세계 산업연관표를 사용하였다. 이는 43개국과 기타국의 44개 국가의 56개 산업부문에 대한 국제 산업연관표이다. 이 자료를 이용할 경우 글로벌 가치사슬의 참가 정도에 대한 시계열자료를 구할 수 있기 때문에 본 연구의 분석목적에 부합하였다.

3) 총요소생산성 결정요인 변수

다섯째, 총요소생산성의 결정요인으로서 다양한 요인들을 고려하는 실증분석에 대해서는 선행연구들을 통해 살펴본 바 있다. 본 연구에서는 인적자본, 연구개발투자, 과학기술논문 발표수, 연구원수, 기술자수와 같은 변수들을 총요소생산성 증가에 영향을 미치는 측정변수로 정의하였다.

총요소생산성 증가에 영향을 미칠 수 있는 수 많은 변수들을 감안하는 대신 대표적인 몇 개의 변수만을 검토하였다. 이는 본 연구의 주목적인 글로벌 가치사슬의 글로벌 교역감소와 총요소생산성 증가의 관계에 대한 것이기 때문이다.

〈 표 19-1 〉 글로벌교역 및 총요소생산성 결정요인의 구성개념과 측정변수

구성개념 (잠재변수)	경제현상의 팩트	측정변수
경기요인	• 세계적 경기부진(소비, 수입수요 약화) • 정부의 부채 축소 조정 • 불확실성 증대(투자) • 무역과 소득의 연계성 약화 • 국가 간 소득 수렴화 국면의 변화	• 개별 국가 투자율 • 전 세계 투자율 • 전 세계 외국인 투자율 • 세계 GDP증가율 • 중국의 GDP증가율 • 미국의 GDP증가율 • 원자재 가격변화 • 정부의 부채비율
시장요인	• 국제 무역구성의 변화(서비스교역 증가) • 국민소득 구성(소비와 투자비중) 변화 • 중국과 동유럽 통합과정의 완결	• 중국의 서비스업 비중 • 유럽의 서비스업 비중 • 중국의 개방도 • 세계의 개방도
보호주의	• 지역, 광역 자유무역협정 • 보호주의 포함 무역체제 변화	• 평균 관세율 • 보조금 • TBT통보건수 • 비관세장벽 건수

구성개념 (잠재변수)	경제현상의 팩트	측정변수
글로벌 가치사슬	• 수직적 전문화 형태의 변화 • 중국 글로벌 가치사슬의 변화 • 중국의 중간재 수입비중의 변화	• 중간재 수출입 비중 • 후방 GVC 참가율 • 전방 GVC 참가율 • GVC관련 비중
지적 자산	• 기술이전(무역, FDI) • 교육훈련 • 사회간접자본 • 제도 • GVC • 혁신과 지식창조	• 인적자본 • 연구개발투자 비중 • 과학기술 논문 발표수 • 연구원 수 • 기술자 수

주: 여기에서 고려하고 있는 변수는 글로벌 교역감소의 원인에 대한 많은 선행연구 결과를 취합한 것으로 일부 변수들은 다른 변수와 아주 심한 다중공선성 문제를 가지고 있거나, 확인적 요인분석(CFA)결과 부하량이 낮거나, 기대와 달리 효과가 역방향으로 나타난 변수들은 제외한 것임.

(2) 분석 방법론

본 연구에서는 구조방정식모형Structural Equation Model: SEM을 이용하여 글로벌 교역감소의 다양한 원인 규명과 글로벌 교역감소와 총요소생산성의 관계를 파악할 수 있도록 다양한 측정변수들과 잠재변수들 간의 관계, 잠재변수들간의 관계를 종합적으로 살펴보도록 한다.

구조방정식모형은 경영학, 교육학, 심리학 등 다른 학문 분야에서는 매우 광범위하게 활용되었으나, 경제학 분야에서는 최근에 활용사례가 늘어나고 있다. 방법론상의 특징은 경제학 분야에서도 매우 익숙한 연립방정식 모형의 활용이라고 볼 수 있고, 측정변수들로부터 정의된 잠재변수를 정의한다는 점에서 계량경제학에서의 측정오차 문제를 명시적으로 고려한다는 특징이 있다. 아울러 분석대상과 관련된 다양한 변수들의 관계를 살펴보면서 보다 넓은 시각으로 여러 가설들을 동시에 살펴볼 수 있다는 장점이 있다.

구조방정식모형의 일반적인 분석절차에 따라 측정변수measured variable와 잠재변수latent variable의 신뢰성, 집중 타당성, 판별 타당성 등을 검토한 후 모형의 추정과 수정을 거쳐 관심대상인 변수들 간의 인과관계를 검증하는 순서로 살펴보기로 한다.[21]

21) Schumacker and Lomax (2016), *A Beginner's Guide to Structural Equation Modelling*, Routledge, pp.106-143.; Alan C. Acock (2013), *Discovering Structural Equation Modelling Using Stata*, A Stata Press Publication, pp.115-152.

여기서 잠재변수란 이상에서 글로벌 교역감소의 원인, 총요소생산성의 결정요인을 나타내는 항목이름으로 구성개념construct이라 불리는 실제 관측되지 않는 변수이다. 측정변수란 이런 관측되지 않은 구성개념의 의미를 나타낼 개연성을 있는 측정가능한 변수를 의미한다.

이 과정에서 다양한 측정변수들이 자신이 포함된 구성개념들과 동일한 개념을 나타내는 신뢰도reliability를 검토한다. 또한 잠재변수를 나타내는 측정변수들이 얼마나 잠재변수들의 개념과 일치되는지를 살펴보기 위해 집중 타당성convergent validity을 검토하게 된다. 아울러 서로 다른 구성개념 즉, 잠재변수들 간의 차이가 뚜렷하게 구분되느냐를 파악하기 위해 판별 타당성discriminant validity을 살펴보게 된다.[22)]

마지막으로 구조방정식 모형을 이용하여 글로벌 교역의 결정요인으로서 측정변수와 잠재변수의 관계, 글로벌 교역변화와 총요소생산성의 중층적 인과관계, 측정변수들 간의 상관관계, 잠재변수들 간의 상관관계 분석 등 많은 시행착오를 거쳐서 글로벌 교역의 결정요인, 글로벌 교역의 변화와 총요소생산성의 인과관계를 나타내는 최종모형을 선택하게 된다.[23)]

이런 과정에서 전술한 바와 같이 글로벌 가치사슬의 변화와 글로벌 교역의 감소, 글로벌 가치사슬과 총요소생산성 변화와의 직·간접적 영향력을 측정할 수 있고, 이런 인과관계에서 각 변수들의 상대적 중요성 정도를 파악할 수 있게 된다.

---

22) 통상적인 분석절차를 거친다해도 실제 추정과정에서는 사용할 측정변수를 잘 검토할 필요가 있음. 특히 결측치(missing value), 특이치(outlier), 다중공선성(multicollinearity)의 문제가 있을 경우 해당 분산-공분산행렬(variance-covariance matrix)이 정칙행렬(positive definite matrix)이 아니면 이 행렬의 역행렬이 존재하지 않으므로 모형의 추정이 불가능함. 이를 검토하기 위해서는 해당행렬의 고유치(eigen value) 가운데 음(-)의 값이 없어야 함.

23) Mulaik S. A. and Millsap, R. E. (2000), *Doing the four-step right. Structural Equation Modelling*, 7, pp.36-73에서는 전체 측정변수로부터 몇 개의 구성개념(잠재변수)이 정의될 수 있는지 확인하고, 개별 구성개념과 측정변수들 간의 확인적 요인분석(CFA)을 한 다음, 잠재변수들 간의 인과관계를 나타내는 구조모형을 추정하고, 다양한 평가통계를 이용하여 모형을 수정한 후 최종모형을 선정하는 4단계의 분석절차를 제시하고 있음. Schumacker and Lomax (2016) 역시 이를 권장하고 있음(pp.135-136).

4. 분석결과

(1) 측정변수와 잠재변수에 대한 신뢰성, 집중타당성 및 판별타당성 분석

다음 [표 19－2]에서는 자료의 작성 부분에서 설명한 경기요인, 시장요인, 보호주의, 중국의 GVC, 국별 GVC, 지적 자산이란 구성개념을 나타내는 다양한 측정변수들을 구조방정식 모형의 일반적인 분석 절차에 따라 검토한 후, 확인적 요인분석Confirmatory Factor Analysis: CFA을 통해 구성개념별 측정변수의 신뢰성과 타당성을 평가한 지표를 제시하고 있다.

경제통계를 이용한 구조방정식 모형에서는 유사한 개념을 나타낸다고 판단되는 측정변수를 인지하고 이에 대한 자료를 수집하여 동일한 개념으로 그룹화할 수 있는지는 "크론바흐 통계량Cronbach's alpha"을 통해 검토한다. 이 통계량은 상관관계가 높을수록, 측정변수의 수가 많을수록 높아지는 경향이 있다. 상관관계가 높다는 사실이 하나의 개념으로 그룹화할 수 있다는 의미이지만 지나치게 높은 상관관계는 나중에 추정과정에서 다중공선성의 문제를 발생시킬 가능성이 있어서 절대적인 기준(보통 0.8 이상 선호)으로 활용하기 힘들다.

부하량의 경우 해당 구성개념을 설명하는 측정변수로서의 적절성을 나타낸다. 특정 구성개념을 설명하는 변수로서의 적절성 정도를 나타낸다는 점에서 측정오차의 문제를 파악할 수 있는 근거가 된다. 경제학적 가설검증에서는 해당 구성개념에 대한 특정 관측변수의 대리변수로서 타당성을 평가할 수 있는 기준이 될 수 있다. 실증분석상 부하량이 낮거나(0.5 이상 선호), 부호가 반대로 나오는 경우 적절한 측정변수로 평가할 수 없지만, 그 자체가 검증대상이 될 수도 있다. 그외 개념신뢰도construct reliability는 0.7 이상, 평균분산 추출값Average Variance Extracted: AVC은 0.5 이상의 기준을 선호한다.

하지만 경제통계를 이용할 때에는 설문조사를 위한 항목설계에서처럼 각 구성개념에 해당되는 복수의 설문변수를 통해 작성된 자료를 이용하는 것과 다르다. 통상 개연성 있는 구성개념을 정의하고 이를 나타낼 수 있는 경제변수를 수집 분석하여 여러 기준에 맞는 경제변수를 확인하는 절차를 거칠 경우 이상의 기준에 적절한 평가 통계량을 얻을 수 없는 경우가 많다. 즉 제한된 경제변수들로부터 가설에 맞는 변수들을 선정하는 과정에서는 검토대상 변수들 가운데 일부 변수를 선택할 수밖에 없다는 한계가 있다. 이런 점에서 볼 때 [표 18－2]에서 제시하고 있는 일부 구성개념의 집중도와 신뢰도는 다소 기준에 미흡하기도 하고, 측정지표의 부하량이 다소 낮을 수도 있다.

또한 경기요인, 시장요인, 보호주의, 글로벌 가치사슬이란 구성개념이 서로 독립적인 개념으로써 합당하냐를 평가하는 방법으로서 판별 타당성을 검토한다. 통상 잠재변수의 AVE 값과 두 구성개념의 상관계수의 제곱 값을 비교하여 AVE가 더 클 경우 판별 타당성이 있는 것으로 평가한다. 검토결과 이상의 구성개념들 간의 판별 타당성은 기준에 부합하였다.

〈 표 19-2 〉 구성개념과 측정지표의 집중도, 타당성 검토 통계량

구성개념 (Construct)	측정지표 (Indicator)	부하량 (Loading)	크론바하 알파 (Cronbach Alpha)	복합신뢰도 (Composite reliability)	평균분산추출 계수 (AVE)
경기요인	투자증가율	0.1204	0.6060	0.5430	0.5643
	세계 투자증가율	1.0000			
	세계 FDI증가율	0.4292			
	중국의 경제성장률	0.2603			
시장요인	세계 서비스업 비중	0.9002	0.7503	0.9590	0.3592
	중국 서비스업 비중	0.9438			
	중국의 개방도	0.6863			
	EU 지역 개방도	0.9936			
	세계 개방도	0.9796			
보호주의	보조금 비중	0.1230	0.5360	0.6630	0.5703
	TBT 통보건수	0.8149			
	비관세장벽 건수	0.7871			
중국의 글로벌 가치사슬 참가	후방참가율	0.0681	0.7423	0.5710	0.6791
	전방참가율	0.3746			
	GVC참가율	1.0000			
국별 글로벌 가치사슬 참가	후방참가율	0.1531	0.6732	0.584	0.4255
	전방참가율	1.0000			
	GVC 비중	0.7186			
지적 자산	인적자본	0.7234	0.8491	0.849	0.3863
	연구개발투자 비중	0.8878			
	저널발표건수	0.1609			
	연구자수	0.9652			
	기술자수	0.7432			

(2) 구조방정식 모형을 통한 인과관계 추정

이상의 절차에 이어서 구조방정식 모형을 추정하였다. 추정방법은 최우법maximum likelihood method를 사용하였고, 개별 구성개념별로 결측치missing value들은 제외하고 확인적 요인분석Confirmatory Factor Analysis: CFA이 이루어졌으며, 이로부터 경기요인, 시장요인, 보호주의, 중국 글로벌 가치사슬, 자국 글로벌 가치사슬, 지적 자산이란 잠재변수의 값들이 계산되었다. 그 다음 글로벌 교역증가, 총요소생산성 증가라는 종속변수와 5개 구성개념 역시 증가율 변수가 회귀분석에 활용되었다.[24)]

5개 구성개념을 나타내는 잠재변수들 간의 다양한 인과관계의 가능성을 검토하였으나 특별한 의미를 찾기 힘들었다. 그래서 5개 잠재변수가 글로벌 교역 증가에 직접 영향을 미치는 것으로 하였고, 본 연구에서 검증을 시도하고 있는 글로벌 가치사슬 변수는 글로벌 교역 증가와 총요소생산성 증가에 동시적으로 영향을 미치는 것으로 하여 모형을 추정하였다. 인적자본, 연구개발 투자 등으로 구성되는 지적 자산은 총요소생산성 증가에 직접 영향을 미치는 것으로 하였다. 추정과정에서는 또한 "수정계수modification indices"를 통해 모형의 추가적인 개선 가능성 여부를 검토하였다.

[그림 19-3]에서는 이런 과정을 통해 추정된 5개 구성개념과 글로벌 교역 증가의 인과관계를 보여주는 추정계수와 유의성 수준을 나타내는 t-값, 그리고 전반적인 모형의 적합도와 관련된 통계량을 보여주고 있다.

(3) 글로벌 가치사슬, 글로벌 교역감소와 총요소생산성의 관계

이상에서 살펴본 5개 잠재변수와 글로벌 교역증가 및 총요소생산성 증가와의 인과관계를 나타내는 구조방정식모형의 추정결과로부터 다음과 같은 다양한 시사점을 찾을 수 있다.

첫째, 본 연구에서 입증해보고자 하였던 글로벌 교역 감소의 원인은 경기적 요인보다는 구조적 요인에서 왔다고 평가할 수 있다. 구조적 요인 가운데에는 중국의 글로벌 가치사슬 변화가 가장 커다란 요인이었다.

글로벌 교역감소의 원인으로써 경기적 요인과 구조적 요인의 검증은 많은 선행연구들이 시도했던 바이며, 경기적 요인의 경우 특정 하나의 관측변수를 이용하여 검

24) 경제통계를 이용할 때에는 자료가 패널자료의 형태가 되므로 패널추정법이 활용되는 것이 보다 합리적이지만 아직까지 구조방정식 모형에 이를 적용하는 추정방법은 개발되지 못하고 있음.

증한 사례가 다수였고, 구조적 요인의 경우 대표적인 측정지표로서 무역의 소득탄력성이나 글로벌 가치사슬 관점에서 파악한 연구가 다수 있었음은 전술한 바와 같다.

여기에서의 분석결과 경기요인과 시장요인의 글로벌 교역감소에 대한 영향력은 글로벌 가치사슬, 특히 중국의 글로벌 가치사슬의 변화란 구조적 요인보다 훨씬 작은 것으로 파악되고 있다. 위의 [그림 19-3]에서 경기요인, 시장요인의 글로벌 교역에 대한 영향력을 나타낸 추정계수가 중국 글로벌 가치사슬의 영향력 계수 값보다 작고, 유의성이 있다는 사실을 알 수 있다.

둘째, 여기에서 중국의 글로벌 가치사슬 변화라는 사실이 글로벌 교역변화에 대해 가장 큰 영향력을 보여줌으로써 글로벌 교역감소의 주된 요인이 중국변수에서 발생하였고 그런 점에서 글로벌 교역감소의 원인은 구조적 요인이라는 점을 파악할 수 있었다.

하지만 중국의 경제성장 과정에서 글로벌 가치사슬의 확대가 글로벌 교역의 증대에 크게 기여하였지만 이는 세계 모든 국가보다는 일부 국가의 글로벌 가치사슬의 변화에 그쳤다는 의미를 제공해준다. 왜냐하면 자국의 글로벌 가치사슬 변화가 글로벌 교역증대에 기여하는 역할이 작고 유의성이 없기 때문이다. 이는 중국과 중간재 거래를 통해 가공무역에 참가한 일부 국가의 글로벌 가치사슬 참가지수에 영향을 미쳤다는 것을 의미한다.

UN무역통계에 의하면 2000년 중국은 전 세계 4개 나라로부터 자본재(자동차부품제외)는 총수입의 56.3%를 수입하고 있으며, 3개 나라에 55.3%를 수출하고 있다. 2014년에는 전 세계 4개 나라로부터 총수입의 64.0%를 수입하고 있으며, 3개 나라에 63.2%를 수출하고 있다.

셋째, 중국의 글로벌 가치사슬은 전방참가의 특성을 가지고 있다. 중국의 글로벌 가치사슬란 구성개념에 글로벌 가치사슬 후방참가지수의 역할이 전방참가지수의 역할에 비해 매우 작기 때문이다. 중국경제가 1993년 사회주의 시장경제 체제를 선언한 이후 본격적으로 글로벌 가치사슬의 전방참가의 확대를 통해 성장하였으나 2000년대 이후에는 많은 자본재를 수출하게 되었음에도 불구하고 여전히 최종재 생산을 통한 수출에 의존하고 있다는 것이다.

UN 무역통계(UN Comtrade, BEC기준)에 의하면, 중국의 총수입에서 자본재 수입(자동차 부품제외)이 차지하는 비중을 보면 본 연구의 분석기간인 2000~2014년간 38.5%에서 33.4%로 하락하였으나, 총수출에서 자본재 수출이 차지하는 비중은 같은 기간 26%에서 39.5%로 크게 증가하였다.

〈 그림 19-3 〉 GVC관점에서 구조방정식 모형을 이용한 글로벌 교역둔화의 원인과 총요소생산성 증가의 인과관계 추정결과

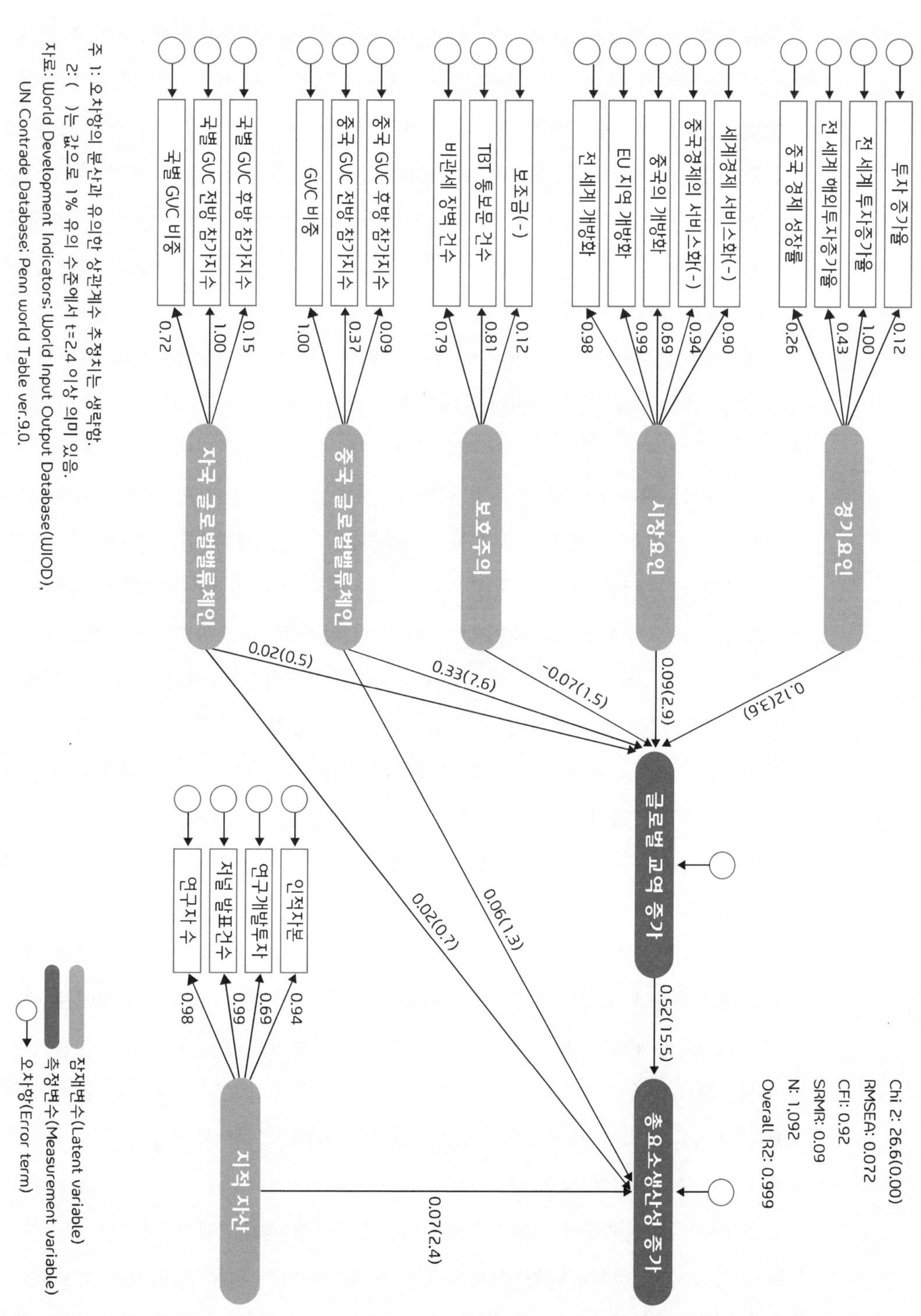

주 1: 오차항의 분산과 유의한 상관계수 추정치는 생략함.
2: ( )는 값으로 1% 유의 수준에서 t=2.4 이상 의미 있음.
자료: World Development Indicators; World Input Output Database(WIOD), UN Contrade Database; Penn world Table ver.9.0.

넷째, 글로벌 교역감소에 영향을 미치는 다양한 요인들을 감안하면 중국변수China factors가 가장 커다란 영향을 미치는 것으로 평가할 수 있다. 경기적 요인이란 구성개념에서는 중국의 경제성장률이, 시장요인이란 구성개념에서는 중국의 서비스화 비중, 중국의 개방도가 측정변수로 활용되었기 때문에, 중국 글로벌 가치사슬의 변화와 이런 요인들을 감안한다면 결국 중국과 관련된 경기요인, 시장요인과 구조적 요인이 글로벌 교역감소에 커다란 영향을 미친 것이다. 본 연구에서 시사하는 이런 내용들은 많은 선행연구들이 글로벌 교역감소의 원인을 구조적 요인에서 찾으면서 중국 글로벌 가치사슬의 역할을 강조한 것이나, 중국과 관련된 경기적 요인을 강조한 것을 동시에 보여주는 연구결과라고 할 수 있다.

다섯째, 보호주의 강화는 글로벌무역 감소에 큰 영향을 미치지 못하고 있는 것으로 보인다. 보호주의라는 구성개념을 나타내는 측정변수로서 평균 관세율, 보조금, 비관세장벽 등의 변수가 사용되었지만 평균 관세율은 보호주의를 나타내는 지표로서 부적절하였다. 다른 변수에 비해 결측치가 많고, 보호주의를 나타내는 다른 지표와 음(－)의 상관관계를 보이고 있어서 분석에서 제외되었다. 전 세계 평균 관세율은 1996년 5.14%, 2000년 4.25%, 2012년 3.35%로 하락한 반면 비관세장벽은 오히려 강화됨으로써 보호주의 정도를 나타내는 변수들 간에 이런 상관관계를 보이게 된 것으로 보인다.

모형의 추정결과 보호주의의 강화는 글로벌 교역을 감소시키는 효과가 있는 것으로 보이지만 통계적 유의성은 낮았다. 이런 낮은 통계적 유의성은 무역에서 보호주의(특히 비관세장벽)를 보다 정확하게 나타낼 수 있는 측정지표를 추가적으로 활용한다면 개선의 여지는 있지만 그 영향력은 여전히 크지 않을 것으로 예상된다.

여섯째, 총요소생산성 증가에 대한 글로벌 교역증가의 역할은 매우 크다. 기존 많은 선행연구들이 무역과 경제성장 또는 총요소생산성 증가는 정(＋)의 관계에 있다는 사실을 주장하였는데 역시 본 연구의 결과와 동일하다. 특이한 점은 글로벌 가치사슬의 총요소생산성 증대에 대한 직접적 효과는 매우 낮고, 통계적 유의성이 부족하다는 것이다. 따라서 글로벌 가치사슬은 글로벌 교역증대를 통해 총요소생산성 증가에 기여하는 경로가 우세하다는 사실을 알 수 있다. 중국의 글로벌 가치사슬 참가가 확대되면서 글로벌 교역이 크게 증가하였고, 이런 교역증대를 통한 기술이전에 의해 총요소생산성이 증가하였다고 할 수 있다.

일곱째, 본 연구에서 지적 자산의 총요소생산성 증대효과가 글로벌 교역증대에 의한 생산성 증대효과에 비해 작게 나타나고 있다. 이는 일부 선진국의 경우 생산성 증대가 연구개발역량에 의존하여 이루어질 수 있지만, 그렇지 못한 많은 나라에서는 국제무역이 기술이전과 기술발전의 통로가 되고 있다는 추론을 가능하게 해준다.

다음 [표 19-3]에서는 이상에서 설명한 글로벌 교역증대의 원인으로서 경기요인, 시장요인, 보호주의, 중국의 글로벌 가치사슬의 효과와, 총요소생산성 증대에 대한 이들 요인과 지적 자산의 효과에 대한 종합적인 효과의 크기를 요약하여 보여주고 있다.

글로벌 교역증대에 있어서는 중국의 글로벌 가치사슬의 확대가 가장 큰 역할을 하였기 때문에 경기요인이나 시장요인보다 구조적 요인이 크다고 할 수 있다. 총요소생산성 증가에 대한 영향을 보면 글로벌 교역증가가 가장 큰 역할을 하였고, 그 다음으로 중국의 글로벌 교역확대가 글로벌 교역증가라는 매개변수를 통해 간접적으로 영향을 미쳤다.

보호주의 확대나 개별 국가 차원에서의 글로벌 가치사슬 확대는 총요소생산성 증대에 통계적으로 유의미한 영향을 미치지 못하고 있다. 지적 자산 역시 총요소생산성 증대에 의미있는 역할을 하고 있으나 글로벌 교역증대에 의한 생산성 증대효과에 크게 미치지 못하고 있다.

[표 19-3]의 우측에서는 구조방정식 모형을 통해 다양한 사사점을 찾을 수 있는 최종모형의 추정결과에서, 통계적 유의성이 낮은 보호주의, 국별 글로벌 가치사슬이라는 잠재별수를 제외한 모형의 추정결과를 보여주고 있다. 통계적 유의성이 낮은 변수를 제외한 수정모형을 통한 글로벌 교역 증가, 경기요인, 시장요인, 중국의 글로벌 가치사슬 참가, 지적 자산의 총요소생산성 증가에 대한 영향력의 크기와 유의성은 큰 변화가 없기 때문에 이상의 분석 결과는 안정적인 결과를 보여준다.

〈표 19-3〉 총요소생산성 증가에 대한 주요 잠재변수의 총효과 추정결과

총요소생산성 결정요인	분석모형		수정모형	
	총효과 추정치	t-값	총효과 추정치	t-값
글로벌 교역 증가율	0.5556	12.8	0.5791	14.5
경기요인	0.0164	3.5	0.0384	7.1
시장요인	0.0137	2.9	0.0388	7.0
보호주의	-0.0029	1.5	-	-
중국 GVC	0.1260	5.0	0.1399	9.5
국별 GVC	0.0036	0.8	-	-
지적 자산	0.0710	2.4	0.0702	2.8

주: 1) 수정모형은 분석모형에서 통계적 인과관계의 유의성이 낮은 변수를 제외한 모형의 추정결과로 구해진 총효과(total effect)를 나타냄.
2) 총효과는 잠재변수에서 매개변수에 대한 파라미터 추정치와 최종 측정변수에 이르는 파라미터의 곱으로 정의됨.

5. 결론

본 장에서는 글로벌 교역감소의 원인과 교역감소로 인한 총요소생산성 변화의 인과관계를 다양한 측정변수들과 이로부터 정의된 잠재변수들의 중층적 인과관계로 설정하여 탐색적 연구를 시도하였다. 특히 글로벌 가치사슬의 변화가 글로벌 교역 변화와 총요소생산성 증가에 미치는 인과관계를 보다 자세히 조명하였다.

최근 세계적으로 문제시 되고 있는 글로벌 교역감소의 원인을 크게 경기적 요인과 구조적 요인으로 나누어 살펴보았다. 동시에 모형설정에서는 글로벌 교역변화의 요인들을 보다 세분화하여 경기요인, 시장요인, 보호주의, 중국의 글로벌 가치사슬 변화, 개별국가의 글로벌 가치사슬 변화란 구성개념(잠재변수)을 정의하였다. 그리고 이런 구성개념을 설명할 수 있는 다양한 변수들을 총망라하여 실증분석에서 제기되는 측정오차의 문제, 단편적 측면에서의 실증분석에서 올 수 있는 문제들을 해소하면서 글로벌 교역변화와 총요소생산성 변화에 이르는 인과관계를 설명하고자 하였다. 이런 다양한 측정변수와 잠재변수, 이들 간의 중층적 인과관계를 종합적으로 파악하기 위해 구조방정식모형을 이용하였다.

전술한 다양한 시사점 가운데 특별히 중요한 것을 요약하면 다음과 같다. 우선 글로벌 교역감소의 원인은 경기적 요인보다는 구조적 요인에서 왔다고 평가할 수 있다. 구조적 요인 가운데에는 중국의 글로벌 가치사슬 변화가 가장 커다란 요인이었다. 경기적 요인으로서 역시 중국의 경제성장, 중국의 서비스화 비중, 중국의 개방도를 감안하고 있기 때문에 글로벌 교역감소는 중국요인China factors들에 의해 초래되는 부분이 크다고 볼 수 있다.

다음은 총요소생산성 증가에 대한 글로벌 교역 증가의 역할은 매우 크다는 점을 알 수 있었다. 글로벌 가치사슬의 총요소생산성 증가에 대한 직접적 효과는 낮고, 통계적 유의성이 부족하였다. 따라서 글로벌 가치사슬은 교역증대를 통해 총요소생산성 증가에 기여하는 경로가 우세하다고 할 수 있다.

여기에서 지적 자산의 총요소생산성 증대효과가 글로벌 교역증대에 의한 생산성 증대효과에 비해 작게 나타나고 있다. 이는 일부 선진국의 경우 생산성 증대가 연구개발 역량에 의존하여 이루어질 수 있지만 이를 제외한 많은 나라에서 무역을 통해 기술이전과 기술발전이 이루어지고 있다는 추론을 가능하게 해준다.

이상의 분석결과는 중국의 고도성장 과정에서 중국에 많은 자본재, 소재를 수출하면서 중국의 글로벌 가치사슬의 확대의 이점을 많이 활용해왔던 한국경제에 대한 의미있는 시사점을 제공해 준다. 글로벌 교역감소가 경기요인, 시장요인, GVC와 같은 중국요인에 의해 초래되었다는 점에서 중국변수의 약화는 결국 한국경제뿐만 아니라 세계경제에서의 수출악화, 생산성 증대의 약화로 이어질 가능성을 가지고 있다는 것이다.

본 연구에서 찾을 수 있는 다양한 시사점들은 많은 선행연구들이 제시하고 있는 시사점들을 종합적으로 보여주고 있다. 이는 구조방정식모형을 활용하여 글로벌 교역감소가 다양한 구성개념들의 영향을 받는 것으로 정의하고, 이런 구성개념을 설명하기 위해 많은 경제통계를 활용하였으며, 관련변수들의 부분적인 관계가 아닌 보다 넓은 관점에서 중층적 인과관계를 살펴보았기 때문이라고 할 수 있다.

찾아보기

INDEX

[ㄴ]

[ㅇ]

저자소개

저자 박승록

저자는 고려대학교 경제학과, 동 대학원을 거쳐 미국 노던 일리노이 대학(Northern Illinois University)에서 "한국 제조업의 마컵, 규모의 경제, 가동률과 총요소생산성"이란 주제로 경제학 박사학위를 받았다. 산업연구원(KIET), 삼성경제연구소(SERI), 한국경제연구원(KERI)에서 주로 생산성 분야의 연구를 하였다. 한성대학교 경제학과에서 연구와 강의를 한 후 퇴임했다.

주요 국내논문으로는 "우리나라 지역별 제조업 생산성, 정보통신기술의 활용과 일자리창출 및 성장", "세계 기업 생산성의 추격-피추격에 관한 연구"(이상 생산성논집), "기업가 정신의 결정요인, 성과와 발현의 인과관계"(중소기업연구), "중국의 성별 1인당 국민소득의 수렴화"(동북아경제연구), "세계 소프트웨어 기업의 성장원천"(산업조직연구), "한국 일반은행의 고유특성이 은행의 합병 피합병에 미친 영향", "공기업, 재벌, 비재벌의 구조조정 성과(이상 국제경제연구) 등이 있다.

주요 해외논문으로는 "Club Convergence and Factors of Digital Divide across Countries"(*Technical Forecasting & Social Change*), "Has Korean Chaebol Model Succeeded?"(*Journal of Economic Studies*), "Information Technology, Organizational Transformation and Productivity Growth"(*Asian Economic Journal*), "A Review of Total Factor Productivity Studies in Korea"(*International Journal of Technology Management*), "Rapid Economic Growth with Increasing Returns to Scale and Little or No Productivity Growth"(*Review of Economics and Statistics*) 등이 있다.

주요저서로는 『Stata를 이용한 응용계량경제학』(박영사), 『생산성의 경제학』(박영사), 『계량경제학 방법론』(비봉출판사), 『중국 일류기업을 찾아서』(굿인포메이션), 『中國的經濟增長和外商投資』(中國高等教育出版社) 등이 있다.

이런 연구업적으로 "매경이코노미스트상", "매경비트학술상", "중소기업학회 우수논문상", 앨버트 넬슨평생공로상(Albert Nelson Marquis Lifetime Achievement Award)을 받았다.

저자는 본서를 포함하여 『Stata를 이용한 응용계량경제학』, 『생산성의 경제학』에 대해서는 특별히 웹사이트와 유튜브 채널을 이용해서 유용한 자료들을 제공하고, 동영상 강의를 통해 독자 여러분들의 학습에 도움이 되는 강좌를 직접 제공하고 있다. 관련 웹사이트의 주소는 다음과 같다.
https://sites.google.com/view/parksr-stata/home.

글로벌 가치사슬의 경제학

초판발행 2023년 3월 20일

지은이 박승록
펴낸이 안종만·안상준

편 집 전채린
기획/마케팅 장규식
표지디자인 Ben Story
제 작 고철민·조영환

펴낸곳 (주) 박영사
서울특별시 금천구 가산디지털2로 53, 210호(가산동, 한라시그마밸리)
등록 1959. 3. 11. 제300-1959-1호(倫)
전 화 02)733-6771
f a x 02)736-4818
e-mail pys@pybook.co.kr
homepage www.pybook.co.kr
ISBN 979-11-303-1672-7 93320

정 가 37,000원